Aspectos Polêmicos do Novo Código de Processo Civil

Aspectos Polêmicos do Novo Código de Processo Civil

VOLUME II

2018

Organização:
Helder Moroni Câmara
Lúcio Delfino
Luiz Eduardo Ribeiro Mourão
Rodrigo Mazzei

ALMEDINA

ASPECTOS POLÊMICOS DO NOVO CÓDIGO DE PROCESSO CIVIL
VOLUME II

ORGANIZAÇÃO: Helder Moroni Câmara, Lúcio Delfino, Luiz Eduardo Ribeiro Mourão, Rodrigo Mazzei
DIAGRAMAÇÃO: Almedina
DESIGN DE CAPA: FBA
ISBN: 978-85-8493-402-7

Dados Internacionais de Catalogação na Publicação (CIP)
(Câmara Brasileira do Livro, SP, Brasil)

Aspectos polêmicos do novo código de processo
civil : volume II / organização Helder Moroni
Câmara....[et al.]. -- São Paulo : Almedina,
2018.

Vários autores.
Outros organizadores: Lúcio Delfino, Luiz
Eduardo Ribeiro Mourão, Rodrigo Mazzei.
Bibliografia.
ISBN 978-85-8493-402-7

1. Processo civil 2. Processo civil - Brasil
3. Processo civil - Leis e legislação - Brasil
I. Câmara, Helder Moroni. II. Delfino, Lúcio.
III. Mourão, Luiz Eduardo Ribeiro. IV. Mazzei,
Rodrigo.

18-19795 CDU-347.9(81)(094.4)

Índices para catálogo sistemático:

1. Brasil : Código de processo civil 347.9(81)(094.4)
2. Código de processo civil : Brasil 347.9(81)(094.4)

Maria Alice Ferreira - Bibliotecária - CRB-8/7964

Este livro segue as regras do novo Acordo Ortográfico da Língua Portuguesa (1990).

Setembro, 2018

EDITORA: Almedina Brasil
Rua José Maria Lisboa, 860, Conj.131 e 132, CEP: 01423-001 São Paulo | Brasil
editora@almedina.com.br
www.almedina.com.br

SUMÁRIO

EXECUÇÃO CIVIL E TÉCNICAS DE EFETIVAÇÃO PROCESSUAL

PROCESSOS NOS TRIBUNAIS E MEIOS DE IMPUGNAÇÃO DAS DECISÕES JUDICIAIS

PROCESSO DO TRABALHO, PROCEDIMENTOS ESPECIAIS E PROVAS

EXECUÇÃO CIVIL E TÉCNICAS DE EFETIVAÇÃO PROCESSUAL

Dois pontos relevantes e inovadores na execução por quantia certa, trazidos pelo CPC/2015

Gilberto Gomes Bruschi

Introdução

Vários são os assuntos que merecem destaque no estudo do Novo Código de Processo Civil, porém destacamos dois para serem analisados no presente ensaio.

Primeiro explicaremos nosso posicionamento para defender a possibilidade de que a citação para o processo de execução visando o pagamento de quantia certa possa se efetivar pelo correio.

Na segunda parte abordaremos a sutil alteração na impenhorabilidade absoluta do salário e da caderneta de poupança, mitigando tal regra, para propiciar, desde que respeitados os requisitos, a constrição de tais bens.

Citação no processo de execução – possibilidade de se efetivar pelo correio? O ponto de partida – o CPC/1973

Uma das regras mais comuns e simples do CPC/1973 era a proibição de que a citação para o processo de execução de título extrajudicial (visando a obrigação de pagar quantia contra devedor solvente) ocorresse pelo correio.

Consoante estabelecia o art. 222, alínea *d*, do CPC/1973 "*a citação será feita pelo correio, para qualquer comarca do País, exceto: (...) d) nos processos de execução*".

Portanto, haveria nulidade de citação caso fosse efetivada pelo correio, havendo necessidade de que se procedesse por meio de oficial de justiça, ou, caso o executado tivesse domicílio em outra comarca, mediante carta precatória.

As inovações do CPC/2015 em relação à citação no processo de execução de pagamento de quantia

Com a entrada em vigor da Lei 13.105 de 2015, em março de 2016, a regra acima descrita foi alterada, sendo que a nova codificação processual acaba por facilitar a citação, seja pelo correio ou por meio eletrônico, no âmbito da execução para pagamento de quantia certa.

Diferentemente do que ocorria com o processo de execução em que, por força do disposto no art. 222, alínea *d*, era expressamente proibida a citação pelo correio, no CPC/2015 tal forma de citação é permitida, por força do art. 247.[1]

A conclusão resta confirmada pela alusão genérica à citação por oficial de justiça nas hipóteses legais *"ou quando frustrada a citação pelo correio"*, carregada no art. 249 do mesmo Código.[2]

Significa dizer que, de acordo com o art. 248, §§ 2º e 4º,[3] admite-se, mesmo na execução, que a citação se efetive na pessoa do responsável em receber correspondência na pessoa jurídica,do porteiro ou do responsável pelo recebimento de correspondências do condomínio edilício.

A regra está de acordo com o verbete 429 da Súmula do STJ, que estabelece: *"A citação postal, quando autorizada por lei, exige o aviso de recebimento"*.

A norma contida no art. 248 está disposta no mesmo sentido da Lei nº 6.538, de 22 de junho de 1978, que dispõe sobre os Serviços Postais que, mais especificamente em seu art. 22, prevê o seguinte: *"Os responsáveis pelos edifícios, sejam os administradores, os gerentes, os porteiros, zeladores ou empregados são credenciados a receber objetos de correspondência endereçados a qualquer de suas unidades, respondendo pelo seu extravio ou violação"*.

Não há que se falar na necessidade de citação por oficial de justiça, mesmo em virtude da alusão a *mandado* e a *ordem de penhora*, conforme a regra prevista no art. 829, § 1º.[4]

[1] Art. 247. A citação será feita pelo correio para qualquer comarca do país, exceto: *I* – nas ações de estado, observado o disposto no art. 695, § 3º; *II* – quando o citando for incapaz; *III* – quando o citando for pessoa de direito público; *IV* – quando o citando residir em local não atendido pela entrega domiciliar de correspondência; *V* – quando o autor, justificadamente, a requerer de outra forma.

[2] Art. 249. A citação será feita por meio de oficial de justiça nas hipóteses previstas neste Código ou em lei, ou quando frustrada a citação pelo correio.

[3] Art. 248. Deferida a citação pelo correio, o escrivão ou o chefe de secretaria remeterá ao citando cópias da petição inicial e do despacho do juiz e comunicará o prazo para resposta, o endereço do juízo e o respectivo cartório. *§ 1º* A carta será registrada para entrega ao citando, exigindo-lhe o carteiro, ao fazer a entrega, que assine o recibo. *§ 2º* Sendo o citando pessoa jurídica, será válida a entrega do mandado a pessoa com poderes de gerência geral ou de administração ou, ainda, a funcionário responsável pelo recebimento de correspondências. *§ 3º* Da carta de citação no processo de conhecimento constarão os requisitos do art. 250. *§ 4º* Nos condomínios edilícios ou nos loteamentos com controle de acesso, será válida a entrega do mandado a funcionário da portaria responsável pelo recebimento de correspondência, que, entretanto, poderá recusar o recebimento, se declarar, por escrito, sob as penas da lei, que o destinatário da correspondência está ausente.

[4] Art. 829. O executado será citado para pagar a dívida no prazo de 3 (três) dias, contado da citação.
§ 1º Do mandado de citação constarão, também, a ordem de penhora e a avaliação a serem cumpridas pelo oficial de justiça tão logo verificado o não pagamento no prazo assinalado, de tudo lavrando-se auto, com intimação do executado.
§ 2º A penhora recairá sobre os bens indicados pelo exequente, salvo se outros forem indicados pelo executado e aceitos pelo juiz, mediante demonstração de que a constrição proposta lhe será menos onerosa e não trará prejuízo ao exequente.

Desse modo, se o credor não fizer a opção, de forma justificada,[5] pela citação por mandado, esta será realizada de forma postal, consoante prevê o art. 249.[6]

A citação faz com que se iniciem dois prazos, a saber: (1) o prazo de 3 dias para pagamento, da citação propriamente dita (art. 829, *caput*); e (2) o prazo de 15 dias para a oposição de embargos, da juntada aos autos do comprovante de citação (art. 915, *caput* e parágrafos).[7]

[5] No mesmo sentido: José Miguel Garcia Medina. **Novo Código de Processo Civil comentado.** 3ª. ed., São Paulo: RT, 2015, nota III ao art. 829, p. 1.113: "Embora, de acordo com o art. 247 do CPC/2015, a citação no processo de execução deva ser realizada, como regra, pelo correio, nada impede que o exequente, na petição inicial de execução, requeira, justificadamente, que a citação se dê por oficial de justiça (cf. inc. V do art. 247 do CPC/2015). Nesse caso, a ordem de penhora constará, desde logo, do mandado de citação (cf. §§ 1º e 2º do art. 829 do CPC/2015)". Um bom exemplo consiste no requerimento de citação por mandado nos casos em que o exequente já indica, de plano, bens a penhorar (busca a penhora de imediato), a exigir a diligência por parte do oficial de justiça para tanto, na forma do art. 247, V, do CPC/2015.

[6] Cf. André Vasconcelos Roque. **Teoria geral do processo**: comentários ao CPC de 2015 – parte geral. São Paulo: Método, 2015, n. 4 ao art. 247, p. 754 e 755: "No CPC/1973 era vedada a citação pelo correio no processo de execução autônomo. (...) A prática demonstrou, todavia, que essa proibição levava à falta de efetividade da execução, até porque, nos dias de hoje, é frequente que a penhora acabe por privilegiar bens de maior liquidez, como o dinheiro depositado em aplicações financeiras, ações ou títulos negociados no mercado, dispensando a atuação física do oficial de justiça. O CPC/2015permite a citação pelo correio no processo autônomo de execução, a fim de proporcionar maior celeridade e efetividade, especialmente nos casos em que o executado se encontra fora da comarca, da seção ou da subseção judiciária em que tramita a execução, o que exigia no regime anterior a burocrática expedição de carta precatória". No mesmo sentido: Thiago Merege Pereira. In: José Sebastião Fagundes Cunha, Antonio Cesar Bochenek e Eduardo Cambi (Coords.) **Código de Processo Civil – comentado.** São Paulo: RT, 2016, comentário ao art. 829, p. 1.159. Reconhece-se que a questão não é pacífica, encontrando-se no pensamento de respeitáveis processualistas posição no sentido contrário, entendendo haver necessidade de que a citação ocorra por mandado. Nesse sentido, ver: Teresa Arruda Alvim Wambier, Maria Lúcia Lins Conceição, Leonardo Ferres da Silva Ribeiro e Rogério Licastro Torres de Mello. **Primeiros comentários ao Novo Código de Processo Civil – artigo por artigo.** São Paulo: RT, 2015, p. 431 e 432, de onde destacamos: "A relevância da comunicação, aliada à necessidade de atuação humana especializada relativamente aos possíveis atos de constrição de bens (cuja prática tem de se dar, evidentemente, mediante atuação de serventuário especializado – o oficial de justiça), tornam impraticável a citação postal nas ações executivas".

[7] Art. 915. Os embargos serão oferecidos no prazo de 15 (quinze) dias, contado, conforme o caso, na forma do art. 231. § 1º Quando houver mais de um executado, o prazo para cada um deles embargar conta-se a partir da juntada do respectivo comprovante da citação, salvo no caso de cônjuges ou de companheiros, quando será contado a partir da juntada do último. § 2º Nas execuções por carta, o prazo para embargos será contado: I – da juntada, na carta, da certificação da citação, quando versarem unicamente sobre vícios ou defeitos da penhora, da avaliação ou da alienação dos bens; II – da juntada, nos autos de origem, do comunicado de que trata o § 4º deste artigo ou, não havendo este, da juntada da carta devidamente cumprida, quando versarem sobre questões diversas da prevista no inciso I deste parágrafo. § 3º Em relação ao prazo para oferecimento dos embargos à execução, não se aplica o disposto no art. 229. § 4º Nos atos de comunicação por carta precatória, rogatória ou de ordem, a realização da citação será imediatamente informada, por meio eletrônico, pelo juiz deprecado ao juiz deprecante.

Para que se inicie a contagem do prazo, seja para fim de pagamento, seja para a oposição dos embargos, vale notar que o novo CPC não alude à necessidade de que a penhora seja previamente realizada.

Portanto, conclui-se ser totalmente desnecessária a citação ocorra por oficial de justiça.

Relevante, também, o fato de que se os embargos forem oferecidos sem garantia do juízo, não há que se falar em efeito suspensivo (art. 919, § 1º).

E, ainda, para a oposição dos embargos à execução haverá a necessidade de constituição de patrono por parte do executado, ensejando a possibilidade de que a intimação de eventual penhora, a ser realizada posteriormente ao oferecimento dos embargos, se faça na pessoa do advogado, pela imprensa oficial, *v.g.* com a apropriação de dinheiro no patrimônio do executado.[8]

O salário pode ser penhorado?

Como segundo ponto para discussão no presente estudo, temos a mitigação à regra prevista no art. 833, IV e X

A regra geral é a de que todos os bens pertencentes ao executado são passíveis de penhora, sendo que, caso haja alguma exceção, esta deve ser expressa, como, por exemplo, a impenhorabilidade daqueles bens previstos no art. 833 do CPC/2015 e na Lei 8.009, de 29.3.1990, que trata do bem de família.

O rol do art. 833 do CPC/2015 estabelece a impenhorabilidade absoluta para os seguintes bens:

1. os bens inalienáveis[9];
2. os bens móveis, pertences e as utilidades domésticas, que guarnecem a residência do executado, com exceção daqueles de elevado valor ou os que ultrapassem as necessidades comuns correspondentes a um médio padrão de vida;
3. os vestuários, bem como os pertences de uso pessoal do executado, salvo se de elevado valor;
4. as remunerações, vencimentos, subsídios, salário, honorários de profissional liberal, proventos de aposentadoria, pensões, etc;
5. bens móveis necessários ou úteis ao exercício da profissão do executado;
6. o seguro de vida;
7. os materiais necessários para obras em andamento, salvo se essas forem penhoradas;
8. a pequena propriedade rural trabalhada pela família;

[8] Cf. José Miguel Garcia Medina. **Novo Código...**, cit., nota II ao art. 829, p. 1.112 e 1.113.

[9] São inalienáveis os bens públicos (art. 100 do CC); bem de família voluntário (art. 1.711 do CC); o bem doado com a cláusula de inalienabilidade (art. 1.911 do CC).

9. os recursos públicos recebidos por instituições privadas para aplicação compulsória em educação, saúde ou assistência social;
10. a quantia depositada em caderneta de poupança, até o limite de 40 salários-mínimos;
11. os recursos públicos do fundo partidário recebidos por partido político, nos termos da lei;
12. os créditos oriundos de alienação de unidades imobiliárias, sob regime de incorporação imobiliária, vinculados à execução da obra.[10]

Existem, portanto, limitações à responsabilidade patrimonial, sendo que a *sujeitabilidade* dos bens à execução não é total, ou seja, nem todos os bens são penhoráveis.

A lei estabelece restrições, especificando os bens que não podem ser atingidos pela penhora.[11]

A impenhorabilidade de bens visa garantir a sobrevivência digna do devedor (pessoa física) ou a sobrevivência da empresa (pessoa jurídica).

A função básica da penhora na execução é a de garantir o juízo, seja por um ato judicial, efetivado por termo nos autos ou por oficial de justiça, apreendendo-se bens do executado ou de terceiro responsável, com a finalidade de satisfazer, direta ou indiretamente, o crédito objeto da execução.

Não se exige que o juízo seja garantido pela penhora para que seja possível ao executado a interposição dos embargos à execução ou impugnação ao cumprimento da sentença.

No entanto, se exige a garantia do juízo (preenchidos os demais requisitos) para a concessão do efeito suspensivo aos embargos à execução[12] ou à impugnação ao cumprimento da sentença.[13]

[10] Esta hipótese de impenhorabilidade foi incluída pelo CPC/2015.

[11] A penhora produz efeitos de duas ordens: processuais e materiais, que passamos a analisar. Diga-se, desde logo, porém, que são efeitos processuais da penhora: garantir o juízo; individualizar os bens que suportarão a atividade executiva; gerar para o exequente o direito de preferência. De outro lado, são efeitos materiais da penhora: retirar do executado a posse direta do bem penhorado; tornar ineficazes os atos de alienação ou oneração do bem apreendido judicialmente.

[12] Art. 919. Os embargos à execução não terão efeito suspensivo. § 1º O juiz poderá, a requerimento do embargante, atribuir efeito suspensivo aos embargos quando verificados os requisitos para a concessão da tutela provisória e desde que a execução já esteja garantida por penhora, depósito ou caução suficientes; e § 5º A concessão de efeito suspensivo não impedirá a efetivação dos atos de substituição, de reforço ou de redução da penhora e de avaliação dos bens.

[13] Art. 525, § 6º A apresentação de impugnação não impede a prática dos atos executivos, inclusive os de expropriação, podendo o juiz, a requerimento do executado e desde que garantido o juízo com penhora, caução ou depósito suficientes, atribuir-lhe efeito suspensivo, se seus fundamentos forem relevantes e se o prosseguimento da execução for manifestamente suscetível de causar ao executado grave dano de

A penhora tem o condão de dar início à fase do processo que trará ao exequente a satisfação do crédito a que tem direito, pois, esse bem penhorado pertencente ao patrimônio do executado será expropriado e, com isso, pagará a dívida exequenda.

A impenhorabilidade absoluta prevista no art. 833 do CPC/2015 não é oponível à execução de dívida relativa ao próprio bem, inclusive àquela contraída para sua aquisição (§ 1º).

A penhora de salários.

Em relação ao salário mensal, no CPC/2015, será admitida a penhora, não só no caso de execução de alimentos, de qualquer natureza, mas também da quantia que exceder a cinquenta salários mínimos (§ 2º do art. 833, CPC).

Assim, quando houver a penhora on-line de ativos financeiros do executado, prevista no art. 854, CPC/2015, o executado não poderá alegar a impenhorabilidade da quantia que exceder a 50 salários mínimos.

Ressalta-se que o limite objetivo de cinquenta salários mínimos não deverá funcionar como regra absoluta.

De acordo com o entendimento já pacificado pela Segunda Seção do STJ, "a remuneração protegida pela regra da impenhorabilidade é a última percebida – a do último mês vencido – e, mesmo assim, sem poder ultrapassar o teto constitucional referente à remuneração de Ministro do Supremo Tribunal Federal. Após esse período, eventuais sobras perdem tal proteção".[14]

Voltando a tratar do § 2º do art. 833,[15] o avanço legislativo está em reconhecer que o salário não é mais integralmente impenhorável, independentemente na natureza do crédito, embora o limite de 50 salários mínimos continue sendo desproporcional, tendo em vista que a finalidade da impenhorabilidade é a preservação da sobrevivência digna, do "mínimo existencial" garantido constitucionalmente.

Merece destaque outro trecho do § 2º do art. 833, que trata da possibilidade da penhora de salário, independentemente do valor, quando a execução estiver relacionada à natureza alimentar, qualquer que seja a sua origem, inclusive dos honorários advocatícios, conforme prevê o art. 85, § 14 – "Os honorários constituem direito do advogado e têm natureza alimentar, com os mesmos privilégios

difícil ou incerta reparação; e § 7º A concessão de efeito suspensivo a que se refere o § 6º não impedirá a efetivação dos atos de substituição, de reforço ou de redução da penhora e de avaliação dos bens.

14 STJ, EREsp 1.330.567/RS, 2ª Seção, rel. Min. Luis Felipe Salomão, j. 10.12.2014, DJe 19.12.2014.

15 O salário e a quantia depositada em poupança podem ser penhorados para pagamento de prestação alimentícia. O § 2º do art. 833 diz que deve ser observado o disposto no § 3º do art. 529, portanto, tratando-se de prestação alimentícia, pode ser descontado dos rendimentos do executado não só as parcelas vincendas como também o débito vencido, de forma parcelada e desde que o total do desconto não ultrapasse 50% de seus ganhos líquidos.

dos créditos oriundos da legislação do trabalho, sendo vedada a compensação em caso de sucumbência parcial".[16]

O § 2º do art. 833 remete também ao capítulo da execução de alimentos, quanto prevê que a constrição deve observar o disposto no art. 528, § 8º,[17] e no art. 529, § 3º.[18]

Só há que se falar em aplicação dos dispositivos relacionados à execução de alimentos no que diz respeito à penhora de salário para o pagamento de dívidas relacionadas a crédito de natureza alimentar, pois os dois dispositivos a que remete o § 2º do art. 833 dizem respeito à impossibilidade de prisão do devedor de alimentos se o rito escolhido for o de constrição judicial de salário e, ainda, que deve ser preservado o montante de 50% dos ganhos líquidos.[19]

[16] Entre as outras origens possíveis para a verba de natureza alimentar, estão os honorários advocatícios, contratuais ou sucumbenciais, consoante já decidiu reiteradas vezes o Superior Tribunal de Justiça: REsp 1.152.218/RS, Corte Especial, rel. Min. Luis Felipe Salomão, j. 07.05.2014, DJe 09.10.2014: "DIREITO PROCESSUAL CIVIL E EMPRESARIAL. RECURSO ESPECIAL REPRESENTATIVO DE CONTROVÉRSIA. ART. 543-C DO CPC. Honorários advocatícios. Falência. Habilitação. Crédito de natureza alimentar. Art. 24 da Lei n. 8.906/1994. Equiparação a crédito trabalhista. 1. Para efeito do art. 543-C do Código de Processo Civil: 1.1) Os créditos resultantes de honorários advocatícios têm natureza alimentar e equiparam-se aos trabalhistas para efeito de habilitação em falência, seja pela regência do Decreto-Lei n. 7.661/1945, seja pela forma prevista na Lei n. 11.101/2005, observado, neste último caso, o limite de valor previsto no artigo 83, inciso I, do referido Diploma legal. 1.2) São créditos extraconcursais os honorários de advogado resultantes de trabalhos prestados à massa falida, depois do decreto de falência, nos termos dos arts. 84 e 149 da Lei n. 11.101/2005. 2. Recurso especial provido". No mesmo sentido, também no STJ: EREsp 706.331/PR, Corte Especial, rel. Min. Humberto Gomes de Barros, j. 20.02.2008, DJe 31.03.2008: "HONORÁRIOS ADVOCATÍCIOS – SUCUMBÊNCIA – NATUREZA ALIMENTAR. – Os honorários advocatícios relativos às condenações por sucumbência têm natureza alimentícia. Eventual dúvida existente sobre essa assertiva desapareceu com o advento da Lei 11.033/04, cujo Art. 19, I, refere-se a 'créditos alimentares, inclusive alimentícios'."

[17] Art. 528. No cumprimento de sentença que condene ao pagamento de prestação alimentícia ou de decisão interlocutória que fixe alimentos, o juiz, a requerimento do exequente, mandará intimar o executado pessoalmente para, em 3 (três) dias, pagar o débito, provar que o fez ou justificar a impossibilidade de efetuá-lo. (...) **§ 8º O exequente pode optar por promover o cumprimento da sentença ou decisão desde logo, nos termos do disposto neste Livro, Título II, Capítulo III, caso em que não será admissível a prisão do executado, e, recaindo a penhora em dinheiro, a concessão de efeito suspensivo à impugnação não obsta a que o exequente levante mensalmente a importância da prestação.** – destacamos.

[18] Art. 529. Quando o executado for funcionário público, militar, diretor ou gerente de empresa ou empregado sujeito à legislação do trabalho, o exequente poderá requerer o desconto em folha de pagamento da importância da prestação alimentícia. (...) **§ 3º Sem prejuízo do pagamento dos alimentos vincendos, o débito objeto de execução pode ser descontado dos rendimentos ou rendas do executado, de forma parcelada, nos termos do *caput* deste artigo, contanto que, somado à parcela devida, não ultrapasse cinquenta por cento de seus ganhos líquidos.** – destacamos.

[19] Enunciado n. 587 do Fórum Permanente de Processualistas Civis: "(arts. 529, §3º; 833, IV e § 2º; 528, §8º) A limitação de que trata o §3º do art. 529 não se aplica à execução de dívida não alimentar". (Grupo: Cumprimento de sentença e execução).

Conclusões

1. A intenção do legislador em viabilizar a citação pelo correio veio para viabilizar a efetivação do processo de forma mais simples e célere, já que a antiga obrigatoriedade da citação por oficial de justiça acabava por emperrar o sistema e inviabilizar o início do processo de execução. Devemos parabenizar o legislador que acabou por autorizar que a citação seja efetivada de forma mais simples, ou seja, pelo correio, ou, ainda, por meio eletrônico, nos moldes do art. 246, § 1º.
2. Apesar de confuso, o § 2º do art. 833 autoriza a penhora de salário em duas situações:
   1. Quando se tratar de dívida alimentar: não importa o valor do salário, desde que se respeite 50% do montante líquido percebido pelo executado.
   2. Quando a origem da dívida não for alimentar o salário somente pode ser penhorado quando o valor líquido ultrapassar os cinquenta salários mínimos, ou seja, R$ 44.000,00 em valores de março de 2016.
      a) Entretanto a limitação aos 50% do que exceder não existe nesse caso. Significa dizer que quaisquer valores que excederem os cinquenta salários mínimos, sobre qualquer forma de remuneração prevista no inciso IV do art. 833.

Respondendo a indagação feita no início da segunda parte deste pequeno ensaio – sim, o salário pode ser penhorado no Novo CPC, mas o legislador poderia ter colocado um valor menor de impenhorabilidade no que diz respeito às dívidas não alimentares.

Execução e fraude à execução no novo CPC/2015

Gelson Amaro de Souza

Introdução

Sempre houve disputa entre credor e devedor, ambos com pretensões em sentido contrário, constituindo-se verdadeira perseguição equiparada aquela entre o gato e o rato. O credor envidando todos os esforços para obter o pagamento para satisfazer o seu crédito e o devedor de tudo fazendo para se livrar do encargo. Enquanto o credor se dedica na busca incansável para alcançar bens do devedor, este não raras vezes, tudo faz para burlar a ação do credor, escondendo, alienando ou desviando bens de seu patrimônio no intuito de afastá-los do alcance da execução.

Assim é, tanto que, as legislações em grande parte do mundo instituíram a figura da fraude contra credor, mecanismo que permite ao credor perseguir a coisa onde quer que esteja e com quem quer que esteja, para colocá-la em execução no sentido de levá-la à hasta pública e aliená-la para obter numerários e assim receber o seu crédito.

Seguindo-se, o exemplo das legislações estrangeiras, o legislador brasileiro além da figura da fraude contra credores, criando outra que denominou fraude à execução. Assim, tornou-se a única legislação no mundo a cultivar duas figuras, voltadas à proteção do direito do credor. A idéia originária era considerar como fraude contra credores, as alienações ou onerações de bens depois da constituição do crédito, mas antes do início da execução e a fraude à execução com os mesmos atos, mas, praticados depois que já estivesse instalada a execução. Assim, uma (fraude contra o credor) se caracterizaria antes do início da execução e a outra (fraude à execução) somente se configurava depois de iniciada a execução. Mas, a finalidade de uma e de outra, era a proteção do direito de crédito. Todavia, o tempo se encarregou de aproximar as duas figuras e hoje a sistemática moderna considera a existência de fraude à execução, antes mesmo do início de qualquer procedimento executivo (CPC/2015, art.792).

1. Execução e responsabilidade

Diz a norma do Art. 789 do CPC/2015 que o devedor responde com todos os seus bens presentes e futuros para o cumprimento de suas obrigações, salvo as restrições estabelecidas em lei. A norma não disse tudo que pretendia e, era lógico dizer. Fala apenas do devedor e não fala do responsável que não é devedor, mas responde pela dívida deste. Ainda, faz referência a todos os bens presentes e futuros, nada falando dos bens passados, que também, em certos casos poderão ser chamados a responderem pelas dívidas do antigo proprietário.

1.1. Responsabilidade do devedor

O artigo 789 do CPC/2015 ao tratar da responsabilidade patrimonial, inicia fazendo referência ao devedor, como se apenas este estivesse sujeito à execução. Nenhuma referência fez ao obrigado sem ser devedor. Mas, não se pode deixar enganar-se. Esta norma parece haver mencionado menos do que pretendia o legislador. Disse expressamente que o devedor responde com todos os seus bens presentes e futuros para cumprimento de suas obrigações, mas nada disse em relação àquele que é executado em razão da posição de garante pela simples responsabilidade pelo pagamento sem ser devedor. Pode haver obrigação de pagar sem ser devedor. É o caso de responsabilidade pelo pagamento de dívida alheia, como acontece com aquele que se torna responsável na posição de garante em razão de contrato (exemplo: fiador) e, aquele que se torna responsável por disposição de lei (ex. responsável tributário, CTN/1966, artigos 133, 134 e 135.), o empregador (CC/2002, art. 932, III) e, ainda, nos casos descritos no CPC/2015, art. 790.

1.2. Responsável sem ser devedor

Todo devedor é responsável pelo pagamento da dívida, mas, nem todo responsável é devedor. Por isso, torna-se necessária a separação entre devedor responsável e responsável sem ser devedor.

Devedor é aquele que participa diretamente do fato ou do ato que dá origem à dívida. Quem contrai uma dívida é o devedor; quem pratica ato ilícito causador de dano se torna devedor de indenização. Já o responsável é aquele que não participa diretamente do fato gerador da dívida, mas por previsão legal ou por contrato, assume a condição de responsável, ficando obrigado pelo pagamento de dívida alheia. Como exemplo, cita-se, o fiador, que é garantidor da dívida do devedor em face de contrato. O mesmo se dá em caso de ato ilícito praticado pelo empregado, que por previsão legal, o patrão é também responsável por qualquer indenização a favor da vítima (CC/2002, art. 932, III).

O artigo 789, do CPC/2015 fala em responsabilidade do devedor com os seus bens, para satisfazer o direito do credor. Sabe-se que a regra é a execução ser proposta contra o devedor e a expropriação recair sobre os bens deste. Mas, existem hipóteses em que a execução pode ser direcionada contra quem não é devedor. É o caso em que alguém, que por lei ou por contrato, é responsável pelo pagamento da dívida, sem ser devedor. A regra é que nestes casos, o credor pode executar o devedor e o responsável em litisconsórcio, mas, nada impede a escolha pelo credor em acionar um ou outro.

1.3. Interpretação extensiva

Esta norma deve ser interpretada extensivamente, para que sua disposição alcance também os bens dos garantidores que sempre respondem pelas dívidas do garantido e daqueles que têm por força de lei a responsabilidade pelo pagamento da dívida de outro.

Uma leitura apressada pode levar o intérprete a pensar que só o patrimônio do devedor vai responder pelas dívidas deste. Mas, não é simples assim. Os bens dos garantidores também responderão pelas dívidas, muito embora, sejam apenas garantes e não devedores. É o caso fiador que responde pela dívida do afiançado. Não fosse assim, de nada serviria as garantias que os terceiros firmam junto com o devedor.

1.4. Exceções à responsabilidade patrimonial

A norma indica que há exceções que afastam ou retiram os bens dos devedores e dos garantes do alcance da execução. Esta é uma forma de restrição, que impede que certos bens necessários à sobrevivência do obrigado (devedor ou garantidor), sejam penhorados, levados à hasta pública e retirados do executado. Entres estes bens que não podem ser penhorados para pagamento de dívida, estão os bens pertencentes à União, Estados, DF, Municípios e suas autarquias, além dos bens particulares relacionados no CPC/2015, art. 833, por se tratarem de bens absolutamente impenhoráveis, bem como o bem de família protegido pela lei 8009/1990. Todavia, é de se notar, que a impenhorabilidade é uma exceção à regra da penhorabilidade e, por isso, deve ser interpretada restritivamente. Somente nos casos em que a lei expressamente dispuser que o bem é impenhorável, é que assim deve ser considerado.

Ainda é de ver, que a impenhorabilidade que já é uma exceção, e que por isso, deve ser interpretada restritivamente, acolhe dentro de si, outras exceções para permitir a penhora sobre certos bens que em princípio seriam impenhoráveis. São os casos previstos no CPC/2015, art. 833, §§ 1º e 2º do art. 833; o primeiro permitindo a penhora para pagamento de dívida gerada pelo próprio bem ou aquela contraída para a própria aquisição; o segundo autoriza a penhora de salário ou equivalente para pagamento de dívida alimentícia de qualquer origem, bem como nos casos de importâncias acima de 50 (salários mínimos). A própria lei nº 8009/1990, conhecida como protetora de bem família, abre exceção permitindo a penhora deste, quando se tratar de dívida contraída em razão do próprio bem, como construção, reforma e taxa de condomínio etc (Lei 8009/1990, art. 3º, I a VI).

1.5. Bens presentes e futuros

A lei não se refere aos bens passados, limitando-se a dizer que somente respondem pelas dívidas, os bens presentes e futuros. A intenção do legislador parece clara. Não se referiu aos bens passados, porque estes já não mais pertencem ao executado (devedor ou responsável). Se não mais pertencem ao executado, *de regra*, não podem responder pelas dívidas. Mas, existe exceção em que mesmo o bem passado, que não mais pertença ao executado, mesmo assim, poderá ser atingido e chamado a responder pela execução. É o que ocorre nos casos de alienação em fraude à execução (CPC/2015, art. 790, V), em que o exeqüente poderá buscar o bem nas mãos de quem quer que seja, ou requerer a penhora do bem quando se tratar de dívida de dinheiro, não importando quem é o atual titular do domínio. Sendo caso de alienação em fraude à execução, o bem deixa de pertencer ao vendedor (devedor ou responsável), passando a titularidade do domínio ao terceiro adquirente (não devedor). Mesmo não mais pertencendo ao devedor ou ao responsável, sendo em relação a estes bem do passado, o mesmo fica sujeito à execução, respondendo pela obrigação que fundamenta a execução, como foi exposto em nosso livro *Fraude à execução e o direito de defesa do adquirente*. São Paulo: Editora Juarez de Oliveira, 2002.

1.6. Terceiros não responsáveis e a execução

Antes, mencionou-se, que respondem pela execução os bens do devedor e daquele que mesmo sem ser devedor está obrigado a pagar em face de ser responsável pela dívida alheia em razão de lei ou de contrato. Resta agora, dizer também, que em determinados casos, respondem pela execução bens pertencentes a terceiro, mesmo não sendo este, nem devedor e nem responsável pelo pagamento da dívida.

Trata-se de situação anômala, em que a lei permite ao credor buscar o bem que pertença a terceiros, mesmo que estes não sejam devedores e nem responsáveis pela dívida. Isto se dá em razão do chamado direito de seqüela, que permite ao credor perseguir o bem e retirá-lo das mãos de quem quer que seja e onde quer que esteja.

O exemplo mais comum e mais lembrado é da aquisição em fraude, que tanto pode ser em fraude ao credor ou em fraude à execução (CPC/2015, art. 790, V e VI). A aquisição de bem em fraude ao credor ou à execução, seja a título gratuito ou oneroso, apesar de válida entre as partes, é ineficaz em face ao credor que já o era ao tempo do negócio. Em razão da ineficácia do negócio em relação ao credor (CPC/2015, art. 790, VI e art. 792, § 1º), este pode perseguir a coisa e buscá-la nas mãos do adquirente, mesmo não sendo este devedor ou responsável pela dívida.

1.7. Bem de terceiro sem responsabilidade pela execução

Aqui já não se trata da pessoa responsável pelo pagamento (devedor ou responsável), mas, da sujeição (responsabilidade) do bem à execução, sem que o seu proprietário seja devedor ou responsável pela dívida. No caso, quem responde pela dívida é o bem e não o seu proprietário (CPC/2015, art. 790, VI e art. 792, § 1º). É o que ocorre nos casos de fraude ao credor ou fraude à execução em que o negócio é ineficaz frente ao credor, mas, isso não transforma o adquirente em responsável pelo pagamento da dívida.

Desta forma, se o bem for insuficiente para o pagamento da dívida, o credor nada mais pode exigir do adquirente, porque este não tem responsabilidade pela dívida. Tudo fica limitado ao valor que for conseguido com a arrematação (venda) do bem, porque é este e não o proprietário quem responde pela execução.

2. Bens sujeitos à execução

O Art. 790 do CPC/2015 em seu *caput* dispõe que são sujeitos à execução os bens, e a seguir relaciona estes bens, nos incisos I a VII. Descrevem os incisos, quais os bens que ficam sujeitos à execução. Aqui a norma não se refere ao devedor, referindo-se apenas aos bens. Direciona o seu comando aos bens dos responsáveis pelo cumprimento da obrigação, muito embora não sejam os devedores. São responsáveis, sem serem devedores.

2.1. Bens do sucessor

Dispõe a norma do art. 790, I, do CPC/2015, que respondem os bens do sucessor pela dívida do sucedido, quando se tratar de execução baseada em direito real ou em obrigação reipersecutória. Trata-se de caso específico em que a norma se refere a bem específico em caso de fraude à execução ou em fraude contra credor.

O direito real é aquele que se vincula à determinada coisa, sendo que ao seu titular é permitindo, buscá-la nas mãos de quem quer que seja. Trata-se de direito material regrado pelo Código Civil. Pode ter origem em direito pessoal, mas depois se transforma em direito real quando o seu titular o faz recair o seu exercício sobre determinada coisa, com a qual a obrigação deva ser cumprida. Ex. Hipoteca, servidão, enfiteuse, usufruto, uso, habitação entre outros.

Obrigação reipersecutória é aquela que permite perseguir a coisa e, da mesma forma, buscá-la nas mãos de quem que seja. É aquela em que o credor demanda coisa certa que lhe pertença ou que lhe é devida, mas que se encontra com outra pessoa. Desta forma qualquer que seja o fundamento da demanda, se o credor tem direito à entrega ou devolução do bem, a demanda será reipersecutória e o título executivo conterá obrigação reipersecutória. Ex: bem penhorado e alienado; Obrigação do promitente vendedor em cumprir o compromisso ou quando se pede a anulação de uma venda com devolução da coisa. Refere-se àquela oriunda de direito pessoal, que tem por fim alcançar o bem que por obrigação processual fica sujeito à execução. Cuida-se de obrigação de direito processual.

2.2. Bens alienados ou gravados com ônus real em fraude à execução

Diferentemente do que consta no art. 789, do CPC/2015, que só fala em bens presente e futuros, aqui a o art. 790, V, do CPC/2015, já afirma que também respondem pela execução, os bens que mesmo, não mais pertencendo ao devedor ou responsável, continuam a responder pela execução quando alienados em fraude à execução ou contra o credor.

A redação deste inciso é muito parecida com a contida no Código de Processo Civil anterior (CPC/1973, art. 592, V) mantendo-se o mesmo conteúdo, apenas alterando a redação porque onde constava *fraude de execução*, agora em melhor técnica diz-se em *fraude à execução*[1]. A fraude à execução, como todas as modalidades de fraudes, não pode ser vista sob o ponto de vista objetivo, como se fazia antigamente, visto que toda fraude, trás ínsito o caráter subjetivo que é a vontade do agente de enganar, ludibriar, trapacear, visando sempre prejuízo de terceiro e fruição de vantagem própria à custa de prejuízo alheio.

A figura da fraude à execução é figura exclusiva da legislação nacional, visto não ser encontrada em outras legislações. Pode-se dizer que é irmã gêmea da fraude ao credor, tendo em vista a apertada semelhança entre ambas. Diferenciando somente porque à fraude contra credor se dá antes da constrição do bem

2.3. Bens adquiridos pelo devedor em fraude à execução ou contra credor

Pode ocorrer fraude à execução e contra credor, também em caso malicioso de aquisição, desde que o negócio tenha sido realizado com o fim de prejudicar o credor, retirando-se, o bem do alcance da execução. Esta afirmação pode causar estranheza à primeira vista. Mas, será explicado a seguir:

2.3.1. Aquisição de bens pelo devedor em nome de terceiro

As normas do artigo 790, V e VI, do CPC/2015, falam que ficam sujeitos à execução os bens alienados ou onerados pelo executado em fraude contra credores ou à execução. Ao falar somente em alienação ou oneração, as normas disseram

[1] Este assunto foi amplamente tratado em nosso livro *Fraude à execução e o direito de defesa do adquirente*. São Paulo: Editora Juarez de Oliveira, 2002.

menos do que queriam dizer. Não é só a alienação e/ou a oneração de bens pelo devedor que podem caracterizar a fraude contra credor ou à execução. Qualquer que seja o ato de disposição realizado pelo devedor em conluio com terceiro em prejuízo do credor, que vise retirar algum bem do alcance da execução e prejudicar o credor, já se caracteriza fraude, ainda que se trate de aquisição[2].

Não é só a alienação ou a oneração de bens próprios com fim de burlar a lei e direitos dos credores, que implicam em fraude contra credores. Pode parecer estranho, mas, também a aquisição de bens pelo devedor ou executado através de atos simulados para disfarçar as aparências e encobrir o negócio realizado com o fim de prejudicar os credores, configura fraude. Quaisquer aquisições que o devedor ou o executado fizer através de disfarces, visando esconder o bem para não ser alcançado pela execução caracteriza fraude. Não é só a alienação ou a oneração, como diz a lei, mas também a compra simulada em nome de terceiros, visando impedir a execução sobre o bem, da mesma forma, implica em fraude contra credores ou fraude contra a execução[3].

Desta forma, para averiguar a existência de fraude contra credores ou à execução, não se pode utilizar de interpretação restritiva, pois, o caso exige que se dê interpretação extensiva, para alcançar até mesmo as aquisições disfarçadas que o devedor faça em nome de terceiros, visando esconder os bens e, com isso, prejudicar os seus credores.

2.3 2. Simulação em aquisição em nome próprio

Não é só a aquisição em nome alheio que pode caracterizar fraude à execução ou contra credor. A aquisição feita pelo devedor ou responsável em nome próprio, também pode caracterizar a fraude, desde que esta aquisição seja realizada com propósito de prej udicar o credor e com isso, fraudar a execução. A compra simulada de um bem de pequeno valor, mas com o preço superfaturado, com a intenção de esconder valores que poderiam ser alcançado pela execução, também caracteriza fraude.

[2] Em data de 26-05-2015, na 1ª Vara da Comarca de Palmital-SP, foi deferida liminar para arrestar bem em nome de uma pessoa para assegurar execução em nome de outra em face de indício de simulação e ocultação de bens. Ação cautelar. Processo físico nº 0001476-70.2015.8.26.0415. 1ª Juiz VICTOR GARMS GONÇALVES.

[3] "AÇÃO CAUTELAR DE ARRESTO. INDÍCIOS DE FRAUDE CONTRA CREDORES. PREVALÊNCIA DO ARRESTO. IMISSÃO DE POSSE. 1. Havendo indícios de que o Réu tem o costume de adquirir bens em nome de terceiros, com o intuito de distanciar o seu patrimônio dos seus credores, é cabível a medida judicial de arresto, nos termos do artigo 813, do CPC. TJGO. AI. nº 0394255-60.2014.8.09.0000 (201493942557), 5ª Câmara, rel. Des. Francisco Vildon j. Valente, julgado em 25.01.2015. VU. DJGO, 06/02/2015, p. 247. Também Revista Magister de Direito Civil e Processual Civil, v. 64, p. 152, ementa 64/04. De jan/fev/2015.

Exemplo de aquisição em nome próprio, feita pelo devedor ou responsável em fraude contra credor ou à execução, pode ser encontrado no caso em que a pessoa executada para evitar a penhora sobre quantia maior da qual é titular, depositada em estabelecimento bancário, retira o valor e simula utilização deste em sua totalidade para compra de um bem de pequeno valor, mas declarando a compra como se fosse por valor maior, para esconder a sobra do dinheiro. Imagine-se, alguém que tem reserva de dinheiro em torno de um milhão de reais, adquire um bem por cinqüenta mil reais, mas faz constar no contrato ou na escritura que foi pago o valor de um milhão de reais, escondendo-se, os restantes novecentos e cinquenta mil reais para não serem alcançados pela execução.

Nota-se, nesse caso que antes o credor ou o exeqüente poderia penhorar a totalidade do dinheiro, depois, com a compra simulada em valor maior, o dinheiro restante desaparece e, o exeqüente somente poderá penhorar o bem de menor valor e insuficiente para satisfazer a obrigação. Também no caso de recebimento pelo devedor ou responsável de valor maior, que é utilizado para compra de bem de valor menor, mas com superfaturamento simulando compra de valor maior, somente para afastar o remanescente do alcance da execução, também configura fraude à execução ou ao credor.

3. Fraude contra o credor

O inciso VI, do art. 790, do CPC/2015, diz que fica sujeito à execução o bem cuja alienação ou gravação com ônus real tenha sido anulada em razão do reconhecimento, em ação autônoma, de fraude contra credores. Ao mesmo tempo, em que representa uma evolução ao falar em necessidade de ação autônoma para declaração da fraude, de outro lado, comete-se o erro, de falar em anulação do negócio jurídico.

Este dispositivo não tinha correspondência no CPC/1973. A fraude contra credores era tratada no Código Civil e considerada instituto de direito civil. Todavia, agora ganhou atenção da legislação processual, sendo incluída no contexto do CPC/2015.

Esta nova norma manteve o mesmo equívoco a que se submeteram a doutrina e a jurisprudência no século passado. Continua o mesmo erro em dizer que a fraude contra credor implica em anulação da venda ou da gravação com ônus real. Neste passo, o CPC/2015, em nada evoluiu, pois, continua falando em anulação, quando a melhor técnica indica tratar-se de caso de ineficácia. Melhor laboram a doutrina e a jurisprudência, que desde há muito descobriram este equívoco e têm afirmado que o caso é de ineficácia em face de quem já era credor na época da disposição e não de anulação do negócio jurídico[4].

[4] "VI. A fraude contra credores, proclamada em ação pauliana, não acarreta a anulação do ato de alienação, mas, sim, a invalidade com relação ao credor vencedor da ação pauliana, e nos limites do débito

Fosse caso de anulação do ato de alienação, o bem voltaria ao antigo proprietário e poderia ser alcançado por dívidas posteriores, beneficiando até mesmo quem não era credor à época da alienação ou da instituição do ônus real. Todavia, isso não ocorre. O bem não volta ao antigo proprietário, apenas será objeto de penhora pelo credor que já o era à época do ato, não podendo beneficiar eventuais credores posteriores[5].

3.1. Caracterização da fraude contra credores (interpretação extensiva)

A norma do artigo em comento (CPC/2015, 790, VI), fala que ficam sujeitos à execução os bens alienados ou onerados em fraude contra credores. Ao falar somente em alienação ou oneração, a norma disse menos do que pretendia. Não é só a alienação e/ou a oneração de bens pelo devedor ou responsável que podem caracterizar a fraude contra credor. Qualquer que seja o ato de disposição em prejuízo do credor, em que o devedor em conluio com terceiro, vise retirar algum bem do alcance da execução e prejudicar seu credor, já se caracteriza fraude contra credor.

Não é só a alienação ou a oneração de bens próprios com fim de burlar a lei e direitos dos credores, que implicam em fraude contra credores. Pode parecer estranho, mas, também a aquisição de bens pelo devedor através de atos simulados para disfarçar as aparências e encobrir o negócio realizado com o fim de prejudicar os credores, configura fraude contra credores. Quaisquer aquisições que o devedor fizer através de disfarces visando esconder o bem para não ser alcançado pelo credor, já configura fraude contra credor. Não é só a alienação

do devedor para com este". STJ. REsp. 971.884-PR. (2007/0178029-4), j. 22-3-2011, Dje 16-02-2012. Rel. Sidnei Beneti. RDDP, v. 109, p. 181, de abril, 2012.

"Fraude contra credores – Efeitos – Ineficácia do ato em face do credor, e não anulação – Interpretação dos arts. 106, 107 e 118, do CC/1916 – Recurso provido para esse fim". TJSP – ap. 55.091-1. Rel. Des. Cândido Dinamarco. RJTJSP-Lex, v. 95, p. 32.

5 "Registre-se, ainda, que a revocatória, por sua natureza e finalidade, não visa à satisfação do crédito por via direta, mas viabilizar o processo executivo, mediante a declaração de *ineficácia* jurídica do negócio fraudulento em relação ao credor, na exata medida do prejuízo que tenha sofrido, consoante jurisprudência do STJ, in verbis:

2. A fraude contra credores *não gera a anulabilidade do negócio* – já que o retorno, puro e simples ao *status quo ante poderia beneficiar credores supervenientes à alienação, que não foram vítimas de fraude alguma,* e que não poderiam alimentar expectativa legítima de se satisfazerem à custa do bem alienado ou onerado.

3. Portanto, a ação pauliana, que, segundo o próprio Código Civil, *só pode ser intentada pelos credores que já o eram ao tempo em que se deu a fraude* (art. 158, § 2º; CC/16, par. único), *não conduz a uma sentença anulatória do negócio, mas sim à de retirada parcial de sua eficácia, em relação a determinados credores,* permitindo-lhes excutir os bens que foram maliciosamente alienados, restabelecendo sobre eles, *não a propriedade do alienante, mas a responsabilidade por suas dívidas..*

5. REsp provido (REsp 50631/MS, rel. Ministro TEORI ALBINO ZAVASCKI. 1ª T. 15/08/2006, DJ 31/08/2006, p. 198)". TRF-3ª R. 2ª Turma. 00019 – Apelação Cível nº 1204331-75.1995.4.03.6112/SP – 2008.03.99.018910-4/SP, j. 18-08-2014, Des. Batista Gonçalves. DJF – 3ª Região, disponibilizado em 5.09.2014, arquivo 537, publicação 5. Grifos nossos.

ou oneração, como diz a lei, mas também a compra simulada em nome de terceiros, visando impedir a execução sobre o bem, da mesma forma, implica em fraude contra credores ou fraude à execução[6], ou até mesmo a compra em nome próprio, mas, superfaturada para simular custo maior e possibilitar o desvio da quantia remanescente, também constitui fraude.

Desta forma, para averiguar a existência de fraude contra credores, não se pode utilizar de interpretação restritiva, pois, o caso exige que se dê interpretação extensiva, para alcançar até mesmo as aquisições disfarçadas que o devedor faça em nome de terceiros, visando esconder os bens e, com isso, prejudicar os seus credores.

4. Fraude à execução

O *caput* do CPC/2015, art. 792 afirma que a alienação ou a oneração de bem é considerada fraude à execução, nos casos que indicados nos incisos I a V. Aqui também o legislador não foi feliz na redação da norma, porque se referiu apenas aos casos de alienação ou oneração, não se lembrando de que o executado poderá se utilizar de outros expedientes fraudulentos e, com isso, prejudicar o credor.

Ao instituir a figura da fraude à execução a norma brasileira distanciou dos demais sistemas estrangeiros, porque estes não conhecem e nem contemplam a figura da fraude à execução. Trata-se de figura jurídica exclusivamente brasileira, sem nenhum parâmetro em outras legislações. Os demais sistemas contemplam apenas a figura da fraude ao credor, o que evidentemente já é o suficiente. Instituir duas figuras diferentes que têm a mesma finalidade que é a defesa dos direitos do credor ou a proteção do credor para recebimento do seu crédito é, algo extravagante e, sem sentido. As duas fraudes, aquela contra o credor e a outra contra a execução são irmãs gêmeas, como foi anotado em nosso livro *Fraude à execução e direito de defesa do adquirente,* São Paulo: Editora Juarez de Oliveira, 2002. As duas figuras visam proteção do credor, motivo pelo qual os países estrangeiros só adotam a fraude contra o credor. A doutrina e a jurisprudência de forma equivocada procuravam distinguir a fraude ao credor da fraude à execução, sob a falsa idéia de que a primeira era matéria de direito civil e exigia o elemento subjetivo que era a vontade de fraudar, porquanto a segunda era de natureza processual e de caráter objetivo, não se exigindo o elemento subjetivo. Nada mais,

6 "AÇÃO CAUTELAR DE ARRESTO. INDÍCIOS DE FRAUDE CONTRA CREDORES. PREVALÊNCIA DO ARRESTO. IMISSÃO DE POSSE.
1. Havendo indícios de que o Réu tem o costume de adquirir bens em nome de terceiros, com o intuito de distanciar o seu patrimônio dos seus credores, é cabível a medida judicial de arresto, nos termos do artigo 813, do CPC. TJGO. AI. nº 0394255-60.2014.8.09.0000 (201493942557), 5ª Câmara, rel. Des. Francisco Vildon j. Valente, julgado em 25.01.2015. VU. DJGO, 06/02/2015, p. 247. Também Revista Magister de Direito Civil e Processual Civil, v. 64, p. 152, ementa 64/04. De jan/fev/2015.

pueril. O elemento subjetivo é ínsito em qualquer modalidade de fraude, não se podendo falar em fraude objetiva. Toda fraude exige o elemento subjetivo que é a vontade livre e a finalidade de fraudar. Melhor decidiu o Tribunal Superior do Trabalho, ao reconhecer a impossibilidade da existência de fraude objetiva[7].

Podem ser encontradas no mundo dos negócios ou nas relações sociais, as mais diferentes modalidades de fraude. Mas todas elas trazem ínsitas em si o elemento subjetivo que a vontade livre e consciente de fraudar (enganar, iludir etc), somada à finalidade de prejudicar o outro em proveito próprio ou de terceiro. É exatamente a junção desses dois elementos (vontade de fraudar) e a finalidade de prejudicar alguém, que constituem o dolo nos crimes de fraude previstos nos arts. 171 a 179, do Código Penal. Com acerto o legislador penal exige o dolo para a configuração de qualquer delito que é praticado na modalidade de fraude. Coincidentemente, o art. 179 do CP, cuida exatamente do crime de fraude à execução, que somente é caracterizado quando presente o dolo, como acontece com os outros casos em outras modalidades de fraude. O legislador cível não se apercebeu disso e trata a fraude à execução diferentemente do Código Penal, como se ela pudesse ser objetiva, quando se sabe que nenhuma fraude pode ser objetiva, porque é de sua índole o caráter subjetivo, que para caracterização é necessária a prova do dolo.

Seria de manifesta incoerência e incompatibilidade entre as normas de direito penal que exige com acerto a presença de dolo para a caracterização do crime de fraude à execução (art. 179, do CP) e, de outro lado, a legislação civil, equivocadamente dispensar a presença de dolo (elemento subjetivo) para configurar a fraude à execução. Ora, o elemento subjetivo deve estar presente em qualquer modalidade de fraude, porque sem a vontade livre e o agir com dolo, fraude alguma existirá.

4.1. Ação de direito real ou pretensão reipersecutória

O inciso I, do art. 792, do CPC/2015, abre a lista dos casos considerados alienação ou oneração em fraude à execução, dizendo que assim se dá, quando sobre o bem pender ação fundada em direito real ou com pretensão reipersecutória, desde que a pendência do processo tenha sido averbada no respectivo registro público, se houver.

[7] "A configuração de fraude à execução não pode ser absolutamente objetiva. Não se deve presumir que a adquirente do imóvel tivesse conhecimento de que o negócio jurídico em questão era viciado, para enquadrar-se, em tese, nos requisitos da fraude à execução. A ciência, pelo adquirente, da existência de demanda contra o alienante, constitui elemento subjetivo essencial para se perquirir sua qualidade, ou não, de terceiro de boa-fé. Na hipótese em questão, não há prova de que o ato alienatório foi praticado com a finalidade de frustrar a execução e de que a adquirente do bem tivesse conhecimento de procedimentos executórios os quais pudessem reduzir o devedor à insolvência, segundo a previsão do art. 593, II, do CPC". TST – 8ª T. RR.894-47.2011.5.10.0014. rel. Min. Dora Maria da Costa, j. 11-12-2013.

Com essa disposição o CPC/2015 inovou-se e, assim o fez, para melhor. O CPC/1973, não tinha norma semelhante a esta parte final deste inciso. Não exigia a norma anterior, como o faz agora, exigindo para a configuração da fraude à execução que a demanda de cognição esteja averbada no respectivo registro público. Sobre este assunto ver nosso: *Fraude à execução e direito de defesa do adquirente*, São Paulo: Editora Juarez de Oliveira, 2002, ressalvado eventual engano, foi a primeira obra a tratar de tal requisito.

Trata-se de normatização nova, cuja exigência de averbação em registro público para se ter a fraude à execução agora é exigência legal e sem o registro da ação junto à matrícula do imóvel, não mais se pode falar em fraude à execução[8].

Não havendo a averbação da ação de conhecimento, não há como o adquirente do bem saber da existência daquela. A omissão do diploma anterior fez com que o Judiciário se tornasse palco de incontáveis injustiças, julgando como fraude à execução as aquisições de boa-fé, sem que o terceiro adquirente soubesse da existência de demanda vinculativa da coisa. Este inciso trata de ação de conhecimento e não ainda de processo de execução, exigindo-se que para a configuração de fraude à execução, antes precisa haver a averbação no registro público. A jurisprudência do STJ, já vinha decidindo neste sentido[9].

4.2. Averbação da pendência do processo

Para a ocorrência da fraude à execução, a lei exige que a existência de execução em andamento deva estar averbada no registro público da localização do imóvel, ao dizer que somente ocorre a fraude à execução quando tiver sido averbada, no registro do bem, a pendência do processo de execução, na forma do art. 828 (CPC/2015, art. 792, II). Este inciso em muito se assemelha com o anterior. Diferencia apenas, porque aqui já se refere à ação de execução e o anterior ao processo de conhecimento. No mais, as semelhanças entre ambos são notáveis. Este inciso traz inovação interessante e necessária, que não continha na legislação precedente. Ante a omissão da legislação anterior chegava-se ao absurdo de se

[8] "ALIENAÇÃO POSTERIOR À CITAÇÃO DE UM DOS DEVEDORES. FRAUDE À EXECUÇÃO. NÃO OCORRÊNCIA. TERCEIRO ADQUIRENTE DE BOA-FÉ. Ausência de registro junto à matrícula do imóvel. Sumula nº 375 do STJ. Má-fé não comprovada. Precedentes do STJ". TJPR. AgInstr 0953216-3, 7ª C.Civ; rel. Juiz conv. Victor Martin Batschke. DJPR 05/12/2012, p. 287. RMDCPC, v. 51, p. 157, Nov/dez, 2012.

[9] Fraude à execução – Veículo automotor – Inexistência de restrição junto ao Detran – Boa-fé do adquirente – CPC, art. 593, II. 1. Não se configura fraude à execeção inexistindo qualquer restrição no Detran que pudesse levar à indicação da ocorrência do *consilium fraudis*. 2. Ademais, em se tratando de bem móvel, não há a praxe de os compradores pesquisarem junto a cartórios de distribuição e protesto para verificar se contra o vendedor pesa alguma dívida ou ação. 3. Precedentes do STJ. 4 – Recurso especial não conhecido. STJ – 4º T. REsp nº 618.444-SC. Rel. Min. Aldir Passarinho Junior. J. 7/4/2005. VU. Bol. AASP 2435, p. 1079, de 5 a 11-09-2005.

considerar em fraude à execução, a alienação ou a oneração de bem, mesmo sem a existência de averbação do processo de execução. Agora, inovando e o fazendo para melhor, o inciso II, passou a exigir que se faça a averbação da execução, para somente depois, poder atribuir-se ao adquirente ou titular de ônus reais sobre a coisa, a pecha de fraude à execução (CPC/2015, art. 828, § 4º).

Agora somente a partir da averbação da execução no registro público é que se poderá pensar em fraude à execução. Só com a averbação da ação (CPC/2015, art. 828, § 4º), é que surge a relativa presunção de fraude de execução. Mesmo assim, cuida-se de *presunção relativa* (não absoluta), visto que, o terceiro adquirente pode apresentar sua defesa (CF/1988, art. 5º, LIV e LV) e demonstrar a inexistência de fraude. Pode o terceiro adquirente demonstrar que a dívida alegada não passa de simulação (portanto, inexistente), que existia, mas, ocorreu fato extintivo ou modificativo, como no caso de pagamento, prescrição, novação, perdão ou que por qualquer outro motivo não pode ser exigida. É de se esclarecer que o sistema nacional não mais admite *presunção absoluta (júri et júri)* como o fazia antigamente.

Presunção absoluta (juri et juri) era aquela que não admitia defesa ou contestação, vivia sobre os auspícios da arbitrariedade, da prepotência, da arrogância, da verdade sabida entre outros males. Hoje em qualquer processo ou procedimento é obrigatória a concessão da defesa (CF/1988, art. 5º, LV) e, se fosse, caso de *presunção absoluta*, não haveria defesa e nem contestação, coisa que o sistema constitucional atual não admite, como foi tratado com maiores detalhes em nosso livro *Fraude à execução e direito de defesa do adquirente*, Editora Juarez de Oliveira, 2002.

4.3. Averbação no registro

O inciso III do art. 792, já se refere à existência de ônus judiciais sobre o bem, tais como a hipoteca judiciária ou qualquer outra constrição judicial, mas, da mesma forma exige que estes ônus sejam averbados no registro do bem e, por isso, fez a exigência de que só se dá a fraude à execução quando tiver sido averbado, no registro do bem, hipoteca judiciária ou outro ato de constrição judicial originário do processo onde foi arguida a fraude;

A averbação no registro público, de penhora, arresto, hipoteca ou qualquer outro ato de constrição, é requisito necessário para configurar a fraude à execução, embora não seja o único requisito[10].

Trata-se de norma original sem correspondência na sistemática anterior. Inovou-se para melhor. Mais uma vez, e a exemplo dos incisos anteriores, aqui também exige para a configuração da fraude à execução, que antes se faça a averbação

[10] "1.2. O reconhecimento da fraude de execução depende do registro da penhora do bem alienado ou da prova de má-fé do terceiro adquirente (Súmula n. 375/STJ). STJ – REsp nº 956.943-PR (2007/0124251-8). DJe 01/12/2014.

do ônus que recai sobre a coisa. Sem anterior averbação da ação ou da constrição da coisa no registro público, não haverá fraude à execução[11].

Nada mais natural. É até mesmo de se estranhar porque antes se permitia alegar fraude mesmo sem qualquer registro. Sem a averbação no registro público o processo não ganha a publicidade necessária e não chega ao conhecimento de terceiros.

4.4. Ação contra o devedor

Afirma o inciso IV do art. 792 do CPC/2015, que será em fraude à execução quando, ao tempo da alienação ou da oneração, tramitava contra o devedor ação capaz de reduzi-lo à insolvência.

A norma deste inciso manteve, em linhas gerais, a disposição da sistemática anterior, considerando em fraude à execução, a alienação ou oneração de bens ou direitos enquanto pende ação *capaz* de levar o devedor à insolvência. Não é difícil compreender que a alienação ou a oneração de bens ou direitos que possam levar o devedor à insolvência, configura fraude, pois, pode trazer a intenção de prejudicar o futuro credor. O texto parece incoerente, pois se é a ação que é vai reduzir o devedor à insolvência, a legislação, mesmo sem que o legislador se percebesse, acabou por afirmar que enquanto tramita a ação e não havendo julgamento a respeito, o réu ainda é solvente. Se, afirma que o devedor somente vai se tornar insolvente, após o julgamento, deixa a entender que a venda antes do julgado não pode ser considerada em fraude à execução. De outra forma, o vendedor quando já é devedor, ao assim agir com a finalidade de prejudicar o credor, dúvida nenhuma haverá de que seu ato configura fraude à execução. No entanto, a norma fala em ação contra o devedor *capaz* de levá-lo à insolvência. Se assim é, então o devedor ainda é solvente e, somente se tornará insolvente depois do resultado da demanda ao final, se sair vencido. Caso, ao final, o devedor seja o vencedor da demanda não se configura a insolvência. Como ficará a venda ou a oneração nesse caso? Deixa-se de ser em fraude à execução ou já não foi feita em fraude à execução? Uma coisa é certa, ao alienar ou onerar a coisa, ainda não havia a insolvência, pois, se esta já existisse, não havia razão de se falar em ação capaz de levá-lo a tal situação. Sobre essa questão é que não se acha explicação na legislação pátria. Talvez, por isso, é que nenhuma outra legislação estrangeira, tenha adotado esta figura, preferindo ficar somente com a fraude contra credores.

[11] 3/27258 – Súmula 375. Fraude à execução – registro da penhora do bem alienado – prova de má-fé do terceiro adquirente – dependência. "O reconhecimento da fraude à execução depende do registro da penhora do bem alienado ou da prova de má-fé do terceiro adquirente". STJ. DJe 30-03-2009, rep. DJe STJ 31-03-2009, rep. Dje. STJ, 01-04-2009.

O texto deste inciso mais se adéqua ao instituto da fraude contra credores que é mais abrangente do que a fraude à execução. Utiliza-se o nome de fraude à execução, mas, trata-se de negociação que mais se aproxima da fraude ao credor[12].

Aqui também a legislação disse menos do queria ou seria lógico dizer. Ao falar apenas em alienação ou oneração, limitou-se a possibilidade de ocorrência de fraude à execução, silenciando-se a respeito de eventual aquisição (compra) que se feita de forma simulada, em que o devedor procura dar a idéia de que o verdadeiro comprador seja terceiro e, não ele, o devedor. Isto se dá, por exemplo, quando o devedor adquire bens em nome de terceiro, disfarçando para encobrir a verdadeira titularidade da propriedade[13]. Ainda, pode ocorrer fraude à execução quando o devedor contrai dívidas ou simula contraí-las, permitindo que seus bens levados à hasta pública para pagamento destas dívidas maliciosamente contraídas[14].

4.4.1. A insolvência e a fraude à execução

O legislador do CPC/2015 titubeou-se entre colocar a fraude à execução depois da existência de insolvência, ou a colocar antes da existência desta. Os institutos da fraude contra o credor, e da fraude à execução visam proteger o credor e garantirem o cumprimento da obrigação pelo devedor. Tanto uma, como a outra, tem por finalidade proteger o crédito e autoriza o credor alcançar o bem nas mãos de quem quer que seja. Por isso, é que nestes casos, considera-se ineficaz qualquer ato de disposição de bem ou mesmo de aquisição de certa coisa desde que feita de forma simulada com o fim de impedir que a coisa seja alcançada pela execução para cumprimento da obrigação devida.

Mas, para que o negócio jurídico seja considerado ineficaz frente ao credor, necessário se faz, que antes se instale a insolvência do obrigado[15]. Vê-se, pois, que

[12] Ver nosso: *Fraude à execução e direito de defesa do adquirente.* São Paulo: Editora Juarez de Oliveira, 2002.

[13] Neste sentido julgou o Tribunal de Justiça de Goiás no AI. nº 0394255-60.2014.8.09.0000 (201493942557), 5ª Câmara, rel. Des. Francisco Vildon J. Valente, em 25.01.2015. VU. Publicado no DJGO, de 06/02/2015, p. 247, e também na Revista Magister de Direito Civil e Processual Civil, v. 64, p. 152, ementa 64/04, de jan/fev/2015.

[14] "Há no caso concreto situação, anterior à execução, que até denotaria que a dívida contraída com o adquirente do bem do executado poderia ter sido em fraude de credores, porque posterior à dívida em execução, já se encontrando o devedor, praticamente, em estado de insolvência, fato que ensejaria, em tese, o exercício de ação pauliana". STJ – REsp. nº 7.712, 3ª T. rel. Min. Trindade Dias, j. 09-04-1991. JTARGS, nº 77, p. 343: Porto Alegre-RS:, março, de 1991.

[15] "Fraude à execução – Inexistência de comprovação da insolvência do devedor – Ônus probatório da credora – Art. 593, II, *in fine,* do CPC – inviabilidade do reconhecimento da fraude – Recurso provido". "Para que possa ser reconhecida a existência de qualquer fraude à execução, deverá ocorrer a demonstração da insolvência do devedor executado, cujo ônus probatório é da credora". (1º TACivSP. 7ª câm. Ap. 940.835-3. j. 17-8-2004. vu). Bol. AASP. Ementário, nº 2465, p. 1175, de 3 a 9 de abril de 2006.

a insolvência do devedor é elemento obrigatório. Sem a insolvência, não se pode falar em fraude contra credor e nem em fraude à execução.

4.4.2. Inexistência de fraude sem insolvência

Neste caso, a insolvência é elemento essencial para a ocorrência de fraude à execução e precisa ser demonstrada em procedimento próprio, devendo assim ser considerada depois de devidamente comprovada. Por isso não pode haver presunção de insolvência enquanto pender ação alguma. O legislador fala em ação capaz de reduzir o devedor à insolvência, não se atentando que, se é a ação quem está em andamento e que poderá causar a insolvência, é porque esta ainda não existe. É mais uma das incoerências do sistema, pois, se ainda pende a ação é porque ela não está decidida e, por não estar decidida, não pode produzir efeitos. Se ainda não pode produzir efeitos, não pode antes do julgamento, produzir a insolvência do devedor. Não é sem razão que julgadores conscientes já decidiram pela necessidade de prova de insolvência para reconhecimento da fraude à execução[16].

Quando a ação ainda está em pendência (CPC/2015, art. 792, IV), ainda não há a insolvência, que somente pode aparecer depois do julgamento e, ainda, a depender do resultado da demanda. Caso o resultado da ação seja favorável ao réu, jamais esta ação produzirá a insolvência. A ação pendente poderá reduzir o devedor à insolvência, bem como poderá não fazê-lo, a depender do resultado de seu julgamento.

4.4.3. Insolvência e prejuízo ao credor

A insolvência é elemento necessário para que se possa pensar em fraude contra o credor ou em fraude à execução. Todavia, não é suficiente para tal configuração. É um elemento necessário, mas não único. Além da insolvência que deve existir no momento em que é realizado o negócio jurídico, outro elemento da mais alta importância precisa se fazer presente – é o prejuízo. Sem prejuízo não há fraude. Sem a presença da insolvência não se pode falar em fraude contra credor e nem em fraude à execução. Primeiro demonstra-se a existência da insolvência, depois há de se demonstrar se esta insolvência prejudicou o credor. Pode ocorrer insolvência do devedor, sem que esta prejudique o credor.

Quando a insolvência, por si só, não causar prejuízo para o credor, não se dará a fraude[17]. Inúmeros são os casos, em que, apesar da figura da insolvência,

[16] "Alegação de fraude à execução – Existência de indícios – Necessidade de apuração e decretação da fraude por meio da via própria da ação pauliana – Pleito negado. Recurso não provido". TJSP – AI. 7.361.274-5, j. 13-08-2009, rel. Des. Soares Levada. JTJSP-Lex, 341, p. 167, outubro, 2009.

[17] "O exeqüente deve comprovar o requisito objetivo, isto é, o dano decorrente da insolvência a que supostamente chegou o devedor, seja pela alienação de bem ou por sua oneração. Além disso, também deve provar o requisito subjetivo (ciência da demanda em curso) se a ação não foi inscrita no registro

esta não é capaz de, por si só, dar prejuízo ao credor. São os casos em que apesar da alienação ou da oneração ser capaz de tornar o devedor insolvente, mas, tais bens sejam insuscetíveis de serem vinculados ao pagamento ou constritos para garantir à execução.

Os bens impenhoráveis, ainda que alienados durante o trâmite de qualquer ação em face do devedor, cuja alienação ou oneração possa causar a insolvência, esta não causa prejuízo ao credor porque este já não podia perseguir (penhorar, arrestar etc) o bem, mesmo antes da venda ou da oneração, por se tratar de bens impenhoráveis (art. CPC/2015, arts. 832 e 833) Neste sentido já existe precedente jurisprudencial[18].

Desta forma não é a simples insolvência, capaz de causar prejuízo ao credor e, sem prejuízo, não poderá ser o negócio jurídico considerado em fraude à execução ou em fraude ao credor. Outros bens existem que, em princípio, são considerados penhoráveis, mas, quando vinculados a certos e determinados direitos, deixam de sê-lo. É o que acontece com o imóvel que é destinado para moradia do cônjuge sobrevivente, sobre ele recaindo o direito real de habitação vitalício e gracioso (CC/2002, art. 1.831). O direito de habitação destinado a garantir a moradia ao cônjuge supérstite, não se confunde com o direito de propriedade, mas, é direito real de habitação, vitalício e gratuito, sendo, por isso, impenhorável e não sujeito à configuração de fraude ao credor ou à execução[19].

Os bens com estas qualificações não podem ser objeto de constrição para pagamento de dívida e nem para cumprimento de outra obrigação que possa prejudicar os direitos dos interessados, não são suscetíveis de serem objetos de fraude contra o credor e nem de fraude à execução. A insolvência do executado, sem causar prejuízo ao credor, não configura fraude à execução e nem fraude contra o credor. Para que seja configurada fraude é necessária a presença da

público". TJMG. Ap. 1.0022.04.138960-0/001. j.24-09-2008. Rel. Des. Nicolau Masselli, JM, v. 186, p. 268, de julho/setembro, 2008.

[18] "3. Quando se trata da alienação ou oneração do próprio bem impenhorável, nos termos da Lei n. 8.009/90, entende-se pela inviabilidade da referida Lei de caracterização da fraude à execução, haja vista que, consubstanciando imóvel absolutamente insuscetível de constrição, não há falar em sua vinculação à satisfação da execução, razão pela qual carece ao exeqüente interesse jurídico na declaração de ineficácia do negócio jurídico. Precedentes.". STJ – 4ª Turma. REsp nº 1.227.366-RS (2011/0000140-0). Rel. Min. Luis Felipe Salomão, j. 21-10-2014. Publicado no DJe 17-11-2014 e na Revista Dialética de Direito Processual, v. 143, p. 201. São Paulo: Dialética, fevereiro, 2015.

[19] "Direito real de habitação sobre coisa alheia de natureza indivisível e necessariamente gratuita – inteligência do art. 1.415 do CC/2002". TJDF-EI na Ap. 200.2011005695-7 – 2ª CDPriv – j. 18-08-2008 – mv. rel. Des. Cruz Macedo – RT. v. 879, p. 306, de janeiro, 2009.

"O cônjuge superstite casado pelo regime da comunhão parcial de bens participa da herança em relação aos bens particulares e possui direito real de habitação em relação ao imóvel destinado á residência da família, quando for o único daquela natureza a inventariar". TJRS.l 7ª CC. rel. Des. Jorge Luis Dall'Agnol. AI. 70059170324. J. 2.7.2014. v.u. Bol. AASP. nº 2917, p. 12, de 01 a 07 de dezembro de 2014.

insolvência e, ainda, a prova do prejuízo ao credor, somados aos demais requisitos do art. 792, do CPC/2015. Além da insolvência, do prejuízo, exige-se, ainda que o devedor ou o responsável tenha agido com a vontade livre e consciente que queria dar prejuízo ao credor. Sem este elemento subjetivo, consistente no dolo e vontade de prejudicar o credor não se configura a fraude.

4.4.4. Insolvência e inexistência de fraude

A existência de insolvência do devedor ou do responsável é um dos requisitos necessários para verificação da ocorrência de fraude à execução ou de fraude contra o credor. É necessária, mas não é o único requisito. Não é sempre que a presença da insolvência vai inferir a existência de fraude à execução ou ao credor, porque fraude somente existe quando há a vontade deliberada de causar prejuízo ao credor. É o dolo específico que incrementa a figura da ação fraude[20].

Considerando-se que toda modalidade de fraude para a sua configuração exige-se o elemento subjetivo do agente, como acontece na desconsideração de personalidade jurídica, para ocorrer motivação para a sua decretação, no caso de fraude também é necessário que antes se apure o comportamento do agente, para averiguação se houve ou não dolo por parte do agente, com a finalidade de prejudicar o credor.

Como acontece nos casos de desconsideração da personalidade jurídica em que o simples encerramento das atividades da sociedade ou a sua dissolução pura e simples não constitui motivo para a sua declaração, exigindo o dolo e a finalidade de prejudicar terceiros[21], sem o qual, não pode ser caso de desconsideração de personalidade jurídica. O caso de fraude à execução ou fraude contra o credor, exige da mesma forma o elemento subjetivo consubstanciado no dolo com a finalidade de fraudar. Sem o dolo específico pelo qual fica manifesto o ânimo (desejo) de fraudar, não existe fraude.

4.4.5. Demais casos de fraude

O inciso V do art. 792, CPC/2015, deixa clara a possibilidade de outras normas também tratar do assunto relacionado à fraude à execução, quando indica que tal pode se dar nos demais casos expressos em lei. Repete-se a redação da siste-

[20] "Para a aplicação da teoria maior da desconsideração da personalidade social, exige-se o dolo das pessoas naturais que estão por trás da sociedade desvirtuando-lhe os fins institucionais e servindo-se os sócios ou administradores desta para lesar credores ou terceiros". STJ –ED em REsp 1.306.553/SC, 2ª Seção, j. 10-12-2014. Rel. Min. Maria Isabel Gallotti. RMDCPC, v. 64, p. 16, de jan/fev, 2015.

[21] "Não se quer dizer com isso que o encerramento da sociedade jamais será causa de desconsideração de sua personalidade, mas que somente o será quando sua dissolução ou inatividade irregulares **tenham o fim de fraudar a lei**[...]". STJ –ED em REsp 1.306.553/SC, 2ª Seção, j. 10-12-2014. Rel. Min. Maria Isabel Gallotti. RMDCPC, v. 64, p. 16, de jan/fev, 2015.

mática anterior. Parece dizer o obvio. Porque para haver fraude à execução sempre vai precisar de previsão expressa em lei. O que mais parece é que o código de processo civil quis apenas dizer que não é exclusividade dele disciplinar a fraude à execução, sendo que esta pode ser prevista em qualquer outra norma, seja específica, seja de caráter geral. O que importa é que somente poderá haver fraude à execução quando existir lei expressa, em face da garantia constitucional de que ninguém será obrigado a fazer ou deixar de fazer alguma coisa, senão em virtude de lei (CF/1988, art. 5º, II).

4.6. Inexistência de fraude à execução em certas alienações

Nem toda alienação ou oneração de bens pelo devedor vai configurar fraude. Bens existem que não será objeto de fraude à execução. Neste rol, podem ser indicados os bens impenhoráveis (CPC/2015, art. 833) o bem de família (Lei 8009/1990), os imóveis gravados com cláusula de impenhorabilidade ou inalienabilidade, bem como aqueles reservados ao cônjuge supérstite para lhe servir de residência em face do direito vitalício e gratuito de habitação. Os bens vinculados a estes direitos, ainda que alienados ou onerados pelo devedor, não são alcançados pela fraude e o negócio jurídico assim realizado, não será considerado fraudulento[22]

Esta é a melhor interpretação do direito, pois, se o devedor continuasse com o bem, a execução não poderia atingi-lo e o credor não poderia penhorá-lo. Se não poderia penhorá-lo sob o domínio do devedor por ser impenhorável, seria ilógico que pudesse sê-lo nas mãos de terceiros adquirentes. Se assim o fosse, o credor passaria a ter mais vantagem com a alienação do que, com a não alienação. Se a alienação pelo devedor viesse a proporcionar mais vantagem para credor, não se poderia falar em fraude na alienação, porque a razão deste instituto é evitar prejuízo, permitindo que o credor obtenha a constrição do bem com quem quer que seja. Toda fraude visa dar prejuízo a outrem, visando benefício próprio. Fraude à execução que viesse beneficiar o credor seria aberração jurídica, que não se pode admitir.

4.6.1. Bens alienados sem a vontade do executado

Como foi exposto acima, para que configure a fraude à execução, exigem-se vários requisitos, entre eles, o dolo que é a vontade livre e consciente de lesar o credor, o prejuízo que sem o mesmo não haverá fraude à execução e nem ao credor.

[22] "3. Quando se trata da alienação ou oneração do próprio bem impenhorável, nos termos da Lei n. 8.009/90, entende-se pela inviabilidade da referida Lei de caracterização da fraude à execução, haja vista que, consubstanciando imóvel absolutamente insuscetível de constrição, não há falar em sua vinculação à satisfação da execução, razão pela qual carece ao exeqüente interesse jurídico na declaração de ineficácia do negócio jurídico. Precedentes.". STJ – 4ª Turma. REsp nº 1.227.366-RS (2011/0000140-0). Rel. Min. Luis Felipe Salomão, j. 21-10-2014. DJe 17-11-2014. RDDP v. 143, p. 201, fevereiro, 2015.

O dolo é de exigência em qualquer negócio em que se queira atribuir a pecha de fraude. É o elemento subjetivo, que sem ele nunca haverá fraude.

Como exigência natural a qualquer fraude, quando se tratar de fraude à execução, também é necessária a vontade livre e consciente de fraudar, elemento ínsito no dolo. Sem a vontade de fraudar, não existe fraude. Por isso, foi afirmado que não é em toda alienação que se poderá cogitar da ocorrência de fraude.

Existem alienações, que não dependem da vontade do devedor ou responsável e que por isso, jamais poderá sofrer a pecha de fraudulenta. Isto porque, estas alienações são realizadas sem a vontade do proprietário, sendo que, sem essa vontade, não haverá dolo e não havendo dolo, não pode haver fraude. Muitos são os casos em que as alienações são realizadas sem a participação ou sem a vontade do proprietário. Exemplos disto encontram-se nas desapropriações pelos órgãos públicos (CF/1988, arts. 182, § 4º, III, 184 e 243), e nas alienações judiciais feitas em hastas públicas em execução (CPC/2015, art. 881), em ação de extinção condomínio entre outras (CPC/2015, art. 730), em caso de adjudicação compulsória (CPC/2015, art. 501) em que a vontade do proprietário não prevalece. Quando a vontade do proprietário não prepondera, não pode haver fraude à execução ou ao credor em virtude da ausência de dolo.

4.6.2. Bens alienados sem a espontaneidade do executado

Sabendo-se que entre os requisitos para a configuração da fraude à execução ou da fraude contra credor, está a vontade livre e espontânea do executado, quando faltar esta espontaneidade, não haverá fraude à execução. Isto porque, ninguém pratica fraude sem vontade livre e espontânea que são os elementos essências do dolo e sem dolo não há fraude[23].

Sem o acompanhamento da espontaneidade, não basta a simples vontade de alienar o bem. Vontade sem espontaneidade, não pode caracterizar a fraude. O executado que por algum motivo se sente ameaçado e para evitar mal maior, em relação a si ou a sua família, aliena a coisa, não a faz espontaneamente, não podendo este negócio ser considerado realizado em fraude à execução[24].

[23] "Mesmo aquele que estiver em pleno gozo de suas faculdades mentais e que em regra pode manifestar a sua vontade, pode em determinadas situações, ficar impedido da sua livre manifestação de vontade. É o que ocorre nos casos de ameaça, coação, estado de necessidade etc". SOUZA, Gelson Amaro de. *Fraude à execução e o direito de defesa do adquirente*.p. 84. São Paulo: Editora Juarez de Oliveira, 2002.

[24] "Imagine-se um caso real em que um cidadão estava sendo demandado e tinha patrimônio maior do que a eventual dívida discutida em demanda pendente sobre relação locatícia da qual ele era fiador. Em viagem de férias de fim de ano, tragicamente envolveu-se em acidente de automóveis em que sofreu ferimentos juntamente com vários familiares e alguns deles com ferimentos graves. Para internação hospitalar e as cirurgias urgentes, viu-se obrigado a garantir o hospital com depósito em cheque e por não possuir fundos suficientes viu-se obrigado a vender a quase totalidade de seus bens, com o pensamento voltado em socorrer os familiares acidentados. Nesse caso, o alienante acabou sendo vitorioso

A pessoa que diante da notícia de seqüestro de alguma pessoa da família, não encontrando outro meio para obter o dinheiro para o resgate e para salvar a vida da seqüestrada, aliena o bem sujeito à execução, mesmo assim, não pode ser considerado o negócio em fraude. O mesmo se dá com o demandado que diante de acidente ou doença na família, se vê em desespero e aliena o bem para custear tratamento médico ou hospitalar, mesmo que se possa falar em vontade, esta não livre e, por falta de espontaneidade, não pode ser considerada a venda em fraude à execução e nem em fraude contra o credor.

Em demonstração de que o direito é dinâmico e está em constante evolução, em julgamento recente restou reconhecido que para que exista fraude à execução é necessária a presença da intenção do devedor.[25]

5. Efeitos da fraude

No passado mais remoto a doutrina e a jurisprudência entendiam que a fraude à execução tinha como efeito, a nulidade absoluta[26]. A doutrina mais atenta, sempre repeliu essa idéia e apontou a ineficácia (não nulidade) como efeito da fraude à execução. Agora o CPC/2015 em seu art. 792, § 1º, reconhece que a alienação em fraude à execução é ineficaz em relação ao exeqüente, esclarecendo de vez que o efeito é apenas a ineficácia, afastando o erro do passado em que afirmava pela nulidade.

A norma anterior não continha texto semelhante. Não dispunha expressamente que a venda feita em fraude à execução era apenas ineficaz em face do exeqüente, o que levou muitos a pensarem que era caso de nulidade. Agora surgiu esta nova disposição como inovação no direito processual civil positivo pátrio. O efeito da alienação em fraude à execução sempre foi e é mesmo a ineficácia frente ao exeqüente que já era credor ao tempo da alienação. O que é inovação, na verdade, é a positivação, porque o conteúdo já era de aplicação pragmática[27].

na demanda referente à ação de cobrança de aluguel e não foi condenado a pagamento algum. Todavia, é de se imaginar o contrário, caso fosse ele condenado a responder pela dívida do inquilino. Teria ele alienado ou não em fraude de execução?" Idem, idem, p.85.

[25] "Pode o executado vender o seu imóvel residencial e comprar outro em lugar diverso, sem a intenção de fraude que, conforme bem ressaltado pelo juiz a quo, deve ser demonstrada e não presumida (...)" TRF. 4ª Região. AI 1999.04.01.088953-6- RS. 2ª T. Relatora Tânia Scobar. DJU 09.08.2000, pág. 146 e Revista de Estudos Tributários 17, pág. 105, Porto Alegre: Síntese,janeiro/fevereiro 2.001.

[26] "nula é a venda do imóvel feita posteriormente àquela, pois que se configura a fraude à execução". RT. 455/570, 514/232, 524/141, 554/232, 565/121, 567/102, 568/106 e 590/130.

[27] "Contudo, sem dúvida alguma, essa ineficácia, é em relação ao credor, e jamais entre as partes que constituíram o contrato, pois entre elas existe o liame de direito a uni-las e não poderia a decisão proclamar a nulidade também desse ato jurídico". TARGS, 7ª Câmara. Rel. Vicente Barrôco de Vasconcellos. JTARGS, v. 105, p. 279. Porto Alegre-RS: março, 1998.

Na prática já se reconhecia que em caso de fraude à execução, o caso não era de nulidade, mas, apenas de ineficácia e, mesmo assim, a venda é ineficaz somente em relação ao credor exeqüente que já o era ao tempo da alienação. Em outros termos – considera-se ineficaz a venda, a oneração ou aquisição simulada feitas em fraude à execução somente em relação a quem já era exeqüente, sendo a alienação e a oneração válida e eficaz em relação às demais pessoas e, ate mesmo contra eventuais credores que ainda não tinham ação movida em relação ao vendedor ou se já movida ação, mas sem a averbação desta no registro público. No passado, muitos aplicadores do direito, desavisadamente ao decidirem pela fraude à execução, proclamaram a anulação da venda, entendimento equivocado, porque com a anulação, a coisa voltava para o vendedor, incorporando novamente ao seu patrimônio, o que o bom senso jamais permitiu, porque em vez de punir o devedor fraudador, com a volta da coisa ao seu patrimônio, acabava por beneficiá-lo[28].

5.1. Validade da alienação em fraude à execução

A venda ou a oneração em fraude à execução não é nula e nem anulável. É ato perfeitamente válido e eficaz entre as partes contratantes. A ineficácia que pode advir da fraude à execução é somente em relação ao exequente que já o era no momento do negócio jurídico. Trata-se de simples ineficácia do negócio realizado em fraude à execução, somente em benefício do exequente, sendo, portanto, válido e eficaz, frente às demais pessoas. Tanto isso é verdade, que se o credor perdoar a dívida ou se a obrigação por qualquer outro motivo deixar de ser exigida, a ineficácia parcial desaparece e, o negócio, passa-se a ter eficácia total[29].

A finalidade do instituto da fraude é apenas a ineficácia do negócio frente ao credor que já o era ao tempo da operação. Não pode ser caso de nulidade, porque, se assim fosse, o negócio seria totalmente desfeito e a coisa alienada voltaria aos domínios do devedor faltoso, beneficiando-o com a volta do bem para o seu patrimônio, o que o bom sendo não pode permitir.

[28] Confira nosso: *Fraude à execução e direito de defesa do adquirente*. São Paulo: Juarez de Oliveira, 2002.

[29] "Não se pode olvidar que a alienação ou oneração em fraude de execução não é nula, mas apenas ineficaz relativamente ao juízo da execução (RT 594/122, 741/318, JTJ 174/37, JTA 88/358, 100/61, 104/354). Citado em JTJ 300/45.

1. A alienação havida em fraude de execução é válida e existente entre o alienante e o adquirente, somente não podendo ser oponível em face do credor da ação em que a alienação fraudulenta foi reconhecida (arts. 592, V e 593 do CPC). II – somente pelo reconhecimento de fraude contra credores, por meio de ação própria, o negócio jurídico seria anulado retornando o bem ao patrimônio do alienante, fazendo com que todos os demais credores pudessem penhorar o imóvel (arts. 158 e 171, II, do CC)". TRT-24ª R. 0057000-08.2007.5.24.0005 – Ap. 2ª T. rel. Des. Nicanor de Araújo Lima, j.14.09.2011. Justiça do Trabalho-HS, v. 334, p. 114. Porto Alegre-RS: HS, outubro, de 2011.

5.2. Eficácia da alienação

A alienação ou oneração feita em fraude ao credor ou à execução, é existente, válida e eficaz para os demais membros da sociedade. Somente será ineficaz frente ao credor ou ao titular do ônus que recai sobre a coisa. Trata-se de ineficácia relativa, pois somente em relação ao credor é que se dá a ineficácia, sendo o negócio jurídico plenamente eficaz entre as partes contratantes, bem como, em relação às demais pessoas que não eram credoras no momento da realização do negócio jurídico[30].

Enganam-se aqueles que pensam que a alienação ou a oneração em fraude ao credor ou à execução, é nula ou anulável. A alienação nessa hipótese é válida e eficaz, tanto que, para o reconhecimento da fraude e a declaração de ineficácia do negócio em relação ao credor, exige-se ação própria[31] e com procedimento próprio[32] em que sejam respeitados os direitos e as garantias constitucionais, como se colhem dos exemplos do art. 5º, XXXV, LIV e LV, da CF/1988.

Conclusão

Em face do exposto, pode-se concluir que no texto do CPC/2015 apresenta alguma evolução no trato da fraude à execução. Mas, muito ainda há a evoluir. Muitas questões ou situações que podem surgir durante a execução, ficaram de fora de qualquer normatização. É necessário um estudo mais aprofundado sobre inúmeros casos que podem acontecer que afastam a caracterização da fraude à execução.

[30] "Reconhecida a fraude à execução por veredicto judicial, a ineficácia da alienação restringe-se ao exeqüente do débito, sem infirmar a validade do negócio entre o alienante e o adquirente". TARS, JTARGS, nº 62, p. 165.

[31] "FRAUDE À EXECUÇÃO – Arrematação – Impossibilidade de efetivação, pelo arrematante, do registro de carta de arrematação de imóvel, por ter sido o mesmo bem adjudicado anteriormente em ação trabalhista – Pretensão daquele ao reconhecimento de fraude no juízo da execução – Inadmissibilidade – Necessidade do ajuizamento de ação própria para aferir-se alegada fraude na relação trabalhista – Recurso desprovido".

"FRAUDE À EXECUÇÃO – Conceituação – Ocorrência de adjudicação do bem em processo trabalhista – Impossibilidade de reconhecimento de fraude – Indispensável o ajuizamento de ação própria – Indeferimento mantido – Recurso improvido".

"E essa situação não pode se resolvida no processo de execução, como pretende o agravante, através do reconhecimento de uma fraude de execução. Torna-se indispensável o ajuizamento de ação própria, onde se demonstre a alegada fraude na relação trabalhista". TJSP. AI. 1.266.226-1. JTACSP, v. 206, p. 51-53, de julho-agosto, 2004.

"Alegação de fraude à execução – Existência de indícios – Necessidade de apuração e decretação da fraude por meio da via própria da ação pauliana – Pleito negado. Recurso não provido". TJSP – AI. 7.361.274-5, j. 13-08-2009, rel. Des. Soares Levada. JTJSP-Lex, 341, p. 167, outubro, 2009.

[32] A questão relacionada ao procedimento no novo CPC/2015, será tratada em artigo a parte em face da extensão da matéria.

Referências

ASSIS, Araken de. *Manual do Processo de Execução.* 2ª ed. São Paulo: RT, 1.995;

______ *Eficácia civil da sentença penal.* Editora RT. São Paulo, 1.993;

BARROS, Suzana de Toledo. *O Princípio da proporcionalidade e o controle de constitucionalidade das leis restritivas de direitos fundamentais.* Brasília Jurídica, DF. 1.996;

BATALHA, Wilson de Souza Campos. *Defeitos dos Negócios Jurídicos.* Forense, Rio de Janeiro, 1.988;

BATISTA Nilo. *Estelionato Judiciário.* Revista da Faculdade de Direito da Universidade do Estado do Rio de Janeiro, vol. 5, Renovar, Rio de Janeiro, 1.977;

BAYEUX FILHO, José Luiz, *Fraude contra credores e fraude de execução.* REPRO, 61, Editora Revista dos Tribunais, São Paulo, Janeiro/março de 1.991;

BETTI, Emílio, *Teoria do Negócio Jurídico.*, tomo II, Coimbra Editora, Tradução de Fernando de Miranda, Lisboa-Portugal, 1.969;

CAHALI, Yussef Said, *Fraude contra credores.* Revista dos Tribunais, São Paulo, 1.989;

DELGADO, José A. *Princípios Processuais Constitucionais.* Revista da Associação dos Juizes do Rio Grande do Sul – AJURIS, vol 39, Porto Alegre, março de 1.987;

DINAMARCO, Cândido Rangel, *Fundamentos do Processo Civil Moderno.* Editora Revista dos Tribunais, São Paulo, 1.986;

ERPEN, Décio Antônio, *A Fraude à execução e nova lei das escrituras públicas.* AJURIS, vol. 40, Porto Alegre, julho de 1.987;

______ *Registro da penhora e eficácia frente a terceiros.* AJURIS, vol. 27, Porto Alegre, março de 1.998;

______ *A fraude à execução e publicidade registral.* AJURIS, vol. 28, Porto Alegra – RS, julho de 1.983;

SOUZA, Gelson Amaro de. *Fraude à execução e direito de defesa do adquirente.* São Paulo: Editora Juarez de Oliveira, 2002.

______ *Efeitos da sentença que julga os embargos à execução.*São Paulo: Editora-MP, 2007.

______ *Responsável Tributário e a Sujeição passiva na execução fiscal.* in Doutrinas Essenciais – Direito Tributário. Coord. MARTINS, Ives Gandra da Silva e BRITO, Edvaldo. São Paulo: Revista dos Tribunais, 2011.

______ *Fraude à execução e o consilium fraudis.* Revista Dialética de Direito Processual, v. 75, pp. 41-54. São Paulo: Dialética, junho, 2009. ISSN 1678-3778.

______ *Penhora e averbação – Inconstitucionalidade dos §§ 4º e 5º do art. 659 do CPC.* Revista Magister de Direito Civil e Processual Civil, v. 28, pp. 69:79. Jan/fev, 2009.

______ *Fraude à execução e a natureza do direito protegido.* Revista IOB – Direito Civil e Processual Civil, v. 39, pp. 80-88. Porto Alegre-RS: IOB, janeiro/fevereiro, 2006.

______ *Fraude à execução sob nova visão.* RNDJ, v. 51 pp. 11:22. Ribeirão Preto: 2004.

______ *Teoria da aparência e a fraude à execução.* REpro, v. 112, pp. 268:277. São Paulo: Revista dos Tribunais, outubro/dezembro, 2003.

______ *Fraude de execução e o devido processo legal.* Revista dos Tribunais, v. 766. São Paulo: Revista dos Tribunais, agosto de 1999.

______ *Responsabilidade solidária e ilimitada dos sócios de sociedade dissolvida irregularmente.* Boletim da PGE/SP, v. 5(14). São Paulo: julho de 1981.

______ *Obrigação tributária – Sucessão – Interpretação do art. 133 do CTN.* Boletim PGE/SP nº 10. São Paulo: junho, 1986.

______ *Responsável Tributário e a Sujeição passiva na execução fiscal.* REpro, v. 40. São Paulo: Revista dos Tribunais, 1985.

WAMBIER, Luiz Rodrigues. *Anotações sobre o Princípio do Devido Processo Legal.* REPRO, vol. 63, pág. 54, Editora Revista dos Tribunais, São Paulo, Julho/agosto de 1.991;

WELTER, Belmiro Pedro. *Fraude de Execução.* Editora Síntese, Porto Alegre-RS, 1.997;

O incidente de desconsideração da personalidade jurídica, o empresário irregular e o empresário de fato

Giovani dos Santos Ravagnani
Igor Guilhen Cardoso

1. Teoria da desconsideração da personalidade jurídica

A desconsideração da personalidade jurídica é um instituto de direito, que goza da interdisciplinaridade entre o direito civil e o direito processual, que visa o levantamento do véu da personalidade, para o fim de se atingir a esfera de direitos dos próprios sócios.

Conforme se verá a seguir, existem duas teorias principais que definem a aplicabilidade da desconsideração da personalidade jurídica. A teoria maior, que prevê a necessidade de abuso de direito e de fraude e a teoria menor, cujo inadimplemento da dívida é motivo suficiente para o levantamento do véu da pessoa jurídica.

Pois bem. Em momentos de crise econômica, os advogados de credores investem uma energia considerável na produção de mecanismos e estratégias em prol da expropriação do patrimônio, ainda que oculto, de seus credores.

Foi neste contexto que a desconsideração da personalidade se tornou uma forte arma nos processos cujo objeto é a recuperação de um crédito, uma vez que, no mesmo sentido em que a criatividade dos advogados é grande para inventar mecanismos em prol da desconstituição das grandes estruturas de engenharia patrimonial, essa mesma criatividade é utilizada da blindagem patrimonial.

Pode-se verificar no atual cenário empresarial brasileiro (e até internacional, inclusive), é que inúmeras e incontáveis organizações societárias e empresas são criadas com o objetivo precípuo de fraudar credores e/ou burlar a lei, escusando-se com cumprimento de suas respectivas obrigações.

Neste contexto é que se começa a difundir as ideias e as teorias a respeito da desconsideração da personalidade jurídica, que é um instrumento que serve para coibir tais atos ilícitos e proteger a sociedade dos autos fraudulentos e de má-fé.

Assim, destaca-se que o presente tópico tem como objetivo expor ao leitor os motivos que justificam a aplicação da teoria da desconsideração da personalidade jurídica, indicando seus principais requisitos, tipos de teoria e modalidades.

Pois bem. De acordo com Pedro Henrique Torres Bianchi, desconsiderar a personalidade jurídica é o mesmo que suspender a eficácia da pessoa jurídica, que fora do caso concreto continua plenamente eficaz[1]. Ou seja, a desconsideração da personalidade jurídica é um instrumento que produz efeitos endo processuais, mantendo-se irretocável a estrutura da sociedade desconsiderada para fora do processo.

Em outras palavras, tem-se que a desconsideração da personalidade jurídica em alterará na estrutura e nos quadro sociais da empresa desconsiderada, mas apenas surtirá efeitos no âmbito da responsabilidade patrimonial, com projeção mitigada aos autos em que foi deferida a medida. A desconsideração da personalidade jurídica não gerará a anulação dos atos societários, mas tão somente sua ineficácia perante o episódio ocorrido, dentro do processo em que foi deferida.

Pablo Stolze Gagliano e Rodolfo Pamplona Filho assinalam que "*a doutrina da desconsideração pretende o superamento episódico da personalidade jurídica da sociedade, em caso de fraude, abuso, ou simples desvio de função, objetivando a satisfação do terceiro lesado junto ao patrimônio dos próprios sócios, que passam a ter responsabilidade pessoal pelo ilícito causado.*"[2] Note-se que os ilustres doutrinadores não asseveram que a desconsideração da personalidade jurídica desconstituiria, de fato, as estruturas societárias da empresa objeto do mandamento judicial.

No Brasil, comumente, tem-se se discutido a existência e a aplicabilidade de duas teorias no âmbito da desconsideração da personalidade jurídica: a teoria maior e a teoria mentor. Sobre a distinção das tuas teorias, confira-se o excerto doutrinário abaixo destacado, elaborado por Nelson Rosenvald e Cristiano Chaves:

> "A teoria maior propugna que somente poderá o juiz, episodicamente, no caso concreto, ignorar a autonomia patrimonial da pessoa jurídica como forma de combate a fraudes e abusos praticados através dela. Esta tese diferencia, com nitidez, a teoria do disregard de outras figuras jurídicas que imponham a responsabilidade pessoal do sócio (como a responsabilidade por ato de má gestão nas sociedades anônimas).

[1] BIANQUI, Pedro Henrique Torres. Desconsideração da personalidade jurídica no processo civil. Editora Saraiva, São Paulo: 2011, página 51.

[2] GAGLIANO, Pablo Stolze, PAMPLONA FILHO, Rodolfo. Novo Curso de Direito Civil – Parte Geral, 8ª ed. Rev., atual e reform. São Paulo : Saraiva, 2006, p. 79, V. 1

De outra banda, a teoria menor trata como desconsideração da personalidade jurídica toda e qualquer hipótese de comprometimento do patrimônio do sócio por obrigação da empresa. Centra o seu cerne no simples prejuízo do credor para afastar a autonomia patrimonial." [3]

No mesmo sentido, Fábio Ulhoa Coelho:

"Há no direito brasileiro, na verdade, duas teorias da desconsideração. De um lado, a teoria mais elaborada, de maior consistência e abstração, que condiciona o afastamento episódico da autonomia patrimonial das pessoas jurídicas à caracterização da manipulação fraudulenta ou abusiva do instituto. Nesse caso, distinguem-se com clareza a desconsideração da personalidade jurídica e outros institutos jurídicos que também importam a afetação de patrimônio de sócio por obrigação da sociedade (p. ex., a responsabilização por ato de má gestão, a extensão da responsabilidade tributária ao administrador etc.). Ela será chamada, aqui, de teoria maior. De outro lado, a teoria menos elaborada, que se refere à desconsideração em toda e qualquer hipótese de execução do patrimônio de sócio por obrigação social, cuja tendência é condicionar o afastamento do princípio da autonomia à simples insatisfação de crédito perante a sociedade. Trata-se da teoria menor, que se contenta com a demonstração pelo credor da inexistência de bens sociais e da solvência de qualquer sócio, para atribuir a este a obrigação da pessoa jurídica." [4]

Feita essa primeira constatação, ressalte-se que no Brasil, o respaldo legal da aplicação da teoria da desconsideração da personalidade jurídica encontra-se no artigo 50 do Código Civil e em perfeita consonância com as citações acima destacada e em benefício da teoria maior da desconsideração:

"Art. 50. Em caso de abuso da personalidade jurídica, caracterizado pelo desvio de finalidade, ou pela confusão patrimonial, pode o juiz decidir, a requerimento da parte, ou do Ministério Público quando lhe couber intervir no processo, que os efeitos de certas e determinadas relações de obrigações sejam estendidos aos bens particulares dos administradores ou sócios da pessoa jurídica."

Como se vê, a legislação brasileira previu a aplicação da teoria da desconsideração da personalidade jurídica em decorrência de duas hipóteses fáticas, quais sejam, o desvio de finalidade ou confusão patrimonial, adotando a hipótese prevista na teoria maior da desconsideração, a qual exige a prova da confusão patri-

[3] ROSENVALD, Nelson , CHAVES, Cristiano. Direito Civil: Teoria Geral. 4ª ed. Rio de Janeiro: Lumen Juris, 2008, p. 281, V. 1.

[4] COELHO, Fábio Ulhoa. Curso de Direito Comercial: direito de empresa. 10 ed. rev. e atual. São Paulo : Saraiva, 2007, p. 36. V. 2.

monial ou do desvio da finalidade social descrita no estatuto constitutivo, com intuito fraudatório.

Pois bem, *"a desconsideração da personalidade jurídica é uma conquista; não uma panacéia. Para a aplicação do instituto há necesidade de comprovação de abuso dos sócios administradores"*[5] É diante desta premissa que se pautará o presente trabalho.

Em suma, a teoria da desconsideração da personalidade encontra espaço para aplicação se comprovadas a infração à lei e ao contrato social em virtude de ato praticado com abuso de direito e má-fé, com o intuito de prejudicar terceiro e de inadimplir obrigações, em benefício próprio. O mecanismo da desconsideração da personalidade jurídica fará com que o próprio sócio e seu próprio patrimônio particular respondam pela dívida da sociedade. Sobre o assunto, confira-se a lição de Fábio Ulhoa Coelho:

> "Se a autonomia da sociedade não impede a imputação de responsabilidade ao sócio ou administrador, não existe nenhuma desconsideração. Em outros termos, cabe invocar a teoria quando a consideração da sociedade empresária implica a licitude dos atos praticados, exsurgindo a ilicitude apenas em seguida à desconsideração da personalidade jurídica dela. Somente nesse caso se opera a ocultação da fraude e, portanto, justifica-se afastar a autonomia patrimonial, exatamente para revelar o oculto por trás do véu da pessoa jurídica."[6]

Em outras palavras, Fábio Ulhoa Coelho destaca que a aplicação da teoria da desconsideração da personalidade jurídica deve ser utilizada quando se comprovar que a utilização da personalidade jurídica deu-se de forma equivocada e abusiva, com o objetivo de fraudar o adimplemento de uma obrigação pecuniária. Prossegue, ainda, o mesmo autor:

A teoria maior da desconsideração, regra geral no sistema jurídico brasileiro, não pode ser aplicada com a mera demonstração de estar a pessoa jurídica insolvente para o cumprimento de suas obrigações. Exige-se aqui, para além da prova da insolvência, ou a demonstração de desvio de finalidade (teoria subjetiva da desconsideração), ou a demonstração de confusão patrimonial (teoria objetiva da desconsideração). [7]

Importante, contudo, pra fins acadêmicos, também destacar a existência da teoria menor da desconsideração da personalidade jurídica, a qual, por sua vez:

> "parte de premissas distintas da teoria maior: para a incidência da desconsideração com base na teoria menor, basta a prova de insolvência da pessoa jurídica para o

[5] TJSP, Agravo de Instrumento nº 2149280-26.2014.8.26.0000, Relator Desembargador Silveira Palilo, 21ª Câmara de Direito Privado, julgado em 20.10.2014.

[6] Curso de Direito Comercial, vol. 2, 5ª ed., São Paulo, Saraiva, 202, p. 42.

[7] STJ, Recurso especial nº 279.273, Relatora: Ministra Nancy Andrighi. 2ª Seção, j. 29.03.2014.

pagamento de suas obrigações, independentemente da existência de desvio de finalidade ou de confusão patrimonial.

Para esta teoria, o risco empresarial normal às atividades econômicas não pode ser suportado pelo terceiro que contratou com a pessoa jurídica, mas pelos sócios e/ou administradores desta, ainda que estes demonstrem conduta administrativa proba, isto é, mesmo que não exista qualquer prova capaz de identificar conduta culposa ou dolosa por parte dos sócios e/ou administradores da pessoa jurídica."[8]

Nos termos acima delineados, para referida teoria, é indiferente a presença dos elementos constantes do artigo 50 do Código Civil: bastando que exista a inadimplência e a frustração do crédito do credor, estaria apta a sua aplicação.

Referida teoria, contudo, ao ignorar a necessidade da existência de fraude ou de desvio de finalidade para a desconsideração da personalidade jurídica, incorre, necessariamente, em graves danos aos sócios, gestores e administradores das empresas. Considerar a aplicação da teoria menor da desconsideração é o mesmo que, na prática, negar a existência dos diferentes tipos de personalidade jurídica e de suas respectivas estruturas para fins de responsabilização patrimonial.

Ada Pelegrini Grinover já rechaçou, por completo a aplicação da teoria menor da desconsideração da personalidade jurídica:

> Mesmo nos casos em que a legislação – como no caso da tutela do consumidor e mesmo do meio ambiente – sugere que a desconsideração possa ser feita pela simples insuficiência do patrimônio daquele que, no plano do direito material, ostenta a qualidade de devedor (titular passivo da obrigação), ainda nesses casos a mais autorizada doutrina salienta que a interpretação de tais dispositivos só pode e deve ser feita à luz de todo o arcabouço doutrinário que preparou a incorporação da regra pelo sistema positivo e, assim e de volta ao início, a desconsideração deve ser vista como medida execepcional."[9]

Superada tal questão, destaque-se que a desconsideração, nos termos da teoria maior, a qual foi adotada pelo legislador civil, existe, sobretudo a fim de que seus sócios respondam pessoalmente com os seus bens pela dívida daquela, caso tenham incorrido em fraude ou abusado ilegalmente da personalidade jurídica da empresa cuja desconsideração se pretende.

Em regra, como visto, em decorrência da lei, a desconsideração da personalidade jurídica exige a tanto o desvio da finalidade da empresa ou a confusão de

[8] STJ, Recurso especial nº 279.273, Relatora: Ministra Nancy Andrighi. 2ª Seção, j. 29.03.2014.

[9] GRINOVER, Ada Pellegrini. Da desconsideração da personalidade jurídica: aspectos de direito material e processual. In: Revista Forense comemorativa, 100 anos: tomo III, direito civil. Coordenador: Sylvio Capanema de Souza. Rio de Janeiro : Forense, 2007, p. 1047.

seu patrimônio com o de seus sócios, requisitos essenciais para sua materialização no plano jurídico.

Existem três elementos essenciais para que se possibilite a desconsideração da personalidade jurídica de uma empresa: **(i)** a existência de personalidade jurídica; **(ii)** a ocorrência de fraude ou abuso da personalidade jurídica diante da responsabilidade patrimonial, para a teoria maior, ou a simples existência de prejuízo para o credor, para a teoria menor; e **(iii)** a correlação de tais atos ilícitos à pessoa jurídica.

Falar do primeiro dos requisitos acima indicados é beirar o pleonasmo e a redundância, motivo pelo qual o presente estudo não esmiuçará maiores detalhes do que aqueles acima já pontuados. Tal requisito pode ser alargado, contudo, se a modalidade cuja utilização é pretendida será a desconsideração inversa.

Sobre o item **(ii)**, contudo existem alguns pontos que merecem destaque, como, por exemplo, o ato doloso que gerará o abuso da personalidade e/ou a fraude prejudicial a terceiros. A personalidade jurídica deve ser afastada, portanto, apenas para evitar a prática de fraudes ou quaisquer outros atos abusivos que tenham por escopo o atingimento de credores.

No que diz respeito à má-fé e à prática de atos ilícitos em prol da constituição de fraude diante dos credores, Carlos Celso Orcesi da Costa, com escreve sobre o que se entende pelos atos ilegais ensejadores da desconsideração da personalidade jurídica, a qual deve atingir os atos:

> "dolosamente praticados e dirigidos para deliberadamente prejudicar terceiros. Assim, não pagar um fornecedor é ato ilegal; constitui uma falta. Mas para os fins dos princípios da responsabilidade o não pagar pode configurar ou não uma violação da lei ou do contrato social. Se a sociedade não paga por estar impossibilitada, por motivo justo, o credor pode cobrar da empresa, mas não há infração dolosa, nem responsabilidade contingente. Se a sociedade desvia o numerário, e não paga ou se em estado pré-falimentar, sai por aí comprando sem lastro, evidencia-se o dolo, e, conseqüentemente, haveria responsabilidade".[10]

Destacado, portanto, no trecho acima transcrito, a necessidade que haja correlação direta e expressa entre o ato de má-fé praticado e a situação de insolvência do credor. Ou seja, para que se justifique a aplicação da teoria da desconsideração da personalidade jurídica, é necessário que o ato ilícito praticado tenha tido como causa a fraude e a futura proteção do patrimônio do fraudador conta atos expropriatórios.

[10] Carlos Celso Orcesi da Costa, Revista de Direito Mercantil, Industrial, Econômico e Financeiro Ano XXII, Nova Série, n. 56, out/dez 1984, citado em Manual de Direito Comercial, Ricardo Negrão, 2ª ed., Bokseler, 200, p. 316.

O Professor Ricardo Negrão ainda destaca que o ato ilícito praticado deve materializar o uso abusivo da personalidade jurídica para autorizar a utilização do mecanismo da desconsideração:

> "A lei exige mais: o uso abusivo da personalidade jurídica, cuja caracterização deve ser objeto de apreciação judicial, caso a caso. Na questão patrimonial, as perdas havidas durante a vida da sociedade devem estar suficientemente demonstradas por uma escrituração regular e precisa que ampare a tese da infelicidade nos negócios. Entretanto, se o desaparecimento de bens do patrimônio não puder ser justificado, e os sócios não indicarem claramente seu destino, a fraude está evidenciada. Ficará patente a confusão patrimonial entre as pessoas dos sócios e a pessoa jurídica por eles constituída."[11]

Tal ato abusivo, de acordo o Professor Ricardo Negrão se pauta pela utilização equivocada da personalidade jurídica, tendente a causar danos e prejuízos efeitos aos credores. Referidos prejuízos devem, inclusive, estar comprovados nos autos para fundamentar o pedido e, eventualmente, o posterior deferimento de tal medida.

Importante destacar, da lição acima pontuada do Professor Ricardo Negrão, a existência de um outro elemento autorizador da desconsideração da personalidade jurídica, qual seja, a confusão patrimonial.

Todavia, entendemos que a confusão patrimonial nada mais é do que o próprio abuso da personalidade jurídica e que, nesta medida, não se configuraria um novo requisito autorizador da teoria da desconsideração da personalidade jurídica.

Ora, se o patrimônio de um sócio de confunde com o da sociedade da qual é integrante, é evidente que este sócio extrapolou os limites de constituição societária da empresa (sociedade limitada, simples, anônima etc), motivo pelo qual se justiça a aplicação da teoria da desconsideração, tal qual já previsto no artigo 50 do Código Civil.

É importante que se diferencie, tal qual diferencia Fábio Ulhoa Coelho, os atos praticados pelo sócio, em seu próprio nome e os autos praticados pelo sócio, em seu favor, em nome da propriedade:

> "Em outros termos, enquanto o ato é imputável à sociedade, ele é lícito. Torna-se ilícito apenas quando se o imputa ao sócio, ou administrador. A desconsideração da personalidade jurídica é a operação prévia a essa mudança na imputação. A sociedade empresária deve ser considerada exatamente se for obstáculo à imputação do ato a outra pessoa. Assim, se o ilícito, desde logo, pode ser identificado como ato de sócio ou administrador, não é caso de desconsideração."[12]

[11] Ricardo Negrão, Manual de Direito Comercial e de Empresa, v.1, 3ª ed., 203, Saraiva, p. 261.

[12] Curso de Direito Comercial, vol. 2, 5ª ed., São Paulo, Saraiva, 202, p. 42.

No mais, especificamente com relação à teoria menor, é importante que se tenha sempre em mente que a infelicidade nos negócios não é suficiente para autorizar a aplicação do art. 50 do Código Civil, mostrando-se necessário ainda que o decréscimo patrimonial não esteja justificado.[13]

Destaque-se, outrossim, que a aplicação da Disregard Doctrine deve ter em vista que nem sempre levará à desconstituição da personalidade jurídica, devendo-se distinguir hipóteses em que há infelicidade negocial de outras, nas quais se evidencia a intenção dolosa.

A ausência de bens penhoráveis da sociedade executada e seu alegado encerramento irregular não indicam administração abusiva ou fraudulenta por seus administradores e nem confusão do seu patrimônio com o de seus sócios, não justificando, portanto, a desconsideração de sua personalidade. Lembrem-se, neste ponto, das críticas feitas à teoria menor da desconsideração: a mera inadimplência não autoriza a aplicação de tal medida.

Contudo, se o encerramento irregular das atividades da empresa é o ato pelo qual se utilizam da personalidade jurídica para evitar que o patrimônio pessoal dos sócios seja atingido, a jurisprudência tem entendido ser possível a aplicação da teoria da desconsideração da personalidade jurídica. Confira-se:

> "EXECUÇÃO DE TÍTULO EXTRAJUDICIAL. Instrumento particular de novação de dívida. Pedido de desconsideração da personalidade jurídica em razão da inexistência de bens penhoráveis que satisfaçam o valor exequendo e do enceramento de fato da empresa executada. Necesidade. Recurso provido para este fim."[14]
>
> "O enceramento de fato das atividades no endereço de sua sede (e domicílio fiscal), portanto, tornou-se fato inconteste, bem assim contraposto à situação "ativa" dissonante da realidade, ainda pendente perante a Receita Federal.
>
> O motivo do enceramento de fato da empresa (supostamente uma interdição do estabelecimento pela Vigilância Sanitária), embora alegado nas razões recursais, não restou sequer minimamente comprovado pela agravante, e tampouco seria capaz de justificar a inércia de seus administradores em proceder o regular enceramento da sociedade através do procedimento adequado com a prévia apuração dos ativos e pasivos e satisfação de suas obrigações."[15]

Recentemente, na doutrina e nos tribunais brasileiros, tem-se adotado a aplicação da teoria da desconsideração inversa da personalidade jurídica. *"A fraude*

[13] REsp 846.31/RS, Rel. Ministro LUIS FELIPE SALOMÃO, QUARTA TURMA, julgado em 23/03/2010, DJe 06/04/2010.

[14] TJSP, Agravo de Instrumento nº 2121382-38.2014.8.26.0000, Relator Desembargador Gilberto dos Santos, 11ª Câmara de Direito Privado, julgado em 15.09.2014.

[15] TJSP, Agravo de Instrumento nº 2141352-24.2014.8.26.0000, Relator Desembargador Henrique Rodriguero Clavisio, 18ª Câmara de Direito Privado, julgado em 01.10.2014.

que a desconsideração invertida coíbe é, basicamente, o desvio de bens. O devedor transfere seus bens para a pessoa jurídica sobre a qual detém absoluto controle. Desse modo, continua a usufruí-los, apesar de não serem de sua propriedade, mas da pessoa jurídica controlada. Os seus credores, em principio, não podem responsabilizá-lo executando tais bens." [16]

Sobre a desconsideração inversa da personalidade jurídica, é importante destacar, o ensinamento de Fábio Konder Comparatto:

> "Aliás, essa desconsideração da personalidade jurídica não atua apenas no sentido da responsabilidade do controlador por dívidas da sociedade controlada, mas também em sentido inverso" [17].

Da mesma forma se manifestou a Ministra Nancy Andrighi:

> "Teoria da Desconsideração Inversa: Aponta ainda a doutrina, outra hipótese de desconsideração' a inversa, por meio da qual desconsidera-se a personalidade jurídica da pessoa natural, para atingir o patrimônio da pessoa jurídica de quem aquela é sócia. Nessa modalidade, ao invés de o sócio esvaziar o patrimônio da pessoa jurídica para fraudar terceiros, ele esvazia o seu patrimônio pessoal (enquanto pessoal natural) e o integraliza totalmente na pessoa jurídica. Após esse artifício, o sócio, pessoa natural, cujo patrimônio restou esvaziado, exerce a atividade comercial (objeto social da pessoa jurídica) em seu nome próprio, e não em nome da pessoa jurídica, com o nítido intuito de fraudar terceiros. Aqui a hipótese é inversa, isto é, se desconsidera a pessoa natural e se desconsidera a personalidade da pessoa jurídica pelos atos praticados por seu sócio". [18]

Evidente, pois, a possibilidade que se faça o caminho inverso quando da aplicação da teoria da desconsideração da personalidade jurídica, pois a fraude pode ser praticada de todos os modos possíveis, sendo limitada, tão somente, à imaginação daquele que pretende fraudar seus credores. O Poder Público, pelas mãos do Poder Judiciário, tem coibido a prática de tais condutas mediante a aplicação da teoria acima descrita.

É importante, sem sombra de dúvidas, destacar o acórdão paradigmático, proferido pelo Desembargador Pereira Calças, sobre a desconsideração inversa:

> "Agravo de Instrumento. Cumprimento de sentença condenatória. Deferimento de penhora 'on line' de numerário existente em contas bancárias/aplicações do devedor. Frustração da penhora em face da informação da inexistência de saldo nas contas

[16] Coelho, Op.cit p. 47

[17] O Poder de Controle da Sociedade Anônima, no capítulo III, sob o título "Confusão Patrimonial Entre Titular do Controle e Sociedade Controlada. A Responsabilidade Externa Corporis.

[18] (htpp://bd jur.stj.gov. br).

bancárias. Devedor é sócio controlador de sociedades empresárias e considerado o maior revendedor de veículos da América Latina. Pedido de aplicação da desconsideração inversa da personalidade jurídica para que a penhora recaia em saldos bancários das sociedades empresárias controladas pelo devedor. Indeferimento pelo juiz de primeiro grau. Reconhecimento da possibilidade de se declarar a desconsideração da personalidade jurídica incidentalmente na fase de execução da sentença, não se exigindo ação autônoma, mas, observando-se o contraditório, a ampla defesa e o devido processo legal. Prova de que o sócio devedor é, em rigor, 'dono' da sociedade limitada e da sociedade anônima fechada, das quais é o presidente, controlador de fato, e, apesar da participação minoritária de sua esposa, ficam elas caracterizadas como autênticas sociedades unipessoais. Confusão patrimonial entre sócio e sociedades comprovada. Patrimônio particular do sócio controlador constituído de bens que, na prática, mesmo que penhorados, não seriam convertidos em pecúnia para a satisfação do credor. Oferecimento de bens imóveis à penhora, que, por se situarem no Estado da Paraíba, distantes mais de 2.600 km de São Paulo, onde tramita a execução, com nítido escopo de se opor maliciosamente à execução, empregando ardis procrastinatórios, que configura ato atentatório à dignidade da justiça. Agravo provido, para deferir a desconsideração inversa da personalidade jurídica das sociedades empresárias indicadas (Limitada e S/A fechada), autorizada a penhora virtual de saldos de contas bancárias."[19]

Por fim, destaque-se que a aplicação da teoria da desconsideração da personalidade jurídica dispensa a propositura de ação autônoma para tal. Verificados os pressupostos de sua incidência, poderá o Juiz, incidentemente no próprio processo de execução (singular ou coletivo), levantar o véu da personalidade jurídica para que o ato de expropriação atinja os bens particulares de seus sócios, de forma a impedir a concretização de fraude à lei ou contra terceiros.[20]

Feita esta apresentação inicial do instituto, passaremos à análise do novo instrumento estabelecido pelo Código de Processo Civil de 2015, qual seja, o incidente de desconsideração de personalidade jurídica.

2. Incidente de desconsideração de personalidade jurídica no NCPC

Com cinco novos dispositivos, o Código de Processo Civil de 2015 estabeleceu as regras básicas para o incidente de desconsideração de personalidade jurídica: artigos 133, 134, 135, 136 e 137. É importante destacar que tal instituto não tem correspondência legislativa com o Código de Alfredo Buzaid

[19] TJSP, Agravo de instrumento nº 9016597-13.2008.8.26.0000, Relator Desembargador Pereira Calças, 29ª Câmara de Direito Privado, julgado em 26.11.2009.

[20] TJSP, Agravo de Instrumento nº 2121382-38.2014.8.26.00, Relator Desembargador Gilberto dos Santos, 11ª Câmara de Direito Privado, julgado em 15.09.2014.

Quando do início da aplicação da teoria da desconsideração da personalidade jurídica do Brasil, instarou-se relevante controvérsia sobre a forma pela qual deveria ser instrumentalizado o pedido de desconsideração da personalidade jurídica: pedido incidental, ao longo do processo de execução ou ajuizamento de ação autônoma para tal fim.

A jurisprudência tratou de responder tal questionamento, que, optando pelo pragmatismo e em atenção dos critérios econômicos e financeiros, pacificou o entendimento de que simples petição nos autos era suficiente para formalizar o pedido de desconsideração da personalidade jurídica. O incidente ora em discussão positivou entendimento diverso daquele manifestado nos Tribunais pátrios, exigindo a necessidade de instauração de procedimento paralelo ao processo principal.

Pois bem. Sobre o artigo 133 do NCPC[21], é importante destacar que se estabeleceu, de fato, a possibilidade de aplicação da teoria da desconsideração da personalidade jurídica, em sua modalidade direta ou inversa. Além disso, nas hipóteses previstas em lei, incluiu permissivo para que o Ministério Público formule tal pretensão em juízo.

Na mesma toada, o NCPC inovou ao estabelecer a possibilidade de que o incidente de desconsideração seja instaurado "*em todas as fases do processo de conhecimento, no cumprimento de sentença e na execução fundada em título executivo extrajudicial.*". Tal apontamento nos parece uma importante mudança de mentalidade, posto que, com tal redação, poder-se-á combater, desde o início do processo, a fraude e a má utilização da personalidade jurídica.

Não nos parece compatível, contudo, que seja possível instaurar tal incidente em sede de recurso especial e/ou recurso extraordinário, uma vez que o Superior Tribunal de Justiça e o Supremo Tribunal Federal têm competência especificamente delimitada pela Constituição Federal[22].

Além disso, correto está o parágrafo segundo que estabelece que o incidente de desconsideração da personalidade jurídica não será cabível na petição inicial. Sobre o assunto, contudo, importante transcrever entendimento de Nelson Nery Junior:

> "Por razões de lógica e de economia processual, certamente é desnecessário instaurar o incidente se o pedido foi feito na petição inicial. Neste caso, o juiz poderá determinar desde já a citação não da empresa, mas do próprio sócio. Como a norma prevê que a citação poderá ser tanto quanto do sócio quanto da empresa, poderia-se deduzir daí que o autor da ação poderá optar por um ou outro; todavia, parece mais

[21] *"Art. 133. O incidente de desconsideração da personalidade jurídica será instaurado a pedido da parte ou do Ministério Público, quando lhe couber intervir no processo."*

[22] WAMBIER, Teresa Arruda Alvim; CONCEIÇÃO, Maria Lúcia Lins; RIBEIRO, Leonardo Ferres da Silva; e MELLO, Rogério Licastro Torres de. *Primeiros Comentários ao Novo Código de Processo Civil, Artigo por artigo.* 1ª edição. São Paulo: RT, 2015, página 253.

seguro requerer a citação de ambos – com isso, pode-se, por exemplo, fazer incidir os efeitos da revelia tanto sobre um quanto sobre o outros, em caso de não apresentação de contestação."[23]

Sobre a suspensão prevista no parágrafo terceiro (3º) do artigo 134[24], cumpre destacar que tal disposição também se coaduna com a lógica processual. De acordo com Teresa Arruda Alvim Wambier, "*o incidente passa a ser o que está ocorrendo no processo, ou seja, os autos "normais" do processo não se praticam até que seja proferida decisão sobre se haverá, ou não, mais um réu, como decorrência da despersonalização da pessoa jurídica.*" [25].

Adiante, fazemos referência ao parágrafo quarto (4º) do artigo 134 para destacá-lo como desnecessário. Parece-nos óbvio que todo e qualquer pedido de desconsideração da personalidade jurídica deve demonstrar o preenchimento dos seus pressupostos legais ("*§ 4º: O requerimento deve demonstrar o preenchimento dos pressupostos legais específicos para desconsideração da personalidade jurídica*").

O artigo 135 do NCPC estabelece o prazo para responder o incidente de desconsideração da personalidade jurídica, qual seja, quinze (15) dias contados da citação: "*instaurado o incidente, o sócio ou a pessoa jurídica será citado para manifestar-se e requerer as provas cabíveis no prazo de 15 (quinze) dias.*".

A menção à palavra citação indica a intenção do legislador de caracterizar o réu do incidente como réu de fato do processo principal no caso de procedência do incidente. No mais, em não havendo resposta, aplicar-se-ão os efeitos da revelia (artigo 319 CPC/1973).

Tendo o NCPC optado pela instauração de incidente para dirimir os pedidos de desconsideração da personalidade jurídica, não se tem dúvida que a decisão a ser proferida será uma decisão interlocutória. Para que não pairassem dúvidas, o artigo colocou uma pá de cal em qualquer tipo de discussão: "*concluída a instrução, se necessária, o incidente será resolvido por decisão interlocutória.*".

Cumpre destacar, contudo, que, de acordo com Teresa Arruda Alvim, muito embora se trate de uma decisão interlocutória, por se tratar de decisão que resolve o mérito, "*é equiparável a uma sentença, tendo, pois, o condão de transitar em julgado*" e ser rescindida via rescisória[26].

[23] NERY JUNIOR, Nelson; e NERY JUNIOR, Rosa Maria de Andrade. Comentários ao Código de Processo Civil, 1ª edição. São Paulo: RT, 2015, página 574.

[24] "*§ 3º A instauração do incidente suspenderá o processo, salvo na hipótese do § 2º.*"

[25] WAMBIER, Teresa Arruda Alvim; CONCEIÇÃO, Maria Lúcia Lins; RIBEIRO, Leonardo Ferres da Silva; e MELLO, Rogério Licastro Torres de. *Primeiros Comentários ao Novo Código de Processo Civil, Artigo por artigo.* 1ª edição. São Paulo: RT, 2015, página 254.

[26] WAMBIER, Teresa Arruda Alvim; CONCEIÇÃO, Maria Lúcia Lins; RIBEIRO, Leonardo Ferres da Silva; e MELLO, Rogério Licastro Torres de. *Primeiros Comentários ao Novo Código de Processo Civil, Artigo por artigo.* 1ª edição. São Paulo: RT, 2015, página 255.

Ainda a respeito de tal dispositivo, ressalta-se a existência de exceção à regra da irrecorribilidade das decisões interlocutórias: "*artigo 1.015. Cabe agravo de instrumento contra as decisões interlocutórias que versarem sobre: IV – incidente de desconsideração da personalidade jurídica.*".

Por fim, o último dispositivo do NCPC sobre a desconsideração da personalidade jurídica trata da ineficácia dos bens alienados ou onerados em decorrência de fraude de execução:

> "Art. 137. Acolhido o pedido de desconsideração, a alienação ou a oneração de bens, havida em fraude de execução, será ineficaz em relação ao requerente."

Ao contrário do quanto indicado por Nelson Nery Junior, parece-nos incorreto afirmar que tal ineficácia apenas se daria se ocorrida a alienação/oneração após a citação/ciência do sócio da pessoa jurídica sobre o incidente de desconsideração. Sustentar tal hipótese é o mesmo que privilegiar as engenharias financeiras para a fraude processual[27].

Entendemos que o marco temporal a ser utilizado deve ser o do ajuizamento da ação principal. Isso porque somente será retirado o véu da personalidade jurídica quando seus sócios se a utilizarem com o intuito de fraude, como se, desde o início a própria personalidade jurídica nunca existisse.

Feitas tais considerações sobre o novo instituto de direito processual, passemos à análise dos conceitos de empresário irregular e de empresário de fato.

3. Empresário irregular

Sendo nosso tema central de estudo a desconsideração de personalidade jurídica e as inovações relacionadas ao instituto trazidas pelo Novo Código de Processo Civil, necessário investigar de que forma o instituto e suas inovações poderiam repercutir sobre o "empresário irregular", ou se, simplesmente, não há relevância da inovação para esse personagem do mercado.

Nos moldes dos mais basilares ensinamentos de Direito Empresarial, oriundos da exegese do artigo 966 do Código Civil vigente, considera-se empresário aquele que exerce atividade econômica organizada para a produção ou circulação de bens ou serviços.

[27] *"A intenção do dispositivo é punir a conduta do sócio ou administrador que aliena bens no curso do incidente de desconsideração. Todavia, parece mais correto considerar que a ineficácia da alienação ou oneração de bens ocorrida nessa situação incida apenas caso ocorram após a citação do sócio ou administrador para responder aos termos do incidente, ou após algum fato que dê a entender que tais pessoas tinham ciência da instauração."* NERY JUNIOR, Nelson; e NERY JUNIOR, Rosa Maria de Andrade. Comentários ao Código de Processo Civil, 1ª edição. São Paulo: RT, 2015, página 575.

Portanto, considerar-se-á empresário aquele que exerce atividade econômica adjetivada pelo profissionalismo (habitualidade e pessoalidade) e organização, promovendo, assim, a produção e/ou a circulação de bens e serviços.

Assim, como se verifica, não é requisito para que se reconheça o caráter empresarial da atividade de qualquer pessoa a preexistência de registro afirmativo de sua condição de empresário perante qualquer órgão estatal regulador da atividade econômica.

Nos dizeres do Professor Sérgio Campinho *"o registro é uma obrigação imposta por lei ao empresário, mas não um pressuposto para a aquisição desta qualidade"*.[28] Trata-se, portanto, de mero ato declaratório e não constitutivo.

Empresário, assim, é condição laborativa de qualquer indivíduo oriunda da detecção dos fatos de sua atividade e subsunção deles a uma classificação própria de acordo com requisitos preestabelecidos, de maneira alheia a rigores formais, embora possa a lei prever especificidades para o "aperfeiçoamento" de sua condição, à luz do ordenamento jurídico posto, para melhor proteção, estabilidade da condição jurídica e publicidade de seu *status*.

Certo, assim, que descrita aqui, sucintamente como deve ser[29], os elementos caracterizadores do empresário sob a ótica da lei, doutrina e jurisprudência.

Contudo, é certo que há requisitos legais exigidos do empresário para que ele possa ser tido como "regular" perante o mercado e os órgãos do Estado

A "regularidade" do empresário ou da empresa se deve a, antes do início de suas atividades, inscrever-se na Junta Comercial do estado em que se encontra instalada a sede da respectiva empresa, aderindo ao Registro de Empresas Mercantis, supervisionado pelo Departamento Nacional de Registro de Empresas (DNRC).

O empresário que não promove indigitado registro perante a Junta Comercial competente está, portanto, "irregular".

É com o registro na Junta Comercial que se origina a personalidade jurídica autônoma da empresa e, assim, se promove a separação entre patrimônio social e patrimônio pessoal de seus sócios.

Decorre logicamente dessas premissas a inaplicabilidade do instituto da desconsideração da personalidade jurídica ao empresário irregular e à sociedade em comum, uma vez que **ausente o registro constitutivo, inexiste personalidade jurídica a se desconsiderar**, conforme se infere dos ensinamentos de Waldemar Ferreira Netto:

> "A sociedade irregular não tem, portanto, existência distinta da de cada um dos seus membros".

[28] CAPINHO, Sérgio, O direito de empresa à luz do Código Civil. 12 ed. Renovar: Rio de Janeiro, 2011, pág. 32.

[29] Para maiores ensinamentos acerca do tema, recomenda-se a leitura de COELHO, Fábio Ulhoa. *Manual de Direito Comercial – Direito de Empresa*. 24 ed. rev. e atual. São Paulo, Saraiva, 2012, págs. 31 a 48

E completa Amador Paes de Almeida:

> "Por via de consequência, não dispõem de um patrimônio próprio, exclusivamente seu, devendo os credores acionar, não a sociedade que inexiste juridicamente, mas os seus respectivos sócios, que, por sua vez, não poderão invocar o *beneficium excussionis*, solidários que são pelas operações e atos praticados".

Anote-se que, ainda que a empresa ou o empresário estejam irregulares, nos termos da Lei nº 11.101/05, Lei de Falências e Recuperação de Empresas, o empresário irregular estará sujeito à falência. Entretanto, é vedado ao empresário irregular requerer recuperação judicial, ajuizar pedido de falência em face de seus devedores.

Outrossim, é consequência natural da sociedade irregular a ineficácia probatória de seus livros comerciais, eis que desprovidos de solenidade essencial por contaminação.

Nesse ponto, cumpre salientar que a doutrina diverge sobre a existência ou não da diferenciação entre o "empresário irregular" e o "empresário de fato".

Os partidários da inexistência de diferenciação entre as duas qualificações tratam ambas as condições como sinônimas, agasalhando no conceito o empresário não registrado perante a Junta Comercial, como o faz o emérito doutrinador Amador Paes de Almeida:

> "Sociedades há, contudo, que por motivos os mais diversos não se constituem por contrato escrito, ou, se o fazem, não levam o contrato a registro nas respectivas Juntas Comerciais.
>
> Tais sociedades, por isso mesmo, não se constituem em pessoas jurídicas, sendo denominadas sociedades irregulares ou de fato, exatamente porque seus atos constitutivos não se completaram. (...)
>
> A distinção não encontra acolhida no nosso Direito, ao contrário do que poderia ocorrer nas legislações italiana ou francesa. No Brasil, sociedade irregular e de fato são sinônimas, não havendo qualquer distinção entre as mesmas."[30]

De outro lado, os doutrinadores favoráveis à existência de distinção costumam conceituar como "irregulares" os empresários e as sociedades empresárias que possuem contrato social, mas que, por qualquer razão, não o levaram a registro perante à Junta Comercial competente, ou não obtiveram êxito na aceitação pela Junta de seus documentos constitutivos.

Conceitua-se como "empresários" ou "sociedades de fato" quem é empresário na forma do artigo 966 do Código Civil vigente, mas que não se cerca de

[30] ALMEIDA, Amador Paes de. *Manual das sociedades comerciais*. 10ª edição. São Paulo: Saraiva, 1998, pág. 40.

mínimos rigores formais para a constituição da estrutura societária necessária ao desenvolvimento de seus negócios, nem com vistas a obter efeitos *inter partes*, sendo a sociedade desprovida de contrato social, assim.

Note-se que a distinção ganha relevo apenas quando se trata de opor a existência da sociedade a terceiros e quando essa oponibilidade é almejada entre os próprios sócios, na forma do artigo 987 do Código Civil vigente, eis que exigida prova escrita (contrato social) para que se ateste a existência da sociedade e se apliquem as disposições legais de regência do instituto.

Adotando a teoria que admite a diferenciação das nomenclaturas como diferentes estágios no alcance da perfeita formalidade pelo empresário, nota-se que a sociedade ou o empresário irregular são regidos pelo artigo 986 do Código Civil vigente, inserida no Subtítulo I – Da Sociedade Não Personificada (eis que não há registro, nem constituição formal, pelo que não se adquire personalidade jurídica pela sociedade), no Capítulo I – Da Sociedade em Comum, sendo assim denominada a sociedade cujos atos constitutivos não são inscritos perante a Junta Comercial.

A sociedade em comum, portanto, é aquela que explora negócios de empresa sem o prévio registro determinado em lei. Por sua vez, o empresário irregular possui contrato social não registrado da sociedade em comum e assim pode comprovar a existência da sociedade perante seus sócios e terceiros se valendo do instrumento constitutivo de natureza societária sem registro.

É certo que nem por isso a sociedade passa a deter personalidade jurídica. Porém, em face dos terceiros que, para a cobrança de dívidas, por exemplo, podem comprovar a existência da sociedade por qualquer meio admissível em direito, o empresário irregular poderá opor os termos dessa existência, se valendo do patrimônio especial para pagamento das dívidas oriundas da atividade empresarial da sociedade em comum.

De acordo com o artigo 988 do Código Civil, *os bens e dívidas sociais constituem patrimônio especial, do qual os sócios são titulares em comum*. Referida titularidade compartilhada presta-se, apenas, para estabilizar as relações de titularidades patrimonias entre os sócios da sociedade em comum, tratando-se de conceito legal que não gera, entretanto, os mesmos efeitos do patrimônio detido por sociedade regularmente inscrita na Junta Comercial e dotada de personalidade jurídica e patrimônio autônomos.

Assim, embora a sociedade em comum conte com patrimônio especial, sendo contabilizado como ativo desse patrimônio os bens utilizados para consecução do objeto social exercido pela empresa e como passivo os débitos oriundos dessa atividade, não há, na lei, qualquer benefício de ordem que possa impor o aproveitamento prioritário dos ativos desse patrimônio para o pagamento das respectivas dívidas sociais.

É certo, entretanto, que o antigo Código Comercial, em seu artigo 350, previa a responsabilidade meramente subsidiária dos sócios das sociedades irregulares, obrigando seus credores a se valerem, prioritariamente, do patrimônio especial, estabelecendo benefício de ordem, nos termos do que previa o dispositivo de lei revogado pela vigência do novo Código Civil de 2002: *Os bens particulares dos sócios não podem ser executados por dívidas da sociedade, senão depois de executados todos os bens sociais.*

Em nosso entender, irretocável o avanço do diploma material ao impedir que a antijuridicidade praticada pelos sócios de sociedade não registrada, de alguma forma, os beneficiasse em vias expropriatórias, o que equivaleria, de certa maneira, a angariar deliberado benefício a partir da própria torpeza, estando no âmago da *mens legis* da inovação legislativa a pretensão de punir, pela retirada de prerrogativa importante, quem adota conduta intencional de violar a lei vigente.

Tal punição se justifica não só no princípio da legalidade, que deve ser prestigiado no Estado Democrático de Direito, sendo cumpridas as regras por ele instituídas sob pena do esfacelamento de seus pilares, como também no déficit tributário, previdenciário e nas relações com o Estado, imposto pela sociedade em comum ao atuar à margem das normais administrativas ao não promover seu obrigatório registro constitutivo-funcional.

Contudo, no caso concreto e em vias de execução forçada, deverá se privilegiar o princípio da menor onerosidade do devedor que, embora esteja irregular face às suas obrigações sociais perante os órgãos regulatórios e até ao próprio mercado e à coletividade, deve contar com a racionalidade do sistema jurídico, para que não suporte perdas mais gravosas apenas por ser devedor episódico.

Entretanto, inexistindo qualquer benefício de ordem na execução patrimonial, e não se tratando aqui de norma de direito material, mas sim de direito processual, a menor onerosidade do devedor somente privilegiará os sócios da sociedade em comum na hipótese de os bens oferecidos para a quitação da obrigação, pertencentes ao patrimônio especial, não importem, seja pelo critério qualitativo, quantitativo ou temporal, qualquer prejuízo ao melhor interesse do credor.

Assim, em situação hipotética, não haveria qualquer malefício ao credor ao receber o valor da obrigação em dinheiro bloqueado da conta bancária utilizada por um dos sócios da sociedade irregular para administrar o caixa da empresa, em detrimento de receber o mesmo valor bloqueado em conta corrente de uso pessoal de um dos sócios da mesma sociedade.

O exemplo acima comporta mesma expansão se o contexto idealizado contiver um mesmo veículo automotor, avaliado em mesmo valor de mercado, ou em valores desiguais, mas que ambos superem a dívida demandada judicialmente, sendo razoável e proporcional que se aceite, se pretendido pelo sócio da sociedade em comum, a dação em pagamento a partir do automóvel destinado ao uso da sociedade e não ao uso do núcleo familiar de um dos sócios.

Entretanto, não seria razoável cogitar-se extrapolar esses limites da identidade, uma vez que não há norma de direito material que crie qualquer preferência vinculativa pelo pagamento por intermédio do patrimônio especial da sociedade em comum.

A sociedade, embora irregular, cria empregos diretos e indiretos, garantindo o sustento de unidades familiares, adquire produtos e contrata a prestação de serviços de outras sociedades, essas sim regulares, contribuindo, ainda que de forma aquém do adequado, com a manutenção e expansão do nicho de mercado em que atua, considerações essas que não desnaturam os malefícios que a mesma empresa também gera para a arrecadação estatal em suas três esferas e até para a própria concorrência no nicho em que atua.

Nesse sentido, a lei reserva ao empresário irregular uma sanção pelo não acatamento da ordem jurídica vigente a partir da não promoção do registro da sociedade perante a Junta Comercial competente, o que se infere do artigo 990 do Código Civil, que indica que os sócios da sociedade irregular responderão sempre ilimitadamente pelas obrigações sociais, sendo ineficaz qualquer cláusula limitativa desta responsabilidade imbricada no seio do contrato social não registrado.

Para os sócios que se apresentarem como "representantes" da sociedade irregular, essa responsabilidade pelas obrigações sociais será direta e ilimitada. Para os não representantes, a responsabilidade será subsidiária, mas também ilimitada, até à quitação das obrigações sociais.

Classificados os institutos importantes à análise do objeto, é certo que, como já frisado, a ausência de registro da sociedade acarreta a inexistência de personalidade jurídica a desconsiderar, tornando qualquer discussão acerca do cabimento da relativização de personalidade jurídica, desnecessária e desprovida de ambiente jurídico para interpretações antagônicas.

Na exegese do artigo 50 do Código Civil, calcado na Teoria Maior da desconsideração da personalidade jurídica que permite a relativização da separação entre sociedade e sócios nos casos em que for configurado o abuso de personalidade jurídica, verificável quando há confusão patrimonial entre os bens dos sócios e da sociedade, ou na existência de desvio da finalidade da empresa, aspectos abordados anteriormente com minudência; já se verifica que na sociedade em comum há, por imperativo legal, a confusão patrimonial entre bens "da empresa" e de seus sócios.

Dessa conclusão se extrai que a sociedade em comum, por ser irregular e não registrada na Junta Comercial, não possui bens de sua propriedade, não podendo firmar contratos em nome próprio para adquiri-los, ou celebrar qualquer negócio jurídico para recebê-los, eis que não é titular de direitos e obrigações, nem vocacionada para o ser, mas sim seus sócios.

Constata-se, assim, que não se trata meramente de uma "confusão patrimonial" entre os bens dos sócios e da sociedade, já que a sociedade, em si, não é proprietária de quaisquer bens; mas sim que todos os ativos e passivos integrantes do "patrimônio especial" são de seus sócios, ou de quem quer que os tenha cedido à utilização pela sociedade atuante à margem da lei, inexistindo qualquer separação da titularidade patrimonial que inclua a sociedade irregular como sujeita de direitos e obrigações, portanto.

A classificação "patrimônio especial" destinada aos bens e dívidas sociais, insculpida no artigo 988 do Código Civil, é mera referência decorrente da constatação das condições das coisas, vindo para reafirmar que **ambos os sócios serão considerados titulares desses bens, sob a ótica da gestão empresarial e não do direito real de propriedade**.

Analisando por uma ótica meramente didática, pode-se afirmar que não há necessidade de se desconsiderar a personalidade jurídica da sociedade em comum, porque a responsabilidade direta e ilimitada de seus sócios seria a medida eficaz alcançável por via de uma relativização de personalidade, inexistindo ato a praticar para alcance desse objetivo.

4. Empresário de fato

Diferentemente do empresário irregular, o empresário de fato – por não possuir contrato social, sequer um contrato social não registrado – não pode opor a existência da sociedade perante seus sócios e terceiros, justamente por inexistir qualquer instrumento constitutivo da sociedade.

Contudo, na forma do artigo 987 do Código Civil, terceiros credores ou interessados por quaisquer outras questoes subjetivas e objetivas, podem comprovar a existência da sociedade empresária, o que somente poderá beneficiar a esse interessado, e nunca o prejudicar.

Partindo dessas diferenças entre os conceitos de sociedade irregular e sociedade de fato, confiram-se os termos da doutrina do emérito José Xavier Carvalho de Mendonça:

> "Denominam-se sociedades irregulares, como o vocábulo indica aquelas sociedades que funcionam durante certo tempo, sem o cumprimento das solenidades legais da constituição, registro e publicidade. (...)
>
> Profunda é, entretanto, a diferença que se deve fazer, em nosso direito, entre a sociedade irregular e a de fato. A primeira acima definida. A segunda é aquela que, afetada por vícios que a inquinam de nulidade é fulminada com o decreto de morte. A sociedade, apesar disso, funcionou, viveu, contratou, tomou lugar no mundo dos negócios. Não se pode negar nem destruir fatos consumados. Há mister, portanto, atender à natureza das coisas e, de conformidade com esta, ajustas as contas do que

se fez durante a comunhão. Eis porque se diz de fato esta sociedade, isto é, uma sociedade que apesar de degenerada, viveu, enquanto admitida."[31]

Não se trata aqui, e o mesmo se aplica à sociedade irregular, de meramente invalidar todos os atos praticados pela sociedade, de fato, uma vez que o Código Civil vigente contém em si a programaticidade de promover o maior aproveitamento dos negócios jurídicos, desde que disso não importe a violação de normas de ordem pública, sendo possível, inclusive, a convalidação de negócios jurídicos nulos, o que se infere do artigo 170 do diploma substantivo.

Ainda, no caso das sociedades em comum, é certo que sempre se poderá lançar mão da representação dos sócios para convalidar o negócio firmado por eles em favor da sociedade irregular, uma vez que empresas e sociedades, em análise mais cética, são ficções jurídicas que não desnaturam a realidade de serem meros mecanismos da atuação humana, de sujeitos determinados nos casos concretos como os aqui tratados.

No mais, a sociedade de fato em nada se distingue da sociedade irregular, não havendo qualquer aplicabilidade da desconsideração da personalidade jurídica para ambas as sociedades uma vez que, desprovidas de personalidade jurídica, ausente objeto para relativização de personalidade.

5. Críticas à nova sistemática adotada pelo NCPC

A nova dinâmica processual imposta pelo artigo 133 e seguintes do NCPC não vem acompanhada, eis que norma eminentemente procedimental, de qualquer inovação legislativa no que tange ao instituto material da desconsideração de personalidade jurídica.

Sem aqui olvidar que uma reforma de tamanha grandeza como a edição de uma nova legislação processual para substituição de outra vigente, considerada obsoleta, demanda um esforço hercúleo por parte de legisladores e selecionados juristas de alto renome, é certo que o instituto da desconsideração da personalidade jurídica em si, o que também é verdade para outros institutos, necessitava muito mais de um aprimoramento de ordem material que processual.

Mais que isso, em nosso entender, a instituição de uma lide incidental para se instaurar contraditório visando a desconsiderar a personalidade jurídica não se amolda à necessidade de maior atendimento do princípio do melhor interesse do credor em sede de ações de recuperação de crédito.

Não se ignora que a *mens legis* da norma é de propiciar maior precisão e acuidade do provimento jurisdicional que remove o véu da personalidade jurídica (medida gravosa, portanto) para, desconsiderando-o, fazer com que seus sócios

[31] ALMEIDA, Amador Paes de. *Manual das sociedades comerciais*. 10ª edição. São Paulo: Saraiva, 1998, pág. 40.

respondam em nome próprio pelo débito demandado judicialmente, através da instauração de contraditório específico e de escopo limitado, levando em consideração a presunção da boa-fé, bem como os requisitos materiais para relativização da personalidade jurídica.

Contudo, o Direito e a forma de pensá-lo, não pode se apartar da crueza da aplicação hodierna da norma, para se "engabinetar" em uma torre de marfim, ignorando as vicissitudes do dia a dia da jurisdição.

Vige, atualmente, nos processos judiciais que se amontoam pelos escaninhos das serventias judiciais, e agora pelos servidores de processos eletrônicos, algo aparentado à "certeza da boa-fé" em vez da "presunção da boa-fé", em que o Poder Judiciário acaba se mostrando incapaz de verificar, através de indícios e elementos trazidos pelo credor, ou por qualquer interessado, a má-fé do devedor de obrigação, que pode ser verificável por várias nuances, estágios, intensidades e formas.

Não obstante, a presunção da boa-fé é hoje meio elisivo da aplicação de sanções processuais e consecução de finalidades de mesma natureza pela não comprovação da má-fé, embora esta, em si, sequer seja requisito para imposição de tais punições ou medidas judiciais pujantes, como no caso da desconsideração da personalidade jurídica.

Infelizmente, as relações importantes ao direito não se revestem, muitíssimas vezes, das melhores condutas por parte de seus sujeitos, e o imbróglio causado pela dificuldade de se reconhecer e impor consequências a desmandos é de responsabilidade compartilhada entre os Poderes Legislativo e Judiciário: primeiro por hesitar em editar normas que imponham sanção às práticas irregulares das partes do processo, das quais já se presume a má-fé de maneira automática, como o abuso da personalidade jurídica, incapaz de ser praticada por boa-fé; o segundo por elevar a presunção da boa-fé a grau de solidez maior do que se poderia admitir pela razoabilidade e proporcionalidade em casos concretos.

Sob essas premissas, é de se ver que a urgência do instituto da desconsideração da personalidade jurídica é de obter mecanismos de ordem material mais efetivos e inclusivos, que contemplem maiores possibilidades de se enquadrar condutas de pessoas jurídicas ou de empresários no rol das que devem ensejar a extirpação do véu da personalidade jurídica, deixando de se omitir e incumbir à doutrina e à jurisprudência dessa tarefa mais minuciosa.

Faria bom efeito, em norma de natureza material, prever que a desconsideração da personalidade jurídica também se dará na hipótese de haver pessoa jurídica e grupo econômico que se vale de núcleo familiar para abrigar patrimônio que poderia pagar credores, mas que é vertido a entes do núcleo familiar a fim de torna-los intangíveis e adquiridos em nome destes sem capacidade financeira própria para tal, não se comprometendo a dar contornos e estética legislativa ao espírito do regramento hipotético aqui lançado, que já é reconhecido pela doutrina e jurisprudência.

A omissão legislativa material nesse tocante deixa à mercê de outras fontes de direito a integração da aplicação da norma em casos concretos que fogem à regra clara da desconsideração da personalidade jurídica prevista no Código Civil, na Lei Antitruste, no Código de Defesa do Consumidor, na Lei de Crimes Ambientais e na Consolidação das Leis Trabalhistas, nesta última sendo regrado o "grupo econômico", em específico, que não detém força de lei e, por isso, promove insegurança jurídica importante a partir da imprevisibilidade da aplicação da norma em casos concretos análogos, mas distintos entre si em peculiaridades, desatendendo um dos princípios basilares do Estado Democrático de Direito, que é a certeza das regras da relação entre cidadão e Estado.

Embora a premência do instituto fosse de expansão do regramento material, a mudança processual que poderia, de alguma forma, contribuir para melhor aplicação da norma material preexistente, acaba por impor morosidade ao reconhecimento dos requisitos caracterizadores da desconsideração de personalidade jurídica pelo Poder Judiciário, além de abrir contraditório específico e obrigatório em que se poderá compactuar com toda a sorte de teses jurídicas e argumentos infundados, mas que podem ser acolhidos por receio de lesão indevida a determinadas partes do processo.

Não só isso, o contraditório obrigatório extirpa um dos grandes trunfos do instituto e da falta de regramento processual do Código de Processo Civil de 1973, o elemento surpresa da relativização da personalidade jurídica.

A surpresa do devedor ao se deparar com a notícia de que há decisão judicial que inclui no polo passivo de ação judicial, em que somente ele e mais uma pessoa jurídica da qual é sócio, mas é inoperante e intencionalmente endividada por ele, outras pessoas jurídicas operantes, geradoras de receita e detentoras de patrimônio importante, além de sócios desse mesmo sujeito, acabam por aproximar as partes do processo de um acordo, bem como servem de precedente a outros credores que necessitem seguir as mesmas vias para desfazer blindagem patrimonial por parte do inadimplente.

Ainda sob a mesma perspectiva, o devedor sempre teve a possibilidade de pedir reconsideração da decisão em questão e interpor recurso a tribunal competente, não tendo sido lesado em seu direito ao não ser ouvido previamente por não ser o seu direito de se defender, em nosso entender, merecedor de maior guarida do que a sua obrigação de pagar, obviamente em estando presentes os requisitos para relativização da personalidade jurídica no caso concreto.

Os requisitos materiais para desconsideração não ocorrem sem a vontade do empresário, nem mesmo se imbuído ele da boa-fé, sendo que a má-fé que norteou o abuso de personalidade jurídica, ou quaisquer dos requisitos contemplados pelas Teoria Maior e Teoria Menor da Desconsideração da Personalidade Jurídica, retira do inadimplente a prerrogativa de ser ouvido primeiro, em nossa opinião.

Merece especial atenção, ainda, a disposição do artigo 134, parágrafo 3º, do NCPC, que decreta a suspensão de todo o processo se instaurado incidente de desconsideração de personalidade jurídica.

Após amargar prejuízo financeiro e padecer com a lentidão do tramite judiciário, o credor da sociedade a ter sua personalidade jurídica desconsiderada, ainda será amplamente punido pelo Estado Brasileiro ao se submeter a uma suspensão ampla e irrestrita de seu processo em novo benefício e nova oportunidade para seus devedores desviarem e esvaziarem seus patrimônios tangíveis. A disposição aqui tratada é extremamente nociva à finalidade do processo executivo e ao princípio da força obrigatória das convenções, de justiça inegável.

Por fim, o artigo 137 do NCPC – que encerra os contornos do procedimento incidental de desconsideração de personalidade jurídica, indicando a natureza e os efeitos do provimento jurisdicional decorrente da cognição firmada após o encerramento do contraditório das partes e aspirantes a (pessoas cujo atingimento patrimonial se visa) – infirma que "acolhido o pedido de desconsideração, a alienação ou a oneração de bens, havida em fraude de execução, será ineficaz em relação ao requerente".

As preocupações com a criação de um procedimento incidental de contraditório alongado, para deslinde dos pedidos de relativização da personalidade jurídica à luz da *disregard doctrine*, tecidas aqui, são de menor importância quando nos deparamos com as disposições limitativas de objeto do novo dispositivo processual em evidência.

Atualmente, o provimento jurisdicional que reconhece a presença dos requisitos para o *pierce the corporate veil* enseja que os atingidos pelos limites subjetivos da decisão condenatória passem a responder com seu próprio patrimônio, já conhecido ou a ser localizado, a partir de tentativa e erro, inclusive, método que norteia os processos de recuperação de crédito pela natureza da pretensão almejada.

Ao que parece, o novo regramento visa a cingir os efeitos objetivos da desconsideração à "alienação ou a oneração de bens", critério profundamente preciso e predeterminado, engessando, em muito, os frutos de se relativizar a personalidade jurídica utilizada para lesar credores.

Assim determina, ainda, que essas alienações ou onerações de bens serão ineficazes por serem consideradas "havidas em fraude de execução", usurpando conceito legal preexistente e que não se relaciona, ou possui mesmos requisitos, à desconsideração da personalidade jurídica de maneira direta, evidenciando má técnica legislativa, que sempre é campo aberto para aplicação inadequada da verdadeira intensão intrínseca à norma.

Em nosso entender, portanto, as disposições do NCPC que criam o incidente de personalidade jurídica dotado das particularidades já esmiuçadas – e que promove indevida alteração da lei material, ao limitar o objeto do provimento jurisdicional final e relacioná-lo indevidamente a instituto jurídico distinto, qual seja a fraude à execução – promove um desserviço à recuperação de créditos e às outras causas que clamam pela relativização da personalidade jurídica, favorecendo, mais uma vez e lamentavelmente, o devedor contumaz e a institucionalização da má-fé, em vias de inversão de valores morais da sociedade brasileira.

6. Conclusão

Diante de tudo o quanto exposto acima, é importante destacar que a inovação trazida pelo NPCP através do incidente de desconsideração da personalidade jurídica trouxe consigo alguns aspectos negativos.

Conforme se apontou no presente trabalho, o incidente de desconsideração da personalidade jurídica burocratizará um importante instrumento na luta dos credores em prol da satisfação de seu crédito. De tal modo, sem sombra de dúvida, a velocidade para a obtenção da desconsideração será diminuída, podendo propiciar, ainda mais, as fraudes e artifícios contra os credores.

Além disso, a limitação objetiva indicada no artigo 137 é nociva ao instituto em comento, posto que reduzirá sua aplicação às alienações e onerações fraudelentas. Nessa situação, a jurisprudência, certamente, precisará ampliar as hipóteses de aplicação.

Por outro lado, dará guarida ao devido processo legal e priorizará o contraditório, que também é medida que atende aos princípios do Estado Democrático de Direito.

Não se tem dúvida de que o procedimento em questão assentou e definiu procedimentos em prol da defesa das garantias constitucionais ao contraditório e à ampla defesa. Todavia, tal burocratização procedimental, em nosso entender, colocará em cheque a utilização do próprio instituto. Ao focar nas defesas das garantias acima mencionadas, esqueceu-se o legislador de pensar no caráter prático das ações judiciais, o que pode pôr sepultar tal precioso instrumento que é a desconsideração da personalidade jurídica.

Referências

ADR Procedures and Practice Rules. In: FISS, Owen M. RESNIK, Judith. *Adjudication and its alternatives*: as introduction to procedure. Nova York: Foundation Press, 2003.

ALMEIDA, Amador Paes de. *Execução de bens dos sócios: obrigações mercantis, tributárias, trabalhistas: da desconsideração da personalidade jurídica.* 10ª edição. São Paulo: Saraiva, 2004.

__________. *Manual das sociedades comerciais.* 20ª edição. São Paulo: Saraiva, 2012.

ALVIM, Eduardo Arruda e GRANADO, Daniel William. Aspectos processuais da desconsideração da personalidade jurídica. Revista Forense. V. 412, 2010.

ANDREWS, Neil. *O moderno processo civil*: formas judiciais e alternativas de resolução de conflitos na Inglaterra. 2 ed. São Paulo: Revista dos Tribunais, 2012.

ASCARELLI, Túlio. O empresário trad Konder Comparato *in* Revista de Direito Mercantil, n. 109.

ASQUINI, Alberto. *Perfis da Empresa*. Trad. Fabio Konder Comparato *in* Revista de Direito Mercantil, n. 104.

BARBOSA FILHO, Marcelo Fortes. *Código Civil Comentado: doutrina e jurisprudência*. Coord. Cezar Peluso. 6 ed. Barueri: Manole, 2012.

BEDAQUE, José Roberto dos Santos. *Tutela cautelar e tutela antecipada: tutelas sumárias e de urgência*. São Paulo: Malheiros, 2003.

BEDAQUE, José Roberto dos Santos. Sucessão de empresas e desconsideração da personalidade jurídica. In: YARSHELL, Flávio Luiz. PEREIRA, Guilherme Setoguti J. Processo societário. São Paulo: Quartier Latin, 2012.

BENETTI, Sidnei Agostinho. Desconsideração da sociedade e legitimação as causam: esboço de sistematização. In: DIDIER JR, Fredie. WAMBIER, Teresa Arruda Alvim. Aspectos polêmicos e atuais sobre os terceiros no processo civil. São Paulo: Revista dos Tribunais, 2004.

BEZERRA FILHO, Manoel Justino. *Lei de Recuperação de Empresas e Falências Comentada – Lei 11.101/2005, comentário artigo por artigo*. 5ª Ed. São Paulo: Revista dos Tribunais, 2007.

BORBA, Tavares. Direito Societário. 10 ed. Rio de Janeiro: Renovar, 2007.

BIANQUI, Pedro Henrique Torres. Desconsideração da personalidade jurídica no processo civil.

BRUSCHI, Gilberto Gomes. Aspectos processuais da desconsideração da personalidade jurídica. 2. ed. São Paulo: Saraiva, 2009.

BUENO, Cassio Scarpinella. *Novo Código de Processo Civil Anotado*. 1ª edição. São Paulo: Saraiva, 2015.

CALÇAS, Manoel de Queiroz Pereira. O empresário no Código Civil. Revista do Advogado. Ano XXV. Abril/2005, n. 81.

CÂMARA, ALEXANDRE FREITAS. *Lições de direito processual civil*. 13. ed. rev. e atual. Rio de Janeiro: Lumen Juris, 2008. vol. 3.

CAPINHO, Sérgio, O direito de empresa à luz do Código Civil. 12 ed. Renovar: Rio de Janeiro, 2011.

CARVALHOSA, Modesto. *Comentários ao Código Civil: parte especial: do direito de empresa*. Vol. 13. São Paulo: Saraiva, 2005.

CINTRA, Antônio Carlos de Araújo; GRINOVER, Ada Pellegrini; DINAMARCO, Cândido Rangel. *Teoria geral do processo*. 18ª e. rev. e atual., São Paulo: Malheiros, 2002.

COELHO, Fábio Ulhoa. *Manual de Direito Comercial – Direito de Empresa*. 24 ed. rev. e atual. São Paulo, Saraiva, 2012.

COELHO, Fábio Ulhoa. Curso de direito comercial, v. 2. 13. ed. São Paulo: Saraiva: 2009.

_________ Parecer destinado ao Instituto Brasileiro de Títulos e Documentos e de Pessoas Jurídicas do Brasil. Disponível em http://www.irtdpjbrasil.com.br/NEWSITE/parecerfabio.htm, acesso em 06 de setembro de 2015, às 14h:20min.

De Plácido e Silva. *Noções práticas de Direito Comercial.* 14ª ed., Rio de Janeiro, Forense, 1996.

Destefenni, Marcos. *Natureza constitucional da tutela de urgência.* Porto Alegre: Sergio Antonio Fabris Editor, 2002.

Didier Jr., Fredie. *Curso de Direito Processual Civil – Teoria geral do processo e processo de conhecimento.* 9ª e. Salvador: Juspodivm, 2008 v. 1.

Didier Jr., Fredie. Aspectos processuais da desconsideração da personalidade jurídica (art. 50 do CC-2002). In: *Regras processuais no novo código civil.* São Paulo: Saraiva, 2004.

Didier Jr, Fredie. Aragão, Leandro. A desconsideração da personalidade jurídica no processo arbitral. In: Yarshell, Flávio Luiz. Pereira, Guilherme Setoguti J. *Processo societário.* São Paulo: Quartier Latin, 2012.

Didier, Fredie. *Aspectos processuais da desconsideração da personalidade jurídica. In: Reflexos do novo Código Civil no Direito Processual.* Coordenação Fredie Didier Jr. e Rodrigo Mazzei. 2ª Ed. JusPODIVM, 2007, p. 161.

Dinamarco, Cândido Rangel. *Instituições de direito processual civil.* v. III. 6 ed. rev. e atual. São Paulo: Malheiros, 2009.

_____. *A instrumentalidade do processo.* 6 ed. São Paulo: Malheiros, 1998.

Diniz, Maria Helena. *Curso de direito civil brasileiro. Vol. 8: direito de empresa.* São Paulo: Saraiva, 2009.

Ferreira Netto, Waldemar. *Tratado de Direito Comercial.* Saraiva, São Paulo, 1962.

Fux, Luiz. *Curso de direito processual civil.* 3. ed. Rio de Janeiro: Forense, 2005. vol. 2.

Gomes Filho, Antônio Magalhães. Notas sobre a terminologia da prova: reflexos no processo penal brasileiro. In: Yarshell, Flávio Luiz. Moraes, Maurício Zanoide. *Estudos em homenagem à professora Ada Pellegrini Grinover.* São Paulo: DPJ, 2005.

Greco, Leonardo. *A teoria da ação no processo civil.* São Paulo: Dialética, 2003.

Guerra, Willis Santiago. Aspectos da reforma do código de processo civil. Revista de Processo. Ano 21. Edição de janeiro/março de 1996. Volume nº81.

Hazard Jr. Geoffrey C. Taruffo, Michele. *American Civil Procedure*: an introduction. Yale University Press, 1993.

Negrão, Theotonio; Gouvêa, José Roberto F.; Bondioli, Luiz Guilherme Aidar; e Fonseca, João Francisco Naves da. Código Civil comentado. São Paulo: Saraiva, 2014, 46ªed.

Nery Junior, Nelson; e Nery Junior, Rosa Maria de Andrade. Comentários ao Código de Processo Civil, 1ª edição. São Paulo: RT, 2015, página 574.

Lopes, João Batista. *A prova no direito processual civil.* 2 ed. rev. atual. e ampl. São Paulo: Revista dos Tribunais, 2002.

Medeiros Neto, Elias Marques de. O princípio da proporcionalidade, o instituto da desconsideração da personalidade jurídica e o projeto de um novo Código de Processo Civil. Revista de Processo. São Paulo, 209, p. 375-396, jul. 2012.

Mendonça, José Xavier Carvalho. *Tratado de Direito Comercial Brasileiro.* Rio de Janeiro, Freitas Bastos, 1960.

Miranda, Pontes de. Tratado da ações. Tomo VI. Campinas: Bookseller, 1998.

Negrão, Ricardo. *Manual de direito comercial e de empresa. Vol. 1.* São Paulo: Saraiva, 2007.

Requião, Rubens. *Curso de Direito Comercial, 1º volume.* São Paulo, 25ª ed., Editora Saraiva, 2003.

REQUIÃO, Rubens. Abuso de direito e fraude através da personalidade jurídica. Revista dos Tribunais v. 410.

ROVAI, Armando Luiz. *Direito de Empresa*. Rio de Janeiro, Elsevier, 2007.

SILVA, Bruno Freire e. *Primeiras impressões sobre a exclusão de alguns institutos do Novo Código de Processo Civil*. Revista de informação legislativa, v. 48, n. 190 t.1, p. 75-88, abr./jun. 2011.

SOUZA, André Pagani de. Desconsideração da personalidade jurídica: aspectos processuais. São Paulo: Saraiva, 2009.

TARUFFO, Michele. *La prueba de los hechos*. Madri: Trotta, 2002.

THEODORO JR. Humberto. A desconsideração da personalidade jurídica no direito processual civil brasileiro. In: YARSHELL, Flávio Luiz. PEREIRA, Guilherme Setoguti J. Processo societário. São Paulo: Quartier Latin, 2012.

VALADÃO, Erasmo. *Temas de Direito Societário, Falimentar e teoria da empresa*. São Paulo.

VENOSA, Sílvio de Salvo. *Direito Civil*. São Paulo, 6ª ed., Atlas.

VERÇOSA, Haroldo Malheiros Duclerc. *Curso de Direito Comercial. Vol. 1*. São Paulo: Malheiros, 2004.

WALD, Arnoldo. *Comentários ao Novo Código Civil. V. XIV: livro II, do direito de empresa*. Coordenadores: Sálvio de Figueiredo Teixeira. Rio de Janeiro: Forense, 2005.

WAMBIER, Teresa Arruda Alvim; CONCEIÇÃO, Maria Lúcia Lins; RIBEIRO, Leonardo Ferres da Silva; e MELLO, Rogério Licastro Torres de. *Primeiros Comentários ao Novo Código de Processo Civil, Artigo por artigo*. 1ª edição. São Paulo: RT, 2015.

WATANABE, Kazuo. *Acesso à justiça e sociedade moderna*. *In* GRINOVER, Ada Pellegrini Grinover. *Participação e processo*. 1ª e. São Paulo: Revista dos Tribunais, 1988.

YARSHELL, Flávio Luiz. *Antecipação da prova sem o requisito da urgência e direito autônomo à prova*. São Paulo: Malheiros, 2009.

______. *Curso de direito processual civil*. São Paulo: Marcial Pons, 2014.

Da obrigatória fixação dos honorários sucumbenciais no incidente de desconsideração da personalidade jurídica

Helder Moroni Câmara
Ciro Flávio Fiorini Barbosa

1. Considerações Iniciais: contraditório no incidente de desconsideração da personalidade jurídica

No período anterior ao do Código de Processo Civil de 2015 (CPC/2015), ou seja, na vigência do revogado Código de Processo Civil de 1973 (CPC/1973), o pedido de desconsideração de personalidade jurídica não gozava de regime próprio, de modo que seu processamento não seguia um critério, e muito menos um procedimento específico, o que ensejou diversas discussões à época, que deveriam ter sido de uma vez por todas suprimidas por meio das disposições do CPC/2015 a esse específico respeito.

O que se observava, ao menos no nosso sentir, como principais discussões sobre o tema eram as questões a respeito da natureza do pedido de desconsideração, e de seu ainda germinal incidente, bem como da necessidade ou não de intimação dos terceiros potencialmente afetados pela desconsideração (e também da fixação ou não de honorários sucumbenciais na hipótese de instaurado o incidente com o estabelecimento de contraditório).

Doutrina e jurisprudência divergiam, como era de se esperar, ora admitindo ou mesmo exigindo em certas hipóteses a instauração de prévio incidente de desconsideração, para fins de que fosse observado e respeitado o contraditório, a fim de oportunizar prévia defesa em favor do terceiro, ora estabelecendo que o contraditório somente ocorreria ulteriormente no bojo do processo execução, já que o terceiro, tornando-se parte do processo, poderia defender-se por meio dos embargos à execução ou mesmo de exceção de pré-executividade.

O Superior Tribunal de Justiça (STJ), a esse respeito, havia fixado tese no sentido de que seria dispensável a citação dos terceiros potencialmente atingidos pela desconsideração, nos exatos termos que acima pontuamos:

> "Nos termos da jurisprudência consolidada desta Corte, sendo a desconsideração da personalidade jurídica um incidente processual o qual pode ser deferido nos próprios autos, faz-se desnecessária a prévia citação dos sócios da pessoa jurídica cuja personalidade foi superada, visto que plenamente cabível e suficiente para perfectibilizar o contraditório a apresentação da defesa posteriormente, de forma diferida. Incidente, portanto, o enunciado 83 da Súmula do STJ"[1].
>
> "Segundo a jurisprudência do STJ, a desconsideração da personalidade jurídica, como incidente processual, pode ser decretada sem a prévia citação dos sócios atingidos, aos quais se garante o exercício postergado ou diferido do contraditório e da ampla defesa. Precedentes de ambas as Turmas que integram a Segunda Seção do STJ"[2].

No nosso sentir, contudo, esse entendimento não seria o melhor para o caso, já que temos firmes que aquilo que o STJ conceituou como "contraditório diferido", traduzido pela possibilidade de o terceiro defender-se na qualidade de "parte" e não mais de "terceiro" sempre que deferida a desconsideração em seu desfavor (passando ele, portanto, a integrar a lide), não é defesa contra a desconsideração em si, mas tão somente contra seus efeitos – e deveria o terceiro ter o lídimo direito de defender-se contra o ato em si mesmo considerado, e não apenas contra seus efeitos.

E justamente com o objetivo de corrigir essa discrepância e de efetivamente propiciar contraditório em relação propriamente ao pedido de desconsideração, e não apenas contra seus efeitos, é que o CPC/2015 inovou ao criar um específico procedimento que regula a séria medida de desconsiderar-se a personalidade jurídica, qual seja, o incidente de desconsideração da personalidade jurídica expressamente previsto nos artigos 133 e seguintes do CPC/2015.

2. O procedimento a se observar no novo incidente de desconsideração da personalidade jurídica do CPC/2015

Note-se, a respeito do novo incidente de desconsideração, que seu correlato pedido, caso não formulado no bojo da petição inicial, será distribuído (§ 1º., artigo 134 do CPC/2015), sendo imperiosa e inarredável a citação dos terceiros para se defenderem do pleito (artigo 135 do CPC/2015):

[1] STJ – AgInt no AREsp 918295 / SP – Relatora Ministra MARIA ISABEL GALLOTTI – Órgão Julgador QUARTA TURMA – Data do Julgamento 18/10/2016.

[2] STJ – AgRg no REsp 1459784 / MS – Relator Ministro MARCO AURÉLIO BELLIZZE – Órgão Julgador TERCEIRA TURMA – Data do Julgamento 04/08/2015.

> "Art. 134. O incidente de desconsideração é cabível em todas as fases do processo de conhecimento, no cumprimento de sentença e na execução fundada em título executivo extrajudicial.
>
> § 1º A instauração do incidente será imediatamente comunicada ao distribuidor para as anotações devidas. (...)."
>
> "Art. 135. Instaurado o incidente, o sócio ou a pessoa jurídica será citado para manifestar-se e requerer as provas cabíveis no prazo de 15 (quinze) dias".

Por seu turno, o mesmo CPC/2015, ao tratar da citação no bojo do incidente de desconsideração, estabelece tal providência como inarredável e, ademais, o mesmo diploma informa que citação é o ato pelo qual convoca-se o réu para integrar a relação processual (artigo 238 do CPC/2015), tornando litigiosa a coisa objeto da discussão (artigo 240 do CPC/2015):

> "Art. 238. Citação é o ato pelo qual são convocados o réu, o executado ou o interessado para integrar a relação processual".
>
> "Art. 240. A citação válida, ainda quando ordenada por juízo incompetente, induz litispendência, torna litigiosa a coisa e constitui em mora o devedor, ressalvado o disposto nos arts. 397 e 398 da Lei no 10.406, de 10 de janeiro de 2002 (Código Civil)".

Ressalte-se, ademais, que tal como se observava na sistemática do revogado CPC/1973, citação e intimação não se confundem, sendo certo que, conforme dispõe o artigo 269 do CPC/2015, intimações não prestam para tornar litigiosa a coisa, muito menos para convocar o réu a integrar a relação processual:

> "Art. 269. Intimação é o ato pelo qual se dá ciência a alguém dos atos e dos termos do processo".

E, como já visto, no incidente de desconsideração não há a intimação, ou seja, não ocorre meramente a cientificação do terceiro que sofrerá os efeitos do pedido, mas sim verifica-se sua inequívoca citação, melhor dizendo, sua convocação para tomar parte de uma relação processual.

Não obstante, e como já visto, uma vez apresentado o pedido de desconsideração, haverá distribuição do incidente, que correrá de maneira autônoma e apartada dos autos e da demanda principal, tal como preconiza o acima colacionado § 1º., do artigo 134 do CPC/2015.

Assim sendo, e feitos esses esclarecimentos iniciais, percebe-se que o incidente de desconsideração previsto nos artigos 133 e seguintes do CPC/2015 tem a peculiar característica de encetar uma relação processual autônoma, formada entre o autor e os terceiros que são convocados, por meio de citação, para dele tomar parte, não se tratando, assim, de mero incidente sem força de ação: se os réus, os terceiros, são convocados por meio de citação, havendo comunicação da existência do incidente junto ao distribuidor, e se os terceiros têm a oportunidade de apresentar defesa, não conseguimos visualizar entendimento outro, a não ser o que pugnar pela existência de relação processual autônoma, e de verdadeira ação incidental ao dito incidente de desconsideração.

Contudo, o incidente de desconsideração não será julgado por meio de sentença, mas sim por meio de decisão interlocutória (artigo 136 do CPC/2015), o que, de todo modo, não lhe retira a natureza de ação tal como identificamos acima, já que o próprio artigo 203 do CPC/2015, ao tratar das sentenças e decisões interlocutórias, afirma que sentença é o pronunciamento que põe fim à fase cognitiva do procedimento comum, e que põe fim à execução, ressalvadas as disposições dos procedimentos especiais:

> "Art. 136. Concluída a instrução, se necessária, o incidente será resolvido por decisão interlocutória.
>
> Parágrafo único. Se a decisão for proferida pelo relator, cabe agravo interno".
>
> "Art. 203. Os pronunciamentos do juiz consistirão em sentenças, decisões interlocutórias e despachos.
>
> § 1º Ressalvadas as disposições expressas dos procedimentos especiais, sentença é o pronunciamento por meio do qual o juiz, com fundamento nos arts. 485 e 487, põe fim à fase cognitiva do procedimento comum, bem como extingue a execução".

A desconsideração da personalidade jurídica é um incidente que tem procedimento próprio, especial, portanto, e, desse modo, a "sentença" do incidente é traduzida por uma decisão interlocutória, muito mais por uma questão de adequação, do que propriamente de natureza do *decisum*. Isto é: uma vez que a desconsideração da personalidade jurídica poderá ser decidida no bojo de um processo em curso, não guardando, por vezes, relação com seu mérito, não se poderia falar na prolação de sentença, muito menos daquelas parciais de mérito (artigo 356 do CPC/2015), já que, como apontamentos, não se discute, como regra, no bojo da desconsideração, matéria relacionada ao mérito da ação principal.

E como se sabe, o incidente de desconsideração de personalidade jurídica exige que o terceiro (sócio ou pessoa jurídica), em sendo previamente citado para se defender e produzir as provas necessárias, seja representado por advogado regularmente inscrito na Ordem dos Advogados do Brasil (artigo 103 do CPC).

Na prática, como não integra a relação processual, surge a necessidade de o terceiro vir a contratar um advogado para elaborar sua defesa e representa-lo em juízo, requerendo, ademais, a produção das provas cabíveis.

Constituído o advogado os próximos passos serão: apresentação de defesa, produção de provas, manifestação da parte contrária (que requereu a instauração do incidente) e, ao final, uma decisão interlocutória que julga o mérito do pedido de desconsideração da personalidade jurídica.

Contra esta decisão, nos termos da expressa disposição legal (artigo 1.015, IV, do CPC), cabe recurso de agravo de instrumento.

3. Da condenação do vencido ao pagamento das verbas sucumbenciais

Feitas essas considerações, surge uma importante questão: cabe a fixação de honorários advocatícios na decisão que julga o incidente da desconsideração da personalidade jurídica?

Ainda não existe fartura de decisões, mas recentemente, em discussões que mantivemos em grupos de estudo, palestras e nas salas de aula, fomos questionados se se poderia refutar a fixação de honorários advocatícios sob o argumento de que não haveria previsão legal para tanto, desconsiderando-se, ao menos no nosso sentir, a natureza do procedimento de desconsideração, e todo o corolário legal mais acima destacado neste artigo.

Recentemente fomos confrontados, portanto, com a teórica possibilidade de o Juízo se valer da interpretação literal do artigo 85 do CPC/2015 para afastar a condenação do sucumbente nos honorários advocatícios, eis que referido dispositivo de lei afirma que *a* ***sentença*** *condenará o vencido a pagar honorários ao advogado do vencedor.* Assim, como não haveria "sentença", não seria o caso de condenar o responsável pela instauração do incidente ao pagamento de honorários advocatícios e despesas judiciais:

> "Art. 85. A sentença condenará o vencido a pagar honorários ao advogado do vencedor.
>
> § 1º São devidos honorários advocatícios na reconvenção, no cumprimento de sentença, provisório ou definitivo, na execução, resistida ou não, e nos recursos interpostos, cumulativamente. (...)"

Contudo, cremos que a interpretação teleológica do CPC/2015 faz concluir que são devidos honorários advocatícios e despesas processuais por quem sucumbe no pedido de desconsideração (princípio da causalidade). E explicamos (se é que já não o fizemos ao longo deste breve estudo).

Em primeiro lugar, como já vimos aqui, a decisão interlocutória é a "sentença" do incidente de desconsideração, não se podendo negar sua natureza por tudo quanto aqui já mencionado – o caso é semelhante ao da sentença que decreta a falência, que é sentença que se ataca por agravo, mas nem por isso deixa de ser sentença (artigo 100, da Lei 11.101/2005).

Não obstante, não restam dúvidas de que o sujeito que motiva a instauração de um incidente improcedente deve arcar com os custos daí advindos (despesas judiciais e honorários advocatícios) pelo princípio da causação e mesmo sucumbência.

O Tribunal de Justiça de São Paulo (TJSP), escorando-se em posicionamento do STJ e antes mesmo da vigência do atual CPC/2015 (e, por conseguinte, antes da criação do incidente), já defendia a condenação do postulante da infundada desconsideração aos ônus sucumbenciais[3]:

> "No caso, salta óbvio que os exequentes deram causa ao incidente processual e, nesse aspecto, conforme pacífico entendimento do STJ, 'a condenação em honorários advocatícios deve observar critérios objetivos, sendo a sucumbência um deles, ao lado do princípio da causalidade', que 'determina a imposição da verba honorária à parte que deu causa à instauração do processo ou ao incidente processual' (AgRg no REsp 1.082.662/RS, 2ª Turma, Rel. Min. Castro Meira, DJe de 15.12.2008; REsp 1.189.643/PE, 2ª Turma, Rel. Min. Mauro Campbell Marques, DJe de 8.10.2010)."

Em uma outra oportunidade o mesmo TJSP asseverou, reforçando o que estamos aqui tentando defender, que:

> "SUCUMBÊNCIA Condenação ao pagamento das custas e despesas processuais, em reembolso, e honorários advocatícios ao patrono do agravante, relativamente ao incidente de desconstituição da personalidade jurídica, por aplicação do princípio da sucumbência, norteado pelo da causalidade, visto que foi a credora quem deu causa à instauração do incidente processual em questão, posteriormente rejeitado, com exclusão dos sócios da execução do polo passivo da execução".[4]

Ou seja, expressamente, e sob o regramento deste CPC/2015, já reconheceu a Corte Bandeirante que pouco importa o fato de que a decisão que põe fim ao incidente de desconsideração da personalidade jurídica ser uma decisão interlocutória: o que se deve levar em consideração é a nova sistemática como um todo – há citação, distribuição, constituição de uma lide e oportunização para apresentação de defesa em favor daquele que não integrava a relação processual e, desse modo, deve haver condenação nos ônus sucumbenciais.

Na vigência do CPC/2015 não logramos identificar, ao menos até a época em que realizado este estudo, decisão do TJSP especificamente sobre o cabimento da verba honorária no incidente de desconsideração da personalidade jurídica, mas em recente acórdão relatado pela ilustre Desembargadora Maria Lúcia Pizzotti sinalizou-se pela fixação dos honorários advocatícios:

> "A alteração legislativa, com a previsão ampla, justifica-se na possibilidade, excepcional dos honorários em agravo de instrumento quando a decisão de Primeiro Grau

[3] TJSP – Agravo de Instrumento nº. 2218597-14.2014.8.26.0000 – 32ª Câmara de Direito Privado – Rel. Des. Rel. Kioitsi Chicuta – j. em 7.5.2015.

[4] TJSP – Agravo de Instrumento nº. 0211380-22.2012.8.26.0000 – 20ª Câmara de Direito Privado – Rel. Des. Rebello Pinho – j. em 25.3.2013.

já os fixou. Sobre o tema leciona Danilo Orenga que as sentenças parciais de mérito (art. 356, do NCPC), as interlocutórias que excluem litisconsortes (art. 1.015, VII, do NCPC) ou que admitem o incidente de desconsideração da personalidade jurídica (art. 136, do NCPC) consubstanciam decisões recorríveis por agravo de instrumento que admitiriam os honorários."[5]

Certamente o cabimento dos honorários advocatícios será reconhecido não apenas pelo Judiciário Paulista, como pela jurisprudência pátria como um todo, até porque tal providência, não obstante tudo quanto aqui já apontado, é decorrência lógica do princípio da causalidade, fortalecido na atual legislação processual (inclusive com a estipulação dos honorários recursais).

Entendimento diverso autorizaria a citação de um terceiro estranho à lide, convocando-o a integrar uma nova lide, de cunho condenatório, autorizando-o a apresentar defesa, produzir provas e, ao final, com a procedência ou improcedência do pedido condenatório que terá funestas repercussões em seu patrimônio, deixar de condenar o sucumbente nos ônus inerentes ao não acolhimento de seu pedido. Realmente não parece ser a melhor interpretação.

Nos parece, portanto, que no caso do incidente de desconsideração da personalidade jurídica deverá ser aplicado o mesmo entendimento, já pacificado pelo STJ, a respeito da denunciação da lide, de modo que deverá ser reconhecido que o incidente tem natureza de lide incidental, com clara natureza condenatória, razão pela qual o sucumbente deverá arcar com os ônus de seu infundado pedido, ou de sua injustificada resistência:

> "1. A denunciação da lide é uma demanda secundária de natureza condenatória. Assim, havendo resistência do litisdenunciado, este deve ser condenado a arcar com o pagamento de honorários advocatícios segundo o critério do art. 20, §3º, do CPC/1973. 2. Não cabe a denunciação quando se pretende, pura e simplesmente, transferir responsabilidades pelo evento danoso, não sendo a denunciação obrigatória nos casos do inciso III do art. 70 do Código de Processo Civil de 1973, na linha da jurisprudência da Corte. 3. Agravo interno não provido".[6]
>
> "Nos casos em que a denunciação da lide não é obrigatória, a jurisprudência desta Corte proclama que o litisdenunciante que chamou o denunciado à lide deve arcar com os honorários advocatícios, quando a ação principal for julgada improcedente.

[5] TJSP – Embargos de declaração nº. 2114331-05.2016.8.26.0000 – 30ª Câmara de Direito Privado – Rel. Des. Maria Lucia Pizzotti – j. em 9.11.2016.

[6] STJ – AgInt nos EDcl no AREsp 415782 / ES – Relator Ministro RICARDO VILLAS BÔAS CUEVA – TERCEIRA TURMA – Data do Julgamento 08/11/2016.

Precedentes."[7]

"1.- A jurisprudência desta Corte é no sentido de que a denunciação da lide só se torna obrigatória na hipótese de perda do direito de regresso, o que não se observa no caso em tela, não se fazendo presente essa obrigatoriedade no caso do inciso III do art. 70 do CPC, onde tal direito permanece íntegro. Precedentes. 2.- Nos casos em que a denunciação da lide não é obrigatória, a jurisprudência desta Corte proclama que o litisdenunciante que chamou o denunciado à lide deve arcar com os honorários advocatícios, quando a ação principal for julgada improcedente"[8].

4. Conclusões

Desse modo, seja porque o próprio CPC/2015 deixa claro que o incidente de desconsideração da personalidade jurídica tem natureza de ação, inicia-se por meio da citação e constitui nova relação processual (inclusive com anotação no distribuidor), e se encerra por meio de decisão interlocutória que claramente tem natureza de sentença para o mencionado incidente, não se pode, sob o argumento de que o artigo 85 do CPC/2015 não previu honorários sucumbenciais para decisões interlocutórias, afastar-se as verbas sucumbenciais do incidente de desconsideração.

Ademais, a jurisprudência anterior, e mesmo contemporânea ao CPC/2015, seja cuidando especificamente da desconsideração, seja tratando da denunciação da lide, expressamente reconheciam a necessidade de condenação do vencido ao pagamento das verbas sucumbenciais (incluindo-se aí os honorários), de modo que, ante toda a modificação legislativa que reforça esse posicionamento, não se pode admitir entendimento outro, a não ser o que reconheça, de maneira inatacável, a condenação do vencido, em incidente de desconsideração de personalidade jurídica, ao pagamento da verba sucumbencial.

[7] STJ – AgRg no AREsp 844663 / GO – Relator Ministro MARCO AURÉLIO BELLIZZE – Órgão Julgador TERCEIRA TURMA – Data do Julgamento 10/05/2016.

[8] STJ – AgRg no AREsp 519855 / SP – Relator Ministro SIDNEI BENETI – Órgão Julgador TERCEIRA TURMA – Data do Julgamento 19/08/2014.

Desconsideração da personalidade jurídica no novo CPC

Beclaute Oliveira Silva

Introdução

As partes no processo correspondem, em regra, aos sujeitos da relação jurídica material. No entanto, é possível que sujeitos distintos da relação processual possam vir a participar da demanda com intuito de solver determinada obrigação.

Isso pode ocorrer com a denunciação da lide, com o chamamento ao processo e com a desconsideração da pessoa jurídica. Essa última fora catalogada pelo CPC/15 como uma forma positivada de intervenção de terceiro (art. 133 a 137 do CPC).

A preocupação do presente estudo dirige-se a analisar, com um olhar analítico, o modo como a desconsideração da personalidade jurídica fora tratada pelo novo Código de Processo Civil, fato novo no diploma do direito positivo processual pátrio.

O estudo que será desenvolvido terá a seguinte estrutura. Em primeiro lugar será feita a distinção entre dívida e responsabilidade e sua repercussão na desconsideração na pessoa jurídica. Após, será analisado o pedido de desconsideração e sua regulação no CPC.

No item 3 abordar-se-á a resposta do réu na desconsideração da personalidade jurídica. Depois, com base na contribuição da teoria pontiana das cargas de eficácia, serão analisados os efeitos da decisão judicial no âmbito do tema proposto. No outro tópico se verificará o recurso contra a decisão que estipula a desconsideração e, por fim, será considerada a questão da coisa julgada no bojo da desconsideração da personalidade jurídica.

Esse o itinerário a ser percorrido com o objetivo de descrever os pormenores que envolvem o tema proposto.

1. Notas sobre a diferença entre dívida e responsabilidade e o vínculo com a desconsideração da personalidade jurídica

Antes de adentrar no tema da desconsideração da personalidade jurídica, faz-se necessário estabelecer a diferença entre dívida e responsabilidade. Como é cediço, a obrigação é um enlace de natureza jurídica que tem por fim compelir outrem a realizar uma prestação.

Essa relação é composta por: um dever de prestar, que será do devedor; o direito de exigir a prestação, que será do credor; e o objeto da prestação, manifestado em um fazer ou um não fazer.

Coube à doutrina alemã estruturar a relação jurídica de crédito em dois elementos centrais: a dívida (*schuld*) e a responsabilidade (*haftung*). A dívida teria por objeto o dever de prestar; já a responsabilidade seria a sujeição do patrimônio do devedor ou de terceiro para fins de realizar a obrigação.[1] Noutros termos, quem deve é o devedor e quem responde é o patrimônio do devedor ou de terceiro.

Percebe-se que há certa autonomia entre as duas categorias, já que, enquanto o débito ou a dívida recai sobre sujeito passivo da obrigação, aquele que titulariza a condição de devedor, a responsabilidade pela dívida recai sobre o patrimônio, que, como já explicitado, pode ser do devedor ou de terceiro.

A regra é que o patrimônio do devedor responda pela dívida, mas a lei (responsabilidade tributária), ou o negócio jurídico (fiança, aval etc.), ou o ilícito pode fazer com que o patrimônio de terceiro venha a responder por débito contraído por titular passivo de relação jurídica creditícia. Nesse caso, o terceiro se torna parte. Um responsável sem dívida.

No caso, uma das formas de responsabilização do patrimônio de terceiro por prática de ilícito ocorre em decorrência da desconsideração da personalidade jurídica.

Destaque-se que a desconsideração da personalidade jurídica não extingue a personalidade jurídica, mas apenas suspende, episodicamente, a eficácia de sua constituição para fins de responsabilização, por conta de ilícitos perpetrados nas hipóteses do art. 50 do Código Civil, por exemplo.[2]

O ilícito que irá ser causa da desconsideração é da classe dos ilícitos caducificantes, já que sua consequência é a "perda do direito de ter sua responsabilidade limitada".[3]

---

[1] MARTINS-COSTA, Judith. **Comentários ao novo Código Civil.** Coordenador Sálvio de Figueiredo Teixeira. Rio de Janeiro: Ed. Forense, 2003, v. V, t. I, p.16.

[2] EHRHARDT JR. Marcos. **Direito Civil** – Parte Geral. Salvador: Ed. JusPodivm, 2009, p. 258. Neste sentido, enunciado nº 7 da I Jornada de Direito Civil, do CJF: "Art. 50: só se aplica a desconsideração da personalidade jurídica quando houver a prática de ato irregular e, limitadamente, aos administradores ou sócios que nela hajam incorrido".

[3] DIDIER JR., Fredie. **Curso de Direito Processual Civil.** Salvador: JusPodivm, 2016, v. 1, p. 526.

Não se pretende alongar neste tema, porquanto não é o objeto do trabalho. A função do presente tópico foi indicar que, existindo a desconsideração da personalidade jurídica, os sócios não se tornam devedores, mas os autos constitutivos da pessoa jurídica ficam suspensos para que o patrimônio dos seus membros possa responder por dívida contraída pelo devedor – a pessoa jurídica, quando se trata de desconsideração direta.

Salienta-se que a desconsideração da personalidade jurídica pode ser inversa, por expressa disposição legal, que consagrou posição doutrinária e jurisprudencial (art. 133, § 2º, do CPC) – aquela que tem por objeto alcançar os bens da pessoa jurídica para responder por dívidas do sócio. Nessa hipótese, quem passa a ser responsável é o patrimônio da pessoa jurídica, em ação movida contra o sujeito de direito que é sócio da referida entidade.[4]

Fixadas essas premissas, passa-se à análise do pedido que tem por objeto a desconsideração da personalidade jurídica.

2. Formulação do pedido desconsideração da personalidade jurídica no processo

Inicialmente, por expressa previsão legal, a desconsideração da personalidade jurídica está no âmbito dispositivo do interesse da parte, não podendo ser provocado de ofício pelo magistrado.[5] Ressalte-se que tal pedido deve ser fundamentado, sob pena de indeferimento.[6]

Pode requerer a desconsideração a parte ou o Ministério Público, quando couber intervir no processo (art. 133 do CPC).[7] O disposto no Código de Processo Civil reforça o disposto no art. 50 do CC. Rinaldo Mouzalas ressalta que "a própria pessoa jurídica terá legitimidade para requerer a instauração do incidente em seu favor, caso um de seus sócios tenha abusado de sua condição, de modo a prejudicar a empresa".[8]

Registre-se que tal procedimento é cabível no âmbito dos juizados (art. 1.062 do CPC).

A desconsideração gera um litisconsórcio eventual facultativo na relação jurídica processual.[9] É eventual, pois sua formação definitiva poderá não ser confirmada após regular processamento. O autor veicula pretensões distintas contra mais de um réu, sendo que se o pedido de desconsideração for julgado improcedente, havendo trânsito em julgado, o litisconsórcio eventual se desfaz.

4 Ehrhardt Jr. Marcos. **Direito Civil** – Parte Geral. Salvador: Ed. JusPodivm, 2009, p. 262.

5 Mouzalas, Rinaldo *et al.* **Processo Civil.** 8ª ed. Salvador, 2016.

6 Didier Jr., Fredie. **Curso de Direito Processual Civil.** Salvador: JusPodivm, 2016, v. 1, p. 527.

7 Didier Jr., Fredie. **Curso de Direito Processual Civil.** Salvador: JusPodivm, 2016, v. 1, p. 526.

8 Mouzalas, Rinaldo *et al.* **Processo Civil.** 8ª ed. Salvador, 2016.

9 Didier Jr., Fredie. **Curso de Direito Processual Civil.** Salvador: JusPodivm, 2016, v. 1, p. 527.

A pretensão do autor que requer a desconsideração da pessoa jurídica é tornar o terceiro, parte no processo, na qualidade de corresponsável na obrigação estabelecida (execução por título extrajudicial ou cumprimento de sentença) ou a ser estabelecida na decisão judicial. Isso poderá ser feito de duas formas: na petição inicial ou em incidente processual autônomo. Analisam-se a seguir as duas formas.

2.1. Pedido de desconsideração na petição inicial

O primeiro modo de deduzir inserção do terceiro, como parte, por conta da desconsideração da personalidade jurídica, é através da petição inicial. Ela poderá ser veiculada na exordial de qualquer procedimento, inclusive no procedimento monitório ou na execução por título executivo extrajudicial ou cumprimento de sentença autônomo (cumprimento de sentença produzida no âmbito da arbitragem, por exemplo).

Aqui, o autor da demanda deverá estabelecer necessariamente, pelo menos, dois pedidos. O primeiro é o pedido contra o réu, sujeito da obrigação que pretende ver adimplida. O segundo, conexo a este, deverá ser deduzido contra o terceiro ou terceiros, que pretende ver inserido(s), como réu(s), de forma definitiva, se este pleito for julgado procedente. Logo no início é réu (litisconsórcio) eventual.

Cabe lembrar que o pleito deve ser justificado, devendo o autor demonstrar que estão presentes os requisitos legais para a desconsideração (art. 133,§ 4º, do CPC). Pleito não fundamentado deve ser emendado e, caso não haja a emenda, indeferido.

A análise da desconsideração, neste caso, não gera suspensão do processo (art. 134,§ 3º, do CPC), mas gera um efeito interessante, do ponto de vista procedimental, já que deverá impedir o desenrolar da demanda principal até que o incidente de desconsideração seja resolvido pela instância originária. Isso se dá porque a demanda é instaurada contra o réu, imputado como devedor, e os demais litisconsortes,[10] que são réus eventuais, já que poderão ser excluídos da demanda, caso a desconsideração seja julgada improcedente.

Procedimentalmente, após a resposta dos réus, deve o magistrado dar prosseguimento à parte que diz respeito à desconsideração para, só depois, prosseguir com a demanda principal.

Essa interpretação se coaduna com a estipulação que estabelece a suspensão do processo, caso haja o pedido de desconsideração da personalidade jurídica de forma incidental (art. 134, § 2º, do CPC). No caso, mesma razão, mesma

[10] Enunciado nº 125 do FPPC: "Há litisconsórcio passivo facultativo quando requerida a desconsideração da personalidade jurídica, juntamente com outro pedido formulado na petição inicial ou incidentemente no processo em curso".

solução. Desta feita, dificilmente a desconsideração será resolvida na sentença, embora seja possível.

2.2. Incidente processual autônomo de desconsideração

A desconsideração da personalidade jurídica pode ser processada na forma de incidente processual em autos autônomos. Ele deverá ser vinculado à demanda principal, devendo-se proceder à anotação na distribuição (art. 134, § 1º, do CPC).

Cabe a desconsideração incidente em qualquer tipo procedimental em curso. Ademais, o texto legal abre a possibilidade incidental para qualquer fase do processo de conhecimento, podendo assim ser veiculado em grau de recurso (art. 134 do CPC).

Esse tipo de incidente irá gerar um litisconsórcio passivo, eventual, facultativo e ulterior. Ele irá ingressar como réu da demanda, e a decisão que resolve o incidente será recorrível de forma imediata, sob pena de preclusão.

Destaque-se que a provocação do incidente é de interesse da parte, não sendo possível ser formulado de ofício pelo magistrado.

3. Resposta na desconsideração da personalidade jurídica

O contraditório pleno é necessário para que se proceda à desconsideração da personalidade jurídica. Para isso se faz obrigatória a citação do réu e sua participação efetiva, com o uso de todos os meios aptos a demonstrar suas alegações, inclusive meios de prova.[11]

O réu, citado na demanda que tem por objeto a desconsideração da personalidade jurídica, pode deduzir, além das exceções processuais previstas em lei, a defesa direta de mérito ao pleito do autor, no caso, as que negam a existência do ilícito que lhe é imputado.

No entanto, sua defesa pode ir além da questão que lhe diz diretamente respeito, já que se podem alegar matérias que se referem à questão principal, como fatos extintivos, impeditivos e modificativos do direito do credor.

Há interesse em deduzir matéria de defesa direta de mérito contra o pleito do autor na demanda principal, pois o sucesso do réu na desconsideração implicará liberação de seu patrimônio de eventual responsabilização. Nesse sentido, o enunciado 248 do FPPC: "quando a desconsideração da personalidade jurídica for requerida na petição inicial, incumbe ao sócio ou a pessoa jurídica, na contestação, impugnar, não somente a própria desconsideração, mas também os demais pontos da causa".

[11] Nesse sentido, MOUZALAS, Rinaldo *et al.* **Processo Civil.** 8ª ed. Salvador, 2016. Seguindo a mesma opinião, PINHO, Humberto dalla Bernardina de; FONSECA, Marina Silva. "O incidente de desconsideração da personalidade jurídica no novo Código de Processo Civil". *In* DIDIER JR. Fredie *et al.* (Coord.). **Novo CPC – Doutrina selecionada** – Parte Geral. Salvador: Editora JusPodivm, 2015, v. 1, p. 959.

O contraditório e o respeito ao procedimento tornam-se ainda mais relevantes quando a desconsideração se faz necessária na fase executiva (cumprimento de sentença e execução de título extrajudicial), isso por que a decisão "terá a função dc constituir o título executivo, baseado em cognição exauriente, capaz de imputar responsabilidade ao sócio ou a pessoa jurídica".[12]

4. Cargas de eficácia da decisão que desconsidera a personalidade jurídica

A decisão judicial produz efeitos correspondentes à ação material[13] – que a acolhe. Deve-se salientar que ação material não se confunde com ação processual, que é um dos instrumentos jurídicos para realizar a primeira. São categorias distintas, como esclarece Marcos Bernardes de Mello no seguinte excerto:

> A ação, portanto, é atribuição de impositividade à pretensão, segundo dispuser a norma jurídica, que tanto pode ser exercida através da atuação pessoal do seu titular (exercício extrajudicial da ação), como forçadamente, inclusive pela expropriação de bens do devedor, o que, em geral, somente é possível por meio de remédios jurídicos processuais (= "ação" processual).[14]

Como ressaltou Pontes de Miranda, a ação material e sua correspondente decisão procedente têm as seguintes eficácias: condenatória, constitutiva, declaratória, executiva e mandamental. De forma sucinta falaremos sobre elas.

A eficácia condenatória consiste em declarar a existência da *injúria* e reprovar, ordenar que sofra. Veicula um enunciado de fato e de valor.[15] Com relação à eficácia constitutiva, ela serve para, no mínimo, alterar a realidade jurídica.[16] A eficácia declaratória "é a prestação jurisdicional que se entrega a quem pediu a tutela jurídica sem nada querer 'exigir'".[17] A eficácia executiva é aquela que "*retira* valor que está no patrimônio do demandado, ou dos demandados, e *põe-no* no patrimônio do demandante".[18] Na eficácia mandamental, o efeito consiste em uma ordem ou mandamento expedido pelo órgão judicante.[19]

[12] MOUZALAS, Rinaldo *et al.* **Processo Civil.** 8ª ed. Salvador, 2016.

[13] "A possibilidade de imposição da pretensão pela atividade do seu titular na busca de sua satisfação caracteriza a ação que, como evidente, constitui um grau maior de pretensão, embora não seja a própria pretensão." (MELLO, Marcos Bernardes de. Da ação como objeto litigioso do processo. *In* COSTA, Eduardo José da Fonseca *et al.* **Teoria Quinária da Ação**. Salvador: JusPodivm, 2010, p. 379.)

[14] MELLO, Marcos Bernardes de. Da ação como objeto litigioso do processo. *In* COSTA, Eduardo José da Fonseca *et al.* **Teoria Quinária da Ação**. Salvador: JusPodivm, 2010, p. 380.

[15] PONTES DE MIRANDA, Francisco Cavalcante. **Tratado das ações.** São Paulo: RT, 1972, T. I, p. 209.

[16] PONTES DE MIRANDA, Francisco Cavalcante. **Tratado das ações.** São Paulo: RT, 1972, T. I, p. 86.

[17] PONTES DE MIRANDA, Francisco Cavalcante. **Tratado das ações.** São Paulo: RT, 1972, T. I, p. 197.

[18] PONTES DE MIRANDA, Francisco Cavalcante. **Tratado das ações.** São Paulo: RT, 1972, T. I, p. 212.

[19] PONTES DE MIRANDA, Francisco Cavalcante. **Tratado das ações.** São Paulo: RT, 1972, T. I, p. 211.

Essas eficácias aparecem conjuntamente no bojo da ação material e na decisão judicial que a acolhe, mas não de forma caótica, senão de forma escalonada, distribuídas em pesos que vão, numa escala decrescente, de 5 a 1. Denomina-se eficácia preponderante aquela que corresponde ao peso 5. Ela dará nome à ação material ou à sentença.[20] A eficácia imediata equivale ao peso 4. Já o peso 3 é denominado eficácia mediata. E há os efeitos mínimos, presentes, embora não tão relevantes para a realização do direito material, que correspondem às eficácias 2 e 1.[21]

Valendo-se dessa teoria, pode-se perceber que a decisão que desconsidera a personalidade jurídica tem nítida carga de eficácia preponderante (peso 5) constitutiva. Explica-se.

Ao analisar o artigo 50 do Código Civil[22], que trata das hipóteses de desconsideração da personalidade jurídica, percebe-se que o pleito da parte possui nítido conteúdo constitutivo, já que se pretende alterar o mundo jurídico,[23] ou seja, retirar o manto que encobre a pessoa jurídica para imputar ao patrimônio do sócio, dos sócios, dos administradores ou da pessoa jurídica (desconsideração da personalidade jurídica inversa) a responsabilidade por conta do ato ilícito. A função primordial não é declarar, ou condenar, mas desconstituir (constituir negativo), ainda que de forma episódica, com intuito de imputar responsabilização patrimonial a terceiro por conta de prática de ato ilícito.

A eficácia constitutiva, no entanto, não vem só, já que ela decorre de uma condenação – reconhecimento de prática de ato ilícito –, uma reprimenda, um ordenar que sofra,[24] como já destacado, que irá levar à desconstituição. Neste passo, a eficácia condenatória aparece como sendo eficácia imediata (peso 4).

Há também, no caso, a eficácia declaratória, que se apresenta na forma mediata (peso 3), pois a decisão declara a existência de ilícito que irá implicar a responsabilização do patrimônio de terceiro à parte a quem aproveita a desconsideração da personalidade jurídica.

[20] "Embora todas as ações possuam todos os elementos de eficácia anteriormente referidos, eles são dispersos em níveis de eficácia, variáveis conforme cada espécie. O que vai dizer se determinada sentença é declarativa, constitutiva, condenatória, mandamental ou executiva é a carga de eficácia que se *sobrepõe* em relação às outras cargas também presentes no ato sentencial do qual se esteja a cogitar." NOGUEIRA, Pedro Henrique Pedrosa. "Sentenças executivas e eficácia executiva das sentenças". *In* COSTA, Eduardo José da Fonseca *et al.* **Teoria Quinária da Ação**. Salvador: JusPodivm, 2010, p. 523.

[21] PONTES DE MIRANDA, Francisco Cavalcante. **Tratado das ações.** São Paulo: RT, 1972, T. I, p. 130.

[22] "Art. 50 do CCB: Em caso de abuso da personalidade jurídica, caracterizado pelo desvio de finalidade, ou pela confusão patrimonial, pode o juiz decidir, a requerimento da parte, ou do Ministério Público quando lhe couber intervir no processo, que os efeitos de certas e determinadas relações de obrigações sejam estendidos aos bens particulares dos administradores ou sócios da pessoa jurídica."

[23] PONTES DE MIRANDA, Francisco Cavalcante. **Tratado das ações.** T. I., p. 203.

[24] PONTES DE MIRANDA, Francisco Cavalcante. **Tratado das ações.** T. I., p. 209.

Noutros termos, imputa-se ao patrimônio do terceiro a responsabilidade pela dívida. As demais eficácias, embora existentes, não são relevantes para determinar a ação material ou a respectiva decisão procedente. No caso específico, as eficácias executiva e mandamental aparecem com pesos mínimos, 2 e 1, respectivamente.

Em síntese, têm-se na decisão que desconsidera a personalidade jurídica as seguintes eficácias: constitutiva (eficácia preponderante = peso 5), condenatória (eficácia imediata = peso 4), declaratória (eficácia mediata = peso 3), executiva (eficácia mínima = peso 2) e mandamental (eficácia mínima = peso 1).

Passa-se agora a analisar as demais consequências da decisão judicial que efetiva a desconsideração.

5. Consequências da desconsideração da personalidade jurídica

A decisão que desconsidera a personalidade jurídica, além de retirar o manto que envolve a personalidade jurídica, como ficou assentado no item anterior, responsabiliza o patrimônio do terceiro – um caso de responsabilidade sem dívida – e torna ineficazes eventuais alienações, por fraude à execução. Esses dois tópicos serão mais bem explicitados a seguir.

5.1. Responsabilização do patrimônio de terceiro

Como já indicado, a desconsideração da personalidade jurídica irá implicar responsabilização do patrimônio de terceiro pela dívida contraída pelo sujeito passivo da relação creditícia.

Essa imputação é uma das razões da desconsideração da personalidade jurídica. Como já restou assente, a pessoa indicada na desconsideração irá responder com seu patrimônio pela dívida. Assim se estabelece um elo com o credor, que poderá ir atrás do patrimônio do imputado para satisfazer seu crédito.

Um ponto importante é que a decisão que desconsidera a personalidade jurídica não gera direito sobre o patrimônio do terceiro, mas o coloca como responsável pela dívida, caso o devedor venha a ser vencido na demanda e não haja como quitar o débito. Nisso reside a eventualidade do litisconsórcio formado por conta da desconsideração. Ele fica à disposição para a satisfação.

Dessa forma, a desconsideração da personalidade jurídica pode ser julgada procedente, mas a demanda principal ser julgada improcedente. Ademais, ambas podem ser julgadas procedentes, mas o devedor tem como quitar o débito, e quita, tornando a desconsideração ineficaz quanto à disposição do patrimônio do sócio ou da pessoa jurídica.

5.2. Desconsideração e a fraude à execução

A fraude é um ilícito. Há duas fraudes: contra credores (art. 158 a 165 do CC) e contra a execução (art. 792 do CPC). A preocupação no texto são os efeitos da desconsideração da personalidade jurídica com relação à fraude à execução.

Uma das distinções entre a fraude à execução e a fraude contra credor é o elemento cronológico. Há fraude à execução se a alienação do bem ou sua oneração feita pelo devedor se der na pendência de demanda judicial.[25]

A fraude à execução, no entanto, não anula o ato, mas o torna ineficaz em face do credor (art. 792, § 1º, do CPC). O bem permanecerá sendo do terceiro, porém a execução recairá sobre o bem. É outro caso de responsabilidade sem débito. Para a relação processual, é como se a alienação ou a oneração não houvesse sido realizada. Neste caso, deverá o juiz analisar dois pontos: *a)* coincidência cronológica entre o ato de disposição ou alienação e o processo, tomando por marco inicial a citação; e *b)* inexistência de outros bens penhoráveis.[26]

Quando se fala em citação em processo, não se estar a falar em processo de execução (ou fase de cumprimento de sentença), mas em qualquer processo ou procedimento. Basta que o réu seja citado em processo de conhecimento e a alienação ou oneração poderá se dar em fraude à execução.

Analisando o tema sob o prisma da desconsideração da personalidade jurídica, a decisão que acolhe o pedido transforma a alienação ou oneração feita pelo sócio ou pela pessoa jurídica (desconsideração inversa) em fraude à execução. Trata-se de estipulação expressa do art. 137 do CPC. Protege-se assim o credor.

Além de imputar a responsabilidade a terceiros, a desconsideração converte a alienação que este terceiro vem a fazer em fraude, sendo sancionável como ato atentatório à dignidade da justiça (art. 774 do CPC).

Ocorre assim um fenômeno interessante: a desconsideração torna o patrimônio do sócio ou da pessoa jurídica responsável pelo débito e possibilita que o bem adquirido por outrem estranho a essa relação – o adquirente em fraude à execução – sofra as consequências da desconsideração.[27] Trata-se de uma responsabilização em segundo grau, devendo o magistrado, no caso, atentar para a prescrição do art. 792, § 4º, do CPC[28], para evitar lesão a parte sem o devido contraditório.

Embora a fraude à execução decorra da decisão que desconsidera a personalidade jurídica, deve-se entender que se reputa como fraude à execução toda alienação ultimada pelo responsável, a partir do momento em que foi citado incidente de desconsideração da personalidade jurídica ou na demanda originária, quando a desconsideração for veiculada na petição inicial, ressalvadas as exceções legais, já que é neste momento que a propositura da demanda produz efeito con-

[25] Assis, Araken. **Manual de Execução.** 18ª ed. São Paulo: RT, 2016, p. 380.

[26] Assis, Araken. **Manual de Execução.** 18ª ed. São Paulo: RT, 2016, p. 381.

[27] Silva, Michel Ferro e. "O incidente de desconsideração da personalidade jurídica no novo Código de Processo Civil". *In* Didier Jr. Fredie (Coord.). **Novo CPC – Doutrina selecionada** – Parte Geral. Salvador: Editora JusPodivm, 2015, v. 1, p. 980.

[28] Art. 792, § 4º, do CPC: "Antes de declarar a fraude à execução, o juiz deverá intimar o terceiro adquirente que, se quiser, poderá opor embargos de terceiros, no prazo de 15 dias".

tra o réu.[29] Essa é a prescrição do art. 792, § 3º, do CPC, que se transcreve: "Nos casos de desconsideração da personalidade jurídica, a fraude à execução verifica-se a partir da citação da parte cuja personalidade se pretende desconsiderar".

6. Recurso

Após a decisão que soluciona a desconsideração da personalidade jurídica, cabe a pergunta: qual o recurso cabível?

A resposta a essa pergunta deverá levar em considerar o modo e o momento como o pedido fora deduzido. Esse cuidado implicará desdobramento na exposição.

6.1. Recurso em pedido de desconsideração em incidente autônomo na primeira instância

Havendo decisão de desconsideração em incidente autônomo, na primeira instância o recurso cabível é o de agravo de instrumento, conforme expressa previsão legal do art. 1.015, IV, do CPC.

Esse recurso será cabível mesmo que haja indeferimento do pleito, sem exame do mérito.

6.2. Recurso em pedido de desconsideração em incidente autônomo na primeira segunda instância

Na segunda instância, ou instância recursal, a decisão sobre desconsideração caberá ao relator. Contra sua decisão caberá, como restou expresso no art. 136, P.U., do CPC, agravo interno.

6.3. Recurso em decisão proferida em pedido de desconsideração veiculado na petição inicial

Quando o pedido de desconsideração é ajuizado na exordial, a decisão será proferida no curso do processo. Neste caso, surge uma dúvida sobre o recurso cabível.

Caso a decisão ocorra na sentença, situação pouco provável, já que a desconsideração deve ser solucionada antes, caberá apelação. Se a decisão se der no curso do processo, que é a regra geral, surge um problema.

O art. 1.015, IV, do CPC estabelece o cabimento de agravo de instrumento para as decisões que versarem sobre o "incidente de desconsideração da personalidade jurídica". O problema é saber qual o sentido para o termo "incidente", empregado para o dispositivo.

Se o termo "incidente" for entendido como procedimento que se processa em autos autônomos, o dispositivo não se aplicaria às desconsiderações veicula-

[29] Assis, Araken. **Manual de Execução.** 18ª ed. São Paulo: RT, 2016, p. 384.

das na petição inicial.[30] Não caberia aqui agravo de instrumento. A saída seria o uso da apelação, após a prolação da sentença.[31]

Caso a expressão "incidente" seja interpretada como situação que ocorra no curso do processo e solucionada antes da sentença que tenha por objeto desconsiderar a personalidade jurídica, então caberá agravo de instrumento.

São duas possibilidades interpretativas. Opta-se pelo segundo modelo, pois o texto legal tem o cuidado de garantir a recorribilidade imediata da decisão que resolve a desconsideração, tanto que estabelece, no art. 136, P.U., do CPC, o cabimento de agravo interno se a referida decisão for proferida pelo relator.

Como é cediço, não há texto, sem contexto. Busca-se aqui verificar o contexto em que o texto legal trata a decisão que versa sobre a desconsideração. Mas a preocupação é relevante, já que, como salientado, a preclusão em matéria de desconsideração da personalidade jurídica gera coisa julgada material, tópico que será analisado a seguir.

7. Coisa julgada e a decisão que desconsidera a personalidade jurídica

A decisão que desconsidera a personalidade jurídica não dirime mera questão procedimental, mas soluciona tema próprio, com objeto próprio e autônomo. Essa decisão, além de suspender episodicamente a eficácia do ato de constituição da personalidade jurídica, imputa a terceiro a responsabilidade por eventual dívida reconhecida – se ela ocorrer na fase de cumprimento de sentença ou de execução por título executivo extrajudicial – ou a ser reconhecida em demanda principal.

No bojo de uma demanda, o pedido de desconsideração aparece como pretensão conexa à principal, como objeto próprio.[32] Por ter nítida pretensão autônoma, submete-se ao regime da coisa julgada material. Aqui, alguns adendos.

A função da coisa julgada é evitar o *bis in idem*. Para cumprir tal mister o sistema jurídico dirige sua imutabilidade ao efeito declaratório da sentença. Neste sentido, Pontes de Miranda é preciso:

> A declaratividade é essencial à eficácia de coisa julgada: faz coisa julgada qualquer sentença que tenha força declarativa (5), ou eficácia declarativa imediata (4), ou eficácia declarativa mediata (3). Quando se fala de coisa julgada, alude-se ao que se sabe e se declara o que foi julgado.[33]

[30] Essa é a posição defendida por Fredie Didier e Leonardo Carneiro da Cunha (Didier Jr., Fredie; Cunha, Leonardo Carneiro. **Curso de Direito Processual Civil.** 13ª ed. Salvador: JusPodivm, 2016, v. 3, p. 218)

[31] Didier Jr., Fredie; Cunha, Leonardo Carneiro. **Curso de Direito Processual Civil.** 13ª ed. Salvador: JusPodivm, 2016, v. 3, p. 218.

[32] Didier Jr., Fredie. **Curso de Direito Processual Civil.** Salvador: JusPodivm, 2016, v. 1, p. 527.

[33] Pontes de Miranda, Francisco Cavalcante. **Comentários ao Código de Processo Civil.** 3ª ed. Rio de Janeiro: Forense, 1997, t. V (arts. 444 a 475), p. 154.

Ao analisar a decisão que desconsidera a personalidade jurídica, percebe-se que há uma nítida eficácia declaratória que reconhece o ilícito e enlaça o terceiro, como responsável por eventual dívida contraída pelo sujeito passivo da obrigação. Essa declaração faz coisa julgada e pode ser objeto de ação rescisória.[34]

A decisão que julga improcedente a desconsideração não pode ser renovada, mas pode ser rescindida. No entanto, caso surjam novos fatos que indiquem a hipótese de desconsideração, nada impede que se deduza novo pedido, já que ele recairá não sobre o caso já julgado, mas sobre caso novo. Desta feita, por inexistir coisa julgada com relação ao fato novo, esse pode ser deduzido no curso da demanda.

8. Conclusão

O Código de Processo Civil pátrio disciplinou de forma extremamente útil o procedimento de desconsideração da personalidade jurídica. Consagrou no texto legal o que já havia sido consagrado na jurisprudência e na doutrina pátria sobre a matéria e buscou corrigir alguns defeitos, no intuito de evitar abusos.

Dois pontos merecem destaque. A iniciativa da parte para se dar início ao procedimento de desconsideração da personalidade jurídica, evitando a sua veiculação *ex officio*, privilegiando a necessidade do contraditório efetivo no procedimento que tem por escopo efetivar a desconsideração. Veda-se assim de vez a decisão arbitrária nesta importante questão.

Coube ao presente texto trazer informações sobre o instituto, apontando eventuais problemas e indicando possíveis soluções em tópico importante e sensível para a efetivação da prestação jurisdicional.

9. Referências

Assis, Araken. **Manual de Execução.** 18ª ed. São Paulo: RT, 2016.

Didier Jr., Fredie. **Curso de Direito Processual Civil.** Salvador: JusPodivm, 2016, v. 1.

Didier Jr., Fredie; Cunha, Leonardo Carneiro. **Curso de Direito Processual Civil.** 13ª ed. Salvador: JusPodivm, 2016, v. 3.

Ehrhardt Jr. Marcos. **Direito Civil** – Parte Geral. Salvador: Ed. JusPodivm, 2009.

Martins-Costa, Judith. **Comentários ao novo Código Civil.** Coordenador Sálvio de Figueiredo Teixeira. Rio de Janeiro: Ed. Forense, 2003, v. V, t. I.

Mello, Marcos Bernardes de. Da ação como objeto litigioso do processo. *In* Costa, Eduardo José da Fonseca *et al.* **Teoria Quinária da Ação**. Salvador: JusPodivm, 2010.

Mouzalas, Rinaldo *et al.* **Processo Civil.** 8ª ed. Salvador, 2016.

Nogueira, Pedro Henrique Pedrosa. "Sentenças executivas e eficácia executiva das sentenças". *In* Costa, Eduardo José da Fonseca *et al.* **Teoria Quinária da Ação**. Salvador: JusPodivm, 2010.

[34] Didier Jr., Fredie. **Curso de Direito Processual Civil.** Salvador: JusPodivm, 2016, v. 1, p. 528.

PINHO, Humberto dalla Bernardina de; FONSECA, Marina Silva. "O incidente de desconsideração da personalidade jurídica no novo Código de Processo Civil". *In* DIDIER JR. Fredie (Coord.). **Novo CPC – Doutrina selecionada** – Parte Geral. Salvador: Editora JusPodivm, 2015, v. 1.

PONTES DE MIRANDA, Francisco Cavalcante. **Tratado das ações.** São Paulo: RT, 1972, T. I.

_______. **Comentários ao Código de Processo Civil**. 3ª ed. Rio de Janeiro: Forense, 1997, t. V (arts. 444 a 475).

SILVA, Michel Ferro e. "O incidente de desconsideração da personalidade jurídica no novo Código de Processo Civil". *In* DIDIER JR. Fredie (Coord.). **Novo CPC – Doutrina selecionada** – Parte Geral. Salvador: Editora JusPodivm, 2015, v. 1.

PROCESSOS NOS TRIBUNAIS E MEIOS DE IMPUGNAÇÃO DAS DECISÕES JUDICIAIS

O recurso de apelação e o novo código de processo civil – linhas gerais e alguns aspectos controvertidos

Bruno Campos Silva

1. Introdução

Antes de iniciarmos o nosso despretensioso trabalho, gostaríamos de registrar os nossos sinceros agradecimentos aos ilustres Professores Doutores Lúcio Delfino, Luiz Eduardo Ribeiro Mourão e Rodrigo Mazzei, pela honrosa oportunidade de compartilhar profícuas discussões com tão seleto grupo de juristas empenhados em desenvolver a escorreita compreensão e interpretação/aplicação do texto normativo relacionado ao novel sistema processual civil brasileiro.

O presente trabalho ocupar-se-á, de início, de algumas linhas gerais referentes ao *recurso de apelação* constantes no NCPC e no CPC/1973, principalmente *pontos similares, os quais implicam aspectos controversos.*

Com isso, identificaremos alguns *importantes aspectos controvertidos*, ou seja, aqueles relativos às principais alterações e inovações desenhadas no NCPC, as quais, sem sombra de dúvidas, ainda serão fruto de intenso e salutar debate, quais sejam: – a escorreita interpretação/aplicação do art. 1.009, § 1º, NCPC; – o *"juízo de retratação"* e os requisitos extrínsecos de admissibilidade, em especial a tempestividade; – o *"juízo de recebimento"* e os efeitos do recurso de apelação – competência para a declaração dos efeitos (devolutivo e suspensivo).

2. O recurso de apelação e o novo Código de Processo Civil (NCPC) – linhas gerais com relação ao CPC/1973 – alguns aspectos controvertidos

A apelação, espécie recursal (*ex vi* do art. 994, I, NCPC – aplica-se o *princípio da taxatividade*),[1] à evidência, trata-se de *recurso ordinário com fundamentação ampla/livre.*[2]

[1] "Art. 994. São cabíveis os seguintes recursos: I – apelação; (*omissis*)".

[2] Eis o posicionamento de Teresa Arruda Alvim Wambier; Maria Lúcia Lins Conceição; Leonardo Ferres da Silva Ribeiro e Rogerio Licastro Torres de Mello. In: *Primeiros comentários ao novo código de processo civil:*

Com a interposição do recurso da apelação, abre-se a oportunidade para, em sede de fundamentação, veicular matérias de ordem fática e de direito, as quais guardam sintonia com os vícios a serem corrigidos por intermédio de uma anulação (cassação da sentença) ou de uma reforma ou, ainda, uma integração.

Nesse aspecto, em se tratando de vícios relacionados à atividade desempenhada pelo juiz, ou melhor, vícios inerentes a questões processuais (*error in procedendo – erro de procedimento*), via de regra,[3] implicam em anulação do ato decisório; já os vícios relacionados ao julgamento, também, de certa forma, relacionadas à atividade intelectiva do juiz (*v.g.*, valoração de determinado meio probatório, interpretação equívoca de determinada legislação) direcionam, em regra, à reforma da decisão impugnada (*error in judicando – erro de julgamento*).[4]

O NCPC manteve, tal qual o CPC/1973, muitas das regras aplicáveis ao recurso de apelação; e a precitada *amplitude relativa à fundamentação* afigura-se uma delas.

O art. 1.009, *caput*, NCPC, representa também uma delas, ou seja, o recurso apto a combater (*rectius*: impugnar) vícios insertos na *sentença* (*ex vi* do art. 203, § 1º, NCPC).[5]

Já o § 1º do art. 1.009, NCPC[6] traz inovação ao prever a impugnação das decisões interlocutórias *não agraváveis* (*não constantes* do rol taxativo do art. 1.015,

artigo por artigo. SP: RT, 2015, p. 1439: "A regra de que sentenças são apeláveis permanece a mesma no NCPC. A apelação é o recurso ordinário por excelência. É o mais antigo dos recursos, tem fundamentação livre e revela que o direito processual brasileiro adota o princípio do duplo grau de jurisdição. Em muitas línguas, apelação é sinônimo de recurso".

[3] Relevante a crítica de Flávio Cheim Jorge. In: *Teoria geral dos recursos cíveis*. 7ª edição. SP: RT, 2015, p. 95: "Pensamos, revendo o nosso posicionamento, que a distinção entre erro *in procedendo* e erro *in judicando* não possui muita relevância para a função substitutiva ou rescindente dos recursos. (...) pode haver função substitutiva decorrente do acolhimento do erro *in procedendo*, bem como que pode haver função rescindente decorrente do acolhimento de erro *in judicando*, o que nos permite concluir que os posicionamentos mencionados acima, com a devida vênia, não podem prevalecer. Por tudo isso, pensamos não existir uma correlação específica entre as funções dos recursos e os vícios apontados. O que existem são algumas regras, mas que, devido às inúmeras exceções, não podem ser consideradas como premissas, sob pena de cometermos raciocínios falaciosos".

[4] Verificar o entendimento de Rogerio Licastro Torres de Mello. In: WAMBIER, Teresa Arruda Alvim; DIDIER JR., Fredie; TALAMINI, Eduardo; DANTAS, Bruno (Coordenadores). *Breves comentários ao novo código de processo civil*. SP: RT, 2015, p. 2235: "**1. Conceito.** A apelação é o recurso adequado à impugnação das sentenças, as quais, conforme dispõe o § 1º do art. 203 do CPC/2015, consistem no '*pronunciamento por meio do qual o juiz, com fundamento nos arts. 485 e 487, põe fim à fase cognitiva do procedimento comum, bem como extingue a execução*'. Por intermédio do recurso de apelação, busca-se ou a reforma da sentença apelada quanto ao mérito da causa (*error in judicando*), ou sua anulação em virtude de vícios processuais (*error in procedendo*)". Grifos no original

[5] "**Art. 1.009.** Da sentença cabe apelação. (*omissis*)". Grifamos

[6] "**Art. 1.009.** (*omissis*) § 1º As questões resolvidas na fase de conhecimento, se a decisão a seu respeito não comportar agravo de instrumento, não ficam cobertas pela preclusão e devem ser suscitadas em preliminar de apelação, eventualmente interposta contra a decisão final, ou nas contrarrazões. (*omissis*)". Grifamos

NCPC – relacionado ao agravo de instrumento), *não sujeitas à imediata preclusão*, em sede de preliminar de apelação ou em sede de contrarrazões – *não há mais a previsão do recurso de agravo retido*; o que, por certo, fomentará salutar debate acerca da natureza jurídica desta *impugnação específica* em sede de contrarrazões e os seus respectivos efeitos e consequências.

O prazo para a interposição do recurso de apelação permanece intacto, ou seja, 15 (quinze) dias (*ex vi* do art. 1.003, § 5º, NCPC),[7] cujo (*dies a quo – prazo inicial*) dependerá do caso concreto (*ex vi* dos arts. 1.003, 1.004 e 1.005, NCPC).[8]

A interposição do recurso de apelação possibilita a instauração do *"juízo de retratação"* para os *específicos casos* de sentenças terminativas[9] (*ex vi* do art. 485, § 7º, NCPC[10] – *sem correspondência* no CPC/1973), além daqueles relacionados ao indeferimento da petição inicial (*ex vi* do art. 331, NCPC[11] – art. 296 do CPC/1973 com as devidas alterações e ajustes redacionais) e à improcedência liminar do

[7] "**Art. 1.003.** (*omissis*) § 5º Excetuados os embargos de declaração, o prazo para interpor os recursos e para responder-lhes é de 15 (quinze) dias". Grifamos

[8] "**Art. 1.003.** O prazo para interposição de recurso conta-se da data em que os advogados, a sociedade de advogados, a Advocacia Pública, a Defensoria Pública ou o Ministério Público são intimados da decisão. § 1º Os sujeitos previstos no *caput* considerar-se-ão intimados em audiência quando nesta for proferida a decisão. § 2º Aplica-se o disposto no art. 231, incisos I a VI, ao prazo de interposição de recurso pelo réu contra decisão proferida anteriormente à citação. § 3º No prazo para interposição de recurso, a petição será protocolada em cartório ou conforme as normas de organização judiciária, ressalvado o disposto em regra geral. § 4º Para aferição da tempestividade do recurso remetido pelo correio, será considerada como data de interposição a data de postagem. § 5º Excetuados os embargos de declaração, o prazo para interpor os recursos e para responder-lhes é de 15 (quinze) dias. § 6º O recorrente comprovará a ocorrência de feriado local no ato de interposição do recurso". "**Art. 1.004.** Se, durante o prazo para a interposição do recurso, sobrevier o falecimento da parte ou de seu advogado ou ocorrer motivo de força maior que suspenda o curso do processo, será tal prazo restituído em proveito da parte, do herdeiro ou do sucessor, contra quem começará a correr novamente depois da intimação". "**Art. 1.005.** O recurso interposto por um dos litisconsortes a todos aproveita, salvo se distintos ou opostos os seus interesses. Parágrafo único. Havendo solidariedade passiva, o recurso interposto por um devedor aproveitará os outros quando as defesas opostas ao credor lhes forem comuns". Grifamos

[9] Eis o posicionamento de Luiz Guilherme Marinoni, Sérgio Cruz Arenhart e Daniel Mitidiero. In: *Novo código de processo civil comentado*. SP: RT, 2015, p. 482: "**1. Sentença terminativa.** Sentença terminativa é aquela que não aprecia o fundo do litígio, extinguindo o processo sem resolução de mérito. Sobre ela se forma apenas a preclusão temporal (também conhecida como coisa julgada formal), sinalizada com o trânsito em julgado da decisão, que representa a impossibilidade de rediscussão das questões decididas dentro do processo em que foi proferida. A sentença terminativa tem autoridade apenas endoprocessual". Grifo no original

[10] "**Art. 485.** O juiz não resolverá o mérito quando: (*omissis*) § 7º Interposta a apelação em qualquer dos casos de que tratam os incisos deste artigo, o juiz terá 5 (cinco) dias para retratar-se". Grifamos

[11] "**Art. 331.** Indeferida a petição inicial, o autor poderá apelar, facultado ao juiz, no prazo de 5 (cinco) dias, retratar-se. § 1º Se não houver retratação, o juiz mandará citar o réu para responder ao recurso. § 2º Sendo a sentença reformada pelo tribunal, o prazo para a contestação começará a correr da intimação do retorno dos autos, observado o disposto no art. 334. § 3º Não interposta a apelação, o réu será intimado do trânsito em julgado da sentença". Grifamos

pedido (*ex vi* do art. 332, § 3º, NCPC[12] – art. 285-A do CPC/1973 com as devidas alterações e ajustes redacionais). Para tanto, importante para fomentar o salutar debate a análise do Enunciado 293 do FPPC[13] – Fórum Permanente de Processualistas Civis.

O *efeito suspensivo*, tal qual previsto no CPC/1973, *será automático*,[14] ou melhor, a regra será o recebimento do recurso da apelação no "*duplo efeito (devolutivo e suspensivo)*", com evidente impedimento à eficácia imediata da sentença proferida, o que, diga-se, provoca total desprestígio ao juízo de primeiro grau; além disso, importante salientar que o *juízo de recebimento* para a respectiva declaração dos efeitos será empreendido pelo tribunal, vez que o juiz de primeira instância não poderá "*receber*" o recurso de apelação.[15]

As apontadas linhas gerais, indicativas de alguns aspectos controvertidos, com toda certeza, ocasionarão amplos e relevantes debates, especialmente no que se refere ao juízo de admissibilidade do recurso de apelação.

3. As decisões interlocutórias *não agraváveis* – escorreita interpretação/aplicação do art. 1.009, § 1º, NCPC

A apelação, além de ser a *espécie recursal* (*ex vi* do art. 994, I, NCPC) apta a impugnar a sentença (*ex vi* do art. 1.009, *caput*, NCPC), também passou a ser o veículo processual eficiente para impugnar as decisões interlocutórias *não agraváveis*, quais sejam, aquelas *não constantes* do rol taxativo do art. 1.015, NCPC, como já

[12] "**Art. 332.** Nas causas que dispensem a fase instrutória, o juiz, independentemente da citação do réu, julgará liminarmente improcedente o pedido que contrariar: (*omissis*) § 3º Interposta a apelação, o juiz poderá retratar-se em 5 (cinco) dias. § 4º Se houver retratação, o juiz determinará o prosseguimento do processo, com a citação do réu, e, se não houver retratação, determinará a citação do réu para apresentar contrarrazões, no prazo de 15 (quinze) dias". Grifamos

[13] **Enunciado 293 (FPPC)**: "Se considerar intempestiva a apelação contra sentença que indefere a petição inicial ou julga liminarmente improcedente o pedido, não pode o juízo *a quo* retratar-se". Grifamos

[14] "**Art. 1.012.** A apelação terá efeito suspensivo. (*omissis*)". Grifamos. Verificar o entendimento de Elpídio Donizetti. In: *Novo código de processo civil comentado(Lei nº 13.105, de 16 de março de 2015): análise comparativa entre o novo CPC e o CPC/73.* SP; Atlas, 2015, p. 766: "**Efeito suspensivo automático na apelação.** Depois de muita discussão, o efeito suspensivo automático continua sendo a regra para o recurso de apelação. A redação do *caput* ficou mais enxuta e enfática se comparada a do art. 520 do CPC/73. Tratou-se exclusivamente do efeito suspensivo. As exceções à regra, ou seja, as hipóteses em que a sentença começa produzir efeitos imediatos, e a respectiva possibilidade de cumprimento provisório, bem como a possibilidade de atribuição de efeito suspensivo nas hipóteses excepcionadas, estão contempladas nos parágrafos do dispositivo". Grifo no original

[15] Verificar relevante posicionamento de Daniel Amorim Assumpção Neves. In: *Novo código de processo civil – Lei 13.105/2015.* RJ: Forense; SP: MÉTODO, 2015, p. 549: "O juiz de primeiro grau não faz mais um juízo de admissibilidade da apelação, limitando-se a determinar a intimação do apelado quando interposto o recurso e após o transcurso do prazo de quinze dias, com ou sem contrarrazões, encaminhar o processo ao tribunal de segundo grau. E, como não receberá a apelação, também nada declarará sobre os efeitos desse recebimento".

afirmado, e, por isso mesmo, *não se sujeitam à imediata preclusão*,[16] portanto passíveis de serem impugnadas via recurso de apelação (razões – preliminarmente) ou em sede de contrarrazões, consoante dicção do art. 1.009, § 1º, NCPC.

A referida inovação ampliativa, a nosso ver, traz inúmeros problemas práticos, s.m.j.

O primeiro deles refere-se justamente à mencionada ampliação das hipóteses de cabimento do recurso de apelação, com a *eliminação do agravo retido* e com o *rol taxativo para o agravo de instrumento* (*ex vi* do art. 1.015, NCPC).

Com isso, na prática forense, inúmeros problemas irão surgir; e, evidentemente, ressurgirá como *"Fênix"* o mandado de segurança (*ação mandamental*) contra o ato jurisdicional.[17]

[16] Relevante o posicionamento de Leonardo Carneiro da Cunha e Fredie Didier Jr.. Apelação contra decisão interlocutória não agravável: a apelação do vencido e a apelação subordinada do vencedor: duas novidades do CPC/2015. In: Macêdo, Lucas Buril de; Peixoto, Ravi; Freire, Alexandre (Organizadores). *Processo nos tribunais e meios de impugnação às decisões judiciais*. Salvador: Editora JusPodivm, 2015, v. 6, p. 512-513: "(...) *b)* Na fase de conhecimento, as decisões agraváveis são sujeitas à preclusão, caso não se interponha o recurso. Aquelas não agraváveis, por sua vez, não se sujeitam à imediata preclusão. Não é, porém, correto dizer que elas não precluem. Elas são impugnadas na apelação (ou nas contrarrazões de apelação, como se verá), sob pena de preclusão. Quando o § 1º do art. 1.009 diz que estas decisões não precluem, o que se está a afirmar é que não cabe agravo de instrumento contra elas. Sua impugnação há de ser feita na apelação (ou nas contrarrazões); se não for feita neste momento, haverá, evidentemente, preclusão".

[17] Verificar o nosso posicionamento: "A extinção do recurso de agravo em sua modalidade retida implica extinção do instituto da preclusão temporal, eis que as decisões a serem impugnadas naquele momento procedimental passarão a ser objeto de um único recurso, ou seja, o recurso de apelação. Com a devida vênia aos juristas comprometidos com a criação e com o aperfeiçoamento do novo Código de Processo Civil brasileiro, enxergamos aspectos um tanto preocupantes, os quais, ao invés de prestigiar a eficiência processual, poderão ocasionar verdadeiros embaraços, postergando, ao que parece (primeiras impressões), a higidez do procedimento para momento tardio, sem contar que os tribunais de segunda instância, ainda não estarão aptos a tamanha alteração. No caso, afigura-se óbvio, somente a prática recursal é que ditará as regras e refletirá estatisticamente a aplicação e a concretização do direito processual. A criação de rol com enumeração taxativa às hipóteses de cabimento do recurso de agravo de instrumento, como já afirmamos, além de afrontar garantia constitucional (*ex vi* do art. 5º, XXXV, CF/88), ressuscitará o manuseio de ações mandamentais (mandados de segurança). (...) As mencionadas mutações provenientes de substanciosas alterações ao instituto do agravo, em nosso singelo entendimento, implicam em desprestígio ao recurso de agravo de instrumento, provocando, ao que parece, o seu inconteste amesquinhamento e, com isso, a abertura para possível enxurrada de mandados de segurança, trazendo, destarte, insegurança jurídica ao jurisdicionado". (O recurso de agravo de instrumento na sistemática do novo código de processo civil – primeiras impressões. In: Didier Jr., Fredie; Mouta, José Henrique; Klippel, Rodrigo (Coordenadores). *O projeto do novo código de processo civil: estudos em homenagem ao Professor José de Albuquerque Rocha*. Salvador: Editora JusPodivm, 2011, p. 72-75). Na verdade, o nosso raciocínio, de certa forma, conforme o texto legal, não traduz a extinção do instituto da preclusão, mas a sua possibilidade de reconhecimento *a posteriori*, caso não haja efetiva impugnação às decisões interlocutórias *não agraváveis* em preliminar de recurso de apelação e nem seja suscitado em sede de contrarrazões, na linha de pensamento dos juristas Leonardo Carneiro da Cunha e Fredie Didier Jr., como já pontuado neste despretensioso trabalho. Também, interessante o

Naquelas situações, onde para a parte há evidente urgência, mas a decisão não se encontra no rol taxativo do art. 1.015, NCPC (*v.g.*, indeferimento de um meio probatório – *interlocutória não agravável*), a parte poderá ajuizar *ação mandamental*.

As referidas alterações, inovações empreendidas pelo legislador, com certeza, nesses aspectos, influenciarão *negativamente* na praxe forense.

O segundo, talvez, nem tanto, mas, é bom que se diga, existem respeitáveis opiniões contrárias, relaciona-se à *natureza jurídica* da impugnação das decisões interlocutórias *não agraváveis* em sede de contrarrazões.

O art. 1.009, § 1º, NCPC traz a possibilidade de se impugnar decisões interlocutórias *não agraváveis*, inclusive via contrarrazões.

De acordo com o jurista Alexandre Freitas Câmara: "É, então, absolutamente fundamental admitir-se a interposição de apelação para impugnação da decisão interlocutória, somente. Resulta daí uma relevante consequência: é que se a parte que poderia ter interposto apelação autônoma para impugnar a decisão interlocutória não o fizer, deixando para impugná-la em contrarrazões de apelação, esta será um recurso subordinado (gênero a que se integra outra espécie, o *recurso adesivo*), devendo-se aplicar à hipótese, no que couber, o regime estabelecido para os casos de interposição adesiva de apelação. Deste modo, não admitindo, por qualquer motivo, a apelação, não poderá o tribunal conhecer do pedido recursal formulado em sede de contrarrazões. Além disso, essas contrarrazões com natureza recursal deverão preencher todos os requisitos de admissibilidade da apelação (inclusive quanto a preparo, se este for exigido pela legislação local), sob pena de não ser admissível a análise da pretensão recursal nela veiculada (o que, evidentemente, não excluirá o exame das contrarrazões *propriamente ditas*, assim entendido o ato de impugnação ao recurso interposto pela outra parte). Registre-se, ainda, que – senão sempre, pelo menos na maioria das vezes – o desprovimento do recurso principal tornará prejudicada a apelação interposta de forma subordinada nas contrarrazões. Pense-se, por exemplo, no caso de ter a parte vencedora recorrido, na peça de contrarrazões, contra uma decisão interlocutória que indeferiu a produção de certa prova. Ora, desprovido o recurso principal, interposta pela parte vencida, não haverá mais interesse em verificar se a

entendimento de Rogério Rudiniki Neto. O efeito devolutivo do recurso de apelação no novo código de processo civil. In: MACÊDO, Lucas Buril de; PEIXOTO, Ravi; FREIRE, Alexandre (Organizadores). *Processo nos tribunais e meios de impugnação às decisões judiciais*. Salvador: Editora JusPodivm, 2015, v. 6, p. 575: "Não obstante, as disposições do novo Código acerca da irrecorribilidade imediata, em regra, das decisões interlocutórias geram duas ordens de preocupações na doutrina. Para alguns, a nova sistemática poderá ocasionar a elevação do número de processos anulados quando do julgamento das apelações. Para outros, há decisões não inclusas no taxativo rol do art. 1015 cuja revisão não pode aguardar o julgamento do recurso de apelação, como a que suspende o prosseguimento do feito em 1º grau em função da ocorrência de prejudicialidade externa. Nessas situações, será corriqueira a impetração de mandado de segurança contra ato jurisdicional".

parte vencedora tinha ou não direito à produção da prova, já que mesmo sem ela terá obtido êxito quanto ao mérito da causa. Deverá o órgão julgador do recurso, em casos assim, declarar prejudicado o recurso subordinado".[18]

Ora, não conseguimos visualizar as contrarrazões como recurso adesivo, e mais, o recurso adesivo é apenas e tão somente uma forma de interposição de determinado recurso, e não uma espécie recursal,[19] tanto assim, se o fosse, o legislador o teria contemplado no rol taxativo do art. 994, NCPC, s.m.j.[20]

Além disso, quando a parte impugna uma decisão interlocutória *não agravável* em sede de contrarrazões, é claro, que possui *interesse recursal destacado e diferenciado (não subordinado)* daquele exercitado num recurso dito principal (apelação); daí, mesmo se o recorrente (apelante) desistir, por exemplo, de seu pedido recursal, remanesce o interesse recursal do recorrido (apelado) em sede de contrarra-

[18] *O novo processo civil brasileiro*. SP: Atlas, 2015, p. 510-511.

[19] Eis a importante lição de Flávio Cheim Jorge. In: *Teoria geral dos recursos cíveis*. 7ª edição. SP: RT, 2015, p. 423: "Com efeito, há de se ressaltar, que o recurso adesivo não constitui um outro tipo de recurso diferente dos previstos no CPC. O recurso adesivo não pode ser elencado no rol do art. 496 do CPC/2015, como se tratasse de outro recurso. O recurso-tipo é o previsto no art. 496 do CPC/2015. O adesivo nada mais é do que uma forma de interposição do recurso. Uma maneira ou um modo especial de interpor os recursos de apelação, especial ou extraordinário". O art. 496 do CPC/2015 citado pelo ilustre jurista, na verdade trata da remessa necessária. O correto, com o devido respeito, para o caso em questão seria o art. 994 do CPC/2015 e não o art. 496. O festejado jurista traz ainda como subsídio ao entendimento de que não se trata de outro tipo ou espécie de recurso, em citação, posicionamentos de José Afonso da Silva, José Carlos Barbosa Moreira, Paulo Cezar Aragão, Sérgio Rizzi, Nelson Nery Jr., Sérgio Bermudes, Ada Pellegrini Grinover.

[20] Verificar o relevante posicionamento de Rogerio Licastro Torres de Mello. In: WAMBIER, Teresa Arruda Alvim; DIDIER JR., Fredie; TALAMINI, Eduardo; DANTAS, Bruno (Coordenadores). *Breves comentários ao novo código de processo civil*. SP: RT, 2015, p. 2237: "**4. Ainda sobre a impugnação de decisões interlocutórias em contrarrazões e seu caráter de não dependência relativamente ao recurso do apelante**. Poder-se-ia dizer que a impugnação de interlocutórias em contrarrazões guarda relação de dependência com a apelação pois estaríamos diante de um recurso (a impugnação da interlocutória nas contrarrazões) subordinado ao recurso principal (a apelação), como se fosse a primeira uma espécie de recurso adesivo. Pensamos que a ideia, *venia concessa*, não procede, e o dizemos com fulcro em regra básica de interpretação: o recurso adesivo subordinado ao principal perfaz exceção, pois a regra vigente é a da manifestação recursal livre, independente, conforme expressa dicção do art. 997, *caput*, do CPC de 2015; no CPC/2015, se a parte quiser lançar mão de recurso subordinado (adesivo), deverá fazê-lo expressamente, interpondo o recurso adesivo previsto nos §§ do art. 997 e sujeitando-se às condições ali estabelecidas. Esta é a exceção (recurso adesivo), e como tal deve ser interpretada restritivamente. Optando por impugnar a decisão interlocutória em contrarrazões, que recurso adesivo não é, não há que se cogitar de subordinação recursal entre contrarrazões nas quais se impugna interlocutória e a apelação. *Mutatis mutandis*, e guardadas as devidas proporções, a impugnação de interlocutória em contrarrazões está para a apelação como a contestação com pedido contraposto está para a petição inicial: a desistência da ação pelo autor não impede a apreciação do pedido contraposto formulado pelo réu (TJRS, ApCiv 70014407225, 12ª Segunda Câmara Cível, rel. Cláudio Baldino Maciel, J. 06.04.2006) bem como a desistência da apelação não impede a apreciação da impugnação de interlocutória formulada pelo apelado em contrarrazões". Grifo no original

zões (*não dependente*); se fosse *caso de dependência*, o legislador, com certeza, teria previsto no § 1º do art. 1.009, NCPC, e *não o fez.*[21]

Diante disso, não podemos concordar com o nobre jurista acima destacado, já que a parte recorrida (apelado) não poderá sofrer irremediável prejuízo ao permanecer vinculado e subordinado ao recurso de apelação (dito principal), *em caso de impugnação de interlocutória não agravável em contrarrazões.*

Corrobora o nosso posicionamento, relevante trabalho desenvolvido por Rogerio Licastro Torres de Mello: "**3. Impugnação da decisão interlocutória nas contrarrazões.** Questão interessante diz respeito à natureza jurídica das contrarrazões como o advento do § 1º do art. 1.009 do CPC/2015. Tradicionalmente, as contrarrazões foram destinadas apenas à manifestação de resistência do recorrido relativamente à pretensão recursal veiculada na apelação. Eventual insurgência do apelado relativamente à sentença deveria ser veiculada em apelação própria deste, ou em apelação adesiva. No CPC/2015, contudo, com a modificação do sistema de impugnação das decisões interlocutórias (que passaram a não precluir no curso do processo, merecendo impugnação em razões de apelação ou em contrarrazões de apelação), as contrarrazões passaram a ter natureza jurídica híbrida, vale dizer, (i) tanto consistem em peça de resistência às razões de apelação, (ii) quanto podem consistir em peça recursal relativamente a decisões interlocutórias que o apelado resolva impugnar em sua resposta ao recurso. Pode haver nas contrarrazões, por assim dizer, uma defesa (relativamente à apelação da outra parte) e um possível ataque (relativamente às interlocutórias que o recorrido entenda por bem impugnar). Disto pensamos decorrer uma importante circunstância: se, por alguma razão, a apelação é inadmitida por intempestividade por exemplo, ou deixa de existir por qualquer outro motivo (desistência do recurso), não necessa-

[21] Relevante o posicionamento de Teresa Arruda Alvim Wambier; Maria Lúcia Lins Conceição; Leonardo Ferres da Silva Ribeiro e Rogerio Licastro Torres de Mello. In: *Primeiros comentários ao novo código de processo civil: artigo por artigo.* SP: RT, 2015, p. 1440: "**Não devem ser vistas, estas contrarrazões, como um recurso**, cuja existência e cujo procedimento seja 'dependente' da apelação do vencedor. Se assim devesse ser, o legislador teria de ter-se manifestado expressamente, e, ainda, assim, parece-nos que neste caso, haveria indevida (inconstitucional) supressão de recurso contra interlocutória não agravável de instrumento. Isto por **ofensa ao princípio da isonomia**, já que o recurso existe para o apelante e o apelado ficaria sem recurso. A dependência existe só na medida em que for *resposta*, mas não na medida em que for *recurso* – ou seja em que aquele que maneja as contrarrazões impugna interlocutórias, não sujeitas a agravo de instrumento – e que o prejudicaram. Por esta razão, deve-se provocar contraditório, para que o apelante responda, no mesmo prazo (§ 2º). As interlocutórias impugnáveis nas contrarrazões serão devolvidas ao Tribunal. Pode, é claro, acontecer que o 'recurso' (= contrarrazões de apelação) não seja conhecido por falta de interesse. Mas pode haver casos em que o interesse sobreviva. Imagine-se que o juiz tenha fixado um valor para a causa no início do processo, por meio de decisão de que não cabe recurso. Afinal, na sentença, fixam-se os honorários com base neste valor. Mesmo que o apelante desista da apelação, as contrarrazões terão devolvido a impugnação a esta interlocutória e o vencedor no mérito tem direito a ver esta questão apreciada pelo Tribunal". Grifos no original

riamente as contrarrazões deixarão de ter utilidade e relevância: se nas contrarrazões houver o apelado suscitado impugnação relativamente a alguma decisão interlocutória, e se for pertinente sua apreciação pelo tribunal pois ainda não foi extinto o interesse recursal do apelado a respeito, pensamos que as contrarrazões que contenham impugnação de decisão interlocutória, mesmo que a apelação não mais exista, deverão ser apreciadas pelo tribunal, demonstrando-se que remanesce o interesse de agir, repita-se, do apelado a respeito. As contrarrazões nas quais se impugna decisão interlocutória funcionam, neste pormenor, como autêntico recurso, *ex vi* do § 1º do art. 1.009 ora analisado, e neste aspecto não guardam dependência com o recurso principal, como se recurso adesivo fosse. Imagine-se, por exemplo, a seguinte hipótese: a sentença é de parcial procedência da ação, sendo autor e réu sucumbentes em parte; no curso do processo, em decisão interlocutória, foi afastada preliminar de ilegitimidade ativa suscitada pelo réu; apenas o autor apela da sentença, o réu apresenta contrarrazões e nestas suscita a impugnação à decisão interlocutória que rejeitou sua preliminar de ilegitimidade ativa. Nestas condições, ainda que por alguma razão o apelante desista de seu recurso, ou este seja inadmitido, parece-nos evidente que remanesce o interesse recursal do apelado relativamente à impugnação que veiculou em suas contrarrazões acerca da rejeição da preliminar de ilegitimidade ativa, pois este capítulo de suas contrarrazões, muito distintamente de mera resistência, perfaz impugnação recursal de decisão interlocutória que lhe pode gerar, se acolhida tal impugnação, situação jurídica melhor, mais vantajosa, consistente em decisão que não o condene e que decida pela ilegitimidade ativa. Por fim, dada a natureza híbrida das contrarrazões em que se veicula impugnação de decisão interlocutória, parece-nos que, em prestígio ao contraditório e à ampla defesa, deverá ser instado o apelante a responder o capítulo das contrarrazões em que se suscitou impugnação de decisão interlocutória que, se acolhida, lhe pode gerar prejuízo".[22]

[22] *Breves comentários ao novo código de processo civil*. SP: RT, 2015, p. 2236-2237. Também, neste aspecto, importante o entendimento de Alexandre Ávalo Santana e Nilton César Antunes da Costa. Da apelação no novo CPC. In: SANTANA, Alexandre Ávalo; ANDRADE NETO, José de. (Coordenadores). *Novo CPC: análise doutrinária sobre o novo direito processual brasileiro*. Vol. 3. Campo Grande: Contemplar, 2015, p. 614: "Destarte, a partir dos elementos extraídos do texto normativo, como já dito, é possível concluir pela irrefutável possibilidade de existirem ***contrarrazões de caráter dúplice***, ou seja, com caráter de resistência somado com o de autêntico. Ressalte-se que, quanto à segunda característica assumida, as contrarrazões adquirem vida própria mediante a concretização do interesse recursal do apelado, ou seja, de recurso independente, haja vista que o sistema recursal do NCPC manteve o recurso adesivo de apelação (art. 997, § 1º) que não abarcaria as hipóteses das contrarrazões recursais autônomas e que carrega em si, de modo expresso, caráter de subordinação. (...) Via própria das contrarrazões com caráter recursal autônomo significa dizer que nas situações em que a mesma é viabilizada todos os requisitos de admissibilidade recursal devem ser obedecidos pelo apelado, que deverá ficar atento, inclusive, quanto ao recolhimento

Na realidade, as contrarrazões, nestes casos, passariam a desempenhar uma dupla função, ou seja, *de resposta* ao recurso de apelação da parte contrária e *de recurso* contra as decisões interlocutórias *não agraváveis*; aliás, essa a lição de Leonardo Carneiro da Cunha e Fredie Didier Jr.,[23] com a qual perfilhamos.

Assim, caso prevaleça o entendimento de que as contrarrazões seriam dependentes ao recurso de apelação em quaisquer hipóteses (inclusive, quando há impugnação às interlocutórias *não agraváveis*), estar-se-á, sem sombra de dúvidas, com a devida vênia, prestigiando-se as tão combatidas *jurisprudências defensivas* (*jurisprudências ofensivas* – nos dizeres de Pedro Miranda de Oliveira),[24] e mais, em total descompasso com a escorreita interpretação/aplicação do art. 1.009, § 1º, NCPC.

4. O *"juízo de retratação"* e os requisitos extrínsecos de admissibilidade, em especial a tempestividade

Como já afirmado, existem situações onde a interposição do recurso de apelação provoca a reconsideração da decisão, isso em *"juízo de retratação"* (*ex vi* dos arts. 331, 332, § 3º, e 485, § 7º, NCPC).

O aspecto controvertido a ensejar ampla e importante discussão refere-se à possibilidade de o juízo *a quo* diante da interposição do recurso de apelação exercitar o seu *"juízo de retratação"* com a finalidade de reconsiderar a sua decisão proferida.

O juiz, ao possibilitar o *"juízo de retratação"*, com certeza, adentrará ao juízo de admissibilidade do recurso de apelação, já que para reconsiderar a sua decisão, no sentido de reformar ou anular diante dos relevantes argumentos e fundamentos lançados pelo recorrente, terá que *receber* o mencionado recurso.

Mas, a regra, segundo o NCPC, é de que o juízo de primeiro grau não possa empreender o juízo de admissibilidade, portanto, não podendo examinar quaisquer requisitos inerentes à admissibilidade, sejam eles intrínsecos ou extrínsecos[25] (*ex vi* do art. 1.010, § 3º, NCPC).[26]

do *preparo*. Assim, nos parece razoável concluir que as contrarrazões do apelado, que se apresentam como *autêntico recurso* quando de natureza dúplice, indicam plena autonomia procedimental e não ficam subordinadas ao resultado do recurso de apelação (interposto pelo apelante e que tornou viável o manejo das contrarrazões), salvo seu aspecto com a marca distintiva *da resistência*". Grifo no original

[23] Apelação contra decisão interlocutória não agravável: a apelação do vencido e a apelação subordinada do vencedor: duas novidades do CPC/2015. In: Macêdo, Lucas Buril de; Peixoto, Ravi; Freire, Alexandre (Organizadores). *Processo nos tribunais e meios de impugnação às decisões judiciais*. Salvador: Editora JusPodivm, 2015, v. 6, p. 517: "Assim, as contrarrazões, nesse caso, tornam-se instrumento de dois atos jurídicos processuais: *(a)* a resposta à apelação da parte adversária; *(b)* o recurso contra as decisões interlocutórias não agraváveis proferidas ao longo do procedimento".

[24] *Novíssimo sistema recursal conforme o CPC/2015*. Florianópolis: Conceito Editorial, 2015, p. 71-72-102.

[25] Classificação idealizada pelo mestre José Carlos Barbosa Moreira. Verificar o seu magnífico clássico (*sempre atual!*) *Comentários ao código de processo civil*. 14ª edição. Volume V. RJ: Forense, 2008, p. 263,

Nesse caso, então, como ficaria a questão relacionada ao *"juízo de retratação"*, onde há possibilidade de reconsideração da sentença impugnada?

Ora, para se retratar e, via de consequência, reconsiderar a decisão proferida, o juízo de primeiro grau terá que aferir pelo menos um dos requisitos extrínsecos de admissibilidade, qual seja, a tempestividade, já que o único insanável;[27] tal ideia restou consignada no Enunciado 293 do Fórum Permanente de Processualistas Civis, ou seja, a tempestividade passou a ser condição para a retratação.

Na verdade, seguindo o mesmo entendimento de Daniel Amorim Assumpção Neves, possuímos extrema dificuldade em admitir um maior valor (*maior peso*) a determinado requisito de admissibilidade, sem que isso possa ferir o princípio da isonomia, s.m.j.

Eis o posicionamento de Daniel Amorim Assumpção Neves: "Essa relevante novidade procedimental, entretanto, fará surgir um problema prático que não foi resolvido pelo Novo CPC. O juízo de retratação na apelação continua a ser

para a sistemática processual civil atual e, com as devidas adaptações, ao NCPC: "Os requisitos de admissibilidade dos recursos podem classificar-se em dois grupos: requisitos *intrínsecos* (concernentes à própria existência do poder de recorrer) e requisitos *extrínsecos* (relativos ao modo de exercê-lo). Alinham-se no primeiro grupo: o cabimento, a legitimação para recorrer, o interesse em recorrer e a inexistência de fato impeditivo (*v.g.*, o previsto no art. 881, *caput, fine*) ou extintivo (*v.g.*, os contemplados nos arts. 502 e 503) do poder de recorrer. O segundo grupo compreende: a tempestividade, a regularidade formal e o preparo. Esses requisitos são *genéricos*, embora possa a lei dispensar algum deles, em tal ou qual hipótese: assim, por exemplo, não dependem de preparo o agravo retido (art. 552, parágrafo único), nem os embargos de declaração (art. 536, *fine*), nem os recursos de qualquer natureza 'interpostos pelo Ministério Público, pela União, pelos Estados e Municípios e respectivas autarquias, e pelos que gozam de isenção legal' (art. 511, § 1º, na redação da Lei nº 9.756). Podem os requisitos genéricos, todavia, como é intuitivo, assumir *aspectos específicos*, variáveis de um para outro recurso, dos quais se tratará nos comentários aos dispositivos pertinentes".

26 "**Art. 1.010.** A apelação, interposta por petição dirigida ao juízo de primeiro grau, conterá: (*omissis*) § 3º Após as formalidades previstas nos §§ 1º e 2º, os autos serão remetidos ao tribunal pelo juiz, independentemente de juízo de admissibilidade". Grifamos

27 Eis o relevante posicionamento de Alexandre Freitas Câmara. In: *O novo processo civil brasileiro*. SP: Atlas, 2015, p. 512-513: "Tendo sido a sentença de extinção do processo sem resolução do mérito – aqui incluído o caso de indeferimento da petição inicial – ou de improcedência liminar do pedido, a apelação torna possível o exercício, pelo juízo de primeiro grau, de *juízo de retratação* (arts. 331, 332, § 3º, e 485, § 7º). Impende, porém, que o juízo *a quo* verifique se a apelação interposta é tempestiva. É que este é o único dos vícios capazes de levar à inadmissibilidade do recurso que se reputa absolutamente insanável e, pois, se a apelação tiver sido interposta intempestivamente se deverá reputar já transitada em julgado a sentença. Assim, sendo intempestiva a apelação não poderá haver retratação (FPPC), enunciado 293). Tempestivo que seja o recurso, porém, o juízo de primeiro grau poderá retratar-se ainda que identifique algum outro vício formal na apelação (como, por exemplo, ausência de preparo), já que todos os demais vícios são sanáveis (e não cabe ao juízo de primeiro grau decidir sobre a admissibilidade do recurso nem praticar os atos necessários à correção dos vícios). (...) A lamentar, apenas, não se ter autorizado o juízo de primeiro grau a fazer um controle da tempestividade da apelação (que ele não pode fazer nem nos casos em que exerce juízo de retratação, limitando-se, nesta hipótese, a afirmar que deixa de se retratar por ser intempestivo o recurso, mas ainda assim, determinando a remessa dos autos ao tribunal)".

excepcional, mas tem seu cabimento significativamente ampliado no Novo CPC. Enquanto no CPC1973 era cabível somente em apelação interposta contra sentença liminar, no Novo CPC será cabível nessas circunstâncias e na hipótese de recurso contra sentença terminativa, ainda que proferida após a citação do réu, nos termos do art. 485, § 7º. Naturalmente, o juízo de retratação só pode ser realizado após o juízo de admissibilidade, porque não pode o juiz se retratar de sua sentença sem antes receber a apelação. Afinal, apelação inadmissível não gera efeitos, inclusive a possibilidade de retratação do juiz que proferiu a sentença impugnada. Nesse ponto o Novo CPC cria um paradoxo: o primeiro juízo, de admissibilidade, é de competência exclusiva do tribunal de segundo grau, enquanto o segundo e consequencial juízo, de retratação, é de competência exclusiva do juízo de primeiro grau. O Enunciado 293 do Fórum Permanente de Processualistas Civis (FPPC) afirma que '*se considerar intempestiva a apelação contra sentença que indefere a petição inicial ou julga liminarmente improcedente o pedido, não pode o juízo* a quo *retratar-se*', dando a entender que excepcionalmente o juízo de primeiro grau poderá analisar a tempestividade recursal como condição da retratação. Tenho extrema dificuldade em colocar a tempestividade recursal num pedestal entre os pressupostos de admissibilidade, como se ela fosse mais relevante do que os demais. Pelo que se pode compreender pelo teor do Enunciado criticado, a retratação seria cabível diante de uma apelação manifestamente deserta, mas não de uma apelação intempestiva... O que justificaria a quebra da isonomia no tratamento dos requisitos de admissibilidade recursal? Nas situações em que a própria lei confere competência para o juízo de primeiro grau se retratar de sua sentença diante da interposição de apelação, entendo que haja competência implícita para o juízo de admissibilidade. A competência implícita, entretanto, é parcial, limitada a um juízo positivo de admissibilidade para permitir a retratação. Não pode, portanto, deixar de receber a apelação, mesmo nos casos em que poderia se retratar de sua sentença".[28]

Nos casos específicos previstos em lei, tal qual já delineado, não teria como o juízo de primeiro grau exercitar o seu *"juízo de retratação"* sem adentrar aos requisitos de admissibilidade, principalmente o da tempestividade; então, se o juízo *a quo* afirma que o recurso de apelação é intempestivo e deixa de se retratar nos referidos casos, por certo, aferiu o requisito extrínseco de admissibilidade.

E, para os casos em que há *evidente usurpação de competência dos tribunais*, o correto seria lançar mão da *reclamação*, consoante dicção do art. 988, I, § 1º, NCPC;[29]

[28] *Novo código de processo civil – Lei 13.105/2015.* RJ: Forense; SP: MÉTODO, 2015, p. 550.

[29] "**Art. 988.** Caberá reclamação da parte interessada ou do Ministério Público para: I – preservar a competência do tribunal; (*omissis*) § 1º A reclamação pode ser proposta perante qualquer tribunal, e seu julgamento compete ao órgão jurisdicional cuja competência se busca preservar ou cuja autoridade se pretenda garantir. (*omissis*)". Grifamos

portanto, para as hipóteses em que o juízo de primeiro grau ultrapasse a vedação (proibição) imposta pelo legislador com relação ao *juízo de admissibilidade* (*ex vi* do art. 1.010, § 3º, *in fine*, NCPC), na análise de quaisquer requisitos (intrínsecos ou extrínsecos).

5. O efeito suspensivo *ope legis* e *ope iudicis* no recurso de apelação – "*juízo de recebimento*" para a declaração dos efeitos

O recurso de apelação, mesmo com o advento do NCPC, manteve, como regra, o efeito suspensivo *ope legis* (*ex vi* do art. 1.012, *caput*) – *efeito suspensivo automático* –,[30] com exceções para a produção imediata dos efeitos da sentença após a sua publicação (*ex vi* do art. 1.012, § 1º, incisos I a VI).[31]

Com a manutenção do *efeito suspensivo automático*, segundo já afirmamos, haverá um claro desprestígio às sentenças proferidas pelo juízo de primeiro grau, as quais terão os efeitos obstados pela interposição do recurso de apelação.

O juízo de primeiro grau, segundo a lei e a doutrina, não poderá mais exercitar o *"juízo de recebimento"*, o qual ficará também a cargo exclusivo do tribunal.[32]

Ora, se for o caso de recebimento apenas no efeito devolutivo (um dos casos previstos no § 1º do art. 1.012, NCPC), ou seja, sem efeito suspensivo *ope legis*?

Veja, se o *"juízo de recebimento"* é de exclusiva competência do tribunal, a parte terá que aguardar o exame do recurso para a efetiva declaração de seus efeitos.

Mas, se a regra é o *efeito suspensivo automático*, a mera interposição do recurso de apelação já provoca por si só o prolongamento da suspensão da eficácia da sentença?

30 "**Art. 1.012.** A apelação terá efeito suspensivo. (*omissis*)". Grifamos

31 "**Art. 1.012.** A apelação terá efeito suspensivo. § 1º Além de outras hipóteses previstas em lei, começa a produzir efeitos imediatamente após a sua publicação a sentença que: I – homologa divisão ou demarcação de terras; II – condena a pagar alimentos; III – extingue sem resolução do mérito ou julga improcedentes os embargos do executado; IV – julga procedente o pedido de instituição de arbitragem; V – confirma, concede ou revoga tutela provisória; VI – decreta a interdição. (*omissis*)". Grifamos

32 Eis o relevante posicionamento de Gilberto Gomes Bruschi, já à época do projeto, com citação ao nobre mestre Barbosa Moreira, afirmava o seguinte: "Antes de examinarmos os exatos termos da proposta legislativa para alteração da regra de suspensividade da sentença em virtude da interposição da apelação, merece destaque interessante trecho de Barbosa Moreira, com o qual concordamos, onde pondera: '*De lege ferenda*, parece aconselhável ampliar o elenco das hipóteses de apelação sem efeito suspensivo, ou até – com certas cautelas – inverter a regra, tornando excepcional a suspensividade. Tal seria capaz de contribuir para desestimular a interposição pelo réu vencido, com intuito meramente protelatório, harmonizando-se aliás com a propensão moderna à valorização do julgamento de primeiro grau. (...)'. De acordo com a redação do projeto, em virtude de a admissibilidade não mais ser realizada pelo juízo de primeiro grau e sim pelo tribunal, a análise dos efeitos da apelação será de competência do relator e somente ocorrerá após a admissão do recurso". (In: *Apelação civil: teoria geral, procedimento e saneamento de vícios pelo tribunal*. SP: Saraiva, 2012, p. 210-211).

Na verdade, ao que parece, o legislador optou pelo *"juízo de retratação"* ser exercido exclusivamente pelo tribunal, até mesmo como forma de *simplificar e diminuir o número de recursos e impugnações*, já que, da declaração dos efeitos (*decisão fundamentada*, diga-se – arts. 11 e 489, § 1º, NCPC), na sistemática processual do CPC/1973 caberia recurso de agravo de instrumento ao tribunal, mas, hoje, com o NCPC, seria uma decisão interlocutória *não agravável (mas, não o é, eis que não há decisão acerca dos efeitos da apelação em juízo de primeiro grau, já que o juízo de admissibilidade deixou de ser "bifásico")*, e, no caso, *"poderia"* ser impugnada por intermédio de ação mandamental (mandado de segurança).

Nesse aspecto (*juízo de admissibilidade*), apenas em relação aos recursos de estrito direito (recursos especial e extraordinário) manteve-se o atual *juízo de admissibilidade "bifásico"* (alteração à Lei nº 13.105/2015 – NCPC); basta verificar o Projeto de Lei da Câmara dos Deputados nº 168/2015, o qual restou aprovado pela Comissão de Constituição e Justiça do Senado (CCJ), em 18.11.2015 (votação unânime); e, por fim, *a novel Lei n. 13.256/2016.*

De acordo com Daniel Amorim Assumpção Neves: "O juiz de primeiro grau não faz mais juízo de admissibilidade da apelação, limitando-se a determinar a intimação do apelado quando interposto o recurso e após o transcurso do prazo de quinze dias, com ou sem contrarrazões, encaminhar o processo ao tribunal de segundo grau. E, como não receberá a apelação, também nada declarará sobre os efeitos desse recebimento. (...) Seja como for, o juiz de primeiro grau não se pronunciará sobre os efeitos do recebimento da apelação, até porque tecnicamente não a receberá. O objetivo parece ser impedir a prolação de uma decisão interlocutória que possa vir a ser impugnada, se não pelo recurso de agravo de instrumento, cujo cabimento para essas hipóteses não está previsto em lei, pelo mandado de segurança. Sem pronunciamento judicial em primeiro grau, todas as questões a respeito dos efeitos e da admissibilidade serão transferidas para o segundo grau".[33]

Já o § 3º do art. 1.012, NCPC, prevê a possibilidade de requerimento do pedido de efeito suspensivo pelo apelante nas hipóteses do § 1º a ser dirigido: (a) *ao tribunal*, no período compreendido entre a interposição da apelação e sua distribuição, ficando o relator designado para seu exame prevento para julgá-la (inciso I); (b) *ao relator*, se já distribuída a apelação (inciso II). Nesses casos, estar-se-á diante do efeito suspensivo *ope iudicis.*

6. Conclusão

Com o advento do novo CPC muitos questionamentos irão surgir, muita discussão será travada, todos, com certeza, em salutar e democrático espaço, cuja

[33] *Novo código de processo civil – Lei 13.105/2015.* RJ: Forense; SP: MÉTODO, 2015, p. 549.

prevalência sempre será o crescimento e aperfeiçoamento da ciência jurídica processual civil.

O recurso de apelação sofreu algumas importantes alterações e inovações diante da novel legislação processual civil, em todas elas, o legislador procurou a simplificação e efetividade do sistema processual civil brasileiro, entretanto, em alguns casos, nota-se, à evidência, a possibilidade de evidentes embaraços na prática forense.

Os principais pontos ensejadores de prováveis controvérsias, em nosso sentir, são aqueles relacionados à *natureza jurídica das contrarrazões de apelação* (como veículo próprio à impugnação das interlocutórias *não agraváveis*), ao *juízo de admissibilidade do recurso de apelação* (com o NCPC, passa a ser único e exclusivo do tribunal), ao *juízo de recebimento e declaração dos efeitos do recurso de apelação* (também passa a ser de exclusividade do tribunal).

Em todos os casos, aqui apontados, os partícipes do processo deverão demonstrar e utilizar o bom senso e a capacidade de interpretar/aplicar o direito processual civil, despidos de subjetividades (*subjetivismo pernicioso*) aptas a abrir as portas para a discricionariedade tão prejudicial ao processo civil democrático.

No decorrer de nosso despretensioso trabalho, procuramos debater possíveis resoluções inerentes a alguns aspectos controvertidos oriundos de, talvez, uma má ou distorcida interpretação/aplicação do direito processual civil, sem, contudo, deixarmos de emitir a nossa opinião a respeito da temática que, sem sombra de dúvidas, ainda, despertará a curiosidade e perspicácia daqueles sensíveis e que primam pelo Estado Democrático de Direito.

7. Referências[34]

AMARAL, Guilherme Rizzo. *Comentários às alterações do novo CPC*. SP: RT, 2015.

ARRUDA ALVIM. *Manual de direito processual civil*. 16ª edição. São Paulo: Editora Revista dos Tribunais, 2013.

ÁVILA, Humberto. *Teoria dos princípios: da definição à aplicação dos princípios jurídicos*. 16ª edição. SP: Malheiros, 2015.

BARBOSA MOREIRA, José Carlos. *Comentários ao código de processo civil*. 14ª edição. Volume V. RJ: Forense, 2008.

_____. *O novo processo civil brasileiro*. 27ª edição. Rio de Janeiro: Forense, 2008.

BARIONI, Rodrigo. *Efeito devolutivo da apelação civil*. SP: RT, 2007.

BRÊTAS C. DIAS, Ronaldo; SOARES, Carlos Henrique. *Manual elementar de processo civil*. 2ª edição. Belo Horizonte: Del Rey, 2013.

BRUSCHI, Gilberto Gomes. *Apelação civil: teoria geral, procedimento e saneamento de vícios pelo tribunal*. SP: Saraiva, 2012.

[34] A bibliografia contém obras consultadas e obras sugeridas à consulta, todas de importante relevância à temática abordada no presente texto, sem prejuízo de outras substanciosas obras de notáveis juristas.

BUENO, Cassio Scarpinella. *Novo código de processo civil anotado.* SP: Saraiva, 2015.

CABRAL, Antonio do Passo; CRAMER, Ronaldo. *Comentários ao novo código de processo civil.* RJ: Forense, 2015.

CÂMARA, Alexandre Freitas. *O novo processo civil brasileiro.* SP: Atlas, 2015.

DIAS, Ronaldo Brêtas de Carvalho. *Processo constitucional e estado democrático de direito.* 3ª edição. Belo Horizonte: Del Rey Editora, 2015.

DIDIER JR., Fredie; CUNHA, Leonardo Carneiro da. Apelação contra decisão interlocutória não agravável: a apelação do vencido e a apelação subordinada do vencedor: duas novidades do CPC/2015. In: MACÊDO, Lucas Buril de; PEIXOTO, Ravi; FREIRE, Alexandre (Organizadores). *Processo nos tribunais e meios de impugnação às decisões judiciais.* Salvador: Editora JusPodivm, 2015, v. 6.

DONIZETTI, Elpídio. *Novo código de processo civil comentado (Lei nº 13.105, de 16 de março de 2015): análise comparativa entre o novo CPC e o CPC/73.* SP; Atlas, 2015.

FACCINI NETO, Orlando. *Elementos de uma teoria da decisão judicial: hermenêutica, constituição e respostas corretas em direito.* Porto Alegre: Livraria do Advogado Editora, 2011.

FERNANDES, Bernardo Gonçalves. *Curso de direito constitucional.* 7. ed. Salvador: Jus Podivm, 2015.

GRAU, Eros Roberto. *Por que tenho medo dos juízes (a interpretação/aplicação do direito e os princípios).* 6ª edição refundida. São Paulo: Malheiros, 2013.

JOBIM, Marco Félix; FERREIRA, William Santos (Coordenadores). Coleção Grande Temas do Novo CPC. *Direito probatório.* Salvador: JusPodivm, 2015, v. 5.

JORGE, Flávio Cheim. *Teoria geral dos recursos cíveis.* 7ª edição. SP: RT, 2015.

KOZIKOSKI, Sandro Marcelo. *Sistema recursal CPC/2015.* Salvador: JusPodivm, 2016.

MACÊDO, Lucas Buril de; PEIXOTO, Ravi; FREIRE, Alexandre (Organizadores). *Processo nos tribunais e meios de impugnação às decisões judiciais.* Salvador: Editora JusPodivm, 2015, v. 6.

MARINONI, Luiz Guilherme; ARENHART, Sérgio Cruz; MITIDIERO, Daniel. *Novo código de processo civil comentado.* SP: RT, 2015.

_____. *O novo processo civil.* SP: RT, 2015.

MEDINA, José Miguel Garcia. *Novo código de processo civil comentado.* 3ª edição. SP: RT, 2015.

_____. *Direito processual civil moderno.* SP: RT, 2015.

MELLO, Rogerio Licastro Torres de. Comentários ao recurso de apelação. In: WAMBIER, Teresa Arruda Alvim; DIDIER JR., Fredie; TALAMINI, Eduardo;

DANTAS, Bruno (Coordenadores). *Breves comentários ao novo código de processo civil.* SP: RT, 2015.

MITTIDIERO, Daniel; ALVARO DE OLIVEIRA, Carlos Alberto. *Curso de processo civil: teoria geral do processo civil e parte geral do direito processual civil.* São Paulo: Atlas, 2010, volume 1.

_____. *Colaboração no processo civil: pressupostos sociais, lógicos e éticos.* São Paulo: Editora Revista dos Tribunais, 2009.

MOTTA, Cristina Reindolff da. *A motivação das decisões cíveis: como condição de possibilidade para resposta correta/adequada.* Porto Alegre: Livraria do Advogado Editora, 2012.

MOTTA, Francisco José Borges. *Levando o direito a sério: uma crítica ao protagonismo judicial.* 2. ed. Porto Alegre: Livraria do Advogado, 2012.

MOTTA, Otávio Verdi. *Justificação da decisão judicial: a elaboração da motivação e a formação de precedente.* SP: RT, 2015.

NERY JUNIOR, Nelson; NERY, Rosa Maria de Andrade. *Comentários ao código de processo civil*. SP: RT, 2015.

______. *Princípios do processo na constituição federal*. 9ª edição. São Paulo: Editora Revista dos Tribunais, 2009.

______. *Teoria geral dos recursos*. 7ª edição. SP: RT, 2014.

NEVES, Daniel Amorim Assumpção. *Novo código de processo civil – Lei 13.105/2015*. RJ: Forense; SP: MÉTODO, 2015.

NUNES, Dierle; BAHIA, Alexandre; RIBEIRO CÂMARA, Bernardo; SOARES, Carlos Henrique. *Curso de direito processual civil: fundamentação e aplicação*. 2ª edição. Belo Horizonte: Fórum, 2013.

______. *Processo jurisdicional democrático: uma análise crítica das reformas processuais*. Curitiba: Editora Juruá, 2010.

OLIANI, José Alexandre M. *Sentença no novo CPC*. SP: RT, 2015.

OLIVEIRA, Gleydson Kleber Lopes de. *Apelação no direito processual civil*. SP: RT, 2009.

OLIVEIRA, Pedro Miranda de. *Novíssimo sistema recursal conforme o CPC/2015*. Florianópolis: Conceito Editorial, 2015.

RUDINIK NETO, Rogério. O efeito devolutivo do recurso de apelação no novo código de processo civil. In: MACÊDO, Lucas Buril de; PEIXOTO, Ravi; FREIRE, Alexandre (Organizadores). *Processo nos tribunais e meios de impugnação às decisões judiciais*. Salvador: Editora JusPodivm, 2015, v. 6.

ROSINHA, Martha. *Os efeitos dos recursos: atualizado com o projeto do Novo Código de Processo Civil*. Porto Alegre: Livraria do Advogado Editora, 2012.

SANTANA, Alexandre Ávalo; COSTA, Nilton César Antunes da. Da apelação no novo CPC. In: SANTANA, Alexandre Ávalo; ANDRADE NETO, José de. (Coordenadores). *Novo CPC: análise doutrinária sobre o novo direito processual brasileiro*. Vol. 3. Campo Grande: Contemplar, 2015.

SCHMITZ, Leonard Ziesemer. *Fundamentação das decisões judiciais: a crise na construção de respostas no processo civil*. SP: RT, 2015.

SILVA, Bruno Campos. O recurso de agravo de instrumento na sistemática do novo código de processo civil – primeiras impressões. In: DIDIER JR., Fredie; MOUTA, José Henrique; KLIPPEL, Rodrigo (Coordenadores). *O projeto do novo código de processo civil: estudos em homenagem ao Professor José de Albuquerque Rocha*. Salvador: Editora JusPodivm, 2011.

______. Os deveres-poderes instrutórios do juiz no sistema recursal e o direito fundamental à fundamentação. In: DIDIER JR., Fredie (Coordenador geral); JOBIM, Marco Félix; FERREIRA, William Santos (Coordenadores). Coleção Grande Temas do Novo CPC. *Direito probatório*. Salvador: JusPodivm, 2015, v. 5.

STRECK, Lenio Luiz; BOLZAN DE MORAIS, José Luis. *Ciência política e teoria do estado*. 7ª edição, 2ª tiragem. Porto Alegre: Livraria do Advogado Editora, 2012.

______. *Verdade e Consenso*. 4ª edição. 2ª tiragem. São Paulo: Saraiva, 2012.

______. *Hermenêutica jurídica e(m) crise: uma exploração hermenêutica da construção do direito*. 11ª edição. Porto Alegre: Livraria do Advogado Editora, 2013.

______. O pamprincipiologismo em terrae brasilis. In: *Revista Consultor Jurídico*, 10 de outubro de 2013.

_____. *O que é isto – decido conforme a minha consciência?* 4ª edição. Porto Alegre: Livraria do Advogado Editora, 2013.

_____. *Jurisdição constitucional e decisão jurídica*. 3ª edição. São Paulo: Editora Revista dos Tribunais, 2013.

THEODORO JUNIOR, Humberto. *Curso de direito processual civil*. 56ª edição. Rio de Janeiro: Forense, 2015, v. 1.

_____; NUNES, Dierle; BAHIA, Alexandre Melo Franco; PEDRON, Flávio Quinaud. *Novo CPC: fundamentos e sistematização*. RJ: Forense, 2015.

TOMAZ DE OLIVEIRA, Rafael. *Decisão judicial e o conceito de princípio*. Porto Alegre: Livraria do Advogado Editora, 2008.

TOSCAN, Anissara. *Preclusão processual civil: estática e dinâmica*. SP: RT. 2015.

VIEIRA LUIZ, Fernando. *Teoria da decisão judicial: dos paradigmas de Ricardo Lorenzetti à resposta adequada à constituição de Lenio Streck*. Porto Alegre: Livraria do Advogado Editora, 2013.

WAMBIER, Luiz Rodrigues; TALAMINI, Eduardo. *Curso avançado de processo civil: teoria geral do processo e processo de conhecimento*. 15ª edição. São Paulo; Editora Revista dos Tribunais, 2015, v. 1.

WAMBIER, Teresa Arruda Alvim; CONCEIÇÃO, Maria Lúcia Lins; RIBEIRO, Leonardo Ferres da Silva; MELLO, Rogerio Licastro Torres de. *Primeiros comentários ao novo código de processo civil: artigo por artigo*. SP: RT, 2015.

_____; DIDIER JR., Fredie; TALAMINI, Eduardo; DANTAS, Bruno (Coordenadores). *Breves comentários ao novo código de processo civil*. SP: RT, 2015.

Primeiras linhas a respeito do interesse recursal no CPC/2015 e sua relação com as questões prejudiciais e a formação da coisa julgada

CAIO DE SÁ DAL'COL
LÍVIA DALLA BERNARDINA ABREU

1. Objeto de estudo

Como o próprio título deixa transparecer, pretende este ensaio trazer linhas gerais a respeito da alteração no alcance da coisa julgada no Novo Código de Processo Civil (Lei nº 13.105/2015).

Na nova sistemática, as questões prejudiciais terão aptidão para formar coisa julgada, e essa alteração impacta diretamente no alcance do interesse recursal que, no Código de Processo Civil de 1973 (Lei nº 5.869/73), limitava-se à parte dispositiva da decisão. Em regra, não abrangia as questões prejudiciais.

Por óbvio, não poderemos descurar de tecer uma breve conceituação dos institutos utilizados como premissas para o presente trabalho, sem, entretanto, adentrar-nos a suas minúcias, desprezando eventuais discussões doutrinárias e jurisprudenciais a respeito.

Não pretende este emaranhado de palavras, todavia, estancar o debate sobre o tema. Muito pelo contrário: pretende-se, justamente, incitá-lo, de forma a aperfeiçoar a aplicação e a interpretação do interesse recursal sob a sistemática do CPC/2015.

Naturalmente, não se deve olvidar da intrínseca relação do tema aqui tratado com o sistema jurídico pátrio, privilegiando-se uma visão constitucional da temática.

2. Introdução

Com a promulgação da Constituição Federal de 1988, operou-se uma mudança de paradigma do sistema jurídico brasileiro. A partir das novas normas fundamentais é que devem ser interpretadas todas as demais[1]. Ou seja, toda e qualquer norma, independente de sua hierarquia, deve estar em conformidade com a Constituição; a sua interpretação deve ter como ponto de partida as máximas inscupildas no texto constucional.

Dessa maneira, toda a legislação anterior teve alterados seus referenciais interpretativos, podendo, pois, ganhar novo sentido, tendo sua aplicação restrita ou flexibilizada, de maneira a concretizar as novas regras, princípios e postulados normativos[2] trazidos pela Constituição Federal de 1988.

Nessa esteira, ao Código de Processo Civil vigente à época, o CPC/1973, também deveria ser dada nova roupagem. No entanto, em que pese referida mudança interpretativa, esta foi vista com ressalvas pelos intépretes, operadores e aplicadores do Direito, que continuaram a aplicar a legislação tal como inicialmente concebida, sem a necessária análise constitucional da matéria.

Ante essa dificuldade prática, desde algum tempo teve início um movimento pela alteração do código de processo civil, que começou com diversas reformas do CPC/1973, culminando, por conseguinte, na edição do Código de Processo Civil de 2015[3].

[1] Embora a Constituição não possa, por si só, realizar nada, ela pode impor tarefas. A Constituição transforma-se em força ativa se essas tarefas forem efetivamente realizadas, se existir a disposição de orientar a própria conduta segundo a ordem nela estabelecida, se, a despeito de todos os questionamentos e reservas provenientes dos juízos de conveniência, se puder identificar a vontade de concretizar essa ordem. HESSE, Konrad. *A força normativa da Constituição (Die Normative Kraft der Verfassung)*. Trad: Gilmar Ferreira Mendes, Porto Alegre: Sérgio Antonio Fabris Editor, 1991, p. 20. Hans Kelsen, senão vejamos: "Como quer que se defina a Constituição, ela é sempre o fundamento do Estado, a base da ordem jurídica que se quer apreender. [...] Ela é a base indispensável das normas jurídicas que regem a conduta recíproca dos membros da coletividade estatal, assim como das que determinam os órgãos necessários para aplicá-las e impô-las, e a maneira como devem proceder, isto é, em suma, o fundamento da ordem estatal". KELSEN, Hans. *Jurisdição Constitucional*. 2ª ed. São Paulo: Martins Fontes, 2007. p. 130-131. "A afirmação de que uma lei válida é "contrária à Constituição" (anticonstitucional) é uma *contradictio inadjecto*; pois uma lei somente pode ser válida com fundamento na Constituição. Quando se tem fundamento para aceitar a validade de uma lei, o fundamento da sua validade tem de residir na Constituição" KELSEN, Hans. *Teoria pura do direito*. 7. ed. São Paulo: Martins Fontes, 2006. p. 300.

[2] ÁVILA, Humberto. *Teoria dos princípios: da definição à aplicação dos princípios jurídicos*. São Paulo: Malheiros Editores, 2011.

[3] Tão acertadas quanto incisivas são as palavras de Rodrigo Mazzei, ao concluir acerca da visão constitucional de toda a legislação do sistema: "Não se pode, portanto, pensar que as codificações (assim como qualquer legislação infraconstitucional) fiquem imunes se o paradigma constitucional dor alterado. Há, em suma, necessidade de conformação do direito às opções postas na Constituição, postura esta que demanda a interpretação de todo sistema legal guiada pelo farol constitucional, notadamente quando se pretende plasmar na nação um verdadeiro Estado Democrático de Direito amparado em diploma constitucional. Portanto, o texto de 1973 é uma codificação que precisa ser 'lida' e 'aplicada' de forma diferente do momento histórico em que foi editado, pois a Constituição Federal de 1988 o trouxe para um modelo processual diverso, vinculado a um Estado Democrático de Direito. Assim, com todo o respeito, antes da notícia de que teríamos um novo Código de Processo Civil, a discussão sobre a

Destarte, o CPC/2015 veio à balha com o fito de consolidar a necessária visão constitucional do processo, que deve ser instrumento de concretização dos preceitos consagrados na Constituição de 1988[4]. O novo código, então, pode ser visto como a ferramenta interpretativa a serviço dos intérpretes do direito, que, como Miguilim, apesar de não saber, muitos deles precisavam de óculos[5] para enxergar o viés constitucional ínsito à aplicação de toda e qualquer norma jurídica, seja ela constitucional ou infraconstitucional, anterior ou posterior à CF/1988.

No presente trabalho, voltar-se-ão os olhares para uma curiosa interseção entre três institutos cuja interação foi substancialmente remodelada na regulamentação conferida pelo novo diploma processual civil, quais sejam: as questões prejudiciais, a coisa julgada e o interesse recursal.

Mais especificamente, analisaremos, dentre outros pontos, o interesse recursal na nova sistemática, em que as questões prejudiciais, diversamente do que

viabilidade (ou não) de uma nova codificação processual civil não era uma bandeira (ao menos relevante) dos processualistas que, de um modo geral, apontavam para a necessidade da (re)interpretação do texto codificado de 1973 no quadrante de um modelo democrático de processo devidamente inserido – e que demorou a ser descoberto de fato – no ventre da Carta Magna de 1988. No sentido, merece gizar que entre as conclusões do I Encontro de Jovens Processualistas – evento promovido pelo Instituto Brasileiro de Direito Processual (IBDP) no fim do ano de 2008 – ficou assentado em Plenário (assim como nos grupos de discussão, de forma unânime) que não era necessária a confecção de um 'novo CPC'. Conclui-se que bastava que fosse adotada uma mudança de mentalidade do intérprete, já que impossível dissociar o texto codificado nos ditames constitucionais. Sem prejuízo de tal importante constatação comum, os grupos de trabalho também concluíram que existiam algumas contradições na codificação em vigor, deslizes estes que espalhavam de formas variadas (como, em exemplos, o uso de semântica inadequada e a existência de incompatibilidades injustificadas com o Código Civil de 2002). De toda sorte, a conclusão mais importante do Encontro de Jovens Processualistas foi a imperiosa necessidade do arejamento da codificação processual de 1973 a partir do modelo democrático de processo ditado pela Carta Magna de 1988." MAZZEI, Rodrigo. Breve história (ou 'estória') do Direito Processual Civil Brasileiro: das Ordenações até a derrocada do Código de Processo Civil de 1973. Revista do Instituto de Hermenêutica Jurídica – RIHJ, Belo Horizonte, ano 12, n. 16, jul./dez. 2014, 202-203.

[4] Nas palavras de Bruno Silveira, "[...] pouco adianta saber que algo é um instrumento se não conhecermos sua finalidade, tampouco ajudará sabermos que algo é um instrumento se, mesmo conhecendo sua finalidade, não soubermos utilizá-lo com a destreza necessária para a obtenção do resultado almejado. (OLIVEIRA, Bruno Silveira de. Os princípios constitucionais, a instrumentalidade do processo e a técnica processual. Panóptica, Vitória, ano 1, n. 2, out. 2006, p. 1-15. Disponível em: <http://www.panoptica.org>. Acesso em: agosto de 2015.)

[5] "Miguilim queria ver se o homem estava mesmo sorrindo para ele, por isso o encarava. Por que você aperta os olhos assim? Você não é limpo da vista? (...) Miguilim espremia os olhos. (...) Este nosso rapazinho tem a vista curta. (...) E o senhor tirava os óculos e punha-os em Miguilim, com todo o jeito. -- Olha agora! Miguilim olhou. Nem podia acreditar! Tudo era uma claridade, tudo novo e lindo e diferente, as coisas, as árvores, as caras das pessoas. Via grãozinhos de areia, a pele da terra, as pedrinhas menores, as formiguinhas passeando no chão de uma distância. E tonteava. Aqui, ali, meu Deus, tanta coisa, tudo... (...). Coração batia descompassado." ROSA, Guimarães. *Manuelzão e Miguilim*. Rio de Janeiro: Ed. Nova Fronteira, 2001.

ocorria no Código de 1973, se obedecidos alguns requisitos específicos, formarão coisa julgada.

3. As questões prejudiciais

Antes de adentrar à análise da interação entre a coisa julgada, as questões prejudiciais e o interesse recursal, salutar se revela a fixação de premissas, com a conceituação de cada um destes institutos.

Como bem salientado por José Carlos Barbosa Moreira[6], a acepção da expressão "questões prejudiciais", que costuma aparecer na literatura processual brasileira e estrangeira está longe de ser unívoca. A linguagem das leis, por sua vez, também não nos ajuda a solucionar a questão.

Conforme o ensinamento de Moacyr Amaral Santos, "num sentido amplo, essas questões se englobam sob a denominação de *questões prejudiciais*, porque, conforme a solução que lhes for dada, estará prejudicada a lide" [7].

Identificando um traço comum às principais definições adotadas pelos diversos autores, Barbosa Moreira ressalta que, em sentido restrito, o consenso reside especialmente "no reconhecimento de certa *ordem* que necessariamente vincula a atividade jurisdicional e que se traduz no fato de precisar o juiz resolver algumas questões *antes* de outras".

As questões prejudiciais, de maneira geral, seriam, então, aqueles conflitos que, necessariamente, serão decididos para que se chegue a uma decisão no conflito principal levado a juízo. Assim, são sempre questões logicamente anteriores à tutela jurisdicional perseguida quando da instauração da lide[8].

São as questões prejudiciais constituídas por relação ou situação jurídica autônoma, que poderia ser questão principal em outro processo, caso se tornasse litigiosa. É o que ressalta José Frederico Marques ao salientar que:

[6] BARBOSA MOREIRA, José Carlos. *Questões prejudiciais e coisa julgada*. Rio de Janeiro: Borsoi, 1967, p. 158.

[7] E prossegue o autor: "Num sentido restrito, mais técnico, *questões prejudiciais* são aquelas que, além de constituírem premissas lógicas da sentença, reúnam condições suficientes para ser objeto de ação autônoma". SANTOS, Moacyr Amaral. *Primeiras Linhas de Direito Processual Civil (adaptadas ao novo Código de Processo Civil*. Vol, 3, 8ª ed., São Paulo: Saraiva, 1985, p. 67.

[8] "*Prejudicial* é a questão que 'constitui pressuposto necessário para o julgamento da lide' (art. 470), como controvérsia sobre 'relação jurídica de cuja existência ou inexistência depender o julgamento da lide' (art. 5º). E o art. 325 ainda esclarece que se trata do 'direito que constitui fundamento do pedido do autor' e do qual depende, 'no todo ou em parte, o julgamento da lide'. O 'pressuposto necessário', portanto, que há na prejudicial, como antecedente lógico do litígio a ser resolvido, tem conteúdo determinado, certo e perfeitamente definido: ele é sempre relação jurídica ou direito subjetivo de cuja existência depende o julgamento da lide. Daí se segue que a prejudicial diz respeito ao mérito, porque se trata de direito ou relação jurídica de cuja existência ou inexistência dependa o julgamento do litígio, isto é, daquilo que constituirá objeto de sentença definitiva". MARQUES, José Frederico. *Manual de Direito Processual Civil*. São Paulo: Saraiva, Vol. III (Processo de Conhecimento), 2ª parte, 2ª edição revista, 1966, p. 57.

> A questão prejudicial é constituída por uma relação ou situação jurídica que, por si só, poderia ser objeto de processo próprio e autônomo, desde que se tornasse litigiosa. Todavia, quando afirmada existente no libelo, como antecedente lógico e jurídico do pedido ajuizado, ela é prejudicial simplex da lide consubstanciada nesse pedido, uma vez que a procedência ou improcedência deste, a ela se subordina. Mas se a controvérsia surgir, no curso do processo, a respeito da prejudicial, constituída ficará a questão incidental de prejudicialidade, ou questão prejudicial.

Destarte, muito embora não busquem as partes eminentemente a solução da questão prejudicial, sem ela, torna-se impossível que obtenham o provimento principal. Pode-se, pois, dizer que a resolução das questões prejudiciais é o meio para o alcance de um fim.

Haveria, portanto, uma relação de dependência ou subordinação, em que as questões prévias assim o são porque sua solução influencia a resolução de outras questões. Ainda nas palavras de Barbosa Moreira:

> Por isso mesmo convém frisar que se trata de ordem mais *lógica* do que *cronológica*: pode ocorrer, e não raro ocorre, que o órgão judicial se haja de pronunciar sôbre as duas questões vinculadas *num único ato processual* – por exemplo, que as aprecie *na mesma sentença*. Pouco importa: no raciocínio do juiz, terá sempre havido um *prius* (questão subordinante) e um *posterius* (questão subordinada).[9]

Fixada está, portanto, a primeira premissa do presente trabalho. Passemos à segunda.

4. A coisa julgada

Como já de início advertem os autores[10] que se aventuram a definir o conceito e delinear os contornos da coisa julgada, este é um dos assuntos jurídicos que tem merecido dos estudiosos grande atenção[11], sendo "indiscutivelmente um dos temas mais polêmicos, e, sem dúvida, um dos mais importantes para a ciência do processo civil"[12].

Para o presente trabalho, traremos breves conceitos gerais acerca do instituto, com o intuito de estabelecer as premissas para a discussão adiante travada,

[9] Barbosa Moreira, José Carlos. *Questões prejudiciais e coisa julgada.* Rio de Janeiro: Borsoi, 1967, p. 159.

[10] Por todos, ver: Barbosa Moreira, José Carlos. *Ainda e sempre a coisa julgada. In:* Direito processual civil – Ensaios e pareceres, Rio de Janeiro, Borsói, 1971, p. 133 e Silva, Ovídio Araújo Baptista da. *Curso de Processo Civil*, Vol. 1 – Processo de Conhecimento, 5ª edição revista e atualizada. São Paulo: Revista dos Tribunais, 2001, p. 483.

[11] Barbosa Moreira, José Carlos. *Ainda e sempre a coisa julgada. In:* Direito processual civil – Ensaios e pareceres, Rio de Janeiro, Borsói, 1971, p. 133.

[12] Silva, Ovídio Araújo Baptista da. *Curso de Processo Civil*, Vol. 1 – Processo de Conhecimento, 5ª edição revista e atualizada. São Paulo: Revista dos Tribunais, 2001, p. 483.

sem, no entanto, adentrar no fértil campo de discussão a respeito de uma acurada definição da expressão coisa julgada, nem mesmo esmiuçar a análise de seus limites objetivos e subjetivos.

Nesse contexto, no campo normativo, a Lei de Introdução às Normas do Direito Brasileiro (Decreto-Lei nº 4.657/1942) define coisa julgada, como "a decisão judicial de que não caiba recurso" (art. 6º, §3).

Já nos termos do art. 467 do CPC/1973, "denomina-se coisa julgada material a eficácia, que torna imutável e indiscutível a sentença, não mais sujeita a recurso ordinário ou extraordinário".

Está última é a que nos interessa no presente caso: a coisa julgada material, conceituada por Ovídio A. Baptista da Silva como a "constância do resultado, a estabilidade que torna a sentença indiscutível entre as partes, impedindo que os juízes dos processos futuros novamente se pronunciem sobre aquilo que fora decidido"[13].

Como bem observa Enrico Tullio Liebman, a coisa julgada não pode ser considerada um efeito da sentença; deve, sim, ser entendida como uma *qualidade*, uma maneira pela qual o efeito se manifesta, ou seja, de forma imutável e indiscutível. É algo que se soma aos efeitos da sentença "para qualificá-los e reforçá-los em sentido bem determinado"[14].

Dessa forma, afirma o mestre italiano que incorrem em equívoco as definições que pretendem substituir uma qualidade dos efeitos da sentença por um efeito seu autônomo.

Ainda nos dizeres de Liebman, cumpre salientar que a autoridade da coisa julgada não consiste realmente na *imperatividade* da sentença, que é sua eficácia natural e constante, independente de sua *definitividade*[15].

A autoridade da coisa julgada deve, antes, consistir na proteção da sentença em sua eficácia jurídica, evitando a pluralidade de processos sobre o mesmo objeto, ou seja, "de que possa um ato da mesma autoridade reexaminar o caso já

[13] SILVA, Ovídio Araújo Baptista da. *Curso de Processo Civil*, Vol. 1 – Processo de Conhecimento, 5ª edição revista e atualizada. São Paulo: Revista dos Tribunais, 2001, p. 485.

[14] LIEBMAN, Enrico Tullio. *Eficácia e autoridade da sentença*. Tradução de Alfredo Buzaid e Benvindo Aires; tradução dos textos posteriores à edição de 1945 e notas relativas ao direito brasileiro vigente, de Ada Pellegrini Grinover – 3ª edição. Rio de Janeiro: Ed. Forense, 1984, p. 40.

[15] Observa ainda o mestre que "a eficácia de uma sentença não pode por si só impedir o juiz posterior, investido também ele da plenitude dos poderes exercidos pelo juiz que prolatou a sentença, de reexaminar o caso decidido e julgá-lo de modo diferente. Somente uma razão de utilidade política e social – o que já foi lembrado – intervém para evitar esta possibilidade, tornando o *comando* imutável quando o processo tenha chegado à sua conclusão, com a preclusão dos recursos contra a sentença nele pronunciada". LIEBMAN, Enrico Tullio. *Eficácia e autoridade da sentença*. Tradução de Alfredo Buzaid e Benvindo Aires; tradução dos textos posteriores à edição de 1945 e notas relativas ao direito brasileiro vigente, de Ada Pellegrini Grinover – 3ª edição. Rio de Janeiro: Ed. Forense, 1984, pp. 53/54.

decidido e julgar de modo diferente, sem infirmar assim a validade do ato precedente, mas criando um conflito entre as duas decisões, com todos os bem conhecidos inconvenientes que daí promanam"[16].

4.1. Limites objetivos da coisa julgada

Há um acalorado debate entre aqueles com uma visão ampliativa do alcance da coisa julgada, privilegiando a economia e pacificação social, e aqueles que, visando à segurança jurídica de previsibilidade, sustentam uma interpretação restritiva da coisa julgada.

Vale, entretanto, destacar que tais valores não são absolutos, nem excludentes, de maneira que se pode afirmar que ambos buscam semelhantes escopos. Enxergam, entretanto, o processo, de diferentes ângulos.

De acordo com Luiz Eduardo Ribeiro Mourão, delinear o alcance objetivo da coisa julgada consiste em "explicar o conteúdo da decisão judicial e verificar qual a extensão desse conteúdo que será acobertado pela autoridade da coisa julgada"[17].

Nesta incansável busca, a disciplina jurídica da coisa julgada é relevante tema, que tem sofrido importantes modificações legislativas na história do sistema jurídico brasileiro.

4.1.1. O alcance da coisa julgada no CPC/1939

No Código de Processo Civil de 1939, os limites da coisa julgada eram definidos, dentre outros, pelo art. 287, que dispunha, *in verbis:*

> Art. 287. A sentença que decidir total ou parcialmente a lide terá força de lei nos limites das questões decididas.
>
> Parágrafo único. Considerar-se-ão decididas todas as questoes que constituam premissa necessária da conclusão.

A afirmação trazida no parágrafo único do referido artigo causou grande alvoroço no meio doutrinário, para que se decidisse se, ao se considerar como "decididas todas as questões que constituam premissa necessária da conclusão", estaria o legislador determinando que a coisa julgada formada em um processo abrangeria também as questões prejudiciais nele decididas[18].

[16] Liebman, Enrico Tullio. *Eficácia e autoridade da sentença*. Tradução de Alfredo Buzaid e Benvindo Aires; tradução dos textos posteriores à edição de 1945 e notas relativas ao direito brasileiro vigente, de Ada Pellegrini Grinover – 3ª edição. Rio de Janeiro: Ed. Forense, 1984, p. 48-50.

[17] Mourão, Luiz Eduardo Ribeiro. Coisa Julgada. Belo Horizonte: Fórum, 2008. p. 91.

[18] Sobre as discussões surgidas a respeito dos limites da coisa julgada no CPC/1939: Liebman, Enrico Tullio. *Eficácia e autoridade da sentença*. Tradução de Alfredo Buzaid e Benvindo Aires; tradução dos textos posteriores à edição de 1945 e notas relativas ao direito brasileiro vigente, de Ada Pellegrini Grinover – 3ª edição. Rio de Janeiro: Ed. Forense, 1984, p. 10. "O estatuto de 1939 havia dado margem a intermináveis

4.1.2. O alcance da coisa julgada no CPC/1973

O CPC/1973 destaca, em seu art. 469, a limitação da autoridade da coisa julgada ao dispositivo da sentença, excluindo-se expressamente do âmbito de abrangência da coisa julgada: (I) os motivos, ainda que importantes para determinar o alcance da parte dispositiva da sentença; (II) a verdade dos fatos, estabelecida como fundamento da sentença; (III) a apreciação da questão prejudicial, decidida incidentemente no processo.

Na definição traçada por Liebman, a coisa julgada pode ser descrita como a "imutabilidade do comando emergente de uma sentença"[19].

dúvidas ao estabelecer, no parágrafo único do art. 287, que 'considerar-se-ão decididas todas as questões que constituem premissa necessária da conclusão'. À luz desse dispositivo, parte da doutrina havia reavivado – com algum disfarce – o velho pensamento de SAVIGNY, estendendo a coisa julgada aos fundamentos da decisão. A doutrina dominante, porém, já se firmara no sentido restritivo, entendendo que a abrangência da coisa julgada se limitava ao dispositivo da sentença". BARBOSA MOREIRA, José Carlos. *A eficácia preclusiva da coisa julgada material no sistema do processo civil brasileiro. In* Temas de direito processual. 1ª Série. 2. ed. São Paulo: Saraiva, 1988, p. 101. "A essa eficácia preclusiva pan-processual – e não aos *limites objetivos da coisa julgada*, como às vezes se supôs – é que se referia o parágrafo único do art. 287 do Código de Processo Civil de 1939. [...] não visava o dispositivo alargar o âmbito da *res iudicata*, fazendo indiscutíveis, em *qualquer* outro processo, as questões de cuja solução dependia, no plano lógico, o julgamento da lide. A imutabilidade que aí se queria assegurar era a da solução dada *à própria questão principal*, ou, em outras palavras, a da norma jurídica concreta formulada na sentença para disciplinar a situação litigiosa. [...] O expediente usado pela lei tem mera função *instrumental*: a preclusão das questões logicamente subordinantes não é um *fim* em si mesma, senão simples *meio* de preservar a imutabilidade do julgado". SANTOS, Moacyr Amaral. *Comentários ao Código de Processo Civil, lei nº 8.869, de 11 de janeiro de 1973.* Vol. IV: arts. 332-475. Rio de Janeiro: Forense, 1977, p. 476-477. "A matéria comportava controvérsia e profundas indagações no Código de 1939, à vista do que dispunha o parágrafo único do art. 287[...]."

[19] LIEBMAN, Enrico Tullio. *Eficácia e autoridade da sentença.* Tradução de Alfredo Buzaid e Benvindo Aires; tradução dos textos posteriores à edição de 1945 e notas relativas ao direito brasileiro vigente, de Ada Pellegrini Grinover – 3ª edição. Rio de Janeiro: Ed. Forense, 1984, p. 54. Com essa afirmação Liebman faz caírem por terra as críticas tecidas por parte da doutrina, dentre eles José Carlos Barbosa Moreira no sentido de que o mestre italiano entendia por coisa julgada a imutabilidade dos *efeitos* da sentença ["Tem razão, pois, Liebman em fixar-se no ângulo da imutabilidade, para dele, e só dele, visualizar a coisa julgada. Menos feliz parece, entretanto, a escolha da direção em que se projetou o feixe luminoso. O mestre, que deu um passo decisivo no sentido de libertar a problemática da "res iudicata" da inoportuna vinculação com a da eficácia da sentença, não conseguiu libertar-se totalmente, êle mesmo, do pêso de um equívoco em má hora feito tradição. Tendo demonstrado que a coisa julgada não se podia equiparar a um efeito da sentença, hesitou em atravessar o Rubicon, para assentar, como cumpria, a absoluta independência, no plano dos conceitos, entre "auctoritas rei iudicatae" e eficácia da decisão. A única alternativa que descobriu para atitude tradicional foi a de identificar a coisa com uma qualidade (imutibilidade) da sentença e... dos seus efeitos! Mais destes que daquela, até, se considerarmos a maior insistência com que Liebman, ao longo de sua brilhante elaboração, se detém no segundo aspecto. BARBOSA MOREIRA, José Carlos. *Ainda e sempre a coisa julgada. In*: Direito processual civil (ensaios e pareceres). Rio de Janeiro: Borsoi, 1971. p. 3]. No entanto, ao que nos parece, Liebman apenas não se ateve ao rigor terminológico, usando uma ou outra expressão com o mesmo significado. Admita, sim, que se alterassem os efeitos provocados pela sentença, mas não o seu comando. Tanto é assim que, em outra passagem, o autor afirma que "de certo modo, todas as sentenças contém implicitamente a cláusula

Considerando-se a ideia de coisa julgada como imutabilidade do comando emergente na sentença, por consequência, estariam excluídas da coisa julgada a atividade lógica exercida pelo juiz para preparar e justificar a decisão[20].

Nesta lógica acima referida, há de se fazer um acerto metodológico, ainda que não seja o objetivo primordial deste presente esboço, a fim de que se deixe claro que o dispositivo da sentença, sozinho e desvelado de qualquer fundamentação, não terá o condão de fazer coisa julgada. O contrário também é verdade: a fundamentação, sozinha, sem qualquer conclusão/dispositivo, não terá aptidão para formar a coisa julgada. O dispositivo fará, sim, coisa julgada, mas desde que haja ao menos um fundamento o sustentando, de forma a existir um verdadeiro conjunto decisório de sentença, composto por todos os elementos da demanda.

Neste sentido, imprescindível trazer à colação a escorreita lição de Luiz Eduardo Ribeiro Mourão, senão vejamos:

> Quando o artigo 469 preceitua que os motivos da decisão *não* fazem coisa julgada, está dizendo, na verdade, que não fazem coisa julgada, está dizendo, na verdade, que não fazem coisa julgada quando associados a um novo pedido, pois, se forem jungidos ao mesmo pedido, não poderão ser alterados.
>
> (...) O correto, pois, *não* é falar que o pedido ou a causa de pedir *não* podem ser repetidos, por se terem tornado imutáveis, e sim que determinado pedido, unido a determinada causa de pedir, não podem ser repetidos. A *imutabilidade incide sobre o todo, não em suas partes fracionadas.* O pedido e a causa de pedir, *sozinhos,* não ficam acobertados pela coisa julgada, pois estes, *separados,* nada significam. A coisa julgada irá se estender, na verdade, sobre o conjunto de elementos da demanda, que correspondem ao objeto do processo.[21]

Mais especificamente no que diz respeito às questões prejudiciais na sistemática prevista no CPC/1973, afirmava Moacyr Amaral Santos que a coisa julgada cinge-se ao dispositivo da sentença[22]:

rebus sic stantibus, enquanto a coisa julgada não impede absolutamente que se tenham em conta os fatos que intervierem sucessivamente à emanação da sentença" LIEBMAN, Enrico Tullio. *Eficácia e autoridade da sentença.* Tradução de Alfredo Buzaid e Benvindo Aires; tradução dos textos posteriores à edição de 1945 e notas relativas ao direito brasileiro vigente, de Ada Pellegrini Grinover – 3ª edição. Rio de Janeiro: Ed. Forense, 1984, p. 25.

[20] O CPC/1973 adota a teoria restritiva da coisa julgada, na qual, nas palavras de Chiovenda, "objeto do julgado é a conclusão última do raciocínio do juiz, e não as premissas; o último e imediato resultado da decisão, e não a série dos fatos, das relações ou dos estados jurídicos que, no espírito do juiz, constituíram os pressupostos de tal resultado". CHIOVENDA, Giuseppe. *Instituições de Direito Processual Civil.* 4. ed. São Paulo: Quorum, 2009, p. 493.

[21] *O mérito do processo civil contencioso como uma unidade de tensões opostas,* 2012. Tese de doutorado gentilmente cedida pelo autor. PUC/SP, 2012, capítulo 5, tópico 5.10.

[22] Explicando que a coisa julgada tem seu alcance definido pelo objeto do processo observa Leo Rosenberg que ""El objeto litigioso resuelve también sobre el ámbito objetivo de la autoridad de cosa

O Código vigente cortou definitivamente a controvérsia, excluindo da eficácia da coisa julgada as questões resolvidas na fundamentação, até mesmo as chamadas questões prejudiciais (art. 469)[23].

Apenas fariam coisa julgada as questões prejudiciais em situação excepcionais: mediante requerimento da parte, pela via da ação declaratória incidental[24], e desde que o juiz fosse competente em razão da matéria e que a resolução da questão fosse pressuposto necessário para o julgamento da lide, nos termos do disposto do art. 470 do CPC/1973.

4.1.3. O alcance da coisa julgada no CPC/2015

Inicialmente, apenas para exemplificar a controvérsia acerca do alcance objetivo da coisa julgada, destaca-se que este foi um dos temas mais alterados durante o processo legislativo, com uma miscelânea de redações[25]. Ao final, consagrou-se a denominada teoria ampliativa dos limites objetivos da coisa julgada.

Em um primeiro momento, muito embora o *caput* do art. 503 do NCPC pareça repetir o sistema do Código de 1973, o parágrafo 1º do mesmo artigo revela substancial modificação sofrida pelo instituto no novo diploma processual civil, *in verbis*:

> Art. 503. A decisão que julgar total ou parcialmente o mérito tem força de lei nos limites da questão principal expressamente decidida.
>
> § 1º O disposto no caput aplica-se à resolução de questão prejudicial, decidida expressa e incidentemente no processo, se:

juzgada (...): las sentencias sólo podrán alcanzar el carácter de firmes en cuanto resuelven sobre la pretensión ejercida mediante la demanda o la reconvención (...). El concepto de pretensión no puede ser aquí otro que el expuesto hasta ahora. La resolución sobre la pretensión la comprende en la extensión en que se la ha ejercido". ROSENBERG, Leo. *Tratado de Derecho Procesal Civil.* Tomo I, traducción de Angela Romera Vera, Buenos Aires, Ediciones Juridicas Europa-America, 1955.

[23] SANTOS, Moacyr Amaral. *Comentários ao Código de Processo Civil, lei nº 8.869, de 11 de janeiro de 1973.* Vol. IV: arts. 332-475. Rio de Janeiro: Foresne, 1977, p. 476-477.

[24] A respeito dos requisitos específicos da ação declaratória incidental, salienta Adroaldo Furtado Fabrício serem estes: *a)* Existência de questão prejudicial interna, segundo o conceito e a classificação que antes formulamos; *b)* Legitimação à causa, no sentido de que as partes na ação declaratória incidental devem ser partes também, legítimas segundo o critério comum, na ação principal, ainda que não sejam os legitimados diretos à ação declarativa autônoma; *c)* Interesse de agir, cuja nota específica está em que a necessidade da prestação jurisdicional incidente só se identifica quando a decisão de outros litígios possíveis entre as mesmas partes também dependa, quanto ao seu conteúdo, da resolução da questão prejudicial; *d)* Identidade do tipo de procedimento adotado para a ação subordinada e a subordinante. FABRÍCIO, Adroaldo Furtado. *A Ação Declaratória Incidental.* Rio de Janeiro: Forense, 1976, p. 110.

[25] PEREZ DE OLIVEIRA, Marco Antonio; *et al. Coisa julgada e questão prejudicial no novo CPC: balanço de uma polêmica e propostas de melhoria.* 2014. Disponível em <http://www.migalhas.com.br/dePeso/16,MI208993,21048Coisa+julgada+e+questao+prejudicial+no+novo+CPC+balanco+de+uma> Acesso em: agosto de 2015.

> I – dessa resolução depender o julgamento do mérito;
>
> II – a seu respeito tiver havido contraditório prévio e efetivo, não se aplicando no caso de revelia;
>
> III – o juízo tiver competência em razão da matéria e da pessoa para resolvê-la como questão principal.
>
> § 2º A hipótese do § 1º não se aplica se no processo houver restrições probatórias ou limitações à cognição que impeçam o aprofundamento da análise da questão prejudicial.
>
> Art. 504. Não fazem coisa julgada:
>
> I – os motivos, ainda que importantes para determinar o alcance da parte dispositiva da sentença;
>
> II – a verdade dos fatos, estabelecida como fundamento da sentença.

Consoante a inteligência dos artigos acima transcritos, observa-se que o CPC/2015 caminhou em sentido diametralmente oposto ao do Código Buzaid. À primeira vista, o novo código pode remeter ao disposto Código de Processo Civil de 1939, tendo em vista que este firmava que "considerar-se-ão decididas todas as questões que constituam premissa necessária da conclusão". Como se nota, o CPC/2015, ao contrário do CPC/1973 não deixou maiores margens para interpretações, haja vista que determinou expressamente que terão aptidão para a formação da coisa julgada as questões prejudiciais. Não há como fugir desta nova realidade, de modo que imprescindível se faz a escorreita interpretação dos dispositivos citados.

Nesse quadrante, as questões prejudiciais poderão ser recobertas pelo manto da coisa julgada independente de requerimento da parte caso estejam preenchidos os seguintes requisitos cumulativamente: "efetivo" contraditório[26], competência absoluta do juiz para decidir a questão prejudicial e processo com cognição exauriente.

A partir deste entendimento, não obstante a necessidade de se precisar quais questões prejudiciais serão abrangidas pela imutabilidade do instituto, não será este o escopo do presente trabalho. Noutro giro, ocupar-nos-emos em analisar e tecer algumas considerações acerca da *quaestio* sob a ótica do interesse recursal. Pois bem.

5. Interesse recursal

Como consabido, o interesse recursal configura-se como um dos requisitos de admissibilidade do recurso. Nesse ínterim, para que reste preenchido tal requi-

[26] ALVARO DE OLIVEIRA, Carlos Alberto. *O formalismo valorativo no confronto com o formalismo excessivo.* Revista de processo, São Paulo: Editora Revista dos Tribunais, ano 31, v. 137, p. 7-31, 2006. ZANETI JÚNIOR, Hermes. *Processo Constitucional: O modelo constitucional do processo civil brasileiro.* Rio de Janeiro: Editora Lumen Juris, 2007.

sito, há a necessidade de demonstração de prejuízo ocasionado, um ônus imposto à(s) parte(s) no processo em curso.

O interesse recursal pode ser caraterizado pelo binômio *utilidade* + *necessidade*. Nas palavras de Flávio Cheim Jorge, estas características podem assim ser explicadas:

> A *necessidade* corresponde ao fato da parte ter que se utilizar do recurso para alcançar a vantagem pretendida; e a *utilidade*, à circunstância do recorrente poder esperar da interposição do recurso, uma situação mais vantajosa, do ponto de vista prático, do que a advinda da decisão recorrida[27].

Para que exista interesse em recorrer, deve haver a perspectiva de que a reforma da decisão, isto é, o que se busca com a interposição do recurso, acarrete, do ponto de vista prático (utilidade), algum tipo de vantagem para o recorrente.

O interesse, então, supõe, de certa maneira, a ideia de sucumbência, ônus, gravame ou prejuízo. Faz-se mister, no entanto, uma ressalva: a noção de *gravame*, para ser tida como verdadeira, deve ser entendida em "sentido latíssimo"[28].

[27] CHEIM JORGE, Flávio. *Teoria geral dos recursos cíveis.* 6ª ed. rev. atual. e ampl. São Paulo: Editora Revista dos Tribunais, 2013, p. 132.

[28] WAMBIER, Teresa Arruda Alvim. *O novo regime do agravo.* 2ª ed. rev. atual. São Paulo: Editora Revista dos Tribunais, 1996, p. 143-144.

"Da mesma forma que com que se exige o interesse processual para que a ação seja julgada pelo mérito, há necessidade de estar presente o interesse recursal para que o recurso possa ser examinado em seus fundamentos. Assim, poder-se-ia dizer que incide no procedimento recursal o binômio necessidade + utilidade como integrantes do interesse em recorrer. Deve o recorrente ter necessidade de interpor o recurso, como único meio para obter, naquele processo, o que pretende contra a decisão impugnada. Se ele puder obter a vantagem sem a interposição do recurso, não estará presente o requisito do interesse recursal. (...) Quanto à utilidade, a ela estão ligados os conceitos mais ou menos sinônimos de sucumbência, gravame, prejuízo, entre outros. E é a própria lei processual que fala em parte vencida, como legitimada a recorrer (art. 499, CPC). Há sucumbência quando o conteúdo da parte dispositiva da decisão judicial diverge do que foi requerido pela parte no processo (sucumbência formal), ou quando, independentemente das pretensões deduzidas pelas partes no processo, a decisão judicial colocar a parte ou o terceiro em situação jurídica pior daquela que tinha antes do processo, isto é, quando a decisão produzir efeitos desfavoráveis à parte ou ao terceiro (sucumbência material), ou ainda, quando a parte não obteve no processo tudo aquilo que poderia dele ter obtido. Como se pode notar, a sucumbência é aferível com base na soma de vários critérios distintos. A tão só desconformidade da decisão com os requerimentos formulados pelas partes, não basta, por si só, para caracterizar a sucumbência. O recorrente deve, portanto, pretender alcançar algum proveito, do ponto de vista prático, com a interposição do recurso, sem o quê não terá ele interesse em recorrer. A sucumbência há de ser aferida sob o ângulo estritamente objetivo, quer dizer, sob critérios objetivos de verificação do gravame ou prejuízo. Não basta, pois, a simples 'afirmação' do recorrente de que sofrera prejuízo com a decisão impugnada. É preciso que o gravame, a situação desvantajosa realmente exista, já que o interesse recursal é condição de admissibilidade do recurso. Não é suficiente que o recorrente assuma posição jurídica diversa da que sustentou no primeiro grau de jurisdição. É verdade que a sucumbência é aferível objetivamente, pois basta examinar-se a decisão impugnada e já se saberá se o recorrente teve sua esfera jurídica

Nessa toada, vale observar que o art. 499 do CPC[29], ao determinar que "o recurso pode ser interposto pela parte vencida" pode fazer crer que apenas a parte que sucumbiu no processo deteria interesse na interposição do recurso[30].

Não obstante, além do critério da sucumbência formal, deve ser levada em conta, na análise do interesse, a sucumbência material, que se traduz também na necessidade de exame dos "*efeitos prejudiciais* da decisão e à possibilidade de se obter uma decisão diversa e mais *favorável* do que aquela proferida"[31].

6. O interesse recursal no CPC/2015: sua relação com as questões prejudiciais e a formação da coisa julgada

Já conceituados os institutos, cumpre aqui tecer a relação entre eles, para trazermos algumas das reflexões que podem surgir na vigência do Novo Código de Processo Civil (Lei n º 13.105/2015), e como solucioná-las em harmonia com a nova sistemática consagrada pela novel legislação.

Conforme se denota da própria definição de *interesse recursal*, salta aos olhos que a matéria mantém intrínseca correlação com a questão dos limites objetivos da coisa julgada.

No sistema estabelecido pelo Código de Processo Civil de 1973, temos que o interesse em recorrer deve ser analisado em razão da parte dispositiva da sentença e todo o seu conteúdo decisório, por ser este o campo de abrangência da coisa julgada objetiva.

atingida, piorada, ou não recomposta. Agora, se o recurso é fundado, isto é, se houve realmente erro, falha, injustiça, má aplicação do direito ao caso concreto, isto é matéria do próprio mérito do recurso, a ser decidida após ultrapassada a fase de admissibilidade. Aqui sim, quanto aos fundamentos, não se poderá declarar inadmissível um recurso por ser infundado. Basta a simples alegação do recorrente, de que se sentiu subjetivamente injustiçado, para que o tribunal superior deva necessariamente, se o juízo de admissibilidade houver sido positivo, examinar o recurso pelo seu mérito." NERY JUNIOR, Nelson. Princípios fundamentais: teoria geral dos recursos. 2ªed. rev. e ampl. São Paulo: Editora Revista dos Tribunais, 1993, p. 111-113.

29 Art. 499. O recurso pode ser interposto pela parte vencida, pelo terceiro prejudicado e pelo Ministério Público.

30 O art. 499, optando pela fórmula mais comum, refere-se à 'parte vencida'. Cabe dar ao adjetivo entendimento que se harmonize com as noções acima expostas. É vencida a parte, sem dúvida, quando a decisão lhe tenha causado prejuízo, ou a tenha posto em situação menos favorável do que a de que ele gozava antes do processo, ou lhe haja repelido alguma pretensão, ou acolhido a pretensão do adversário. Mas também se considerará vencida a parte quando a decisão não lhe tenha proporcionado, pelo prisma prático, tudo que ela poderia esperar, pressuposta a existência do feito. (...) É suficiente, contudo, que a possibilidade de melhoria se configure no tocante a qualquer tópico, mesmo secundário, sem que se haja de exigir este ou aquele grau de relevância ao ângulo quantitativo." BARBOSA MOREIRA, José Carlos. *Comentários ao Código de Processo Civil, vol. V: arts. 476 a 565.* 3 ed. rev. e atual. Rio de Janeiro, Forense, 1978, p. 339-341.

31 CHEIM JORGE, Flávio. *Teoria geral dos recursos cíveis.* 6ª ed. rev. atual. e ampl. São Paulo: Editora Revista dos Tribunais, 2013, p. 135.

Ou seja, com relação às demais matérias, decididas incidentalmente no curso do processo, não haveria formação da coisa julgada, restando, ainda, às partes, a possibilidade de discuti-las em uma nova demanda, em ação autônoma, com um novo pedido.

Como destacado alhures, esta é, inclusive, uma das principais características das questões prejudiciais: são estas, sempre, questões autônomas, passíveis de discussão em outra lide, como objeto principal.

Partindo da premissa determinada pelo Código de 1973, nota-se que a utilidade/necessidade do recurso reside justamente em impedir a imutabilização do conteúdo decisório, da parte dispositiva da sentença[32].

Dessa maneira, por não fazerem coisa julgada, não haveria interesse em recorrer das questões prejudiciais, decididas em momento (logicamente) anterior à conclusão do processo; estas, do contrário, integrariam apenas a motivação do ato.

A este respeito, observa José Carlos Barbosa Moreira:

> Importa acentuar aqui a íntima vinculação entre a matéria de que estamos tratando e a questão dos limites objetivos da coisa julgada. A interposição do recurso visa imediatamente a evitar que se cristalize, através da formação da *res iudicata*, a disciplina dada ao caso concreto pela decisão. Ora, em nosso ordenamento, só a conclusão desta é que se põe, com a exaustão dos recursos admissíveis, sob aquela cobertura; não, porém, os motivos que levaram o juiz a pronunciar-se num sentido ou noutro, inclusive a solução das questões de fato e das próprias questões prejudiciais (artigo 469). Assim, nenhum impedimento se cria a que sejam objeto de nova discussão e, porventura, de apreciação divergente em qualquer processo relativo a outra lide. Por isso é que, com a ressalva já consignada, unicamente do dispositivo pode advir interesse prático na provocação do segundo pronunciamento dentro do mesmo feito.[33].

Seguindo essa linha de raciocínio, portanto, mesmo que definitivamente decidida a *quaestio* principal, as questões prejudiciais ainda seriam passíveis de (re) discussão em demanda autônoma, admitindo-se, inclusive, incoerências entre uma e outra decisões. A conclusão obtida no primeiro processo operaria, quando

[32] Em raciocínio análogo, destacamos os dizeres de Flávio Cheim Jorge, que parece tamém reconhecer a correlação entre o alcance da coisa julgada e o do interesse recursal: "O interesse em recorrer deve ser aferido em função da *conclusão* – parte dispositiva – da sentença e não dos seus fundamentos, eis que somente aquela é que fica coberta pela coisa julgada.
Se as razões de decidir não transitam em julgado, a parte poderá rediscuti-las em qualquer outro processo, não acarretando, portanto, qualquer interesse prático o fato de o juiz apesar de acolher o requerimento das parte, fazê-lo com outro argumento". CHEIM JORGE, Flávio. Teoria geral dos recursos cíveis. 6ª ed. rev. atual. e ampl. São Paulo: Editora Revista dos Tribunais, 2013, p. 138.

[33] BARBOSA MOREIRA, José Carlos. *Comentários ao Código de Processo Civil, vol. V: arts. 476 a 565.* 3 ed. rev. e atual. Rio de Janeiro, Forense, 1978, pgs. 339-341.

muito, mero efeito persuasivo na nova discussão levada a juízo, não sendo, pois, de compulsória observância.

Visando justamente suprimir estas eventuais incoerências geradas pelo sistema anterior, o Código de Processo Civil de 2015 alterou o alcance da coisa julgada objetiva, fazendo-a recair também sobre as questões prejudiciais, desde que obedecidos requisitos cumulativos[34] específicos. Acabou, por sua vez, com a ação declaratória incidental. Tornou-se regra a formação de coisa julgada a respeito de questão prejudicial.

Destarte, o interesse recursal teve radicalmente alterado seu raio de alcance, pois, na medida em que foi admitida a formação de coisa julgada sobre as questões prejudiciais decididas no processo, passou a haver, concomitantemente, interesse em recorrer de sua resolução.

Isso porque, conforme demonstrado, essas questões, uma vez decididas, ainda que como prejudiciais, não mais poderão ser discutidas em processo autônomo. Restaram, portanto, cristalizadas.

Referida alteração dissocia completamente a noção de interesse recursal da ideia de *sucumbência, prejuízo* ou *gravame imediato.* Ou melhor: faz com que essa ideia seja interpretada em sentindo ainda mais amplo do que seu sentido "latíssimo", nas palavras de Teresa Arruda Alvim.

O *ônus, gravame* ou *prejuízo* resta aqui ampliado, porque abrange também aqueles eventuais e futuros, desde que a parte possa, desde já, vislumbrá-los, surgindo interesse em sua tutela. Pode a parte lograr-se integralmente vencedora e, ainda assim, ter interesse em recorrer de uma decisão, pois a decisão das questões prejudiciais lhe fora desfavorável e isso não mais poderá ser discutido futuramente.

Suponhamos que a parte venha a juízo para cobrar juros e correção monetária, em decorrência de certo contrato. A parte *ex adversa* alega, dentre outros fundamentos, a invalidade do contrato. O julgador afasta a alegação de invalidade do contrato, mas, ao final, julga improcedente a demanda autoral: não são devidos os valores pleiteados. Da mesma forma, em uma ação cujo pedido principal seja de prestação de alimentos, em que o reconhecimento de paternidade seja questão prejudicial, há a possibilidade do reconhecimento da paternidade e a improcedência da ação de alimentos, por insuficiência financeira, por exemplo.

Nestes casos, plasmado no Novo CPC, ainda que o julgamento (e, portanto, o resultado prático) tenha sido *integralmente* favorável ao réu da demanda, detém este interesse em recorrer, tendo em vista que a questão prejudicial aventada

[34] Enunciado FPPC nº 313. (art. 503, §§1º e §2º) – São cumulativos os pressupostos previstos nos §1º e seus incisos, observado o §2º do art. 503. (Grupo Sentença, Coisa Julgada e Ação Rescisória). CARTA DE VITÓRIA. Encontro do Fórum Permanente de Processualistas Civis (5.: 2015: Vitória, ES) – Enunciados do Fórum Permanente de Processualistas Civis: de 01, 02 e 03 de Maio de 2015. DIDIER JR, Fredie; MAZZEI, Rodrigo. Salvador: JusPodivm, 2015.

foi decidida em seu desfavor. E, como percebido, podem eventualmente ocasionar prejuízos muito mais gravosos que a própria procedência da ação já julgada.

Assim, a ideia de "utilidade/necessidade" permanece aplicável à disciplina do interesse recursal, ao se levar em conta que, na vigência do novo código, o recurso será o único meio cabível (e, portanto, necessário), para que se busque a alteração do provimento jurisdicional a respeito da questão prejudicial decidida no processo.

Assemelha-se a situação em comento à possibilidade do réu, já no Código de 1973, manejar recurso em face da sentença que extingue o processo sem resolução do mérito: mesmo tendo saído vencedor na demanda, persistirá seu interesse na reforma do provimento jurisdicional. Esta poderá proporcionar-lhe *vantagem prática*, com a obtenção de um resultado definitivo, de improcedência e a imutabilização do comando, com o trânsito em julgado. Forma-se, pois, tanto coisa julgada formal, quanto material, de maneira a vedar a rediscussão da matéria[35].

Com relação à regulamentação legal da matéria, em que pese a nobre intenção do legislador, a ampliação dos limites da coisa julgada objetiva traz também um grande risco ao sistema, na medida em dificulta a identificação das matérias que farão ou não coisa julgada[36].

[35] CHEIM JORGE, Flávio. *Teoria geral dos recursos cíveis*. 6ª ed. rev. atual. e ampl. São Paulo: Editora Revista dos Tribunais, 2013, p. 141.

[36] Ainda durante ao processo legislativo, na fase final da tramitação, os membros do Ceapro – Centro de Estudos Avançados de Processo, por meio de seu subgrupo de "Sentença e coisa julgada" fizeram a pertinente ressalva: "Se fizermos uma comparação, concluiremos que a corrente restritiva é reducionista e propugna um modelo mais simples de processo, ainda que à custa de determinadas contradições no plano da justificação das decisões. Ela parte do pressuposto de que essas contradições são, de qualquer modo, inevitáveis, razão pela qual todo projeto de estender a coisa julgada aos fundamentos da sentença deveria ser abandonado. Mais ambiciosa, embora reconhecedora das dificuldades, a alternativa ampliativa exige a adoção de arranjos mais complexos, que mitiguem as possibilidades de surpresa para as partes. Em trabalhos científicos, a doutrina cumpriu o papel de criar minuciosos detalhamentos para a definição de que tipo de questões prejudiciais podem vir a se tornar protegidas pela coisa julgada de maneira compatível com a cláusula do devido processo legal. A ser levada para a lei, a proposta exige um correspondente detalhamento no direito positivo, de maneira a que a busca de ampliação da legitimidade da jurisdição não comprometa a efetividade da função pacificadora do processo, que depende muito da segurança sobre o que foi julgado de maneira definitiva. Neste ponto, o anteprojeto se divorciou dessa receita ideal. E foi assim que a versão original do Senado incorporou a proposta de incluir na coisa julgada as prejudiciais resolvidas na fundamentação da sentença, ainda de maneira inicialmente lacônica, sem que se tenha previsto maiores formalidades destinadas a proporcionar certeza sobre os contornos de sua indiscutibilidade futura. A insegurança gerada por essa extensão indiscriminada foi percebida durante o processo legislativo, e a redação aprovada pela Câmara incorporou algumas importantes emendas voltadas ao propósito de mitigar o perigo da incerteza. Foi nesse contexto que o texto passou a estabelecer de maneira mais específica uma definição do conceito de questão prejudicial, de maneira a evitar que simples premissas lógicas de raciocínio fossem alçadas à categoria de questões interditadas à discussão em um eventual processo futuro. E foi também a partir da mesma preocupação que a extensão foi condicionada a que o juiz fosse competente para conhecer das duas questões, principal e subordinada,

Similar instituto pode ser encontrado no sistema norte-americano e, muito embora tenha sido implementado há anos, ainda enfrenta entraves práticos para sua delimitação[37].

No sistema pátrio, tais riscos poderiam ter sido minimizados, caso houvesse o legislador tido maior acuidade na remodelação do instituto. O texto do CPC/2015 estabelece que, para que façam coisa julgadas, as decisão das questões prejudiciais têm de obedecer a certos requisitos, quais sejam: (i) contraditório prévio e efetivo; (ii) o juízo seja absolutamente competente para decidi-la como questão principal; (iii) em processo de cognição exauriente[38].

de modo a se evitar que a regra trouxesse prejuízo à especialização material estabelecida pelas regras de competência, ou mesmo que eventual declaração incidental de inconstitucionalidade em ação civil pública pudesse adquirir efeitos equivalentes aos da ação direta de competência do Supremo Tribunal Federal. Foram inegáveis aperfeiçoamentos. Mas, em que pesem esses esforços, com toda a vênia devida a nossos representantes no Congresso Nacional e aos notáveis processualistas que, com elevado espírito de civismo, vêm contribuindo para o aperfeiçoamento da lei por meio do trabalho de assessoria técnica, o texto ainda pode ser bastante aperfeiçoado nesse estágio final de sua tramitação. O maior problema talvez seja o caráter excessivamente fluído das formalidades com as quais o legislador cercou, até agora, a extensão da imutabilidade da sentença. Dizer apenas que a questão deve ser "decidida expressa e incidentalmente" e antecedida de "contraditório prévio e efetivo" é muito pouco para que se evitem as interpretações divergentes e as indesejáveis surpresas na prática do foro. Seria importante que o projeto contivesse, alternativa ou cumulativamente, a previsão de formalização da controvérsia e da decisão sobre a questão prejudicial que se tornará vinculante para o futuro. Perez de Oliveira, Marco Antonio; et al. Coisa julgada e questão prejudicial no novo CPC: balanço de uma polêmica e propostas de melhoria. 2014. Disponível em <http://www.migalhas.com.br/dePeso/16,MI208993,21048Coisa+julgada+e+ques tao+prejudicia l+no+novo+CPC+balanco+de+uma> Acesso em: agosto de 2015.

37 "O instituto da *issue preclusion* é muito interessante e, ao menos do ponto de vista teórico, sua validade é irretorquível. Todavia, na prática, a necessidade de se analisar a presença de cada um desses requisitos torna-se um grande problema, que inviabiliza sua aplicação. Em primeiro lugar, segundo observação dos relatores do *Restatement (second) of judgments*, definir se uma questão surgida em uma demanda é idêntica à outra decidida em demanda anterior é um dos problemas mais difíceis na aplicação da *issue preclusion*. (...) Além de efetivamente controvertida e determinada, a questão deve ter sido essencial para o deslinde do feito, isto é, a questão deve ter sido necessária (*necessary step*) para o resultado obtido na primeira.(...) Por fim, para invocar a *issue preclusion*, a parte interessada tem de demonstrar que, no processo anterior, a parte prejudicada pela decisão da questão poderia prever que ela poderia vir a ser invocada em uma segunda ação. O objetivo desse e de outros requisitos é evitar que a parte seja surpreendida no futuro. A análise de todos esses requisitos pode tomar muito tempo das cortes e demandar um nível de energia desproporcional ao resultado, tornando os processos desnecessariamente mais complexos e demorados". GIDI, Antonio; Teshneiner, José Maria Rosa; Prates, Marília Zanella. *Limites Objetivos da Coisa Julgada no Projeto de Código de Processo Civil Reflexões Inspiradas na experiência Norte-Americana.* Revista de Processo, vol. 194, p. 99, Abr / 2011.

38 V FPPC – PROPOSTA DE ENUNCIADO OBJETADO NA PLENÁRIA – VITÓRIA/ES: (Art. 503, §2º) A coisa julgada será produzida sobre questão prejudicial incidental, mesmo em procedimento com limitações probatórias, se não houver necessidade de dilação probatória dos fatos relacionados à questão prejudicial incidental. (Grupo: Sentença, coisa julgada e ação rescisória). CARTA DE VITÓRIA. *Encontro do Fórum Permanente de Processualistas Civis (5.: 2015: Vitória, ES)* – Enunciados do Fórum Permanente de

De mais a mais, na ótica do CPC/2015, faz-se necessário encontrar uma relação de dependência primordial entre a questão prejudicial e o mérito.

Assim sendo, como se infere, furtou-se o legislador de delinear contornos mais claros quanto aos requisitos exigidos para que a resolução da questão prejudicial torne-se imutável, indiscutível e não mais sujeita a recurso.

Não obstante as críticas realizadas, cumpre aqui não só tecê-las, como também buscar alternativas no próprio CPC/2015 para corrigir as imperfeições do instituto e amenizar os problemas, de maneira a avultar as suas qualidades.

Nesse diapasão, a fase e o ato de saneamento e organização do processo ganham especial relevância no Novo CPC[39]. Para melhor visualização da *quaestio*, transcreve-se o novel artigo 357 do CPC/2015:

> Art. 357. Não ocorrendo nenhuma das hipóteses deste Capítulo, deverá o juiz, em decisão de saneamento e de organização do processo:
>
> I – resolver as questões processuais pendentes, se houver;
>
> II – delimitar as questões de fato sobre as quais recairá a atividade probatória, especificando os meios de prova admitidos;
>
> III – definir a distribuição do ônus da prova, observado o art. 373;
>
> IV – delimitar as questões de direito relevantes para a decisão do mérito;
>
> V – designar, se necessário, audiência de instrução e julgamento.
>
> § 1º Realizado o saneamento, as partes têm o direito de pedir esclarecimentos ou solicitar ajustes, no prazo comum de 5 (cinco) dias, findo o qual a decisão se torna estável.
>
> § 2º As partes podem apresentar ao juiz, para homologação, delimitação consensual das questões de fato e de direito a que se referem os incisos II e IV, a qual, se homologada, vincula as partes e o juiz.

Processualistas Civis: de 01, 02 e 03 de Maio de 2015. Didier Jr, Fredie; Mazzei, Rodrigo. Salvador: JusPodivm, 2015.

[39] De acordo com Fredie Didier Jr., "esta é uma das mais importantes decisões proferidas pelo órgão jurisdicional. A boa organização do processo interfere diretamente na duração razoável do processo e na proteção ao contraditório". Curso de Direito Processual Civi – v.i – Reescrito com base no NOVO CPC. 17ªEd. Salvador: Editora Juspodvim, 2015, p. 691. No mesmo sentido, são os dizeres de Cássio Scarpinella Bueno: "O art. 357, proveniente do Projeto da Câmara, vai muito além do tímido art. 331 do CPC atual, sabendo conservar o que de importante consta daquele dispositivo sobre a ordenação do processo, e propondo a prática de diversos atos no sentido de racionalizar a atividade jurisdicional incentivando a cooperação entre os variados sujeitos processuais, inclusive, a depender da complexidade do caso, em audiência especialmente designada para tanto (§3º). É o mote que justifica a nomenclatura da Seção, 'Saneamento e organização do processo', nome que em parte – e paradoxalmente – intitulava o art. 331 do CPC atual desde sua entrada em vigor (redação dada pela Lei n. 5.925/73) até o advento da Lei n. 10.444/2002, que a rotulou de 'audiência preliminar'. *Novo código de processo civil anotado*. São Paulo: Saraiva, 2015, p. 266.

§ 3º Se a causa apresentar complexidade em matéria de fato ou de direito, deverá o juiz designar audiência para que o saneamento seja feito em cooperação com as partes, oportunidade em que o juiz, se for o caso, convidará as partes a integrar ou esclarecer suas alegações.

§ 4º Caso tenha sido determinada a produção de prova testemunhal, o juiz fixará prazo comum não superior a 15 (quinze) dias para que as partes apresentem rol de testemunhas.

§ 5º Na hipótese do § 3º, as partes devem levar, para a audiência prevista, o respectivo rol de testemunhas.

§ 6º O número de testemunhas arroladas não pode ser superior a 10 (dez), sendo 3 (três), no máximo, para a prova de cada fato.

§ 7º O juiz poderá limitar o número de testemunhas levando em conta a complexidade da causa e dos fatos individualmente considerados.

§ 8º Caso tenha sido determinada a produção de prova pericial, o juiz deve observar o disposto no art. 465 e, se possível, estabelecer, desde logo, calendário para sua realização.

§ 9º As pautas deverão ser preparadas com intervalo mínimo de 1 (uma) hora entre as audiências. (destaques não existentes no original).

Consoante se observa da redação acima destacada, se as regras postas forem impecavelmente aplicadas, por consectário lógico, grande parte das dúvidas existentes restariam sanadas. Explica-se: com o estabelecimento, na decisão de saneamento, do que seria questão prejudicial no processo, inclusive com a possibilidade das partes realizarem ajustes ou solicitar esclarecimentos quanto ao decidido pelo juiz, ou, em causas mais complexas[40], o saneamento ser realizado em conjunto, de forma que todas as partes envolvidas participem do saneamento do feito e dos pontos a serem provados e julgados.

Nessa toada, na realização do saneamento do feito deve constar expressamente o que deve ser considerado como questão prejudicial, pena de não restar acobertada pela coisa julgada. Neste ponto, lembre-se que, em um primeiro momento, passe despercebido pelo magistrado a observância da questão prejudicial, restará ainda às demais partes do processo, de forma participativa, solicitarem a inclusão de determinada questão como prejudicial, sem que se gere surpresa ou interpretações em sentido contrário em momento futuro.

[40] Outrossim, ainda que a causa não se revele complexa, nada obsta que seja realizada a audiência de saneamento com a participação das partes. Neste sentido, veja-se o Enunciado nº 298 do FPPC: A audiência de saneamento e organização do processo em cooperação com as partes poderá ocorrer independentemente de a causa ser complexa. CARTA DE VITÓRIA. Encontro do Fórum Permanente de Processualistas Civis (5.: 2015: Vitória, ES) – Enunciados do Fórum Permanente de Processualistas Civis: de 01, 02 e 03 de Maio de 2015. DIDIER JR, Fredie; MAZZEI, Rodrigo. Salvador: JusPodivm, 2015.

Portanto, defendemos que o momento processual para que restem decididas as questões que farão coisa julgada – e aqui, somente para deixar claro, pouco importando se são consideradas como principais ou prejudiciais – é a decisão de saneamento do processo. Esta decisão, cumpre frisar, tem o condão de, quando devidamente estabilizada, vincular as partes e o juiz, de modo a desvelar-se ainda mais curial a sua devida elaboração e observância. Deixa-se assente que o que não for considerado na decisão de saneamento, por ter passado pelo crivo de todos os envolvidos no processo, não poderá, em regra, ser discutido posteriormente no processo, sobretudo pelo fato de ainda haver a possibilidade de interposição de recurso em face da decisão de saneamento e organização do processo.

Partindo dos pressupostos acima ajustados, caso não haja expressa determinação do que será considerado como questão prejudicial (e, assim, apta à formação da coisa julgada) na decisão de saneamento, posteriormente, não poderá ser acobertada pela imutabilidade e estabilidade. Inegavelmente, configurar-se-ia em surpresa às partes, violando o devido processo legal constitucional.

Enfim, a nosso ver, em um primeiro momento, entendemos ousada o tratamento conferido pelo novo código à disciplina da coisa julgada, que "mexeu em time que já estava ganhando"[41], não se ocupando os juristas pátrios de controvérsias a respeito deste ponto específico.

Do contrário, com a nova regulamentação legal, antevemos, desde já, reflexos em muitos outros campos jurídicos, que pareceu o legislador ignorar, seja propositada, ou impropositadamente.

Parece-nos, *prima facie*, um tanto quanto contraditória esta guinada. O Código de Processo Civil de 2015 foi editado com tanta preocupação em desafogar o Judiciário, mas pode acabar criando novas armadilhas, provando do próprio veneno[42].

No afã de conferir maior celeridade aos processos e coerência às decisões do sistema, adotou técnica completamente nova em nossa prática processual. Assim, inevitáveis (e, quiçá, inesgotáveis) serão as discussões judiciais sobre o tema, provocando a jurisprudência a se posicionar sobre o tema.

Nesse sentido, o aumento da abrangência do interesse recursal é conclusão inevitável no na sistemática em que as questões prejudiciais formam coisa julgada, garantindo os direitos das partes no âmbito da mudança evidenciada.

[41] MACHADO, Marcelo Pacheco. *Novo CPC: Que coisa julgada é essa?*. Disponível em: <http://jota.info/novo-cpc-que-coisa-julgada-e-essa>. Acesso em: agosto de 2015.

[42] E essas alterações tanto podem ser positivas, quanto negativas. Sobre esse assunto, Rafael Pandolfo tecendo importante paralelo histórico, destaca que, no diálogo Fedro, Platão compara a linguagem a Pharmakon, expressão grega utilizada para designar tanto o remédio, como o veneno. PANDOLFO, Rafael. Jurisdição constitucional tributária: reflexos nos processos administrativo e judicial. São Paulo: Noeses: 2012, p. 210.

7. Breve fechamento

Como pudemos perceber no decorrer do texto, o CPC/2015 promoveu grande mudança no alcance da coisa julgada objetiva, o que provocou também, impactantes alterações nos institutos jurídicos que a ela encontram-se intrinsecamente ligados.

Os institutos em si, mantiveram, entretanto, sua características gerais. Coisa julgada, interesse recursal e questões prejudiciais, em síntese, denotam o mesmo significado que detinham no sistema processual de 1973.

Não obstante, as questões prejudiciais são, no novo diploma, passíveis de formar coisa julgada e, por isso, surge interesse para a parte vitoriosa na demanda, em recorrer, caso alguma dessas questões tenha sido decidida em seu desfavor, tendo em vista que não mais poderá rediscuti-las em ação autônoma.

No presente trabalho, pretendemos trazer algumas premissas básicas e incipientes discussões que podem surgir na nova ordem processual, para que busquemos, desde já, soluções para os problemas que podemos vir a enfrentar.

Vale, entrementes, destacar que a novel legislação deixou lacunas. Estas apenas serão resolvidas com muita discussão, tanto da doutrina, quanto da jurisprudência. Está dado o primeiro passo. Aguardemos os próximos capítulos.

Referências

Alvaro de Oliveira, Carlos Alberto. *O formalismo valorativo no confronto com o formalismo excessivo.* Revista de processo, São Paulo: Editora Revista dos Tribunais, ano 31, v. 137, p. 7-31, 2006.

Ávila, Humberto. *Teoria dos princípios: da definição à aplicação dos princípios jurídicos.* São Paulo: Malheiros Editores, 2011.

Barbosa Moreira, José Carlos. *Questões prejudiciais e coisa julgada.* Rio de Janeiro: Borsoi, 1967.

_____ *A eficácia preclusiva da coisa julgada material no sistema do processo civil brasileiro.* In Temas de direito processual. 1ª Série. 2. ed. São Paulo: Saraiva, 1988.

_____ *Comentários ao Código de Processo Civil,* vol. V: arts. 476 a 565. 3 ed. rev. e atual. Rio de Janeiro, Forense, 1978.

Bueno, Cássio Scarpinella. *Novo código de processo civil anotado.* São Paulo: Saraiva, 2015.

CARTA DE VITÓRIA. *Encontro do Fórum Permanente de Processualistas Civis (5.: 2015: Vitória, ES)* – Enunciados do Fórum Permanente de Processualistas Civis: de 01, 02 e 03 de Maio de 2015. Didier Jr, Fredie; Mazzei, Rodrigo. Salvador: JusPodivm, 2015.

Cheim Jorge, Flávio. *Teoria geral dos recursos cíveis.* 6ª ed. rev. atual. e ampl. São Paulo: Editora Revista dos Tribunais, 2013.

Chiovenda, Giuseppe. *Instituições de Direito Processual Civil.* 4. ed. São Paulo: Quorum, 2009.

Didier Jr. Fredie. *Curso de Direito Processual Civi – v.i – Reescrito com base no NOVO CPC.* 17ªEd. Salvador: Editora Juspodvim, 2015.

FABRÍCIO, Adroaldo Furtado. *A Ação Declaratória Incidental.* Rio de Janeiro: Forense, 1976.

HESSE, Konrad. *A força normativa da Constituição (Die Normative Kraft der Verfassung).* Trad: Gilmar Ferreira Mendes, Porto Alegre: Sérgio Antonio Fabris Editor, 1991.

KELSEN, Hans. *Jurisdição Constitucional.* 2ª ed. São Paulo: Martins Fontes, 2007.

_____ *Teoria pura do direito.* 7. ed. São Paulo: Martins Fontes, 2006.

MAZZEI, Rodrigo. *Breve história (ou 'estória') do Direito Processual Civil Brasileiro: das Ordenações até a derrocada do Código de Processo Civil de 1973.* Revista do Instituto de Hermenêutica Jurídica – RIHJ, Belo Horizonte, ano 12, n. 16, p. 177-204, jul./dez. 2014.

LIEBMAN, Enrico Tullio. *Eficácia e autoridade da sentença.* Tradução de Alfredo Buzaid e Benvindo Aires; tradução dos textos posteriores à edição de 1945 e notas relativas ao direito brasileiro vigente, de Ada Pellegrini Grinover – 3ª edição. Rio de Janeiro: Ed. Forense, 1984.

MACHADO, Marcelo Pacheco. *Novo CPC: Que coisa julgada é essa?* Disponível em: <http://jota.info/novo-cpc-que-coisa-julgada-e-essa>. Acesso em: agosto de 2015.

MARQUES, José Frederico. *Manual de Direito Processual Civil.* São Paulo: Saraiva, Vol. III (Processo de Conhecimento), 2ª parte, 2ª edição revista, 1966.

MOURÃO, Luiz Eduardo Ribeiro. *Coisa Julgada.* Belo Horizonte: Fórum, 2008.

_____ *O mérito do processo civil contencioso como uma unidade de tensões opostas, 2012.* Tese de doutorado, PUC/SP, 2012.

OLIVEIRA, Bruno Silveira de. *Os princípios constitucionais, a instrumentalidade do processo e a técnica processual.* Panóptica, Vitória, ano 1, n. 2, out. 2006, p. 1-15. Disponível em: <http://www.panoptica.org>. Acesso em: agosto de 2015.

PANDOLFO, Rafael. *Jurisdição constitucional tributária: reflexos nos processos administrativo e judicial.* São Paulo: Noeses: 2012, p. 210.

PEREZ DE OLIVEIRA, Marco Antonio; *et al. Coisa julgada e questão prejudicial no novo CPC: balanço de uma polêmica e propostas de melhoria.* 2014. Disponível em <http://www.migalhas.com.br/dePeso/16,MI208993,21048Coisa+julgada+e+questao+prejudicial+no+novo+CPC+balanco+de+uma> Acesso em: agosto de 2015.

ROSA, Guimarães. *Manuelzão e Miguilim.* Rio de Janeiro: Ed. Nova Fronteira, 2001.

ROSENBERG, Leo. *Tratado de Derecho Procesal Civil.* Tomo I, traducción de Angela Romera Vera, Buenos Aires, Ediciones Juridicas Europa-America, 1955.

SANTOS, Moacyr Amaral. *Comentários ao Código de Processo Civil, lei nº 8.869, de 11 de janeiro de 1973.* Vol. IV: arts. 332-475. Rio de Janeiro: Forense, 1977.

_____ *Primeiras Linhas de Direito Processual Civil (adaptadas ao novo Código de Processo Civil.* Vol, 3, 8ª ed., São Paulo: Saraiva, 1985.

SILVA, Ovídio Araújo Baptista da. *Curso de Processo Civil,* Vol. 1 – Processo de Conhecimento, 5ª edição revista e atualizada. São Paulo: Revista dos Tribunais, 2001.

WAMBIER, Teresa Arruda Alvim. *O novo regime do agravo.* 2ª rd. rev. atual. São Paulo: Editora Revista dos Tribunais, 1996.

ZANETI JÚNIOR, Hermes. *Processo Constitucional: O modelo constitucional do processo civil brasileiro.* Rio de Janeiro: Editora Lumen Juris, 2007.

O mito dos juízes legisladores: o Código de Processo Civil e os precedentes

Hermes Zaneti Jr.
Carlos Frederico Bastos Pereira

1. Introdução

O Código de Processo Civil de 2015 estabelece no seu art. 927 um rol de precedentes normativos formalmente vinculantes a ser observado por todos os juízes e tribunais. Trata-se de uma grande inovação em relação ao modelo persuasivo da jurisprudência e da sujeição do juiz somente à lei, vigente na codificação de 1973.

Porém, a doutrina tem se posicionado contra essa vinculação, taxando-a de inconstitucional. Assim, afirma-se, o art. 927 em seus incisos "considera estes preceitos [precedentes] como *abstratos* e de *caráter geral*, vale dizer, as mesmas características da lei" e a sua inconstitucionalidade seria evidente porque "não houve modificação na CF para propiciar ao Judiciário legislar".[1]

A proposta do presente artigo é demonstrar a improcedência destes argumentos e reafirmar a constitucionalidade do art. 927 do CPC/2015.

A constitucionalização do processo dá novos contornos à aplicação do direito (art. 1º, CPC/2015), sendo necessário quebrar definitivamente com dogmas ainda presos ao paradigma científico do Estado Liberal, tais como a lei como fonte única e primária do ordenamento jurídico e a jurisdição como atividade que *declara* a vontade-da-lei (objetiva ou subjetiva) ou a vontade-do-direito.

[1] Neste sentido Nery Jr., Nelson; Nery, Rosa Maria de Andrade. *Comentários ao Código de Processo Civil.* São Paulo: Editora Revista dos Tribunais, 2015, p. 1837.

2. Espelho duplicado: o positivismo jurídico entre a declaração e a criação. Jurisprudência criativa no *Common Law vs.* jurisprudência declaratória no *Civil Law*

A doutrina brasileira nunca se questionou seriamente sobre o problema relativo ao caráter "criativo" da jurisdição e, consequentemente, à força vinculante dos precedentes judiciais, pressupondo que o Brasil sempre foi um país cuja tradição remontava, sem maiores perplexidades, ao *Civil Law*[2].

Ocorre, no entanto, que todos os temas relativos ao imaginário do *Civil Law* – lei como única fonte do direito, codificação, caráter persuasivo da jurisprudência etc. – são fruto de um fenômeno recente na cronologia da vida do direito. Está se falando sobre o caldo cultural do Século XVIII, especialmente o desenvolvimento da Escola da Exegese após a Revolução Francesa e a promulgação dos Códigos napoleônicos, os quais foram posteriormente universalizados por toda a Europa em período que ficou conhecido justamente como a Era das Codificações[3]. Conforme atestado por Norberto Bobbio, "na realidade, a codificação representa uma experiência jurídica dos últimos dois séculos típica da Europa continental"[4].

Após o movimento revolucionário na França (1789), a lei se tornou um instrumento de garantia dos cidadãos contra os arbítrios cometidos pelo Estado. Com influência do Iluminismo, o objetivo era racionalizar formalmente o mundo jurídico reunindo todos os documentos normativos em códigos que seriam responsáveis por regulamentar toda e qualquer relação social com a devida coerência e plenitude[5]. Fortemente influenciada pela doutrina de Montesquieu, a doutrina da separação de poderes foi erigida a um nível extremo, funcionando como fiel da balança na harmonia entre as funções do Estado: o Legislativo produziria normas, o Executivo as implementaria e o Judiciário as aplicaria em casos concretos.

[2] Na doutrina a crítica a esta cegueira metodológica foi tratada inicialmente por Galeno Lacerda e registrada no clássico livro de livre docência de Cândido Rangel Dinamarco: (*A instrumentalidade do processo.* 15ª ed. São Paulo: Malheiros, 2013, p. 56, especificamente a nota de rodapé nº. 82), sendo posteriormente desenvolvida por um dos autores deste trabalho em ZANETI JR., Hermes. *Processo constitucional: o modelo constitucional do processo civil brasileiro.* 1ª. ed. Rio de Janeiro: Lumens Juris, 2007; ZANETI JR., Hermes. *A constitucionalização do processo: o modelo constitucional da justiça brasileira e as relações entre processo e Constituição.* 2ª. ed., revista e ampliada, São Paulo: Atlas, 2014.

[3] Sobre a influência dos códigos franceses nos países europeus, ver WIEACKER, Franz. *História do direito privado moderno.* 3ª ed., Fundação Calouste Gulbenkian: Lisboa, 2011, p; 386-395.

[4] BOBBIO, Norberto. *O positivismo jurídico: lições de filosofia do direito.* Trad. Márcio Puglise, Edson Bini e Carlos E. Rodrigues. São Paulo: Ícone, 2006, p. 63.

[5] "La codificación es ante todo un intento de racionalización del mundo jurídico, en cuanto mundo normativo. Es racional, porque es hija legítima del racionalismo y del culto a la diosa razón, erigido por la Revolución Francesa en sustitución de otros cultos más antiguos con teologías seguramente más complicadas" (PICAZO, Luis y Ponce de Léon. *Codificación, descodificación y recodificación.* In: Anuario de derecho civil, vol. 45, nº. 2, p. 473-484, 1992).

Os legisladores, legítimos representantes dos cidadãos e por eles eleitos, deveriam ser os senhores da lei, sem qualquer interferência do Judiciário.

Ademais, os revolucionários franceses estavam vacinados contra *juízes legisladores*, disfarçados como meros intérpretes[6], sobretudo porque os abusos de poder cometidos pela aristocracia eram vivamente chancelados pela magistratura, classe em sua maioria composta por nobres cujos cargos eram comprados ou herdados e que usavam sua atividade como uma maneira de manter o *status quo*, consistente em privilégios que beneficiavam seus pares[7]. Sendo assim, não bastava a promulgação da lei, mas era necessária que os códigos fossem dotados de técnicas que inviabilizassem a interferência judicial na racionalidade legislativa, tais como a previsão de regras fechadas, a proibição de intepretação da lei por parte dos juízes, a criação de uma Corte de Cassação para tutelar a lei cassando decisões judiciais cuja fundamentação não reproduzisse as palavras da lei[8].

Portanto, a lei era clara o suficiente e dispensava interpretação, como revela o brocardo *in claris cessat interpretatio*. Os juízes não podiam interpretar a lei, mas somente aplicá-la forma mecânica, surgia o juiz *bouche de la loi*[9], figura que impactou diretamente no desenvolvimento do conceito de jurisdição, não à toa levando Giuseppe Chiovenda a conceitua-la como "a função do Estado que tem por escopo *a atuação da vontade concreta da lei* por meio da substituição, pela atividade dos

[6] "La experiencia con los tribunales prerrevolucionarios hizo a los franceses muy cautos con respecto a los jueces legisladores disfarzados como meros intérpretes" (Merryman, John Henry. *La tradición jurídica romano-canónica.* 2ª ed. Trad.: Eduardo L. Soares. México: Fondo de Cultura Económica, 1989).

[7] "A opção francesa de utilização de regras bem fechadas, com pouca liberdade para o julgador, era o reflexo do temor que havia por parte da burguesia quanto à perda dos direitos que alcançou com a Revolução Francesa, especialmente porque a análise de precedentes históricos demonstrava que o Judiciário francês serviu de instrumento para a prevalência da vontade dos nobres, não sendo seguro correr o risco de que tal fato pudesse vir a se repetir. O uso de dispositivos que permitiam intepretação limitada, difundindo-se a Escola da Exegese, nada mais era que uma forma da burguesia assegurar o *status* que alcançara" (Mazzei, Rodrigo. Notas iniciais à leitura do novo Código Civil. In: Alvim, Arruda; Alvim, Thereza (coords.). *Comentários ao Código Civil brasileiro.* Rio de Janeiro: Forense, p. IX-CXLVI, 2005).

[8] Sobre o controle da legalidade na tradição do *Civil Law*, com olhos voltados para a influência do sistema jurídico pós-Revolução Francesa, ver Marinoni, Luiz Guilherme. *O STJ enquanto corte de precedentes: recompreensão do sistema processual da corte suprema.* 2ª ed., revista, atualizada e ampliada, 2014, p. 25-53. Para compreensão do modelo das Cortes de Cassação, Calamandrei, Piero. *La cassazione civile – I. Storia e legislazione.* Torino: Fratteli, 1920; Taruffo, Michele. *Il vértice ambíguo – Saggi sulla cassazione civile.* Bologna: Il Mulino, 1991; Mitidiero, Daniel. *Cortes superiores e cortes supremas: do controle à intepretação, da jurisprudência ao precedente.* 2ª ed., revista, atualizada e ampliada. São Paulo: Revista dos Tribunais, 2014.

[9] Nicola Picardi já dizia que "Segundo uma tradição que remete à Revolução Francesa, aos juízes é proibido pronunciar '*par voie de disposition générale et réglementaire*' (art. 5º do Código Napoleônico) e, correspectivamente, motivar as sentenças sobre a base única de precedentes judiciais que, por aquela via, tenham terminado por assumir o caráter de um *arrêt de réglament*, isto é, de uma verdadeira e própria lei." (Picardi, Nicola. *Jurisdição e processo.* Organizador e revisor técnico da tradução: Carlos Alberto Alvaro de Oliveira. Rio de Janeiro: Forense, 2008, p. 145).

órgãos públicos, da atividade de particulares ou de outros órgãos públicos, *já no afirmar a existência da vontade da lei*, já no torná-la, praticamente, efetiva"[10].

Neste período do positivismo exegético francês, também conhecido como *paleojuspositivismo*[11], vigorou uma solução *formalista* em relação à intepretação judicial, reduzindo a atividade jurisdicional a um ato de conhecimento do significado do texto normativo, representativo da *mens legis* ou da *mens legislatoris*[12], a qual deveria ser descoberta e declarada pelo juiz a partir de uma operação silogística e subsuntiva da questão de fato à questão de direito. O juiz era proibido expressamente de *criar* direito, devendo simplesmente *descobrir* o significado da lei e *declarar* a sua vontade.

Curiosamente, o positivismo gerou uma reação contrária nos países anglo-saxões, ligados à tradição do *Common Law*. A teoria meramente declaratória do *common law* consistia na afirmação de que juízes não criavam direito, mas tão somente descobriam e declaravam o direito comum, ou seja, o *common law*. Esta doutrina foi alvo de ácidas críticas proferidas por Jeremy Bentham e John Austin que a compararam, respectivamente, a uma *dog-law*[13] e a uma ficção infantil[14], argumentando que se os juízes poderiam decidir conforme a metafísica,[15]

[10] CHIOVENDA, Giuseppe. *Instituições de direito processual civil*. Tradução da 2ª edição italiana: Enrico Tullio Liebman, vol. II, Saraiva: São Paulo, 1943.

[11] Expressão utilizada por Luigi Ferrajoli em diversos escritos, entre eles FERRAJOLI, Luigi FERRAJOLI, Luigi. Lo Stato di Diritto fra passato e futuro. In: Pietro Costa; Danilo Zolo. *Lo Stato di Diritto. Storia, teoria, critica*. 3ª ed. Roma: Feltrinelli, 2006, p. 349-386. Igualmente, sobre o tema, ver ZANETI JR., Hermes. *O valor vinculante dos precedentes: teoria dos precedentes normativos formalmente vinculantes*. 2ª ed., revista e atualizada. Salvador: Jus Podivm, 2016, p. 66-69.

[12] CHIASSONI, Pierluigi. *Tecnica dell'interpretazione giuridica*. Bologna: Il Mulino, 2007, p. 143.

[13] "Scarce any man has the means of knowing a twentieth part of the laws he is bound by. Both sorts of law are kept most happily and carefully from the knowledge of the people: statute law by its shape and bulk; common law by its very essence. It is the judges (as we have seen) that make the common law. Do you know how they make it? Just as a man makes laws for his dog. When your dog does anything you want to break him of, you wait till he does it, and then beat him for it. This is the way you make laws for your dog: and this is the way the judges make law for you and me. They won't tell a man beforehand what it is he should not do-they won't so much as allow of his being told: they lie by till he has done something which they say he should not have done, and then they hang him for it. What way, then, has any man of coming at this dog-law? Only by watching their proceedings: by observing in what cases they have hanged a man, in what cases they have sent him to jail, in what cases they have seized his goods, and so forth. These proceedings they won't publish themselves, and if anybody else publishes them, it is what they call a contempt of court, and a man may be sent to jail for it." (BENTHAM, Jeramy. *Truth versus Ashhurst*. in.: The Works of Jeramy Bentham, s.l.: John Bowring ed, 1843, p. 235).

[14] Neste sentido, criticando Blackstone, Austin afirma que não é admissível uma lei *ex post factum*, mesmo através de uma decisão judicial, eis que considerar o *Common Law* "a miraculous something made by nobody" não é mais que uma "childish fiction employed by our judges" (AUSTIN, John. *Lectures on jurisprudence, or the philosophy of positive law*, vol. 2. London: John Murray, 1885, p. 633-634).

[15] Verifica-se, assim, que as teorias hermenêuticas exacerbadas acabam por incorrer no mesmo pecado que procuram combater, apesar de negar a metafísica – calcados nas premissas estabelecidas por Martin

ao direito "justo", sem referência a textos legais ou a decisões anteriores, seria impossível o controle intersubjetivo da decisão, justamente por não considerar a artificialidade do direito[16].

Jeremy Bentham era um fervoroso defensor da codificação[17], de modo que o seu trabalho e de seu sucessor, John Austin, analisado mais adiante, possibilitou o surgimento da *analytical jurisprudence* e do positivismo jurídico no *Common Law*.

Desde então, a teoria positivista do *Common Law* abandou a teoria declaratória da jurisdição em prol da teoria constitutiva, segundo a noção de que juízes efetivamente criam direito através dos precedentes judiciais e a eles estão submetidos, o denominado *judge-made law*[18]. Fica muito claro que constitui um completo equívoco associar os analíticos, especialmente Austin, aos formalistas interpretativos, no sentido de que a aplicação da lei em uma decisão judicial decorre de um simples processo de dedução a partir de premissas, como se o direito fosse um sistema lógico fechado[19].

Heiddeger – pressupõem uma única resposta correta a ser "revelada" ao e pelo intérprete, que acaba retornando aos riscos iniciais do solipsismo, tão fortemente combatidos: "Dworkin, no entanto, afirma que, mesmo quando nenhuma regra regula o caso, o juiz continua tendo o dever de *descobrir* o direito da parte. Não é por outro motivo que se diz que Dworkin revive, em face da doutrina de Hart, a velha teoria declaratória do direito, sustentada nos primórdios do *common law* por Blackstone" (MARINONI, Luiz Guilherme. *O STJ enquanto corte de precedentes*, p. 87-88).

[16] "(...) l'idea del carattere *dichiariativo*, o puramente *probatorio*, della giurisprudenzia nelle materia disciplinate dal *common law* – Bentham oppone le tesi dell'*artificialità* e dell'*arbitrarietà* del diritto positivo: di *tutto* il diritto positivo, e dunque anche di quella sua parte costituiva, in Inghilterra, dal *common law*. La tesi dell'*artificialità* del diritto sostiene che, a ben vedere, nos esiste alcuna norma di un qualsivoglia diritto positivo che no sia il prodotto di *atti umani*" (CHIASSONI, Pierluigi. *L'indirizzo analitico nella filosofia del diritto: da Bentham a Kelsen*. Torino: Giappichelli Editore, 2009, p. 17).

[17] "The French have had enough of this doglaw; they are turning it as fast as they can into statute law, that everybody may have a rule to go by: nor do they ever make a law without doing all they can think of to let every creature among them know of it." (BENTHAM, Jeremy. *Truth versus Ashhurst*, p. 236).

[18] É de registrar, contudo, que o tema afeto à criação ou declaração do direito não é unanime no *Common Law*, sendo envolvida por aguda polêmica entre H. L. A. Hart e Ronald Dworkin, como se vê em HART, H.L.A. *The Concept of Law*, 2ª ed., Oxford: Clarendon Press, 1994; DWORKIN, Ronald. *Taking right seriously*. Cambridge: Harvard University Press, 1978; HART, H.L.A. American jurisprudence through english eyes: the nightmare and the noble dream (1977). In: H.L.A. Hart. *Essays in jurisprudence and philosophy*. Oxford: Clarendon Press, p. 123-144, 1983).

[19] "The misconception of the judicial process which ignores the problems of the penumbra and which views the process as consisting pre-eminently in deductive reasoning is often stigmatized as the error of 'formalism' or 'literalism' [...] The responsibility, if it is to be laid at the door of any theorist, is with thinkers like Blackstone and, at an earlier stage, Montesquieu. The root of this evil is preoccupation with the separation of powers and Blackstone's 'childish fiction' (as Austin termed it) that judges only 'find', never 'make', law." (HART, H.L.A. Positivism and the separation of law and morals. *Harvard Law Review*, n. 71, 1957, pp. 539/629, especificamente p. 610; também publicado em HART, H.L.A. Positivism and the separation of law and morals [1958]. In: H.L.A. Hart. *Essays in jurisprudence and philosophy*, Oxford: Clarendon Press, 1983, p. 49/87).

Nota-se, assim, um estranho espelhamento nas tradições do *Civil Law* e do *Common Law* no que tange às teorias vigentes no jusnaturalismo e no juspositivismo clássicos. No primeiro momento, em ambas as tradições, como a *norma de reconhecimento* era a *Justiça*, era defendido que: (a) os juízes do *Civil Law* criavam direito a partir dos valores, a Justiça como fim do direito – teoria constitutiva; e, (b) que os juízes do *Common Law* declaravam o direito comum preexistente e imutável – teoria declaratória. No segundo momento, como a *norma de reconhecimento* passou a ser o *princípio da legalidade*, os juízes do: (a) *Civil Law* passaram a declarar o direito preexistente atuando a vontade concreta da lei – teoria declaratória; e, os juízes do (b) *Common Law* passaram a criar direito através da *judge-made law* – teoria constitutiva.

No positivismo do *Civil Law*, a "criação" judiciária do direito é uma visão ligada à suposta existência de uma resposta nos códigos para toda e qualquer controvérsia, que regulava, inclusive, o direito aplicável em caso de lacunas da legislação, resultante dos dogmas: (a) da onipotência do legislador; e, (b) da unidade e completude do ordenamento jurídico[20].

No positivismo do *Common Law*, por sua vez, o reconhecimento da artificialidade do direito fez com que se admitisse a "criação" (reconstrução) judiciária do direito e se buscasse uma racionalidade na sua aplicação através da força vinculante atribuída aos precedentes judiciais (*binding effect*). A onipotência da lei e do legislador e a completude e unidade do ordenamento codificado cedem espaço para a reconstrução do ordenamento pelos juízes.

Com efeito, nota-se como o desenvolvimento da teoria do direito durante o positivismo deixou diferentes legados para duas das mais importantes tradições do mundo jurídico, pois "se no *civil law* imaginou-se que a segurança e a previsibilidade poderiam ser alcançadas por meio da lei e da sua estrita aplicação pelos juízes, no *common law*, por nunca ter existido dúvida de que os juízes podem proferir decisões diferentes, enxergou-se na força vinculante dos precedentes o instrumento capaz de garantir a segurança de que a sociedade precisa para se desenvolver".[21]

3. A evolução da teoria da intepretação no Estado Constitucional: a artificialidade do direito contra a declaração da vontade-da-lei (subjetiva e objetiva) e da vontade-do-direito

Embora o positivismo se mostre insuficiente para atender aos anseios do Estado Democrático Constitucional, sobretudo quanto ao problema da intepretação e

[20] BOBBIO, Norberto. *O positivismo jurídico*, p. 73.

[21] MARINONI, Luiz Guilherme. *Precedentes obrigatórios*. 4ª ed., revista, atualizada e ampliada. São Paulo: Editora Revista dos Tribunais, 2015, p. 51.

aplicação do direito, não podemos negar a direção que o paradigma positivista nos aponta: independentemente de *Civil Law* ou *Common Law*, o direito é artificial, produto da vontade humana e, portanto, controlável pelo próprio homem, de modo que os resultados por ele produzidos são de sua inteira responsabilidade.[22]

Com a evolução da teoria da intepretação, chegou-se ao consenso acerca da diferença entre texto e norma[23], assumindo a interpretação um lugar central no campo da teoria do direito.

A premissa de que a atividade de julgar é indissociável da atividade de interpretar, afinal, *interpretar é decidir*[24], modifica absolutamente a relação entre lei e intepretação, pois a legislação se torna apenas o ponto de partida da atividade interpretativa, sendo a norma resultado e não pressuposto da interpretação[25].

Todo e qualquer texto normativo possui um nível de indeterminação irredutível ao zero, por serem expressos em linguagem e pela textura aberta que possuem[26], sendo impossível se atribuir um significado que perdure em uma sociedade complexa cujos hábitos, costumes e práticas mudam no tempo e no espaço. Os intérpretes, sejam eles juízes no exercício da atividade jurisdicional ou juristas em sentido amplo, se depararão com textos vagos e com normas ambíguas cuja aplicação reclamará decisões interpretativas que tratem do seu significado, a ela acrescentando um sentido e, consequente, um conteúdo reconstruído.

Nos momentos em que houver dúvida sobre o significado do texto normativo, o intérprete deverá decidir qual significado atribuirá ao texto. Esta decisão que dirime a dúvida interpretativa é chamada de *interpretação operativa*, conceito sugerido inicialmente por Luigi Ferrajoli[27] e desenvolvido por Jérzy Wrobleswki para traduzir as hipóteses em que há reconstrução da norma pelo intérprete na

[22] A expressão é buscada em texto clássico de Hobbes, responsável pelo reconhecimento da artificialidade do direito e do Estado e pela fundação do positivismo jurídico que se apõem à absorção do direito pela moral: "E' la classica massima hobbesiana, opposta a quella giusnaturalistica più sopra ricordata: 'Doctrinae quidem verae esse possunt; sed authoritas non veritas facit legem' [T. Hobbes, Leviathan, sive de Materia, Forma et Potestate Civitatis ecclesiasticae et civilis, tr. latina, in Leviatano, con testo inglese del 1651 a fronte e testo latino del 1668, a cura di R. Santi, Bompiani, Milano 2001, cap. XXVI, § 21, p.448]." FERRAJOLI, Luigi, *La democrazia attraverso i diritti. Il costituzionalismo garantista come modelo teórico e come progetto politico*. Roma/Bari: Laterza, 1997, p. 7, § 1.1, nota 5; ZANETI JR., Hermes. *O valor vinculante dos precedentes*, p. 89. Isto não importa em deixar de antever nas diversas influências externas ao direito positivado na lei e nas decisões judiciais elementos de convicção para decisão.

[23] ÁVILA, Humberto. *Teoria dos princípios: da definição à aplicação dos princípios jurídicos*. 15ª ed., revista, atualizada e ampliada. São Paulo: Malheiros, 2014, p. 50-55.

[24] GUASTINI, Ricardo. *Das fontes às normas*. 1ª ed. Quartier Latin: São Paulo, 2005, cap. VII.

[25] TARELLO, Giovanni. *L'interpretazione della legge*. Milano: Giuffrè, 1980, p. 106.

[26] HART, H.L.A. *The concept of law*, p. 124.

[27] FERRAJOLI, Luigi. Interpretazione dottrinale e interpretazione operativa. *Rivista Internazionale di Filosofia del Diritto*. n. 43, p. 290-304, 1966;.

atividade jurisdicional e a devolução ao ordenamento jurídico de conteúdo normativo reconstruído[28].

Será justamente nas hipóteses em que se exige uma interpretação operativa que se abrirá a possibilidade para a formação de um precedente (do ponto de vista material). Essa decisão, desde que se enquadre nas hipóteses qualificadas como vinculantes pelo art. 927 do CPC/2015, será considerada um precedente normativo formalmente vinculante (do ponto de vista formal).

Por outro lado pode não ocorrer reconstrução do ordenamento jurídico pela decisão. A aplicação do direito sem que ocorra uma *interpretação operativa*, quando a norma for aplicada consoante uma interpretação já reconhecida pela tradição jurídica, sem qualquer reconstrução do seu conteúdo, é a norma-lei ou o precedente-norma anterior que será aplicado com força vinculante[29]. Isto ocorre quando a lei será aplicada ou não depende da confirmação dos fatos; ou quando o *leading case* é aplicado sem alterar seu conteúdo normativo. Nestes casos, a nova decisão com base na lei ou no precedente não é ela mesmo um precedente, mas apenas uma decisão judicial que aplica a norma-lei ou o precedente-norma[30].

Em que pese a evolução na teoria da intepretação, o formalismo-interpretativo *ainda* exerce forte influência na atividade jurisdicional brasileira. A ideia de que a lei possui uma vontade concreta passível de declaração é utilizada em diversas decisões de juízes de primeiro grau e Tribunais Superiores[31], em clara oposição à visão de que juízes efetivamente interpretam textos normativos para tomar as suas respectivas decisões.

Embora o surgimento de novos direitos materiais a serem tutelados (direitos sociais, coletivos, trabalhistas, consumidores, ambientais etc.) tenha movido

[28] WROBLÉWSKI, Jérzy. Legal decision and it justification. *Logique et Analyse*. n. 53-54, p. 409-419, 1971, p. 413.

[29] Na perspectiva do common law norte-americano, a doutrina afirma: "If a preexisting legal rule makes some part of the precedent case material, then we need to look to the source of the understood rule and just apply that, rather than thinking that is the precedent case that is exerting the constraint." (SCHAUER, Frederick. *Thinking like a lawyer: a new introduction to legal reasoning*. Cambridge: Harvard University Press, 2009 p. 52). Não se quer dizer, aqui, que a aplicação de uma regra prescinde de interpretação, mas somente que a regra cujo texto possuir expressões *menos* vagas, com maior especificidade da hipótese de incidência e da consequência normativa, será aplicada sem necessidade de reconstrução do seu significado legal.

[30] ZANETI JR., Hermes. *O valor vinculante dos precedentes*, p. 309.

[31] Uma breve pesquisa no repositório de jurisprudência do Superior Tribunal Justiça identifica uma série de decisões judiciais proferidas no último ano de 2015 que foram orientadas na "vontade concreta da lei", seja na fundamentação das decisões objeto de reforma, seja na fundamentação das decisões para reformar: AREsp 727308, Relator: Min. Ricardo Villas Bôas Cueva, Data da Publicação: 08/09/2015; REsp 1417023, Relator: Min. Humberto Martins, Data da Publicação: 23/06/2015; AREsp 623891, Relator: Min. Raul Araújo, Data da Publicação: 02/03/2015; REsp 1218902, Relator: Min. Napoleão Nunes Maia Filho, Data da Publicação: 06/02/2015. O STJ nestes casos assume uma função que não é sua, atuando como Corte de Cassação, MARINONI, Luiz Guilherme. *O STJ enquanto corte de precedentes*, passim.

a doutrina brasileira contra a plenitude da lei para solução de controvérsias, falhou-se ao solucionar a questão com o alargamento para a vontade-concreta-do-*direito*[32], conceito ainda preso à solução formalista de um paradigma científico meramente declaratório da jurisdição.

No Brasil, a consolidação do modelo de precedentes vigente no CPC/2015 não é obra do acaso, mas fruto de uma evolução quanto à percepção gradativa de que o paradigma científico vem mudando, e já é outro. O legislador foi paulatinamente percebendo esta mudança e iniciou um movimento de "recepção mitigada do *stare decisis*" ao alçar a jurisprudência a patamar de fonte primária do direito junto à legislação[33], o que se vê, principalmente, com a adoção de súmulas vinculantes pela Emenda Constitucional nº. 45/2004, mas também com diversas alterações no Código de Processo Civil de 1973.

A nova legislação processual nada mais é que o produto consolidado deste processo de maturação da teoria da intepretação e da evolução da teoria do direito, rompendo definitivamente com o caráter persuasivo da jurisprudência ao estabelecer a vinculação formal e normativa dos precedentes judiciais (arts. 489, § 1º, V e VI, 926 e 927).

No atual estágio de desenvolvimento do ordenamento jurídico brasileiro, não há que se falar em um ser não-corporificado dotado de vontade (lei, direito, costumes, direito comum etc.), em um Estado *antropomórfico*, pois o direito é artificial e todas as leis, escritas ou não, precisam de interpretação do homem[34].

No Estado Democrático Constitucional, a coerência do ordenamento jurídico não é dada aprioristicamente – seja pelo direito natural, seja pelo legislador – mas uma consequência da atividade essencialmente interpretativa exercida pelo Poder Judiciário, controlado intersubjetivamente de maneira endoprocessual e extraprocessual[35] pela doutrina, pelas partes envolvidas, mediante as impugnações e recursos, pela tradição jurídica de um determinado país, em um determinado momento histórico.

O Código de Processo Civil de 2015 é uma codificação orgânica, fruto do Estado Democrático Constitucional (art. 1º), com um compromisso interno de prestar a tutela jurisdicional de forma tempestiva, adequada e efetiva (art. 4º do

[32] DINAMARCO, Cândido Rangel. *A instrumentalidade do processo*, p. 246-250; CINTRA, Antônio Carlos Araújo; GRINOVER, Ada Pelegrini; DINAMARCO, Cândido Rangel. *Teoria geral do processo*. 24ª ed., revista e atualizada. São Paulo: Malheiros, 2008, p. 147-150.

[33] ZANETI JR., Hermes. *A constitucionalização do processo, passim.*

[34] HOBBES, Thomas. *Leviathan, or the matter, forme & power of a common-wealth ecclesiastical and civil.* London: Andrew Coke, 1651, p. 143 (Cap. 26, part. 2 – of common-wealth).

[35] TARUFFO, Michele. *A motivação da sentença civil.* Trad. Daniel Mitidiero, Rafael Abreu e Vitor de Paula Ramos. São Paulo: Marcial Pons: 2015, p. 340-347; BARBOSA MOREIRA, José Carlos. *A motivação das decisões judiciais como garantia inerente ao Estado de Direito.* Temas de direito processual: 2ª série. São Paulo: Saraiva, 1988.

CPC/2015) e um compromisso com o juízo externo de justificação ao preservar a coerência e integridade do ordenamento jurídico (art. 926 do CPC/2015). O cumprimento destes predicados somente ocorrerá mediante a consolidação dos dois discursos produzidos pela decisão judicial: o discurso do caso concreto que visa à tutela dos direitos para as partes envolvidas e o discurso do precedente que busca a unidade do Direito para o ordenamento jurídico[36].

Por tal razão, retirar dos juízes a possibilidade de interpretar a lei é caminho que não deve ser seguido, mas assumir que a atividade interpretativa do Judiciário é controlável se aos juízes e tribunais for atribuída a devida responsabilidade quanto aos resultados da interpretação, vinculando-os aos limites impostos pelo ordenamento jurídico. Esta é a nova estrada a ser trilhada, daí a defesa, na doutrina, de uma interpretação realista moderada e responsável.[37]

A análise da constitucionalidade dos incisos do art. 927 parte das premissas assentadas acima: (a) centralidade da interpretação jurídica; (b) necessidade de interpretação realista moderada e responsável; (c) atividade interpretativa operativa como atividade típica de concreção dos direitos pelos juízes e tribunais.

4. Juízes intérpretes e a vinculação normativa e formal aos precedentes judiciais: a constitucionalidade do art. 927 do CPC/2015

Nelson Nery Jr e Rosa Maria Andrade Nery são juristas de grande impacto na doutrina nacional. A discordância aqui é meramente acadêmica e em nada embaça a admiração que os autores deste texto têm pela pessoa e pela obra destes juristas. A crítica é, assim, uma forma de elogio. Afinal, a leitura atenta e o debate sincero possibilitam isolar adequadamente os problemas que o texto legal apresenta e avançar para dar unidade ao ordenamento jurídico. Abaixo, segue a crítica por eles formulada ao art. 927 do CPC/2015, *ipsis litteris*:

> "O texto normativo impõe, imperativamente, aos juízes e tribunais que cumpram e apliquem os preceitos nele arrolados. Trata-se de comando que considera esses preceitos como *abstratos* e de *caráter geral*, vale dizer, com as mesmas características da lei. Resta analisar se o Poder Judiciário tem autorização para legislar fora do caso da *Súmula Vinculante* do STF, para o qual a autorização está presente na CF art. 103-A. Somente no caso da súmula vinculante, o STF tem competência consti-

[36] Mitidiero, Daniel. Fundamentação e Precedente: dois discursos a partir da decisão judicial. *Revista de Processo*, v. 37, n. 206, p. 61-78, 2012.

[37] "We shall reject unconstructive, excessive scepticism, however, as well as its twin brother, nihilism – these recurring diseases of intellectual narcissism. We are convinced, with the great philosopher of 'moderate scepticism', David Hume, that excessive scepticism cannot resist the test of 'action' and the reality of 'common life." Cf. Cappelletti, Mauro. *The judicial process in comparative perspective*. Oxford: Oxford University Press/Clarendon Press, 1991, p. 208; Zaneti, Hermes. *O valor vinculante dos precedentes*, p. 134-140.

tucional para estabelecer preceitos de caráter geral. Como se trata de função excepcional – o Poder Judiciário exercer *função típica* do Poder Legislativo – a autorização deve estar expressa no texto constitucional e, ademais, se interpreta restritivamente, como todo preceito de exceção. *Observar* decisão: *a)* em RE e REsp repetitivos, *b)* em incidente de assunção de competência, *c)* em incidente de resolução de demandas repetitivas (IRDR), *d)* entendimento constante da súmula simples do STF em matéria constitucional, *e)* entendimento constante da súmula simples do STJ em matéria infraconstitucional (*rectius*: federal), *f)* do órgão especial ou do plenário do tribunal a que estejam vinculados os juízes significa que estes preceitos *vinculam* juízes e tribunais, vinculação esta de inconstitucionalidade flagrante. O objetivo almejado pelo CPC 927 necessita ser autorizado pela CF. Como não houve modificação na CF para autorizar o Judiciário legislar, como não se obedeceu ao devido processo, não se pode afirmar a legitimidade desse instituto previsto no texto comentado. Existem alguns projetos de emenda constitucional em tramitação no Congresso Nacional com o objetivo de instituir *súmula vinculante* no âmbito do STJ, bem como para adotar-se a *súmula impeditiva de recurso* (PEC 358/05), ainda sem votação no parlamento. Portanto, saber que é necessário alterar-se a Constituição para criar-se decisão vinculante todos sabem. Optou-se, aqui, pelo caminho mais fácil, mas inconstitucional. Não se resolve o problema da falta de integração da jurisprudência, de gigantismo da litigiosidade com o atropelo do *due process of law*. Mudanças são necessárias, mas devem constar de reforma constitucional que confira ao Poder Judiciário poder para *legislar* nessa magnitude que o CPC, sem cerimônia, quer lhe conceder.[38]

Surgem, então, as seguintes questões: (a) era necessário que a vinculação prevista nos incisos III (incidente de assunção de competência, incidente de resolução de demandas repetitivas e recurso especial e extraordinário repetitivos), IV (enunciados das súmulas) e V (orientação do plenário e da Corte Especial) do texto legal tivesse sido feita através de emenda constitucional para evitar a violação do princípio democrático e da separação de poderes? (b) o Poder Judiciário estaria legitimado a legislar somente no caso do controle de constitucionalidade concentrado e no caso da súmula vinculante? (c) se a Constituição tivesse autorizado a vinculação, estaria permitido ao Poder Judiciário "legislar"?

Como veremos a seguir, a resposta para estas questões deverá ser negativa, pois este entendimento, sufragado por doutrina nacional de grande relevância[39],

[38] NERY JR., Nelson; NERY, Rosa Maria de Andrade. *Comentários ao Código de Processo Civil*, p. 1837.

[39] "Salta aos olhos o lamentável equívoco constante desse dispositivo, uma vez que impõe aos magistrados, de forma cogente – "os tribunais observarão" –, os mencionados precedentes, como se todos aqueles arrolados tivessem a mesma força vinculante vertical. Daí, em princípio, a inconstitucionalidade da regra, visto que a Constituição Federal, como acima referido, reserva efeito vinculante apenas e tão somente às súmulas fixadas pelo Supremo, mediante devido processo e, ainda, aos julgados originados de controle

acaba por desmontar a operatividade do CPC/2015. Dividem-se, pois, em quatro os argumentos para formular a resposta.

O primeiro argumento: não há violação ao princípio democrático e à separação de poderes. A criação da norma-lei – em caráter geral e abstrato – é e continuará a ser uma prática privativa do Poder Legislativo, uma vez respeitado o aspecto formal, consistente na liberdade de conformação do legislador no âmbito de sua discricionariedade estrutural do devido processo legislativo, e o aspecto material, correspondente à proteção ao núcleo essencial dos direitos fundamentais no âmbito de sua discricionariedade epistêmica[40].

Por outro lado, a norma-precedente representa a reconstrução da norma a partir das circunstâncias fáticas – em caráter geral e concreto – é tarefa ínsita à atividade jurisdicional[41], essencialmente interpretativa dos textos legais, devido à impossibilidade de ser criada uma norma a partir do nada, do vácuo normativo, do vazio textual, devendo o Poder Judiciário reconstruir os significados normativos de acordo com a Constituição Federal, a legislação infraconstitucional e a tradição jurídica (art. 1º do CPC/2015) em precedentes-norma.

A Constituição Federal de 1988 e a sua força normativa[42] definitivamente constitucionalizou o modelo processual brasileiro, revolucionando a teoria das normas, com a normatividade dos princípios, e as técnicas legislativas, com a previsão de cláusulas gerais e conceitos jurídicos indeterminados[43], exigindo concreção do aplicador da norma jurídica abstrata e geral a partir das circunstâncias

direto de constitucionalidade" (Tucci, José Rogério Cruz e. O regime do precedente judicial no novo CPC. In: Didier Jr., Fredie; Cunha, Leonardo Carneiro da; Macêdo, Lucas Buril de; Ataide Jr., Jaldemiro R. de (coords). *Coleção Grandes Temas do Novo CPC: Precedentes*, vol. 3, Salvador: JusPodivm, p. 445/458, 2015, p. 454).

40 "Esse princípio [da competência decisória do legislador democraticamente legitimado] é um princípio formal, porque ele não determina nenhum conteúdo, mas apenas diz quem deve definir conteúdos. (...) Enquanto princípio procedimental, ele exige que as decisões relevantes para a sociedade devem ser tomadas pelo legislador democraticamente legitimado. Decisões como a proibição ou a permissão de produtos derivados de *cannabis* são relevantes para a comunidade. Se a decisão sobre essa questão depende de avaliações empíricas, a competência decisória do legislador, exigida *prima facie* pelo princípio formal, inclui a competência do legislador para fundamentar decisões desvantajosas para o direito fundamental em premissas empíricas incertas" (Alexy, Robert. *Teoria dos direitos fundamentais*. Tradução: Virgílio Afonso da Silva. 2ª edição, 4ª tiragem. São Paulo: Malheiros, 2015, p. 615).

41 Sobre o tema, é válida a doutrina de Tarék Moussalem sobre a "criação" do direito através da atividade jurisdicional: "As normas jurídicas inseridas pelos juízes, através dos veículos competentes estabelecidos pelo ordenamento, hão de ser sempre normas concretas, pouco importando se gerais ou individuais . O Poder Judiciário jamais cria norma abstrata, pois é condição para sua atuação, além da provocação (princípio da inércia), a *ocorrência* do descumprimento do disposto no consequente da norma primária" (Moussallem, Tárek Moysés. *Fontes do direito tributário*. São Paulo: Max Limonad, 2001, p. 162).

42 Hesse, Konrad. *A força normativa da Constituição*. Trad. Gilmar Ferreira Mendes. Porto Alegre: Sergio Antonio Fabris Editor, 1991.

43 Mitidiero, Daniel. *Cortes superiores e cortes supremas*, p. 15-17.

fáticas concretas de aplicação, isto é, "um conjunto de atos tendentes a preencher, valorativamente, as normas, atribuindo-lhe sentido diante do caso concreto"[44].

Não é a intenção de um modelo de normas-precedente proliferar o número de normas no ordenamento jurídico, pois não se quer introduzir no sistema normas gerais e abstratas equivalentes à norma-lei, mas o que se busca é, por uma questão de racionalidade, vincular a solução jurídica de determinados juízes e tribunais às circunstâncias fáticas do caso concreto: é a vinculação aos *material facts* do caso que torna a norma-precedente geral e concreta e não geral e abstrata[45].

O segundo argumento: não há violação ao princípio da legalidade. A legalidade neste particular deve ser compreendida não como lei em sentido estrito, mas como a conformidade com o ordenamento jurídico, como já consta dos arts. 8º, 140 e 178 do CPC/2015.

A norma de reconhecimento do sistema brasileiro não é mais o princípio da legalidade estrita, da lei, e sim o da legalidade ampla, constitucional[46]. Todas as leis infraconstitucionais devem estar conformes à Constituição, que é norma responsável pelo controle formal e substancial do ordenamento jurídico.

Esta é a razão pela qual a atividade do julgador sempre será *tendencialmente cognitiva*, na medida em que partirá da lei e demais textos normativos para que um precedente seja construído[47]. A lei, portanto, é o primeiro limite à discricionariedade judicial em um modelo de precedentes normativos formalmente vinculantes[48].

[44] Ávila, Humberto. *Subsunção e concreção na aplicação do direito*. In.: Antonio Paulo Cachapuz de Medeiros (org.) Faculdade de direito da PUCRS: o ensino jurídico no limiar do novo século. Imprenta: Porto Alegre, Edipucrs, p. 413-465, 1997.

[45] Sobre o tema, registrou-se em Zaneti Jr., Hermes. *O valor vinculante dos precedentes*, p. 368.

[46] Zaneti Jr., Hermes. *A legalidade na era de proteção das necessidades de tutela: princípio da constitucionalidade e legalidade ampla*, no prelo.

[47] Luigi Ferrajoli desenvolveu essa premissa a partir de Hobbes, demonstrando exaustivamente como em um Estado artificial não se possa vincular à jurisdição a uma atividade tendencialmente valorativa, mas apenas tendencialmente cognitiva, a partir do direito e não da moral considerada pelo juiz. Ferrajoli, Luigi. *Principia iuris. Teoria del diritto*, vol. 1. Roma/Bari: Laterza, 2007, p. 876-877. Assim, "O modelo brasileiro integra, no sentido de combinar, as grandes tradições jurídicas, albergando a *judicial legislature* e a *judicial exegese*, considerando que a função precípua dos juízes e tribunais é interpretar o direito e que esta atividade será exercida de forma tendencialmente cognitiva, reconstruindo o direito a partir do ordenamento jurídico dado." (Zaneti Jr., Hermes. *O valor vinculante dos precedentes*, p. 360).

[48] Em trabalho sobre o tema, Mauro Cappelletti denuncia que "o reconhecimento de que é intrínseco em todo ato de interpretação certo grau de criatividade – ou, o que vem a dar no mesmo de um elemento de discricionariedade e assim de escolha –, não deve ser confundido com a afirmação de *total liberdade* do intérprete. Discricionariedade não quer dizer necessariamente arbitrariedade, e o juiz, embora inevitavelmente criador do direito, não é necessariamente um criador completamente livre de vínculos" Cf. Cappelletti, Mauro. *Juízes legisladores?* Trad. Carlos Alberto Alvaro de Oliveira. Porto Alegre: Sergio Antonio Fabris Editor, 1993, p. 23-24.

O terceiro argumento: nem mesmo no controle de constitucionalidade, o juiz está legitimado a legislar. Nestes casos, trata-se de análise da validade da norma perante a Constituição e irá determinar se esta norma é válida ou inválida, retirando-a do ordenamento jurídico em caso de invalidade, a partir da confrontação entre o texto da Constituição e a alegação de inconstitucionalidade sob análise no caso em julgamento.

A essa atividade se costuma dizer, por força da tradição, que se trata de uma atuação como *legislador negativo*, mas a expressão diz mais do que gostaria, pois, evidentemente, se trata de atividade típica do Poder Judiciário como instância de controle do processo legislativo (*judicial review*) e não como instância legislativa propriamente dita[49]. Claramente, nas hipóteses de interpretação conforme e decretação de inconstitucionalidade sem redução de texto não há atividade de legislador negativo, mas interpretação típica da função judicial[50].

O quarto argumento: estender a "lógica" das súmulas vinculantes aos precedentes do art. 927 configura uma contradição em si mesma.

São dois os motivos: (a) se a vinculação aos precedentes do art. 927 do CPC/2015 é inconstitucional, também o seriam aquelas que foram instituídas por emenda (poder constituinte derivado), afinal, são igualmente passíveis de controle de constitucionalidade; (b) as súmulas vinculantes foram instituídas por emenda porque vinculam, além do Judiciário, a Administração Pública direta e indireta, nas esferas federal, estadual e municipal (art. 103-A, *caput*, CF/88).

Para que uma das esferas de poder do Estado esteja vinculada à outra, ou seja, aos comandos de outro poder, há necessidade de previsão constitucional por repercutir diretamente na separação de poderes, cláusula pétrea da ordem constitucional brasileira (art. 60, § 4º, III, CF/88). Por sua vez, a vinculação do art. 927 do CPC/2015 é restrita à estrutura interna e hierárquica dentro do Poder Judiciário, sendo facultado ao Legislador, como já dito, a criação de normas gerais

[49] Para uma visão crítica sobre o conceito de legislador negativo na obra de Hans Kelsen, especialmente pela falta de desenvolvimento de uma teoria da interpretação, ver DIAS, Gabriel Nogueira. "Legislador negativo" na obra de Hans Kelsen: origem, fundamento e limitações à luz da própria Reine Rechtslehre. *Revista Brasileira de Estudos Constitucionais – RBEC*, Belo Horizonte, ano 4, n. 15, jul. / ago, 2010.

[50] Há diferença, contudo, entre o controle concentrado de constitucionalidade que resulta na decretação de constitucionalidade ou inconstitucionalidade e as demais formas de decisão, que tem conteúdo de decisões aditivas, inovando na ordem jurídica. Sobre o tema, ver Ávila, Ana Paula Oliveira. Técnicas de decisão na jurisdição constitucional e garantia de direitos fundamentais das minorias pelo STF. *Revista Novos Estudos Jurídicos*, vol. 20, n. 2, mai-ago 2015, p. 595-627. Nestes casos, parte da doutrina tem entendido haver uma função *paralegislativa* quando é utilizado o efeito aditivo nas decisões proferidas em sede de controle de constitucionalidade, assim como nas súmulas vinculantes, o que reclama determinados requisitos para controlar a discricionariedade da decisão como se vê em Abboud, Georges. *Processo constitucional brasileiro*. São Paulo: RTevista dos Tribunais, 2016, p. 135-145 e 321-355.

e abstratas, até mesmo em sentido contrário ao precedente formado[51]. A nova lei poderá ser considerada como fato novo para permitir a realização de distinção com o caso precedente (art. 489, § 1º, VI).

Destarte, a inconstitucionalidade de um dispositivo é medida extrema, devendo-se, antes, buscar legitimá-lo constitucionalmente. Como se viu, a vinculação normativa e formal aos precedentes do art. 927 do CPC/2015 é chancelada formal e substancialmente pela Constituição Federal e está de acordo com os preceitos constitucionais da coerência, segurança jurídica e igualdade, contribuindo para uma ordem jurídica mais racional.

5. Conclusões

À luz de todas as considerações acima desenvolvidas, conclui-se que o art. 927 do CPC/2015 é constitucional porque:

a) Não há necessidade de autorização constitucional para que juízes e tribunais observem os precedentes previstos no referido enunciado normativo, já que a vinculação é *normativa* e, principalmente, *formal*, ou seja, foi determinada por uma lei cuja validade formal e substancial está conforme à Constituição;

b) O Poder Judiciário não está "legislando", mas exercendo atividade decorrente da sua função típica de interpretar o direito, reconstruindo o ordenamento jurídico através da atividade jurisdicional;

c) A norma-lei, geral e abstrata, não se equivale à norma-precedente, geral e concreta, porque na norma-precedente há uma vinculação às circunstâncias fáticas do caso concreto em julgamento (*material facts*, a exemplo do que prevê o art. 926, § 2º).

[51] Pensemos, por exemplo, no precedente fixado pelo Supremo Tribunal Federal na ADPF 132/RJ, julgado responsável pelo reconhecimento como uma entidade familiar da união entre pessoas do mesmo sexo. O tema, é fato público e notório, ainda é objeto de ampla discussão na sociedade civil, com uma parcela significativa da população se posicionando em sentido contrário à decisão do Supremo. Questiona-se: o Poder Legislativo está vinculado à decisão do STF sobre a matéria e, portanto, vedado de propor uma lei que, contrariamente à decisão, reconheça como entidade familiar somente a união entre um homem e uma mulher? Posiciona-se, aqui, no sentido de que o Legislativo está amplamente autorizado a deliberar sobre o tema, nos limites delineados formal e substancialmente pela Constituição. Porém, se esta nova lei já nasce com um germe de inconstitucionalidade, se há vedação ao retrocesso em matéria de direitos fundamentais sociais, se o Supremo estará vinculado ao precedente por ele formado na ADPF, serão questões a serem analisadas, trata-se de outra discussão. O que importa, para os fins do debate ora proposto, é que os precedentes do art. 927 do CPC/2015 não vinculam o Poder Executivo, como é o caso das súmulas vinculantes, e tampouco o Poder Legislativo, mas única e exclusivamente os juízes e tribunais do Poder Judiciário, como uma forma de preservar a unidade do direito (coerência e integridade). Sobre o STJ e o STF como Cortes Supremas, voltadas à formação de precedentes e à preservação da unidade interpretativa do direito, conferir, por todos, MITIDIERO, Daniel. *Cortes superiores e cortes supremas: do controle à intepretação, da jurisprudência ao precedente, passim.*

6. Referências

ABBOUD, Georges. *Processo constitucional brasileiro.* São Paulo: Revista dos Tribunais, 2016.

ALEXY, Robert. *Teoria dos direitos fundamentais.* Tradução: Virgílio Afonso da Silva. 2ª edição, 4ª tiragem. São Paulo: Malheiros, 2015.

AUSTIN, John. *Lectures on jurisprudence, or the philosophy of positive law*, vol. 2. London: John Murray, 1885.

ÁVILA, Ana Paula Oliveira. Técnicas de decisão na jurisdição constitucional e garantia de direitos fundamentais das minorias pelo STF. *Revista Novos Estudos Jurídicos*, vol. 20, n. 2, mai-ago 2015, p. 595-627.

ÁVILA, Humberto. *Subsunção e concreção na aplicação do direito.* In.: Antonio Paulo Cachapuz de Medeiros (org.) Faculdade de direito da PUCRS: o ensino jurídico no limiar do novo século. Imprenta: Porto Alegre, Edipucrs, p. 413-465, 1997.

______. *Teoria dos princípios: da definição à aplicação dos princípios jurídicos.* 15ª ed., revista, atualizada e ampliada. São Paulo: Malheiros, 2014.

BARBOSA MOREIRA, José Carlos. *A motivação das decisões judiciais como garantia inerente ao Estado de Direito.* Temas de direito processual: 2ª série. São Paulo: Saraiva, 1988.

BENTHAM, Jeremy. *Truth versus Ashhurst.* in.: The Works of Jeramy Bentham, s.l.: John Bowring ed, 1843.

BOBBIO, Norberto. *O positivismo jurídico: lições de filosofia do direito.* Trad. Márcio Puglise, Edson Bini e Carlos E. Rodrigues. São Paulo: Ícone, 2006.

CALAMANDREI, Piero. *La cassazione civile – I. Storia e legislazione.* Torino: Fratteli, 1920.

CAPPELLETTI, Mauro. *Juízes legisladores?* Trad. Carlos Alberto Alvaro de Oliveira. Porto Alegre: Sergio Antonio Fabris Editor, 1993.

______. *The judicial process in comparative perspective.* Oxford: Oxford University Press/Clarendon Press, 1991.

CHIASSONI, Pierluigi. *L'indirizzo analitico nella filosofia del diritto: da Bentham a Kelsen.* Torino: Giappichelli Editore, 2009.

______. *Tecnica dell'interpretazione giuridica.* Bologna: Il Mulino, 2007.

CHIOVENDA, Giuseppe. *Instituições de direito processual civil.* Tradução da 2ª edição italiana: Enrico Tullio Liebman, vol. II, Saraiva: São Paulo, 1943.

CINTRA, Antônio Carlos Araújo; GRINOVER, Ada Pelegrini; DINAMARCO, Cândido Rangel. *Teoria geral do processo.* 24ª ed., revista e atualizada. São Paulo: Malheiros, 2008.

DIAS, Gabriel Nogueira. "Legislador negativo" na obra de Hans Kelsen: origem, fundamento e limitações à luz da própria Reine Rechtslehre. *Revista Brasileira de Estudos Constitucionais – RBEC*, Belo Horizonte, ano 4, n. 15, jul. / ago, 2010.

DINAMARCO, Cândido Rangel. *A instrumentalidade do processo.* 15ª ed. São Paulo: Malheiros, 2013.

DWORKIN, Ronald. *Taking right seriously.* Cambridge: Harvard University Press, 1978.

FERRAJOLI, Luigi. Interpretazione dottrinale e interpretazione operativa. *Rivista Internazionale di Filosofia del Diritto.* n. 43, p. 290-304, 1966.

______. *La democrazia attraverso i diritti. Il costituzionalismo garantista come modelo teórico e come progetto politico.* Roma/Bari: Laterza, 1997.

______. Lo Stato di Diritto fra passato e futuro. In: Pietro Costa; Danilo Zolo. *Lo Stato di Diritto. Storia, teoria, critica.* 3ª ed. Roma: Feltrinelli, 2006, p. 349-386.

______. *Principia iuris. Teoria del diritto*, vol. 1. Roma/Bari: Laterza, 2007.

GUASTINI, Ricardo. *Das fontes às normas.* 1ª ed. Quartier Latin: São Paulo, 2005.

HART, H.L.A. American jurisprudence through english eyes: the nightmare and the noble dream (1977). In: H.L.A. Hart. *Essays in jurisprudence and philosophy*. Oxford: Clarendon Press, p. 123-144, 1983.

______. *The Concept of Law*, 2ª ed., Oxford: Clarendon Press, 1994.

______. Positivism and the separation of law and morals. *Harvard Law Review*, n. 71, 1957, pp. 539/629.

______. Positivism and the separation of law and morals [1958]. In: H.L.A. Hart. *Essays in jurisprudence and philosophy*, Oxford: Clarendon Press, 1983, p. 49/87.

HESSE, Konrad. *A força normativa da Constituição.* Trad. Gilmar Ferreira Mendes. Porto Alegre: Sergio Antonio Fabris Editor, 1991.

HOBBES, Thomas. *Leviathan, or the matter, forme & power of a common-wealth ecclesiastical and civil.* London: Andrew Coke, 1651.

MARINONI, Luiz Guilherme. *Precedentes obrigatórios.* 4ª ed., revista, atualizada e ampliada. São Paulo: Editora Revista dos Tribunais, 2015.

MARINONI, Luiz Guilherme. *O STJ enquanto corte de precedentes: recompreensão do sistema processual da corte suprema.* 2ª ed., revista, atualizada e ampliada, 2014.

MAZZEI, Rodrigo. Notas iniciais à leitura do novo Código Civil. In: ALVIM, Arruda; ALVIM, Thereza (coords.). *Comentários ao Código Civil brasileiro.* Rio de Janeiro: Forense, p. IX-CXLVI, 2005.

MERRYMAN, John Henry. *La tradición jurídica romano-canónica.* 2ª ed. Trad.: Eduardo L. Soares. México: Fondo de Cultura Económica, 1989.

MITIDIERO, Daniel. *Cortes superiores e cortes supremas: do controle à intepretação, da jurisprudência ao precedente.* 2ª ed., revista, atualizada e ampliada. São Paulo: Revista dos Tribunais, 2014.

______. Fundamentação e Precedente: dois discursos a partir da decisão judicial. *Revista de Processo*, v. 37, n. 206, p. 61-78, 2012.

MOUSSALLEM, Tárek Moysés. *Fontes do direito tributário.* São Paulo: Max Limonad, 2001.

NERY JR., Nelson; NERY, Rosa Maria de Andrade. *Comentários ao Código de Processo Civil.* São Paulo: Editora Revista dos Tribunais, 2015.

PICARDI, Nicola. *Jurisdição e processo.* Organizador e revisor técnico da tradução: Carlos Alberto Alvaro de Oliveira. Rio de Janeiro: Forense, 2008.

PICAZO, Luis y Ponce de Léon. *Codificación, descodificación y recodificación.* In: Anuario de derecho civil, vol. 45, nº. 2, p. 473-484, 1992.

SCHAUER, Frederick. *Thinking like a lawyer: a new introduction to legal reasoning.* Cambridge: Harvard University Press, 2009.

TARELLO, Giovanni. *L'interpretazione della legge.* Milano: Giuffrè, 1980.

TARUFFO, Michele. *A motivação da sentença civil.* Trad. Daniel Mitidiero, Rafael Abreu e Vitor de Paula Ramos. São Paulo: Marcial Pons: 2015.

______. *Il vértice ambíguo – Saggi sulla cassazione civile.* Bologna: Il Mulino, 1991.

TUCCI, José Rogério Cruz e. O regime do precedente judicial no novo CPC. In: DIDIER JR., Fredie; CUNHA, Leonardo Carneiro da; MACÊDO, Lucas Buril de; ATAIDE JR., Jaldemiro R. de (coords). *Coleção Grandes Temas do Novo CPC: Precedentes*, vol. 3, Salvador: JusPodivm, p. 445/458, 2015, p. 454.

WIEACKER, Franz. *História do direito privado moderno.* 3ª ed., Fundação Calouste Gulbenkian: Lisboa, 2011.

WROBLÉWSKI, Jérzy. Legal decision and it justification. *Logique et Analyse.* n. 53-54, p. 409-419, 1971.

ZANETI JR., Hermes. *A constitucionalização do processo: o modelo constitucional da justiça brasileira e as relações entre processo e Constituição.* 2ª. ed., revista e ampliada, São Paulo: Atlas, 2014.

______. *A legalidade na era de proteção das necessidades de tutela: princípio da constitucionalidade e legalidade ampla,* no prelo.

______. *O valor vinculante dos precedentes: teoria dos precedentes normativos formalmente vinculantes.* 2ª ed., revista e atualizada. Salvador: JusPodivm, 2016.

______. *Processo constitucional: o modelo constitucional do processo civil brasileiro.* 1ª. ed. Rio de Janeiro: Lumens Juris, 2007.

A intangibilidade da coisa julgada diante da decisão de inconstitucionalidade: impugnação, rescisória e modulação de efeitos

Luiz Guilherme Marinoni

1. A impugnação fundada em decisão inconstitucionalidade no CPC de 2015: a afirmação dos precedentes constitucionais

Os artigos 475-L, § 1º e 741, parágrafo único, do CPC de 1973 davam ao executado a possibilidade de se defender, respectivamente mediante impugnação e embargos do executado – Fazenda Pública –, com base na alegação de o título executivo estar "fundado em lei ou ato normativo declarados inconstitucionais pelo Supremo Tribunal Federal, ou fundado em aplicação ou interpretação da lei ou ato normativo tidas pelo Supremo Tribunal Federal como incompatíveis com a Constituição Federal". Tais artigos, quando mal interpretados, evidenciavam um atentado contra a legitimidade do juízo de constitucionalidade do juiz ordinário. Representavam desconsideração do controle difuso e violação da intangibilidade da coisa julgada.

O CPC de 2015, no art. 525, § 12, afirma que "considera-se também inexigível a obrigação reconhecida em título executivo judicial fundado em lei ou ato normativo considerado inconstitucional pelo Supremo Tribunal Federal, ou fundado em aplicação ou interpretação da lei ou do ato normativo tido pelo Supremo Tribunal Federal como incompatível com a Constituição Federal, em controle de constitucionalidade concentrado ou difuso". Porém, logo depois, no § 14 do mesmo art. 525, deixa-se claro que "a decisão do Supremo Tribunal Federal *deve ser anterior* ao trânsito em julgado da decisão exequenda".

Portanto, não é apenas a decisão que declara a inconstitucionalidade de norma que pode obstaculizar a execução, mas também as decisões proferidas com base nas técnicas da "interpretação conforme" e da "declaração parcial de inconstitucionalidade sem redução de texto". Ademais, podem ser invocadas tanto as decisões em controle concentrado quanto as decisões firmadas em sede de controle difuso.

As decisões proferidas no controle concentrado de inconstitucionalidade têm eficácia *erga omnes* e, por isso, obviamente não podem ser negadas por qualquer juiz ou tribunal. O problema é que os tribunais e juízes não estão sujeitos apenas à eficácia *erga omnes* – que diz respeito à parte dispositiva da decisão –, mas também à eficácia obrigatória dos fundamentos determinantes (*ratio decidendi*) da decisão. Note-se que há diferença entre aplicar norma já declarada inconstitucional e aplicar norma cuja inconstitucionalidade está positivada nos fundamentos determinantes de decisão que declarou a inconstitucionalidade de outra norma. Se há declaração de inconstitucionalidade de determinada norma municipal, os fundamentos que determinaram a conclusão da sua inconstitucionalidade devem ser observados quando se está diante de norma de outro município, mas dotada da mesma substância[1]. Aliás, só em casos desta espécie é que importará o tema dos precedentes obrigatórios ou da eficácia obrigatória dos fundamentos determinantes da decisão.

Quando se afirma que a decisão proferida em controle difuso também pode obstaculizar a execução da decisão, demonstra-se exatamente a importância dos fundamentos determinantes da decisão proferida pelo Supremo Tribunal Federal. Ora, é evidente que o § 12 do art. 525 não está preocupado com a parte dispositiva da decisão proferida em recurso extraordinário, uma vez que esta interessa apenas às partes que litigaram no caso que lhe deu origem. Quando se diz que a decisão exequenda pode ser impugnada quando tiver se pautado em norma considerada inconstitucional pelo Supremo Tribunal Federal ou se fundado em aplicação ou interpretação de norma tida pelo Supremo Tribunal Federal como incompatível com a Constituição Federal (art. 525, § 12, CPC/2015), obviamente se está a falar dos fundamentos determinantes ou da *ratio decidendi* da decisão do Supremo Tribunal Federal.

Portanto, a decisão proferida em recurso extraordinário, para ser invocada para obstaculizar a execução, deve ter as características de um precedente constitucional, em que os fundamentos determinantes ou a *ratio decidendi* estejam delineados[2]. De modo que o CPC de 2015, quando abre oportunidade para a impugnação invocar decisão do Supremo Tribunal Federal anterior à decisão exequenda, afirma claramente a eficácia obrigatória dos precedentes firmados pelo Supremo Tribunal Federal.

É preciso advertir, porém, que a adoção da lei ou da interpretação já declaradas inconstitucionais pelo Supremo Tribunal Federal pode não ter sido essencial para a condenação. É por isto que, apresentada a impugnação, o exequente deve ter a oportunidade de demonstrar que, ainda que a decisão houvesse

[1] Luiz Guilherme Marinoni, *Precedentes obrigatórios*, 4a. ed., 2015, Capítulo III, item 3.5.

[2] Luiz Guilherme Marinoni, *Julgamento nas Cortes Supremas*, São Paulo: Ed. RT, 2015, esp. capítulos 2 e 6.

bservado o precedente do Supremo Tribunal Federal, a sentença teria sido de procedência.

De modo que o acolhimento da impugnação não é consequência necessária da não observância do precedente constitucional. A obstaculização da execução exige juízo no sentido de que a não adoção da norma ou da interpretação declaradas inconstitucionais pelo Supremo conduziria à modificação do sinal da sentença, que, de procedência, passaria a ser de improcedência. Se o desrespeito ao precedente do Supremo Tribunal Federal não impuser a alteração da sentença, mas admitir apenas a modificação da sua fundamentação, não há como acolher a impugnação.

2. A ação rescisória fundada em violação de "norma jurídica" (art. 966, v, CPC/2015)

Segundo o art. 485, V, do CPC de 1973, a sentença de mérito, transitada em julgado, pode ser rescindida quando "violar literal disposição de lei". Diante da incontestável necessidade de se ressalvar a coisa julgada contra a alteração da interpretação dos tribunais, o Supremo Tribunal Federal editou a Súmula 343, que afirma não caber "ação rescisória por ofensa a literal disposição de lei quando a decisão rescindenda se tiver *baseado em texto legal de interpretação controvertida nos tribunais*". Em um dos acórdãos que deram origem a essa súmula, frisou o seu relator, o Ministro Victor Nunes Leal, que "a má interpretação que justifica o *judicium rescindens* há de ser de tal modo aberrante do texto que equivalha à sua violação literal". Lembrou, ainda, que "a Justiça nem sempre observa, na prática quotidiana, esse salutar princípio, que, entretanto, devemos defender, em prol da estabilidade das decisões judiciais".[3]

A Súmula 343 não diz o que é violação literal de lei, mas deixa claro que a decisão que se funda em lei de interpretação controvertida nos tribunais não pode ser objeto de ação rescisória. Isto por uma razão compreensível: é que, se os tribunais divergiam sobre a interpretação da norma, a decisão que adotou uma das interpretações legitimamente encampadas pela jurisdição não pode ser vista como decisão que violou literalmente disposição de lei, que, assim, é suscetível de ser desconstituída mediante ação rescisória.

De modo que a súmula, em vez de encontrar um critério positivo para indicar quando há violação literal de lei, preferiu trabalhar com um requisito capaz de evidenciar quando não há violação literal de lei. Disse, então, que a decisão que aplica lei que tinha interpretação controvertida nos tribunais não está sujeita à ação rescisória.

[3] "Para corrigir interpretação de lei, possivelmente errônea, não cabe ação rescisória" (STF, RE 50.046, 2ª T., rel. Min. Victor Nunes Leal).

Porém, o real problema da dicção da norma do art. 485, V do CPC de 1973 é o de que ela é um simples reflexo de uma teoria da interpretação há muito superada. Só há como pensar em "violação literal de lei" quando se supõe que a interpretação judicial pode declarar a norma contida na lei, nos moldes do formalismo interpretativo. Segundo a teoria formalista, a interpretação, enquanto atividade, tem natureza cognitiva. O juiz, ao interpretar, investigaria o significado do texto legal e então o descreveria.[4] Haveria interpretação para afirmar o que está implicitamente gravado no texto. Esse tipo de interpretação tem ao seu lado as ideias de completude e coerência do direito. Portanto, o juiz não atua com qualquer discricionariedade. Ao decidir, sempre está preso a uma norma preexistente. De modo que a interpretação, enquanto produto, é um mero enunciado descritivo, sujeito ao teste da verdade e falsidade; há apenas uma interpretação correta.[5] Bem por isso, é possível aceitar que o juiz, ao decidir, pode negar a norma preexistente ou violar a lei.

Sucede que não mais se aceita, no plano da teoria do direito, a ideia de que há um significado unívoco intrínseco ao texto legal. A norma não está no texto legal e não há uma relação de sinonímia entre o texto legal e o resultado obtido com a atividade interpretativa.[6] Descabe imaginar que é possível investigar (atividade-interpretação) para declarar a norma (resultado-interpretação). Exatamente por isso é equivocado pensar que a interpretação pode violar a lei.

[4] "Secondo la teoria che converremo di chiamare 'cognitivistica' – ma talora della 'formalistica' – la quale risale alle dottrine giuridiche dell'Illuminismo, l'interpretazione (ivi inclusa quella giudiziale) è atto di scoperta o conoscenza del significato" (Riccardo Guastinni, *Interpretare e argomentare*. Milano: Giuffrè, 2011. p. 409).

[5] Riccardo Guastinni, A interpretação: objetos, conceitos, teorias. *Das fontes às normas*. São Paulo: Quartier Latin, 2005. p. 139 e ss.

[6] "Sovente si dice e si scrive, impropriamente, che l'interprete 'scopre' il significato delle 'norme'. In realtà né l'interprete 'scopre', né la sua attività ha per oggetto delle 'norme'. Vediamo di chiarire, incominciando con ciò che si cela sotto il verbo 'scoprire' e passando poi ao sostantivo 'norma'. (...) È chiaro perciò che il vocabolo 'scoprire', così come è usato nell'espressione 'l'interprete scopre il significado di una norma', è del tutto improprio, ed anzi è dannoso alla chiarezza, perchè occulta – riassumendole in una sola parola – tre attività diverse che possono essere presenti tutte, o possono non essere tutte presenti, nell'attività dell'interpretazionne. Dobbiamo perciò correggere l'espressione corrente riformulandola così: 'l'interprete rileva, o decide, o propone il significato di una norma, ovvero compie più d'una di queste attività'. Ma questa correzione non basta. Infatti anche il vocabolo 'norma' è ingannevole. L'interprete rileva, o decide, o propone il significato da attribuire a un documento, costituito da uno o più enunciati, di cui il significato non è affato precostituito all'attività dell'interprete, ma ne è anzi il risultato; prima dell'attività dell'interprete, del documento oggetto dell'interpretazione si sa solo che esprime una o più norme, non quale questa norma sia o quali queste norme siano: 'norma' significa semplicemente il significado che è stato dato, o viene deciso di dare, o viene proposto che si dia, a un documento che si ritiene sulla base di indizi formali esprima una qualche direttiva d'azione. L'espressione corrente deve perciò essere correta, perché non sia ambigua, così: 'l'interprete rileva, o decide, o propone il significato di uno o più enunciati precettivi, rilevando, o decidendo, o proponendo che il diritto ha incluso, o include, o includerà una norma'" (Giovanni Tarello, *L'interpretazione della legge*. Milano: Giuffrè, 1980. p. 61, 63-64).

A lei não detém a norma; essa é reconstruída pelo juiz a partir do texto, de elementos extratextuais da ordem jurídica e por meio de diretivas interpretativas e valorações[7]. A lei e o resultado-interpretação nada mais são do que enunciados, com a diferença de que a primeira é um enunciado do discurso das fontes e o segundo é um enunciado do discurso do intérprete[8]. Ninguém mais acredita na correspondência biunívoca entre lei e interpretação, na medida em que, como adverte Guastini, toda disposição legal é mais ou menos vaga e ambígua, de modo que sempre tolera diversas e conflitantes atribuições de significado. De uma única disposição legal podem derivar vários resultados interpretativos ou uma multiplicidade de normas, sempre conforme as diversas interpretações possíveis.[9]

A percepção da inexistência de correspondência biunívoca entre disposição e interpretação leva, como consequência lógica, ao abandono dos mitos do "sentido exato da lei" e da garantia da unidade do direito objetivo e faz ver que a função da Corte Suprema somente pode ser a de definir o sentido do direito para garantir a igualdade perante o direito. O valor constitucional tutelado pelo sistema de precedentes das Cortes Supremas não é a unidade do direito, antigo mito atrás do qual se esconderam instâncias autoritárias dos mais variados gêneros, porém a igualdade, realizada empiricamente mediante a vinculação dos tribunais e juízes ao "direito" delineado pela Corte, dependente da evolução da vida social, aberto ao dinamismo de um sistema voltado à atuação de princípios fundamentais munidos de inesgotável carga axiológica e atento à devida percepção das diferenças.[10]

Isso significa que a decisão judicial só pode violar a norma que resulta da interpretação. Não é por outro motivo que o art. 966, V do CPC de 2015 deixou de lado a ideia de violação a "literal disposição de lei" (art. 485, V, CPC/73) e fala em violação de "norma jurídica". Uma decisao pode violar norma definida em precedente de Corte Suprema ou norma que deriva de texto legal que não suscita dúvida interpretativa. Quando há disputa ou controvérsia sobre a interpretação ou a respeito da norma que se deve extrair do texto só se pode pensar em ação rescisória após a Corte Suprema ter definido a norma válida ou a interpretação adequada. Antes disso há interpretação controvertida nos tribunais, de

[7] Jerzy Wróblewski, Lenguaje jurídico e interpretación jurídica. *Sentido y hecho en el derecho*. México: Fontamara, 2008. p. 136 e ss.

[8] Riccardo Guastinni, *Interpretare e argomentare*, cit., p. 65.

[9] Riccardo Guastinni, Disposição vs. Norma. *Das fontes às normas*. São Paulo: Quartier Latin, 2005. p. 34. "...molte disposizioni – quase tutte le disposizioni, in verità – hanno un contenuto di significato complesso: esprimono non già una sola norma, bensì una molteplicità di norme congiunte. Ad un'única disposizione possono dunque corrispondere più norme *congiuntamente*" (Riccardo Guastinni, *Interpretare e argomentare*, cit., p. 65-66).

[10] Gaetano Silvestri, Le Corti Supreme negli ordinamenti costituzionali contemporanei. *Le Corti Supreme*, Milano: Giuffrè, 2001, p. 45.

modo que não há racionalidade em sancionar a decisão que adotou um ou outro resultado-interpretação ou norma.

Lembre-se que, há muito tempo, foi estendido o significado de "violação literal de lei", demonstrando-se que a própria razão para a rescisória em caso de violação literal de lei infraconstitucional não poderia excluir a admissão da rescisória em caso de violação literal de norma constitucional. Portanto, o raciocínio antes desenvolvido se aplica à hipótese em que se pretende rescindir decisão que interpretou norma constitucional.

O que torna a questão problemática e interessante é que os tribunais, inclusive o Superior Tribunal de Justiça e o Supremo Tribunal Federal, após terem passado a admitir a rescisória em caso de "violação literal de norma constitucional", enxergaram uma diferença qualitativa na violação da norma constitucional diante da violação da norma infraconstitucional, ou melhor, uma diferença de natureza entre a interpretação da norma constitucional e a interpretação da norma infraconstitucional, como se a norma constitucional apenas admitisse uma única interpretação ou exigisse uma "interpretação correta", ao contrário da norma infraconstitucional, que abriria oportunidade a várias interpretações ou a "interpretações razoáveis".

Porém, não existe motivo para supor que apenas uma dada qualidade de norma – a norma constitucional – pode exigir uma única interpretação. O ponto tem grande relevância – a interpretação é sempre uma compreensão e uma reconstrução normativa. Não há qualquer razão para entender que a interpretação constitucional seja diversa da interpretação infraconstitucional no que tange aos seus resultados. A necessidade de coerência impõe essa observação: ou há interpretação "correta" da Constituição e da legislação infraconstitucional – porque, ao fim e ao cabo, tem-se aí sempre um interpretar –, ou não há possibilidade de uma única interpretação correta em qualquer desses planos normativos. Sustentar-se a necessidade de interpretação "correta" no plano constitucional e de interpretação "razoável" no plano infraconstitucional constitui evidente *contradictio in terminis*, porque o ato de interpretar é um só no que tange à compreensão de normas jurídicas.

3. A tese de que não há interpretação controvertida de norma constitucional. Crítica

O Supremo Tribunal Federal e o Superior Tribunal de Justiça já decidiram no sentido de que a Súmula 343 somente se aplica aos casos em que a decisão se fundou em lei infraconstitucional. Afirma-se que a lei constitucional "não é uma lei qualquer, mas a lei fundamental do sistema", que não pode gerar duas ou mais interpretações razoáveis, porém apenas uma "interpretação juridicamente correta".[11]

[11] STJ, EDiv no REsp 608.122, 1ª Seção, j. 09.05.2007, rel. Min. Teori Zavascki.

Contudo, equipara-se "interpretação correta" à interpretação proferida pelo Supremo Tribunal Federal. Nesta linha, toda e qualquer decisão que adote interpretação posteriormente contrariada por pronunciamento do Supremo Tribunal Federal, ainda que prolatado em recurso extraordinário, é decisão que, para o efeito de ação rescisória, viola norma constitucional, e, assim, deve ser inapelavelmente desconstituída.

As decisões que admitiram a desconstituição da coisa julgada, mediante o exercício de ação rescisória baseada em pronunciamento do Supremo Tribunal Federal, contêm fundamentação não convincente. Assim, por exemplo, acórdão relatado pelo Ministro Moreira Alves, que diz inexistir ofensa ao art. 5º, XXXVI, da Constituição Federal, sob o ângulo da coisa julgada e da não aplicação da Súmula 343, "pela singela *razão de que o enunciado dessa súmula se situa exclusivamente no plano da interpretação da legislação processual infraconstitucional*" (STF, Ag no AI 305.592-0, 1ª T., j. 20.02.2001, rel. Min. Moreira Alves).[12]

Em outro caso, o Supremo Tribunal Federal chegou à seguinte decisão: "4. Ação rescisória. Matéria constitucional. Inaplicabilidade da Súmula 343/STF. 5. *A manutenção de decisões das instâncias ordinárias divergentes da interpretação adotada pelo STF revela-se afrontosa à força normativa da Constituição e ao princípio da máxima efetividade da norma constitucional. 6. Cabe ação rescisória por ofensa a literal disposição constitucional, ainda que a decisão rescindenda tenha se baseado em interpretação controvertida, ou seja, anterior à orientação fixada pelo Supremo Tribunal Federal.* 7. Embargos de declaração rejeitados, mantida a conclusão da 2ª Turma para que o Tribunal *a quo* aprecie a ação rescisória" (STF, RE-ED 328812, 2ª T., rel. Min. Gilmar Mendes, *DJ* 02.05.2008).

Sustenta-se que a existência de interpretações divergentes, diante de norma constitucional, não é óbice à ação rescisória. Ou melhor, entende-se que pronunciamento do Supremo Tribunal Federal é apto à desconstituição das decisões transitadas em julgado que lhe são contrárias, pouco importando se, a respeito da interpretação da questão constitucional, havia controvérsia nos tribunais.

[12] O Supremo Tribunal Federal já decidiu não ter competência para definir se uma dada ação rescisória é cabível, nem mesmo socorrendo-se da Súmula 343, porque tal julgamento não acarreta, ao menos diretamente, exame de matéria constitucional (art. 102, III, *a*, da CF). Assim: "1. As questões relativas aos pressupostos de cabimento de ação rescisória e à aplicação da Súmula 343 possuem caráter eminentemente infraconstitucional, pois se fundam na legislação processual ordinária, hipótese em que eventual ofensa à Lei Maior, se houvesse, seria indireta e, portanto, de apreciação inviável na via do apelo extremo. 2. Segundo jurisprudência desta Corte, o recurso extraordinário em ação rescisória deve ter por objeto a fundamentação do acórdão nela proferido e não as questões versadas na decisão rescindenda. 3. Agravo regimental improvido" (STF, AI-AgRg 456.931/MG, 2ª T., rel. Min. Ellen Gracie, *DJU* 31.03.2006). No mesmo sentido: STF, AI-AgRg 460.439/DF, Tribunal Pleno, rel. para acórdão Min. Sepúlveda Pertence, *DJU* 28.08.2006; STF, AI-AgRg 461.566/MG, 1ª T., rel. Min. Carlos Britto, *DJU* 04.02.2005; STF, AI-AgRg 274.065/PE, 1ª T., rel. Min. Sydney Sanches, *DJU* 22.11.2002; STF, AI-AgRg 371.721/BA, 2ª T., rel. Min. Nelson Jobim, *DJU* 18.10.2002.

Diz o Ministro Gilmar Mendes, no acórdão referido por último, que "não é a mesma coisa vedar a rescisória para rever uma interpretação razoável de lei ordinária que tenha sido formulada por um juiz em confronto com outras interpretações de outros juízes *e vedar a rescisória para rever uma interpretação de lei que é contrária àquela fixada pelo Supremo Tribunal Federal em questão constitucional*" (STF, RE-ED 328812, 2ª T., rel. Min. Gilmar Mendes, *DJ* 02.05.2008). Nesta passagem, resta ainda mais claro que não há preocupação com a negação da existência de interpretações divergentes. Parte-se da premissa de que decisão do Supremo Tribunal Federal é, por si só, demonstrativo suficiente de violação literal de norma constitucional. O fundamento da rescisória está na força da decisão do Supremo Tribunal Federal, pouco importando se havia dúvida nos tribunais sobre a constitucionalidade da norma. Frisando-se a força da decisão do Supremo Tribunal Federal, elimina-se a relevância da existência de interpretações divergentes e do próprio conceito de "violação literal". Note-se que, nos termos de tal orientação, para que uma decisão possa ser desconstituída com base em "violação literal de lei" (art. 485, V, CPC/73) basta que decisão do Supremo Tribunal Federal, posterior ao trânsito em julgado da decisão rescindenda, a contrarie.

Não há dúvida que a interpretação do Supremo Tribunal Federal deve prevalecer, submetendo os demais juízes. Não há racionalidade em admitir que um juiz ordinário possa atribuir a uma questão constitucional interpretação diversa da que lhe tenha dado o Supremo Tribunal Federal. Daí a importância da vinculação dos órgãos judiciais às decisões do Supremo Tribunal Federal. Aliás, a racionalidade do controle difuso depende do adequado emprego da técnica vinculante, nos moldes do *stare decisis* estadunidense,[13] para o que é imprescindível o desfa-

[13] A doutrina da *stare decisis* tem origem no direito inglês, decorrente da expressão latina *stare decisis et non quieta movere*. Porém, o tema da *stare decisis* em matéria constitucional é de todo desconhecido nesse sistema. Interessa, do ponto de vista do direito comparado, a análise do sistema norte-americano. Nos Estados Unidos, a *stare decisis* certamente tem uma matriz constitucional (Richard Fallon Jr., Stare decisis and the constitution: an essay on constitutional methodology, *New York University Law Review*, n. 76, 2001). Conforme a conceituam James Jr., Hazard e Leubsdorf, a "doutrina da *stare decisis* é um comando mediante o qual as cortes devem dar o devido peso ao precedente. Ela afirma que uma questão de direito já estabelecida deveria ser seguida sem reconsideração, desde que a decisão anterior fosse impositiva" (Fleming James Jr., Geoffrey Hazard Jr., John Leubsdorf, *Civil procedure*, 2. ed., Boston, Little Brown & Co., 1992, p. 585). A essência da doutrina da *stare decisis* nos EUA reside na sua ligação umbilical com o princípio do Estado de Direito (*Rule of Law*). Ainda mais enfaticamente, a Suprema Corte americana afirma que tal ligação com a *Rule of Law* se dá "porque ela assegura que o direito não se altere de forma errática e permite que a sociedade presuma que os princípios fundamentais estão fundados no direito (*law*) ao invés de nas inclinações dos indivíduos" (Vasquez *v.* Hillery, 474 U.S. 254, 265). O respeito dos precedentes internamente aos Tribunais é conhecido como *stare decisis* em sentido horizontal. Contudo, foi só em 1958, na decisão do caso Cooper *v.* Aaron, em uma decisão unânime – algo raro na Suprema Corte americana –, que se decidiu que "a interpretação da décima quarta emenda anunciada por esta Corte no caso Brown é *the supreme law of the land*, e o art. VI da Constituição faz com que esta decisão

zimento da confusão entre poder para controlar a constitucionalidade e poder para decidir de forma indiferente aos pronunciamentos do Supremo Tribunal Federal. Se é verdade que todo e qualquer juiz tem o dever-poder de controlar a constitucionalidade, é inegável que este poder só pode ser exercido de forma racional quando submetido ao entendimento do Supremo Tribunal Federal[14].

Porém, isto não quer dizer que a interpretação do Supremo Tribunal Federal possa ou deva se impor sobre as demais interpretações judiciais *pretéritas*, operando a destruição ou a nulificação de decisões já transitadas em julgado. Sublinhe-se que o Supremo Tribunal Federal (*BGH*) alemão já declarou, com amparo em decisões do próprio Tribunal Constitucional Federal (*BVerfG*), que "uma alteração na interpretação do direito não serve de fundamento para a rescisão da coisa julgada (BVerfGE 2, 380, 395, 405; BGH, Urteil vom 11. März 1953 – II ZR 180/52 – BB 1953, 273; BAG, AP Nr. 1 zu § 580 ZPO; BFHE 123, 310, 311 f.)".[15]

Não obstante, a decisão relatada pelo Ministro Gilmar Mendes, há pouco mencionada, confere à interpretação do Supremo Tribunal Federal a força de alcançar as decisões judiciais transitadas em julgado que lhe são distintas. O Ministro Gilmar Mendes, em seu voto, afirma que, "se ao Supremo Tribunal Federal compete, precipuamente, a guarda da Constituição Federal, é certo que a sua interpretação do texto constitucional deve ser acompanhada pelos demais Tribunais, em decorrência do efeito definitivo absoluto outorgado à sua decisão. Não estou afastando, obviamente, o prazo das rescisórias, que deverá ser observado. Há

tenha *efeito vinculante* (*binding effect*) sobre os Estados" (Cooper *v.* Aaron, 358 U.S. 1, 1958). Aí se fez presente a ideia de decisão (da Suprema Corte) obrigatória, vinculante, *binding* para todos os demais órgãos do Poder Judiciário e para a Administração Pública, a qual passou a ser conhecida como *stare decisis* em sentido vertical. De um ponto de vista prático, a *stare decisis* em sentido horizontal corresponderia à nossa coisa julgada *erga omnes* em matéria constitucional, já que impede a rediscussão da matéria pelo Supremo Tribunal Federal. A *stare decisis* em sentido vertical é idêntica ao efeito vinculante que emana das decisões do Plenário do STF em matéria constitucional. Um dos maiores juristas do direito comparado da atualidade, o Prof. John Merryman, da Stanford Law School, afirmou que aqueles que não reconhecem a existência da *stare decisis* no sistema da *civil law* estão apenas se iludindo e compactuando com o que ele entende ser um verdadeiro *folklore* (John Henry Merryman, *The civil law tradition*, 2. ed., Stanford, Stanford University Press, 1997, p. 147). Nos Estados Unidos é inadmissível que um órgão jurisdicional inferior desobedeça àquilo que a Suprema Corte já afirmou ser o direito (*the law of the land*). Como recentemente afirmou o *Justice* Kennedy ao decidir o caso Lawrence *v.* Texas, a "doutrina do *stare decisis* é essencial para o respeito para com os julgamentos da Corte e para a estabilidade do direito" (Lawrence *v.* Texas, 539 U.S. 558, 2003). Ressalte-se que o chamado efeito vinculante (*binding effect*), que subordina os demais órgãos do Judiciário e da Administração às decisões da Suprema Corte, não tem fundamento no direito positivo. Trata-se de concretização do princípio do Estado de Direito (*Rule of Law*), fundamental para a estabilidade do direito.

14 Luiz Guilherme Marinoni, *Precedentes obrigatórios*, 4ª. ed. São Paulo: Ed. Revista dos Tribunais, 2015.

15 BGH, Urteil vom 26. April 2006 – IV ZR 26/05 – OLG Bremen. No original: "Ein Wandel der Rechtsauffassung ist kein Restitutions-grund (BVerfGE 2, 380, 395, 405; BGH, Urteil vom 11. März 1953 – II ZR 180/52 – BB 1953, 273; BAG, AP Nr. 1 zu § 580 ZPO; BFHE 123, 310, 311 f.)".

um limite, portanto, associado à segurança jurídica. Mas não parece admissível que esta Corte aceite diminuir a eficácia de suas decisões com a manutenção de decisões diretamente divergentes à interpretação constitucional aqui formulada. Assim, *se somente por meio do controle difuso de constitucionalidade, portanto, anos após as questões terem sido decididas pelos Tribunais ordinários, é que o Supremo Tribunal Federal veio a apreciá-las, é a ação rescisória, com fundamento em violação de literal disposição de lei, instrumento adequado para a superação de decisão divergente*" (STF, RE-ED 328812, 2ª T., rel. Min. Gilmar Mendes, *DJ* 02.05.2008).

O Supremo Tribunal Federal, na passagem acima descrita, afirma claramente a retroatividade dos seus pronunciamentos, tomados em controle difuso (mediante recurso extraordinário, por exemplo), sobre a coisa julgada, sob o argumento de que as questões submetidas ao controle difuso da constitucionalidade somente chegam ao Supremo Tribunal Federal depois de muito tempo, quando algumas decisões proferidas pelos tribunais, interpretando a questão constitucional, já transitaram em julgado.

Contudo, a circunstância de uma questão constitucional chegar ao Supremo Tribunal Federal após o trânsito em julgado de decisões sobre a mesma questão certamente não é motivo para a admissão da retroatividade do pronunciamento do Supremo Tribunal Federal sobre a coisa julgada. As decisões que transitaram em julgado, tratando da questão constitucional posteriormente interpretada de outra maneira pelo Supremo Tribunal Federal, expressam um juízo legítimo sobre a constitucionalidade. Este juízo nada mais é do que resultado do dever-poder judicial de realizar o controle da constitucionalidade. Ademais, o fato de a decisão transitar em julgado, antes de a questão chegar à análise do Supremo Tribunal Federal, é mera consequência do sistema de controle da constitucionalidade brasileiro.

A admissão da força de pronunciamento do Supremo Tribunal Federal sobre a coisa julgada, ao fundamento da sua natural e insuprimível demora para se manifestar sobre a questão constitucional, significa a negação do sistema de controle difuso da constitucionalidade. Ao invés da retroatividade das decisões do Supremo Tribunal Federal, seria efetiva e praticamente mais conveniente – obviamente se isto fosse juridicamente possível e conveniente no sistema brasileiro (o que evidentemente não é)[16] – suprimir a possibilidade de o juiz ordinário realizar o controle da constitucionalidade.

Note-se, além disto, que a aceitação da retroatividade do pronunciamento do Supremo Tribunal Federal sobre as decisões proferidas pelos tribunais *significa*

[16] Sobre as virtudes do controle difuso de constitucionalidade na organização do *Rule of Law* estadunidense e dos países que o adotam, Henry J. Abraham, *The judicial process – An introductory analysis of the courts of the United States, England and France*, 6. ed., New York, Oxford University Press, 1993, p. 270-271.

colocar a coisa julgada sob condição ou em estado de provisoriedade, o que é absolutamente incompatível com o conceito e com a razão de ser da coisa julgada. Ora, este estado de indefinição nega o fundamento que está à base da coisa julgada material, isto é, os princípios da segurança jurídica e da proteção da confiança. Aliás, a coisa julgada não é apenas condição para a proteção destes princípios, como também necessidade indispensável para a existência de discurso jurídico e, portanto, de processo jurisdicional.

Assim, é até mesmo difícil – para não se dizer contrário aos fundamentos do direito – definir a natureza do procedimento que culmina em decisão que fica sob a condição de o Supremo Tribunal Federal não a contrariar. Esta decisão, por não ser dotada do devido recrudescimento, não configura verdadeira "decisão final", mas sim mero juízo provisório. Estar-se-ia diante de um processo jurisdicional autônomo, pois não destinado a dar segurança a outra tutela ou situação tutelável, mas cuja tutela jurisdicional, apesar de satisfativa, seria suscetível de revogação![17]

No Superior Tribunal de Justiça também existem decisões no sentido de que pronunciamento do Supremo Tribunal Federal constitui fundamento para a rescisão da coisa julgada. Em acórdão proferido por estreita maioria, concluiu o Superior Tribunal de Justiça que, "em matéria constitucional, não há de se cogitar de interpretação razoável, mas sim de interpretação correta" (STJ, EDiv no REsp 608.122, 1ª Seção, rel. Min. Teori Zavascki, j. 09.05.2007).

Porém, o que o Superior Tribunal de Justiça quer significar, quando fala em "interpretação correta", é que a interpretação correta é a que vem do Supremo Tribunal Federal. Ou seja, sinônimo de interpretação correta é interpretação do Supremo Tribunal Federal. Assim, uma vez proferida a decisão correta, todas as outras que não lhe são conformes são incorretas, e, assim, sujeitam-se à ação rescisória.

A ideia de interpretação correta, infiltrada no mencionado acórdão do Superior Tribunal de Justiça, é esclarecida no voto do Ministro Teori Zavascki, particularmente na parte que frisa que "*contrariar o precedente tem o mesmo significado, o mesmo alcance, em termos pragmáticos, que o de violar a Constituição* (...). É nessa perspectiva, pois, que se deve aquilatar o peso institucional dos pronunciamentos do Supremo Tribunal Federal, mesmo em controle difuso. Nisso reside a justificação para se deixar de aplicar, na seara constitucional, o parâmetro negativo da Súmula

[17] A doutrina americana frisa que "o propósito de um processo judicial não é somente fazer justiça material, mas trazer um fim à controvérsia. É importante que os julgamentos da Corte tenham estabilidade e certeza". No original: "The purpose of a lawsuit is not only to do substantial justice but to bring an end to controversy. It is important that judgements of the court have stability and certainty" (James Jr., Fleming; Hazard Jr., Geoffrey C. e Leubsdorf, John. *Civil procedure*, Boston: Little, Brown & Co., 1992, p. 581).

343, substituindo-se pelo parâmetro positivo da autoridade do precedente. E a consequência prática disso é que, independentemente de haver divergência jurisprudencial sobre o tema, o enunciado da Súmula 343 não será empecilho ao cabimento da ação rescisória (juízo de admissibilidade). Mais que cabível, é procedente, por violar a Constituição, o pedido de rescisão da sentença (juízo rescindente), sendo que *o novo julgamento da causa (juízo rescisório), como corolário lógico e necessário, terá de se ajustar ao procedimento da Suprema Corte*" (STJ, EDiv no REsp 608.122, 1ª Seção, j. 09.05.2007, rel. Min. Teori Zavascki).

Na realidade, quando se admite que não há diferença entre contrariar precedente constitucional – que não existia à época em que a decisão foi proferida – e violar a Constituição comete-se um equívoco que está na base da teoria da interpretação, que seria potencializado mediante a suposição de que a única interpretação capaz de fazer ver a Constituição é a do Supremo Tribunal Federal – como se não houvesse controle difuso. Ora, a assimilação de precedente constitucional com norma constitucional revela falta de distinção entre enunciado do discurso do intérprete e enunciado do discurso das fontes. Não há correspondência biunívoca entre Constituição e precedente constitucional, como clara e concretamente demonstra a possibilidade de revogação de precedente constitucional, inclusive de precedente que declarou a inconstitucionalidade de lei[18]. Um precedente do Supremo Tribunal Federal não declara a norma que sempre esteve contida na Constituição ou que sempre preexistiu à interpretação judicial. O precedente constitucional atribui sentido à Constituição ou o desenvolve de acordo com a evolução da sociedade e dos seus valores. Daí se poder falar em norma constitucional ou precedente constitucional como enunciados situados em planos diversos, afastando-se a crença falaz de que existiria uma correspondência biunívoca entre Constituição e interpretação do Supremo Tribunal Federal, única que poderia fazer supor que uma decisão legitimamente proferida por juiz incumbido de realizar controle difuso de constitucionalidade pode ser invalidada em virtude de ulterior decisão do Supremo Tribunal Federal – que teria o efeito de declarar a inconstitucionalidade da lei em que a anterior decisão se fundou.

Não fosse isso, se *ulterior* precedente torna a coisa julgada rescindível, não há decisão, tomada em controle difuso de constitucionalidade por juiz ordinário, que tenha alguma utilidade. Sempre importará a decisão do Supremo Tribunal Federal. A decisão proferida em controle difuso, embora possa produzir efeitos desde logo, *sempre colocará o jurisdicionado em estado de espera, sujeitando-o a uma decisão mais do que inútil; submetendo-o a uma decisão que, ao invés de resolver o litígio e criar uma confiança legítima, amplifica a litigiosidade latente e potencializa os males e*

[18] Luiz Guilherme Marinoni, *Precedentes obrigatórios*, 4ª. ed., cit., Capítulo 3, itens 4 e 5.

as angústias decorrentes da pendência da ação, deixando perceptível que o processo que se desenvolveu com custos de todos os matizes talvez fosse desnecessário.[19]

Perceba-se que tal raciocínio leva à conclusão de que uma decisão que produz coisa julgada material, e é legitimamente proferida pelo juiz, não gera qualquer proteção à confiança nela depositada.[20] Ora, admitir esta conclusão significa colocar o jurisdicionado na posição de alguém que pode ser "legitimamente" surpreendido depois de ter obtido decisão jurisdicional favorável transitada em julgado. Não é preciso dizer que isto viola, de forma escancarada, a segurança jurídica, princípio concretizador do Estado de Direito.

Por outro lado, deixando-se o plano subjetivo (do jurisdicionado), é imperioso frisar que não há decisão estatal legítima que possa ser desfeita pelo próprio Estado. A decisão em controle difuso de constitucionalidade é tão legítima quanto a decisão do Supremo Tribunal Federal. Ambas provêm do Poder Judiciário e são legitimadas pela Constituição. *O equívoco não expresso, porém contido nas decisões que admitem o desfazimento da coisa julgada em virtude de ulterior precedente do Supremo Tribunal Federal, está em não perceber que admitir uma decisão fundada em lei posteriormente declarada inconstitucional não é o mesmo que admitir eficácia a uma lei declarada inconstitucional.*[21] Lembre-se que, conforme bem adverte Galvão Teles, respeitar a coisa julgada não significa reconhecer efeitos a uma lei inconstitucional, mas reconhecer efeitos a um *juízo* precedente sobre a inconstitucionalidade,

[19] Como bem percebeu, em brilhante obra, Bruno Noura de Moraes Rêgo, "o inciso V do art. 485 do Código de Processo Civil [1973], usado como está sendo para rescindir julgados proferidos em sede de controle de constitucionalidade, *serve para impedir a ação do controle difuso*" (Bruno Noura de Moraes Rêgo, *Ação rescisória e a retroatividade das decisões de controle de constitucionalidade das leis no Brasil*, Porto Alegre: Fabris, 2001, p. 352).

[20] Nessa linha, é absolutamente correta a análise de Leonardo Greco, no sentido de que rescisória que ressuscite questão de direito ampla e definitivamente resolvida no juízo rescindendo, com fundamento no art. 485, V, do CPC [1973], viola claramente a garantia da coisa julgada (Leonardo Greco, Eficácia da declaração *erga omnes* de constitucionalidade ou inconstitucionalidade em relação à coisa julgada anterior, *Relativização da coisa julgada*, Salvador, Podium, 2008, p. 251 e ss.).

[21] Teresa Arruda Alvim Wambier e José Miguel Garcia Medina entendem que, no caso de decisão de inconstitucionalidade, a decisão é juridicamente inexistente. Escrevem os ilustres processualistas: "Segundo o que nos parece, seria rigorosamente desnecessária a propositura da ação rescisória, já que a decisão que seria alvo de impugnação seria *juridicamente inexistente*, pois que baseada *em 'lei' que não é lei ('lei' inexistente)*. Portanto, em nosso entender, a parte interessada deveria, sem necessidade de se submeter ao prazo do art. 495 do CPC [1973], intentar ação de natureza declaratória, com o único objetivo de gerar maior grau de segurança jurídica à sua situação. O interesse de agir, em casos como esse, nasceria não da necessidade, mas da utilidade da obtenção de uma decisão nesse sentido, que tornaria indiscutível o assunto, sobre o qual passaria a pesar autoridade de coisa julgada. *O fundamento para a ação declaratória de inexistência seria a ausência de uma das condições da ação: a possibilidade jurídica do pedido.* Para nós, a possibilidade de impugnação das sentenças de mérito proferidas apesar de ausentes as condições da ação não fica adstrita ao prazo do art. 495 do CPC [1973]" (Teresa Arruda Alvim Wambier e José Miguel Garcia Medina, *O dogma da coisa julgada*, São Paulo, Ed. RT, 2004, p. 43).

diferente do juízo posteriormente feito na decisão de inconstitucionalidade do Tribunal Constitucional.[22]

Também não há como aceitar o argumento de que a retroatividade do pronunciamento do Supremo Tribunal Federal sobre a coisa julgada é imprescindível para fazer valer a plenitude da Constituição. *Não se pense que a rescisão da coisa julgada fundada em lei declarada inconstitucional constitui a afirmação da constitucionalidade sobre a inconstitucionalidade.* A decisão, ainda que fundada em lei inconstitucional, é constitucional. Não fosse assim, não haveria sequer como admitir o prazo de dois anos para a propositura da ação rescisória.

A decisão, mesmo que fundada em lei posteriormente declarada inconstitucional, é manifestação legítima do Poder Judiciário.[23] A coisa julgada que cobre esta decisão é imprescindível à tutela da segurança jurídica e à proteção do sistema de controle difuso da constitucionalidade, que não pode ser usurpado do Poder Judiciário. Assim, *é equivocado relacionar afirmação da constitucionalidade com relativização da coisa julgada, uma vez que a coisa julgada é, inegavelmente, uma afirmação da Constituição.*[24] Na realidade, "bem vistas as coisas, o problema não está na opção entre privilegiar a plenitude da Constituição ou, ao invés, a certeza do

[22] Miguel Galvão Teles, Inconstitucionalidade pretérita, cit., *Nos dez anos da Constituição*, Lisboa: Imprensa Nacional-Casa da Moeda, 1987, p. 329.

[23] No sentido do descabimento de ação rescisória com base em ulterior declaração de inconstitucionalidade do Supremo Tribunal Federal, ver o acórdão do Superior Tribunal de Justiça assim ementado: "Tributário – Ação rescisória – Violação a literal disposição de lei – FGTS – Expurgos inflacionários – Súmula 343/STF – Declaração ulterior de inconstitucionalidade – Interpretação controvertida nos tribunais – Indeferimento liminar da petição inicial. 1. 'Não cabe ação rescisória por ofensa a literal disposição de lei, quando a decisão rescindenda se tiver baseado em texto legal de interpretação controvertida nos tribunais' (Súmula 343 do STF). 2. Um dos pilares da segurança jurídica é exatamente o respeito à coisa julgada. Deveras, a eliminação da lei inconstitucional, em geral, deve obedecer os princípios que regulam a vigência das leis, impedindo-as de retroagir. 3. Desta sorte, salvo manifestação expressa nos acórdãos das ações de declaração de inconstitucionalidade, em controle concentrado, as decisões judiciais anteriores não podem ficar à mercê de rescisórias, sob o fundamento de terem sido proferidas com base em lei inconstitucional. 4. *Posicionamento diverso implica em violar dois institutos preservados pela Constituição, um instrumental e outro substancial: a saber, a coisa julgada e a segurança jurídica.* 5. Aliás, não é por outra razão que a Lei 9.868/1999, que regula a declaração de inconstitucionalidade, reclama termo *a quo* dos efeitos da decisão, expressamente consignados no acórdão, consoante o disposto no art. 27 da referida Lei. 6. A *ratio essendi* da Súmula 343 aplica-se *in casu*, por isso que se, à época do julgado, a lei estava em vigor, sem qualquer eiva de inconstitucionalidade, em prol do princípio da segurança jurídica prometida pela Constituição Federal, não se pode entrever violação àquela pelo acórdão que a prestigiou. 7. Agravo regimental improvido" (STJ, AgRg no Ag 461.196/DF, 1ª T., rel. Min. Luiz Fux, *DJ* 02.12.2002).

[24] "A rescisão seria, assim, um veículo de restauração do controle concentrado sobre o controle difuso e não apenas a defesa da supremacia da Constituição. Seria, por assim dizer, um modo de fazer prevalecer os valores do controle concentrado sobre os valores do controle difuso. Seria prevalecer a generalidade sobre a especificidade. Tal concepção deve ser afastada, já que o controle difuso continua a ser a regra e é graças a ele que se torna possível a defesa dos direitos e garantias individuais" (Bruno Noura de Moraes Rêgo, *Ação rescisória e a retroatividade das decisões de controle de constitucionalidade das leis no Brasil*, cit., p. 355).

direito declarado judicialmente, porquanto a certeza do direito declarado judicialmente (ainda que inconstitucional) é ela própria uma das formas de que se reveste a certeza constitucional". Portanto, como conclui Rui Medeiros, a ressalva da coisa julgada também constitui uma forma de assegurar a primazia da ordem constitucional.[25]

Encontrar fundamento para a ação rescisória em pronunciamento do Supremo Tribunal Federal significaria mais do que a instituição de um "controle da constitucionalidade da decisão transitada em julgado" – significaria a reserva da autoridade para a interpretação constitucional, destituindo-se os juízes ordinários deste poder.

Se o Supremo Tribunal Federal deve zelar pela uniformidade da interpretação da Constituição, isto obviamente não quer dizer que a sua interpretação tenha o poder para dissolver a coisa julgada material. Aliás, se a interpretação do Supremo Tribunal Federal pudesse implicar desconsideração da coisa julgada, o mesmo deveria acontecer quando a interpretação da lei federal se consolidasse no Superior Tribunal de Justiça. Não se diga que a diferença entre as duas situações está em que, no caso da declaração de inconstitucionalidade, a coisa julgada se funda em lei inválida, enquanto "uma decisão contra a lei ou que lhe negue vigência supõe lei válida".[26] Ora, como já foi dito, não admitir a rescisória a partir de pronunciamento do Supremo Tribunal Federal não significa atribuir efeitos a uma lei inconstitucional, mas sim *ressalvar os efeitos de um juízo constitucional que aplicou uma lei posteriormente declarada inconstitucional pela Corte Suprema.*

Chega-se, assim, ao momento propício para se desnudar o equívoco. Se a ação rescisória é proposta com base em precedente do Supremo Tribunal Federal, o seu fundamento não é violação de norma constitucional. O fundamento encontrado, mas não expressamente revelado, é *ius superveniens* ou direito superveniente. Porém, como é curial, o *ius superveniens* não pode ter efeito retroativo sobre a coisa julgada.

Portanto, a Súmula 343 também deve ser aplicada nos casos de resolução de questão constitucional. A tentativa de eliminar a coisa julgada que resultou de uma dúvida de constitucionalidade não só elimina o mínimo que o cidadão pode esperar do Poder Judiciário – que é a estabilização da sua vida após o encerramento do processo –, como também coloca em xeque a legitimidade dos juízes e tribunais para o controle difuso da constitucionalidade.

[25] Rui Medeiros, *A decisão de inconstitucionalidade,* Lisboa: Universidade Católica Ed., 1999, p. 550.

[26] STJ, REsp 127.510, 2ª T., rel. Min. Ari Pargendler, *DJU* 02.03.1998.

4. A adoção de "*interpretação*" depois dita inconstitucional pelo Supremo Tribunal Federal: reforço da evidência de que a norma judicial não se confunde com o texto legal e, assim, não pode ser rescincida por norma posteriormente elaborada pela Corte Suprema

Como antes dito, a admissão da rescisão da coisa julgada em virtude de ulterior pronunciamento do Supremo Tribunal Federal se baseia na ideia de que uma lei inconstitucional não produz efeitos. Esta tese não percebe que admitir uma decisão fundada em lei posteriormente declarada inconstitucional não é o mesmo que admitir eficácia a uma lei declarada inconstitucional. Como é óbvio, respeitar a coisa julgada não significa reconhecer efeitos a uma lei inconstitucional, mas reconhecer efeitos a um juízo anterior, diferente e sobretudo legítimo sobre a constitucionalidade[27]

É importante perceber que, quando se parte da premissa de que lei inconstitucional não produz efeitos para fundamentar a rescindibilidade da decisão judicial, não se faz a distinção entre o enunciado do discurso da fontes e o enunciando do discurso do intérprete, ou seja, não se faz a distinção entre disposição (texto legal) e norma (resultado-interpretação) [28]. Simplesmente não se tem em conta que a coisa julgada material opera como *lex specialis*, separando a disciplina do direito feito valer em juízo da disposição geral e abstrata[29].

O equívoco chega a ser curioso quando cometido em âmbito preocupado com o direito processual constitucional. Isso porque a teorização da distinção entre texto e norma, de grande importância para o desenvolvimento da teoria do direito, serviu-se do exemplo da "interpretação conforme" como mola propulsora.

Realmente, a elaboração teórica que culminou na dissociação entre dispositivo legal e norma teve origem em uma questão prática, surgida na Itália à época em que a Corte Constitucional iniciou os seus trabalhos. Quando a Corte Constitucional italiana efetivamente começou a funcionar – depois de um atraso de quase dez anos devido às suspeitas em relação ao *judicial review* –, um dos primeiros problemas que teve que resolver foi o da identificação do objeto do juízo de inconstitucionalidade. A Corte entendeu que o objeto do juízo de inconstitucionalidade não é o texto da lei, mas a norma que é por ele expressa. A partir daí se introduziu uma separação estrutural entre texto e norma, que trouxe dois benefícios bastante significativos. Permitiu-se a declaração da inconstituciona-

[27] Miguel Galvão Teles, Inconstitucionalidade pretérita, cit., *Nos dez anos da Constituição*, p. 329.

[28] "... la norma non è cosa ontologicamente diversa dalla disposizione: è semplicimente la disposizione *interpretata* e pertanto riformulata, o, da un altro punto di vista, un enunciato (interpretante) di cui l'interprete assume la sinonímia con l'enunciato interpretato (la disposizione)" (Riccardo Guastinni, *Interpretare e argomentare*, cit., p. 65).

[29] Andrea Proto Pisani, Appunti sul giudicato civile e sui suoi limiti oggettivi, *Rivista di Diritto Processuale*, 1990, p. 390.

lidade da interpretação, sem se declarar a inconstitucionalidade do texto legal respectivo, e favoreceu-se a interpretação de adequação da lei à Constituição.[30]

Não é por acaso que um dos primeiros e principais trabalhos acerca da importância da dissociação entre dispositivo legal e norma foi escrito por Vezio Crisafulli, discípulo de Santi Romano, que se tornou um dos mais importantes constitucionalistas italianos do século XX, tendo sido nomeado membro da Corte Constitucional em 1968. O trabalho de Crisafulli foi publicado poucos anos depois do despertar do problema prático no seio da Corte Constitucional.[31] Em essência, concluiu Crisafulli que a relação disposição/norma não é de correspondência biunívoca, tal e como se sugere mediante o postulado da "norma verdadeira" ou da interpretação correta. Para demonstrar a sua tese, argumentou que existem disposições "complexas", que contêm proposições "inseparáveis" de que podem derivar duas ou mais normas; que há disposições equívocas, que expressam "normas hipotéticas", ou seja, duas ou mais normas alternativamente; e que cabe distinguir a "disposição-norma" da "norma-ordenamento" (ou norma "vivente"), sendo a primeira o significado "originário" e literal de uma disposição, identificado mediante uma interpretação centrada sobre a disposição isoladamente considerada, e a segunda o significado atual da disposição, à luz do sistema normativo, em sua abstrata objetividade, e também, em certa medida, na efetividade da sua concreta realização.[32]

O desenvolvimento teórico da dissociação entre texto legal e norma teve origem na intenção de se conservar o texto legal, excluindo-se apenas as interpretações constitucionalmente inválidas, bem como fortaleceu a práxis da interpretação de adequação do sentido do texto à Constituição. Lembre-se, aliás, de que antes do esclarecedor trabalho de Crisafulli, Luigi Montesano havia publicado "Norma e formula legislativa nel giudizio costituzionale", em que apresentou uma tese reducionista e extremamente rigorosa em face do controle de constitucionalidade, segundo a qual o texto legal que abre oportunidade a interpretaçoes não conformes à Constituição deve necessariamente ser declarado inconstitucional.[33]

[30] Pierluigi Chiassoni, Disposición y norma: una distinción revolucionaria. *Disposición. vs norma.* Lima: Palestra, 2011. p. 8

[31] Vezio Crisafulli, Disposizione (e norma). *Enciclopedia del diritto*, 1964.

[32] Pierluigi Chiassoni, Disposición y norma: una distinción revolucionaria. *Disposición. vs norma*, cit., p. 12-13.

[33] Montesano concluiu dizendo que o sistema que procurou delinear significa, em termos práticos, que a Corte, quando nega a inconstitucionalidade, porém ao mesmo tempo revisa a fórmula legislativa em busca de aplicações contrárias à Constituição, não pode obrigar o legislador a melhorar esta fórmula, nem tampouco obrigar os juízes a se absterem destas aplicações, mas deve considerar-se impotente para defender a Constituição deste perigo ou eliminá-lo de vez, declarando inconstitucional a lei equivocadamente formulada (Luigi Montesano, Norma e formula legislativa nel giudizio

Lembre-se que o § 12 do art. 525 do CPC/2015 fala em "*interpretação* de lei ou ato normativo tido pelo Supremo Tribunal Federal como incompatível com a Constituição". Ora, se a interpretação é enunciado do discurso dos juízes (norma judicial), o que se tem, diante de ulterior – após a formação da coisa julgada – decisão do Supremo Tribunal Federal que declara a inconstitucionalidade de determinada interpretação, nada mais do é do que dois enunciados válidos e legítimos sobre uma mesma questão constitucional. Não, como disse Crisafulli, uma "norma verdadeira" ou uma interpretação correta – uma correspondência biúnivoca –, que sustentaria a rescindibilidade da coisa julgada.

5. Não há distinção entre decisão proferida em controle concentrado e controle difuso para efeito de rescindibilidade de coisa julgada

Como é evidente, não há qualquer razão para distinguir decisão proferida em ação direta de inconstitucionalidade de decisão tomada em recurso extraordinário quando se pensa na possibilidade de rescindibilidade de coisa julgada com base em ulterior pronunciamento do Supremo Tribunal Federal.

A decisão proferida no controle concentrado, assim como a decisão proferida no controle difuso, não pode negar a coisa julgada. Ambas são interpretações judiciais ulteriores à coisa julgada, embora a decisão proferida no controle difuso não tenha eficácia *erga omnes*, mas apenas eficácia obrigatória ou vinculante em relação aos seus fundamentos determinantes. Sucede que isto não tem qualquer importância para o efeito de se ter como inválida uma decisão antecedente, revestida por coisa julgada material. A decisão de inconstitucionalidade proferida no controle concentrado, não obstante tenha eficácia *erga omnes*, obviamente não tem eficácia retroativa.

A diferenciação das decisões proferidas nos controles concentrado e difuso, para efeito de rescindibilidade da coisa julgada, faria supor que a decisão de

costituzionale. *Rivista di diritto processuale*, 1958, p. 539). A posição de Montesano nunca prevaleceu e a Corte Constitucional, no final dos anos 50, já trabalhava com as ditas sentenças interpretativas de acolhimento, declarando a inconstitucionalidade de determinadas interpretações do texto legal. (Pierluigi Chiassoni, Disposición y norma: una distinción revolucionaria. *Disposición. vs norma*, cit., p. 9). Recorde-se que o importante trabalho de Tullio Ascarelli (Giurisprudenza costituzionale e teoria dell'interpretazione, *Rivista de diritto processuale*, 1957, p. 351 e ss.), que contribuiu para o desenvolvimento da questão teórica da dissociação entre disposição e norma a partir do mesmo problema prático então vivido pela Corte Constitucional, aponta para sentido diametralmente oposto ao de Montesano: "Quando analisa a constitucionalidade de uma lei, o juiz constitucional se depara sempre com um texto que deve interpretar e que é equívoco. A univocidade pode ser apenas das aplicações concretizadas e não pode referir-se ao texto em função do qual se quer estabelecer a norma objeto da análise. Qualquer texto pode dar lugar a interpretações divergentes e, portanto, à formulação de normas distintas. Uma dessas poderá ser inconstitucional, diversamente de outras" (Tullio Ascarelli, Giurisprudenza costituzionale e teoria dell'interpretazione. *Rivista de diritto processuale*, 1957, p. 356-357).

inconstitucionalidade é algo distinto de uma decisão judicial ou de uma decisão interpretativas de uma questão constitucional. A decisão de inconstitucionalidade proferida em ação direta nada mais é do um juízo sobre a constitucionalidade, que, por isso mesmo, não pode se sobrepor a um anterior juízo também legítimo sobre a constitucionalidade, tutelado pela coisa julgada. Não é posssível negar a coisa julgada sob a equivocada desculpa de se ter encontrado uma "norma verdadeira" ou uma "interpretação correta", que jamais poderia ter sido negada para não se violar a Constituição. Como já dito, a rescisão da coisa julgada fundada em lei posteriormente declarada inconstitucional não constitui afirmação da constitucionalidade sobre a inconstitucionalidade, já que a certeza do direito declarado judicialmente, ainda que inconstitucional, é uma das formas de que se reveste a certeza constitucional.[34]

6. O verdadeiro fundamento da rescisória: retroatividade do ius superveniens sobre a coisa julgada

Não pode haver dúvida que, se uma norma gera dúvida constitucional, expressa pela circunstância de existir dúvida interpretativa no controle difuso da constitucionalidade realizado pelos juízes e pelos tribunais, a decisão que adota uma das interpretações razoáveis não pode ser rescindida. Na realidade, pouco importa, para efeito de rescindibilidade, se a norma é constitucional ou infraconstitucional, já que ambas podem gerar dúvida interpretativa e, nesta dimensão, excluir a ação rescisória.

Portanto, a ação rescisória que se dirige contra decisão que tratou de questão prejudicial sobre a qual recaía divergência interpretativa não é fundada em violação de norma, mas em *ius superveniens*. Isto se torna evidente quando se percebe que esta rescisória não se preocupa com o teor da decisão rescindenda, ou seja, com a circunstância de a decisão ter ou não violado manifestamente uma norma, bastando para a procedência do pedido apenas um pronunciamento do Supremo Tribunal Federal com sinal contrário ao da decisão rescindenda.

Sustenta-se que a ação é fundada em "violação literal de lei" (art. 485, V, CPC/73) ou em "violação de norma jurídica" (art. 966, V, CPC/2015) porque.não há, nem poderia haver, ação rescisória amparada em *ius superveniens*.

7. A previsão de hipótese de rescisória baseada em ulterior decisão de inconstitucionalidade no CPC de 2015

De acordo com o § 15 do art. 525 do CPC de 2015, "se a decisão referida no § 12 for proferida após o trânsito em julgado da decisão exequenda, caberá ação rescisória, cujo prazo será contado do trânsito em julgado da decisão proferida pelo Supremo Tribunal Federal".

[34] Rui Medeiros, *A decisão de inconstitucionalidade,* cit., p. 550.

A norma do novo CPC merece muita atenção, pois ela é irremediavelmente inconstitucional. Note-se que, se o § 14 do art. 525 corretamente exclui a possibilidade de superveniente decisão de inconstitucionalidade obstaculizar a execução da sentença, o § 15 admite a sua invocação como sustentáculo de ação rescisória. Trata-se de duas normas claramente contraditórias, de modo que a segunda só pode ser compreendida como resultado de uma inserção descuidada, dessas que são feitas em uma lei de grande amplitude no apagar das luzes da discussão parlamentar.

Ora, a admissibilidade de alegação de decisão de inconstitucionalidade posterior à formação da coisa julgada é uma exceção à sua intangibilidade, pouco importanto se a alegação é admitida para inibir a execução ou para fundamentar a ação rescisória. Obstaculizar a executabilidade da sentença é negar o título executivo ou a coisa julgada que a sustenta. Recorde-se que a coisa julgada sempre foi considerada um fundamento lógico-jurídico da execução (definitiva)[35]. Da mesma forma, como ainda é mais evidente, ação rescisória com base em posterior declaração de inconstitucionalidade é uma macro exceção à intangibilidade da coisa julgada material.

Portanto, haveria racionalidade na admissão da alegação de posterior decisão de inconstitucionalidade apenas se isto não constituisse exceção à intangibilidade da coisa julgada material. Assim, exatamente porque não se estaria a afetar a coisa julgada material em qualquer dos casos, a admissão da dedução da posterior decisão de inconstitucionalidade em ação rescisória, e não em impugnação, seria mera opção legislativa.

Não obstante, como tanto a obstaculização da execução, quanto a rescindibilidade com base em ulterior decisão do Supremo Tribunal Federal obviamente constituem exceção à intangibilidade da coisa julgada material, exigiria-se outra resposta do legislador. Seria necessário argumentar, como única saída para a legitimação da norma do § 15, que a intangibilidade da coisa julgada se coloca apenas no plano processual, não estando garantida pela Constituição Federal.

Esse raciocício é ainda mais absurdo do que o antecedente. A coisa julgada está claramente garantida no art. 5º, XXXVI, da Constituição Federal. Nenhuma lei pode dar ao juiz poder para desconsiderar a coisa julgada material, até porque nenhum juiz pode negar decisão de membro do Poder Judiciário. A intangibilidade da coisa julgada material é essencial para a tutela da segurança jurídica, sem a qual não há Estado de Direito, ou melhor, sem a qual nenhuma pessoa pode se desenvolver e a economia não pode frutificar.

[35] Italo Andolina, *"Cognizione" ed "esecuzione forzata" nel sistema della tutela giurisdizionale*, Milano: Giuffrè, 1983, p. 36 e ss; Luiz Guilherme Marinoni, *Tutela antecipatória, julgamento antecipado e execução imediata da sentença*, São Paulo: Ed. Revista dos Tribunais, 1996, p. 40 e ss.

Nem se diga, nessa altura, que a alegação de decisão de inconstitucionalidade constituiria uma exceção constitucionalmente legítima à intangibilidade da coisa julgada, argumentando-se que a rescisão da coisa julgada fundada em lei posteriormente declarada inconstitucional seria uma afirmação da constitucionalidade sobre a inconstitucionalidade. É sempre importante advertir que a garantia da coisa julgada não resguarda os efeitos de *uma lei* inconstitucional, porém ressalva os efeitos de *um juízo* constitucional que aplicou uma lei posteriormente declarada inconstitucional pelo Supremo Tribunal Federal.

Tudo isso significa que os juízes e tribunais não devem aplicar o § 15 do art. 525 do CPC de 2015, dada a sua inescondível e insuperável inconstitucionalidade. Aliás, como será visto a seguir, o Supremo Tribunal Federal recentemente declarou a impossibilidade de ação rescisória baseada em ulterior precedente da sua lavra exatamente sob o fundamento de que *isso configuraria violação da garantia constitucional da coisa julgada material.*

8. O caso Metabel v. União federal: a não admissão de ação rescisória baseada em ulterior precedente do supremo tribunal federal mediante a afirmação da garantia constitucional da coisa julgada material

O Supremo Tribunal Federal, recentemente, julgou recurso extraordinário que definiu a questão do cabimento de ação rescisória fundada em precedente do Supremo Tribunal Federal posterior à decisão rescindenda[36]. Decidiu-se expressamente sobre a aplicação da súmula 343-STF[37] em ação rescisória fundada em violação de norma constitucional e sobre se a admissão da ação rescisória, baseada em posterior precedente do Supremo Tribunal Federal, é compatível com a tutela da coisa julgada material.

O precedente firmado neste recurso extraordinário revogou o entendimento que até então prevalecia no Supremo Tribunal Federal[38], declarando que decisão do Supremo Tribunal Federal, ulterior ao trânsito em julgado da decisão, não pode servir de fundamento para a ação rescisória. Declarou-se, ainda, que a súmula 343 é aplicável em ação rescisória fundada em violação de norma constitucional, de modo que, quando há divergência interpretativa à época da prolação da decisão rescindenda, a ação rescisória não é viável. Decidiu-se, ademais, que a invocação de precedente constitucional ulterior à formação da coisa julgada, para o efeito de rescindi-la, é incompatível com a garantia constitucional da coisa julgada material. Ou seja, não só ressalvou-se a coisa julgada em face de

[36] STF, RE 590.809, Plenário, Rel. Min. Marco Aurélio, julgado em 22.10.2014.

[37] Essa súmula diz que não cabe "ação rescisória por ofensa a literal disposição de lei, quando a decisão rescindenda se tiver *baseado em texto legal de interpretação controvertida nos tribunais*"

[38] STF, RE-ED 328812, 2ª T., rel. Min. *Gilmar Mendes, DJ* 02.05.2008.

precedente constitucional em sentido diverso, com ainda afirmou-se que a coisa julgada é garantida pela Constituição Federal.

O recurso extraordinário foi provido por sete votos a dois. Os Ministros Marco Aurélio, Celso de Mello, Luiz Fux, Rosa Weber e Ricardo Lewandowski adotaram o fundamento de que novo entendimento ou precedente do Supremo Tribunal Federal não pode constituir base para a rescisão de decisão que com ele confronta. A Ministra Carmén Lúcia disse que a decisão rescindenda, por ter se pautado em entendimento que prevalecia no Supremo Tribunal Federal na época em que proferida, não poderia ser rescindida. O Ministro Toffoli reconheceu a decadência da ação rescisória e não se manifestou sobre a questão da possibilidade da desconstituição de decisão com base em precedente ulterior do Supremo Tribunal Federal. Os Ministros Gilmar e Teori dissentiram do fundamento da maioria, reafirmando as suas antigas posições.[39].

Disse o relator, Ministro Marco Aurélio: "a rescisória deve ser reservada a situações excepcionalíssimas, ante a natureza de cláusula pétrea *conferida pelo constituinte ao instituto da coisa julgada*. Disso decorre a necessária interpretação e aplicação estrita dos casos previstos no artigo 485 do Código de Processo Civil, incluído o constante do inciso V, abordado neste processo. Diante da razão de ser do verbete [súmula 343/STF], não se trata de defender o afastamento da medida instrumental – a rescisória – presente qualquer grau de divergência jurisprudencial, mas de prestigiar a coisa julgada se, *quando formada, o teor da solução do litígio dividia a interpretação dos Tribunais pátrios* ou, com maior razão, se contava com óptica do próprio Supremo favorável à tese adotada. *Assim deve ser, indiferentemente, quanto a ato legal ou constitucional, porque, em ambos, existe distinção ontológica entre texto normativo e norma jurídica*". Essa passagem deixa clara a aplicabilidade da súmula 343 mesmo em caso de interpretação de norma constitucional. Aplicando-se a súmula 343, decidiu-se que não cabe ação rescisória, fundada em violação de norma constitucional, quando à época em que a decisão foi proferida havia controvérsia sobre a interpretação da norma.

Mas o Supremo Tribunal Federal, ao firmar o precedente, não só tratou da aplicabilidade da súmula 343., Ao enfatizar que novo entendimento do Supremo Tribunal Federal não pode ser visto como fundamento de ação rescisória, a Corte Suprema também declarou a tutela *constitucional* da coisa julgada material. Nas palavras do Ministro relator: "Não posso admitir, sob pena de desprezo à garantia *constitucional* da coisa julgada, a recusa apriorística do mencionado verbete [súmula 343/STF], como *se a rescisória pudesse "conformar" os pronunciamentos dos tribunais brasileiros com a jurisprudência de último momento do Supremo, mesmo considerada a interpretação da norma constitucional*".

[39] STF, RE-ED 328812, 2ª T., rel. Min. *Gilmar Mendes*, *DJ* 02.05.2008STJ; STJ, EDiv no REsp 608.122, 1ª Seção, rel. Min. *Teori Zavascki*, j. 09.05.2007.

A ementa do acórdão consignou que "o verbete n. 343 da Súmula do Supremo deve ser observado em situação jurídica na qual, *inexistente controle concentrado de constitucionalidade*, haja entendimentos diversos sobre o alcance da norma, mormente quando o Supremo tenha sinalizado, num primeiro passo, óptica coincidente com a revelada na decisão rescindenda"[40]. Ou seja, a ementa ressalvou a possibilidade de a ação rescisória ser utilizada com base em decisão proferida em "controle concentrado". Porém, não obstante a circunstância de o próprio relator ter abordado esta questão de passagem, sem defini-la, a questão de se a decisão proferida em controle concentrado constitui base para ação rescisória não foi posta para julgamento ou, ainda, não constituia fundamento suficiente para se decidir se precedente do Supremo Tribunal Federal, firmado em sede de controle incidental, pode determinar a desconstituição da coisa julgada.

Sublinhe-se o que disse o próprio relator, Ministro Marco Aurélio: "Na origem, o acórdão foi rescindido para conformá-lo à decisão deste Tribunal no sentido de o alcance do princípio da não cumulatividade não autorizar o lançamento de créditos do Imposto sobre Produtos Industrializados – IPI em decorrência da aquisição de insumos isentos, não tributados ou sujeitos à alíquota zero. Vê-se não se tratar de referência a ato por meio do qual o Supremo assentou, com eficácia maior, a inconstitucionalidade de norma. *Estivesse envolvida* declaração da espécie, *poderia até cogitar, com muitas reservas,* do afastamento do verbete em favor do manejo da rescisória apenas para evitar a vinda à balha indiscriminada de decisão judicial, transitada em julgado, fundada em norma proclamada inconstitucional, nula de pleno direito. *Mas não é este o caso ora examinado.* Pretende-se, na realidade, utilizar a ação rescisória *como mecanismo de uniformização da interpretação da Carta,* particularmente, do princípio constitucional da não cumulatividade no tocante ao Imposto sobre Produtos Industrializados – IPI, *olvidando-se a garantia constitucional da coisa julgada material*"[41]. O relator foi incisivo ao dizer que não estava envolvida decisão proferida em controle concentrado e, mais do que isso, que, caso "estivesse envolvida", a cogitação sobre ação rescisória poderia ser feita "com muitas reservas". Ora, se uma questão é reconhecida como fora do julgamento ("estivesse envolvida") e é admitida como não decidida ("poderia até cogitar, com muitas reservas"), ela certamente constitui *obiter dictum.*

De qualquer forma, as mesmas razões que impedem a retroatividade da decisão proferida em recurso extraordinário sobre a coisa julgada impedem a retroatividade da decisão proferida em controle concentrado. Ora, se ulterior decisão de inconstitucionalidade, ainda que proferida em ação direta, tornar a coisa julgada rescindível, não haverá decisão, tomada em controle difuso de constitucio-

[40] STF, RE 590.809, Plenário, Rel. Min. Marco Aurélio, julgado em 22.10.2014.

[41] STF, RE 590.809, Plenário, Rel. Min. Marco Aurélio, julgado em 22.10.2014.

nalidade, dotada de alguma utilidade; *a coisa julgada sempre será provisória e sujeita a condição resolutiva, o que é uma contradição em termos*. Lembre-se que a decisão judicial, mesmo que fundada em lei posteriormente declarada inconstitucional, é manifestação legítima do Poder Judiciário e que a coisa julgada que cobre esta decisão é imprescindível à tutela da segurança jurídica e à proteção do sistema de controle difuso da constitucionalidade.

9. Casos em que se admite ação rescisória baseada em violação de norma constitucional

A ação rescisória tem pleno cabimento em caso de manifesta violação de "norma jurídica" (art. 966, V, CPC/2015). Diante da dissociação entre texto legal e norma e da função contemporânea do Supremo Tribunal Federal de definir o sentido do direito constitucional federal, norma jurídica é, além da decisão firmada em ação direta, precedente constitucional. Significa que cabe ação rescisória quando a decisão nega decisão proferida em ação direta ou precedente constitucional, tenham estes afirmado a inconstitucionalidade ou a constitucionalidade. A decisão que se nega a adotar precedente ou decisão do Supremo Tribunal Federal que afirmou a constitucionalidade também é decisão que viola manifestamente norma jurídica e, assim, sujeita-se a ação rescisória.

Note-se que, quando se *nega* decisão proferida em ação direta, precedente ou ainda súmula do Supremo Tribunal Federal, é possível falar em "*violação de norma*", o que certamente não ocorre quando é realizado *juízo* sobre a questão de constitucionalidade e, após o encerramento do processo, o Supremo Tribunal Federal fixa norma em sentido contrário.

Como se vê, cabe ação rescisória quando há negação de norma dotada de efeito vinculante, o que, obviamente, não poderia ser outra coisa que não violação manifesta de norma jurídica. Não há como negar que, nestas hipóteses, viola-se uma norma que vincula o conteúdo da decisão do juiz. O juiz ou o tribunal que, apesar do pronunciamento vinculante do Supremo, decide em sentido contrário, profere decisão que viola manifestamente o sentido que a Corte Suprema atribuiu ao direito.

Porém, há também violação manifesta de norma jurídica, nos termos do art. 966, V do CPC de 2015, quando a interpretação do texto é tão fácil e simples que a violação da norma jurídica *quase que se confunde* com a negação do texto. Não se pretende retormar, aqui, a discussão plantada por Hart sobre os enunciados que, no texto legal, estão em zonas de penumbra e de luz[42]. Afirma-se, em determinada concepção teórica, que em todo texto legal há enunciados que estão na zona de luz e enunciados que estão na zona de penumbra, sendo que somente

[42] Herbert Hart, *The concept of Law*. Oxford: Clarendon Press, 1993.

os últimos reclamam valoração e decisão, ao passo que os primeiros são normas pré-definidas, que podem ser simplesmente descritas. Não obstante, como demonstra Wróblewski, os "problemas penumbrais" são uma instância de dúvidas interpretativas que não podem escapar da valoração do intérprete[43]. Assim, a solução da questão sobre se a norma é "clara" ou "duvidosa" também depende de valoração, constituindo uma fase do raciocínio interpretativo, que, uma vez superada, dá ao intérprete a possibilidade de chegar num resultado que advém imediatamente do texto ou confere-lhe a oportunidade de, mediante nova valoração, decidir sobre o seu sentido.[44] A clareza obviamente não é algo que deflui objetivamente do texto. Não é um predicado do texto, mas o fruto do entendimento daquele que o lê. Clareza ou obscuridade são sentidos atribuídos a um texto legal pelo intérprete[45].

Contudo, se atribuir clareza é valoração, de modo que o resultado-interpretação nunca é apenas descrição, mas sempre norma jurídica – ao contrário do que supõem os teóricos da "zona de luz" –, não há como negar que determinados textos não suscitam controvérsia nos tribunais. Não se discute acerca da norma que deflui destes textos. Quando isso ocorre, ou melhor, quando não há controvérsia nos tribunais sobre a interpretação de uma disposição, a decisão que lhe confere interpretação contrária pode ser submetida a ação rescisória sob o fundamento de "violar manifestamente norma jurídica" (art. 966, V, CPC/2015).

10. Modulação de efeitos e coisa julgada

Como é óbvio, não importa que a ressalva da coisa julgada diante da decisão de inconstitucionalidade não esteja expressamente afirmada pela Constituição brasileira, à semelhança do que ocorre no art. 282, 3, da Constituição da República Portuguesa. Recorde-se que, segundo o art. 282, 3, da Constituição portuguesa, diante da declaração de inconstitucionalidade com força obrigatória geral "ficam ressalvados os casos julgados, salvo decisão em contrário do Tribunal Constitucional quando a norma respeitar a matéria penal, disciplinar ou de ilícito de mera ordenação social e for de conteúdo menos favorável ao arguido". Como observa Rui Medeiros, a Constituição portuguesa (art. 282, 3, primeira parte) reconhece

[43] Jerzy Wróblewski, Transparency and doubt. Understanding and interpretation in pragmatics and in Law. *Law and Philosophy*, 1988, p. 322 e ss.

[44] "Una disposizione è chiara, in relazione a un qualche problema da risolvere e a un qualche caso concreto da disciplinare, soltanto *dopo* averla interpretata (o compresa, o come dir si voglia" (Pierluigi Chiassoni, *Tecnica dell'interpretazione giuridica*, Bologna: Il Mulino, 2007, p. 62).

[45] No mesmo sentido, afirma Taruffo que, em face da necessidade de definição a respeito de se o caso é fácil ou difícil, "o problema das opções interpretativas é reproposto integralmente, e não está resolvido nem esclarecido pela distinção [casos fáceis e difíceis; núcleo de luz e zona de penumbra] em exame" (Michele Taruffo, La Corte di Cassazione e la legge. In *Il vertice ambiguo. Saggi sulla Cassazione civile*, Bologna: Il Mulino, 1991, p. 93).

"que o sacrifício da intangibilidade do caso julgado *só deve ter lugar nos casos extremos em que imperativos de justiça o justifiquem.* À partida, uma simples alteração no plano normativo ou hermenêutico não justifica, perante situações de fato invariáveis, o afastamento da decisão transitada em julgado".[46]

Frise-se que a coisa julgada é instituto imprescindível à afirmação do Poder Judiciário e do Estado de Direito, além de garantia do cidadão à estabilidade da tutela jurisdicional, corolário do direito fundamental de ação e do princípio da proteção da confiança.[47] Portanto, o n. 3 do art. 282 da Constituição de Portugal não precisaria sequer existir para que a coisa julgada fosse ressalvada diante da declaração de inconstitucionalidade. De qualquer forma, no direito brasileiro a intangibilidade da coisa julgada está expressa no art. 5º, XXXVI, da Constituição Federal.[48] E, mesmo que aí não fosse encontrada, não poderia deixar de ser vista como corolário do Estado de Direito e expressão concreta do princípio da segurança jurídica.

De modo que no direito brasileiro, assim como acontece no direito português, em vez de ter de ser necessariamente ressalvada em toda e qualquer decisão de inconstitucionalidade, a coisa julgada, para ser atingida, tem de ter a sua força constitucional expressamente renegada diante de outro valor merecedor de excepcional proteção. Como esclarece Canotilho, a "exceção ao princípio

[46] Rui Medeiros, *A decisão de inconstitucionalidade*, cit., p. 547-548.

[47] "(...) quando a Constituição [portuguesa] (art. 282, 3) estabelece a ressalva dos casos julgados, isso significa a *imperturbabilidade* das sentenças proferidas com fundamento na lei inconstitucional. Deste modo, pode dizer-se que elas não são *nulas* nem *reversíveis* em consequência da declaração de inconstitucionalidade com força obrigatória geral. Mais: a declaração de inconstitucionalidade não impede sequer, por via de princípio, que as sentenças adquiram *força de caso julgado*. Daqui se pode concluir também que a declaração de inconstitucionalidade não tem *efeito constitutivo* da intangibilidade do caso julgado (...). Em sede do Estado de Direito, o princípio da intangibilidade do caso julgado é ele próprio um princípio densificador dos princípios da garantia da confiança e da segurança inerentes ao Estado de Direito" (J. J. Gomes Canotilho, *Direito constitucional e teoria da constituição*, Coimbra: Almedina, 1992, p. 1.004).

[48] A coisa julgada não se sujeita – ou poderá se sujeitar – aos efeitos *ex tunc* da declaração de inconstitucionalidade, e, assim, mesmo antes do art. 27 da Lei 9.868/1999, já era imune a tais efeitos. Clèmerson Merlin Clève, em livro publicado em 1995, já dizia que "a coisa julgada consiste num importante limite à eficácia da decisão declaratória de inconstitucionalidade" (Clèmerson Merlin Clève, *A fiscalização abstrata de constitucionalidade no direito brasileiro*, São Paulo: Ed. Revista dos Tribunais, 1995, p. 169), enquanto o Ministro Gilmar Ferreira Mendes, muito antes de 1999, frisou que o sistema de controle da constitucionalidade brasileiro contempla "*uma ressalva expressa a essa doutrina da retroatividade: a coisa julgada.* Embora a doutrina não se refira a essa peculiaridade [prevista no texto constitucional desde 1969], *tem-se por certo que a pronúncia de inconstitucionalidade não faz* tabula rasa *da coisa julgada erigida pelo constituinte em garantia constitucional* (CF [1969], art. 153, § 3º). Ainda que não se possa cogitar de direito adquirido ou de ato jurídico perfeito fundado em lei inconstitucional, afigura-se *evidente* que a nulidade *ex tunc* não afeta a *norma concreta contida* na sentença ou acórdão" (Gilmar Ferreira Mendes, *Controle de constitucionalidade. Aspectos jurídicos e políticos*, São Paulo: Saraiva, 1990, p. 280).

da intangibilidade do caso julgado *não opera automaticamente como mero corolário lógico da declaração de inconstitucionalidade. A revisão de sentenças transitadas em julgado deve ser expressamente decidida pelo Tribunal em que se declare a inconstitucionalidade da norma"*.[49]

Perceba-se que, nesta dimensão, o Supremo Tribunal Federal tem um poder maior do que o do Tribunal Constitucional português, uma vez que esse último, em princípio, não pode fazer a sua decisão retroagir sobre a coisa julgada, exceto quando "a norma respeitar a matéria penal, disciplinar ou de ilícito de mera ordenação social e for de conteúdo menos favorável ao arguido".

No direito brasileiro, portanto, o próprio poder de atribuir à decisão de inconstitucionalidade o efeito *excepcional* de retroagir sobre a coisa julgada já constitui algo que poderia ser questionado. O que significa que a retroatividade da decisão de inconstitucionalidade sobre a coisa julgada, além de não ser uma *decorrência* desta decisão, ao ser *aceita* como *possível* constitui uma *excepcionalidade*, admissível tão somente quando o seu desfazimento for *necessário* para tutelar valor *imprescindível* ao Estado Constitucional, que, na hipótese concreta, tenha *justificado motivo* para *prevalecer* sobre a coisa julgada.

Se a coisa julgada pudesse desaparecer diante da decisão do Supremo Tribunal Federal, não só inexistiria razão para se dar ao juiz e aos tribunais o poder de controlar a constitucionalidade, *como também se estaria conferindo ao jurisdicionado uma coisa julgada sob "condição negativa imprevisível"* – sob a condição de o Supremo Tribunal Federal não declarar a inconstitucionalidade da norma que fundou a decisão. Além de negar a razão de ser da coisa julgada e os princípios da segurança e da proteção da confiança, isto significaria, ainda, evidente lesão ao direito fundamental de ação, que tem como corolário o direito a uma decisão imutável e indiscutível. Dar à decisão de inconstitucionalidade o efeito automático e imediato de desfazer a coisa julgada significa não ver que a circunstância de uma lei inconstitucional não produzir efeitos válidos não interfere sobre a eficácia da decisão que a teve por constitucional e, além disso, que a coisa julgada é tutelada pela Constituição.

Porém, o Supremo Tribunal Federal pode permitir o alcance da coisa julgada. Tal pode ocorrer, por exemplo, no caso em que se declara a inconstitucionalidade de um tributo. Em um caso como este, a declaração de inconstitucionalidade retira da Fazenda Pública o poder de cobrar os tributos não pagos, ainda que o contribuinte não os tenha questionado na esfera administrativa ou na judicial. Nos processos que tiverem sido instaurados, diante da vinculação dos juízes e tribunais à decisão do Supremo Tribunal Federal, as decisões terão de ser necessariamente favoráveis ao contribuinte. Assim, no caso de ação para não pagar,

[49] J. J. Gomes Canotilho, *Direito constitucional e teoria da constituição*, p. 1.005.

ficará o contribuinte isento do pagamento e, na hipótese de ação de repetição, receberá os valores pagos de volta. Nesta situação, certamente surgiria a preocupação com os contribuintes que já receberam decisões desfavoráveis transitadas em julgado. Mas os juízes e os tribunais não podem questionar a coisa julgada sob o argumento de o Supremo Tribunal Federal ter declarado a inconstitucionalidade da lei. A decisão de desafirmação da coisa julgada é atributo exclusivo do Supremo Tribunal Federal.

O Supremo Tribunal Federal não tem motivo para limitar os efeitos da decisão de inconstitucionalidade para que a coisa julgada seja preservada, mas excepcionalmente, considerando relevante valor constitucional que, diantes das circunstâncias concretas, sobrepõe-se, pode decidir de modo a desfazê-la. Se, por "modular efeitos", não se tem apenas *limitar* efeitos, mas também *potencializar* os efeitos, outorgando-lhes força que, em princípio, não têm, é possível usar a oportunidade conferida pela técnica da "modulação de efeitos" para, em casos excepcionalíssimos, extrair da decisão de inconstitucionalidade o efeito de atingir a coisa julgada. É certo que, nesse caso, não se está regulando os efeitos da decisão de inconstitucionalidade *no tempo*, mas conferindo-se determinada *qualidade* a estes efeitos. Porém, não importa. O que realmente releva é que isso é importante para o adequado exercício da jurisdição constitucional.

De outra parte, diante deste grande poder, é absolutamente necessário estabelecer critérios em nome da segurança jurídica. Estes critérios podem ser definidos em lei ou no próprio regimento interno do Supremo Tribunal Federal. Por enquanto, a ideia de balanceamento tem pautado as decisões do Supremo, como a tomada por ocasião do julgamento dos RE 556.664, 559.882, 559.943 e 560.626.[50] Porém, não há razão para se admitir uma decisão fundada em uma argumentação muito difícil de ser racionalizada quando se podem instituir critérios seguros para decidir.

O balanceamento é um critério ou método de decisão a ser adotado à falta de outros que permitam uma decisão mais segura. Portanto, se não existem indicações normativas, mostra-se imperioso construir um sistema de autocontrole dos juízos relativos à "modulação dos efeitos".

Assim, o Supremo, ao decidir e fixar os critérios para a modulação dos efeitos, estará se autovinculando para os casos futuros. Os julgados do Supremo Tribunal Federal obrigam e vinculam as futuras decisões da própria Corte, mantendo-a atrelada aos critérios que foram anteriormente utilizados e explicitados em situações similares. Em outros termos, o trabalho do próprio Supremo, na construção dos seus precedentes, mais uma vez representará a melhor forma de controle e de racionalização das suas decisões.

[50] STF, RE 559.882-9, Pleno, rel. Min. Gilmar Mendes, j. 12.06.2008,

No caso de decisão que autoriza o alcance da coisa julgada, o Supremo Tribunal Federal deverá explicitar as razões da adoção deste drástico efeito, esclarecendo os motivos para se deixar de lado o valor da coisa julgada. Estes motivos vinculam o Supremo, impedindo-o de deles se libertar em decisões futuras a respeito do tema. Essa vinculação somente poderá cessar caso a Corte demonstre que os motivos já adotados não devem ser reprisados diante das especifidades de um novo caso. Recai sobre o Supremo um forte ônus argumentativo. Somente a superação deste ônus permitirá à Corte se libertar dos critérios que antes utilizou.

Ação Rescisória e competência: novos e velhos problemas

Ravi Peixoto
Marcelo Pichioli da Silveira

1. Introdução

Há muito de novo no CPC/2015: muitos institutos foram criados, alguns foram repensados e outros tantos deixaram de existir. Um tema, porém, ainda causará muita polêmica. Essa a razão do jogo de palavras que escolhemos para intitular este texto: queremos examinar *novos e velhos problemas*. Determinar a competência para processar e julgar a demanda rescisória é tarefa (só) aparentemente simplória.

O objetivo deste escrito é fornecer a solução que nos aparenta adequada diante de várias hipóteses de que pudemos cogitar. Além disso, oferecemos soluções diversas para alguns desses casos. Um deles, aliás, traz problema de ampla complexidade: teria o CPC/2015 resolvido o problema da ação rescisória e dos capítulos de sentença? Pelo sim ou pelo não, ainda calha perguntar: quem, afinal de contas, deve apreciar essas demandas rescisórias?

Ao tempo do CPC/1973, tais polêmicas já causavam diversos embates doutrinários e jurisprudenciais, a exemplo de marcante divergência entre o Superior Tribunal de Justiça e o Supremo Tribunal Federal acerca do prazo para a contagem da ação rescisória no caso do trânsito em julgado progressivo. Enfim, o objetivo deste texto é encarar *velhos* problemas, agora renovados por um diploma normativo que, talvez, procurou resolver controvérsia criando outras polêmicas parecidas.

2. Ação rescisória: causa de competência originária dos tribunais

A ação rescisória é causa de competência originária dos tribunais. O Novo Código de Processo Civil é silente, como foi o diploma de 1973, em regular o tema em suas minúcias[1]. Cada tribunal é competente para a ação rescisória das suas próprias decisões[2]. Alguns exemplos podem auxiliar no entendimento desta afirmação: *i)* se "A" pretende a rescisão de decisão do Supremo Tribunal Federal, deverá propor a ação rescisória no próprio STF; *ii)* se "B" pretende a rescisão de uma decisão do Tribunal de Justiça do Paraná, deverá propor a ação rescisória no próprio TJPR; e *iii)* se "C" se depara com sentença transita em julgado na 1ª Vara Cível de Gramado/RS, deve propor a ação rescisória no tribunal competente em tese para o julgamento de recurso, se este fosse interposto[3] (ou seja: no Tribunal de Justiça do Rio Grande do Sul).

Os exemplos que mencionamos acima podem trazer, na mente do leitor, a impressão de que, invariavelmente, a competência para o julgamento da ação rescisória será do tribunal ao qual o juiz está vinculado. Assim, e. g., um juiz de direito de Londrina/PR está logicamente vinculado ao TJPR, ao passo que um juiz federal da Subseção Judiciária de Londrina/PR está logicamente ligado ao TRF-4 (e as ações rescisórias serão manejadas diante desses tribunais, conforme o caso). Trata-se de ideia correta, mas que não pode ignorar a hipótese pela qual o juiz estadual fica investido de jurisdição federal. Nesses casos – e é bom que se atente a isso –, a competência da ação rescisória não será do Tribunal de Justiça

[1] "Nada dispõe o Código de Processo Civil a respeito, mas na Constituição Federal está plantada uma irremovível premissa desse escalonamento hierárquico, que é a necessária obediência do inferior ao superior. Essa premissa reside na disposição com que a carta constitucional outorga competência ao Supremo Tribunal Federal e ao Superior Tribunal de Justiça para processar e julgar originariamente as reclamações deduzidas contra órgãos das diversas Justiças, repelindo julgados invasivos de sua competência ou infratores da 'autoridade de suas decisões' (arts. 102, inc. I, letra j, e 105, inc. I, letra *f*)" (Dinamarco, Cândido Rangel. Ação rescisória, incompetência e carência de ação. In: ______. *Nova era do processo civil*. São Paulo: Malheiros, 2003, p. 270).

[2] "Em primeiro lugar, é de se afirmar que a ação rescisória só pode ser apreciada por Tribunais, não se admitindo seu ajuizamento perante órgãos hierarquicamente inferiores, de primeira instância. De outro, vigora aqui a regra segundo a qual cada tribunal é competente para o julgamento da ação rescisória contra as decisões por ele próprio proferidas" (Câmara, Alexandre Freitas. *Ação Rescisória*. São Paulo: Atlas, 2014, p. 27).

[3] Essa forma de pensar é muito noticiada na doutrina, mas maior preciosismo pode fazer cogitar a hipótese de que a competência para julgar a ação rescisória, no caso das execuções fiscais "de alçada", seja o próprio juízo que decidiu a causa. Como se sabe, a Lei 6.830/1980 (Lei de Execução Fiscal), em seu art. 34, *caput*, menciona que "das sentenças de primeira instância proferidas em execuções de valor igual ou inferior a 50 (cinqüenta) Obrigações Reajustáveis do Tesouro Nacional – ORTN, só se admitirão embargos infringentes e de declaração". Esses "embargos infringentes" da LEF, porém, não se confundem com os embargos infringentes do CPC/1973. Trata-se de um recurso que transfere o efeito devolutivo que a apelação teria diante do tribunal para o próprio juiz de primeiro grau que reapreciará – ele mesmo – a matéria que julgou. A ação rescisória, *in casu*, será proposta diante do tribunal ao qual o juiz está vinculado (neste sentido, *cf.* TRF-1. Ação Rescisória 798/MG. Rel. Juiz Olindo Menezes, 2ª Seção. DJ 14.05.1997). Saliente-se que, no Novo Código de Processo Civil, a ação rescisória tem o seu capítulo inserido no Título I do Livro III, sendo aquele intitulado: "da ordem dos processos e dos processos de competência originária dos tribunais".

ao qual o juiz estadual está vinculado, mas, evidentemente, do próprio Tribunal Regional Federal que lhe investiu de jurisdição federal[4]. Daí a relevância em se dizer que a competência da ação rescisória será do tribunal competente em tese para julgamento de recurso, se este fosse interposto.

Por fim, a rescisória, quando visar rescindir julgado de juízo de primeiro grau não será necessariamente no tribunal imediatamente superior. Há a exceção do art. 109, II da CF, onde, havendo o trânsito em julgado da decisão rescindenda no primeiro grau, a ação rescisória será proposta não no TRF correspondente, mas no STJ, pois assim como o recurso ordinário será dirigido a este tribunal (CF/88, art. 105, II, 'c'), a competência da ação rescisória também assim será considerada[5].

Há mais polêmica, porém, quando se discute a possibilidade de os Tribunais Superiores (STF e STJ) terem competência para o processamento e julgamento das ações rescisórias (o que é, de fato, possível). Aqui, ganha relevo o estudo da distinção entre juízo de admissibilidade/conhecimento/admissão e juízo de mérito no caso do Recurso Extraordinário e do Recurso Especial.

3. Enfrentando o enunciado 249 da Súmula da jurisprudência dominante do Supremo Tribunal Federal

Dispõe o enunciado 249 da súmula da jurisprudência dominante do Supremo Tribunal Federal que "é competente o Supremo Tribunal Federal para a ação rescisória quando, embora não tendo conhecido do recurso extraordinário, ou havendo negado provimento ao agravo, tiver apreciado a questão federal controvertida". Traz ela uma situação de competência funcional (e, por isso, absoluta)[6]. Sempre foi aplicada "analogicamente", com as adaptações de seu âmbito, no Superior Tribunal de Justiça[7].

Em síntese, a relevância que reside na diferença entre o juízo de admissibilidade/conhecimento/admissão e o juízo de mérito nos recursos extraordinário e especial está em que, se eles forem conhecidos, a ação rescisória futura será de competência das Cortes Superiores (STF e STJ, respectivamente). Se Mévio interpõe recurso especial e este é conhecido, então é certo que seu mérito, porque

[4] Neste sentido: TJMS, Ação Rescisória 1412359-02.2014.8.12.0000. Rel. Des. Sidnei Soncini Pimentel, 4ª Seção Cível. DJ 07.10.2014; TJRS, Ação Rescisória 70050627702. Rel. Des. Paulo Roberto Lessa Franz, 10ª Câmara Cível, DJ 21.03.2013; TRF-5, Ação Rescisória 5017/PB. Rel. Des. Lazaro Guimarães, Pleno. DJ 05.10.2005.

[5] CUNHA, Leonardo José Carneiro. *Jurisdição e competência*. São Paulo: RT, 2008, p. 49.

[6] DINAMARCO, Cândido Rangel. Ação rescisória, incompetência e carência de ação. In: ______. *Nova era do processo civil*. São Paulo: Malheiros, 2003, p. 267.

[7] *Cf.* STJ, Ação Rescisória 2751/MG. Rel. Min. Antonio Carlos Ferreira, 2ª Seção. DJ 28.05.2014; STJ, Ação Rescisória 702/DF. Rel. Min. Gilson Dipp, 3ª Seção. DJ 24.05.2000; STJ, Ação Rescisória 1.597/AL. Rel. Min. Maria Thereza de Assis Moura, 3ª Seção. DJ 06.08.2007; STJ, Ação Rescisória 438/RJ. Rel. Min. Demócrito Reinaldo, 1ª Seção. DJ 30.05.1995 e STJ, REsp 712.285/PR. Rel. Min. Luiz Fux, 1ª Turma. DJ 04.08.2005.

enfrentado, tornará o STJ competente para apreciar a ocasional e posterior ação rescisória. O mesmo se diga para o STF: se Mévio interpõe recurso extraordinário e este é admitido, então o Supremo será o competente para a ação rescisória que seja ajuizada após o trânsito em julgado. Note-se que, em ambos os casos que exemplificamos, pouco importa o resultado do juízo de mérito dos recursos excepcionais: os recursos podem lograr ou não o provimento de que deles se esperava: a ação rescisória verá, conforme o caso, a competência do STJ ou do STF[8].

Didática e graficamente, demonstramos adiante duas situações para explicar melhor este raciocínio. Ilustraremos as duas possibilidades: um recurso especial (poderia ser um RE, tanto faz) sendo conhecido, com enfrentamento de seu mérito diante do STJ (claro: se recurso extraordinário fosse, a Corte seria o STF), quando a competência da ação rescisória se desloca àquela Corte Superior; e, finalmente, um recurso especial com juízo de admissibilidade negativo, sem exame de mérito diante do STJ, quando a competência da ação rescisória permanece com o juízo *a quo*. Confira-se os gráficos a seguir:

Situação primeira

REsp é conhecido (= juízo de admissibilidade), sobrevindo decisão de mérito recursal qualquer (provimento ou desprovimento, tanto faz) Competência de eventual ação rescisória: STJ

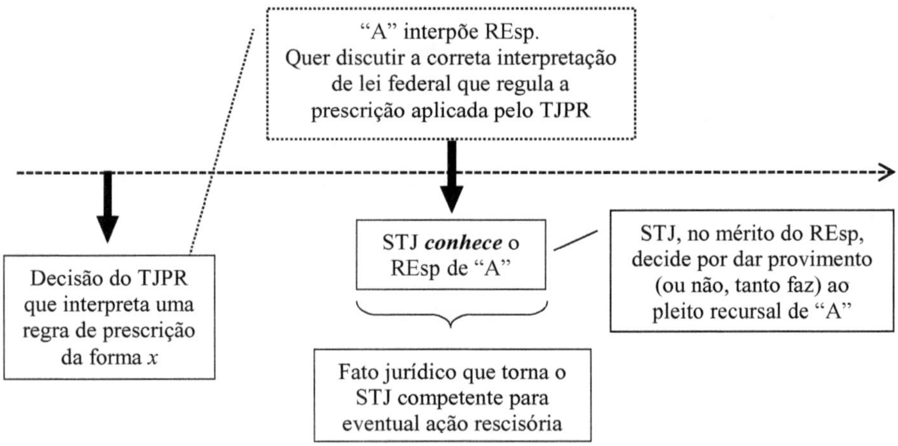

[8] "[...] caso um recurso especial tenha sido conhecido e provido (ou não provido), a competência para julgar a ação rescisória será do STJ; caso, diversamente, o recurso especial não tenha sido conhecido, não se tendo examinado o mérito do recurso, a competência para julgar a ação rescisória será do tribunal que proferiu a decisão recorrida" (MEDINA, José Miguel Garcia; WAMBIER, Teresa Arruda Alvim. *Processo Civil Moderno – Recursos e Ações Autônomas de Impugnação*. São Paulo: Revista dos Tribunais, 2011, p. 80).

Situação segunda

REsp não é conhecido (= juízo de admissibilidade). Competência de eventual ação rescisória: TJ ou TRF, conforme o caso.

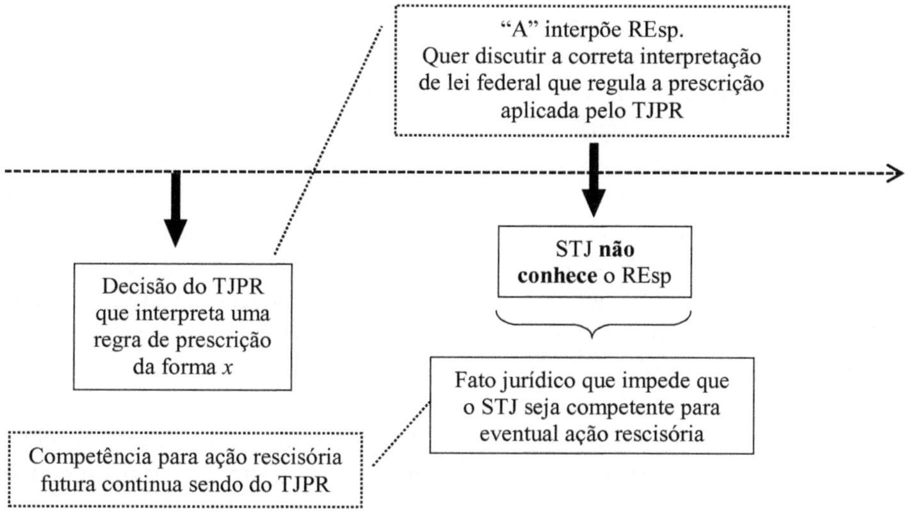

A redação do retromencionado enunciado 249 da súmula do Supremo Tribunal Federal é muito criticada pela doutrina. Alexandre Freitas Câmara questiona: "se a decisão não examinou o mérito do recurso, como poderia ela ter apreciado a questão controvertida?"[9]. Veja-se que, a rigor, a significação da Súmula 249 do STF tem um *plus* importante. Ela deve ser invocada quando o STF "dissera não conhecer do recurso extraordinário mas, na verdade, dele conhecera para lhe negar provimento"[10], de maneira que o advogado responsável pelo manejo da ação rescisória deve ter extrema atenção e capacidade técnica no caso de impugnar decisão judicial que, no passado, foi objeto da interposição de recurso extraordinário. Mesmo que conste do acórdão, e. g., "recurso não conhecido", competirá ao Supremo Tribunal Federal o processamento e o julgamento da demanda rescisória se, em verdade, chegou a conhecer o recurso extraordinário para, então, negar-lhe o provimento (e aí estaremos tratando de juízo de mérito, destarte)[11].

[9] CÂMARA, Alexandre Freitas. *Ação Rescisória*. São Paulo: Atlas, 2014, p. 29.

[10] CÂMARA, Alexandre Freitas. *Ação Rescisória*. São Paulo: Atlas, 2014, p. 29.

[11] O que demonstra a importância de considerar, sempre, a boa técnica processual e as questões da linguagem científico-processual. **Conhecer** é verbo destinado ao campo da admissibilidade dos recursos. **Provir** está no seio do mérito. Não é difícil encontrar acórdãos, porém, que são mal ementados: consta "recurso desprovido" quando, na verdade, ele nem chegou a ser conhecido... O mesmo ocorre com

Isso apenas reforça a importância dogmática que há por trás do estudo dos juízos de conhecimento e de mérito dos recursos. Neste contexto, são consagradas na processualística brasileira as seguintes palavras de José Carlos Barbosa Moreira:

> [...] Na técnica do direito brasileiro, o resultado do juízo de admissibilidade, no órgão ad quem, expressa-se por uma destas duas fórmulas: "conhece-se do recurso", quando positivo ou negativo, isto é, quando o órgão entende concorrerem todos os requisitos necessários para tornar o recurso admissível; "não se conhece do recurso", quando, diversamente, considera o órgão que falta algum (ou mais de um) daqueles requisitos. Já o resultado do juízo de mérito acha expressão noutro par de fórmulas: "dá-se provimento" ao recurso, quando se apura que assiste razão ao recorrente (isto é, que sua impugnação é fundada); na hipótese contrária, "nega-se provimento" ao recurso. Tudo aconselha a que essa distinção terminológica seja cuidadosamente preservada, se é verdade que em direito (rectius: em qualquer ciência) a fenômenos iguais devem atribuir-se denominações iguais, e a fenômenos diferentes denominações também diferentes[12].

De qualquer modo, cabe ressaltar que, posteriormente, a própria jurisprudência do Supremo Tribunal Federal acabou por aparar algumas arestas do enunciado sumular de nº 249.

Uma lição de Pedro Batista Martins chama muita atenção e, talvez, ela sirva para explicar as razões de existir desta Súmula 249 do Supremo Tribunal Federal. Ela traz, em si, a dificuldade (se é que este era o caso – estamos nos aventurando, agora) em vislumbrar, claramente, a diferença entre conhecimento e mérito recursal:

> [...] só poderá prevalecer a competência dos Tribunais locais naquelas hipóteses em que o Supremo Tribunal não conhece do recurso por qualquer razão de ordem formal ou extrínseca, como, por exemplo, ter sido interposto fora do prazo, ou por não se terem esgotado, previamente, os recursos ordinários. Se o Supremo Tribunal não conhece de recurso por entender que o acórdão recorrido não violou direito expresso, decidiu, virtualmente, que ele é conforme o direito, ou melhor, decidiu de modo idêntico ao acórdão recorrido. Neste caso, é claro que o Tribunal local se torna incompetente para conhecer de rescisória fundada em violação da lei, isto é, proposta com o mesmo fundamento já soberanamente apreciado pelo Supremo Tribunal[13].

recursos "desconhecidos", que, na verdade, foram desprovidos. **Por lógica, um recurso desprovido foi, necessariamente, conhecido.**

[12] MOREIRA, José Carlos Barbosa. Que significa "não conhecer" de um recurso? In: ______. *Temas de Direito Processual*, Sexta Série. São Paulo, Saraiva, 1997, p. 125-126.

[13] MARTINS, Pedro Batista. *Recursos e Processos da Competência Originária dos Tribunais*. Rio de Janeiro: Forense, 1957, p. 75.

Citando referida passagem de Pedro Batista Martins, Sergio Sahione Fadel aduz, então, que "neste sentido é a Súmula 249" do Supremo[14]... É dizer: em tudo o que se repercutiu, em mérito recursal extraordinário, trará ao STF a competência para esta Corte apreciar ocasional ação rescisória. Veja-se, aliás, fragmento do relatório e voto de Min. Gonçalves de Oliveira na Ação Rescisória nº 411, proveniente do Estado do Maranhão (e este é um dos acórdãos que deram origem a esta Súmula 249):

> Como se vê, o acórdão da 1ª Turma, que acabei de ler, bem apreciou as questões nêle suscitadas.
>
> As demais alegações que podiam resultar na procedência da ação, não são apreciadas por este Tribunal.
>
> [...]
>
> Quando a matéria da rescisória não fôr apreciada pelo Supremo Tribunal, no recurso extraordinário, não há dúvida de que é o Tribunal local o competente para apreciá-la, como decidiu esta Suprema Côrte, na rescisória nº 448, em acórdão magistralmente relatado pelo eminente Ministro Luiz Gallotti (*Revista Forense*, vol. 181, pág. 122).
>
> Na hipótese, na parte, ora impugnada, a matéria foi examinada e bem examinada, no venerando acórdão da Turma, embora sem conhecer do recurso.
>
> Nesta parte, esta Côrte a rejeitou. E, com meu voto, ainda agora a rejeita, de acordo com o voto do relator, no recurso extraordinário, Exmo. Sr. Ministro Luiz Gallotti.
>
> Se as demais alegações formuladas na inicial são ou não procedentes, cabe ao Egrégio Tribunal local decidir, com as cautelas legais, renovação de citação, etc.
>
> Tôdas as alegações do autor, formuladas na inicial e que não foram apreciadas pelo Supremo Tribunal, no acórdão rescindendo desta Côrte, devem, pois, ser apreciadas e decididas pelo colendo Tribunal local.
>
> Meu voto, pelo exposto, é pela improcedência da ação rescisória, quanto à matéria apreciada no recurso extraordinário [...], remetendo-se os autos auto Tribunal *a quo* para os devidos fins.
>
> É o meu voto, Senhor Presidente [*sic*][15].

Fica cada vez mais clara a conclusão de que, se a decisão que se quer rescindir foi tratada em mérito recursal excepcional (leia-se: em sede de recurso extraordinário ou de recurso especial), a competência da ação rescisória será, conforme o caso, do STF ou do STJ[16].

[14] FADEL, Sergio Sahione. *Código de Processo Civil Comentado – tomo III*. Rio de Janeiro José Konfino, 1975, p. 94.

[15] STF, Ação Rescisória 411/MA. Rel. Min. GONÇALVES DE OLIVEIRA, Plenário. DJ 15.05.1961. Os grifos constam do original.

[16] Assim, *v.* STF, AgRg na Ação Rescisória 2320/PA. Rel. Min. DIAS TOFFOLI, Plenário. DJ 12.02.2015 e STF, AgRg na Ação Rescisória 2073/SP. Rel. Min. CELSO DE MELLO, Plenário. DJ 28.05.2014.

4. O problema da ação rescisória e dos capítulos de sentença

A teoria dos capítulos decisórios parte de uma cisão vertical dos dispositivos de uma determinada decisão judicial. Cada um desses capítulos, que tanto pode ter natureza processual como material, será regido por pressupostos autônomos. A possibilidade de um determinado capítulo poder ou não ser alvo de uma ação específica é irrelevante para que seja considerado como capítulo, bastando que conste decisão sobre o tema.

Assim, pela teoria desenvolvida por Enrico Tullio Liebman,[17] há a possibilidade de existência de capítulos que versem exclusivamente sobre o mérito ou relativos a questões processuais, podendo estes serem heterogêneos, onde o magistrado irá analisar primeiramente a preliminar de mérito e rejeitá-la, passando depois a análise do mérito propriamente dito, acolhendo-o ou rejeitando-o.

No processo civil brasileiro, a teoria adotada é a utilizada por Liebman e transplantada para a nossa realidade por Cândido Rangel Dinamarco em sua obra capítulos de sentença. A única diferença relevante, que é relativa aos capítulos processuais, pois Dinamarco os diferencia em extintivos ou não e Liebman não realizava tal subdivisão. *Assim, para o presente trabalho, capítulo de sentença são as decisões autônomas contidas no dispositivo da decisão.*

Mais especificamente em relação ao tema proposto, deve ser feita a análise detida da existência dos capítulos independentes, dependentes e condicionantes.

Os capítulos independentes o são pelo fato de: ***i)*** poderem ser alvo de ações autônomas, havendo apenas eventual junção destes em ação únicas; e ***ii)*** cada um ser regido por pressupostos próprios, "que não se confundem necessariamente nem por inteiro com os pressupostos dos demais"[18].

Os capítulos dependentes são os que possuem relação de subordinação em relação a outro a ele antecedente. Um exemplo seria o dos juros, os quais só são devidos e analisados se o pedido principal for acolhido, assim, a sua análise estaria vinculada e determinada pela análise do capítulo condicionante. Não sendo provido o capítulo principal, os juros seriam implicitamente rejeitados, restando prejudicada a sua análise. Outro exemplo é o pedido de alimentos em ação de paternidade. Como bem afirma a doutrina, essa "dependência decorre da impossibilidade lógica de subsistir determinado capítulo quando um outro tiver sido negado"[19].

[17] LIEBMAN, Enrico Tullio. "Parte" o "capo" di sentenza. *Rivista di diritto processuale civile.* Pádua: Cedam, v. XIX, 1964.

[18] DINAMARCO, Cândido Rangel. *Capítulos de Sentença.* 4ª ed. São Paulo: Malheiros, 2009, p 43. Ressalta Júlio Cesar Bebber que apenas neste segundo sentido de autonomia é que se pode considerar a autonomia dos capítulos exclusivamente processuais (BEBBER, Júlio César. Recurso parcial e formação gradual da coisa julgada sob o enfoque dos capítulos de sentença. *Revista de Direito do Trabalho.* São Paulo: Revista dos Tribunais, n. 134, abr./jun. 2009, p. 156).

[19] FERNANDES, Marcus Vinicius Tenorio da Costa. *Capítulos de sentença.* Dissertação de Mestrado. São Paulo: USP, 2002, p. 74.

Para tratar de capítulos condicionantes e dependentes, é interessante formular um exemplo: se A entra com uma demanda realizando uma cumulação de pedido onde há um principal e um sucessivo, por exemplo, realizando um pedido de reconhecimento de paternidade e o de alimentos. O pedido de reconhecimento de paternidade será o condicionante, pois condiciona a análise do pedido de alimento, no sentido de que este só será analisado se o primeiro for provido.

Portanto, percebe-se que o capítulo condicionante pode impedir ou determinar o julgamento do capítulo dependente, havendo uma relação de dependência do dependente para com o condicionante.

Pode ainda haver uma cisão quantitativa, ou seja, em uma pretensão formalmente única, caso esta seja suscetível de divisão, de contagem numérica, em especial, em dinheiro. Neste ponto, afirma Chiovenda que quando se trata de quantidade, a sentença pode ser cindida em tantos capítulos quantas forem as unidades.

Em suma, no exemplo supra, o capítulo de danos materiais refere-se a cem mil, mas na sentença, o magistrado confere sessenta. Nesse caso, a sentença será cindida em dois capítulos de mérito; um referente aos sessenta mil e o outro relativo aos quarenta mil.

4.1. Sobre as decisões parciais de mérito e a formação da coisa julgada progressiva

Em geral, a cognição exauriente irá ocorrer apenas na sentença, ao fim do procedimento, com a devida oportunização do contraditório, produção de provas etc. No entanto, ainda sob o prisma do CPC/1973, especialmente com a introdução do §6º do art. 273, por meio da Lei 10.444/2002, a doutrina passou a defender a possibilidade da decisão interlocutória com cognição exauriente, em momento anterior à sentença. Seria possível que, em relação a um dos capítulos da decisão houvesse incontrovérsia, permitindo a antecipação parcial do julgamento do processo, com cognição exauriente e aptidão para a formação da coisa julgada material.[20]

[20] Admitindo que o § 6º do art. 273 é decisão decorrente de juízo de cognição exauriente, gerando coisa julgada material e execução definitiva: Cunha, Leonardo José Carneiro da. O § 6º do art. 273 do CPC: Tutela Antecipada Parcial ou Julgamento Antecipado Parcial da Lide? *Revista Dialética de Direito Processual Civil.* São Paulo: Dialética, v. 1, abr.-2003, p. 126; Mitidiero, Daniel. *Processo civil e estado constitucional.* Porto Alegre: Livraria do Advogado, 2007, p. 45-48; Passos, José Joaquim Calmon de Passos. *Comentários ao Código de Processo Civil.* 9ª ed. Rio de Janeiro: Forense, 2005, p. 71-72; Costa, Eduardo José da Fonseca. *O direito vivo das liminares.* São Paulo: Saraiva, 2011, p. 33-34; Simonassi, Mauro. A parte incontroversa da demanda: para uma teoria da cisão do mérito e do processo. *Revista de Processo.* São Paulo: Revista dos Tribunais, v. 236, out.-2014, p. 109-110; Marinoni, Luiz Guilherme. *Antecipação de tutela.* 10ª ed. São Paulo: Revista dos Tribunais, 2008, p. 294-295.
Em sentido contrário: Vilhena Nunes, João Batista Amorim de. Cumulação de demandas, tutela antecipada, decisão parcial de mérito e sua execução. Moreira, Alberto Camiña; Alvarez, Anselmo Prieto; Bruschi, Gilberto Gomes (coords.). *Panorama atual das tutelas individual e coletiva:* estudos em

Conforme afirma Fredie Didier Jr. "Uma fruta madura não precisa esperar o amadurecimento de uma outra, ainda verde, para ser colhida"[21].

O CPC/2015 adotou um posicionamento mais claro sobre a temática ao admitir o julgamento fracionado do mérito por meio de decisão interlocutória em seu art. 356.[22] Houve a inserção de uma seção específica, denominada "Do julgamento antecipado parcial do mérito". Não parece mais ser possível a defesa da unicidade do julgamento do mérito apenas no momento da sentença diante do novo texto normativo.[23] Como destaca a doutrina, "A coisa julgada não ocorre apenas e tão-somente na sentença de mérito, mas sempre que existir decisão de mérito com cognição suficiente para a imunização".[24]

É inegável a opção legislativa de admitir o fracionamento da decisão que analisa o mérito de forma exauriente.[25] Note-se que o *caput* faz referência a que "O juiz decidirá parcialmente o mérito quando um ou mais dos pedidos formulados ou parcela deles" e, ainda, que o §3º destaca que, "se houver trânsito em julgado da decisão, a execução será definitiva". Não há mais como negar essa possibilidade do trânsito em julgado parcial. Era despida de justificativa razoá-

homenagem ao professor Sérgio Shimura. São Paulo: Saraiva, 2011, p. 494-496; ZAVASCKI, Teori Albino. Antecipação da tutela em face do pedido incontroverso. Disponível em: http://www.abdpc.org.br/abdpc/artigos/Teori%20Zavascki(2)%20-formatado.pdf. Acesso às 10h, do dia 26.04.2015.
Esse é também o posicionamento do STJ (REsp 1.234.887/RJ, Rel. Min. Villas Bôas Cueva, 3ª Turma. DJ 19.09.2013).

[21] DIDIER JR., Fredie. Inovações na antecipação dos efeitos da tutela e a resolução parcial de mérito. *Revista de Processo*. São Paulo: Revista dos Tribunais, v. 110, abr./jun.-2003, p. 232.

[22] Art. 356. O juiz decidirá parcialmente o mérito quando um ou mais dos pedidos formulados ou parcela deles:
I – mostrar-se incontroverso;
II – estiver em condições de imediato julgamento, nos termos do art. 355.
§ 1º A decisão que julgar parcialmente o mérito poderá reconhecer a existência de obrigação líquida ou ilíquida.
§ 2º A parte poderá liquidar ou executar, desde logo, a obrigação reconhecida na decisão que julgar parcialmente o mérito, independentemente de caução, ainda que haja recurso contra essa interposto.
§ 3º Na hipótese do § 2º, se houver trânsito em julgado da decisão, a execução será definitiva.
§ 4º A liquidação e o cumprimento da decisão que julgar parcialmente o mérito poderão ser processados em autos suplementares, a requerimento da parte ou a critério do juiz.
§ 5º A decisão proferida com base neste artigo é impugnável por agravo de instrumento.

[23] No mesmo sentido: SANTOS, José Carlos Van Cleef de Almeida. A resolução parcial do mérito no saneamento e a natureza jurídica do pronunciamento judicial: da doutrina de Pontes de Miranda ao Projeto do Novo Código de Processo Civil. DIDIER JR., Fredie; NOGUEIRA, Pedro Henrique Pedrosa; GOUVEIA FILHO, Roberto Campos. *Pontes de Miranda e o direito processual*. Salvador: Juspodivm, 2013, p. 552.

[24] ARAÚJO, José Henrique Mouta. *A duração razoável do processo e o fenômeno da coisa julgada no novo código de processo civil*. Texto inédito, gentilmente cedido pelo autor.

[25] Para uma análise detalhada dessa possibilidade de julgamento fracionado do mérito, cf.: SIQUEIRA, Thiago Ferreira. A fragmentação do julgamento do mérito no novo Código de Processo Civil. *Revista de Processo*. São Paulo: Revista dos Tribunais, v. 229, mar. 2014.

vel a limitação imposta pela doutrina e jurisprudência no sentido de que apenas a sentença pudesse ter aptidão à formação da coisa julgada material.

Assim, é evidente a possibilidade da formação da coisa julgada progressiva a partir da decisão parcial antecipada do mérito. No entanto, essa espécie de coisa julgada poderá ocorrer também, mesmo que só haja decisão de mérito na sentença. Para isso, é necessário verificar a possibilidade do recurso parcial e a relação existente entre o efeito devolutivo e o translativo.

4.2. Recurso parcial, efeito devolutivo e translativo

Delineadas as diretrizes básicas da teoria dos capítulos de sentença e da possibilidade da decisão antecipada parcial do mérito, deve ser definida a possibilidade do trânsito em julgado parcial caso o mérito seja resolvido apenas na sentença.

O objeto do recurso será determinado pela matéria efetivamente impugnada pela parte em suas razões recursais.[26] Tal lógica é consagrada pelo art. 1.002, do CPC/2015, constante das disposições gerais acerca dos recursos, em que afirma que "A decisão pode ser impugnada no todo ou em parte". Essa é a definição básica do efeito devolutivo, no sentido de que o recurso abrangerá tão somente aquilo que for expressamente impugnado pelo recorrente. Se o direito de recorrer é um desdobramento do direito de ação, é lícito reconhecer que o efeito em tela é mera transposição do princípio da demanda para a seara recursal[27].

O efeito devolutivo deve entendido como uma fragmentação da competência funcional permitindo o reexame da decisão pelo Poder Judiciário. Tem-se na atualidade que este efeito é mera transposição do princípio dispositivo para a seara recursal. Assim, se a parte apelou apenas de parcela da decisão, no exemplo da apelação, será defeso ao órgão *ad quem* reformar para pior a matéria recorrida, em face do princípio da proibição da *reformatio in pejus*. Já em relação à matéria não impugnada, esta sequer fará parte da matéria devolvida, sendo lhe proibida tanto a *reformatio in pejus* quanto a *reformatio in mellus*, uma vez que aqueles pontos não impugnados já transitaram em julgado.

A partir deste raciocínio é que há utilização do brocardo latino "*tantum devolutum quantum apelatum*", para determinar que a extensão da matéria a ser analisada no recurso será efetivamente definida pelo recorrente em suas razões recursais. No entanto, este brocardo não é o único a ser utilizado na seara recursal, uma

[26] Aponta-se o fato de que há a necessidade do recorrente indicar os capítulos impugnados, pois do contrário, entender-se-á que o recurso é total. MOREIRA, José Carlos Barbosa. *O novo processo civil.* 25ª ed. Rio de Janeiro: Forense, 2005, p. 115.

[27] BERMUDES, Sergio. Efeito devolutivo da apelação. MARINONI, Luiz Guilherme Marinoni (doord). *Estudos de direito processual civil: Homenagem ao professor Egas Dirceu Moniz de Aragão.* São Paulo: Revista dos Tribunais, 2005, p. 517.

vez que, este será complementado pelo "*vel appellari debebat*", sendo este relacionado a profundidade da cognição do magistrado[28].

Percebe-se, então, que o efeito translativo, que é um contraponto ao devolutivo, ao permitir que o magistrado julgue "fora do que consta das razões ou contra-razões do recurso, ocasião em que não se pode falar em julgamento *extra, ultra ou infra petita*".[29] Enquanto o efeito devolutivo é relacionado ao princípio dispositivo, o efeito translativo é relacionado ao princípio inquisitório, uma vez que se refere à atividade jurisdicional não vinculada a manifestação das partes, havendo nesse ponto, liberdade de iniciativa ao magistrado.[30]

O efeito devolutivo é relacionado com a extensão da matéria a ser analisada pelo magistrado, enquanto o translativo tem relação com a profundidade da matéria. Com base neste efeito, o juiz pode utilizar-se de argumentos não suscitados nos fundamentos recursais e mesmo de argumento ainda não utilizados, no caso de matérias cognoscíveis *ex officio*[31] sem ser atingido pela proibição da *reformatio in pejus*.

Não é demais ressaltar: o efeito devolutivo limita o translativo, pois embora possa o magistrado reformar a decisão para pior pela existência de vício cognoscível de ofício, estará *limitado* à matéria efetivamente impugnada.

Para explicar melhor essa relação, é possível pensar em exemplo hipotético em que haja cumulação de danos morais com materiais, o magistrado julgue ambos procedentes e o réu impugne na apelação apenas o capítulo de danos morais. O tribunal estará limitado a conhecer apenas dos danos morais, por força do art. 1.013, *caput* do CPC/2015, sendo-lhe defeso analisar o capítulo referente aos danos morais, pois julgará *ultra petita*. No entanto, estará livre para apreciar todos os fundamentos utilizados no processo sobre o capítulo impugnado, inclusive podendo trazer argumentos não suscitados se forem cognoscíveis *ex officio*, de acordo com o art. 1.038, §§ 1º e 2º do CPC. Destaque-se que o §1º, do art. 1.038 é expresso ao permitir que o tribunal conheça das questões discutidas no processo "desde que relativas ao capítulo impugnado".

[28] GOMES FILHO, Antonio Magalhães. FERNANDES, Antonio Scarance; PELLEGRINI, Ada. Recurso no processo penal: teoria geral dos recursos, recursos em espécie, ações de impugnação. São Paulo: Revista dos Tribunais, 1996, p. 52.

[29] NERY JUNIOR, Nelson. *Teoria Geral dos Recursos*. 6ª ed. São Paulo: Revista dos Tribunais, 2004, p. 483.

[30] NORATO, Ester Camila Gomes. O efeito translativo nos recursos extraordinários *latu sensu*. *Revista Brasileira de Direito Processual*. Belo Horizonte: Fórum, n. 59, jul./set.-2007, p. 53.

[31] Destaque-se que, nessas hipóteses, impõe-se a prévia intimação das partes para se manifestar, nos termos do art. 10, do CPC/2015. Com mais vagar, sobre a proibição de decisão surpresa, com as devidas referências e sua justificativa em um modelo cooperativo de processo: PEIXOTO, Ravi. Rumo à construção de um processo cooperativo. Revista de Processo. São Paulo: Revista dos Tribunais, v. 219, mai.-2013.

Assim, afirma Leonardo José Carneiro da Cunha que "enquanto a *extensão* é fixada pelo recorrente, a *profundidade* decorre de previsão legal".[32]

Não poderá, sobremaneira, expandir o tribunal sua cognição às matérias não impugnadas, ou seja, sendo a apelação parcial referente apenas ao capítulo de danos materiais, mesmo que seja reconhecida a ilegitimidade das partes, tal será limitada pelas razões recursais da parte. Será vedada a expansão de conhecimento da matéria impugnada, uma vez que o capítulo não recorrido já terá sido atingido pela coisa julgada material.[33]

Resta salientar que em certos casos, haverá esta expansão. Será nos casos em que haja relação de dependência mencionados anteriormente. Mesmo que a parte impugne apenas o capítulo condicionante, o recurso irá devolver o capítulo condicionado, uma vez que este não poderia subsistir, caso reformado o condicionante.

4.3. Da possibilidade de interposição de várias ações rescisórias

O art. 966 do CPC/2015 indica as possíveis causas de pedir da ação rescisória, havendo independência de uma em relação a outra, uma vez que a ação pode ser embasada em qualquer dos incisos, contanto que preencha os demais requisitos para sua proposição.

[32] CUNHA, Leonardo José Carneiro. Termo inicial do prazo para ajuizamento da ação rescisória, capítulos de sentença e recurso parcial (RESP 415.586-DF – STJ). *Revista de Processo.* São Paulo: Revista dos Tribunais, n. 120, 2005. p. 219.

[33] ARAÚJO, José Henrique Mouta. Rescisória, decisão interlocutória e coisa julgada progressiva: uma segunda visão sobre o Projeto do Novo CPC. DIDIER JR., Fredie; NOGUEIRA, Pedro Henrique Pedrosa; GOUVEIA FILHO, Roberto Campos. *Pontes de Miranda e o direito processual.* Salvador: Juspodivm, 2013, p. 582; BONICIO, Marcelo José Magalhães. Novos perfis da sentença civil: classificação, estrutura, capítulos, efeitos e coisa julgada. *Revista Dialética de direito processual.* São Paulo: Dialética, n. 53, ago.-2007, p. 110; MOREIRA, José Carlos Barbosa. *Comentários ao Código de Processo Civil.* 15ª ed. Rio de Janeiro: Forense, 2009, v. 5, p. 356-357; GARCIA, Gustavo Filipe Barbosa. Coisa julgada de capítulos autônomos da sentença. *Coisa julgada: novos enfoques no direito processual, na jurisdição metaindividual e nos dissídios coletivos.* São Paulo: Método, 2007, p. 55-56. Em sentido contrário: NERY JUNIOR, Nelson. *Teoria Geral dos Recursos...* cit. p. 477; TEIXEIRA, Guilherme Puchalski. Sentenças objetivamente complexas: impossibilidade do trânsito em julgado parcial. *Revista Dialética de Direito Processual.* São Paulo: Dialética, n. 162, ago.-2008, p.p. 242-243.
Por fim, fica a interessante reflexão da professora Clarisse Frechiani que, após profundo estudo sobre o tema da prejudicialidade, afirmou o seguinte acerca da polêmica, adotando a primeira posição: "Do encontro entre as normas que asseguram a segurança jurídica e as que se voltam a evitar o exercício ilegítimo da jurisdição, no momento de julgar a apelação interposta contra apenas uma parte da sentença devem prevalecer as primeiras. É muito cara ao sistema a estabilização das situações jurídicas: um processo que se preste a idas e vindas, avanços e retrocessos não pode trazer segurança jurídica aos litigantes. Essa ampliação da devolução traria o constante risco da *reformatio in pejus*, por não assegurar a estabilidade das partes não recorridas da decisão que beneficiem o recorrente. O autor, vencedor em primeira instância, que recorresse sozinho apenas para majorar o valor dos honorários advocatícios poderia ser surpreendido com a extinção do processo sem julgamento de mérito". (LEITE, Clarisse Frechiani Lara. *Prejudicialidade no processo civil.* São Paulo: Saraiva, 2008, p. 220)

Cada um dos incisos é uma causa de pedir independente, ou seja, a parte poderia, ao invés de interpor apenas uma ação rescisória reunindo todas as *causas petendi*, poderia, na verdade, interpor diversas ações rescisórias, cada qual com sua causa de pedir. A junção destas causas de pedir são mera conveniência da parte e não uma obrigatoriedade, sendo apenas uma cumulação objetiva do tipo simples de várias causas de pedir e, possivelmente, de mais de um pedido.[34]

Tanto é que, sendo interposta uma ação rescisória por determinado inciso e sendo ela julgada improcedente, estando ainda dentro do prazo decadencial, nada impede a interposição de uma nova ação rescisória. Ainda, sendo proposta a ação rescisória, com base em vários incisos, basta que apenas um deles seja acolhido para que seja provido o pedido de rescisão da decisão.[35]

Ainda mais, para haver o cúmulo de pedidos, é necessário que o órgão jurisdicional referente seja competente para julgar todos eles e, conforme será demonstrado nos tópicos 6 e 7, é possível que o mesmo tribunal não seja competente para tratar de toda a matéria rescindível. Em outras palavras, se existem dois capítulos independentes A e B e o capítulo A transitou no tribunal local e o capítulo B no STJ, um destes tribunais não poderá rescindir o julgado do outro.

Abordando outro tema, mas neste sentido, assim se posiciona Barbosa Moreira:

> Por conseguinte, se se quiser pleitear a rescisão de ambas as decisões, a circunstância de contar-se o prazo decadencial a partir do mesmo momento não implicará que se possam cumular os dois pedidos numa mesma ação rescisória: cada pleito terá de ser proposto em separado, e perante tribunais diferentes.[36]

4.4. O assunto no contexto da competência da ação rescisória

Como visto no item 1, a competência para processamento da ação rescisória é exclusiva dos tribunais, cabendo a cada um deles rescindir suas próprias decisões. Para a melhor definição desta competência, é necessária a análise do efeito substitutivo, por ser ele será imprescindível para determinação de onde houve o trânsito em julgado da decisão em questão.

Ainda em relação ao seu fundamento, tem-se que um de seus objetivos primordiais é o de coibir a existência de duas decisões sobre a mesma matéria, sejam coincidentes ou não no respectivo teor.[37]

[34] ASSIS, Araken de. *Cumulação de ações*. 4ª ed. São Paulo: Revista dos Tribunais, 2002, p. 254.

[35] Idem, ibidem. p. 254.

[36] MOREIRA, José Carlos Barbosa. Sentença objetivamente complexa, trânsito em julgado e rescindibilidade. NERY JUNIOR, Nelson; WAMBIER, Teresa Arruda Alvim (orgs.). *Aspectos polêmicos dos recursos cíveis e assuntos afins*. 11ª ed. São Paulo: Revista dos Tribunais, 2007, v. 11, p. 172. Ainda sobre o tema, afirma Pontes de Miranda que "Há tantas ações rescisórias quantas as decisões trânsitas em julgado". (MIRANDA, Francisco Cavalcanti Pontes de. *Tratado da ação rescisória*. Campinas: Bookseller, 1998, p. 357).

[37] ASSIS, Araken de. *Manual de Recursos*. 2ª ed. São Paulo: Revista dos Tribunais, 2008, p. 259

De acordo com o art. 1.008 do CPC, haverá o efeito substitutivo[38] quando; *a)* em qualquer hipótese (*error in iudicando ou in procedendo*) for negado provimento ao recurso; *b)* em caso de *error in iudicando,* for dado provimento ao recurso.

Sendo assim, se for dado provimento ao recurso, com base em *error in procedendo,* não haverá o efeito substitutivo, uma vez que os autos serão devolvidos à instância originária[39]. Também não haverá efeito substitutivo caso o recurso não seja conhecido pelo tribunal.

Feita breve reflexão sobre o efeito substitutivo, tem-se que *a competência para processamento da ação rescisória será do tribunal que proferiu a decisão substitutiva.* Ou seja, havendo o efeito substitutivo, será do tribunal correspondente a competência para conhecer da ação rescisória, do contrário, será do órgão inferior.

Pode ainda este efeito ser total ou parcial. Será total quando o recurso impugnar toda a matéria da decisão e forem preenchidos os pressupostos acima delineados. Terá ainda que ser total quando houver litisconsórcio unitário e quando os demais pontos da decisão não forem independentes[40]. Será parcial quando o recurso não impugnar toda a matéria da decisão, havendo assim o trânsito em julgados dos capítulos não impugnados e a possibilidade de execução definitiva destes[41].

No entanto, é ainda necessário analisar se o mérito da ação rescisória será coincidente ao mérito do recurso interposto, por ser possível haver recurso excepcional parcial e a decisão rescindenda ser completamente referente à decisão proferida pelo tribunal local. Portanto, é necessário que a matéria suscitada na ação rescisória seja referente exatamente "àquela atingida pela substituição, raciocínio que não se estende a outros argumentos não deduzidos e discutidos no recurso".[42]

4.5. Competência da ação rescisória em face da coisa julgada progressiva

Definidos os aspectos básicos da competência da ação rescisória, é importante destacar que é defeso aos tribunais invadirem a competência dos demais. Apenas incumbe a cada tribunal rescindir, salvo exceções, *apenas os capítulos decisórios que*

[38] Não se ignora o entendimento de Flávio Cheim Jorge no sentido de que o efeito substitutivo não é propriamente um efeito, mas mera consequência do efeito devolutivo, no entanto, nos afigura mais didático apresentar esta consequência como um efeito a parte no presente texto. (CHEIM, Flávio Cheim. *Teoria Geral dos Recursos Cíveis.* Rio de janeiro: Forense, 2003, p. 252).

[39] STJ, 3ª T. Resp 744.271, rel. Min. Nancy Andrighi, j. 06.06.2006, DJU 19.06.2006.

[40] LUCON, Paulo Henrique dos Santos. Efeitos imediatos da decisão e impugnação parcial e total. ALVIM, Eduardo Pellegrini de Arruda; NERY JR., Nelson; WAMBIER, Teresa Arruda Alvim. *Aspectos polêmicos e atuais dos recursos.* (coords). São Paulo: Revista dos Tribunais. 2000, p. 531.

[41] OLIVEIRA, Gledson Kleber Lopes de. *Apelação no direito processual civil.* São Paulo: Revista dos Tribunais, 2009. p. 255.

[42] ARAÚJO, José Henrique Mouta. Notas sobre o efeito substitutivo do recurso e seu reflexo na ação rescisória. *Revista de Processo.* São Paulo: Revista dos Tribunais, v. 145, mar.-2007, p. 21. Ainda neste sentido, já se posicionou o STJ: STJ, 2ª T. STJ, REsp 905.738/SE, Rel. Min. Castro Meira, j. 04.06.2009, DJe 17.06.2009.

conheceu, seja em competência originária ou recursal. Ultrapassada essa competência, em tese, caberia outra ação rescisória por violação de competência, posto que inexiste autorização normativa para que um tribunal possa rescindir decisão do outro, mesmo que este lhe seja inferior.

Como destacado pelo enunciado n. 337 do Fórum Permanente de Processualistas Civis, "A competência para processar a ação rescisória contra capítulo de decisão deverá considerar o órgão jurisdicional que proferiu o capítulo rescindendo". Mais uma vez se destaca: não há previsão no ordenamento jurídico brasileiro à expansão de competência para admitir que determinado tribunal possa conhecer de ação rescisória em face de capítulo sobre o qual não decidiu.

Assim, havendo o trânsito em julgado progressivo de capítulos independentes – o capítulo A transitou no tribunal local e o capitulo B no STJ – a competência para rescindir os julgados será respectivamente do tribunal local em relação ao capítulo A e do STJ em relação ao capítulo B, não podendo no caso ser interposta uma ação rescisória total no STJ, pois se assim o fosse, estaria este tribunal usurpando a competência do tribunal local, incorrendo assim, em vício de incompetência absoluta[43].

Observa-se que há aqui algumas possibilidades. Pode a parte interpor apenas uma rescisória parcial no tribunal onde transitou em julgado o capítulo correspondente, ou, querendo rescindir ambos os capítulos, geralmente deverá interpor duas ações rescisórias, uma em cada tribunal e respeitando a sua competência.

Ainda neste ponto, vale ressaltar a lição de Pontes de Miranda afirmando que "Se a sentença continha três pedidos e o trânsito em julgado, a respeito de cada um, foi em três graus de jurisdição, há tantas ações rescisórias quanto os graus de jurisdição".[44] Vale salientar que, havendo a interposição de ação rescisória perante órgão incompetente, mas havendo a correta indicação da decisão rescindenda, os autos deverão ser remetidos ao órgão competente, por força do art. 64, § 2º do CPC/2015[45].

Para melhor definição, é preciso relembrar a existência de capítulos dependentes e de capítulos independentes. No caso dos capítulos que se deseje rescin-

[43] Não é este o entendimento de Rodrigo Barioni, afirmando que nestes casos, a competência do tribunal hierarquicamente superior se estende as demais questões não julgadas anteriormente ocorrendo assim a competência por absorção. Barioni, Rodrigo. Observações sobre o procedimento da ação rescisória. Nery Júnior, Nelson; Wambier, Teresa Arruda Alvim (orgs.). *Aspectos polêmicos e atuais dos recursos cíveis e de outras formas de impugnação às decisões judiciais.* São Paulo: Revista dos Tribunais, 2006, v. 10. p. 525.

[44] Miranda, Francisco Cavalcanti Pontes de. *Tratado da ação rescisória*... cit. p. 357.

[45] Barioni, Rodrigo. Observações sobre o procedimento da ação rescisória... cit. p. 526. Destaque-se que, na hipótese de ser indicada a decisão errada a ser rescindida, o CPC/2015 modifica o posicionamento jurisprudencial ao permitir a emenda nessas hipóteses. Nesse sentido, o §5º, do art. 968 prevê o seguinte: § 5º Reconhecida a incompetência do tribunal para julgar a ação rescisória, o autor será intimado para emendar a petição inicial, a fim de adequar o objeto da ação rescisória, quando a decisão apontada como rescindenda: I – não tiver apreciado o mérito e não se enquadrar na situação prevista no § 2o do art. 966; II – tiver sido substituída por decisão posterior.

dir, caso inexista relação de dependência, é defeso a qualquer tribunal, superior ou inferior invadir a competência do outro[46].

No entanto, este entendimento deve ser diverso no caso de capítulos com relação de dependência entre eles. Se a parte entra com uma ação requerendo (a) rescisão de contrato e (b) perdas e danos decorrentes de descumprimento de cláusula contratual e o capítulo b transite em julgado no tribunal local e o a no STJ, fará mais sentido a interposição de apenas uma ação rescisória no tribunal que analisou o pedido principal.

Tal se dá, pois do contrário, interpondo-se duas ações rescisórias, teria a parte que "(a) pleitear a suspensão prejudicial da rescisória de competência do STJ, (b) que poderia ser negada pelo tribunal superior; (c) que se estende ao máximo de um ano, após o qual se deve retomar o seu curso etc."[47]

5. E se a ação rescisória for ajuizada perante tribunal incompetente?

E se a ação rescisória for ajuizada perante o tribunal incompetente? Questão interessante reside em saber o que ocorre no caso de ajuizamento de ação rescisória diante de um tribunal sem competência para apreciar tal causa. É possível imaginar três situações em que o problema ganha destaque.

Caso 1: "A" ajuíza perante tribunal local (TJ ou TRF), tendo, como objeto, um acórdão deste tribunal, no entanto, este foi substituído por acórdão proferido pelo STJ ou pelo STJ. Neste caso, parcela da doutrina entendia haver desrespeito ao comando constitucional de divisão de trabalho entre os organismos do Judiciário. Partia-se da premissa de que o processo, *in casu*, existe (= pressuposto de existência)[48], o que ensejaria sua extinção, sem resolução do mérito, conforme art. 267, inciso IV, do CPC/1973 (ou seja: "quando se verificar a ausência de pressupostos de constituição e de desenvolvimento válido e regular do processo"). E, sob o prisma do anterior diploma processual, afirmava-se que a extinção decorria do fato de tratar-se de defeito referente ao objeto da ação rescisória e não exatamente da competência, o que o tornaria insanável.[49]

[46] Assim aponta Rodrigo Klippel "não há justificativa para que o órgão de última instância absorva a competência para o processamento e julgamento dos pedidos de rescisão do(s) capítulo(s) da sentença que deveria(m) ser rescindido(s) por tribunal inferior quando eles sejam independentes, visto que a reapreciação de um pedido em nada influencia a reapreciação do outro" (KLIPPEL, Rodrigo. *Ação rescisória*: teoria e prática. Niterói: Impetus, 2008, p. 32). No mesmo sentido: YARSHELL, Flávio Luiz. *Ação Rescisória*. São Paulo: Malheiros, 2005, p. 279; CÂMARA, Alexandre Freitas. *Ação rescisória*. Rio de Janeiro: Lumen Juris, 2007, p. 50-51; CARNEIRO, Athos Gusmão. *Ação rescisória, biênio decadencial e recurso parcial*. Disponível em www.abdpc.org.br, consultado em 20.04.2015, às 12h.

[47] KLIPPEL, Rodrigo. *Ação rescisória*... cit., p. 33.

[48] CÂMARA, Alexandre Freitas. *Lições de direito processual civil – volume 1*. São Paulo: Atlas, 2014, p. 267-268.

[49] BARIONI, Rodrigo. *Comentários ao art. 968*. WAMBIER, Teresa Arruda Alvim; DIDIER JR., Fredie; TALAMINI, Eduardo. *Breves comentários ao novo Código de Processo Civil*. São Paulo: RT, 2015, p. 2163.

E no CPC/2015? Alguém poderia dizer que seria o caso de proferir sentença de extinção do processo, sem resolução do mérito, na forma de seu art. 485, inciso IV (extinção do processo, pelo juízo, quando se "verificar a ausência de pressupostos de constituição e de desenvolvimento válido e regular do processo"). Deve-se observar, contudo, a novidade trazida pelos §§ 5º e 6º do art. 968, assim redigidos:

> Art. 968. A petição inicial será elaborada com observância dos requisitos essenciais do art. 319, devendo o autor:
>
> [...]
>
> § 5º Reconhecida a incompetência do tribunal para julgar a ação rescisória, o autor será intimado para emendar a petição inicial, a fim de adequar o objeto da ação rescisória, quando a decisão apontada como rescindenda:
>
> I – não tiver apreciado o mérito e não se enquadrar na situação prevista no § 2º do art. 966;
>
> II – tiver sido substituída por decisão posterior.
>
> § 6º Na hipótese do § 5º, após a emenda da petição inicial, será permitido ao réu complementar os fundamentos de defesa, e, em seguida, os autos serão remetidos ao tribunal competente.

As balizas semânticas do texto legal não abrem muito espaço para o intérprete: se se reconhecer, no TJ ou no TRF, que a decisão rescindível e, por consequência, a competência para tratar da causa é do STJ (ou do STF, dependendo da situação), deve o autor ser intimado para sanar o problema, caso tenha se equivocado com o *efeito substitutivo dos recursos*, deixando de perceber que o STJ ou o STF ingressaram no mérito[50] (inciso II). Se isso ocorrer depois da citação do réu, este será naturalmente intimado a respeito da emenda da inicial, sendo absolutamente um pleonasmo principiológico-processual, digamos assim, o que consta do § 6º.

É cabível uma breve nota sobre o art. 968, §5º, I, do CPC/2015, supostamente relacionado com vícios de competência, mas que parece ser de incidência impossível. Afinal, o CPC/2015 autoriza a rescisão de decisão que não examina o mérito (art. 966, §2º) e o mencionado texto autoriza a correção da decisão proposta em juízo incompetente, que não tenha examinado o mérito e também não seja rescindível.[51]

As decisões que não examinam o mérito e não podem ser rescindidas são: decisão que extingue o processo por abandono do autor; por abandono das partes; pela homologação da desistência ou por decorrência da morte do autor associada à intransmissibilidade do direito. A rescisória, nos três primeiros casos,

[50] E, se trataram de mérito, *substituíram* a decisão anterior.

[51] Todo esse raciocínio é baseado na seguinte obra: DIDIER JR., Fredie; CUNHA, Leonardo Carneiro da. *Curso de direito processual civil*. 13ª ed. Salvador: Juspodivm, 2016, v. 3, p. 456-457.

seria incabível pelo fato de que o autor pode simplesmente repropor a demanda e, no último, porque o direito é intransmissível.

O dispositivo foi pensado para o Código anterior. Neste caso, seria possível imaginar que a parte ajuizasse rescisória contra decisão de tribunal superior que não houvesse conhecido do recurso, imaginado que tivesse sido admitido e desprovido. Por sua vez, o tribunal não admitiria a rescisória pelo motivo de não ter examinado o mérito, inexistindo o efeito substitutivo, afirmando que a única decisão rescindível é a do tribunal local. Assim, determinaria a emenda da rescisória e a remeteria ao tribunal competente.

No entanto, no CPC/2015 a decisão é rescindível (art. 966, §2º, I).[52] No caso mencionado, a decisão poderia ser rescindida, mesmo que não fosse de mérito. Sendo a ação rescisória proposta no juízo que preferiu a decisão de cunho processual, não há qualquer erro. Proposta perante tribunal incompetente, o problema seria resolvido pelas regrais gerais de reconhecimento de incompetência; não se tem aqui um vício quanto ao *objeto da rescisória*.

Nas hipóteses em que a parte deseja rescindir decisão de admissibilidade e alega questão de mérito, existem duas possibilidades: *a)* a petição é inepta e *b)* a decisão não é de admissibilidade, mas de mérito. Nesta segunda hipótese, não há problema, pois a decisão é rescindível e o tribunal será competente para tanto.

Caso 2: "A" ajuíza ação rescisória diante do TJ ou do TRF, quando, porém, a decisão fora proferida pelo STJ ou pelo STF[53]. É possível imaginar isso pensando no art. 932 do CPC/2015, dispositivo que cuida da negativa de provimento a recurso, pelo próprio relator, em situações específicas[54]. Imagine-se que "A" tenha interposto um recurso especial. No STJ, o relator designado para apreciar este recurso entende que ele é contrário entendimento sumulado pelo próprio STJ (falamos, aqui, do art. 932, inciso IV, alínea *a*, do CPC/2015)[55].

[52] Sobre essa hipótese de cabimento da ação rescisória, cf.: Mazzei, Rodrigo; Gonçalves, Tiago Figueiredo. Primeiras linhas sobre a disciplina da ação rescisória no CPC/15. Peixoto, Ravi; Macêdo, Lucas Buril de; Freire, Alexandre. *Doutrina selecionada* – processo nos tribunais e meios de impugnação às decisões judiciais. Salvador: Juspodivm, 2015, v. 6, p. 182-183.

[53] A situação do "caso 2" é **muito parecida** com a do "caso 1", mas adiante se verificará a pequena diferença de uma e outra casuística.

[54] Que vão arroladas entre as alíneas *a* a *c* do inciso IV deste art. 932 do CPC/2015.

[55] Equivalente, até certo ponto, ao conhecido art. 557 do Código de 1973, tal como regulado pela Lei 9.756/1998. A doutrina sempre admitiu a incidência desse regramento em todos os recursos (*v.*, por exemplo, Teixeira, Sálvio de Figueiredo. A Lei 9.756/98 e suas inovações. In: Wambier, Teresa Arruda Alvim; Nery Júnior, Nelson [orgs.]. *Aspectos polêmicos e atuais dos recursos cíveis de acordo com a Lei 9.756/98*. São Paulo: Revista dos Tribunais, 1999, p. 543-546; Wambier, Teresa Arruda Alvim. Anotações a respeito da Lei 9.756, de 17 de dezembro de 1998. In: ______; Nery Júnior, Nelson [orgs.]. *Aspectos polêmicos e atuais dos recursos cíveis de acordo com a Lei 9.756/98*. São Paulo: Revista dos Tribunais, 1999, p. 560-584; e Marinoni, Luiz Guilherme; Mitidiero, Daniel. *Código de Processo Civil comentado artigo por artigo*. São Paulo: Revista dos Tribunais, 2011, p. 601 [nota 4]).

"A" se confunde, e pensa que essa decisão, na verdade, foi de conhecimento (e não de mérito) sobre o recurso especial. Por isso, ao invés de manejar a ação rescisória no STJ, acaba ajuizando-a no tribunal de origem (TJ ou TRF, conforme o caso). Veja que a negativa de provimento do recurso especial, ainda que advenha de relator, significa enfrentamento do mérito do recurso[56]. Isso torna o STJ competente para a ação rescisória (*cf.* o que acabamos de escrever acima, notadamente o primeiro dos gráficos, chamado de "situação *primeira*"). Para Alexandre Freitas Câmara (que escrevia, repise-se, no contexto do CPC/1973), o fato de "A" desejar rescindir decisão que transitou em julgado no STJ ajuizando a ação rescisória em outro tribunal acabaria tornando o seu pleito juridicamente impossível, o que ensejaria extinção do mérito, na forma do art. 267, inciso VI, do CPC/1973.

E no CPC/2015? Diria alguém que novamente sobreviria a sentença de extinção de mérito, mas a fundamentação, agora, afetará o campo dos pressupostos processuais, e não das condições da ação. O legislador retirou a "possibilidade jurídica do pedido", categoria esta que, segundo pensamos, migrou para o campo dos pressupostos processuais de validade no Código de Processo Civil de 2015[57], de maneira que, novamente, seria o caso de proferir sentença, sem resolução o mérito, embasada no art. 485, inciso IV, do CPC/2015, retrotranscrito. Ocorre que o § 5º, do art. 968 foi desenhado justamente para situações como essa, de modo que ousamos defender que, também neste "caso 2" se aplica a solução explicada no "caso 1".

Caso 3: "A" ajuíza ação rescisória num TJ, quando, na verdade, esta deveria ser movida perante um TRF[58] (ou vice-versa), indicando corretamente a decisão rescindenda, mas ajuizando-a em tribunal incompetente. Aí haverá um problema

[56] Neste sentido: MARINONI, Luiz Guilherme; MITIDIERO, Daniel. *Código de Processo Civil comentado artigo por artigo.* São Paulo: Revista dos Tribunais, 2011, p. 600 (nota 3 – "Negar Seguimento, Negar Provimento ou dar Provimento").

[57] Aparentemente sente sentido, ainda que tratasse, somente, do *projeto* do CPC/2015, *cf.* DIDIER JR., Fredie. Será o fim da categoria *condição da ação*? In: WAMBIER, Luiz Rodrigues; WAMBIER, Teresa Arruda Alvim (orgs.). *Doutrinas Essenciais – Processo Civil. Volume II – Teoria Geral do Processo I.* São Paulo: Revista dos Tribunais, 2011, p. 323-328 [o texto original é de março de julho de 2011 (*Revista de Processo* 197/256). O autor volta a tratar do tema, com o mesmo posicionamento, em obra mais recente: DIDIER JR., Fredie. *Curso de direito processual civil.* 17ª ed. Salvador: Juspodivm,2015, v. 1, p. 304-308. No mesmo sentido: CUNHA, Leonardo Carneiro da. Será o fim da categoria condições da ação? Uma intromissão no debate travado entre Fredie Didier Jr. e Alexandre Freitas Câmara. *Revista de Processo.* São Paulo: RT, v. 198, 2011.

[58] Alexandre Freitas Câmara cogita ser "quase impossível de ocorrer" caso semelhante. E utiliza o termo "quase" porque já viu fatos da prática forense que se tivesse apenas ouvido falar, "não acreditaria" (CÂMARA, Alexandre Freitas. *Ação Rescisória.* São Paulo: Atlas, 2014, p. 31 [nota de rodapé nº 31]). Entretanto, isso é bem plausível de se verificar nos casos de juízes estaduais investidos de jurisdição federal que tenham proferido uma decisão, em tese, rescindível (aliás, na nota de rodapé nº XXX, *supra*, arrolamos três precedentes neste sentido, de tribunais diversos [TJMS, TJRS e TRF-5]).

"puro" de *incompetência* (e não algo que afetaria, diretamente, os pressupostos processuais). Por isso, cabe a declinação de competência para a corte competente. Esse raciocínio deve ser repetido para qualquer outra hipótese em que isso venha a ocorrer: ação rescisória que aponta a decisão do STJ como a rescindenda, mas a ajuíza em TJ; rescisória que almeja rescindir decisão do STF, mas a ajuíza no STJ etc.

Um detalhe que pode ser observado e modificado sob a vigência do CPC/2015 decorre das consequências do reconhecimento dessa incompetência, que é absoluta. Pela aplicação da *translatio iudicii*,[59] o reconhecimento da incompetência absoluta não implica mais na anulação dos atos decisórios. Caso tenha sido proferida alguma decisão na rescisória antes do reconhecimento da incompetência, a exemplo da concessão de uma tutela provisória, os seus efeitos serão conservados até que outra decisão seja proferida pelo juiz competente (art. 64, §4º, CPC/2015).

5.1. A competência da ação rescisória e a intervenção da União, autarquia federal ou empresa pública federal

Finalmente, uma última questão que nos chamou atenção deve ser inserida neste trabalho[60]: o que ocorre se, no processo, sobrevenha intervenção da União, autarquia federal ou empresa pública federal? Como se sabe, compete aos juízes federais processar e julgar "causas em que a União, entidade autárquica ou empresa pública federal forem interessadas na condição de autoras, rés, assistentes ou oponentes[61], exceto as de falência, as de acidentes de trabalho e as sujeitas à Justiça Eleitoral e à Justiça do Trabalho". Isso se aplica no caso de uma ação rescisória? Há precedente do Superior Tribunal de Justiça concordando com essa hipótese, como se depreende da ementa seguinte:

> Processo civil. Ação rescisória. Sentença de usucapião proferida por juiz de direito. Manifestação de interesse da União na ação rescisória. Deslocamento da competência para a Justiça Federal.
>
> Inocorrência de violação à Lei Federal. Recursos não conhecidos.
>
> I – Conquanto, em princípio, ao Tribunal de Justiça caiba analisar ação rescisória intentada contra julgado proferido por Juiz de Direito a ele vinculado, nao viola a legislação federal de índole infraconstitucional a remessa dos autos à Justiça Federal para julgar o mérito da pretensão, quando haja ente federal admitido na rescisória como autor, réu, assistente ou opoente.

[59] Sobre o tema, cf: Cunha, Leonardo Carneiro da.. A *translatio iudicii* no projeto do novo Código de Processo Civil brasileiro. *Revista de Processo*. São Paulo: RT, v. 208, 2012.

[60] Noticiada, vez mais, por Alexandre Freitas Câmara (Câmara, Alexandre Freitas. *Ação Rescisória*. São Paulo: Atlas, 2014, p. 31).

[61] Aqui, há equívoco técnico do constituinte originário. O correto seria constar, aí, o termo "opoente" (derivando, pois, da oposição – modalidade de intervenção de terceiros).

II – O legítimo interesse é o que qualifica a parte a estar em Juízo pleiteando a prestação jurisdicional. Na ausência de qualquer utilidade para a parte, não logra ser acolhido o recurso por ela manifestado[62].

Este parece ser, mesmo, o entendimento fixado pelo STJ. Em julgado mais recente, decidiu-se com o mesmo raciocínio:

Recurso Especial. Ação rescisória. Acórdão rescindendo do Tribunal Estadual. Intervenção da União no feito. Deslocamento da competência para Justiça Federal. Súmula 150 do STJ[63]. Anulação de atos decisórios. Encaminhamento à Justiça Federal. Precedentes.

1. A intervenção da União em ação rescisória de acórdão proferido por tribunal estadual desloca a competência para a Justiça Federal.

2. Admitida a União como assistente especial na ação rescisória, a competência para o julgamento da causa desloca-se para a Justiça Federal a quem compete a verificação de existência de interesse jurídico, nos termos da Súmula 150/STJ.

3. Conquanto, em princípio, ao Tribunal de Justiça caiba analisar ação rescisória intentada contra julgado proferido juízes ou órgãos colegiados a ele vinculados, não viola a legislação federal de índole infraconstitucional a remessa dos autos à Justiça Federal para julgar o mérito da pretensão, quando ente federal tenha sido admitido na rescisória como autor, réu, assistente ou opoente.

4. Precedentes específicos desta Corte.

5. Aplicação analógica da Súmula n. 365/STJ[64].

6. Recurso Especial parcialmente conhecido e, nesta parte, provido para anular os atos decisórios e encaminhar os autos à Justiça Federal[65].

Comentando o primeiro julgado que mencionamos acima (REsp 94.332/RJ), Alexandre Freitas Câmara opina em sentido diverso ao que decidiu o STJ (e, por nossa imputação, ao que se asseverou no REsp 843.924/RS):

Assim, porém, e com a devida vênia, não me parece. A meu juízo a competência de um tribunal para conhecer da ação rescisória proposta com o fim de desconstituir seu julgado só pode ser dele próprio. Repugna ao sistema processual brasileiro admitir que um tribunal venha a rescindir provimento de mérito proferido por outro tribunal. Ora, se nem o Supremo Tribunal Federa pode ser

[62] STJ, REsp 94.332/RJ. Rel. Min. Sálvio de Figueiredo Teixeira, 4ª Turma. DJ 20.10.1998.

[63] Enunciado da Súmula 150 da jurisprudência dominante do STJ: "compete à Justiça Federal decidir sobre a existência de interesse jurídico que justifique a presença, no processo, da União, suas autarquias ou empresas públicas".

[64] Enunciado da Súmula 365 da jurisprudência dominante do STJ: "a intervenção da União como sucessora da Rede Ferroviária Federal S/A (RFFSA) desloca a competência para a Justiça Federal ainda que a sentença tenha sido proferida por Juízo estadual".

[65] STJ, REsp 843.924/RS. Rel. Min. Paulo de Tarso Sanseverino, 3ª Turma. DJ 20.09.2011.

considerado originariamente competente para julgar ação rescisória contra decisão que não tenha sido lá mesmo proferida, não vejo como se possa admitir essa modificação de competência[66].

6. Conclusões

A proposta do presente texto foi no sentido de ressaltar os possíveis pontos problemáticos da competência na ação rescisória. Inicialmente, tem-se a própria dificuldade na fixação de sua competência, em face da eventual dificuldade em identificar quando houve efetivamente a incidência do efeito substitutivo dos recursos.

Essa problemática aumenta ainda mais quando há a inserção da teoria dos capítulos de sentença, que implica na possibilidade da existência de capítulos com trânsito em julgado em órgãos diversos do Poder Judiciário. Tendo por base o cabimento de várias rescisórias objetivando atacar múltiplos capítulos, impõe-se também o devido cuidado analítico de sua relação com a teoria dos capítulos decisórios. A cada tribunal incumbe rescindir tão somente os capítulos que tenha efetivamente conhecido, seja em grau originário ou recursal.

Por fim, tratou-se dos problemas atinentes quando efetivamente há incompetência na ação rescisória ajuizada. Tratava-se de tema que implicava em diversos problemas no CPC/1973, por vezes ocasionando a extinção indevida de ações rescisória sem que houvesse permissão de sanar o defeito pela parte autora. O CPC/2015, como visto, fornece ao aplicador do direito uma maior possibilidade de sanar os vícios atinentes à competência da rescisória, sempre focando em possibilitar o efetivo julgamento do mérito.

Referências

ARAÚJO, José Henrique Mouta. *A duração razoável do processo e o fenômeno da coisa julgada no novo código de processo civil*. Texto inédito, gentilmente cedido pelo autor.

______. Rescisória, decisão interlocutória e coisa julgada progressiva: uma segunda visão sobre o Projeto do Novo CPC. In: DIDIER JR., Fredie; NOGUEIRA, Pedro Henrique Pedrosa; GOUVEIA FILHO, Roberto Campos. *Pontes de Miranda e o direito processual*. Salvador: Juspodivm, 2013.

______. Notas sobre o efeito substitutivo do recurso e seu reflexo na ação rescisória. *Revista de Processo*. São Paulo: Revista dos Tribunais, v. 145, mar.-2007.

ASSIS, Araken de. *Cumulação de ações*. 4ª ed. São Paulo: Revista dos Tribunais, 2002.

______. *Manual de Recursos*. 2ª ed. São Paulo: Revista dos Tribunais, 2008.

BARIONI, Rodrigo. Observações sobre o procedimento da ação rescisória. NERY JÚNIOR, Nelson; WAMBIER, Teresa Arruda Alvim (orgs.). *Aspectos polêmicos e atuais dos recursos cíveis e de outras formas de impugnação às decisões judiciais*. São Paulo: Revista dos Tribunais, 2006, v. 10.

[66] CÂMARA, Alexandre Freitas. *Ação Rescisória*. São Paulo: Atlas, 2014, p. 32.

______. *Comentários ao art. 968*. WAMBIER, Teresa Arruda Alvim; DIDIER JR., Fredie; TALAMINI, Eduardo. *Breves comentários ao novo Código de Processo Civil*. São Paulo: RT, 2015, p. 2163.

BEBBER, Júlio César. Recurso parcial e formação gradual da coisa julgada sob o enfoque dos capítulos de sentença. *Revista de Direito do Trabalho*. São Paulo: Revista dos Tribunais, n. 134, abr./jun. 2009.

BERMUDES, Sergio. Efeito devolutivo da apelação. Marinoni, Luiz Guilherme Marinoni (coord). *Estudos de direito processual civil: Homenagem ao professor Egas Dirceu Moniz de Aragão*. São Paulo: Revista dos Tribunais, 2005.

BONICIO, Marcelo José Magalhães. Novos perfis da sentença civil: classificação, estrutura, capítulos, efeitos e coisa julgada. *Revista Dialética de direito processual*. São Paulo: Dialética, n. 53, ago.-2007.

CÂMARA, Alexandre Freitas. *Ação Rescisória*. São Paulo: Atlas, 2014.

______. *Ação rescisória*. Rio de Janeiro: Lumen Juris, 2007.

______. *Lições de direito processual civil – volume 1*. São Paulo: Atlas, 2014.

CHEIM, Flávio Cheim. *Teoria Geral dos Recursos Cíveis*. Rio de janeiro: Forense, 2003.

COSTA, Eduardo José da Fonseca. *O direito vivo das liminares*. São Paulo: Saraiva, 2011.

CUNHA, Leonardo José Carneiro da. A *translatio iudicii* no projeto do novo Código de Processo Civil brasileiro. *Revista de Processo*. São Paulo: RT, v. 208, 2012.

______. O § 6º do art. 273 do CPC: Tutela Antecipada Parcial ou Julgamento Antecipado Parcial da Lide? *Revista Dialética de Direito Processual Civil*. São Paulo: Dialética, v. 1, abr.-2003.

______. *Jurisdição e competência*. São Paulo: RT, 2008.

______. Será o fim da categoria condições da ação? Uma intromissão no debate travado entre Fredie Didier Jr. e Alexandre Freitas Câmara. *Revista de Processo*. São Paulo: RT, v. 198, 2011.

______. Termo inicial do prazo para ajuizamento da ação rescisória, capítulos de sentença e recurso parcial (RESP 415.586-DF – STJ). *Revista de Processo*. São Paulo: Revista dos Tribunais, n. 120, 2005.

CARNEIRO, Athos Gusmão. *Ação rescisória, biênio decadencial e recurso parcial*. Disponível em www.abdpc.org.br, consultado em 20.04.2015, às 12h.

DIDIER JR., Fredie. *Curso de direito processual civil*. 17ª ed. Salvador: Juspodivm,2015, v. 1.

______. Inovações na antecipação dos efeitos da tutela e a resolução parcial de mérito. *Revista de Processo*. São Paulo: Revista dos Tribunais, v. 110, abr./jun.-2003.

______. Será o fim da categoria *condição da ação*? In: WAMBIER, Luiz Rodrigues; WAMBIER, Teresa Arruda Alvim (orgs.). *Doutrinas Essenciais – Processo Civil. Volume II – Teoria Geral do Processo I*. São Paulo: Revista dos Tribunais, 2011.

DIDIER JR., Fredie; CUNHA, Leonardo Carneiro da. *Curso de direito processual civil*. 13ª ed. Salvador: Juspodivm, 2016, v. 3.

DINAMARCO, Cândido Rangel. Ação rescisória, incompetência e carência de ação. In: ______. *Nova era do processo civil*. São Paulo: Malheiros, 2003.

______. *Capítulos de Sentença*. 4ª ed. São Paulo: Malheiros, 2009.

FADEL, Sergio Sahione. *Código de Processo Civil Comentado – tomo III*. Rio de Janeiro José Konfino, 1975.

FERNANDES, Marcus Vinicius Tenorio da Costa. *Capítulos de sentença*. Dissertação de Mestrado. São Paulo: USP, 2002.

GARCIA, Gustavo Filipe Barbosa. Coisa julgada de capítulos autônomos da sentença. *Coisa julgada: novos enfoques no direito processual, na jurisdição metaindividual e nos dissídios coletivos*. São Paulo: Método, 2007.

GOMES FILHO, Antonio Magalhães; FERNANDES, Antonio Scarance; PELLEGRINI, Ada. Recurso no processo penal: teoria geral dos recursos, recursos em espécie, ações de impugnação. São Paulo: Revista dos Tribunais, 1996.

KLIPPEL, Rodrigo. *Ação rescisória*: teoria e prática. Niterói: Impetus, 2008.

LEITE, Clarisse Frechiani Lara. *Prejudicialidade no processo civil*. São Paulo: Saraiva, 2008.

LIEBMAN, Enrico Tullio. "Parte" o "capo" di sentenza. *Rivista di diritto processuale civile*. Pádua: Cedam, v. XIX, 1964.

LUCON, Paulo Henrique dos Santos. Efeitos imediatos da decisão e impugnação parcial e total. In: ALVIM, Eduardo Pellegrini de Arruda; NERY JR., Nelson; WAMBIER, Teresa Arruda Alvim. *Aspectos polêmicos e atuais dos recursos*. (coords). São Paulo: Revista dos Tribunais. 2000.

MARINONI, Luiz Guilherme. *Antecipação de tutela*. 10ª ed. São Paulo: Revista dos Tribunais, 2008.

______; Mitidiero, Daniel. *Código de Processo Civil comentado artigo por artigo*. São Paulo: Revista dos Tribunais, 2011.

MARTINS, Pedro Batista. *Recursos e Processos da Competência Originária dos Tribunais*. Rio de Janeiro: Forense, 1957.

MAZZEI, Rodrigo; GONÇALVES, Tiago Figueiredo. Primeiras linhas sobre a disciplina da ação rescisória no CPC/15. PEIXOTO, Ravi; MACÊDO, Lucas Buril de; FREIRE, Alexandre. *Doutrina selecionada* – processo nos tribunais e meios de impugnação às decisões judiciais. Salvador: Juspodivm, 2015, v. 6.

MEDINA, José Miguel Garcia; WAMBIER, Teresa Arruda Alvim. *Processo Civil Moderno – Recursos e Ações Autônomas de Impugnação*. São Paulo: Revista dos Tribunais, 2011.

MIRANDA, Francisco Cavalcanti Pontes de. *Tratado da ação rescisória*. Campinas: Bookseller, 1998.

MITIDIERO, Daniel. *Processo civil e estado constitucional*. Porto Alegre: Livraria do Advogado, 2007.

MOREIRA, José Carlos Barbosa. Que significa "não conhecer" de um recurso? In: ______. *Temas de Direito Processual*, Sexta Série. São Paulo, Saraiva, 1997.

______. *O novo processo civil*. 25ª ed. Rio de Janeiro: Forense, 2005.

______. *Comentários ao Código de Processo Civil*. 15ª ed. Rio de Janeiro: Forense, 2009, v. 5.

______. Sentença objetivamente complexa, trânsito em julgado e rescindibilidade. In: NERY JUNIOR, Nelson; WAMBIER, Teresa Arruda Alvim (orgs.). *Aspectos polêmicos dos recursos cíveis e assuntos afins*. 11ª ed. São Paulo: Revista dos Tribunais, 2007, v. 11.

NERY JUNIOR, Nelson. *Teoria Geral dos Recursos*. 6ª ed. São Paulo: Revista dos Tribunais, 2004.

NORATO, Ester Camila Gomes. O efeito translativo nos recursos extraordinários *latu sensu*. *Revista Brasileira de Direito Processual*. Belo Horizonte: Fórum, n. 59, jul./set.-2007.

OLIVEIRA, Gledson Kleber Lopes de. *Apelação no direito processual civil*. São Paulo: Revista dos Tribunais, 2009.

PASSOS, José Joaquim Calmon de Passos. *Comentários ao Código de Processo Civil*. 9ª ed. Rio de Janeiro: Forense, 2005.

PEIXOTO, Ravi . Rumo à construção de um processo cooperativo. Revista de Processo. São Paulo: Revista dos Tribunais, v. 219, mai.-2013.

SANTOS, José Carlos Van Cleef de Almeida. A resolução parcial do mérito no saneamento e a natureza jurídica do pronunciamento judicial: da doutrina de Pontes de Miranda ao Projeto do Novo Código de Processo Civil. DIDIER JR., Fredie; NOGUEIRA, Pedro Henrique Pedrosa; GOUVEIA FILHO, Roberto Campos. *Pontes de Miranda e o direito processual*. Salvador: Juspodivm, 2013.

SIQUEIRA, Thiago Ferreira. A fragmentação do julgamento do mérito no novo Código de Processo Civil. *Revista de Processo*. São Paulo: Revista dos Tribunais, v. 229, mar. 2014.

SIMONASSI, Mauro. A parte incontroversa da demanda: para uma teoria da cisão do mérito e do processo. *Revista de Processo*. São Paulo: Revista dos Tribunais, v. 236, out.-2014.

TEIXEIRA, Guilherme Puchalski. Sentenças objetivamente complexas: impossibilidade do trânsito em julgado parcial. *Revista Dialética de Direito Processual*. São Paulo: Dialética, n. 162, ago.-2008.

TEIXEIRA, Sálvio de Figueiredo. A Lei 9.756/98 e suas inovações. In: WAMBIER, Teresa Arruda Alvim; NERY JÚNIOR, Nelson [orgs.]. *Aspectos polêmicos e atuais dos recursos cíveis de acordo com a Lei 9.756/98*. São Paulo: Revista dos Tribunais, 1999.

VILHENA NUNES, João Batista Amorim de. Cumulação de demandas, tutela antecipada, decisão parcial de mérito e sua execução. In: MOREIRA, Alberto Camiña; ALVAREZ, Anselmo Prieto; BRUSCHI, Gilberto Gomes (coords.). *Panorama atual das tutelas individual e coletiva:* estudos em homenagem ao professor Sérgio Shimura. São Paulo: Saraiva, 2011.

WAMBIER, Teresa Arruda Alvim. Anotações a respeito da Lei 9.756, de 17 de dezembro de 1998. In: ______; NERY JÚNIOR, Nelson [orgs.]. *Aspectos polêmicos e atuais dos recursos cíveis de acordo com a Lei 9.756/98*. São Paulo: Revista dos Tribunais, 1999.

YARSHELL, Flávio Luiz. *Ação Rescisória*. São Paulo: Malheiros, 2005.

ZAVASCKI, Teori Albino. Antecipação da tutela em face do pedido incontroverso. Disponível em: http://www.abdpc.org.br/abdpc/artigos/Teori%20Zavascki(2)%20-formatado.pdf. Acesso às 10h, do dia 26.04.2015.

A inconstitucional relativização da coisa julgada prevista no parágrafo 15º do artigo 525 do Novo Código de Processo Civil

Elias Marques de Medeiros Neto
Rogerio Mollica

Tradicionalmente, o sistema processual e constitucional brasileiro confere à coisa julgada um tratamento especial, alçando-a ao patamar de cláusula pétrea constitucional, nos termos dos artigos 5º, XXXVI, e 60, parágrafo quarto, I e IV, da Constituição Federal.

O respeito à coisa julgada é sinônimo de segurança jurídica, sendo que apenas em situações extremamente excepcionais é que o sistema processual, em regra, pode permitir sua revisão.

Nelson Nery Jr., nesta esteira, bem observa que: "há determinados institutos no direito, de natureza material ou processual, criados para propiciar segurança nas relações sociais e jurídicas. A coisa julgada é um desses institutos e tem natureza constitucional, pois é, como vimos no comentário anterior, elemento que forma a própria existência do estado democrático de direito. Sua proteção não está apenas no art. 5, XXXVI, da CF, mas principalmente na forma que descreve os fundamentos da república. O Estado democrático de direito e um dos seus elementos de existência, que é a coisa julgada, são cláusulas pétreas em nosso sistema constitucional, cláusulas essas que não podem ser modificadas ou abolidas, nem por emenda constitucional, porquanto bases fundamentais da República Federativa do Brasil. Por consequência e com muito maior razão, não podem ser modificadas ou abolidas por lei ordinária ou por decisão judicial posterior".[1]

O conceito de coisa julgada já estava definido no artigo 467 do Código de Processo Civil de 1973 nos seguintes termos "Denomina-se coisa julgada mate-

[1] Nery Jr., Nelson. *Princípios do processo civil na constituição federal.* São Paulo: RT, 2004. p. 48

rial a eficácia que torna imutável e indiscutível, não mais sujeita a recurso ordinário ou extraordinário." Tal definição encontra clara influência de **Liebman**[2], de quem Alfredo Buzaid foi um discípulo.[3] A grande preocupação foi conceituar coisa julgada como imutabilidade da sentença e não como seu efeito.[4]

[2] Cassio Scarpinella Bueno muito bem constata que: "O Código de processo Civil, segundo se lê na exposição de Motivos, a cargo do seu elaborador, o então Ministro da Justiça, Alfredo Buzaid, célebre professor da Faculdade de Direito da Universidade de São Paulo e Ministro do Supremo Tribunal Federal, quis adotar a doutrina de Liebman e esta distinção entre os efeitos da sentença e a especial qualidade a eles atribuída de sua imutabilidade em nome de uma maior segurança jurídica. Ocorre que, não obstante as considerações lançadas no item 10 daquele Ato, o art. 467 acabou por definir a coisa julgada como efeito da sentença nos seguintes termos: 'Denomina-se coisa julgada material a eficácia que torna imutável e indiscutível, não mais sujeita a recurso ordinário ou extraordinário'. Esta constatação, contudo, não tem a aptidão de recusar acerto à distinção proposta originalmente por Liebman, largamente aceita, com algumas variações e desenvolvimentos pela doutrina do direito processual civil brasileiro. Tanto assim, que a sentença, mesmo antes de 'transitar em julgado', isto é, antes de revestir-se desta especial qualidade que a imuniza de questionamentos futuros, pode produzir seus efeitos com maior ou menor intensidade. É o que se dá nos casos da chamada 'execução provisória' , expressamente admitida pelos arts. 475-O e 521, em que a eficácia da sentença é irrecusável ainda que ela penda de ulterior revisão e confirmação em sede recursal." (*Curso Sistematizado de Direito Processual Civil.* v. 2. São Paulo: Saraiva, 2007. p. 384).

[3] Segundo Cândido Rangel Dinamarco: "Nenhum estudioso do processo civil brasileiro duvida que o autor do anteprojeto do vigente Código de Processo Civil teve a intenção de adotar o notório conceito de coisa julgada proposto por Liebman, não obstante a defeituosa redação dada a seu art. 467, o qual a define como a 'eficácia que torna imutável a sentença'. Apesar dessas palavras mal coordenadas, contidas na lei, a teoria da coisa julgada como imutabilidade e não efeito da sentença goza da preferência quase unânime dos processualistas brasileiros, sendo ultimamente dado bastante destaque à incidência da coisa julgada material sobre os efeitos substanciais da sentença de mérito, em confronto com a coisa julgada formal, responsável pela estabilização da própria sentença, de mérito ou não, como ato do processo." ("Liebman e a cultura Processual Brasileira", in Revista de Processo, nº 119. São Paulo: RT, 2005. p. 272).

[4] O professor Barbosa Moreira entende ser incompleto o conceito de Liebman, "que tanto fez para distinguir da eficácia da sentença a autoridade da coisa julgada, e com isso prestou serviço inestimável à ciência processual, deteve-se contudo a meio caminho. Em sua construção, fica ainda a coisa julgada conceptualmente presa à rede dos efeitos da sentença, como algo que a eles adere 'per qualificarli e rafforzali in un senso ben determinato", ou seja, para fazê-los imutáveis. Ora, tal compromisso é insatisfatório, até porque, na realidade, os efeitos da sentença não se tornam imutáveis com o trânsito em julgado: o que se torna imutável (ou, se se prefere, indiscutível) é o próprio conteúdo da sentença, como norma jurídica concreta referida à situação sobre que se exerceu a atividade cognitiva do órgão judicial. Faltou a LIEBMAN dar o passo decisivo no sentido de libertar da problemática relativa à eficácia da sentença a teoria da coisa julgada. Atrevemo-nos a pensar que a doutrina tanto mais se habilitará a lidar proveitosamente com as complexíssimas questões que aí palpitam, quanto maior for a clareza com que se deparar a visão dessa fundamental autonomia." ("Coisa Julgada e Declaração", in *Temas de Direito Processual Civil*, 2. ed.. São Paulo: Saraiva, 1988. p. 89). O professor Celso Neves discorda do conceito de Liebman sobre coisa julgada, pois para ele seria "o efeito da sentença definitiva sôbre o mérito da causa que, pondo têrmo final à controvérsia, faz imutável e vinculativo, para as partes e para os órgãos jurisdicionais, o conteúdo declaratório da decisão judicial. Tal conceito, restrito à declaração jurisdicional decorre : *a)* de motivos que tornam inaceitável a fórmula de LIEBMAN; *b)* de conceitos doutrinários que corroboram a posição restrita de HELLWIG." (*Coisa Julgada Civil.* São Paulo: Revista dos Tribunais, 1971. p. 443).

Para o professor **Cândido Rangel Dinamarco** a "estabilidade e a imunização, quando encarada em sentido bastante amplo, chama-se coisa julgada e atinge, conforme o caso, somente a sentença como ato processual ou ela própria e também os seus efeitos. A distinção entre coisa julgada formal e material revela somente que a imutabilidade é uma figura de duas faces, não institutos diferentes (Liebman). A função da coisa julgada tout court é a de proporcionar segurança nas relações jurídicas, sabendo-se que a insegurança é gravíssimo fator perverso que prejudica os negócios, o crédito, as relações familiares e, por isso, a felicidade pessoal das pessoas ou grupos. A imutabilidade da sentença e de seus efeitos é um dos mais importantes pesos responsáveis pelo equilíbrio entre exigências opostas, inerente a todo sistema processual (supra, n. 54): enquanto a garantia do contraditório, o direito à prova, os recursos etc., propiciam o aprimoramento da qualidade dos julgamentos mediante a refletida ponderação do juiz em torno da pretensão e dos pontos duvidosos que a envolvem (Calamandrei), a imutabilidade implica pôr um ponto final nos debates e nas dúvidas, oferecendo a solução final destinada a eliminar o conflito ou, ao menos, extinguir os vínculos inerentes à relação processual."[5]

Assim, a coisa julgada transcende o processo e atinge a vida das pessoas, com a rigorosa intangibilidade das situações jurídicas declaradas ou criadas pela sentença transitada em julgado.[6]

A observância da autoridade da coisa julgada representa expressivo consectário da ordem constitucional, que consagra, dentre os vários princípios que dela resultam, aquele concernente à segurança jurídica.

De fato, os institutos da preclusão e da coisa julgada são formas de instrumentalização do princípio da segurança jurídica, nos termos das lições de **Eduardo Couture**: "Em sendo indissociável da ordem jurídica a garantia da coisa julgada, a corrente doutrinária tradicional sempre ensinou que se tratava de um instituto de direito natural, imposto pela essência mesma do direito e sem o qual este seria ilusório; sem ele a incerteza reinaria nas relações sociais e o caos e a desordem seriam o habitual nos fenômenos jurídicos".[7]

Com efeito, o princípio da segurança jurídica é garantidor do Estado Democrático de Direito onde informa como o Estado deve se conduzir, ocupando ele lugar destacado como consectário da dignidade da pessoa humana e da necessidade de estabilidade nas relações sociais.

A Carta Magna consagra o princípio da segurança jurídica em mais de uma oportunidade. Ainda no preâmbulo se anuncia que o Estado democrático de

[5] DINAMARCO, Cândido Rangel. *Instituições de Direito Processual Civil*, v. III. São Paulo: Malheiros, 2001. p. 296/297.

[6] NERY JR., Nelson. *Teoria Geral dos Recursos*. São Paulo: RT, 2004.p. 511.

[7] COUTURE, Eduardo. *Fundamentos del Derecho Processal Civil*. Buenos Aires: Depalma, 1974, nº 263. p.405.

direito, de que se constitui a República Federativa do Brasil, está destinada a garantir, entre outros direitos fundamentais, a segurança. Também no caput do art. 5º, a declaração dos direitos e garantias fundamentais tem início com a proclamação de que todos são iguais perante a lei, garantindo-se a todos os residentes no país a inviolabilidade do direito à segurança e à propriedade.

Segundo o mestre **J.J. Gomes Canotilho**: "os indivíduos têm o direito de poder contar com o fato de que aos seus atos ou às decisões públicas concernentes a seus direitos, posições ou relações jurídicas fundadas sobre normas jurídicas válidas e em vigor, se vinculem os efeitos previstos e assinados por estas mesmas normas."[8]

De fato, a coisa julgada propicia que as lides não se eternizem e garante segurança jurídica aos demandantes, pois após o transcurso do prazo de dois anos do trânsito em julgado não se mostra mais possível a alteração da decisão transitada em julgado.

Nelson Nery Jr. proclama a importância da coisa julgada para o estado democrático de direito, devendo sua relativização ser fortemente combatida: "Como já dissemos acima, a doutrina mundial reconhece o instituto da coisa julgada material como elemento de existência do estado democrático de direito. Quando se fala na intangibilidade da coisa julgada, não se deve dar ao instituto tratamento jurídico inferior, de mera figura do processo civil, regulada por lei ordinária, mas, ao contrário, impõe-se o reconhecimento da coisa julgada com a magnitude constitucional que lhe é própria, ou seja, de elemento formador do estado democrático de direito, que não pode ser apequenado... O risco político de haver sentença injusta ou inconstitucional no caso concreto parece ser menos grave do que o risco político de instaurar-se a insegurança geral com a relativização da coisa julgada".[9]

Ocorre que em 17 de março de 2015 foi publicado o Novo Código de Processo Civil (Lei nº 13.105/2015 – "Novo CPC"). Dentre as várias inovações trazidas pelo novo ordenamento, nos parece que uma restou um tanto quanto esquecida por quase todos os doutrinadores que se debruçaram sobre o novo código.

Trata-se da previsão quanto à possível reabertura do prazo para o ajuizamento de ação rescisória após eventual julgamento do Supremo Tribunal Federal de forma contrária à transitada em julgado. Para a melhor compreensão da inovação pede-se vênia para transcrever os §§ 12º a 15º do artigo 525 do Novo CPC, que preveem algumas matérias que podem ser objeto de impugnação ao cumprimento de sentença:

[8] Canotilho, J.J. Gomes. *Direito Constitucional*. Coimbra: Almedina, 1991. p.384.

[9] Nery Jr., Nelson. *Princípios do processo civil na constituição federal*. São Paulo: RT, 2004. p. 44.

"(...)

§ 12. Para efeito do disposto no inciso III do § 1o deste artigo, considera-se também inexigível a obrigação reconhecida em título executivo judicial fundado em lei ou ato normativo considerado inconstitucional pelo Supremo Tribunal Federal, ou fundado em aplicação ou interpretação da lei ou do ato normativo tido pelo Supremo Tribunal Federal como incompatível com a Constituição Federal, em controle de constitucionalidade concentrado ou difuso.

§ 13. No caso do § 12, os efeitos da decisão do Supremo Tribunal Federal poderão ser modulados no tempo, em atenção à segurança jurídica.

§ 14. A decisão do Supremo Tribunal Federal referida no § 12 deve ser anterior ao trânsito em julgado da decisão exequenda.

§ 15. Se a decisão referida no § 12 for proferida após o trânsito em julgado da decisão exequenda, caberá ação rescisória, cujo prazo será contado do trânsito em julgado da decisão proferida pelo Supremo Tribunal Federal."

Não é nova a preocupação quanto à dita coisa julgada inconstitucional, de tal sorte que a previsão quanto à inexigibilidade do título se o mesmo não estiver de acordo com o entendimento do Supremo Tribunal Federal já constava do Código de Processo Civil de 1973, nos § 1º do 475-L e no parágrafo único do artigo 741[10].

O que de fato é uma novidade é a postura do legislador de prever a possibilidade de a coisa julgada ser questionada mesmo quando, ao tempo de sua formação, for aplicado entendimento constitucional então válido e/ou defensável; e que veio a se tornar inconstitucional, com a mudança posterior de entendimento do Supremo Tribunal Federal; apenas após o efetivo trânsito em julgado da decisão, sentença e/ou acórdão.

Assim, a grande inovação se deu com a possível reabertura do prazo para o ajuizamento de ação rescisória previsto no artigo 525, §15º, do Novo CPC. Esta hipótese é diferente das situações em que a coisa julgada se forma com manifesta aplicação de entendimento já tido anteriormente como inconstitucional pelo

[10] Tal dispositivo recebeu inúmeras críticas de nossa Doutrina. Por todas cita-se o Professor José Ignácio Botelho de Mesquita: "Com efeito, aos menos avisados, poderá parecer que declarada a inconstitucionalidade da norma, ficariam ipso facto declarados nulos todos os atos que com base nela tivessem sido praticados, caso em que ficaria dispensada a propositura da ação rescisória para desconstituir a sentença em contrário, transitada em julgado. Daí a entender que, sobrevindo a declaração da inconstitucionalidade da lei após o transcurso do prazo da ação rescisória, estaria automaticamente rescindida a sentença que nela se fundara, independentemente da propositura da ação rescisória, é apenas um passo. O poder desse tipo de raciocínio, completamente obtuso e revelador de ignorância crassa em matéria processual, porque desconhece os limites da coisa julgada – o que é fato gravíssimo –, não pode ser minimizado porque tem lá os seus adeptos muito poderosos, como se pode ver na redação dada ao parágrafo único do art. 741 do Código de Processo Civil pela medida Provisória nº 2.180-35/2001." (*A Coisa julgada*. Rio de Janeiro: Forense, 2005. p. 112/113).

Supremo Tribunal Federal; ocasião esta em que se tem verdadeira coisa julgada inconstitucional, podendo-se combater sua exigibilidade através da impugnação ao cumprimento de sentença (§§ 12º e 14º do art. 525 do Novo CPC).

A previsão do artigo 525, §15º, do Novo CPC, frente ao instituto da coisa julgada e em face da segurança jurídica dos demandantes, é flagrantemente inconstitucional.

Luiz Guilherme Marinoni[11] já apontava ser inviável essa possibilidade, sendo certo que se a coisa julgada se formou em consonância com a vigente interpretação constitucional do Supremo Tribunal Federal acerca de determinada matéria, não poderá vir a ser questionada posteriormente, através de ação rescisória, caso o Supremo Tribunal Federal, anos mais tarde, fixasse entendimento diverso acerca da mesma matéria. Tal hipótese seria flagrantemente inconstitucional. O professor bem destaca que: "exatamente porque a decisão judicial não se confunde com a lei, a declaração de inconstitucionalidade do Supremo Tribunal não tem o efeito de invalidar a decisão do juiz ordinário. Isto seria a invalidação de uma decisão transitada em julgado por outra, ou melhor, a invalidação da interpretação judicial revestida pela coisa julgada pela ulterior interpretação do Supremo. A decisão de inconstitucionalidade do Supremo Tribunal Federal, caso pudesse retroagir sobre uma decisão transitada em julgado, teria natureza de ius superveniens. Portanto, em um discurso escorreito, não se deveria falar em retroatividade da declaração de nulidade (inconstitucionalidade) da lei sobre a coisa julgada, mas sim em retroatividade do juízo de constitucionalidade do Supremo Tribunal sobre a decisão transitada em julgado. Acontece que isto é visivelmente inconcebível, pois não há como admitir a retroatividade do ius superveniens sobre a coisa julgada... é preciso salientar que o princípio da segurança jurídica se opõe à retroatividade da decisão de inconstitucionalidade sobre a coisa julgada nos sistemas de controle difuso. Mais particularmente, a adoção da retroatividade da decisão de inconstitucionalidade sobre a coisa julgada faz desaparecer, no sistema de controle difuso, qualquer proteção à confiança do cidadão nos atos do Poder Judiciário".

Portanto, o Novo CPC ao possibilitar a reabertura, em certas circunstâncias, do prazo para o ajuizamento de ação rescisória, após decisões do Supremo Tribunal Federal em sentido contrário à coisa julgada formada, trará grande insegurança; pois as partes nunca saberão se a decisão transitada em julgada será definitiva ou se poderá ser revista após eventual decisão posterior do Supremo Tribunal Federal.

Em relação às decisões, com matéria constitucional, que venham a transitar em julgado após a vigência do Novo CPC, poderá haver insegurança jurídica, pois

[11] MARINONI, Luiz Guilherme. *Coisa julgada inconstitucional.* São Paulo: RT, 2010. p. 81.

nunca se saberá, com certeza, se a decisão transitada em julgado será imutável, pois muitos anos após o trânsito em julgado poderá ser prolatada uma decisão pelo Supremo Tribunal Federal em sentido diverso, sendo possível a reabertura do prazo para o ajuizamento de ação rescisória.

Luiz Guilherme Marinoni[12] ressalta a inconstitucionalidade do art. 525, § 15º, do Novo CPC: "Se até aqui, porém, o sistema parece razoável (ou, ao menos, viável), o mesmo não ocorre em relação ao art. 525, § 15, do CPC. Esse § 15, supõe que a coisa julgada possa ser desconstituída desde que a decisão de inconstitucionalidade seja invocada mediante ação rescisória. Acontece que a decisão que se fundou na lei declarada inconstitucional é uma decisão legítima. Admitir rescisória, em caso de decisão de inconstitucionalidade posterior à formação da coisa julgada material, é voltar a confundir validade da lei com validade do juízo sobre a lei. É, fundamentalmente, esquecer da garantia constitucional da coisa julgada. No final do mês de outubro de 2014, o STF, em sessão plenária, revogou o seu entendimento em relação à aplicabilidade da súmula 343 em caso de interpretação constitucional. No caso Metabel x União (STF, RE 590.809, plenário, 22.10.2014, Rel. Min. Marco Aurélio), decidiu-se por sete votos contra dois, vencidos os ministros Gilmar Mendes e Teori Zavascki, pelo não cabimento de ação rescisória, fundada em posterior decisão de inconstitucionalidade, quando a época da decisão rescindenda havia controvérsia acerca da interpretação constitucional. (...). Pior do que isso, o § 15 do art. 525 do CPC, implica subordinar a estabilidade da coisa julgada a uma verdadeira condição atemporal. Na medida em que, a qualquer momento, reconhecida ou declarada a inconstitucionalidade de certa norma (ou de certa interpretação da norma) pelo STF, passa daí a contar o prazo para uma ação rescisória contra qualquer julgado que tenha aplicado aquela norma ou aquela interpretação no passado, torna-se inviável pretender falar em estabilidade, imutabilidade ou indiscutibilidade da coisa julgada. Ela se torna apenas uma estabilidade provisória, no aguardo da confirmação – eterna, diga-se – pelo STF, da legitimidade das regras e das interpretações jurídicas aplicadas a essa decisão. Carece, portanto, totalmente, de constitucionalidade o art. 525, § 15, do CPC".

Cabe consignar que a previsão do Novo CPC quanto à possibilidade de reabertura do prazo para o ajuizamento de ação rescisória se mostra como uma ruptura ao entendimento consolidado dos Tribunais Superiores, que sistematicamente vinham entendendo que o julgamento posterior divergente não seria apto a ensejar a alteração das decisões transitadas em julgado.

De fato, o Superior Tribunal de Justiça, já decidiu sob a égide dos processos repetitivos (art. 543-C do CPC de 1973):

[12] MARINONI, Luiz Guilherme. *Curso de Processo Civil*. Vol. 2. São Paulo: RT, 2015. p. 947

"CONSTITUCIONAL. TRIBUTÁRIO. PROCESSUAL CIVIL. RECURSO ESPECIAL REPRESENTATIVO DE CONTROVÉRSIA. RITO DO ART. 543-C DO CPC. CONTRIBUIÇÃO SOCIAL SOBRE O LUCRO – CSLL. COISA JULGADA. DECLARAÇÃO DE INCONSTITUCIONALIDADE DA LEI 7.689/88 E DE INEXISTÊNCIA DE RELAÇÃO JURÍDICO-TRIBUTÁRIA. SÚMULA 239/STF. ALCANCE. OFENSA AOS ARTS. 467 E 471, CAPUT, DO CPC CARACTERIZADA. DIVERGÊNCIA JURISPRUDENCIAL CONFIGURADA. PRECEDENTES DA PRIMEIRA SEÇÃO DO STJ.

RECURSO ESPECIAL CONHECIDO E PROVIDO.

1. Discute-se a possibilidade de cobrança da Contribuição Social sobre o Lucro – CSLL do contribuinte que tem a seu favor decisão judicial transitada em julgado declarando a inconstitucionalidade formal e material da exação conforme concebida pela Lei 7.689/88, assim como a inexistência de relação jurídica material a seu recolhimento.

2. O Supremo Tribunal Federal, reafirmando entendimento já adotado em processo de controle difuso, e encerrando uma discussão conduzida ao Poder Judiciário há longa data, manifestou-se, ao julgar ação direta de inconstitucionalidade, pela adequação da Lei 7.689/88, que instituiu a CSLL, ao texto constitucional, à exceção do disposto no art 8º, por ofensa ao princípio da irretroatividade das leis, e no art. 9º, em razão da incompatibilidade com os arts. 195 da Constituição Federal e 56 do Ato das Disposições Constitucionais Transitórias – ADCT (ADI 15/DF, Rel. Min. SEPÚLVEDA PERTENCE, Tribunal Pleno, DJ 31/8/07).

3. O fato de o Supremo Tribunal Federal posteriormente manifestar-se em sentido oposto à decisão judicial transitada em julgado em nada pode alterar a relação jurídica estabilizada pela coisa julgada, sob pena de negar validade ao próprio controle difuso de constitucionalidade.

4. Declarada a inexistência de relação jurídico-tributária entre o contribuinte e o fisco, mediante declaração de inconstitucionalidade da Lei 7.689/88, que instituiu a CSLL, afasta-se a possibilidade de sua cobrança com base nesse diploma legal, ainda não revogado ou modificado em sua essência.

5. "Afirmada a inconstitucionalidade material da cobrança da CSLL, não tem aplicação o enunciado nº 239 da Súmula do Supremo Tribunal Federal, segundo o qual a "Decisão que declara indevida a cobrança do imposto em determinado exercício não faz coisa julgada em relação aos posteriores" (AgRg no AgRg nos EREsp 885.763/GO, Rel. Min. HAMILTON CARVALHIDO, Primeira Seção, DJ 24/2/10).

6. Segundo um dos precedentes que deram origem à Súmula 239/STF, em matéria tributária, a parte não pode invocar a existência de coisa julgada no tocante a exercícios posteriores quando, por exemplo, a tutela jurisdicional obtida houver impedido a cobrança de tributo em relação a determinado período, já transcorrido, ou houver anulado débito fiscal. Se for declarada a inconstitucionalidade da lei instituidora do

tributo, não há falar na restrição em tela (Embargos no Agravo de Petição 11.227, Rel. Min. CASTRO NUNES, Tribunal Pleno, DJ 10/2/45).

7. "As Leis 7.856/89 e 8.034/90, a LC 70/91 e as Leis 8.383/91 e 8.541/92 apenas modificaram a alíquota e a base de cálculo da contribuição instituída pela Lei 7.689/88, ou dispuseram sobre a forma de pagamento, alterações que não criaram nova relação jurídico-tributária. Por isso, está impedido o Fisco de cobrar a exação relativamente aos exercícios de 1991 e 1992 em respeito à coisa julgada material" (REsp 731.250/PE, Rel. Min. ELIANA CALMON, Segunda Turma, DJ 30/4/07).

8. Recurso especial conhecido e provido. Acórdão sujeito ao regime do art. 543-C do Código de Processo Civil e da Resolução 8/STJ." (g.n.) (RESP nº 1.118.893/MG, 1ª Seção do Superior Tribunal de Justiça, Rel. Min. Arnaldo Esteves Lima, in DJe de 06/04/2011) g.n.

Esse também é o entendimento do E. Supremo Tribunal Federal, conforme se depreende do seguinte julgado:

"RECURSO EXTRAORDINÁRIO - COISA JULGADA EM SENTIDO MATERIAL - INDISCUTIBILIDADE, IMUTABILIDADE E COERCIBILIDADE: ATRIBUTOS ESPECIAIS QUE QUALIFICAM OS EFEITOS RESULTANTES DO COMANDO SENTENCIAL - PROTEÇÃO CONSTITUCIONAL QUE AMPARA E PRESERVA A AUTORIDADE DA COISA JULGADA - EXIGÊNCIA DE CERTEZA E DE SEGURANÇA JURÍDICAS - VALORES FUNDAMENTAIS INERENTES AO ESTADO DEMOCRÁTICO DE DIREITO - EFICÁCIA PRECLUSIVA DA "RES JUDICATA" - "TANTUM JUDICATUM QUANTUM DISPUTATUM VEL DISPUTARI DEBEBAT" - CONSEQUENTE IMPOSSIBILIDADE DE REDISCUSSÃO DE CONTROVÉRSIA JÁ APRECIADA EM DECISÃO TRANSITADA EM JULGADO, AINDA QUE PROFERIDA EM CONFRONTO COM A JURISPRUDÊNCIA PREDOMINANTE NO SUPREMO TRIBUNAL FEDERAL - A QUESTÃO DO ALCANCE DO PARÁGRAFO ÚNICO DO ART. 741 DO CPC - MAGISTÉRIO DA DOUTRINA - RECURSO DE AGRAVO IMPROVIDO.

A sentença de mérito transitada em julgado só pode ser desconstituída mediante ajuizamento de específica ação autônoma de impugnação (ação rescisória) que haja sido proposta na fluência do prazo decadencial previsto em lei, pois, com o exaurimento de referido lapso temporal, estar-se-á diante da coisa soberanamente julgada, insuscetível de ulterior modificação, ainda que o ato sentencial encontre fundamento em legislação que, em momento posterior, tenha sido declarada inconstitucional pelo Supremo Tribunal Federal, quer em sede de controle abstrato, quer no âmbito de fiscalização incidental de constitucionalidade. – A superveniência de decisão do Supremo Tribunal Federal, declaratória de inconstitucionalidade de diploma normativo utilizado como fundamento do título judicial questionado, ainda que impregnada de eficácia "ex tunc" – como sucede, ordinariamente, com os julgamentos proferidos em sede de fiscalização concentrada (RTJ 87/758 – RTJ 164/506-509 – RTJ 201/765) –, não se revela apta, só por si, a desconstituir a autoridade da coisa julgada, que traduz, em nosso sistema jurídico, limite insuperável à força retroativa resultante dos pronunciamentos que emanam, "in abstracto", da Suprema Corte. Doutrina. Precedentes. – O significado do instituto da coisa julgada material como expressão da própria supremacia do ordenamento constitucional e como elemento inerente à existência do Estado Democrático de Direito."

(AgRg no RE nº 592.912/RS, Rel. Min. Celso de Mello, 2ª Turma do STF, in DJE 22/11/2012)

Em seu brilhante voto o Ministro Celso de Mello, demonstra que a manutenção da sentença transitada em julgado, mesmo que posteriormente tenha havido mudança no entendimento do STF sobre a matéria, é imperativo e conclui assim o seu voto:

"Cabe ter presente, neste ponto, o que a própria jurisprudência constitucional do Supremo Tribunal Federal vinha proclamando, já há quatro (4) décadas, a respeito da invulnerabilidade da coisa julgada em sentido material, enfatizando, em tom de grave advertência, que sentenças transitadas em julgado, ainda que inconstitucionais, somente poderão ser invalidadas mediante utilização de meio instrumental adequado, que é, no domínio processual civil, a ação rescisória.

Com efeito, esta Suprema Corte, já em 1968, quando do julgamento do RMS 17.976/SP, Rel. Min. AMARAL SANTOS (RTJ 55/744), proferiu decisão na qual reconheceu a impossibilidade jurídico-processual de válida desconstituição da autoridade da coisa julgada, mesmo na hipótese de a sentença transitada em julgado haver resolvido o litígio com fundamento em lei declarada inconstitucional:

"*A suspensão da vigência da lei por inconstitucionalidade torna sem efeito todos os atos praticados sob o império da lei inconstitucional. Contudo, a nulidade da decisão judicial transitada em julgado só pode ser declarada por via de ação rescisória, sendo impróprio o mandado de segurança (...).*" (grifei)

Posteriormente, em 1977, o Supremo Tribunal Federal, reafirmando essa corretíssima orientação jurisprudencial, fez consignar a inadmissibilidade de embargos à execução naqueles casos em que a sentença passada em julgado apoiou-se, para compor a lide, em lei declarada inconstitucional por esta Corte Suprema:

"Recurso Extraordinário. Embargos à execução de sentença porque baseada, a decisão trânsita em julgado, em lei posteriormente declarada inconstitucional. A declaração da nulidade da sentença somente é possível via da ação rescisória. Precedentes do Supremo Tribunal Federal. (...)."

(RE 86.056/SP, Rel. Min. RODRIGUES ALCKMIN – grifei)

Vê-se, a partir das considerações que venho de expor, que não se revela processualmente ortodoxo nem juridicamente adequado, muito menos constitucionalmente lícito, pretender-se o reconhecimento da inexigibilidade de título judicial, sob pretexto de que a sentença transitada em julgado fundamentou-se em lei declarada inconstitucional pelo Supremo Tribunal Federal.

É que, em ocorrendo tal situação, a sentença de mérito tornada irrecorrível em face do trânsito em julgado só pode ser desconstituída mediante ajuizamento de uma específica ação autônoma de impugnação (ação rescisória), desde que utilizada, pelo interessado, no prazo decadencial definido em lei, pois, esgotado referido lapso temporal, estar-se-á diante da coisa soberanamente julgada, que se revela, a partir de então, insuscetível de modificação ulterior, ainda que haja sobrevindo julgamento do Supremo Tribunal Federal declaratório de inconstitucionalidade da própria lei em que baseado o título judicial exequendo, como observa JOSÉ FREDERICO MARQUES ("Manual de Direito Processual Civil", vol. III/344, item n. 698, 2ª ed./2ª tir., 2000, Millennium Editora):

"Passando em julgado a sentença ou acórdão, há um julgamento com força de lei entre as partes, a que estas se encontram vinculadas imutavelmente.

Permitido está, no entanto, que se ataque a 'res iudicata' (...),principalmente através de ação rescisória. (...).

Esse prazo é de decadência e seu 'dies a quo' se situa na data em que ocorreu a 'res iudicata' formal.

(...).

Decorrido o biênio sem a propositura da rescisória, há coisa 'soberanamente' julgada, o que também se verifica depois de transitada em julgado decisão declarando improcedente a rescisória." (grifei)

Em suma: a decisão do Supremo Tribunal Federal que haja declarado inconstitucional determinado diploma legislativo em que se apóie o ato sentencial transitado em julgado, ainda que impregnada de eficácia "ex tunc", como sucede com os julgamentos proferidos em sede de fiscalização concentrada (RTJ 87/758 – RTJ 164/506-509 – RTJ 201/765), detém-se ante a autoridade da coisa julgada, que traduz, nesse contexto, limite insuperável à força retroativa resultante dos pronunciamentos que emanam, "in abstracto", da Suprema Corte."

Cumpre ressaltar que tal entendimento restou recentemente ratificado pelo Plenário do Supremo Tribunal Federal, já que, em 28/05/2015, quando do julgamento do Recurso Extraordinário nº 730.462/SP (rel. Min. Teori Zavascki, in DJU de 09/09/2015), foi apreciado o tema 733 de Repercussão Geral, tendo a tese sido fixada com o seguinte teor:

"A decisão do Supremo Tribunal Federal declarando a constitucionalidade ou a inconstitucionalidade de preceito normativo não produz a automática reforma ou rescisão das decisões anteriores que tenham adotado entendimento diferente. Para que tal ocorra, será indispensável a interposição de recurso próprio ou, se for o caso, a propositura de ação rescisória própria, nos termos do art. 485 do CPC, observado o respectivo prazo decadencial (art. 495)"

Além disso, ainda há vício formal quanto à inclusão do parágrafo 15º. do art. 525 no texto do Novo CPC. De fato, a previsão quanto à possível reabertura do prazo para o ajuizamento de ação rescisória não constou do Anteprojeto e nem do texto aprovado pelo Senado e nem pela Câmara, surgindo somente quando dos ajustes efetuados para a promulgação da lei.

Neste sentido, **Cássio Scarpinella Bueno** levanta que os dispositivos que concedem um prazo diferenciado para o ajuizamento de ação rescisória padecem de vício formal, já que não constaram dos textos durante todo o processo legislativo. De fato, nas palavras do professor: "A exemplo das anotações ao § 15 do art. 525, não está claro no Parecer n. 956/2014 nem no Parecer n. 1.099/2014 a origem deste último dispositivo (...) sua inconstitucionalidade formal tem o condão de comprometer o prazo diferenciado para o ajuizamento da rescisória."[13]

Neste contexto, a possível reabertura do prazo para o ajuizamento de ação rescisória previsto no Novo CPC no artigo 525, §15, é uma inovação em nosso ordenamento e vai de encontro à jurisprudência de nossos Tribunais Superiores, que desde sempre entenderam que por mais importante que fossem as decisões do Supremo Tribunal Federal, essas não atingiriam as sentenças transitadas em julgado anteriormente ao julgamento dos paradigmas constitucionais.

Eventual mudança no entendimento de nossa mais alta Corte sobre determinada matéria não seria apta a alterar todas as decisões que transitaram em julgado anteriormente ao novo paradigma. Tal entendimento sempre demonstrou a importância do instituto da coisa julgada em nosso ordenamento e prestigiou a segurança jurídica dos demandantes, com a pacificação almejada pelo processo e evitando-se a eternização dos litígios.

Tendo o artigo 525, §15, do Novo CPC colidido com os institutos da coisa julgada e da segurança jurídica, e padecendo a referida inovação de vício formal em sua tramitação legislativa, é de se esperar que se reconheça a flagrante inconstitucionalidade de tal dispositivo.

Referências

BARBOSA MOREIRA, José Carlos. "Coisa Julgada e Declaração", in *Temas de Direito Processual Civil*, 2. ed.. São Paulo: Saraiva, 1988.

BUENO. Cássio Scarpinella. *Curso Sistematizado de Direito Processual Civil*, v. 2. São Paulo: Saraiva, 2007.

__________. *Novo Código de Processo Civil anotado*. São Paulo: Saraiva, 2015.

CANOTILHO, J.J. GOMES. *Direito Constitucional*. Coimbra: Almedina, 1991.

[13] BUENO, Cassio Scarpinella *Novo Código de Processo Civil anotado*. São Paulo: Saraiva, 2015. p. 366.

COUTURE, Eduardo. *Fundamentos del Derecho Processal Civil*. Buenos Aires: Depalma, 1974.

DINAMARCO, Cândido Rangel. "Liebman e a cultura Processual Brasileira", in *Revista de Processo*, nº 119. São Paulo: RT, 2005.

_________. *Instituições de Direito Processual Civil*, v. III. São Paulo: Malheiros, 2001.

MARINONI, Luiz Guilherme. *Curso de Processo Civil*. v.2. São Paulo: RT, 2015.

_________. *Coisa julgada inconstitucional*. São Paulo: RT, 2010. p. 81.

MESQUITA. José Ignácio Botelho de. *A coisa julgada*. Rio de Janeiro: Forense, 2005.

NERY JÚNIOR. Nelson. *Teoria Geral dos Recursos*. São Paulo: RT, 2004.

_________. *Princípios do Processo Civil na Constituição Federal*. São Paulo: RT, 2004.

NEVES, Celso. *Coisa Julgada Civil*. São Paulo: Revista dos Tribunais, 1971.

NEVES, Daniel Amorim Assumpção Neves. *Novo Código de Processo Civil – Lei 13.105/2015*. Rio de Janeiro: Forense; São Paulo: Método, 2015.

Embargos de divergência, danos morais por abandono afetivo e enunciado 420 da súmula do Superior Tribunal de Justiça

Yrlanna Borges de Carvalho Simionatto

1. Conceito e finalidade dos embargos de divergência

No que tange ao conceito e propósito dos embargos de divergência, Fredie Didier Jr. e Leonardo Carneiro da Cunha ensinam que "constituem um recurso (CPC, art. 496, VIII[1]), com a finalidade de uniformizar a jurisprudência interna do Supremo Tribunal Federal ou do Superior Tribunal de Justiça. Seu objetivo é, em última análise, eliminar uma divergência intra muros, ou seja, afastar um conflito de entendimento na jurisprudência interna do tribunal superior.

O objetivo dos embargos de divergência é obter uma uniformização de jurisprudência *interna*, no âmbito do STJ ou do STF. Obtida a uniformização, atende-se ao segundo objetivo dos embargos de divergência: reformar/anular o acórdão embargado. Assim, providos os embargos de divergência, ao tempo em que se obtém a alteração do acórdão embargado, alcança-se seu objetivo maior, que é a uniformização da jurisprudência *interna* do tribunal superior".[2]

Consoante Araken de Assis, "o fim a que visam os embargos de divergência é o de provocar a extinção da divergência intestina que eventualmente grassar no STF e no STJ. A Constituição outorgou a tais tribunais superiores, ao primeiro em matéria constitucional, ao segundo no tocante ao direito federal, funções uniformizadoras".[3] Na mesma toada, Elpídio Donizetti aponta que "os embargos de divergência visam [a] eliminar divergência no seio do próprio tribunal".[4]

[1] Art. 994, IX, da Lei n. 13.105/2015.

[2] Didier Jr., Fredie; Cunha, Leonardo Carneiro da. *Curso de direito processual civil:* meios de impugnação às decisões judiciais e processo nos tribunais. 11. ed. rev., ampl. e atual. Salvador: Jus Podivm, 2013. v. 3, p. 381.

[3] Assis, Araken de. *Manual dos recursos.* 4. ed. São Paulo: RT, 2012, p. 881 e 882.

[4] Donizetti, Elpídio. *Curso didático de direito processual civil.* 16. ed. São Paulo: Atlas, 2012, p. 788.

Em conformidade com Cassio Scarpinella Bueno, o recurso de embargos de divergência "tem como objetivo *uniformizar* a jurisprudência com a nota distintiva de que ele se restringe ao STF e ao STJ, não havendo previsão legislativa para o seu uso perante os outros Tribunais.

É correto entender que para bem desempenharem o seu papel institucional, a eles reservado pelo modelo constitucional de direito processual civil, é fundamental que o STF e o STJ tenham, eles próprios, sua jurisprudência uniformizada em seus diferentes órgãos judicantes. Nada de diferente, portanto, do que pretende o *caput* do art. 926, quando impõe o dever de os Tribunais manterem sua jurisprudência *íntegra* e *coerente*. A pressuposição de que ela também seja *estável* não se confirma, dada a razão de ser dos embargos de divergência".[5]

2. Hipóteses de cabimento do recurso no CPC/1973 e no CPC/2015

Gentil Ferreira de Souza Neto, tendo em mente a respectiva redação original – posteriormente alterada pela Lei n. 13.256/2016 –, afirmou que o CPC/2015 "trouxe mudanças bastante significativas no trato dos embargos de divergência, ampliando as possibilidades de sua interposição e favorecendo a uniformização da jurisprudência", haja vista que o CPC/1973 "possuía hipóteses bastante restritas de cabimento dos Embargos de Divergência, e a jurisprudência criou outros tantos empecilhos que não tinham sido previstos pelo legislador". Segundo o autor, "trata-se de uma verdadeira raridade lograr êxito em obter um pronunciamento de mérito em Embargos de Divergência. Muitos são os argumentos para que os mesmos não sejam conhecidos: suposta ausência de cotejo analítico, ausência de similitude entre o caso paradigma e a causa em análise, ausência de análise de mérito no Recurso Especial etc. O que agrava ainda mais essa realidade enfrentada pelas partes no processo é justamente a falta de uniformidade da jurisprudência dos Tribunais Superiores, notadamente em Direito Processual. Aliás, o referido recurso existe justamente para isso: extirpar a divergência de entendimentos no âmbito da mesma Corte de Justiça".[6]

Deste modo, ainda sob o ponto de vista da versão promulgada do CPC de 2015, as hipóteses de cabimento dos embargos de divergência estavam discriminadas nos incisos I a IV do art. 1.043, que ampliou sensivelmente a previsão feita pelo art. 546 do CPC de 1973. De acordo com o dispositivo original, 'É embargável o acórdão de órgão fracionário que: I – em recurso extraordinário ou em recurso especial, divergir do julgamento de qualquer outro órgão do mesmo tribunal,

[5] SCARPINELLA BUENO, Cassio. *Manual de direito processual civil: inteiramente estruturado à luz do novo CPC – Lei n. 13.105, de 16-3-2015.* São Paulo: Saraiva, 2015. volume único, p. 663.

[6] SOUZA NETO, Gentil Ferreira de. *Os novos embargos de divergência do CPC/2015 e a necessidade de uniformização da jurisprudência.* Disponível em <http://jus.com.br/artigos/39914/os-novos-embargos-de-divergencia-do-cpc-2015-e-a-necessidade-de-uniformizacao-da-jurisprudencia>. Acesso em 22/11/2015.

sendo os acórdãos, embargado e paradigma, de mérito; II – em recurso extraordinário ou em recurso especial, divergir do julgamento de qualquer outro órgão do mesmo tribunal, sendo os acórdãos, embargado e paradigma, relativos ao juízo de admissibilidade; III – em recurso extraordinário ou em recurso especial, divergir do julgamento de qualquer outro órgão do mesmo tribunal, sendo um acórdão de mérito e outro que não tenha conhecido do recurso, embora tenha apreciado a controvérsia; IV – nos processos de competência originária, divergir do julgamento de qualquer outro órgão do mesmo tribunal'.

Como elucidou à época Scarpinella Bueno, as três primeiras hipóteses dizem respeito à divergência ocorrida ao ensejo de recursos extraordinários ou recursos especiais, independentemente de a divergência ocorrer no âmbito do juízo de mérito recursal (inciso I) ou no juízo de admissibilidade (inciso II) ou, ainda, quando, a despeito da não superação do juízo de admissibilidade, a controvérsia (o mérito) ter sido apreciado (inciso III), situação que é mais frequente do que, à primeira vista pode parecer, porque a admissibilidade e o mérito de recursos de fundamentação vinculada, como o são o extraordinário e o especial nem sempre são separados com o rigor que a boa técnica recomenda.

A quarta hipótese, prevista no inciso IV do art. 1.043, espraia os embargos de divergência para além dos recursos extraordinário e especial. Assim, por exemplo, o acórdão proferido em ação rescisória julgada originariamente no STJ (art. 105, I, *e*, da CF) pode ser objeto destes embargos porque o entendimento nele prevalecente diverge do julgamento que predominou em acórdão da 1ª Turma daquele Tribunal sobre a mesma questão".[7]

Logo, externou o professor, acerca da aludida versão promulgada, que, "[a] ampliação das hipóteses de cabimento é iniciativa louvável para viabilizar o aprimoramento da discussão no âmbito do STF e do STJ sobre as mais diversas questões de direito constitucional ou de direito legal federal – e sua constante atualidade e atualização – que, como quer o CPC de 2015, servirão, em última análise, como verdadeiros indexadores da jurisprudência nacional (art. 927). E com um detalhe importante: o CPC de 2015 permite que a identificação da divergência se dê no plano substancial e não apenas no plano formal, ou seja, que a divergência ocorra em quaisquer planos de manifestação daqueles Tribunais".[8]

Afora isso, o autor asseverou que "[o] § 1º do art. 1.043 corrobora esta afirmação ao permitir, em reforço à hipótese do inciso IV do mesmo dispositivo, o confronto de teses jurídicas extraídas de recursos ou de processos de competência originária dos Tribunais Superiores. Também o § 2º, ao expressamente admitir

[7] Scarpinella Bueno, Cassio. *Manual de direito processual civil:* inteiramente estruturado à luz do novo CPC – Lei n. 13.105, de 16-3-2015, cit., p. 663.

[8] Scarpinella Bueno, Cassio. *Manual de direito processual civil:* inteiramente estruturado à luz do novo CPC – Lei n. 13.105, de 16-3-2015, cit., p. 663 e 664.

que os embargos de divergência versem sobre questões de ordem material e de ordem processual (...). Da mesma forma, o § 3º do art. 1.043 admite os embargos de divergência indicando como paradigma acórdão da mesma Turma (o *caput* do art. 1.043 faz referência a órgão fracionário) que proferiu a decisão embargada desde que sua composição tenha sido alterada em mais da metade de seus membros".[9]

Ao arremate, com a sobredita Lei n. 13.256/2016, que alterou o CPC/2015, houve a expressa revogação dos incisos II e IV do referido art. 1.043 (bem como de seu § 5º, o qual, anote-se, ao exigir do Tribunal fosse demonstrada a distinção entre os casos, a fim de justificar a inadmissão do recurso, vedava a rejeição por fundamentação genérica), embora, ainda assim, as hipóteses de cabimento dos embargos de divergência, comparativamente ao tratamento conferido pelo CPC de 1973, permaneçam mais amplas.

3. Danos morais por abandono afetivo

Com a evolução natural do Direito, cada vez mais ganham relevância questões pertinentes às circunstâncias sociais atuais, dentre as quais, ilustrativamente, pode ser mencionada a da indenização a título de danos morais por abandono afetivo, possibilidade esta que, tempos atrás, nem sequer era debatida no âmbito do Poder Judiciário.

Assim se manifesta Luis Felipe Salomão: "Abandono afetivo é termo hoje encontrado com relativa frequência no âmbito forense e nos mais variados manuais de direito de família. Em resumo, consiste na indiferença afetiva dispensada por um genitor (...) [à] sua prole, um desajuste familiar que sempre existiu na sociedade e, decerto, continuará a existir, desafiando soluções de terapeutas e especialistas. O que é relativamente recente, contudo, é a transferência dessa contenda própria do ambiente familiar para as salas de audiências e tribunais país afora, essencialmente sob a forma de indenizações pecuniárias buscadas pelo filho em face do pai, ao qual se imputa o ilícito de não comparecer aos atos da vida relacionados ao desenvolvimento social e psíquico de seu descendente".[10]

Em 09 de abril de 2014, houve o julgamento de Embargos de Divergência[11] no Recurso Especial 1.159.242/SP[12], este último relatado pela Ministra Nancy Andrighi,

[9] SCARPINELLA BUENO, Cassio. *Manual de direito processual civil:* inteiramente estruturado à luz do novo CPC – Lei n. 13.105, de 16-3-2015, cit., p. 664.

[10] SALOMÃO, Luis Felipe. *STJ vai uniformizar jurisprudência sobre abandono afetivo.* Disponível em <http://www.conjur.com.br/2014-abr-08/luis-felipe-salomaostj-uniformizar-entendimento-abandono-efetivo>. Acesso em 05/12/2015.

[11] PROCESSUAL CIVIL. EMBARGOS DE DIVERGÊNCIA. DECISÃO PROFERIDA COM BASE NAS PECULIARIDADES DO CASO. EXCEÇÃO. INEXISTÊNCIA DE SIMILITUDE FÁTICO-JURÍDICA ENTRE OS ARESTOS CONFRONTADOS. RECURSO NÃO CONHECIDO. Nas hipóteses em que ficar evidenciada a divergência entre turmas da mesma seção ou entre turma e seção, cabem embargos de divergência mediante o cotejo analítico dos arestos, demonstrando-se as circunstâncias que identifiquem

3ª Turma do STJ, e julgado no dia 24 de abril de 2012, visto que foi acolhida a possibilidade de ressarcimento por abandono afetivo, contrariando-se o entendimento outrora firmado no Recurso Especial 757.411/MG[13] – relatado, por sua vez, pelo Ministro Fernando Gonçalves, 4ª Turma do STJ, e julgado em 29 de novembro de 2005 – na direção do descabimento desse tipo de indenização[14].

Consoante alegação do embargante, isso deu margem a dissídio jurisprudencial capaz de ensejar a oposição de embargos de divergência, no intuito de uniformizar a jurisprudência do Tribunal Superior acerca do tema. Em que pese, no exemplo apontado, não ter sido conhecido por outras razões o recurso interposto[15], o debate a respeito da súmula epigrafada se evidencia, afinal, impedir

ou assemelhem os casos confrontados (arts. 541, parágrafo único, e 546, parágrafo único, do CPC, c/c os arts. 266, § 1º, e 255 § 2º, do RISTJ). Não se conhece de embargos de divergência, por absoluta inexistência de similitude fático-jurídica entre os arestos confrontados, quando a solução dada ao caso concreto baseou-se, de forma expressa, em situação de excepcionalidade. Embargos de divergência não conhecidos. (STJ, Relator: Ministro Marco Buzzi, Data de Julgamento: 09/04/2014, S2 – Segunda Seção)

[12] "A ilustrada relatora, no que foi acompanhada pela maioria dos demais integrantes do colegiado, consignou que o chamado abandono afetivo constitui descumprimento do dever legal de cuidado, criação, educação e companhia, presente, implicitamente, no artigo 227 da Constituição Federal[1], omissão que caracteriza ato ilícito passível de compensação pecuniária. Utilizando-se de fundamentos psicanalíticos, a eminente relatora afirmou a tese de que tal sofrimento imposto a prole deve ser compensado financeiramente" (SALOMÃO, Luis Felipe. *STJ vai uniformizar jurisprudência sobre abandono afetivo.* Disponível em <http://www.conjur.com.br/2014-abr-08/luis-felipe-salomaostj-uniformizar-entendimento-abandono-efetivo>. Acesso em 06/12/2015).

Nota

[1] Art. 227, *caput*, da CF/1988. "É dever da família, da sociedade e do Estado assegurar à criança, ao adolescente e ao jovem, com absoluta prioridade, o direito à vida, à saúde, à alimentação, à educação, ao lazer, à profissionalização, à cultura, à dignidade, ao respeito, à liberdade e à convivência familiar e comunitária, além de colocá-los a salvo de toda forma de negligência, discriminação, exploração, violência, crueldade e opressão". (Redação dada Pela Emenda Constitucional n. 65, de 2010)

[13] O Colegiado, por maioria de votos, considerou ser incabível a indenização por abandono afetivo, respaldando-se o voto condutor de tal posicionamento em dois fundamentos, a saber: "a) a consequência jurídica do abandono e do descumprimento dos deveres de sustento, guarda e educação é a destituição do poder familiar (artigo 24 do Estatuto da Criança e Adolescente e artigo 1.638, inciso II, do Código Civil), não havendo espaço para a compensação pecuniária pela desafeição; *b)* a condenação ao pagamento de indenização, na contramão dos mais nobres propósitos imagináveis, consubstanciaria exatamente o sepultamento da mínima chance de aproximação entre pai e filho, seja no presente ou futuro" (SALOMÃO, Luis Felipe. *STJ vai uniformizar jurisprudência sobre abandono afetivo.* Disponível em <http://www.conjur.com.br/2014-abr-08/luis-felipe-salomaostj-uniformizar-entendimento-abandono-efetivo>. Acesso em 06/12/2015).

[14] Essa tese foi reafirmada por ocasião do REsp 514.350/SP, relatado pelo Ministro Aldir Passarinho Junior, 4ª Turma do STJ, e julgado no dia 28 de abril de 2009.

[15] Segundo informação do *site* "Migalhas", "[a] 2ª seção do STJ rejeitou o cabimento dos embargos de divergência em REsp contra decisão da 3ª Turma que concedeu indenização de dano moral a uma filha por ter sido vítima de abandono afetivo por parte do pai. Com isso, fica mantida a decisão anterior no caso, que admitiu a compensação à filha, no valor de R$ 200 mil, em razão do abandono afetivo.

a discussão em torno do *quantum* indenizatório na ocorrência de danos morais poderia configurar uma forma de "jurisprudência defensiva", ainda mais com a aludida ampliação proposta pelo novo CPC.

Isto porque, se por um lado o Superior Tribunal de Justiça, em 2009, procurou tabelar[16] os valores devidos em determinados casos a título de indenização moral,

O valor foi fixado em 2012, quando a 3ª Turma, seguindo o voto da Ministra Nancy Andrighi, reconheceu a possibilidade de ser concedida a indenização. Naquele julgamento, a Turma diferenciou a obrigação jurídica de cuidar, como dever de proteção, de uma inexistente obrigação de amar. A Turma apenas ajustou o valor da condenação que havia sido imposta pelo TJ/SP, baixando a compensação de R$ 400 mil para R$ 200 mil.
Como em 2005 a 4ª Turma do STJ, que também julga matérias de Direito de Família, havia negado o cabimento desse tipo de indenização, o pai apresentou embargos de divergência no REsp. Esse tipo de recurso serve para uniformizar o entendimento do tribunal sobre uma mesma tese jurídica, de forma a ser aplicado o mesmo direito ao mesmo fato. Por isso, o julgamento dos embargos é de responsabilidade do colegiado que reúne os membros das duas Turmas especializadas no tema – no caso, a Segunda Seção. Porém, ao analisar as decisões supostamente conflitantes, a maioria dos ministros entendeu que elas não podem ser comparadas. Conforme os ministros, a decisão da 3ª Turma ressalvou expressamente a peculiaridade do caso julgado pelo TJ/SP, de forma que o precedente não serve para debate de uma tese jurídica mais geral" (*STJ rejeita embargos e não uniformiza entendimento sobre abandono afetivo.* Disponível em <http://www.migalhas.com.br/Quentes/17,MI198929,61044-STJ+rejeita+embargos+e+nao+uniformiza+entendimento+sobre+abandono>. Acesso em 06/12/2015).

16 *STJ:* qual o valor da reparação por danos morais? Disponível em <http://georgelins.com/2010/06/05/stj-qual-o-valor-da-reparacao-por-danos-morais/>. Acesso em 05/12/2015.

EVENTO	VALOR	PRECEDENTES
Morte de pai de família	200 salários mínimos (a cada autor) ou 100 salários mínimos	REsp 468.934 REsp 435.719
Morte de filho	300 salários mínimos 250 salários mínimos 200 salários mínimos R$ 65.000,00	REsp 435.157 e REsp 514.384 AI 477.631-AgRg e RESP 565.290 REsp 419.206 REsp 506.099
Morte ocasionada por erro médico, independentemente da posição familiar do falecido	300 salários mínimos	REsp 371.935 e REsp 493.453
Lesões físicas de pequena monta, que não deixam sequelas e ocasionam incapacidade temporária para o trabalho	R$ 6.000,00 20 salários mínimos	REsp 453.874 REsp 488.024
Hipótese de cegueira de um olho e deformidade no rosto	R$ 54.000,00	AI 480.836-AgRg
Hipótese de cegueira de um olho	100 salários mínimos	REsp 509.362
Hipótese de amputação de 2/3 da mão esquerda, com perda do movimento de 'pinça'	200 salários mínimos	AI 479.935-AgRg
Lesões físicas graves, que causam incapacidade total e permanente para o trabalho	570 salários mínimos R$ 200 mil para um autor e R$ 250 mil para o outro	AI 469.137-AgRg REsp 505.080

por outro não se pode contemplar numa tabela todas as hipóteses concretas, principalmente sendo o Direito "vivo", e não estanque frente às modificações sociais.

Vale destacar, nessa linha, que "[a] jurisprudência defensiva consiste, grosso modo, em um conjunto de entendimentos – na maioria das vezes sem qualquer amparo legal – destinados a obstaculizar o exame do mérito dos recursos, principalmente de direito estrito (no processo civil, Recursos Extraordinário e Especial) em virtude da rigidez excessiva em relação aos requisitos de admissibilidade recursal".[17]

Conforme dispõe o artigo 22 do Estatuto da Criança e do Adolescente (ECA), "[a]os pais incumbe o dever de sustento, guarda e educação dos filhos menores". Do dispositivo apresentado, tem-se o dever de cuidado *lato sensu* dos pais para com os filhos, independentemente de vínculo biológico, tal qual se depreende da leitura do arts. 1.539 e 1.634 do Código Civil[18]. Desta maneira, é patente a

Erro da instituição bancária na devolução de cheque e consequente encerramento da conta corrente, sem a inscrição do nome do autor nos cadastros de restrição de crédito	R$ 5.000,00	REsp 577.898
Devolução indevida de cheque, com inscrição do nome do autor nos cadastros de proteção ao crédito	50 salários mínimos	REsp 527.414
Apresentação de cheque pré-datado pela empresa credora antes do prazo ajustado, acarretando a sua devolução	50 salários mínimos	REsp 213.940

[17] Oliveira Junior, Zulmar Duarte de; Vasconcelos Roque, Andre; Gajardoni, Fernando da Fonseca; Dellore, Luiz. *A jurisprudência defensiva ainda pulsa no novo CPC*. Disponível em <http://www.conjur.com.br/2013-set-06/jurisprudencia-defensiva-ainda-pulsa-codigo-processo-civil>. Acesso em 06/12/2015.

[18] "Art. 1.589. O pai ou a mãe, em cuja guarda não estejam os filhos, poderá visitá-los e tê-los em sua companhia, segundo o que acordar com o outro cônjuge, ou for fixado pelo juiz, bem como fiscalizar sua manutenção e educação.

Parágrafo único. O direito de visita estende-se a qualquer dos avós, a critério do juiz, observados os interesses da criança ou do adolescente" (Incluído pela Lei n. 12.398, de 2011).

"Art. 1.634. Compete a ambos os pais, qualquer que seja a sua situação conjugal, o pleno exercício do poder familiar, que consiste em, quanto aos filhos: (Redação dada pela Lei n. 13.058, de 2014)

I – dirigir-lhes a criação e a educação; (Redação dada pela Lei n. 13.058, de 2014)

II – exercer a guarda unilateral ou compartilhada nos termos do art. 1.584; (Redação dada pela Lei n. 13.058, de 2014)

III – conceder-lhes ou negar-lhes consentimento para casarem; (Redação dada pela Lei n. 13.058, de 2014)

IV – conceder-lhes ou negar-lhes consentimento para viajarem ao exterior; (Redação dada pela Lei n. 13.058, de 2014)

V – conceder-lhes ou negar-lhes consentimento para mudarem sua residência permanente para outro Município; (Redação dada pela Lei n. 13.058, de 2014)

VI – nomear-lhes tutor por testamento ou documento autêntico, se o outro dos pais não lhe sobreviver, ou o sobrevivo não puder exercer o poder familiar; (Redação dada pela Lei n. 13.058, de 2014)

necessidade de uma definição do Superior Tribunal de Justiça no concernente ao caráter indenizável do chamado abandono afetivo, na esteira do supracitado recurso especial da lavra da Ministra Nancy Andrighi.

4. Enunciado 420 da Súmula do Superior Tribunal de Justiça

Considerações iniciais feitas acima, incumbe transcrever o teor da Súmula 420 do STJ, objeto de análise do presente trabalho:

> "Incabível, em embargos de divergência, discutir o valor de indenização por danos morais. 3. Agravo Regimental a que se nega provimento".

No dizer de Alessandra Anginski Cotosky, "[e]m sua função precípua de uniformização da interpretação da legislação federal, o Superior Tribunal de Justiça busca, entre as interpretações possíveis, a de maior alcance e aplicabilidade. A uniformização, vista sob a perspectiva da interpretação dos princípios e das garantias constitucionais (...), contudo, não é uma finalidade em si mesma, mas sim um meio para que se evite a existência de decisões diferentes para situações iguais, com o fim de que haja isonomia na prestação jurisdicional".[19]

Ademais, com o avanço do Superior Tribunal de Justiça nesse aspecto, a vedação imposta pela respectiva Súmula 420 não merece prosperar, na medida em que caminha de encontro a esse pensamento de inclusão e mesmo ao futuro buscado pelo diploma processual novel.

"[O] STJ desempenha função primordial de interpretar e preservar a legislação federal infraconstitucional, além de ter o papel de uniformizar a jurisprudência nacional quanto àquela mesma legislação, em decisões paradigmáticas. Essa sua função é exercida, essencialmente, mediante o julgamento de recurso especial (...)".[20/21]

VII – representá-los judicial e extrajudicialmente até os 16 (dezesseis) anos, nos atos da vida civil, e assisti-los, após essa idade, nos atos em que forem partes, suprindo-lhes o consentimento; (Redação dada pela Lei n. 13.058, de 2014)

VIII – reclamá-los de quem ilegalmente os detenha; (Incluído pela Lei n. 13.058, de 2014)

IX – exigir que lhes prestem obediência, respeito e os serviços próprios de sua idade e condição". (Incluído pela Lei n. 13.058, de 2014)

[19] Cotosky, Alessandra Anginski. A função de uniformização da jurisprudência do Superior Tribunal de Justiça e as técnicas de utilização de precedentes: a utilização dos precedentes e da uniformização de jurisprudência, em especial no trato das questões relativas às demandas repetitivas. *Revista de Doutrina da 4ª Região*, Porto Alegre, n. 63, dez. 2014. Disponível em <http://www.revistadoutrina.trf4.jus.br/artigos/edicao063/Alessandra_Cotosky.html>. Acesso em: 06/12/2015.

[20] Didier Jr., Fredie; Cunha, Leonardo Carneiro da. *Curso de direito processual civil:* meios de impugnação às decisões judiciais e processo nos tribunais, cit., p. 324.

[21] "[O] STJ desempenha uma função paradigmática, na medida em que suas decisões servem de exemplo a ser seguido pelos demais tribunais, com o que se obtém a uniformização da jurisprudência nacional. Na verdade, tal função já era exercida pelo STF, antes do advento da Constituição Federal

Para reforçar a importância desse cunho uniformizador de jurisprudência do Superior Tribunal de Justiça, que serve para nortear os demais Tribunais, destaca-se trecho escrito por César Luis Guerra Lage Macedo, cuja simples leitura faz transparecer os prejuízos, decorrentes da, como diria o Ministro Luiz Edson Fachin, "oscilação jurisprudencial" de hoje em dia:

> "[E]mbora o entendimento majoritário do Tribunal de Justiça de Minas Gerais (TJMG) (...) [seja] no sentido de que não é cabível (...) indenização por abandono afetivo, já houve condenação em desfavor do pai ausente. Isso ocorreu (...) [em] 27/02/2013, quando do julgamento da apelação cível 1.0144.11.001951-6/001, (...) [mantendo] a 11ª Câmara Cível (...) a condenação de um pai que não reconheceu publicamente sua filha quando da veiculação de um informativo local. (...) [O montante a ser indenizado] foi de R$ 15.000,00 (quinze mil reais).
>
> Por outro lado, (...) [por] ocasião do julgamento da apelação cível 1.0194.09.099785-0/001, a 15ª Câmara Cível manteve a sentença denegatória de reparação civil, (...) [entendendo] que o abandono afetivo do pai em relação aos filhos, ainda que moralmente reprovável, não gera [o] dever de indenizar, por não caracterizar conduta antijurídica e ilícita.
>
> Em contrapartida, a Terceira Turma do Superior Tribunal de Justiça (STJ) (...) condenou um pai a indenizar em R$ 200.000,00 (duzentos mil reais) a filha por abandono afetivo. Nesse caso, que tramitou em segredo de justiça, a Requerente conseguiu o reconhecimento judicial de paternidade e entrou com ação indenizatória por ter sofrido abandono material e afetivo durante a infância e adolescência".[22]

Luiz Flávio Gomes, expõe, com referência às ações de indenização de um modo geral, que a extensão do dano e a consequente fixação do *quantum* indenizatório, nos termos do art. 944, *caput* e parágrafo único, do Código Civil[23], implica na apreciação do conjunto probatório existente nos autos. Porém, como não se permite a um Tribunal Superior reexaminar fatos e provas, bem como interpretar cláusulas contratuais, ao STJ só cabe a revisão do valor da indenização, arbitrada

de 1988. Na época que antecedeu a atual Constituição Federal, o STF não somente analisava matéria constitucional, cabendo-lhe igualmente o exame de questões infraconstitucionais. Esta última parcela de sua competência foi desmembrada e, com a criação do STJ, passou a ser exercida por este último" (DIDIER JR., Fredie; CUNHA, Leonardo Carneiro da. *Curso de direito processual civil:* meios de impugnação às decisões judiciais e processo nos tribunais, cit., p. 324).

[22] MACEDO, César Luis Guerra Lage. *Tribunais não decidiram se abandono afetivo é indenizável.* Disponível em <http://www.conjur.com.br/2013-dez-25/cesar-macedo-tribunais-nao-decidiram-abandono-afetivo-indenizavel>. Acesso em 06/12/2015.

[23] "Art. 944. A indenização mede-se pela extensão do dano.
Parágrafo único. Se houver excessiva desproporção entre a gravidade da culpa e o dano, poderá o juiz reduzir, equitativamente, a indenização".

a título de dano moral na origem, quando manifestamente excessivo ou reduzido; caso contrário, não se justifica a excepcional intervenção. Considerando que esse arbitramento depende muito do caso concreto, apesar da disparidade nas decisões fixando dano moral, não cabe nos embargos de divergência discutir o valor do ressarcimento por tais danos, pois isso exigiria uma reapreciação dos fatos e provas, já analisados pelo Tribunal *a quo*, o que não é permitido nos moldes da Súmula 07 do STJ[24].[25]

Do exposto acima, digno de nota é o magistério de Rodolfo de Camargo Mancuso: "Compreende-se que os recursos excepcionais não sejam vocacionados à mera *revisão da matéria de fato*: é que a indigitada injustiça daí defluente teria por *causa* uma afirmada má subsunção do fato à norma, erronia essa, todavia, corrigível pelos recursos comuns, mormente a apelação, que se caracteriza pela amplitude do efeito devolutivo; ao passo que o objetivo precípuo dos recursos extraordinário e especial volta-se à readequação do julgado recorrido aos parâmetros constitucionais ou do direito federal, comum, respectivamente, portanto remanescendo no plano do *direito estrito*".[26]

Outrossim, na mesma obra, dedicada aos chamados recursos excepcionais, assevera o professor: "A matéria de fato, que fica excluída do âmbito do extraordinário, é aquela cujo conhecimento pelo STF *apenas* levaria a um reexame de prova, ou seja: aqueles casos em que não se perscruta o interesse no contraste entre o *decisum* recorrido e um texto constitucional; onde, na verdade, o interesse do recorrente é, pura e simplesmente, *infringir* o julgado, objetivo esse adequado aos recursos de tipo *comum*, que já foram ou poderiam ter sido manejados *opportuno tempore*. É nessa dimensão que se entende a Súmula 279 do STF: 'Para *simples* reexame de prova não cabe recurso extraordinário" – o adjetivo *simples*, aí, dando a conotação ora sustentada.

(...) Essa exegese aplica-se ao recurso especial, lendo-se em Almeida Santos que sua *finalidade principal* é a 'preservação da ordem pública, de modo particular, neste recurso, das normas infraconstitucionais. Daí porque não se compreende o recurso especial por motivo ou questão de fato'[27]".[28] Nesse diapasão, "[a] chamada 'valoração da prova', a ensejar recurso especial, é aquela em que há errônea aplicação de um princípio legal ou negativa de vigência de norma pertinente ao

[24] Súmula 07/STJ. "A pretensão de simples reexame de prova não enseja recurso especial".

[25] Rede de Ensino Luiz Flávio Gomes. *Nova súmula 420 do STJ restringe o cabimento dos embargos de divergência*. Disponível em <http://lfg.jusbrasil.com.br/noticias/2121207/nova-sumula-420-do-stj-restringe-o-cabimento-dos-embargos-de-divergencia>. Acesso em 06/12/2015.

[26] MANCUSO, Rodolfo de Camargo. *Recurso extraordinário e recurso especial*. 9. ed. rev., atual. e ampl. São Paulo: RT, 2006, p. 159.

[27] ALMEIDA SANTOS, Francisco Cláudio. Recurso especial – Visão geral, in TEIXEIRA, Sálvio de Figueiredo (Coord.). *Recursos no Superior Tribunal de Justiça*. São Paulo: Saraiva, 1991, p. 94 e 95.

[28] MANCUSO, Rodolfo de Camargo. *Recurso extraordinário e recurso especial*, cit., p. 157 e 158.

direito probatório. Pretensão, no caso, de simples reexame de matéria probatória – Súmula 07-STJ" (4ª Turma, REsp 142.616, Rel. Min. Barros Monteiro, j. 13.02.2002, DJU 09.04.2001, p. 365).

Para Teresa Arruda Alvim, ao explicitar a distinção entre "mero" reexame e revaloração das provas[29], "[m]ero reexame da prova seria o exame mais minucioso, atento e vagaroso das provas constantes dos autos, que deveria levar ao mesmo resultado: à solução de que a subsunção deu-se de modo equivocado"[30]. "[O] que não se deseja permitir, quando se fala em impossibilidade de reexame de prova, é a formação de nova convicção sobre os fatos, [ou seja,] não se quer que os recursos extraordinário e especial viabilizem um juízo que resulte da análise dos fatos a partir das provas".[31]

Em outros termos, o que se impede, por meio da proibição do reexame de provas, é "(...) analisar se o tribunal recorrido apreciou adequadamente a prova para formar sua convicção sobre os fatos".[32] O processualista traz um julgado do STF que bem distingue de que modo a convicção está atrelada ao reexame vedado. Este envolve a força de convicção concreta da prova no caso específico, o que não se confunde com a análise em abstrato de sua eficácia como meio de prova, passível de exame nos recursos excepcionais (revaloração de prova).[33]

Nessa linha, pertinente a colocação de Gleydson Kleber Lopes de Oliveira: "(...) a avaliação da prova, efetuada pelo órgão prolator da decisão recorrida à luz do princípio da persuasão racional, não pode ser reavaliada pela instância extraordinária".[34] "Já a qualificação jurídica dos fatos referidos no acórdão impugnado é passível de análise pela Corte Superior, desde que seja posta em confronto com a legislação federal. Ou seja, a subsunção dos fatos ao direito é uma operação lógica em que predominam a escolha e a interpretação da norma jurídica

[29] Revaloração recai na qualificação dos fatos perante a norma, ou seja, na subsunção; já o mero reexame equivale ao exame mais minucioso e vagaroso das provas, individualmente consideradas, em instância superior (ARRUDA ALVIM WAMBIER, Teresa. Distinção entre questão de fato e questão de direito para fins de cabimento de recurso especial. *Revista de Processo*, São Paulo, v. 23, n. 92, out. 1998, p. 57 e 58).

[30] ARRUDA ALVIM WAMBIER, Teresa. *Controle das decisões judiciais por meio de recursos de estrito direito e da ação rescisória*. São Paulo: RT, 2008, p. 208.

[31] MARINONI, Luiz Guilherme. Reexame da prova diante dos recursos especial e extraordinário. *Revista Jurídica*, Sapucaia do Sul, v. 53, n. 330, abr. 2005, p. 17.

[32] MARINONI, Luiz Guilherme. Reexame da prova diante dos recursos especial e extraordinário, cit., p. 18.

[33] Entendeu-se no STF, 1ª Turma, AgRg 69.756, Rel. Min. Rodrigues Alckmin, pela "(...) inexistência de questão federal relativa à eficácia, em tese, de determinado meio de prova, mas tão somente de apreciação da força de convicção delas concretamente", o que configura reexame não admissível em sede de recurso extraordinário (MARINONI, Luiz Guilherme. Reexame da prova diante dos recursos especial e extraordinário, cit., p. 18).

[34] OLIVEIRA, Gleydson Kleber Lopes de. *Recurso especial*. São Paulo: RT, 2002, p. 288. (Recursos no Processo Civil, v. 9).

a ser aplicada aos fatos, sendo considerada questão de direito”.[35]/[36] Destarte, entende-se que os embargos de divergência em recurso especial poderiam se

[35] VIANA Jivago. *O reexame e a revaloração da prova no recurso especial*. Disponível em <http://www.egov.ufsc.br/portal/conteudo/o-reexame-e-revalora%C3%A7%C3%A3o-da-prova-no-recurso-especial-aumente-o-tamanho-da-letra-diminua-o-t>. Acesso em 06/12/2015.

[36] “Em questão probatória, a diferença entre questão de fato e questão de direito dá origem à distinção entre reexame e revaloração da prova, para admitir esta e não aquele em sede de recurso especial, conforme entendimento já pacificado pelo Superior Tribunal de Justiça. Realmente não há como confundir as duas figuras. Enquanto que no reexame o órgão julgador considera os elementos de prova existentes nos autos para afirmar se um fato aconteceu ou não, em determinado lugar, tempo e em determinada circunstância, para concordar ou divergir com o órgão *a quo*. Na revaloração, o órgão de instância superior avalia se o órgão de instância inferior poderia ter formado o seu convencimento a respeito dos fatos de determinado modo, ou seja, se o meio de prova era admitido pelo Direito e se alguma norma jurídica predeterminava o valor que a prova poderia ter.

É bastante sutil esta diferença. O reexame é traduzido na análise mais minuciosa, atenta e vagarosa das provas constantes dos autos, que poderia levar ao mesmo resultado auferido pelas instâncias ordinárias, qual seja, a solução de que a subsunção se teria dado de modo equivocado. Já a revaloração tem sido permitida geralmente quando é desobedecida norma que determina o valor que a prova pode ter, em razão do caso concreto. Nestes casos, haveria uma dupla ilegalidade: valorar mal a prova e, consequentemente, qualificar equivocadamente os fatos. Configurando a ilegalidade.

Questionar, por exemplo, se o juiz poderia ter decidido a causa com base em seus conhecimentos pessoais (obtidos fora dos autos), com base em prova produzida de forma ilícita, o que é vedado por lei e pela Constituição Federal ou com base em prova não submetida ao contraditório, quando a ocorrência de tais circunstâncias tenha sido reconhecida pela instância inferior, é revalorar a prova e não reexaminá-la. A revaloração da prova consiste em confrontar o valor que foi atribuído à prova pela instância inferior com o valor a ela atribuído pela lei ou, em outras palavras, discutir o valor da prova para admiti-la ou não em face da lei que a disciplina.

Na seara probatória, a comprovação do fato, além de ser importante para o desfecho da lide, deve ser admissível à luz do direito positivo. Embora o Código de Processo Civil tenha adotado o princípio da persuasão racional como regra, há hipóteses de valoração, em abstrato, dos meios de prova. Trata-se de uma valoração prévia do legislador, destinada a evitar o ingresso de determinados meios de prova tidos como inidôneos para comprovar o fato. Resta claro assim, que a diferença entre reexame e revaloração da prova decorre da ausência ou não de liberdade do juiz para decidir. Por muitas vezes as questões de prova e de direito se confundem. Nestes casos é permitido o recurso especial. A respeito do assunto ensina Miguel Reale:

‘Em casos excepcionais, quando as questões de fato e de direito se achem estreita e essencialmente vinculadas, a tal ponto de uma exigir a outra, é sinal que existe algo a ser esclarecido em tese, sendo aconselhado o julgamento prévio no Tribunal, ou a admissão do Recurso Extraordinário’.[1]

Adverte, ainda, o mestre citado que ‘A finalidade da prova é reconstituir o fato, assim entendido, mas, muito embora sobre ‘os elementos fatuais’ ou subjacentes não haja divergência, pode haver enfoques jurídicos diversos’.[2] Embora não se admita o recurso quando é pleiteado o reexame de provas, ou seja, saber se determinado fato ocorreu, ou não, admite-se tal recurso, no entanto, ‘quando o que está em jogo é a revaloração do fato provado (ou seja, não há dúvida acerca da ocorrência de determinado fato, mas discute-se como deve ser qualificado juridicamente o mesmo)’.[3] A revaloração da prova, repita-se, tem sido permitida predominantemente quando é desobedecida norma que determina o valor que a prova pode ter em função do caso concreto. Aliás, a jurisprudência do Superior Tribunal de Justiça é pacífica em admitir recurso especial em que se postula a revaloração da prova.

O Ministro Vicente Cernicchiaro, com propriedade, explica:

‘A valoração da prova é relativa ao ato jurídico perfeito. A adequação da prova à Constituição e à lei ordinária. Compreende admissibilidade de formação consoante o ordenamento jurídico. A primeira

é consentimento, constatável em plano meramente normativo. A segunda porque relacionada com os princípios de realização, própria também da experiência jurídica, não se confunde com a interpretação da prova, ou seja, a avaliação dos dados fáticos elaborados pelo Magistrado. (...) A valoração da prova distingue-se da análise da prova. essa distinção amolda-se perfeitamente ao campo teorético. O instituto, porém, na experiência, para caracterização fenomênica pode exigir análise, realização de provas (...)'.[4]
Essa afirmação é corroborada pelo seguinte julgado:
'Consoante jurisprudência da Corte, 'a revaloração da prova delineada no próprio decisório recorrido, suficiente para a solução do caso, é, ao contrário do reexame, permitida no recurso especial'(REsp 723147/RS, Relator Ministro Felix Fischer, Quinta Turma, DJ de 24.10.2005; AgRg no REsp 757012/RJ, desta relatoria, Primeira Turma, DJ de 24.10.2005; REsp 683702/RS, Relator Ministro Felix Fischer, Quinta Turma, DJ de 02.05.2005'.[5]
De acordo com o artigo 105, inciso III, da Constituição Federal e o artigo 257 do Regimento Interno do Superior Tribunal de Justiça, conhecido o recurso especial, a causa é julgada com a aplicação do direito à espécie. Os textos constitucional e regimental revelam que o Superior Tribunal de Justiça é uma corte de revisão, e não mera corte de cassação – própria dos sistemas italiano e francês. Sendo corte de revisão, tudo indica que a Corte Superior pode apreciar questão de fato, desde que, ainda não solucionada, e cujo exame é essencial para o julgamento do caso concreto.
É importante ter em mente que a vedação inserta no enunciado n. 7 da Súmula do Superior Tribunal de Justiça diz respeito apenas à inadmissibilidade de recurso com fito de simples reexame de matéria fática. Não há dúvida de que é impertinente recurso especial com mero intuito de reapreciação de provas. Nem é possível o exame de prova não considerada pelo tribunal de origem ao decidir a questão de fato a ela ligada. Porém, ultrapassado o juízo de admissibilidade, e tendo a Corte Superior que decidir a causa, ela pode examinar, o que difere de reexaminar, questão de fato ainda não solucionada, e cuja apreciação é indispensável à solução da espécie. Tanto quanto sutil, a diferença é relevante.
A valoração da prova será permitida na esfera do recurso especial quando o julgador ao apreciar o caso concreto, deixa de aplicar determinada prova prevista em lei federal. Ou, ao contrário, aprecia apenas um tipo de prova, quando a lei determina o meio de prova que deverá ser apreciado. A avaliação da prova realizada pelo tribunal local, à luz da persuasão racional, não pode ser reavaliada pelo Tribunal Superior, sob pena de transformá-lo em órgão de terceira instância. Porém, revela-se possível, na via do especial, a análise a respeito da valoração legal da prova apreciada pela decisão impugnada, tendo como base, em abstrato, o valor jurídico da prova em contraste com preceito de lei federal.
O recurso especial que se refira a fato não examinado pela decisão invectivada, apesar de juntado aos autos, é inadmissível, porquanto seria necessário a avaliação da prova não retratada no acórdão recorrido, a fim de configurar a violação à legislação federal, o que é vedado pelo texto constitucional; motivo pelo qual mostra-se correto o entendimento segundo o qual, a apreciação dos fatos e provas é, reservado exclusivamente à instância ordinária. De igual razão, é inadmissível recurso especial que, para configurar a violação a lei federal, seja necessário realizar o reexame da prova" (VIANA Jivago. *O reexame e a revaloração da prova no recurso especial.* Disponível em <http://www.egov.ufsc.br/portal/conteudo/o-reexame-e-revalora%C3%A7%C3%A3o-da-prova-no-recurso-especial-aumente-o-tamanho da letra-diminua-o-t>. Acesso em 06/12/2015).
Notas
[1] Reale, Miguel. *Lições preliminares de direito.* 13. ed. São Paulo: Saraiva, 1986, p. 20.
[2] Reale, Miguel. *Lições preliminares de direito,* cit., p. 20.
[3] Medina, José Miguel Garcia. *Recursos e ações autônomas de impugnação.* 2. ed. rev. e atual. de acordo com a Lei 12.322/2010. São Paulo: RT, 2011, p. 237.
[4] STJ – Habeas Corpus n. 1.293, Rel. Min. Vicente Cernicchiaro, Quinta Turma, DJU de 02.09.91, p. 821.
[5] STJ – Recurso Especial n. 734.451/SP, Rel. Min. Luiz Fux, Primeira Turma, j. 02.02.2006, DJ 20.02.2006, p. 227.

prestar ao estabelecimento de um patamar relativo aos danos morais oriundos de abandono afetivo, com base no cotejo analítico apresentado pelo embargante na devida peça de oposição.

Encerrado o aparte acima, necessário ao presente trabalho, na sequência Gomes traz à baila ementas para exemplificar o afirmado em seu texto:

> "PROCESSUAL CIVIL. AGRAVO REGIMENTAL. EMBARGOS DE DIVERGÊNCIA. PRESSUPOSTOS DE ADMISSIBILIDADE. AUSÊNCIA DE SIMILITUDE ENTRE OS JULGADOS CONFRONTADOS. DIVERGÊNCIA NAO CONFIGURADA. 1. Caracteriza-se a divergência jurisprudencial, quando da realização do cotejo analítico entre os acórdãos paradigma e recorrido, verifica-se a adoção de soluções diversas à litígios semelhantes. 2. *In casu*, a definição do valor da indenização fixada a título de dano moral determina-se pelas peculiaridades de cada caso concreto, o que torna inviável a comparação analítica entres acórdãos que tratam da matéria. 3. Embargos de divergência rejeitados *in limine*". (AgRg nos Embargos de Divergência em Resp 507.120/CE)
>
> "(...) Ademais, a valoração do dano moral está intimamente ligada às circunstâncias fáticas do caso concreto e à condição das partes, sendo impossível estabelecer parâmetro de comparação com outros julgados desta Corte. Nesse sentido, é pacífico o entendimento deste STJ no sentido de que "não é admissível, em sede de embargos de divergência, a discussão de valor fixado a título de danos morais, tendo em vista que na fixação ou alteração deste valor são consideradas as peculiaridades de cada hipótese". (EDcl no AgRg nos EAg 646.532/RJ, Corte Especial, Min. Gilson Dipp, DJ 05.02.2007)[37]

Cumpre ressalvar, nesse lanço, que "[s]omente serão admitidos os embargos de divergência (...) se houver o confronto analítico entre o acórdão recorrido e o acórdão paradigma. É preciso, na análise dos embargos de divergência, que o órgão jurisdicional possa cotejar o caso que foi submetido à sua apreciação com as particularidades do precedente com o qual está havendo a divergência. As hipóteses julgadas no acórdão recorrido e no acórdão paradigma devem conter similitude (...).[38], prescindindo-se, portanto, da identidade fática absoluta. Na lição de Cássio Scarpinella Bueno, tendo em mente a maior abrangência do CPC/2015, "é ônus do embargante comprovar a existência *substancial* da divergência, pelo que o (...) § 4º do art. 1.043 impõe a ele que mencione as circunstâncias que identifi-

[37] Rede de Ensino Luiz Flávio Gomes. *Nova súmula 420 do STJ restringe o cabimento dos embargos de divergência.* Disponível em <http://lfg.jusbrasil.com.br/noticias/2121207/nova-sumula-420-do-stj-restringe-o-cabimento-dos-embargos-de-divergencia>. Acesso em 06/12/2015.

[38] DIDIER JR., Fredie; CUNHA, Leonardo Carneiro da. *Curso de direito processual civil:* meios de impugnação às decisões judiciais e processo nos tribunais, cit., p. 387.

quem ou assemelhem os casos confrontados. Aqui também, portanto, a chamada demonstração *analítica* da jurisprudência é de rigor".[39] Todavia, respeitada essa exigência pelo embargante, a divergência apontada no recurso merece uma solução adequada pelo Tribunal Superior, a começar pelo enfrentamento da questão.

As Turmas, no julgamento de questões idênticas ou similares, não raro chegam a resultados distintos, pois, apesar de aplicarem as mesmas normas federais, a interpretação de um caso para outro pode divergir, ainda mais sem uma cultura fortemente pautada no respeito aos precedentes, realidade esta que o novo CPC pretende modificar. Em ações indenizatórias, a divergência nas decisões é facilmente verificada, não havendo por vezes um critério legal, objetivo e tarifado para a fixação do dano moral – *verbi gratia* a atualíssima hipótese de abandono afetivo –, o que faz variar muito o valor da indenização. Além disso gerar insegurança jurídica, acentua o sentimento de insatisfação quanto à tutela jurisdicional prestada.

Diante desse cenário de desarmonia jurisprudencial, evidencia-se a importância dos embargos ora debatidos, para pontuar a divergência de posicionamento existente entre determinadas decisões do Tribunal, a fim de que o problema atinente à interpretação e aplicação discrepantes do Direito pelas Cortes Superiores seja resolvido, com a uniformização da respectiva jurisprudência. Mas, para tanto, repisa-se que a questão veiculada no recurso precisa ser enfrentada pelo Tribunal Superior competente.

Portanto, supondo-se superado qualquer óbice à concessão de indenização por força de abandono afetivo, bem como respeitado o necessário confronto analítico apto à demonstração do dissenso pretoriano, não se justifica o conteúdo da Súmula 420 do STJ. Como abordado, no atinente aos embargos de divergência, o CPC/2015, enfatizava e viabiliza o aprimoramento da discussão na esfera dos Tribunais Superiores, na medida em que as hipóteses de cabimento discriminadas em seu art. 1.043 abarcam muito mais do que permitia o art. 546 do CPC/1973.

No exemplo anteriormente ressaltado, segundo informação do *site* "Migalhas", "[a] 2ª seção do STJ rejeitou o cabimento dos embargos de divergência em REsp contra decisão da 3ª Turma que concedeu indenização de dano moral a uma filha por ter sido vítima de abandono afetivo por parte do pai. Com isso, fica mantida a decisão anterior no caso, que admitiu a compensação à filha, no valor de R$ 200 mil, em razão do abandono afetivo.

O valor foi fixado em 2012, quando a 3ª Turma, seguindo o voto da Ministra Nancy Andrighi, reconheceu a possibilidade de ser concedida a indenização. Naquele julgamento, a Turma diferenciou a obrigação jurídica de cuidar, como

[39] SCARPINELLA BUENO, Cassio. *Manual de direito processual civil:* inteiramente estruturado à luz do novo CPC – Lei n. 13.105, de 16-3-2015, cit., p. 664.

dever de proteção, de uma inexistente obrigação de amar. A Turma apenas ajustou o valor da condenação que havia sido imposta pelo TJ/SP, baixando a compensação de R$ 400 mil para R$ 200 mil.

Como em 2005 a 4ª Turma do STJ, que também julga matérias de Direito de Família, havia negado o cabimento desse tipo de indenização, o pai apresentou embargos de divergência no REsp. Esse tipo de recurso serve para uniformizar o entendimento do tribunal sobre uma mesma tese jurídica, de forma a ser aplicado o mesmo direito ao mesmo fato. Por isso, o julgamento dos embargos é de responsabilidade do colegiado que reúne os membros das duas Turmas especializadas no tema – no caso, a Segunda Seção.

Porém, ao analisar as decisões supostamente conflitantes, a maioria dos ministros entendeu que elas não podem ser comparadas. Conforme os ministros, a decisão da 3ª Turma ressalvou expressamente a peculiaridade do caso julgado pelo TJ/SP, de forma que o precedente não serve para debate de uma tese jurídica mais geral".

Ora, se em sede de recurso especial não houve o impedimento da retrocitada Súmula 07 do STJ, havendo a adequação do montante indenizatório, oriundo de danos morais causados por abandono afetivo, não mais deve prevalecer o óbice da Súmula 420, do mesmo Tribunal. Repise-se que nem sempre é possível à Corte Superior abarcar numa tabela situações concretas inerentes a circunstâncias sociais "novas" – pelo menos aos olhos do Judiciário – e, assim sendo, não há motivo para se evitar que o embargante tenha acesso a uma prestação jurisdicional efetiva/eficiente por meio de embargos de divergência que prestigiem o princípio da isonomia, favorecendo a função uniformizadora do Superior Tribunal.

5. Conclusão

Se a Constituição de 1988, no art. 5º, X, garantiu o direito à indenização por dano moral – desde então os magistrados de todo o país somando, dividindo e multiplicando para chegar a um padrão no arbitramento das indenizações – e se ao Superior Tribunal de Justiça incumbe a palavra final para esses casos – ainda que não haja uniformidade entre os órgãos julgadores –, na medida em que busca parâmetros para readequar as indenizações; a coerência de pensamento exige que isso seja estendido aos embargos de divergência – recurso voltado aos Tribunais Superiores para a uniformização de jurisprudência –, eis que, superada a "jurisprudência defensiva" e efetivamente decididos, o STJ vislumbrará qual o valor de referência a ser tomado em casos específicos, não contemplados em uma tabela.

O diploma processual novel, busca a valorização dos precedentes à luz de seus arts. 926 e 927 e, em relação ao art. 546 do CPC de 1973, o art. 1.043 do CPC/2015 representa um aprimoramento dos embargos de divergência, ao ampliar as hipóteses de cabimento deste recurso. Logo, almeja-se que finalmente termos como "segurança jurídica", "isonomia", "razoabilidade", "proporcionalidade", dentre outros relacionados a princípios e garantias constitucionais, passem a ter sentido, tanto no plano teórico, quanto no plano prático.

Nessa corrente, o entendimento de que o jurisdicionado não faz jus a uma "última palavra" – caso receba tratamento diferenciado no tocante ao recebimento de indenização por danos morais, mais ainda em temas como o do abandono afetivo, que importam à dignidade humana – não se sustenta. Para que o embargante respeite o Judiciário, conforme-se com a tutela jurisdicional prestada e respeite o sistema, o acesso à Justiça não pode permanecer obstaculizado, pelo que a referida súmula haveria de ser revogada.

Em remate, estabelecida a teoria dos precedentes, mesmo que seja, nas palavras de Cassio Scarpinella Bueno, "à brasileira", por conta de certas "peculiaridades legais", é de se defluir que a "política de recorrer a todo custo", bem como as "oscilações jurisprudenciais" – inerentes à nossa cultura e ao comportamento arraigado nos jurisdicionados, operadores do Direito e julgadores – tenderiam a perder força, o que contribuiria ao longo do tempo para a tão sonhada celeridade processual.

Referências

ALMEIDA SANTOS, Francisco Cláudio. Recurso especial – Visão geral, in TEIXEIRA, Sálvio de Figueiredo (Coord.). *Recursos no Superior Tribunal de Justiça.* São Paulo: Saraiva, 1991.

ARRUDA ALVIM WAMBIER, Teresa. *Controle das decisões judiciais por meio de recursos de estrito direito e da ação rescisória.* São Paulo: RT, 2008.

_______. Distinção entre questão de fato e questão de direito para fins de cabimento de recurso especial. *Revista de Processo,* São Paulo, v. 23, n. 92, out. 1998.

ASSIS, Araken de. *Manual dos recursos.* 4. ed. São Paulo: RT, 2012.

COTOSKY, Alessandra Anginski. A função de uniformização da jurisprudência do Superior Tribunal de Justiça e as técnicas de utilização de precedentes: a utilização dos precedentes e da uniformização de jurisprudência, em especial no trato das questões relativas às demandas repetitivas. *Revista de Doutrina da 4ª Região,* Porto Alegre, n. 63, dez. 2014. Disponível em <http://www.revistadoutrina.trf4.jus.br/artigos/edicao063/Alessandra_Cotosky.html>. Acesso em: 06/12/2015.

DIDIER JR., Fredie; CUNHA, Leonardo Carneiro da. *Curso de direito processual civil:* meios de impugnação às decisões judiciais e processo nos tribunais. 11. ed. rev., ampl. e atual. Salvador: Jus Podivm, 2013. v. 3.

DONIZETTI, Elpídio. *Curso didático de direito processual civil.* 16. ed. São Paulo: Atlas, 2012.

MACEDO, César Luis Guerra Lage. *Tribunais não decidiram se abandono afetivo é indenizável.* Disponível em <http://www.conjur.com.br/2013-dez-25/cesar-macedo-tribunais-nao-decidiram-abandono-afetivo-indenizavel>. Acesso em 06/12/2015.

MANCUSO, Rodolfo de Camargo. *Recurso extraordinário e recurso especial.* 9. ed. rev., atual. e ampl. São Paulo: RT, 2006.

MARINONI, Luiz Guilherme. Reexame da prova diante dos recursos especial e extraordinário. *Revista Jurídica,* Sapucaia do Sul, v. 53, n. 330, abr. 2005.

MEDINA, José Miguel Garcia. *Recursos e ações autônomas de impugnação.* 2. ed. rev. e atual. de acordo com a Lei 12.322/2010. São Paulo: RT, 2011.

NERY JUNIOR, Nelson; NERY, Rosa Maria de Andrade. *Código de Processo Civil comentado e legislação extravagante.* 11. ed. rev., ampl. e atual até 17/02/2010. São Paulo: RT, 2010.

OLIVEIRA, Gleydson Kleber Lopes de. *Recurso especial.* São Paulo: RT, 2002. (Recursos no Processo Civil, v. 9).

OLIVEIRA JUNIOR, Zulmar Duarte de; VASCONCELOS ROQUE, Andre; GAJARDONI, Fernando da Fonseca; DELLORE, Luiz. *A jurisprudência defensiva ainda pulsa no novo CPC.* Disponível em <http://www.conjur.com.br/2013-set-06/jurisprudencia-defensiva-ainda-pulsa-codigo-processo-civil>. Acesso em 06/12/2015.

PESTANA, Bruno Lima Soares. *A trajetória do abandono afetivo sob a ótica jurisprudencial, doutrinária e legislativa.* 2013. 93f. Monografia (Bacharelado em Direito) – Departamento de Direito, Pontifícia Universidade Católica do Rio de Janeiro – PUC-Rio, Rio de Janeiro, 2013.

REALE, Miguel. *Lições preliminares de direito.* 13. ed. São Paulo: Saraiva, 1986.

Rede de Ensino Luiz Flávio Gomes. *Nova súmula 420 do STJ restringe o cabimento dos embargos de divergência.* Disponível em <http://lfg.jusbrasil.com.br/noticias/2121207/nova-sumula-420-do-stj-restringe-o-cabimento-dos-embargos-de-divergencia>. Acesso em 06/12/2015.

SALOMÃO, Luis Felipe. *STJ vai uniformizar jurisprudência sobre abandono afetivo.* Disponível em <http://www.conjur.com.br/2014-abr-08/luis-felipe-salomaostj-uniformizar-entendimento-abandono-efetivo>. Acesso em 05/12/2015.

SCARPINELLA BUENO, Cassio. *Manual de direito processual civil:* inteiramente estruturado à luz do novo CPC – Lei n. 13.105, de 16-3-2015. São Paulo: Saraiva, 2015. volume único.

_______. *Novo Código de Processo Civil anotado.* São Paulo: Saraiva, 2015.

Site do Superior Tribunal de Justiça:<http://www.stj.jus.br/portal/site/STJ>.

SOUZA NETO, Gentil Ferreira de. *Os novos embargos de divergência do CPC/2015 e a necessidade de uniformização da jurisprudência.* Disponível em <http://jus.com.br/artigos/39914/os-novos-embargos-de-divergencia-do-cpc-2015-e-a-necessidade-de-uniformizacao-da-jurisprudencia>. Acesso em 05/12/2015.

STJ define valor de indenizações por danos morais. Disponível em <http://www.conjur.com.br/2009-set-15/stj-estipula-parametros-indenizacoes-danos-morais>. Acesso em 05/12/2015.

STJ: qual o valor da reparação por danos morais? Disponível em <http://georgelins.com/2010/06/05/stj-qual-o-valor-da-reparacao-por-danos-morais/>. Acesso em 05/12/2015.

STJ rejeita embargos e não uniformiza entendimento sobre abandono afetivo. Disponível em <http://www.migalhas.com.br/Quentes/17,MI198929,61044-STJ+rejeita+embargos+e+nao+uniformiza+entendimento+sobre+abandono>. Acesso em 06/12/2015.

VIANA Jivago. *O reexame e a revaloração da prova no recurso especial.* Disponível em <http://www.egov.ufsc.br/portal/conteudo/o-reexame-e-revalora%C3%A7%C3%A3o-da-prova-no-recurso-especial-aumente-o-tamanho-da-letra-diminua-o-t>. Acesso em 06/12/2015.

Embargos Declaratórios: efeito integrativo (prequestionamento virtual)

Zulmar Duarte

1. Considerações iniciais

De fato, temos uma visão pessimista quanto ao Novo Código de Processo Civil (Novo CPC), principalmente por divisarmos a possibilidade de avanços mais verticais.

Verdade seja, não podemos deixar de reconhecer inúmeras virtudes na proposta legislativa, grande parte delas ao encontro da deformalização do processo[1] e da superação da malsinada jurisprudência restritiva no tocante aos recursos augustos e angustos (*v.g.* especial, revista e extraordinário).

Presentes o ponto e o contraponto, melhor dizendo, prequestionada a matéria, elogiável o Novo CPC ao erigir uma interessante transposição para o óbice conformado pela jurisprudência no tocante à admissibilidade dos recursos de uniformização.

Consabido é, os recursos destinados aos Tribunais de Superposição[2] exigem, como pressuposto de admissibilidade, o prequestionamento da matéria objeto do recurso, a par do que divergências grassam[3].

Assumem relevo nessa discussão as potencialidades dos embargos declaratórios para a finalidade do prequestionamento, sendo que, pode ser dito sem receio

[1] Sobre o tema escrevemos no livro: Oliveira Junior, Zulmar Duarte de. *Eficácia consuntiva do Novo CPC e dos recursos augustos e angustos*. In. Freire, Alexandre. Novas tendências do processo civil: estudos sobre o projeto do Novo Código de Processo Civil. Salvador: Juspodivm, 2013.

[2] Considerando sua ascendência sobre os Tribunais de Justiça, Regionais Federais, Eleitorais, Trabalhistas, etc.

[3] Basta lembrar as dissonâncias sobre ser ou não suficiente o prequestionamento implícito, considerado o dito explícito, a necessidade ou não de expressa menção no provimento jurisdicional recorrido do dispositivo (infra)constitucional dito contrariado e etc..

de errar (embora passível da crítica por eventual exagero), os recursos especiais, revista e extraordinários quase sempre são precedidos de embargos declaratórios prequestionadores[4].

Ainda aí, porém, a jurisprudência é vacilante, oscilando quer endogenamente (entre órgãos do mesmo Tribunal), quer exogenamente (Tribunais diversos[5]), na aceitação do prequestionamento por intermédio dos embargos declaratórios.

Em agravo, os Tribunais, ainda que não tarjem os declaratórios para prequestionamento de protelatórios, tangenciam tal caráter, rejeitando-os, via de regra, pela inexistência de omissão.

Precisamente, nesse contexto operará uma das boas inovações propugnadas pelo Novo CPC, no que atribui aos declaratórios um novel desdobramento do seu efeito integrativo congênito, qual seja, o prequestionamento virtual.

2. Estado da arte dos embargos[6] declaratórios

Com efeito, o provimento jurisdicional é um ato de vontade, mas não de imposição de vontade autoritária – pois se assenta num juízo lógico-jurídico –, só se legitimando, como ato estatal, acaso expungido de vícios, hígido portanto.

Por consequente, o provimento jurisdicional deve apreciar, de forma escorreita, a integralidade das questões trazidas pelas partes, sob pena de padecer do vício da omissão, contradição ou obscuridade, os quais, acaso presentes, em última análise, acarretam a própria denegação da justiça.

A correta prestação da tutela jurisdicional impõe que o julgador não se omita, contradiga ou obscureça na apreciação das questões submetidas, pois, como dito, isto seria simples e tão somente denegação da justa tutela jurisdicional, atingindo frontalmente o acesso à justiça e o devido processo legal (artigo 5º, incisos XXXV e LIV, da Constituição da República Federativa do Brasil de 1988).

Porém, via de regra, depois da publicação do provimento jurisdicional, é vedada sua alteração, porquanto exaurida a competência funcional do magis-

[4] O acerto da conclusão é respaldado pela própria existência do enunciado de súmula nº 98 do Superior Tribunal de Justiça, expressivo da tendência de interposição dos declaratórios com o fito de prequestionamento.

[5] Lembre-se que o juízo de admissibilidade não é realizado exclusivamente pelos Tribunais de Superposição, mas também por cada um dos Tribunais inferiores (CPC, artigo 542, § 1º).

[6] "Vocábulo algum tem, no Direito pátrio, significado tão proteiforme como o de embargos – palavra que designa, a um só tempo, procedimentos recursais e espécies de defesa ou de ação de conhecimento. No campo recursal, os embargos se apresentam, antes de mais nada, como possível juízo de retratação o recurso – como explicava João Monteiro – 'tende a obter, do juiz que deu a sentença, que ele mesmo a declare, modifique ou revogue'. Em suas origens, no Direito Português (tal como o recurso de agravo, também o de embargos é de indiscutível procedência lusitana), os embargos surgiram para pedir aos juízes 'a reconsideração de sua própria sentença, senão para revogá-las, ao menos para modificá-las ou declará-las'" (MARQUES, José Frederico. *Manual de direito processual civil.* Campinas: Bookseller, 1997).

trado prolator. Alguns reconduzem o tema à condição de princípio – princípio da invariabilidade da sentença pelo juiz que a proferiu.

Nada obstante, o Código de Processo Civil abre exceções ao encerramento. Preceitua atualmente o artigo 463 do Código de Processo Civil[7]:

> Art. 463. Publicada a sentença, o juiz só poderá alterá-la:
>
> I – para lhe corrigir, de ofício ou a requerimento da parte, inexatidões materiais, ou lhe retificar erros de cálculo;
>
> II – por meio de embargos de declaração.

Tenha-se presente, a publicação do provimento jurisdicional, nas palavras de NAGIB SLAIBI FILHO[8], dá-se quando o juiz: "exterioriza o ato jurídico-processual, o qual, assim, sai da esfera pessoal do magistrado para se tornar ato público (daí o nome)".

Portanto, os embargos declaratórios são uma das exceções ao encerramento do ofício jurisdicional com a edição do provimento, permitindo ao magistrado oficiar, por si próprio, no processo mais uma vez, visando não à reforma da decisão, mas sim ao aperfeiçoamento do decisório, para que se revele, na íntegra, a vontade e a autoridade do órgão julgador.

Portanto, no leito próprio[9], os aclaratórios auxiliam na completude da prestação da tutela jurisdicional, afastando incongruência involuntária do julgador, quer esclarecendo-a, quer integrando-a, quer tornando-a hígida.

> O objetivo recursal específico não é o rejulgamento da matéria decidida nem tampouco a invalidação do ato impugnado, mas, sim e tão somente, o seu aperfeiçoamento, o que se alcança eliminando a falta de clareza ou a contradição nele verificada, ou suprindo-lhe alguma omissão no tratamento de questões suscitadas no processo.[10]

Posta assim a questão, os embargos de declaração não são predestinados à discussão sobre o acerto ou desacerto do provimento jurisdicional, porquanto

[7] A disciplina é repetida no Novo CPC (artigo 494).

[8] SLAIBI FILHO, Nagib. *Sentença cível:* fundamentos e técnica. 4. ed. Rio de Janeiro: Forense, 1997. p. 431.

[9] Sobre a natureza jurídica dos embargos declaratórios, concordamos com BARBOSA MOREIRA: "Ao nosso ver, a questão é pura e simplesmente de direito positivo: cabe ao legislador optar, e ao intérprete respeitar-lhe a opção, ainda que, *de lege ferenda*, outra lhe pareça mais aconselhável" (MOREIRA, José Carlosa Barbosa. *Comentários ao código de processo civil*: lei nº 5.869, de 11 de janeiro de 1973. 11. ed. rev. e atual. Rio de Janeiro: Forense, 2003. vol. V, p. 542). Logo, recurso pelo artigo 496, inciso IV, do Código de Processo Civil, tendência mantida no Novo CPC (artigo 1.007, inciso IV) . No mesmo sentido, acrescentando argumentos diversos: FERNANDES, Luís Eduardo. Simardi. *Embargos de declaração*: efeitos infringentes, prequestionamento e outros aspectos polêmicos. 3. ed. rev., atual. e ampl. São Paulo: RT, 2012. p. 28/37.

[10] THEODORO JÚNIOR, Humberto. *O processo civil brasileiro*: no limiar do novo século. Rio de Janeiro: Forense, 1999. p. 161.

reservados à sua melhora, afastando obscuridade, contradição ou omissão que devem ser decotados do pronunciamento.

"Dá-se o nome de embargos de declaração ao recurso destinado a pedir ao juiz ou tribunal prolator da decisão que afaste obscuridade, supra omissão ou elimine contradição existente no julgado"[11].

Outrossim:

> Recurso exclusivamente de retratação, os embargos de declaração permitem o reexame da decisão, sentença ou acórdão embargado pelos juizes de que emanou.
>
> Trata-se de gravame especial e que sob três espécies se configura: obscuridade, contradição e omissão.
>
> O acórdão conterá obscuridade quando ambíguo e de entendimento impossível, ante os termos e enunciados equívocos que contém.
>
> Os argumentos exarados, ou o entrosamento dos períodos levam a hesitar-se para a compreensão do que deveria ter ficado resolvido ou solucionado. A contradição se configura quando inconciliáveis entre si, no todo ou em parte, proposições ou segmentos do acórdão. Por fim, ocorre a omissão, quando o acórdão deixa de pronunciar-se sobre questões concernentes ao litígio, que deveria ser decidido.
>
> Há nos embargos de declaração 'um pronunciamento integrativo-retificador': não se elimina o acórdão embargado, que é apenas completado para que em seu conteúdo fique suficientemente claro e completo'.[12]

À vista disso, denota-se, os embargos de declaração têm raízes constitucionais, assentando-se no princípio da inafastabilidade do controle jurisdicional (CRFB/88, artigo 5º, inciso XXXV).

Demais disso, convém averbar terem os embargos de declaração origem remota no direito lusitano:

> É ponto pacífico na história do direito lusitano que os embargos, como meio de obstar ou impedir os efeitos de um ato ou decisão judicial, são criação genuína daquele direito, sem qualquer antecedente conhecido, asseverando os autores que de semelhante remédio processual não se encontra o menor traço no direito romano, no germânico ou no canônico, nem nos ordenamentos jurídicos dos diversos povos de civilização ocidental, que se formaram em decorrência da interpretação daqueles três grandes sistemas, de que no fundo todos são tributários.[13]

[11] THEODORO JÚNIOR, Humberto. *Curso de direito processual civil.* Rio de Janeiro: Forense, 2001. Vol. 1, p. 599.

[12] MARQUES, op. cit., p. 191 e ss.

[13] COSTA, Moacyr Lobo da. *Estudos de história do processo:* recursos. Osasco: FIFEO, 1996. p. 162.

Confirmando as raízes do instituto:

> Os embargos de declaração, declaratórios ou declarativos têm a mesma origem dos homônimos – modificativos, ofensivos, de nulidade. São produto do direito lusitano, advêm do século XIII e ocupam lugar nas Ordenações Afonsinas, de 1447. Constituem um imperativo da precariedade da comunicação por escrito, sabidamente um meio pouco eficiente na transmissão do pensamento. Destinam-se, portanto, os embargos de declaração ao esclarecimento da sentença ou do acórdão em suas possíveis obscuridades, contradições e omissões.
> As Ordenações Afonsinas arrolam no Livro III, 60, § 4º, que – 'depois que o Julguador der huma vez Sentença definitiva em alguum Feito, nam há mais poder de há revoguar dando outra contraria. (...) Pero nam tolhemos, que se Julguador der alguua Sentença duvidosa, por ter em si alguumas palavras escuras, e intrincadas, por que em tal caso as poderá bem declarar'. Acrescenta o dispositivo que é por direito o julgador interpretar qualquer sentença por ele dada, e não somente ele mas seu sucessor a quem incumbir oficiar na causa. A matéria sem modificações na substância, e já mencionado 'embargos', encontra-se nas Ordenações Filipinas, 3.66,6.[14]

O novíssimo Código de Processo português é fiel às Ordenações Afonsinas:

> Artigo 614º
> Retificação de erros materiais
> 1 – Se a sentença omitir o nome das partes, for omissa quanto a custas ou a algum dos elementos previstos no nº 6 do artigo 607º, ou contiver erros de escrita ou de cálculo ou quaisquer inexatidões devidas a outra omissão ou lapso manifesto, pode ser corrigida por simples despacho, a requerimento de qualquer das partes ou por iniciativa do juiz.
> 2 – Em caso de recurso, a retificação só pode ter lugar antes de ele subir, podendo as partes alegar perante o tribunal superior o que entendam de seu direito no tocante à retificação.
> 3 – Se nenhuma das partes recorrer, a retificação pode ter lugar a todo o tempo.

Semelhante, guardadas as devidas proporções, é a disciplina do Código de Processo Civil italiano (artigos 287 e 288[15]), da *Lei de Enjuiciamiento* espanhol

[14] SIDOU, J.M. Othon. *Processo civil comparado:* (histórico e contemporâneo) à luz do código de processo civil brasileiro, modificado até 1996. Rio de Janeiro: Forense Universitária, 1997.

[15] "Art. 287 (Casi di correzione) Le sentenze contro le quali non sia stato proposto appello e le ordinanze non revocabili possono essere corrette, su ricorso di parte, dallo stesso giudice che le ha pronunciate, qualora egli sia incorso in omissioni o in errori materiali o di calcolo. Art. 288 (Procedimento di correzione) Se tutte le parti concordano nel chiedere la stessa correzione, il giudice provvede con decreto. Se è chiesta da una delle parti, il giudice, con decreto da notificarsi insieme col ricorso a

(artigo 214 e 215[16]), bem como na Ordenança Processual Civil Alemã (ZPO, §§ 319 e 320[17]).

Na formatação do instituto, o Código de Processo Civil brasileiro em vigor não destoou:

> Art. 535. Cabem embargos de declaração quando:
> I – houver, na sentença ou no acórdão, obscuridade ou contradição;
> II – for omitido ponto sobre o qual devia pronunciar-se o juiz ou tribunal.

norma dell'articolo 170 primo e terzo comma, fissa l'udienza nella quale le parti debbono comparire davanti a lui. Sull'istanza il giudice provvede con ordinanza, che deve essere annotata sull'originale del provvedimento. Se è chiesta la correzione di una sentenza dopo un anno dalla pubblicazione, il ricorso e il decreto debbono essere notificati alle altre parti personalmente. Le sentenze possono essere impugnate relativamente alle parti corrette nel termine ordinario decorrente dal giorno in cui è stata notificata l'ordinanza di correzione".

16 "Artículo 214. Invariabilidad de las resoluciones. Aclaración y corrección. 1. Los tribunales no podrán variar las resoluciones que pronuncien después de firmadas, pero sí aclarar algún concepto oscuro y rectificar cualquier error material de que adolezcan. 2. Las aclaraciones a que se refiere el apartado anterior podrán hacerse de oficio dentro de los dos días hábiles siguientes al de la publicación de la resolución, o a petición de parte o del Ministerio Fiscal formulada dentro del mismo plazo, siendo en este caso resuelta por el tribunal dentro de los tres días siguientes al de la presentación del escrito en que se solicite la aclaración. 3. Los errores materiales manifiestos y los aritméticos en que incurran las resoluciones judiciales podrán ser rectificados en cualquier momento. Artículo 215. Subsanación y complemento de sentencias y autos defectuosos o incompletos. 1. Las omisiones o defectos de que pudieren adolecer sentencias y autos y que fuere necesario remediar para llevar plenamente a efecto dichas resoluciones podrán ser subsanadas, mediante auto, en los mismos plazos y por el mismo procedimiento establecidos en el artículo anterior. 2. Si se tratase de sentencias o autos que hubieren omitido manifiestamente pronunciamientos relativos a pretensiones oportunamente deducidas y sustanciadas en el proceso, el tribunal, a solicitud escrita de parte en el plazo de cinco días a contar desde la notificación de la resolución, previo traslado de dicha solicitud a las demás partes, para alegaciones escritas por otros cinco días, dictará auto por el que resolverá completar la resolución con el pronunciamiento omitido o no haber lugar a completarla. 3. Si el tribunal advirtiese en sentencias o autos que dictara las omisiones a que se refiere el apartado anterior, podrá, en el plazo de cinco días a contar desde la fecha en que se dicta, proceder de oficio, mediante auto, a completar su resolución, pero sin modificar ni rectificar lo que hubiere acordado. 4. No cabrá recurso alguno contra los autos en que se completen o se deniegue completar las resoluciones a que se refieren los anteriores apartados de este artículo, sin perjuicio de los recursos que procedan, en su caso, contra la sentencia o auto a que se refiriera la solicitud o la actuación de oficio del tribunal. Los plazos para estos recursos, si fueren procedentes, comenzarán a computarse desde el día siguiente a la notificación del auto que reconociera o negara la omisión de pronunciamiento y acordara o denegara remediarla".

17 "§ 319. Las faltas de redacción y de cuentas y cualesquiera otros errores notorios que contenga la sentencia podrán ser corregidos en todo tiempo por el Tribunal, incluso de oficio. (...) § 320. Cuando la exposición de hechos de la sentencia contuviere errores que no queden comprendidos en los preceptos del parágrafo anterior, lagunas, ambigüedades o contradicciones en los preceptos, se podrá pedir la rectificación de la misma por escrito que debe presentarse en el plazo de una semana (...)."

O Novo Código de Processo Civil reeditou a disciplina, acrescendo ainda o instituto de considerável melhora ao apresentar regramento discriminando algumas hipóteses de omissão, *ex vi legis*, no provimento jurisdicional.

> Art. 1.022. Cabem embargos de declaração contra qualquer decisão judicial para:
> I – esclarecer obscuridade ou eliminar contradição;
> II – suprir omissão de ponto ou questão sobre o qual devia se pronunciar o órgão jurisdicional de ofício ou a requerimento;
> III – corrigir erro material.
> Parágrafo único. Considera-se omissa a decisão que:
> I – deixe de se manifestar sobre tese firmada em julgamento de casos repetitivos ou em incidente de assunção de competência aplicável ao caso sob julgamento;
> II – incorra em qualquer das condutas descritas no art. 489, § 1º.

Os registros são indispensáveis, também para fim de organização sistêmica do pensamento aqui desenvolvido, pois desvelam, aclaram, que os embargos de declaração, a despeito de singularidades do direito positivo respectivo, tem como vetor comum melhorar o provimento jurisdicional, suprimindo incorreções na expressão retratada do raciocínio do prolator.

Assim, os embargos declaratórios são:

> o instrumento de que a parte se vale para pedir ao magistrado prolator de uma dada sentença que a esclareça, em seus pontos obscuros, ou a complete quando omissa, ou finalmente que lhe repare ou elimine eventuais contradições que ela porventura contenha.[18]

Os embargos declaratórios expressam a constatação, no plano do processo, do adágio popular de que errar é humano. E aí, no processo, magnânimo é reconhecer o erro, recebendo com espírito aberto[19] os embargos declaratórios – os embargos são iteração[20].

À obviedade, não se descura, possível os embargos declaratórios operarem com tônus mais vigoroso, alterando propriamente o provimento jurisdicional, nas hipóteses em que isto seja uma consequência inelutável, por exempo, do suprimento da omissão[21].

[18] Silva, Ovídio Baptista. *O processo de conhecimento*. 4. ed. rev. e atual. São Paulo: RT, 1998, v.1.

[19] "Embargos declaratórios – Julgamento – Posição do juiz. Ao defrontar-se com embargos declaratorios, o julgador há de atuar com espírito de compreensão, tendo presentes a angústia da parte e o predicado da completitude inerente à prestação jurisdicional (...)" (STF, HC nº 70207-ED, Relator para acórdão Ministro Marco Aurélio, Segunda Turma, julgado em 31/05/1994).

[20] Miranda, Pontes. *Comentários ao código de processo civil:* arts. 496 a 538. 3. ed. rev. e aument. Atualização legislativa por Sérgio Bermudes. Rio de Janeiro: Forense, 2002. Tomo VII, p. 316.

[21] Veja-se os exemplos mencionados por Assis, Araken de. *Manual dos recursos*. 2. ed. rev., atual, e ampl. São Paulo: RT, 2008. p. 638 e seg.

Até aqui nada dissemos de novo. Reproduzimos, ainda que timidamente, o *estado da arte* dos embargos declaratórios, que, pensamos, não sofrerá influxos significativos com a aprovação do Novo CPC.

No entanto, diversa será a influência dos embargos no prequestionamento.

3. Prequestionamento

O prequestionamento[22] é um pressuposto de admissibilidade dos recursos augustos e angustos[23] (extraordinários, especiais e de revista), ligado à circunstância da necessidade de que a pretensão recursal de vilipêndio ao ordenamento (infra) constitucional tenha sido debatida na origem.

Justamente, ao abrigo da imperiosa e prévia submissão da questão aos tribunais inferiores, os Tribunais de Superposição entendem incognoscíveis, no ar rarefeito de Brasília, na via não oxigenada do extraordinário, especial e/ou revista, temas não questionados previamente – prequestionados.

O signo linguístico direciona corretamente o raciocínio, prequestionamento é a indispensabilidade da questão objeto do recurso ter sido discutida no provimento jurisdicional recorrido.

No ponto, para o correto entendimento, absorvemos a lição de CARNELUTTI sobre o dístico *questão*:

> Quando uma afirmação compreendida na razão (da pretensão ou da discussão) possa engendrar dúvidas e, portanto, tenha de ser verificada, converte-se numa questão. A questão, pode-se definir, pois, como um ponto duvidoso, de fato ou de direito, e sua noção é correlativa da afirmação.[24]

[22] Não se põe em questão a constitucionalidade do prequestionamento, uma vez que reconhecida numa miríade de casos pelo Supremo Tribunal Federal, que aplica reiteradamente os enunciados de súmula n°s 282 e 356 de sua jurisprudência. Anote-se, o Ministro Alfredo Buzaid anotou ter o prequestionamento derivado da lei judiciária norte-americana de 24.9.1789 – *writ of error* (ERE 96.8002, relator Ministro Alfredo Buzaid, RTJ 109/299).

[23] "(a) Em todo o Estado civilizado, representa problema de política constitucional e de técnica legislativa constitucional, da mais alta importância, ligado a outros tantos problemas de política e de legislação administrativa, o de eficaz e escorreita administração de justiça. Para se assegurar a exata realização do direito objetivo, não basta conjunto de boas regras de direito processual; é de mister a criação de certas vias de recursos, que permitam a apreciação da aplicação da lei pelos Tribunais. A simples apelação, qualquer que seja o nome que se lhe dê, com o exame do negócio *in facto* e *in iure*, não poderia satisfazer às exigências de política judiciária da unidade das decisões no tocante à inteligência das leis". (MIRANDA, Pontes. *Comentários ao código de processo civil:* arts. 539 a 565. 2. ed. rev. e aument. Atualização legislativa por Sérgio Bermudes. Rio de Janeiro: Forense, 2002. Tomo VIII, p. 19/20).

[24] CARNELUTTI, Francesco. *Sistema de direito processual civil:* composição do processo. Traduzido por Hiltomar Martins Oliveira. São Paulo: Classic Book, 2000. vol II., vol II, p. 39.

Observe-se, para CARNELUTTI também seriam questões as matérias em que inexiste dissenssão entre as partes, mas resolvidas na decisão (razões de decidir), como bem constatou MEDINA:

> (...) de acordo com as lições de Menestrina e Carnelutti, já citados neste trabalho, o termo questão não se aplica somente quando há constatação de ponto alegado por alguma das partes, mas também quando o próprio juiz tenha suscitado a dúvida sobre determinado ponto. Desse modo, haverá questão federal ou questão constitucional sempre que o juiz aplicar a lei federal ou a Constituição à hipótese, seja em decorrência de as partes terem controvertido acerca de determinado ponto, tornando-o questão a ser resolvida pelo órgão julgador, seja quando o próprio órgão julgador identificar o ponto, colocá-lo em dúvida e sobre ele resolver. Importa, sob esse prisma, que a questão tenha sido resolvida pelo juiz, seja ou não em virtude de provocação da parte.[25]

Pois bem, o prequestionamento, na nossa perspectiva, é a existência de resolução no acórdão recorrido de uma questão submetida pelas partes ou suscitada pelo julgador. Prequestionar é uma expressão que está atrelada à visão de quem interpõe o recurso para o Tribunal de Superposição, ou seja, a necessidade de demonstrar ter sido o tema resolvido no acórdão recorrido (pré-questionado).

Dito às claras e às secas, o recorrente terá que demonstrar que o acórdão "questionou-se" sobre a violação ao preceptivo (infra)constitucional.

De mais a mais, consigna agudamente ARAKEN DE ASSIS:

> Turvou a clareza do tema a deletéria influência da própria palavra "prequestionamento". Formada a partir de derivação prefixial do termo "questionamento", o contexto jurídico não lhe podou a natural relação de sentido, sugerindo a todos os espíritos que prequestionar é questionar antes. Essa semântica vulgar há que ceder passo às proposições normativas.[26]

Assim, para que os recursos destinados aos Tribunais de Sobreposição sejam conhecidos é indispensável ter sido a matéria objeto da pretensão recursal resolvida pelas razões de decidir do acórdão recorrido.

[25] MEDINA, José Miguel Garcia. *O prequestionamento dos recursos extraordinário e especial*. 2. Ed. São Paulo: RT, 1999. p. 236. Nesse mesmo sentido, aponta Leonardo Greco: "O conceito de questão, a meu ver, deve ser bastante abrangente, ou seja, o de qualquer ponto de fato ou de direito sobre o qual deva o juiz pronunciar-se em caráter decisório" (GRECO, Leonardo. *O saneamento do processo e o projeto de novo Código de Processo Civil*. Revista Eletrônica de Direito Processual, v. VIII, jul./dez. 2011, p. 579. Disponível em http://www.redp.com.br/arquivos/redp_8a_edicao.pdf. Acesso em 3-set-2013.

[26] ASSIS, op. cit., p. 702/703.

Todavia, muitíssimas vezes, a questão (infra)constitucional não aflora[27] automaticamente no acórdão recorrido, surgindo os embargos declaratórios como instrumento para preparar o terreno àquela germinação.

Os embargos declaratórios são apresentados com o fim de prequestionar determinada questão (infra)constitucional, objetivando seu debate explícito pelo Tribunal de origem.

Ainda assim, os Tribunais, na grande maioria dos casos, rejeitam tal funcionalidade aos embargos declaratórios, ao argumento de que não estão obrigados a responder todas as questões que as partes lhes submetem, bastando exteriorizar as razões pelas quais acolhe ou rejeita a pretensão. Suficiente seria apontar o caminho percorrido e o destino alcançado, não sendo necessário apresentar as rotas alternativas ou locais não visitados.[28]. Outros tribunais, prevenindo a inter-

[27] Ibidem, p. 703.

[28] O Supremo Tribunal Federal tem firmado posição contra essa tendência jurisprudencial, como pode ser aferido do voto vencedor do Ministro Gilmar Ferreira Mendes: "Não é outra a avaliação do tema no direito constitucional comparado. Apreciando o chamado *Anspruch auf rechtliches Gehör* (pretensão à tutela jurídica) no direito alemão, assinala o *Bundesverfassungsgericht* que essa pretensão envolve não só o direito de manifestação e o direito de informação sobre o objeto do processo, mas também o direito do indivíduo de ver os seus argumentos contemplados pelo órgão incumbido de julgar (Cf. Decisão da Corte Constitucional alemã – BVerfGE 70, 288-293; sobre o assunto, ver, também, PIEROTH, Bodo; SCHLINK, Bernhard. Grundrechte – Staatsrecht II. Heidelberg, 1988, p. 281; BATTIS, Ulrich; GUSY, Christoph. Einführung in das Staatsrecht. 3. ed. Heidelberg, 1991, p. 363-364). Daí afirmar-se, correntemente, que a pretensão à tutela jurídica, que corresponde exatamente à garantia consagrada no art. 5º, LV, da Constituição, contém os seguintes direitos: 1) direito de informação (*Recht auf Information*), que obriga o órgão julgador a informar à parte contrária dos atos praticados no processo e sobre os elementos dele constantes; 2) direito de manifestação (*Recht auf Äusserung*), que assegura ao defendente a possibilidade de manifestar-se oralmente ou por escrito sobre os elementos fáticos e jurídicos constantes do processo; 3) direito de ver seus argumentos considerados (*Recht auf Berücksichtigung*), que exige do julgador capacidade, apreensão e isenção de ânimo (*Aufnahmefähigkeit und Aufnahmebereitschaft*) para contemplar as razões apresentadas (Cf. PIEROTH; SCHLINK. Grundrechte -Staatsrecht II. Heidelberg, 1988, p. 281; BATTIS; GUSY. Einführung in das Staatsrecht. Heidelberg, 1991, p. 363-364; Ver, também, DÜRIG/ASSMANN. In: MAUNZ-DÜRIG. Grundgesetz-Kommentar. Art. 103, vol. IV, no 85-99). Sobre o direito de ver os seus argumentos contemplados pelo órgão julgador (*Recht auf Berücksichtigung*), que corresponde, obviamente, ao dever do juiz ou da Administração de a eles conferir atenção (*Beachtenspflicht*), pode-se afirmar que ele envolve não só o dever de tomar conhecimento (*Kenntnisnahmepflicht*), como também o de considerar, séria e detidamente, as razões apresentadas (*Erwägungspflicht*) (Cf. DÜRIG/ASSMANN. In: MAUNZ-DÜRIGI. Grundgesetz-Kommentar. Art. 103, vol. IV, no 97). É da obrigação de considerar as razões apresentadas que deriva o dever de fundamentar as decisões (Decisão da Corte Constitucional – BVerfGE 11, 218 (218); Cf. DÜRIG/ASSMANN. In: MAUNZ-DÜRIG. Grundgesetz-Kommentar. Art. 103, vol. IV, no 97)." (STF, MS 24268, relator para o Acórdão Ministro Gilmar Mendes, Tribunal Pleno, julgado em 05/02/2004). Efetivamente, o contraditório hodiernamente pode ser visto numa tríplice perspectiva, informação, reação e consideração. Sobre o tema, escrevi em: OLIVEIRA JUNIOR, Zulmar Duarte de. *Devido processo legal:* Contraditório (trinômio informação, reação e consideração) e o Novo CPC. Revista Eletrônica de Direito Processual. Disponível em: http://www.redp.com.br/arquivos/redp_7a_edicao.pdf. Acesso em 31-ago-2013.

posição dos declaratórios, consignam a observação anódina de que toda matéria está prequestionada, indepentemente da interposição de declaratórios.

Aliás, presente este contexto, a jurisprudência dos Tribunais dividiu-se quanto a possibilidade de emprestar ou não consequências aos embargos declaratórios prequestionadores rejeitados. Uma das tendências, capitaneada pelo Supremo Tribunal Federal e pelo Superior Tribunal de Justiça, nega tal virtualidade[29], enquanto outra tende a aceitar tal prequestionamento (implícito).

Como sói de ser, essa divergência intestinal no Poder Judiciário bem demonstra os inúmeros problemas que a incerteza nos efeitos produzidos conaturalmente pelos embargos declaratórios podem ocasionar.

Ainda que o direito seja um caleidoscópio, tal desuniformidade nessa perspectiva em particular asfixia o sistema recursal, estabelecendo um verdadeiro impasse. Apesar de a parte apontar oportunamente a violação a determinado dispositivo (infra)constitucional, repristinando o argumento em sede de declaratórios, o Tribunal de origem nega o seu debate, sob o argumento de não estar jungido a responder todos os questionamentos formulados.

A apontada violação ao ordenamento jurídico não será apreciada pelo órgão de cúpula vocacionado ao seu debate e uniformização pela renitência do Tribunal anterior em dar-lhe, pelo menos, atenção.

Para obviar tais dificuldades tem-se interposto, quando os embargos prequestionadores são rejeitados, recurso especial sob a violação do artigo 535 do Código de Processo Civil.

Simardi Fernandes explicita:

> Ou seja, por meio desse recurso especial poderá o recorrente pleitear ao Superior Tribunal de Justiça que reconheça o desacerto da decisão do órgão *a quo*, por ter violado o art. 535, II, do estatuto processual, para que, provido o recurso especial, sejam os autos devolvidos ao órgão *a quo*, com a determinação de que se manifeste sobre as questões a respeito das quais se omitiu.[30]

Essa solução tem sido, com sobradas razões, preferida na prática, conquanto evidentemente não seja a melhor resposta para a situação, mormente porque implica na devolução do processo para a origem a fim de que seja enfrentada a questão (infra)constitucional suscitada nos embargos prequestionadores.

[29] "Inadmissível recurso especial quanto à questão que, a despeito da oposição de embargos declaratórios, não foi apreciada pelo Tribunal *a quo*" (Enunciado de Súmula nº 211 do Superior Tribunal de Justiça).

[30] Fernandes, op. cit., p. 271.

4. Embargos declaratórios, efeito integrativo e o prequestionamento virtual

Circunscrito o plano dessa maneira, podemos dizer, o Novo CPC apreendeu corretamente a situação, oferecendo alternativa que remedia o descompasso retratado, atribuindo aos embargos uma feição integrativa automática com o prequestionamento virtual da questão suscitada.

O Novo CPC estabelece explicitamente um novo efeito, além dos tradicionais (v.g. obstativo, devolutivo, suspensivo, translativo, expansivo, substitutivo, regressivo, diferido[31]), aos aclaratórios, efeito que convencionamos designar como integrativo – efeito integrativo.

No concernente ao recurso expletivo, o artigo 1.025 do Novo CPC explicitou:

> Art. 1.025. Consideram-se incluídos no acórdão os elementos que o embargante suscitou, para fins de pré-questionamento, ainda que os embargos de declaração sejam inadmitidos ou rejeitados, caso o tribunal superior considere existentes erro, omissão, contradição ou obscuridade..

Eis o ponto.

O preceptivo estipula que a interposição dos declaratórios prequestionadores, ainda quando não acolhidos, implica na inclusão virtual dos argumentos suscitados no acórdão recorrido, tudo a viabilizar o manejo dos recurso augustos e angustos.

Assim, apresentados os respectivos recursos, a ausência de debate explícito das violações aos dispositivos (infra)constitucionais no acórdão recorrido estaria, por elipse, superada pela interposição de declaratórios, isto é, pelo novel efeito integrativo imanente a tal espécie recursal.

Efeito integrativo porque atrelado ao simples fato processual de ter sido interposto o recurso de embargos para prequestionamento, no que implica na inserção virtual da questão aventada no acórdão recorrido.

Não é objeção suficiente a autonomia do conceito, a necessidade do Tribunal Superior verificar a omissão do juízo *a quo*. É de somenos importância a questão da confirmação pelo Tribunal Superior da existência da omissão, contradição ou obscuridade. Ora, se o Tribunal Superior entender que o acórdão já tinha analisado a matéria excogitada nos declaratórios, pelo que ausentes tais vícios, o prequestionamento estará presente e não mais virtualizado.

Noutra linha, poder-se-ia cogitar de um efeito devolutivo qualificado, como se ao Tribunal Superior restasse devolvido, além da pretensão recursal especial ou extraordinária, o objeto do recurso de embargos anteriormente aviados – duplo e escalonado juízo revisório. Não pensamos assim, já que o Tribunal de Superposição não julgará os embargos para nenhum fim, somente realiza cognição

[31] JORGE, Flávio Cheim. *Teoria geral dos recursos cíveis*. 4. ed. rev., atual. e ampl. São Paulo: RT, 2009.

sobre o vício (erro, omissão, contradição ou obscuridade), para o fim de julgar o próprio recurso extraordinário, especial ou de revista.

Demais disso, descabe pressionar a situação para enquadrá-la nas balizas do dito efeito translativo dos recursos augustos e angustos. Evidentemente, a integração virtual do acórdão recorrido, para fins de prequestionamento, tem como causa eficiente a agitação dos declaratórios. Entendimento diverso dispensaria o próprio dispositivo.

Dito às claras e às secas, o Novo CPC atribui efeito integrativo aos embargos declaratórios, imediatamente decorrente da sua interposição com o fim de prequestionamento, virtualizando no acórdão recorrido a questão submetida por aqueles.

Seria escusado dizer, independentemente da natureza jurídica do instituto albergado no Código, o potencial e virtual prequestionamento da matéria excogitada nos declaratórios solve a idiossincrasia apontada no sistema atual.

Portanto, a engenhosa solução do Código merece encômios, eis que permite a solução de um problema prático de indiscutível relevo, possibilitando ao Tribunal de Sobreposição o conhecimento do recurso respectivo, ainda que o Tribunal de origem tenha se abstido no enfrentamento.

Deste modo, bem andou o Código ao dar adequada profilaxia a tal esquizofrenia do sistema, atrelando ao recurso de embargos de declaração efeito integrativo, para considerar virtualmente prequestionada a matéria ventilada.

5. Considerações finais

Como vimos, não podemos deixar-nos ofuscar tanto com as potencialidades desperdiçadas no Novo CPC, pois indispensável ampliarmos o horizonte de visão para apreendermos devidamente seus avanços.

No ponto, o Código anda bem quando propugna um efeito integrativo aos embargos declaratórios, objetivando dar cabo a renhida jurisprudência formada quanto ao caráter prequestionador daquele.

Os embargos declaratórios no Novo CPC, quando utilizados para fim de prequestionamento, terão o efeito de virtualizar no acórdão recorrido a questão (infra)constitucional versada, abrindo-se passagem aos recursos augustos e angustos.

Honorários Sucumbenciais Recursais no CPC/2015: limites de atuação dessa nova regra

Helder Moroni Câmara

1. Introdução: o novo CPC e a velha realidade do processo civil

A Constituição Federal de 1988 (CF), de maneira expressa, alçou o direito de defesa – traduzido nos princípios do contraditório, da ampla defesa e duplo grau de jurisdição – como garantia a ser observada em favor de todos os litigantes, em qualquer processo, seja na esfera judicial ou administrativa, conforme se depreende de seu artigo 5º., inciso LV.

De fato, o direito de defesa na forma de contraditório, mesmo antes do advento da CF, já era reconhecido como princípio geral de direito processual. Todavia, anteriormente à CF, o contraditório somente era reconhecido como *expressa* garantia constitucional na esfera do Direito Penal, sendo certo que nas outras esferas processuais (tais como a civil, a trabalhista, a tributário e a administrativa) o contraditório era garantido apenas por dedução lógica dos anteriores textos constitucionais[1].

Com a garantia constitucional do direito de defesa, permitiu-se aos litigantes a utilização de todos os meios de defesa e recursos em direito permitidos no âmbito processual como um todo. E justamente nesse ponto é que se passa a perceber que, por vezes, esse direito, assim como o direito de ação, acaba ser-

[1] Araújo Cintra, Antônio Carlos de *et al. Teoria Geral de Processo Civil*, 22ª. ed. São Paulo: Malheiros, 2006. p. 61 e ss.: "No Brasil, o contraditório, na instrução criminal, vinha tradicionalmente erigido em expressa garantia constitucional, sendo deduzido na própria Constituição, indiretamente embora, para o processo civil. Idêntica postura era adotada à garantia da ampla defesa, que o contraditório possibilita e que com este mantém íntima ligação, traduzindo-se na expressão *inauditus damnari potest*. A Constituição de 88 previu contraditório e ampla defesa num único dispositivo, aplicável expressamente aos litigantes, em qualquer processo, judicial ou administrativo, e aos acusados em geral (art. 5º., inc. LV)".

vindo de instrumento impeditivo do acesso efetivo à Justiça por parte daqueles que dela necessitam.

Isto é: se de um lado não há como se imaginar o processo ausente do necessário respeito ao direito de defesa ou mesmo ao direito de ação, de outro se observa que o abuso[2] do direito tem-se mostrado extremamente pernicioso para a entrega da prestação jurisdicional.

Lamentavelmente, tanto o direito de ação quanto o direito de se defender têm sido utilizados de modo a "exceder os limites do poder ou da faculdade (*facultas agendi*) que o direito objetivo (*norma agendi*) confere ao indivíduo, na qualidade de sujeito de direitos (*sui iuris*)"[3].

Para Couture, abuso do direito se afigura "*forma excesiva y vejatoria de acción u omisión de parte de quien, so pretexto de ejercer un derecho procesal, causa perjuicio al adversario, sin que ello sea requerido por las necesidades de la defensa*"[4].

Justamente em razão dos abusos cometidos sob pretexto de se exercer um direito, especialmente na seara do processo civil, o legislador pátrio, na busca de minorar os funestos efeitos que o abuso do direito seguidamente traz para o sistema processual, em diversas oportunidades introduziu reformas no Código de Processo Civil (CPC), as quais, no mais das vezes, prevêem a aplicação de multa em detrimento daqueles que se utilizam do direito de defesa ou mesmo do direito de ação de maneira abusiva[5].

Infelizmente, todo o arcabouço de multas e penalidades previstas no ordenamento pátrio não foi suficiente para impedir que o abuso desses direitos. Tanto é assim que se faz notório e sabido que o Poder Judiciário, guardadas algumas isoladas exceções, tem sofrido enormemente com o excesso de ações e de correlatos recursos que lhe são submetidos à apreciação[6].

[2] Quando falamos em "abuso do contraditório", não pretendemos descaracterizar a importância do princípio. Mas tão somente buscamos alertar desde logo para o fato de que a diferença entre o remédio e o veneno está na dose (com o perdão do irresistível lugar-comum).

[3] Abdo, Helena Najjar. *Abuso do Processo*, 1ª. ed.. São Paulo: RT, 2007.

[4] Couture, Eduardo J. – *Vocabulario Jurídico*, 1ª. ed.. Buenos Aires: Depalma, 1978.

[5] Como exemplo, na esfera do CPC: (i) a Lei nº 8.950, de 13.12.1994, majorou a multa do artigo 538 – embargos de declaração protelatórios; (ii) a Lei nº 8.953, de 13.12.1994, criou a multa de até 20% por ato atentatório à dignidade da Justiça; (iii) a Lei nº 9.756, de 17.12.1998 possibilitou ao relator negar seguimento a recursos inadmissíveis ou protelatórios, nos moldes do artigo 557 do CPC, trazendo ainda a hipótese de aplicação de multa na forma do parágrafo 2º. do mesmo dispositivo legal; (iv) a Lei nº 10.358, de 27.12.2001, trouxe a figura do *contempt of court* para o Direito Brasileiro, ao estabelecer a multa do artigo 14, parágrafo único, do CPC; (v) a Lei nº 11.232, de 2005, criou a multa do artigo 475-J, em detrimento do devedor que não cumprir a sentença; etc.

[6] "O espantoso volume de processos que batem às portas do STF e do STJ comprova o uso e abuso dos recursos às instâncias superiores. De janeiro a outubro de 2004, foram julgados no STJ cerca de 180 mil processos. Em média, são seis mil processos para cada um dos 33 ministros. No STF, cada um dos 11 ministros também lida com milhares de processos, enquanto os membros da Suprema Corte dos

Para melhor ilustrar como o abuso do direito tem sido prejudicial para todo o sistema processual, especialmente no que se refere ao excesso de recursos interpostos pelas partes no processo, nada melhor do que analisar a situação do guardião da própria CF nesses 20 anos de sua vigência: o Supremo Tribunal Federal (STF).

Conforme os "Relatórios Anuais e Sistema Informatizado do STF", tanto a situação como o número de processos submetidos à apreciação dos Ministros do STF eram (e ainda são) alarmantes, o que e se agrava de maneira exponencial. Em 1989, foram recebidos no STF o total de 14.721 processos. Em 2007, esse número foi exponencialmente alçado para o inimaginável patamar de 119.234 processos[7].

Nos anos de 2014 e 2015, foram entrados 79.943 e 93.476 processos, respectivamente. E, neste ano de 2016, até a data de 02/08/2016, foram protocolados 53.406 processos e distribuídos 36.057.[8]

Em comparação com a Suprema Corte Norte-Americana, apenas para pontuar o que ora é afirmado (e mesmo levando-se em consideração que o sistema de controle de constitucionalidade é distinto em ambos países), a realidade brasileira se mostra ainda mais periclitante: em 1980, a Suprema Corte Norte-Americana recebeu 4.781 processos, e a projeção para o ano de 2.000 era de receber aproximados 8.000 processos[9].

No Superior Tribunal de Justiça (STJ), a situação não é diferente da enfrentada pelo STF. No ano de 1989, foram distribuídos perante referida Corte o total de 6.103 processos. Já no ano de 2007 esse mesmo número foi catapultado para impressionantes 313.364 processos.[10]

Estados Unidos não examinam sequer uma dezena de casos por ano. "O processo civil virou um fim em si mesmo, com excesso de ritualismo e formalismo, herdados de Portugal"" – Revista Desafios do Desenvolvimento (IPEA/PNUD), Edição 6, Abril de 2004 – Cromos – Editora e Indústria Gráfica Ltda.

[7] (Disponível em: <http://www.stf.jus.br/portal/cms/verTexto.asp?servico=estatistica&pagina=movimento Processual>. Acesso em 03 ago. 2016)

Movimentação STF	1989	2001	2002	2003	2004	2005	2006	2007	TOTAL
Processos Recebidos	14.721	110.771	160.453	87.186	83.667	95.212	127.535	119.324	**889.455**
Processos Distribuídos	6.622	89.574	87.313	109.965	69.171	79.577	116.216	112.938	**755.593**
Julgamentos	17.432	109.692	83.097	107.867	101.690	103.700	110.284	159.522	**861.990**
Acórdãos publicados	1.886	11.407	11.685	10.840	10.674	14.173	11.421	22.257	**103.227**

[8] Idem. Ibidem.

[9] Cf. MARTINS FILHO, Ives Gandra da Silva. "O critério de transcendência no recurso de revista – projeto de lei nº 3.267/00". *In:* MARTINS, Ives Gandra da Silva (Org.). *As vertentes do direito constitucional contemporâneo: estudos em homenagem a Manoel Gonçalves Ferreira Filho.* Rio de Janeiro: América Jurídica, 2002.

[10] Conforme se depreende do Relatório Estatístico – 2007, extraído do "Boletim Estatístico do Superior Tribunal de Justiça". Disponível em: <http://www.stj.jus.br/webstj/Processo/Boletim/>. Acesso em 03 ago.2016.

Em 2014, no STJ, foram distribuídos 314.316 processos[11]; e, até o final do mês de junho de 2016, já foram distribuídos perante a Corte Superior impressionantes 255.609 processos[12].

Dessa breve análise, percebe-se claramente que a imposição de multas ou mesmo a criação de limitações legislativas para o exercício do direito de ação e de defesa não se afiguraram o instrumento mais indicado para impedir que o abuso dos direitos referidos se transmudasse em obstáculo para a entrega efetiva da prestação jurisdicional.

E, como já vimos, se de um lado existe a notória demora na prestação jurisdicional, consequência do excessivo número de ações e recursos, de outro lado há as medidas legislativas que buscam minorar essa problemática. Contudo, por mais medidas legislativas, multas, sanções e congêneres que se possam imaginar, o problema não foi solucionado e tão somente vem sendo agravado.

Percebe-se então, claramente, que a solução para a questão não se encontra unicamente nas medidas legislativas ou mesmo na criação de obstáculos, quaisquer que sejam, para o exercício do direito de defesa.

Justamente em virtude dessa conclusão, entendemos que a solução somente poderá ser alcançada mediante sensível e profunda modificação no modo de pensar até então reinante; e, ao que nos parece, as medidas de apoio – decorrentes, por exemplo, da possibilidade de condenação da parte vencida em arcar com honorários sucumbenciais recursais – têm relevante papel no sentido aqui indicado.

2. Efetividade, Processo e o CPC/2015

Tudo o que dissemos na introdução a esse breve estudo tem uma, e tão somente uma razão: o CPC/2015 tem em seu DNA uma latente preocupação com a ideia de efetividade processual, que já há muito tempo ganhou força e destaque, motivo pelo qual podemos dizer que não basta propiciar o acesso formal à Justiça. Necessário se faz que o acesso à Justiça seja efetivo e que os resultados almejados pelos jurisdicionados sejam concretamente alcançados.

Na exposição de motivos do projeto de lei responsável por impulsionar o processo legislativo que culminou na Lei 13.105/2015 (projeto de lei que foi substancialmente alterado até se chegar à redação final desse nosso CPC/2015, ressalte-se, e que no apagar das luzes ainda sofreu alterações por força do Projeto de Lei da Câmara 168/2015), o Ministro Luiz Fux teceu as seguintes considerações

[11] Disponível em: <http://www.stj.jus.br/webstj/Processo/Boletim/verpagina.asp?vPag=0&vSeq=262>. Acesso em 03 ago. 2016.

[12] Disponível em: < http://www.stj.jus.br/webstj/Processo/Boletim/Default.asp?ano=2016&submit=Ok>. Acesso em 03 ago. 2016.

> William Shakespeare, dramaturgo inglês, legou-nos a lição de que o tempo é muito lento para os que esperam e muito rápido para os que têm medo. Os antigos juristas romanos, por sua vez, porfiavam a impossibilidade de o direito isolar-se do ambiente em que vigora, proclamando, por todos, Rudolf Jhering no seu L.espirit Du droit romain, que o método imobilizador do direito desaparecera nas trevas do passado. (...). No afã de atingir esse escopo deparamo-nos com o excesso de formalismos processuais, e com um volume imoderado de ações e de recursos. Mergulhamos com profundidade em todos os problemas, ora erigindo soluções genuínas, ora criando outras oriundas de sistema judiciais de alhures, optando por instrumentos eficazes, consagrados nas famílias da civil law e da common law, sempre prudentes com os males das inovações abruptas mas cientes em não incorrer no mimetismo que se compraz em repetir, ousando
> sem medo. (...). O Brasil clama por um processo mais ágil, capaz de dotar o país de um instrumento que possa enfrentar de forma célere, sensível e efetiva, as misérias e as aberrações que passam pela Ponte da Justiça. Missão cumprida, Senhor Presidente. Receba esse anteprojeto sob a magia da oração em forma de poesia, daquele que valia por uma literatura; o saudoso e insuperável Fernando Pessoa: É o tempo da travessia E se não ousarmos fazê-la teremos ficado ... para sempre ... À margem de nós mesmos".[13]

A referida exposição de motivos, por mais que tenha sido redigida em relação a um projeto de lei em muito modificado até que seu produto final do CPC/2015, deixa claro que, nos trabalhos legislativos, expressão última do espírito do legislador, se é que de fato podemos usar uma expressão como tal resta desse modo consolidado

> Há mudanças necessárias, porque reclamadas pela comunidade jurídica, e correspondentes a queixas recorrentes dos jurisdicionados e dos operadores do Direito, ouvidas em todo país. Na elaboração deste Anteprojeto de Código de Processo Civil, essa foi uma das linhas principais de trabalho: resolver problemas. Deixar de ver o processo como teoria descomprometida de sua natureza fundamental de método de resolução de conflitos, por meio do qual se realizam valores constitucionais. (...). O novo Código de Processo Civil tem o potencial de gerar um processo mais célere, mais justo,6 porque mais rente às necessidades sociais7 e muito menos complexo.8 A simplificação do sistema, além de proporcionar-lhe coesão mais visível, permite ao juiz centrar sua atenção, de modo mais intenso, no mérito da causa. Com evidente redução da complexidade inerente ao processo de criação de um novo Código de Processo Civil, poder-se-ia dizer que os trabalhos da Comissão se orientaram preci-

[13] Disponível em: <http://www.senado.gov.br/senado/novocpc/pdf/Anteprojeto.pdf>. Acesso em 10 out. 2015.

puamente por cinco objetivos: 1) estabelecer expressa e implicitamente verdadeira sintonia fina com a Constituição Federal; 2) criar condições para que o juiz possa proferir decisão de forma mais rente à realidade fática subjacente à causa; 3) simplificar, resolvendo problemas e reduzindo a complexidade de subsistemas, como, por exemplo, o recursal; 4) dar todo o rendimento possível a cada processo em si mesmo considerado; e, 5) finalmente, sendo talvez este último objetivo parcialmente alcançado pela realização daqueles mencionados antes, imprimir maior grau de organicidade ao sistema, dando-lhe, assim, mais coesão.[14]

Ainda, em nota de rodapé, a exposição de motivos deixa cristalino que tudo o que se almeja com o novo Código é operar o direito e garantir maior rendimento

> Hoje, costuma-se dizer que o processo civil constitucionalizou-se. Fala-se em modelo constitucional do processo, expressão inspirada na obra de Italo Andolina e Giuseppe Vignera, Il modello costituzionale del processo civile italiano: corso di lezioni (Turim, Giapicchelli, 1990). O processo há de ser examinado, estudado e compreendido à luz da Constituição e de dar o maior rendimento possível aos seus princípios fundamentais.[15]

No que se refere à necessidade de que se busquem resultados práticos e efetivos, igualmente necessário se fez "implantar um novo 'método de pensamento', rompendo definitivamente com as velhas posturas introspectivas do sistema e abrindo os olhos para a realidade da vida que passa fora do processo"[16].

Ou seja, "o centro das preocupações da moderna ciência processual é, indiscutivelmente, a realização concreta da justiça"[17]; e, via de conseqüência, "o processualista moderno está atento à "problemática processual central", ou seja, para o verdadeiro objetivo desta ciência. Para tanto, é preciso reconhecer que a lei processual, no seu significado real e profundo, está intimamente relacionada às principais alterações culturais dos povos".[18]

A questão toda acerca da efetividade do processo se resume a uma em especial: o tempo no processo. E a teor das lições de Morello: "*El dato tiempo siempre ha sido principal en el escenario de la justicia. Ante la aceleración histórica que nos toca vivir, su significado cobra todavía un valor mayor. El costo adicional que consume el entramado del proces... es sobradamente oneroso.*"[19]

[14] Idem. Ibidem.

[15] Idem. Ibidem.

[16] DINAMARCO, Cândido Rangel.*A Instrumentalidade do Processo,* 3ª. ed. São Paulo: Malheiros, 1993.

[17] BEDAQUE, José Roberto dos Santos. *Direito e Processo – Influência do Direito Material sobre o Processo,* 2ª. ed., 2ª. tiragem. São Paulo: Malheiros, pág. 42, 2001.

[18] Idem.

[19] MORELLO, Augusto M. *La eficacia del proceso,* 2ª. edição ampliada. Buenos Aires: Hammburabi / José Luis Depalma, 2001.

Temos então, de um lado, o direito de defesa e de ação como algo que não satisfaz, que tem sido utilizado à exaustão e muitas vezes de maneira desmedida e até mesmo predatória; e, de outro lado, quando utilizado, esbarra numa por vezes intransponível questão: o tempo no processo e o custo dele decorrente.

O abuso do direito não apenas prejudica a fruição do próprio acesso à Justiça, como também acaba por esvaziar o processo, já que afasta o jurisdicionado do resultado prático que este almeja.

Como já mencionado, há tempos o legislador brasileiro (e também o legislador estrangeiro[20]) tem buscado, por meio de intervenções legislativas, minimizar o impacto do tempo no processo com o objetivo de possibilitar a tão almejada efetividade processual.

Todavia, ao menos em terreno pátrio, as intervenções legislativas não têm surtido o efeito desejado, e a conclusão é uma só: são imposições e óbices legais necessários, mas insuficientes.

Parece-nos, então, que o CPC/2015, ao estabelecer em seu artigo 85, § 1º., que são cabíveis honorários sucumbenciais recursais, além de ter corrigido e preenchido uma lacuna que diretamente beneficia à advocacia (já que na hipótese de interposição de recursos o trabalho do advogado é sobremaneira majorado, e deve, portanto, ser recompensado equitativamente), buscou criar meios de admoestar os litigantes e de reduzir as hipóteses de interposição de recursos meramente protelatórios, e se assim o é, como efetivamente acreditamos ser, a leitura que se deve dar ao dispositivo legal em destaque deve também levar essa característica em consideração.

3. Honorários sucumbenciais recursais: incidência em todos os recursos, desde que haja advogado da parte contrária constituído nos autos – interpretação sistemática do artigo 85 do CPC/2015

Como já vimos, o CPC/2015 inovou, e expressamente previu a possibilidade de serem arbitrados honorários advocatícios em fase recursal, em prejuízo da parte que tiver sucumbido.

[20] Vide, como exemplo, a exposição de motivos da Lei espanhola 1/2000 (de 7 de janeiro de 2000), mais conhecida como *Ley de Enjuiciamiento Civil*: "Justicia civil efectiva significa, por consustancial al concepto de Justicia, plenitud de garantías procesales. Pero tiene que significar, a la vez, una respuesta judicial más pronta, mucho más cercana en el tiempo a las demandas de tutela, y con mayor capacidad de transformación real de las cosas. Significa, por tanto, un conjunto de instrumentos encaminados a lograr un acortamiento del tiempo necesario para una definitiva determinación de lo jurídico en los casos concretos, es decir, sentencias menos alejadas del comienzo del proceso, medidas cautelares más asequibles y eficaces, ejecución forzosa menos gravosa para quien necesita promoverla y con más posibilidades de éxito en la satisfacción real de los derechos e intereses legítimos".

Assim estabelece o artigo 85 do CPC/2015 a esse respeito

> Art. 85. A sentença condenará o vencido a pagar honorários ao advogado do vencedor.
>
> § 1º São devidos honorários advocatícios na reconvenção, no cumprimento de sentença, provisório ou definitivo, na execução, resistida ou não, e nos recursos interpostos, cumulativamente. (...).[21]

Ademais, o § 11 do artigo 85 acrescenta, estabelecendo que "O tribunal, ao julgar recurso, majorará os honorários fixados anteriormente levando em conta o trabalho adicional realizado em grau recursal, observando, conforme o caso, o disposto nos §§ 2º a 6º, sendo vedado ao tribunal, no cômputo geral da fixação de honorários devidos ao advogado do vencedor, ultrapassar os respectivos limites estabelecidos nos §§ 2º e 3º para a fase de conhecimento".

A leitura da letra da lei poderia levar à conclusão de que somente se poderia falar em honorários sucumbenciais recursais para fins de majoração dos honorários já fixados pelo juiz de primeira instância: ou seja, caso não tenham ainda sido estabelecidos honorários advocatícios em primeira instância, as partes poderiam, livremente, interpor tantos e quantos recursos desejassem, mesmo aqueles descabidos e infundados, que não se poderia falar na fixação de honorários recursais.

O entendimento acima foi confirmado pelo Tribunal de Justiça de São Paulo, que assim já afirmou[22]

> REGULAMENTAÇÃO DE VISITAS. MULTA. HONORÁRIOS RECURSAIS EM AGRAVO DE INSTRUMENTO. DESCABIMENTO. Embargos de declaração em agravo de instrumento. Omissão. Inexistência. A previsão de honorários recursais diz respeito apenas aos recursos que impugnarem decisão na qual tenham sido fixados honorários sucumbenciais. Pretensão manifestamente infringente. Embargos de declaração rejeitados.
>
> (...)
>
> O dispositivo que trata de honorários sucumbenciais no diploma processual (art. 85, CPC) deve ser interpretado de maneira a conciliar as regras que tratam do cabimento de honorários em recursos (art. 85, §1º, CPC) e da possibilidade de majoração da verba fixada anteriormente com base no trabalho adicional realizado em grau recursal (art. 85, §11, CPC).
>
> Tal análise permite concluir que somente caberá a fixação de honorários relativamente ao recurso se a decisão combatida tiver arbitrado honorários em primeiro

[21] Idem. Ibidem.

[22] TJSP – Embargos de Declaração nº 2008477-22.2016.8.26.0000/50000 – 3ª. Câm. Dir. Priv. Rel. Des. Carlos Alberto de Salles – j. em 10/05/2016.

grau, cumulativamente com eventuais outros, devidos em reconvenção, cumprimento de sentença e execução.

A doutrina pátria também já se manifestou no mesmo sentido, afirmando que "cabe ao tribunal *ad quem*, ao julgar o recurso (seja apelação, seja recurso especial, ou qualquer outro) majorar os honorários devidos à parte vencedora"[23].

Contudo, cremos que a leitura que se deve dar à hipótese de cabimento de honorários sucumbenciais recursais deva ser outra. Isso porque permanecemos firmes no espírito no CPC/2015, que busca dar ênfase à celeridade e à economia processual, bem como ao rendimento que deve ser obtido em função do processo. E isso, não se pode crer de outra forma, deve obrigatoriamente perpassar pela reprimenda a recursos protelatórios e infundados bem como pela noção de que se deve fazer uso sustentável do processo. Sobre esse tema trataremos com mais detalhe adiante.

No nosso entender, a regra geral a respeito dos honorários recursais está estatuída no § 1º. do artigo 85 do CPC/2015, que estabelece – expressamente e sem nenhuma ressalva – que são cabíveis honorários sucumbenciais, cumulativamente, aos recursos interpostos.

Especificamente ao que alude o § 11 do referido artigo 85, a regra daí extraída é direcionada aos Tribunais: na hipótese de recursos a serem analisados pela segunda instância, e já tenham sido fixados honorários em primeiro grau, estes deverão ser majorados até o limite de 20% (vinte por cento). Caso não tenham sido ainda fixados honorários pela instância inferior, é de se aplicar a regra geral do § 1º. do dispositivo legal aqui em análise.

No nosso sentir, o termo "majoração", constante do § 11, e o espírito da lei são no sentido de admoestar os Tribunais para que não deixem de aplicar a regra geral do § 1º., mesmo na hipótese de já terem sido fixados honorários sucumbenciais em outras instâncias, não prestando a letra do § 11 como limitador da regra geral, mas, sim, como complemento, como regra integrativa daquela de onde deflui.

Se assim não fosse, temos que, de plano, estar-se-ia atentando contra o espírito do próprio CPC/2015, expressado com muita clareza pelas suas exposições de motivos anteriores aqui neste trabalho já colacionadas.

Mais ainda: caso não se entenda que os honorários recursais terão cabimento mesmo nas situações em que ainda não fixados honorários advocatícios nas instâncias inferiores, estar-se-ão criando regras diferentes para as mesmas espécies recursais, o que não parece ser razoável.

[23] FREIRE, Alexandre; MARQUES, Leonardo Albuquerque. "Comentários ao Artigo 85" *in* STREK, Lênio; NUNES, Dierle; CUNHA, Leonardo Carneiro (Coord.). *Comentários ao Código de Processo Civil – De acordo com a lei 13.256/2016*. 1. ed. São Paulo: Saraiva, 2016. p. 153.

Vejamos: caso vigore o entendimento com o qual não concordamos, ter-se-ão duas teorias para um mesmo recurso, no que se refere aos honorários recursais, o que, novamente, não nos parece ser o ideal.

Por exemplo, o agravo de instrumento e os embargos de declaração, quando cabíveis, poderão ser indistintamente interpostos em processos de conhecimento até antes da prolação da sentença sem que se reconheça a condenação do vencido em honorários recursais; isso porque somente com a sentença é que serão fixados os honorários sucumbenciais e unicamente a partir da sentença de mérito é que seria possível majorar a verba em análise.

Contudo, em processo de execução, no qual desde o despacho inicial são fixados os honorários advocatícios, os mesmos recursos de agravo de instrumento e embargos de declaração serão passíveis de honorários recursais.

Ou seja, em vigorando o entendimento de que teríamos recursos idênticos, com teorias e consequências diversas. Pior ainda – somente em sede de processo de execução ou da fase de cumprimento de sentença é que, por meio da regra do artigo 85, seriam atingidos os objetivos do CPC/2015 expressos por meio da mencionada regra legal, condenando-se, aí, sim, o vencido em sede de agravo e embargos de declaração em honorários recursais, o que não nos parece fazer sentido.

Mais ainda: poder-se-ia chegar à hipótese que autorizaria, num mesmo processo de conhecimento ainda não encerrado, um momento em que os recursos encetariam honorários sucumbenciais e outro em que não haveria o mesmo ensejo; e isso ocorreria na hipótese de prolação de sentença parcial de mérito do artigo 365 do CPC/2015. E como então conciliar essa situação com um sistema processual que deve ser coerente interna e externamente?

Nessa situação de sentença parcial de mérito, caso vigore o entendimento que aqui estamos tentando desconstruir, a conclusão a que se chegaria – caso não se entenda que os honorários recusais são cabíveis em relação a todo e qualquer recurso para majorar ou não a aludida verba – poderia ser no sentido de que somente recursos relacionados aos pedidos julgados parcialmente seriam capazes de ensejar honorários recursais, enquanto eventuais recursos relacionados aos demais pedidos ainda não julgados não o seriam. Seriam criadas, assim, regras distintas sobre um mesmo tema que se desenrola sob o manto de um mesmo processo, o que nos parece ser uma verdadeira excrescência.

Em razão de tudo quanto aqui já expusemos, cremos que a melhor e mais harmônica e sistemática leitura a se fazer do artigo 85 do CPC/2015 e da imposição de honorários recursais é aquela que aqui defendemos no sentido de que, mesmo não tendo ainda sido fixados os honorários em instância inferior, é obrigação do julgador fixá-los, majorando-os ou não.

Por fim, ressaltamos que a única condicionante que entendemos como obrigatória para a fixação dos honorários recursais é a existência ou não de advogado da parte contrária regularmente constituído nos autos: ou seja, um agravo de instrumento interposto, por exemplo, contra o indeferimento de uma tutela provisória liminar: não tendo ainda sido citada a parte contrária, nem tendo ela advogado constituído nos autos, não terá o condão de ensejar honorários recursais.

4. Honorários recursais, o direito de ação e de defesa: recursos esgotáveis

Muitos dos que entrarem em contato com o presente trabalho certamente apreenderam nos bancos escolares que diversos dos recursos da natureza, água potável entre eles, constituíam fontes inesgotáveis e poderiam, portanto, ser consumidos sem maiores restrições. Contudo, essa ideia, que perdurou durante milênios, acabou cedendo e gradativamente "os homens têm percebido que isso não é verdade, que a água está se tornando cada vez mais escassa devido ao mau uso e à crescente demanda"[24].

Nessa mesma esteira, esteve por muito tempo incutido no espírito do homem que direito de defesa e de ação, desde que observadas as condições legais para tanto, deveriam ser amplamente garantidos (como efetivamente devem ser), e que, se o Poder Judiciário não tem condições de dar resposta aos diversos recursos e demandas judiciais apresentados pelos jurisdicionados, a solução seria limitar o exercício de tais direitos por meio da aplicação de multas ou de sanções outras.

Desenvolveu-se também a ideia de que a solução para a questão da leniência do Poder Judiciário residiria no aumento do aparelhamento judicial, seja incrementando o número de pessoal ou mesmo outorgando ao Judiciário os instrumentos materiais necessários a tal atividade.

Contudo, a verdade não é outra: a demanda por tutela jurisdicional será sempre maior do que a oferta. Em assim sendo – e crendo que nem mesmo a aplicação de multas nem o incremento do aparelhamento estatal terão capacidade para solucionar o problema da demora na entrega da prestação jurisdicional –, entendemos que a solução talvez seja outra.

Em verdade, tanto a criação de obstáculos e sanções em detrimento daqueles que abusam do direito de acessar a Justiça quanto o incremento do aparelhamento estatal são meios que, se não ideais, propiciam ao menos paliativa melhora para a entrega da prestação jurisdicional. Contudo, são soluções que não bastam, não se encerram em si mesmas.

Como cediço, as multas e sanções não surtiram, isoladamente, o efeito desejado. E, não obstante, por mais que haja enormes investimentos no aparelhamento estatal, o cerne do problema continuará intocado: o volume de demandas judiciais e de seus correlatos e infindáveis recursos continuará aumentando de maneira

[24] Informativo Eletrônico do Conselho Nacional de Saúde – Ano I – 26 de outubro de 2004. Disponível em: <http://conselho.saude.gov.br/biblioteca/informativo/03.pdf>. Acesso em 03 ago. 2016.

exponencial, tanto em razão do próprio crescimento populacional, quanto em virtude da maior inserção social e da cada vez mais complexa e numerosa gama de relações contraídas por todos os jurisdicionados.

Parece-nos, então, que, tal como se fez com relação à água potável e outros tantos recursos naturais, necessário será que também se faça com relação ao processo e às garantias a ele inerentes: é imperioso seja analisado o direito de defesa e o direito de ação não apenas como uma garantia constitucional, mas também, e para fins do presente trabalho, como recursos esgotáveis e cada vez mais escassos, isto porque, de maneira gradativa, cada vez menos o jurisdicionado tem efetiva possibilidade de fruir esses direitos em sua plenitude.

Por mais que, em teoria, esses direitos constituam recursos a que todos fazem jus, fato é que sua utilização tem sido cada vez mais abusiva e desmedida, o que unicamente tem implicado a degradação do próprio sistema jurisdicional vigente. Como se não bastasse, salta aos olhos o fato de que, quanto mais se faz uso abusivo desses direitos, mais distante se fica do efetivo acesso à Justiça e do próprio direito a uma justa defesa.

Ao que nos parece, então, é chegada a hora de se entender que até mesmo os mencionados direitos, embora teoricamente outorgados de maneira ampla a todos, são finitos e esgotáveis, já que não se mostra possível a todos a efetiva e concreta utilização dos mencionados direitos Entendemos, portanto, que esses direitos deverão ser exercidos de maneira muito mais racional, sob pena da ocorrência de um completo colapso.

Explicamos: se todos, concomitantemente, exercerem o lídimo direito de defesa e de ação de maneira reprovadamente abusiva (o que tem ocorrido com bastante recorrência), a ninguém será permitido o efetivo acesso à Justiça.

Entendemos, como contemporaneamente é de se entender, que o efetivo acesso à justiça somente é alcançado mediante *"efectividad, en concreto, de los derechos y garantías que resguarda la Constitución"*[25] e que a existência de acesso à justiça, de maneira meramente formal, não é garantia de real acesso. Melhor dizendo, a garantia do direito de defesa e de ação unicamente pela letra fria da lei não basta. No nosso sentir, unicamente por meio da utilização sustentável desses direitos é que todos a eles terão acesso.

Importante consignar que não negamos a existência natural de conflitos e o correlato direito fundamental à jurisdição. Contudo, entender que o acesso efetivo à Justiça tem-se mostrado casa vez mais limitado e escasso, tal como diversos

[25] BERIZONCE, Roberto O. *Efectivo Acceso a la Justicia*, 1ª. ed.. La Plata: LEP, 1987. *"El sistema de libertades formales decimonónico se ve superado por las exigencias propias de la efectividad, en concreto, de los derechos y garantías que resguarda la Constitución. El siglo que vivimos ha asistido al tránsito inexorable del Estado liberal individualista al Estado Social de Derecho, producto de profundas transformaciones políticas, económicas y sociales."*

recursos naturais também o são, não implica negar as próprias garantias esculpidas pela CF.

Ao que nos parece, o dever que foi atribuído ao Estado, consistente na prestação do serviço jurisdicional, configura verdadeira tarefa de Sísifo: na atual conjuntura e persistindo o modo de pensar reinante que culmina no excessivo abuso do direito, a prestação jurisdicional nunca se adequará às reais necessidades de todos os jurisdicionados envolvidos na disputa.

A questão que ora se põe à discussão é a seguinte: a CF garante amplo direito de acesso à justiça. Mas é possível o amplo e irrestrito exercício desse direito? Parece-nos que não, e cremos que os limites para tanto não residem apenas na ideia do uso abusivo do direito ou nos próprios limitadores criados pela legislação pertinente. Acreditamos, de fato, que a tomada de consciência acerca da escassez dos recursos inerentes ao exercício dos direitos em questão constituirá fundamental ferramenta para que se alcance tal objetivo.

Por mais investimentos que se façam no Poder Judiciário, o aparato estatal sempre estará distante do minimamente ideal. Daí, então, o porquê de entendermos que o direito de acessar a jurisdição se afigura algo esgotável.

Cremos, então, dessa forma, que um dos caminhos para que efetivamente se tenha real acesso à justiça passará necessariamente por profunda modificação no nosso modo de pensar e agir.

Salientamos, contudo, que entender que o direito de acesso à justiça é algo finito não implica dizer que a perfídia tenha de ser aceita, nem que a violação a um direito seja menosprezada. O que entendemos é que, na luta pelo direito, mais pérfido é litigar sem ter razão para tanto, mais desprezível é crer que o problema do esgotamento dos recursos estatais inerentes à prestação jurisdicional não é um problema afeto a todos[26].

Por mais utópico que se pareça, entendemos que é necessária uma mudança radical no modo de pensar até agora reinante: o acesso à justiça deverá ser realizado de maneira cada vez mais racional e sustentável, de modo que o direito possa, efetivamente, por todos ser fruído, entendimento este que corrobora a utilização da regra do artigo 85 do CPC/2015, sobremaneira, como meio de coibir recursos protelatórios e infundados, na esteira do quanto aqui já defendemos.

4.1. Ecossistema e meio ambiente processual: necessário equilíbrio

Na concepção de "ecologia", diversas são as teorias que se apresentam. Contudo, entendemos que "os estudos ecológicos não devem estar restritos à compreen-

[26] JHERIN, Rudolf Von. *A Luta pelo Direito*, Rio de Janeiro: Forense Rio, 1972, tradução de João de Vasconcelos, p. 14: "Certamente tudo isso se faz no interesse da humanidade, mas a injustiça cometida no interesse da humanidade deixa de ser uma injustiça? (...). Shylock foi defraudado em seu direito por perfídia: mas deverá o direito recorrer a semelhantes processos?".

são das relações entre os organismos e seu ambiente sob condições naturais. As relações do homem com seu ambiente – tanto físico quanto social, tanto rural quanto urbano – constituem matéria de alta importância e refletem-se não apenas na ecologia humana, mas, também, na economia, sociologia e demais ciências da atualidade (...) independentemente das diferentes linhas de pensamento e enfoque científico, a ecologia tem como uma de suas unidades de análise o complexo ecológico, ou ecossistema: "complexo dinâmico de comunidades vegetais, animais e de microorganismos e o seu meio inorgânico, que interagem como uma unidade funcional (Clarke, 1974)"[27].

Ora, e se a concepção de ecologia não deve se restringir "à compreensão das relações entre os organismos e seu ambiente sob condições naturais" e se ecossistema constitui complexo dinâmico de comunidades que interagem entre si, parece-nos plenamente possível entender que o processo, além de estar inserido nos estudos ecológicos, afigura-se ele mesmo um micro ecossistema, já que o processo constitui um conjunto dinâmico de comunidades que interagem como uma unidade funcional.

Ocorre que, no nosso entendimento, o processo não apenas constitui verdadeiro ecossistema, mas também se afigura um meio ambiente próprio, já que dentro do processo existe "interação do conjunto de elementos naturais, artificiais e culturais que propiciam o desenvolvimento da vida em todas as suas formas"[28].

E o meio ambiente processual dever ser ecologicamente equilibrado, nos termos do *caput* do artigo 225 da CF. Contudo, como já vimos anteriormente, o meio ambiente processual equilibrado unicamente será obtido pelo efetivo acesso à Justiça a ser outorgado a todos os jurisdicionados e, para tanto, o uso indiscriminado do direito de defesa e de ação (que optamos por conjuntamente denominar de "direito de acesso à justiça") deverá ser evitado, de modo que haja o desenvolvimento sustentável do processo.

O meio ambiente processual ecologicamente equilibrado deverá corresponder, portanto, "a um conjunto de aspectos naturais, artificiais e culturais, dependendo a sua preservação da forma com que determinada sociedade se relaciona com o meio, apropriando-se dos recursos para protegê-los ou para alterá-los ou consumi-los".[29]

Ora, e se, como já vimos, modificações legislativas ou mesmo imposições de multas não serviram para garantir um meio ambiente processual equilibrado, acreditamos que tão somente a mudança de postura dos atores sociais é que propiciará equilíbrio e sustentabilidade na esfera do processo. Desse modo, é

[27] VEIGA RIOS, Aurélio Virgílio e IRIGARAY, Carlos Teodoro Hugueney. *O Direito e o Desenvolvimento Sustentável*, 1ª. ed. São Paulo: IEB, 2005.

[28] SILVA, José Afonso da. *Direito Ambiental Constitucional*, 6ª. ed. São Paulo: Malheiros, 2007.

[29] VEIGA RIOS, Aurélio Virgílio e IRIGARAY, Carlos Teodoro Hugueney. Idem.

justamente nesse novo modo de pensar que igualmente deverá o intérprete se debruçar na análise do artigo 85 do CPC/2015 e na regra que impõe, ao menos no nosso modo de pensar, a fixação de honorários sucumbenciais recursais de maneira mais abrangente, tal como aqui defendemos.

4.2. Sustentabilidade Processual: o papel do jurisdicionado na conservação do meio ambiente processual

Uma vez reconhecido que o aparato estatal, ao menos na realidade brasileira (e em outras tantas, como já vimos), não atende aos anseios do jurisdicionado e, mais ainda, que a utilização do Judiciário tem-se mostrado muito maior do que a capacidade de atendimento da demanda, a conclusão, ao que nos parece, conduz para o quanto apontamos acima: crer que direito de acesso à justiça é direito de exercício inesgotável implica cerrar os olhos para a realidade que nos cerca.

E – reconhecendo-se também que o direito de acesso à justiça é limitado, tanto por suas próprias características, quanto pelos recursos materiais a ele inerentes – será necessário perceber que efetivo acesso à justiça somente poderá ser obtido se exercido de maneira sustentável o direito que lhe é correlato.

Melhor dizendo: se o jurisdicionado efetivamente pretende exercer os direitos que a CF lhe garante, consistentes no contraditório e ampla defesa, e acesso ao duplo grau de jurisdição, e se tem interesse em fruir de maneira satisfatória as garantias constitucionais que lhe são outorgadas, o próprio jurisdicionado deve conscientizar-se de que nem toda questiúncula poderá ser submetida à apreciação do Judiciário. Isso porque, se continuar o jurisdicionado a buscar, por exemplo, desarrazoadamente recorrer das decisões judiciais, nunca terá plena resposta aos seus anseios, já que o tempo no processo corroerá o direito material disputado.

Como já dissemos, não estamos a propor que se abra mão de direitos ou mesmo que se renuncie a garantias legais. O que propomos, todavia, é que o direito de acesso à justiça seja exercido sempre mediante prévia e profunda reflexão, o que lamentavelmente não se tem feito. Inúmeros são os casos nos quais a ausência de mera perfunctória reflexão por parte do interessado acaba implicando a apresentação dos mais infundados recursos e a propositura de inúmeras e descabidas demandas.

Se o jurisdicionado pretende receber o serviço jurisdicional com qualidade, deverá ser mais criterioso ao litigar, porque, se insistir o jurisdicionado em acionar o Judiciário sem maiores balizamentos, estará efetivamente comprometendo suas necessidades presentes, bem como as das gerações futuras.

Melhor dizendo: o jurisdicionado deverá fazer uso sustentável do direito que tem, sob pena que não poder exercer na plenitude as garantias que lhe protegem.

A ideia de "desenvolvimento sustentável" foi trazida pelo pioneiro Relatório Brundtland, também conhecido como *"Our common future"*, publicado em 1987 pela Comissão Mundial para o Ambiente e o Desenvolvimento, instituída pela

Organização das Nações Unidas, e assim foi descrita: *"Humanity has the ability to make development sustainable to ensure that it meets the needs of the present without compromising the ability of future generations to meet their own needs"*[30].

A utilização indiscriminada do serviço jurisdicional e o consequente abuso no direito de defesa efetivamente agridem ao ideário de desenvolvimento sustentável.

Na hipótese de os próprios "usuários" do serviço jurisdicional não se conscientizarem de que o uso desmedido de tais direitos e garantias implicará exatamente a perda presente dos mesmos direitos e garantias que hoje possuem (mas que por absoluta impossibilidade não podem fruir na sua integralidade); ainda, esse uso abusivo resultará em sensíveis e sérios prejuízos para as futuras gerações, e o meio ambiente processual sofrerá verdadeira involução até sua total consumação.

Buscar o desenvolvimento sustentável é uma tarefa que incumbe a todos, como cidadãos. Já há muito tempo não se deve mais esperar ações do Estado na busca da conservação do meio ambiente ou mesmo na solução de questões das maiores diversas.

O mesmo raciocínio deverá ser aplicado ao processo: o jurisdicionado deverá conscientizar-se de que somente terá efetivo acesso à justiça se for mais criterioso na hora de litigar. Direito de ação e de defesa somente poderão ser exercidos em sua plenitude se o comedimento, aliado à prévia e profunda reflexão, se fizerem presentes. De nada adianta possuir direitos e garantias dos mais altaneiros, quando não se pode exercê-los.

Caberá, então, também ao cidadão, fiscalizar e atuar no meio ambiente processual de modo a garantir para si, e para as futuras gerações, a perpetuação saudável do meio ambiente no qual, no mais das vezes, necessariamente transitam os direitos que pretende exercer. Nesse âmbito, certamente a imposição de honorários sucumbenciais recursais na forma como aqui defendemos servirá de medida de apoio em tal sentido.

5. O Advogado como defensor do meio ambiente processual: múnus público

A CF, em seu artigo 133, preconizou que "o advogado é indispensável à administração da justiça, sendo inviolável por seus atos e manifestações no exercício da profissão, no exercício da sua profissão, nos limites da lei.".

Por seu turno, a Lei 8.906, de 1994 (Estatuto da Advocacia), em seu art. 2º., repisa que o advogado é indispensável à administração da justiça, estabelecendo-se, no parágrafo 2º. do mesmo dispositivo legal, que "no processo judicial, o advogado contribui, na postulação de decisão favorável ao seu constituinte, ao convencimento do julgador, e seus atos constituem múnus público".

[30] Disponível em: < http://www.un-documents.net/ocf-ov.htm >. Acessado em: 02.03.2017.

A advocacia, então, constitui "exercício privado de função pública e social"[31]. Logo, o advogado tem uma obrigação, um múnus não apenas para com seu cliente, mas também e com grande relevo para com a própria Justiça e a sociedade em geral.

Dessa forma, o advogado, reconhecendo sua verdadeira função pública, deverá, ante tudo quanto já exposto, atuar no exercício de seu desiderato como verdadeiro defensor do que já denominamos de "meio ambiente processual", sem deixar de lado a obrigação que assume perante o próprio cliente.

O que queremos indicar com isso? Nossa intenção não é outra senão reforçar o óbvio: se de um lado o jurisdicionado, antes de buscar auxílio perante o Judiciário, como já dissemos acima, deverá exercer um juízo de valor bastante consciente, de outro lado o advogado tem a obrigação de informar àquele por quem é procurado a existência ou não das reais possibilidades de êxito e de todas as consequências porventura advindas do abuso do direito que o jurisdicionado entende ter, de maneira a desestimular, sempre que entender necessário, as demandas infundadas ou mesmo os recursos meramente protelatórios.

Cada vez mais o advogado deverá reconhecer seu dever conservacionista para com relação ao meio ambiente processual, bem como seu importante papel nesse sentido, porque ninguém mais indicado do que o próprio advogado para assim atuar, já que, em maior ou menor grau, o advogado depende do mencionado *habitat* para exercer seu labor.

No exercício dessa importante função pública, o advogado deverá estar preparado para rejeitar a propositura de determinadas ações que entender infundadas, ou mesmo para deixar de interpor recursos que, além de não terem possibilidade de êxito, apenas prestarão para degradar cada vez mais o meio ambiente processual. Assim agindo, o advogado efetivamente estará exercendo a nobre função pública que lhe foi atribuída.

6. Considerações finais

De tudo quanto ora brevemente analisado, percebe-se que o acesso à justiça – por conta do abuso, tanto no direito de ação, quanto no direito de defesa – tem sofrido sérios prejuízos e óbices para seu pleno exercício.

Na busca de soluções, o legislador pátrio veio criando sistematicamente medidas coercitivas com vistas a impedir o abuso no exercício do direito na esfera processual. Contudo, essa solução, além de paliativa, não implicou ganhos para a prestação jurisdicional, sendo certo que as estatísticas apresentadas na introdução ao presente trabalho denotam que o que ocorreu foi exatamente o oposto: o aumento expressivo de demandas judiciais e de seus correlatos recursos, com o consequente atravancamento do Judiciário.

[31] ARAÚJO CINTRA, Antônio Carlos de *et al*, ob. cit.

O incremento do aparelhamento estatal, por si só, também não servirá como solução para o problema da efetividade processual, que decorre do abuso do direito na esfera processual, já que, como visto, o aumento da demanda por justiça é constante e exponencial.

A solução que propomos para o problema, por mais utópica que seja, parece-nos factível e mais que necessária: conscientização acerca das limitações e do tênue equilíbrio do que denominamos de "meio ambiente processual".

Em nosso sentir, somente a partir do momento em que, como cidadãos e como operadores do Direito, entendermos que de fato o acesso à Justiça é um bem limitado e que está clamando por sua utilização mais consciente e sustentável, é que realmente teremos efetivo acesso à Justiça e que poderemos, de maneira concreta, fruir dos direitos que a CF nos garante.

Somando-se a tudo isso, a regra do artigo 85 do CPC/2015, na forma como a estamos a interpretar, caracteriza-se como importante instrumento que, reconhecendo essa nova realidade, operará de modo efetivo no sentido de buscar minorar as mazelas provocadas pelo excessivo, abusivo e mesmo desequilibrado uso não sustentável do processo e dos recursos a ele inerentes.

As quatro espécies de coisa julgada no novo CPC[1]

LUIZ EDUARDO RIBEIRO MOURÃO

1. Colocação do tema

O novo Código de Processo Civil realizou notáveis avanços ao disciplinar o instituto da coisa julgada. O mais importante deles, sob o nosso ponto de vista, foi a identificação de quatro espécies de coisa julgada.

A possibilidade dessa classificação tem como fundamento a existência de quatro situações jurídicas distintas, perfeitamente identificáveis na nova lei processual, que possuem as características essenciais da *res iudicata*, mas se diferenciam em razão do conteúdo da decisão judicial que se tornará imutável e indiscutível.

Assim, tendo como critério o conteúdo da decisão judicial sobre o qual incidirá a autoridade da coisa julgada, podemos classificá-la em: *a)* coisa julgada material (art. 502 do CPC); *b)* coisa julgada formal (art. 486, §1º do CPC); *c)* coisa julgada sobre questão prejudicial (art. 503, §§1º e 2º do CPC) e *d)* coisa julgada sobre tutela antecipada antecedente (art. 304, §5º do CPC).

Esse estudo reveste-se de importância não apenas teórica, mas também prática, na medida em que a falta de correta identificação do conteúdo da decisão judicial, que se tornará imutável e indiscutível, prejudica a aplicação do instituto da coisa julgada.

2. Conceito de coisa julgada

A coisa julgada é um dos mais antigos institutos jurídicos. Sua origem vai além da Lei das XII Tábuas e inspira-se no brocardo latino *bis de eadem re ne sit actio* que, traduzido livremente, significa: sobre uma mesma relação jurídica não se pode exercer duas vezes a ação da lei, isto é, o processo.

[1] O presente trabalho constitui uma das atividades desenvolvidas pelo autor no curso de pós-doutorado, realizado na Universidade Federal do Espírito Santo (UFES), sob a supervisão do Prof. Dr. Rodrigo Mazzei.

Essa ideia de proibição da repetição foi acolhida pelo CPC ao proibir o reajuizamento da mesma ação, sob pena de violação da coisa julgada (art. 337, §§ 1º e 4º do CPC). Também o art. 502, ao tornar imutável e indiscutível a decisão, busca impedir o exercício da atividade jurisdicional repetitiva. O *caput* do artigo 505, por seu turno, deixa claro que "nenhum juiz decidirá *novamente* as questões *já decididas* relativas à *mesma* lide." (grifamos).

Assim, com base nos referidos dispositivos legais, temos conceituado a coisa julgada como uma "*situação jurídica que se caracteriza pela proibição de repetição do exercício da mesma atividade jurisdicional, sobre o mesmo objeto, pelas mesmas partes (e, excepcionalmente, por terceiros), em processos futuros.*"[2] Atualmente, podemos dizer que essa proibição também se consolida para cada uma das fases dos processos chamados sincréticos, nos quais a atividade cognitiva e executiva são praticadas em fases distintas e sucessivas do mesmo procedimento.

As duas técnicas utilizadas pelo legislador para alcançar esse desiderato são: *a)* proíbe a repropositura da ação (art. 337, §§1º e 4º do CPC) e *b)* torna imutável e indiscutível a decisão judicial transitada em julgado (art. 502 do CPC).

3. Finalidade e *status* constitucional da coisa julgada

A finalidade da *res iudicata* está atrelada aos valores jurídicos que se pretende proteger. Miguel Reale ensina que: "Um fim outra coisa não é senão um valor jurídico posto e reconhecido como motivo de conduta. Não existe possibilidade de qualquer fenômeno jurídico sem que se manifeste este elemento de natureza axiológica, conversível em elemento teleológico."[3]

O *valor* protegido pela coisa julgada é, sem sombra de dúvida, a segurança jurídica, um dos mais importantes princípios do Estado de Direito. Se, de um lado, a CF abre as portas do Poder Judiciário para a apreciação de toda lesão ou ameaça de lesão aos direitos subjetivos (art. 5º inciso XXXV da CF), de outro lado proíbe, pelo instituto da coisa julgada, que essa atividade seja exercida em duplicidade (art. 5º XXXVI da CF). A busca desse objetivo é tamanha que nem mesmo a lei, principal critério de avaliação da conduta humana no Estado de Direito brasileiro (art. 5º, inciso II, da CF), pode alterar a coisa julgada (art. 5º, XXXVI da CF).

É inegável, pois, o *status* constitucional da coisa julgada como direito e garantia fundamental.

4. Coisa julgada material

A primeira espécie de coisa julgada que analisaremos é aquela cuja autoridade incidirá sobre uma decisão de mérito. Aliás, nunca é excessivo reiterar que a

2 *Coisa Julgada*. Belo Horizonte: Fórum, 2006, p. 29.

3 *Filosofia do Direito*. 20ª ed. São Paulo: Saraiva, 2002, p. 544. (o itálico não consta no original).

resolução justa e efetiva do mérito, em tempo razoável, é o objetivo do processo (arts. 4º e 6º do CPC).

Com base no conceito geral acima apresentado, podemos dizer que esta espécie de coisa julgada se caracteriza pela proibição de repetição do exercício da mesma atividade jurisdicional, *sobre decisão de mérito*, pelas mesmas partes (e, excepcionalmente, por terceiros), em processos futuros (ou nas fases distintas do processo sincrético). O fundamento legal desse conceito está nos artigo 337, §§1º e 4º c/c com o art. 502 e 506 do CPC.

4.1. Conceito de mérito

Como a compreensão desta espécie de coisa julgada pressupõe a correta conceituação do mérito, faremos uma pequena digressão sobre esse tema.

No Brasil não há uma posição doutrinaria sedimentada sobre o conceito de mérito. Dentre aqueles que enfrentaram o tema podemos citar cinco posições diferentes, que identificam o mérito, respectivamente, com: *a)* a lide[4], *b)* o pedido do autor [5], *c)* a pretensão do autor[6]; *d)* a ação material do autor[7] e *f)* a ação material do autor e do réu[8].

Os doutrinadores e a lei se utilizam, ademais, de diversas expressões para identificar o mérito. Dentre as principais, destacamos as seguintes: "lide", "objeto do processo", "objetivo litigioso", "questão principal" e "tutela final". Nesse trabalho, essas expressões serão usadas de modo intercambiável, sempre para desiginar o mérito.

O mérito, segundo pensamos, pode ser conceituado como a afirmação, feita pelas partes do processo, mediante o exercício das respectivas atividades postulatórias, da existência ou inexistência de uma ou mais relações jurídicas, de direito material e/ou processual, e das eficácias jurídicas delas decorrentes: direito e dever subjetivo, pretensão e ação material.

4.1.1. A relação jurídica

Diversos estudiosos do Direito corroboram a importância do conceito de relação jurídica. Miguel Reale, e.g., assevera que "um dos elementos essenciais da

[4] Alfredo Buzaid, *in* Exposição de Motivos do Código de Processo Civil, item II, "Da Terminologia do Projeto", nr. 6.

[5] Liebman, *in Processo de execução*. 5. ed. São Paulo: Saraiva, 1986. p. 58. José Carlos Barbosa Moreira afirma: "Através da demanda, formula à parte um *pedido*, cujo teor determina o objeto do litígio" (*O novo processo civil brasileiro*. 21. ed. Rio de Janeiro: Forense, 2001. p. 10. (O itálico consta no original).

[6] Cândido Rangel Dinamarco afirma: "O objeto do processo é a *pretensão a um bem da vida*, quando apresentada ao Estado-juiz em busca de reconhecimento ou satisfação." (*Instituições de direito processual civil*. São Paulo: Malheiros, 2002. vol. II, p. 180).

[7] Araken de Assis, *in Processo civil brasileiro*, vol. I, São Paulo: RT, 2015, p. 692.

[8] Marcos Bernardes de Mello, *in Da ação como objeto litigioso no processo civil*. Teoria Quinária da Ação, p. 400.

experiência jurídica é representado pela *relação jurídica*, cujo conceito é fundamental na Ciência do Direito."[9] Marcos Bernardes de Mello atesta que dentre as categorias eficaciais, a mais importante é a relação jurídica."[10] Pontes de Miranda considera o conceito de relação jurídica a segunda noção mais fundamental do Direito, sendo precedido apenas pela de fato jurídico.[11] Giuseppe Chiovenda, processualista italiano que muito influenciou a doutrina processual brasileira, afirma que "o conceito de relação jurídica é fundamental no estudo do processo."[12] O artigo 492, parágrafo único do CPC, faz expressa menção à relação jurídica como o objeto da decisão judicial.

Por relação jurídica entendemos o vínculo que o direito reconhece entre pessoas, atribuindo-lhes poderes e deveres. Os elementos constitutivos desse conceito são: *a)* os sujeitos, *b)* o vínculo, *c)* o bem protegido (objeto) e *d)* o fato da vida. Vejamos:

a) Toda relação jurídica deve ter, no mínimo, um sujeito em cada polo. Entretanto, pode haver pluralidade de sujeitos em qualquer dos polos, ou em ambos. Embora exista certa divergência na doutrina quanto à existência de um sujeito passivo nas relações jurídicas que digam respeito aos direitos reais, nos posicionamos ao lado da chamada "teoria dos dois sujeitos" ou "teoria intersubjetiva da relação jurídica".[13] Explica-nos Miguel Reale que "esse tipo de relação tem o sujeito passivo subentendido ou em potência. Sujeito passivo, nas relações de direito real, é a comunidade toda. O direito real é direito *erga omnes*, ou seja, oponível a todos."[14] Os sujeitos da relação jurídica terão legitimidade ordinaria para ocupar a posição de autor e réu no processo.

b) O vínculo jurídico "significa o conjunto de poderes e deveres que [nela] se configuram (...) o qual se traduz em situações de poder (ativas) e de dever (passivas)"[15].

c) O objeto da relação jurídica é o bem da vida "sobre o qual recai tanto a exigência do credor como a obrigação do devedor, podendo ser uma *coisa*

[9] *Lições preliminares de direito*. 13. ed. São Paulo: Saraiva, 1986, p. 209. (O itálico consta no original).

[10] Da ação como objeto litigioso no processo civil. *Teoria Quinária da ação*, Salvador: Juspodivm, 2010, p. 375.

[11] "A noção fundamental do direito é a de fato jurídico; depois, a de relação jurídica; não a de direito subjetivo, que é já noção do plano dos efeitos; nem a de sujeito de direito, que é apenas termo da relação jurídica. Só há direitos subjetivos porque há sujeitos de direito; e só há sujeitos de direito porque há relações jurídicas." (*Tratado de direito privado*. Tomo I, 2ª ed. Campinas: Bookseller, 2000, p. 20).

[12] *Instituições de direito processual civil*, vol. I. São Paulo: Saraiva, 1942, p. 28. (O itálico não consta no original).

[13] Miguel Reale. *Lições preliminares de direito*. 13. ed. São Paulo: Saraiva, 1986, p. 216.

[14] *Lições preliminares de direito*. 13. ed. São Paulo: Saraiva, 1986, pp. 216-217. (O itálico consta no original).

[15] Amaral, Francisco. *Direito civil – Introdução*. 7. ed. Rio de Janeiro: Renovar, 2008, p. 207.

(uma casa, por exemplo), ou uma *prestação* (como a de pagar X no dia Y) ou então a própria *pessoa*, como nos direitos pessoais."[16]

d) O fato integrante do mundo fenomênico será o suporte que receberá a incidência da norma. Diversos dispositivos do Código de Processo Civil deixam claro essa dicotomia entre fato e norma ao se referirem ao mérito: *a)* na petição inicial, por exemplo, deverão ser apresentados os fatos e fundamentos jurídicos do pedido (art. 319, inciso III do CPC); na contestação também deverão ser esboçadas as razões de fato e de direito com que se impugna o pedido do autor (art. 336 do CPC); na fase de saneamento e organização do processo deverá ser feita a delimitação das questões de fato e de direito (art. 357, II e IV do CPC).

4.1.2. As situações jurídicas decorrentes da relação jurídica

Roberto Senise Lisboa escreve que "A relação jurídica acarreta uma série de efeitos para as pessoas que a integram, que ficam dotadas de poder conferido pelas normas aplicáveis à espécie para a consecução dos seus respectivos intereses."[17] Esses efeitos, decorrente dos vínculos existentes na relação jurídica, podem ser identificados em três institutos jurídicos distintos: o "direito e dever subjetivo","a pretensão material" e "a ação material".

Ovídio Baptista sintetiza essas três categorias jurídicas com as seguintes palavras: "Temos, portanto, três fenômenos diferentes: *a)* o direito subjetivo, *b)* a pretensão de direito material, que são *estados* de que desfruta seu titular; e *c)* o exercício desta faculdade de exigir, que não é mais um estado, mas o desenvolvimento de uma ação por parte do titular da pretensão." [18]

Abordaremos, a seguir, ainda que brevemente, cada uma dessas situações.

4.1.3. Os direitos e deveres subjetivos

A importância do conceito de direito subjetivo jamais poderá ser superestimada. Araken de Assis afirma que o "direito subjetivo se pode afirmar, simplesmente, indispensável 'para a construção de qualquer doutrina jurídica.'" [19] André Fontes sustenta que "O direito subjetivo constitui-se na mais relevante situação jurídica subjetiva, seja pela dimensão de seu conteúdo, seja pelo seu significado histórico."[20] Ovídio Baptista da Silva assevera que "o *direito subjetivo* é uma cate-

[16] AMARAL, Francisco. *Direito civil – Introdução.* 7. ed. Rio de Janeiro: Renovar, 2008, p. 215. (O itálico consta no original).

[17] *Teoria geral do direito civil,* 8ª ed. São Paulo:Saraiva, 2013, p. 189.

[18] Ovídio Baptista, *Curso de Processo Civil,* vol. 1, 4. ed. São Paulo: RT, 1998, p. 78. (O itálico consta no original).

[19] *Cumulação de ações.* 4. ed. São Paulo: RT, 2002, p. 40.

[20] *A pretensão como situação jurídica subjetiva.* Belo Horizonte: Del Rey, 2002, p. 101.

goria fundamental para a construção de qualquer doutrina jurídica, tanto no domínio do direito processual civil quanto no campo do direito material, especialmente no direito privado."[21]

Ao longo dos anos diversas teorias surgiram tentando conceituá-lo. Dentre e as principais podemos citar as seguintes: *a)* a *vontade* jurídicamente protegida (Savigny e Windscheid); *b)* o *interesse* jurídicamente protegido (Rudolf von Ihering); *c) interesse* protegido enquanto atribui a alguém *um poder* de *querer* (Jellinek, Saleilles Ruggiero e Carlos Alberto Bittar); *d) faculdade de agir* ou não agir segundo o ordenamento juridico (Enneccerus, Kipp, Wolf e Silvio Rodrigues) *e) pretensão* reconhecida pelo Estado (Théodoro Marezzoll); *f) autorização* jurídica para agir (Domenico Barbero) etc.

Tendo em vista a bilateralidade das relações jurídicas, a cada direito subjetivo corresponde um dever, atribuído ao outro sujeito da relação.[22] O art. 1º do CC dispõe que "Toda pessoa é capaz de direitos e deveres na ordem civil".

Estes direitos e deveres subjetivos, nascidos no bojo da relações jurídica, é que serão objeto das tutelas jurisdicionais.

4.1.4. A pretensão material[23]

A segunda situação jurídica que pode surgir no seio da relação jurídica é a pretensão, que constitui a exigibilidade do direito subjetivo.

Esse conceito foi desenvolvido a paritr dos estudos de Bernard Windscheid[24], ao sustentar que a *actio* romana não correspondia ao direito subjetivo, nem ao direito de ação (processual), como nós o conhecemos nos dias atuais. Seria, antes, um conceito intermediário, designado pelo substantivo *Anspruch*."[25] Devido à grande influência de Windscheid na comissão de elaboração do Código Civil Alemão, o conceito por ele formulado foi introduzido "em seu §194, I, como o direito de exigir de outrem uma ação ou omissão". A esta asserção "submeteu-

[21] *Curso de processo civil*, vol. 1, 4ª . ed. São Paulo: RT, 1998, p. 73.

[22] Alfredo Buzaid diz que "O direito subjetivo contém *latente* a ideia de uma relação jurídica, porque pressupõe uma obrigação correspondente." (*A ação declaratória no direito brasileiro*, 2 ª ed. São Paulo: Saraiva, 1986. p. 111. (O itálico consta no original).

[23] Sobre o tema, recomendamos a excelente obra de André Fontes, cujo título é: A pretensão como situação jurídica subjetiva.

[24] André Fontes leciona: "Deve valer como hora de nascimento do conceito moderno de pretensão somente a publicação da obra 'A *Actio* no Direito Civil Romano do ponto de vista do Direito Atual', de 1856, cujo autor, Windscheid, teve a preocupação e mérito de livrar a *actio* dos seus elementos processuais.". (*A pretensão como situação jurídica subjetiva*. Belo Horizonte: Del Rey, 2002, p. 17). (O itálico consta no original).

[25] DINAMARCO, Cândido Rangel. Polêmicas do processo civil. *Fundamentos do processo civil moderno*. São Paulo: RT, 1989, p. 224. (O itálico consta no original).

-se a literatura germânica"[26] e a pretensão se firmou como a exigibilidade do direito subjetivo

Ovídio Baptista da Silva afirma que a pretensão "consiste precisamente nessa *faculdade de exigir a satisfação do direito*"[27] Pedro Henrique Pedrosa Nogueira leciona que "Quando falamos de pretensão, fazemos alusão a um *plus* em relação ao direiro subjetivo: a exigibilidade." Assim, "a todo direito exigível denomina-se pretensão."[28]André Fontes sustenta que este é o poder de exigir um comportamento.[29] Orlando Gomes diz que "*pretensão* é o poder do titular do direito subjetivo de exigir uma ação ou uma omissão de quem deve praticá-la ou de quem deve abster-se."[30]

O Código Civil Brasileiro adotou esse conceito em seu artigo 189 ao prescrever que "violado o direito, nasce para o titular a pretensão".

4.1.5. A ação material[31]

A ação material constitui o ponto final da cadeia eficacial entre a incidência da norma e a sua aplicação na vida real. Sua finalidade é adaptar o mundo empírico à norma jurídica objetiva. Numa frase muito precisa, afirma Pedrosa Nogueira que a "ação é o efeito jurídico específico que confere impositividade a um direito subjetivo".[32] Ovídio Baptista da Silva discorre sobre a ação material nos seguintes termos:

> "Como temos reiteradamente afirmado, concebemos a ação de direito material como o agir próprio de cada direito, capaz – independentemente de qualquer participação ativa do obrigado – de realizar inteiramente o respectivo direito. A ação de despejo tem como resultado realizar o despejo, a ação de reintegração de posse, reintegra a posse; a açãode depósito, que é aquela por meio da qual o depositante busca recuperar a posse da coisa entregue em depósito, consuma a ação do respectivo verbo e realiza a restituição do objeto depositado; a ação de reivindicação termina pela imissão do proprietário na coisa que até então se encontrava na posse injusta do réu. A ação é, portanto, esse agir para a realização, inerente a todo direito."[33]

[26] Fontes, André. *A pretensão como situação jurídica subjetiva*. Belo Horizonte: Del Rey, 2002, p. 10. (O itálico consta no original).

[27] *Curso de Processo Civil*, vol. 1, 4. ed. São Paulo: RT, 1998, p.79). Vários doutrinadores brasileiros corroboram essa perspectiva.

[28] *Teoria da ação de direito material*. Salvador: Juspodivm, 2008, p. 116.

[29] *A pretensão como situação jurídica subjetiva*. Belo Horizonte: Del Rey, 2002, p. 10-11

[30] *Introdução ao Direito Civil*. 19. ed. Rio de Janeiro: Forense, 2008. p. 99.

[31] Sobre esse tema recomendamos a notável obra de Pedro Henrique Pedrosa Nogueira, cujo título é: *Teoria da ação de direito material*.

[32] *Curso de Processo Civil*, vol. 1, 4. ed. São Paulo: RT, 1998, p. 120.

[33] *Curso de processual civil*, vol. 2, 3. ed. São Paulo: RT, 1998, p. 351. (O itálico consta no original).

No Estado de Direito é vedado à parte, salvo em raras exceções, a prática da ação material apta a invadir a esfera jurídica alheia. Por esse motivo, se faz necessário o exercício da jurisdição, cujo objetivo final é a imposição da ação material apta à efetivação do direito subjetivo reconhecido na decisão judicial.

5. Coisa julgada formal

A segunda espécie de coisa julgada é a formal, que se relaciona às decisões relativas ao controle da validade dos atos processuais.

A finalidade da jurisdição, sem sombra de dúvida, é o julgamento da lesão ou da ameaça de lesão aos direitos subjetivos afirmados pelas partes (art. 5º, inciso XXXV, da CF). Esta atividade, entretanto, só poderá ser exercida mediante o respeito ao devido processo legal. Por esse motivo o magistrado, ao longo do processo, realizará dois tipos de atividade cognitiva. A primeira, chamada de juízo de admissibilidade, direcionada a verificação da conformidade dos atos processuais ao modelo legal (art. 276 do CPC). A segunda, denominada de juízo de mérito, focada na proteção dos direitos subjetivos afirmados pelas partes. Essas duas atividades produzem decisões que se distinguem pelo seu conteúdo e são chamadas, respectivamente, de terminativas e definitivas (art. 485 e 487 do CPC).

Essa específica distinção no conteúdo da decisão judicial nos permite classificar a coisa julgada em formal e material: se o conteúdo da decisão for uma questão formal, teremos a coisa julgada formal (art. 486, §1º do CPC); se o conteúdo da decisão for o mérito, forma-se a coisa julgada material (art. 502 do CPC).

Na vigência do CPC/73 os doutrinadores desenvolveram um conceito equivocado de coisa julgada formal, que praticamente a equiparava à preclusão. Já tivemos oportunidade de combater essa doutrina, especialmente porque se vincula ao preconceito de que as sentenças terminativas não podem produzir efeitos externos ao processo em que foram proferidas.[34] O novo Código de Processo Civil desvinculou-se desse preconceito e vedou à parte o direito de repropor a mesma ação, sem a correção do vício formal reconhecido por decisão terminativa proferida em processo anterior (art. 486, §1º do CPC). Essa proibição, obviamente, decorre da autoridade de coisa julgada, que torna imutável e indiscutível o conteúdo da decisão terminativa anteriormente proferida.

Destarte, nos termos do art. art. 486, §1º do CPC, a parte não poderá repropor a mesma ação sem a prévia correção do vício formal reconhecido na decisão terminativa que tenha os seguintes conteúdos: *a)* indeferimento da petição inicial; *b)* falta dos pressupostos processuais; *c)* ilegitimidade e falta de interesse processual; *d)* acolhimento da alegação da existência de convenção de arbitragem ou reconhecimento de sua jurisdição pelo juiz arbitral e *e)* litispendência.

[34] *Coisa Julgada*, Ed. Fórum, Belo Horizonte, 2006, cap. 4.

Podemos, assim, definir a coisa julgada formal como uma situação jurídica que se caracteriza pela proibição de repetição, do exercício da mesma atividade jurisdicional, *sobre decisão terminativa*, pelas mesmas partes (e, excepcionalmente, por terceiros), em processos futuros (e nas fases do processo sincrético). O fundamento legal é o art. 486, §1º, do CPC.

6. Coisa julgada sobre questão prejudicial

Como afirmamos acima, o alvo da tutela jurisdicional é o pedido formulado pelas partes, que é resolvido no dispositivo da decisão judicial (art. 487, I e 489, III do CPC). A questão prejudicial, por não integrar o pedido da ação, mas a sua causa de pedir, será resolvida em caráter incidental, nos fundamentos da decisão, como um pressuposto lógico para a resolução do pedido.

Tendo em vista a natureza incidental do julgamento da questão prejudicial, o CPC/73 não permitia que esta decisão fosse alcançada pela autoridade da coisa julgada. Naquele diploma legal, para que a questão prejudicial fosse selada pela *res iudicata*, a parte interessada deveria propor uma ação declaratória incidental, por meio da qual realizava um pedido expresso de julgamento da questão prejudicial, em caráter principal.

O novo CPC inovou nesse tema e estendeu a autoridade da coisa julgada à decisão da questão prejudicial, independente da propositura da ação declaratória incidental (art. 503, §1º do CPC). Portanto, temos uma nova espécie de coisa julgada, que se caracteriza pela proibição de repetição do exercício da mesma atividade jurisdicional, *sobre questão prejudicial*, pelas mesmas partes (e, excepcionalmente, por terceiros), em processos futuros, ou nas fases distintas do processo sincrético.

6.1. Questões prévias, questões preliminares, questão prejudicial e questão principal

O estudo desta espécie de coisa julgada está profundamente vinculado à compreensão do que seja uma questão prejudicial.

A palavra *questão*, em direito processual civil, carrega a ideia de controvérsia. A instauração do processo visa o julgamento de uma controvérsia específica, que é a questão principal (arts. 4º, 6º, 141 e 487 do CPC). Entretanto, diversas outras controvérsias surgem no curso do procedimento, cuja resolução deve anteceder ao julgamento do mérito. Em razão dessa antecedência lógica, essas controvérsias são chamadas de *questões prévias*.

Essas questões prévias, embora tenham em comum o fato de antecederem logicamente o julgamento do mérito, possuem distinções que nos permitem classifica-las em *questões preliminares* e *questão prejudicial*. A distinção entre esses dois tipos de questões reside em três elementos distintos: *a)* o tipo de relação que matem com a questão principal, *b)* o conteúdo da própria questão e *c)* a forma como a questão será julgada.

Com base nos elementos acima apresentados, podemos definir a questão prejudicial como *uma controvérsia que surge no processo, relativa a um determinado direito subjetivo, cuja resolução será feita de forma incidental, mas influenciará no conteúdo do julgamento do pedido principal.*

Analisaremos, ainda que brevemente, os elementos constitutivos desse conceito.

6.1.1. A relação da questão prejudicial com o julgamento do mérito

A principal característica da questão prejudicial é a sua capacidade de influir no conteúdo da decisão de mérito. Barbosa Moreira escreve que "A denominação de 'prejudiciais' a essa luz, será aplicável às questões de cuja solução depender necessariamente o *teor* da solução que se haja de dar a outras questões."[35] Numa ação de alimentos, por exemplo, fundada na alegação de paternidade, a falta de citação será uma questão *preliminar*, pois impedirá ou não o prosseguimento do feito, para o julgamento do pedido principal. Contudo, a questão relativa à paternidade será *prejudicial*, pois seu julgamento irá influir no conteúdo da decisão sobre os alimentos.

O processualista acima citado leciona que as questões preliminares atuam, relativamente à questão principal, na esfera do *ser*, enquanto as prejudiciais agem no *modo de ser*:

> "Na perspectiva que este trabalho adota, o critério discretivo entre prejudiciais e preliminares há de ser buscado na diferenciação entre os dois tipos de influência acima descritos. Cabendo a qualificação de 'prejudiciais' às questões de cuja solução dependa *o teor* ou o *conteúdo* da solução de outras; reservar-se-á a expressão 'questões preliminares' para aquelas de cuja solução vá depender a de outras não no seu *modo de ser*, mas no seu *ser*, isto é, para aquelas que, conforme o sentido em que sejam resolvidas, oponham ou, ao contrário, removam um impedimento à solução de outras, sem influírem, no segundo caso, sobre *o sentido* em que estas outras hão de ser resolvidas."[36]

Claro está, portanto, que a questão prejudicial se caracteriza por condicionar, total ou parcialmente, o conteúdo da decisão sobre a questão principal. Em outras palavras, podemos dizer que o conteúdo do julgamento da questão principal depende, do ponto de vista lógico, do teor da decisão sobre a questão prejudicial (art. 503, §1º, I do CPC).

[35] Ob. cit. p. 27.

[36] *Questões prejudiciais e coisa julgada*, Borsoi: Rio de Janeiro, 1967, pp. 29/30 (O itálico está no original).

6.1.2. Conteúdo da questão prejudicial

O conteúdo da questão prejudicial é um direto subjetivo, tal qual a questão principal. Numa ação de alimentos, fundada nos deveres decorrentes da paternidade, ambas as questões (alimentos e paternidade) dizem respeito a direitos subjetivos específicos. Entretanto, dependendo da forma como a ação for elaborada, uma comporá o pedido principal e a outra o seu fundamento.

6.1.3. O caráter incidental do julgamento da questão prejudicial

Por fim, é preciso dizer que a questão prejudicial exercerá sempre, no processo, a função de fundamento do pedido. Por isso, será deduzida na causa de pedir da ação e será julgada de forma incidental, como justificativa da decisão (art. 503, §1º do CPC). Com base no exemplo acima, podemos dizer que a paternidade será julgada apenas incidentalmente, como pressuposto lógico para a decisão do pedido, que se refere aos alimentos.

6.2. Finalidade da coisa julgada sobre questão prejudicial

As principais finalidades buscadas com essa inovação processual são as seguintes: *a)* maior amplitude e eficiência na tutela dos direitos, *b)* desburocratização e simplificação do procedimento, *c)* economia de processos e *d)* segurança jurídica.

A maior eficiência da tutela jurisdicional decorre do fato de que duas questões importantes, resolvidas no processo, serão efetivamente seladas com a autoridade da coisa julgada: a questão principal e a questão prejudicial.

A desburocratização do procedimento provém da desnecessidade de propositura da ação declaratória para que a autoridade da coisa julgada recaia sobre a questão prejudicial.

Também haverá economia de processos, pois não será mais possível o ajuizamento de nova ação judicial, para rediscussão da questão prejudicial.

Por fim, a segurança jurídica será fortalecida, pois os fundamentos da decisão não poderão ser revistos em novo processo, evitando-se decisões contraditórias, que enfraquecem a autoridade da coisa julgada.

Essas quatro justificativas demonstram porque a aludida alteração legal é bem-vinda.

6.3. Análise crítica do suposto regime especial da coisa julgada sobre questão prejudicial

De acordo com a lei, precisam ser preenchidos os seguintes requisitos para que a questão prejudicial possa ser acobertada pela coisa julgada: *a)* a questão prejudicial deve ser decidida de forma expressa (§1º do art. 503 do CPC); *b)* da resolução da questão prejudicial deve depender o julgamento do mérito (inc. I, §1º do art. 503 do CPC); *c)* deve haver contraditório prévio e efetivo, salvo os casos de revelia (inc. II, §1º do art. 503 do CPC); *d)* o juízo deve ser competente, em razão da matéria e da pessoa (inc. III, §1º do art. 503 do CPC); e *e)* não deve haver restrições probatórias ou cognitivas que impeçam o aprofundamento da análise da questão prejudicial (§2º do art. 503 do CPC).

Segundo nossa opinião, não existe razão que justifique uma proteção especial para a coisa julgada sobre a questão prejudicial, em detrimento da coisa julgada sobre a questão principal. O fato do julgamento da questão prejudicial ser incidental não quer dizer que possa ser menos rigoroso, a ponto do legislador se sentir obrigado a impor certas condições, sem as quais não lhe confere a autoridade da coisa julgada.

É importante notar, ademais, que os requisitos enumerados na lei, tais como a necessidade de "decisão expressa", "contraditório prévio e efetivo" e "competência absoluta", são pressupostos para a validade do processo, e não requisitos para a formação da coisa julgada.

Na verdade, a imposição desses requisitos específicos destrói a harmonia do sistema, na medida em que *o mesmo vício processual* produzirá efeitos distintos, dependendo do conteúdo da decisão judicial. Por exemplo, se num determinado processo o juízo for absolutamente incompetente, a decisão sobre a questão principal fará coisa julgada, enquanto a decisão da questão prejudicial, proferida no mesmo processo, não será acobertada pela autoridade da *res iudicata*. Teremos, assim, duas decisões, oriundas de processo com o *mesmo vício* formal, sendo tratadas de forma diversa.

Além disso, após o trânsito em julgado da sentença, eventual questionamento da incompetência absoluta do juízo, se for dirigida contra a decisão principal, só poderá ser feita por meio de ação rescisória (art. 966, II do CPC). Entretanto, se for relacionada à decisão da questão prejudicial, deverá ser feita por uma ação de procedimento comum, proposta em primeiro grau de jurisdição.

Uma outra dificuldade desse suposto regime especial diz respeito à competência para o reconhecimento da existência da coisa julgada sobre a questão prejudicial. No fundo, esse reconhecimento será feito por um juiz de primeiro grau, no processo decorrente da nova ação, ajuizada para rediscutir a questão prejudicial. Percebe-se, assim, que um juiz de primeiro grau poderá simplesmente modificar uma decisão de tribunal superior, sobre o conteúdo da questão prejudicial, desde que reconheça, por exemplo, que a seu respeito não tenha "havido contraditório prévio e efetivo" (art. 503, §1º, II do CPC).

Esse último argumento também nos mostra que o estabelecimento desses requisitos fragilizará a aplicação do instituto da coisa julgada, na medida em que as partes interessadas na rediscussão da questão prejudicial sempre poderão alegar a falta de qualquer uma das famigeradas exigências para incidência da sua autoridade.

Por fim, não se pode deixar de apontar a tautologia da norma do inciso I, do §1º, do art. 503 do CPC, quando diz que a decisão sobre a questão prejudicial só fará coisa julgada se dela "depender o julgamento do mérito". Na verdade, está o legislador dizendo que a questão prejudicial só será acobertada pela coisa julgada, se for prejudicial (sic).

7. Coisa julgada sobre tutela antecipada antecedente

Por fim, analisaremos a coisa julgada sobre a decisão que concede a tutela antecipada antecedente.

O novo CPC trouxe uma notável modificação na disciplina das tutelas provisórias de urgência ao prever o procedimento de tutela antecipada antecedente. As três principais características dessa nova modalidade de tutela são: *a)* a possibilidade de estabilização dos efeitos da tutela provisória após a extinção do processo (art. 304, *caput,* do CPC); *b)* a desnecessidade de prosseguimento do processo para o julgamento do pedido de tutela final (art. 304, §1º do CPC); e *c)* a possibilidade de propositura de uma nova ação, visando a rediscussão da tutela antecipada antecedente, mesmo após a extinção do processo (art. 304, §2º a 6º do CPC). O estudo da coisa julgada está atrelado a esta última característica, que modifica o momento de sua formação.

Em princípio, após a extinção do processo, não é mais possível a rediscussão de uma decisão nele proferida. Contudo, o novo CPC inovou e concedeu ao jurisdicionado o direito de propor uma nova ação, visando à rediscussão da tutela antecipada antecedente, mesmo após a extinção do processo (art. 304, §2º do CPC).[37] Evidentemente, a mera possibilidade de propositura desta ação impede a formação da coisa julgada, pois ao seu conteúdo não se agregará, até então, o selo da indiscutibilidade e da imutabilidade.

Contudo, este direito de repropositura da ação, para a rediscussão da tutela antecipada antecedente, tem limite de tempo para ser exercido, a saber, "2 (dois) anos, contados da ciência da decisão que extinguiu o processo." (art. 304, par 5º do CPC). Esgotado esse prazo, surgirá uma nova situação jurídica que se caracteriza pela proibição de repetição/reprodução do exercício da mesma atividade jurisdicional, sobre o conteúdo da decisão que concedeu a tutela antecipada antecedente. Essa nova situação jurídica chama-se, indiscutivelmente, coisa julgada.

Essa espécie de coisa julgada tem uma nova peculiaridade em relação às demais, relativa ao *momento* de sua formação. Enquanto a regra geral determina que a coisa julgada surja com o trânsito em julgado da decisão (art. 502

[37] Essa é uma regra de calibração, que se justifica em razão do caráter excepcional deste procedimento, que permite a estabilização dos efeitos de uma tutela provisória, concedida em caráter de urgência, com base probabilidade da existência do direito, com a consequente extinção do processo, sem o julgamento do pedido de tutela final (art. 303 e 304 do CPC).

do CPC), neste tipo de procedimento ela se forma apenas após o término do prazo de 2 anos para a propositura da ação judicial prevista no §2º do art. 304 do CPC.

7.1. A necessidade de correta interpretação da norma do §6º do art. 304 do CPC

A parte inicial do §6º do artigo 304 do CPC, ao afirmar que "A decisão que concede a tutela antecipada não fará coisa julgada" tem levados muitos estudiosos, equivocadamente, a negar a possibilidade desta decisão torna-se imutável e indiscutível.

Evidentemente, esse artigo de lei precisa ser interpretado de forma sistemática, para não contrariar a norma do §5º do art. 304 do CPC. É preciso ficar claro que sua finalidade não é disciplinar a coisa julgada, mas evidenciar que a única hipótese de afastamento da estabilização dos efeitos da tutela antecipada antecedente, após a extinção do processo, é por meio de decisão proferida na ação prevista no §2º do art. 304 do CPC. Portanto, enquanto for possível o ajuizamento da referida ação, a decisão que concedeu a tutela antecipada antecedente não será acobertada pela coisa julgada, embora o processo esteja extinto.

Entretanto, após o escoamento do prazo previsto na lei para o ajuizamento da aludida ação, a decisão se torna inexoravelmente indiscutível. Percebe-se, assim, que a afirmação em testilha tem o seu alcance limitado ao término do prazo para a interposição da ação prevista no §2º do referido artigo de lei. Interpretação diversa importa em contrariedade às normas inseridas nos arts. 304, §5º, 337, §1º e 4º e 502, todos do CPC.

8. Conclusão

Concluímos, pois, que o novo Código de Processo Civil disciplinou quatro espécies de coisa julgada, que possuem como traço de identidade a proibição de repetição do exercício da mesma atividade jurisdicional, sobre o mesmo objeto, pelas mesmas partes, mas se diferenciam em razão do conteúdo da decisão judicial que se torna imutável e indiscutível.

Essas situações podem ser assim denominadas: *a)* coisa julgada material (art. 502 do CPC); *b)* coisa julgada formal (art. 486, §1º, do CPC); *c)* coisa julgada sobre questão prejudicial (art. 503, §§1º e 2º do CPC) e *d)* coisa julgada sobre tutela antecipada antecedente (art. 304, §5º do CPC).

Referências

AMARAL, Francisco. *Direito civil – Introdução.* 7. ed. Rio de Janeiro: Renovar, 2008.

ASSIS, Araken de. *Cumulação de ações.* 4ª ed. São Paulo: RT, 2002.

______. *Processo civil brasileiro.* vol I, São Paulo: RT, 2015.

BAPTISTA, Ovídio. *Curso de processo civil.* Vol. 1, 4. ed. São Paulo: RT, 1998.

______. *Curso de processo civil.* Vol. 2, 3. ed. São Paulo: RT, 1998.

BUZAID, Alfredo. *A ação declaratória no direito brasileiro.* 2ª ed. São Paulo: Saraiva, 1986.

BUZAID, Alfredo. *Exposição de motivos do CPC.*

CHIOVENDA, Giuseppe. *Instituições de direito processual civil.* Vol. I, São Paulo: Saraiva, 1942.

DINAMARCO, Cândido Rangel. *Instituições de direito processual civil.* Vol. II, São Paulo: Malheiros, 2002.

______. Polêmicas do processo civil. In: DINAMARCO, Cândido Rangel. *Fundamentos do processo civil moderno.* São Paulo: RT, 1998.

FONTES, André. *A pretensão como situação jurídica subjetiva.* Belo Horizonte: Del Rey, 2002.

GOMES, Orlando. *Introdução ao direito civil.* 19. ed. Rio de Janeiro: Forense, 2008.

LIEBMAN, Enrico Tulio. O despacho saneador e o julgamento do mérito. In: ______. *Estudos sobre o processo civil brasileiro.* São Paulo: Bushatsky, 1976, p. 117.

LIEBMAN, Enrico Tulio. *Processo de execução.* 5. ed. São Paulo: Saraiva, 1986.

LISBOA, Roberto Senise. *Teoria geral do direito civil.* 8. ed. São Paulo: Saraiva, 2013.

MELLO, Marcos Bernardes de. Da ação como objeto litigioso no processo civil. In: COSTA, Eduardo José da Fonseca; MOURÃO, Luiz Eduardo Ribeiro; NOGUEIRA, Pedro Henrique Pedrosa (Coords.). *Teoria Quinária da ação.* Salvador: Juspodivm, 2010.

MIRANDA, Pontes de. *Tratado de direito privado.* Tomo I, 2. ed. Campinas: Bookseller, 2000.

MOREIRA, José Carlos Barbosa. *O novo processo civil brasileiro.* 21. ed. Rio de Janeiro: Forense, 2001.

______. *Questões prejudiciais e coisa julgada.* Rio de Janeiro: Borsoi, 1967.

MOURÃO, Luiz Eduardo Ribeiro. *Coisa julgada.* Belo Horizonte: Ed. Fórum 2006.

NOGUEIRA, Pedro Henrique Pedrosa. *Teoria da ação de direito material.* Salvador: Juspodivm, 2008.

REALE, Miguel. *Lições preliminares de direito.* 13. ed. São Paulo: Saraiva: 1986.

______. *Filosofia do Direito.* 20ª ed. São Paulo: Saraiva, 2002.

SENRA, Alexandre. *Coisa Julgada no Código de Processo Civil de 2015.* Salvador: Juspodivum, 2017.

His day in court[1]: jurisprudência e os perigos da tecla "sap" produzidas nos tribunais superiores

Sérgio Luiz de Almeida Ribeiro

1. Introdução

Hodiernamente, vive-se um momento histórico na seara da ciência do Direito Processual Civil do Brasil, em razão da entrada em vigor do primeiro código de processo civil elaborado sob o regime democrático que, diferentemente da versão revogada, contou com ampla participação da sociedade civil.

Desde a convocação de diversos processualistas (com formações distintas, de várias regiões do país, etc.) para elaboração de um anteprojeto, passando pela aprovação do projeto de lei (PL 166/2010) no Senado Federal, o substituto aprovado na Câmara dos Deputados (PL nº 8.046/2010), aprovação do texto final no Senado e sanção presidencial; inúmeros debates ideológicos e dogmáticos foram realizados, a fim de colocar em vigor um Código de Processo Civil democrático capaz de alcançar os anseios da sociedade por uma prestação jurisdicional mais célere, efetiva e, principalmente, qualificada; no sentido de possibilitar que o cidadão exerça satisfatoriamente o *his day in court*.

No entanto, o texto final que foi sancionado é nítido que não será fácil para o jurisdicionado exercer o seu dia na corte, pois, o CPC de 2015 se transformou num conjunto de normas complexas, que resultará inúmeras discussões de cunho processual na vida forense, em detrimento dos interesses do verdadeiro destinatário da prestação jurisdicional, o jurisdicionado[2]. Isso decorre do preciosismo

[1] Denominação genérica da Suprema Corte dos Estados Unidos, o *his day in court* propaga ideia de que as partes, que comparecerem no tribunal, terão ampla oportunidade para defender seus direitos, opinar livre de desembaraço até o resultado final do processo.

[2] Sobre o assunto recomenta-se: Mourão, Luiz Eduardo Ribeiro. O sono dogmático e o projeto de um novo CPC. Belo Horizonte: Fórum. Revista Brasileira de Direito Processual – RBDPro, Ano 20, nº 80 (outubro/dezembro – 2012), p. 101-109

em se estabelecer conceitos lógicos e precisos, oriundos de teses acadêmicas que acabaram se transformando em leis, mas que se distanciaram do direito vivo[3].

Outra crítica que se faz ao texto final do CPC é que o legislador ficou demasiadamente preocupado com a diminuição das demandas judiciais sem levar em consideração a estrutura arcaica do Poder Judiciário[4].

Quando o cidadão procura um advogado ou a Defensoria Pública, ele não quer saber a natureza e definição da liminar por ele perseguida, ou seja, pouco importa se é tutela de urgência, da evidência, tampouco, se o seu adversário tem direito a contraditório, ampla defesa, ou ainda, se o seu caso servirá de precedente que contribuirá no futuro para solução de casos idênticos.

Para o cidadão não lhe interessa se atividade jurisdicional tem que ser desenvolvida em cooperação entre as partes e estas com o Estado-juiz, aliás, cooperar somente com ele mesmo, jamais com seu adversário.

Entretanto, os operadores de direito no curso do processo, ao se depararem com um pedido liminar, terão que refletir sobre os aspectos formais da medida pleiteada pela parte que, notadamente, desviará atenção do julgador do direito material para questões processuais, situação totalmente contrária a ideia inicial do anteprojeto.

Para o jurisdicionado, o *his day in court* resume em participar ativamente na demanda, fornecendo informações e provas para atingir seu objetivo com o processo. Para o jurisdicionado a mudança da lei processual define nas seguintes indagações: quando e qual o tempo, em que ele vai poderá usufruir do bem da vida que o motivou acionar a tutela jurisdicional estatal?

É com base nas indagações acima tecidas que se pautará este ensaio, longe de respondê-las, até porque isso seria impossível. O que se busca nele, fugindo um pouco da seara acadêmica, mas sem dela se desvencilhar-se, é refletir acerca do novo Código de Processo Civil do ponto de vista do jurisdicionado, tendo como

[3] Como bem empregada por Eduardo José da Fonseca Costa, no livro "O direito vivo das liminares" (São Paulo: Saraiva, 2011), busca neste texto retratar a disparidade entre o direito prático do teórico.

[4] No Estado de São Paulo, após entrada em vigor do CPC de 2015, diante da falta de orçamento para instalação de centros de conciliação e mediação nos órgãos jurisdicionais, alguns magistrados estão postergando a realização da audiência contida no art. 334 do código, vejamos: "Tendo em vista a inexistência de setor de conciliação e mediação com capacidade de atender ao elevadíssimo número de ações ajuizadas neste Foro Central diariamente, o que apenas atrasaria e inviabilizaria a rápida solução do litígio, impossibilitando o atendimento do prazo disposto nos arts. 139, II e 334 do CPC, bem como observado o princípio da eficácia e eficiência da prestação jurisdicional, transcritos nos art. 4º do CPC, segundo o qual "as partes tem o direito de obter em prazo razoável a solução integral do mérito, incluída a atividade satisfativa", bem como nos artigos 6º e 8º do CPC, a possibilidade de adequação e flexibilização das regras processuais, pelo juiz, prevista no art. 139, VI do CPC, e a viabilidade de auto-composição a qualquer tempo (art. 139, V CPC), com a ausência de prejuízo para qualquer das partes, fica postergada a audiência prévia de conciliação para momento oportuno, e em havendo interesse manifestado por ambas as partes". (TJSP. 30ª Vara Cível Central de São Paulo. Feito nº 1027542-11.2016.8.26.0100).

referência sistema de precedentes adotado no CPC de 2015 e o dia na corte do jurisdicionado, na formação do provimento final da atividade jurisdicional desenvolvida pelo Poder Judiciário.

E é neste ponto que se questiona o que representará para o jurisdicionado o novo Código de Processo Civil, especialmente, em relação as técnicas de racionalização e estabilização da jurisprudência.

Embora seja salutar todo o debate acadêmico que se teve e tem em torno do novo CPC, mais importante que isso é saber se a valoração dos precedentes no novo código de processo atende realmente os anseios do jurisdicionado, que tem pela frente a influência negativa dos enunciados administrativos produzidos por alguns tribunais superiores.

2. As Fases Legislativa do CPC de 2015

Finalmente, depois de anos de discussões no âmbito legislativo e acadêmico, a Lei 13.105/2015 entrou em vigor no mês de março de 2016 envolto de algumas controvérsias e com algumas mudanças oriundas da Lei Federal nº 13.256/2016.

Desde a criação da comissão de doutrinadores para elaboração do anteprojeto de novo CPC, em junho de 2010, o ambiente jurídico criou grandes expectativas em torno da nova lei processual que estava por vir.

Num primeiro momento, a ideia central era não promover transformações de grande impacto no meio social, conforme se verifica na exposição de motivos do anteprojeto do novo CPC:

> "Sem prejuízo da manutenção e do aperfeiçoamento dos institutos introduzidos no sistema pelas reformas ocorridas nos anos de 1992 até hoje, criou-se um Código novo, que não significa, todavia, uma ruptura com o passado, mas um passo à frente. Assim, além de conservados os institutos cujos resultados foram positivos, incluíram-se no sistema outros tantos que visam a atribuir-lhe alto grau de eficiência".

Com base nisso, aprovou-se o Projeto de Lei do Senado Federal – PLS nº 166/2010, que teve por escopo dar maior organicidade metodológica ao código de processo civil que iria substituir o CPC de Buzaid, bem como torná-lo mais simples, a fim de que atenção do magistrado não desviasse do direito material, possibilitando um código de processo civil mais célere, justo e rente às necessidades sociais, vejamos:

> "Com evidente redução da complexidade inerente ao processo de criação de um novo Código de Processo Civil, poder-se-ia dizer que os trabalhos da Comissão se orientaram precipuamente por cinco objetivos: 1) estabelecer expressa e implicitamente verdadeira sintonia fina com a Constituição Federal; 2) criar condições para que o juiz possa proferir decisão de forma mais rente à realidade fática subjacente à

causa; 3) simplificar, resolvendo problemas e reduzindo a complexidade de subsistemas, como, por exemplo, o recursal; 4) dar todo o rendimento possível a cada processo em si mesmo considerado; e, 5) finalmente, sendo talvez este último objetivo parcialmente alcançado pela realização daqueles mencionados antes, imprimir maior grau de organicidade ao sistema, dando-lhe, assim, mais coesão".

Destarte, o novo CPC que estava por vir deveria ser pragmático, simples e fazer render, ao longo da demanda, as garantias constitucionais de índole processual.

A oscilação nos pronunciamentos dos tribunais superiores fez surgir incertezas diante das constantes mudanças repentinas em seus pronunciamentos, com impacto direto nos órgãos inferiores, posto que ficavam desorientados no sentido de aplicar a lei no caso prático.

A instabilidade da jurisprudência passou ser grande preocupação do legislador infraconstitucional, pois, diante dos problemas sociais, econômicos e morais que o país tem suportado nos últimos anos, o Poder Judiciário passou ser protagonista e em algumas situações, acabou invadindo na esfera de outros poderes.

Reflexo deste protagonismo pode ser visto nos julgados que os tribunais começaram a emitir, inclusive os superiores, que vinham se afastando do dever institucional para serem decisões de cunho pessoal, notadamente, o magistrado atuando como "justiceiro".

Destarte, a orientação dos tribunais acerca da aplicaçao da lei no caso concreto tornou-se perniciosa a ordem jurídica justa, posto que questões fáticas idênticas começaram ser tratadas irracionalmente, mediante respostas jurisdicionais completamente díspares. A injustiça de uma decisão passou depender da sorte ou azar na mera distribuição processual. A independência e autonomia da magistratura, que deveriam andar juntas com o dever de responsabilidade, deu lugar ao solipicismo e ausência com o compromisso de racionalização da jurisprudencia, que se transformou numa loteria, em detrimento da segurança jurídica.

Foi nesse contexto, que o legislador infraconstitucional sentiu a necessidade de moldar o código de processo com os anseios da sociedade contemporânea, para obtenção de prestação jurisdicional célere, efetiva e, ao mesmo tempo racional. Para tanto, criou-se um sistema de controle para evitar oscilações dos entendimentos dos tribunais, em especial, dos órgãos jurisdicionais de superposição.

Na Câmara dos Deputados, o PLS 166/2010 ganhou nova roupagem, no sentido da nova lei processual deixar de ser simples e pouco voltada para objetivos práticos e realistas. Isso não significa demérito ao trabalho realizado naquela casa legislativa, todavia, percebe-se claramente que o texto que dali surgiu se distanciou do cotidiano forense, para transformar em lei, algumas teses acadêmicas.

Em suma, após ampla discussão nas duas casas legislativas, a Lei 13.105, de 16 de março de 2016 foi sancionada pela Presidente da República tendo como principal característica o regime democrático na sua elaboração.

No que tange as inovações e modificações, o CPC de 2015 deu ampla valoração para os meios consensuais de solução de conflitos; extinguiu vários incidentes, que passaram a ser matéria alegável em preliminar de contestação; modificou as formas de intervenção de terceiros; além de fixar as tutelas provisórias como gênero e agrupou as medidas satisfativas e cautelares como seu elemento, sendo prestada mediante cognição sumária.

Outra inovação considerável foi a possibilidade de as partes estabelecerem o procedimento para solução em tempo razoável da demanda, inclusive, com possibilidade de fixar um calendário dos atos processuais.

Também foi criado a figura da usucapião administrativa etc.

No âmbito do sistema recursal, os prazos dos recursos, salvo o dos embargos de declaração, foram uniformizados para quinze dias, desapareceu o agravo retido; os embargos infringentes deixaram de existir como recurso nominado, transformando-se numa técnica, que prolonga o julgamento de apelações, ações rescisórias e agravos de instrumentos quando não houver unanimidade na votação.

Outrossim, foram criadas figuras com escopo de evitar a dispersão da jurisprudência, tendo como destaque a criação do incidente de resolução de demandas repetitivas; adotou-se um sistema de fixação de teses jurídicas, inclusive no âmbito dos tribunais superiores, com escopo vinculante.

Portanto, apesar das normas do CPC de 2015 serem dogmaticamente complexas, que se afasta da prática forense, buscou o legislador infraconstitucional qualificar a prestação jurisdicional estatal, a fim de que a tutela jurisidiconal seja entregue em tempo razoável.

3. Institutos Fundamentais do Direito Processual Civil

Falar em Direito Processual Civil é pensar nos seus institutos fundamentais. Indubitavelmente, quando se fala em tutela jurisdicional qualificada, o estudo da atuação jurisdicional do Estado parte da trilogia dos institutos fundamentais do direito processual civil: ação, jurisdição e processo; pois a tutela jurisdicional decorre da conjunção[5] recíproca destes três.

Os institutos do direito processual civil[6] carregam em seu bojo um conjunto de normas processuais estabelecidas pelo legislador constitucional e infracons-

[5] Chiovenda apud Ramiro Podetti preleciona que "en este triple aspecto considerado, el proceso recibe su completa significación: um lado supone el outro, y ninguno de ellos puede estudiarse aisladamente de uma manera provechosa: Asi, em la ciencia del derecho procesal, resultan tres grandes divisiones que se completan recíprocamente: la teoria de la acción y lãs condiciones de la tutela juríodica, la teoría de los presupuestos procesales (propiamente de la jurisdicción) y la teoría Del procedimiento." (PODETTI, J. Ramiro.Teoria Y Tecnica Del Proceso Civil Y Trilogia Esctructural De La Ciencia Del Proceso Civil. Buenos Aires: Ediar Soc. Anón. Editores, 1963 p.336/337 nota rodapé nº 4).

[6] 'O processo civil é um instrumento que o Estado põe à disposição dos litigantes, a fim de administrar a justiça. Não se destina a simples definição de direitos na luta privada entre os contendores; atua, ao

titucional para que o Estado possa desenvolver meios adequados para impor a vontade concreta da lei e entregar a tutela jurisdicional, a quem dela faz jus.

Assim, a tutela jurisdicional surge do arcabouço constitucional e infraconstitucional, cuja base estrutural de desenvolvimento é composta pela ação, jurisdição e processo.

Para fins metodológicos, e sem qualquer pretensão de se fazer um estudo aprofundado sobre a trilogia fundamental do direito processual civil far-se-á, em apertada síntese, uma pequena análise deles.

Por jurisdição, nas lições de Chiovenda[7], se entende como sendo função exclusiva do Estado substituir a vontade das partes (particulares e/ou públicas), num conflito que envolve direitos subjetivos, e fazer agir a vontade da lei no caso concreto.

Verifica-se, então, que jurisdição traz dinamismo na atuação estatal no administrar da justiça mediante aplicação concreta da lei frente a um direito controvertido entre as partes.

Uma vez que a jurisdição do Estado é acionada pelo interessado, é poder-dever do ente estatal entregar uma resposta àquele que o acionou jurisdicionalmente, na medida em que seu múnus é pacificar os conflitos hauridos na sociedade.

Mas em tempos hodiernos o conceito de jurisdição preconizado por Chiovenda deve ser visto também, sob outro ângulo, pois, no mundo moderno a atividade jurisdicional do Estado tem que ser prestada em tempo razoável sem deixar de lado a segurança jurídica.

Destarte, a atividade jurisdicional do Estado não se restringe somente em proclamar o direito a quem dele faz jus, mas colocar a disposição do jurisdicionado todo o seu aparato para efetivação da tutela jurisdicional. Deste modo temos, que jurisdição é "função realizada por órgãos competentes do Estado, ou por ele estabelecidos, com as formas requeridas pela lei, em virtude da qual, por ato de cognição se determina o direito das partes, com o objetivo de dirimir confli-

contrário, como já observara BETTI, não no interêsse de uma ou de outra parte, mas por meio do interesse de ambas. O interesse das partes não é senão um meio, que serve para conseguir a finalidade do processo na medida em que dá lugar àquele impulso destinado a satisfazer o interesse público da atuação da lei na composição dos conflitos. A aspiração de cada uma das partes é a de ter razão; a finalidade do processo é a de dar razão a quem efetivamente a tem.Ora, dar razão a quem a tem é, na realidade, não um interesse privado das partes, mas um interesse público de toda sociedade" (BUZAID,Alfredo.Anteporjeto de Código de Processo Civi: apresentação ao Exmo. Ministro da Justiça e Negócios Interiores, pelo Professor Alfredo Buzaid.Rio de Janeiro, 1964, p. 13)

[7] "Pode definir-se a jurisdição como a função do Estado que tem por escopo a atuação da vontade concreta da lei por meio da substituição, pela atividade de órgãos públicos, da atividade de particulares ou de outros órgãos públicos, já no afirmar a existência da vontade da lei, já no torna-la, praticamente efetiva." (CHIOVENDA, Giuseppe. Instituições de Direito Processual Civil: as relações processuais, a relação processual ordinária de cognição.Vol. II.São Paulo: Editora Saraiva, 1969, p. 3)

tos e controvérsias de relevância jurídica, mediante decisões com autoridade de coisa julgada material, eventualmente factível de execução"[8].

Mas para que o Estado possa exercer sua atividade jurisdicional mister que ele seja impulsionado por aquele cujo direito material seja objeto de ameaça ou lesão. Surge então o direito de ação.

Segundo Arruda Alvim, ação é "considerada o próprio motor do organismo judiciário – pois este é, pela sua natureza, inicialmente inerte – e deve, antes de ser estudada em si mesma, ser enfocada em face do direito objetivo e do direito subjetivo[9]."

Com efeito, a ação é um direito da pessoa acionar, acompanhar e efetivar a jurisdição do Estado para obtenção da tutela jurisdicional.

Portanto, sobre ação, sem se aprofundar em seus diversos conceitos, entende-se como sendo o direito à tutela jurisdicional.

Este acionar, atuar e acompanhar o desenvolvimento do Estado até a entrega definitiva da tutela jurisdicional necessita de um método, que é o processo, para que o Estado possa exercer sua jurisdição.

O que caracteriza um processo é a sua capacidade de fazer com que o Estado exerça seu poder para fazer atuar a vontade concreta da lei. Para tanto, há que se ter pedido, resposta, instrução, sentença, recurso e coisa julgada material.

Temos, portanto, que o processo é um método pacífico e dialético em que o Estado desenvolve sua atividade jurisdicional para entregar a tutela jurisdicional à quem dela faz jus.

Por fim, é através da trilogia fundamental do direito processual, que se obtém a tutela jurisdicional.

3.1. O *His Day In Court*

A ideia que se tem acerca do *his day in court* é permitir que o cidadao, após romper a inércia jurisdicional estatal, tenha possibilidade de se apresentar ao juiz e expor ampla e satisfatoriamente as razões fáticas que o levaram perseguir determinado direito material, por meio da tutela jurisdicional.

A tutela jurisdicional é obtida por meio dos institutos fundamentais do direito processual civil, mas principalmente, resulta daquilo que podemos denominar como sendo o *his day in court* das partes.

[8] Ribeiro, Sérgio Luiz de Almeida. O devido processo legal e a racionalidade garantista da jurisdição arbitral. In: Calvinho, Gustavo. Derecho Procesal Garantista y Constitucional: proceso garantista y libertad. Medellin: Corporación Unibersitária Remington, 2014, p. 65. Sobre a nova roupagem da jurisdição ver também: Aureli, Arlete Inês. Função social da jurisdição e do processo. IN: Zufelato, Camilo; Yarshell, Flavio Luiz (organizadores). 40 anos da teoria geral do processo no Brasil: passado, presente e futuro. São Paulo: Malheiros Editores, 2013, p. 124-146.

[9] Arruda Alvim, José Manoel. Manual de Direito Processual Civil. São Paulo: Editora Revista dos Tribunais, 2011, p.393

A trilogia dos institutos fundamentais do direito processual civil, está subordinada aos princípios gerais da Constituição Federal voltados para proteção da dignidade humana.

Em sendo vedada à autotutela, o Estado-juiz chama para si, a responsabilidade de fazer com que a vontade da lei incida no mundo empírico para a solução de conflito frente um direito material[10]. Isso pode ser feito pela jurisdição estatal ou pelos meios alternativos de solução de conflito reconhecidos e incentivados no CPC de 2015 (art. 3º).

Fixaremos nossos estudos na atividade jurisdicional do Poder Judiciário.

Esta intervenção do Estado frente a um direito controvertido, indubitavelmente, poderá privar as partes de um bem jurídico como a vida, a liberdade e/ou o seu patrimônio, que à guisa da Constituição Federal – artigo 5º, inciso LIV –só pode ocorrer com observação irrestrita dos regramentos constitucionais de direito processual.

> "Cuando la Constitución establece que nadie debe ser condenado sin forma de processo ("due process of law", em su sentido más estricto), consagra implícitamente el principio de que nadie puede ser condenado por um proceso cualquiera, es decir por uma farsa de proceso, de esos tan increíblmente frecuentes a ló largo de la historia."[11]

A atuação jurisdicional do Estado tem que estar pautada na estrita observância das garantias contidas na Constituição Federal e na legislação infraconstitucional, pois só assim, o Estado terá legitimidade para exercer seu poder soberano e impor sua vontade no caso concreto.

Toda a sistemática da atuação jurisdicional do Estado deve se amoldar à autenticidade do plano constitucional, ou seja, ao devido processo, que carrega em seu bojo direito fundamental do cidadão.

Logo, é o devido processo legal que dá legitimidade à jurisdição do Estado-juiz, pois o obriga, no desenvolvimento da sua atividade jurisdicional, a observar todas as garantias constitucionais e infraconstitucionais dos litigantes que estão à mercê da sua atuação[12].

[10] "O poder estatal, ao proibir a autotutela aos cidadãos, avocou para si o poder de dirimir as contendas surgidas entre eles, o que faz através da jurisdição, podendo qualquer cidadão provocar o Estado com tal finalidade, preventiva ou repressivamente." (ROCHA, Cesar Asfor. A Luta Pela Efetivação da Jurisdição. São Paulo: Editora Revista dos Tribunais, 2007, p. 41)

[11] COUTURE, Eduardo J. Estudios de Derecho Procesal Civil: La Constitución y El Proceso Civil. Tomo I.Buenos Aires: Ediar Soc. Anón Editores Sucessores de Compañia Argentina de Editores, S.R.L.1948, P. 22

[12] Sobre o princípio do devido processo legal como legitimador da atuação jurisdicional do Estado: "o princípio é tão amplo e tão significativo que legitima a jurisdição e com o próprio Estado de Direito. Assim,

Para que atuação do Estado seja legítima, este modo de agir tem que assegurar minimamente as garantias constitucionais do tratamento paritário entre as partes, do contraditório, da ampla defesa, do juiz natural, da publicidade dos atos processuais, decisão fundamentada, economia, celeridade, imparcialidade do juiz, previsibilidade e outros que são complementados na legislação infraconstitucional.

A imperatividade do provimento jurisdicional, como reflexo da soberania do Estado-juiz, é aceita pelas partes, desde que lhe sejam asseguradas ampla participação na sua formação, portanto, sem uma conduta proativa do juiz.

É dizer, os direitos constitucionais contidos no devido processo legal dão legitimidade à tutela jurisdicional oriunda da jurisdição do Estado. Essa legitimação justifica uma possível invasão no âmbito de direito material do vencido, na medida em que o *his day in court* possibilita que ele participe efetivamente na construção do provimento final, de modo que esta influência no resultado, em pé de igualdade com seu adversário, o faz sujeitar-se ao conteúdo normativo contido na sentença definitiva chancelada pela coisa julgada material.

Assim a tutela jurisdicional para ser legítima tem que resultar de uma atuação jurisdicional que observe minimamente os direitos fundamentais protegidos no devido processo legal, que é o meio legitimador da jurisdição do Estado.

Em suma, enquanto o Estado exerce sua jurisdição para privar alguém de sua vida, liberdade e patrimônio para entregar tutela jurisdicional a quem tem razão, compete -o limitar e/ou afastar atos arbitrários, bem como assegurar que o jurisdicionado usufrua de modo satisfatório, seu dia na corte.

3.1.1. O *His Day In Court* Relegado para um segundo plano

É bem verdade que, nos últimos anos, a dialética processual foi perdendo espaço, vindo o *his day in court* ficar relegado à simples manifestação sucessiva das partes, distante do diálogo almejado pelo modelo constitucional. Outrossim, a fundamentação da sentença deixo de extrair racionalmente o conteúdo normativo da lei para ser legitima e previsível, e se transformar num monólogo de quem decide. Hodiernamente, a fundamentação da sentença contém somente o ponto de vista do magistrado, que coloca no provimento final suas impressões pessoais, independentemente de estar ou não conexo com o conteúdo normativo, ignorando por completo os argumentos das partes.

Isso gerou um efeito colateral pernicioso ao processo democrático, na medida em que houve um descontentamento generalizado do jurisdicionado com o resultado final do processo em que atuou, a ponto de se dizer que não houve uma

aplica-se tanto na jurisdição civil e na penal como nos procedimentos administrativos."(PORTANOVA, Rui.Princípios do Processo Civil. Porto Alegre: Livraria do Advogado Editora, 2008, p. 146)

aceitação, mas sim uma obediência inconformada, na medida em que a sentença final não é resultante de um diálogo, em outras palavras, não permitiu um *his day in court* a contento.

O desvirtuamento da dialética processual fez com que o jurisdicionado recorresse em demasia, a fim de confrontar não a avaliação do provimento jurisidicional, mas sim, ideias de outros julgadores que convergem com a sua.

Atento a isso tudo, o legislador infraconstitucional buscou restabelecer o diálogo na formação da decisão judicial, mediante inserção na nova lei processual, ferramentas para reestabelecer àquele paradigma.

Destarte, conforme aduzi em outro texto[13], o novo CPC rompe paradigmas da cultura processual até então presente, dando ampla valoração ao contraditório e dever de fundamentar, a fim de assegurar que todos que participam da relação processual, assumam responsabilidades para solucionar problemas relacionados ao direito material controvertido e para efetivação tempestiva da prestação jurisdicional.

4. A Função de Decidir dos Tribunais e a Formação da Jurisprudência

No plano horizontal, as partes devem ter maior liberdade para expor e demonstrar seus argumentos, assumindo os riscos inerentes a sua atuação.

Dentro deste mote, o CPC de 2015 buscou fazer com que a sentença proferida pelo juiz seja formada pelos argumentos fáticos e jurídicos trazidos pelas partes, que o auxiliam na formação de sua convicção, permitindo que a lei seja aplicada corretamente no caso concreto e se obtenha um pronunciamento decorrente da dialética que legitima o processo, afinal, o Estado brasileiro adotou o regime democrático.

Quem julga é o Estado, seja por meio de sentença unipessoal ou pluripessoal. A sentença se desprende da pessoa que a produziu para pertencer ao Estado, sendo este o emissor do comando ali emitido, portanto, a carga ideológica da sentença deve ser àquela adotada pelo Estado.

A dialética fomentada pelo novo código, faz com que o provimento jurisdicional seja democrático e racional, a ponto de inibir o manejo de recursos impertinentes. Eis a opção de o legislador impor para o juiz o dever de, antes de decidir, especificar para as partes todos os pontos que julga relevantes, mesmo que a questão lhe autorize decidir de ofício (art. 10). Tal medida possibilita que as partes forneçam elementos que, podem não ter sido observados pelo julgador. Ou seja, o diálogo do juiz com as partes qualifica o provimento jurisdicio-

[13] Ribeiro, Sérgio Luiz de Almeida. Incidente de Resolução de Demadnas Repetitivas (IRDR): O procedimento padrão tupiniquim e suas peculiaridades (breves reflexões). Belo Horizonte: Revista Brasileira de Direito Processual: RBDPro. Ano 23, n. 92 (out/dez 2015), p. 185-210

nal, no sentido de extrair do conteúdo normativo aquilo que há de melhor para resolver o caso prático.

Quanto maiores forem as oportunidades para o juiz dialogar com as partes, maiores serão os substratos fáticos e jurídicos para fundamentar sua decisão.

O processo em contraditório, portanto, atua também para inibir impugnações protelatórias pois, embora a decisão tenha sido emitida pelo magistrado, ela foi construída também com os argumentos fornecidos pelas partes. Há vários pontos de vista culminando na parte dispositiva da decisão.

A teor do art. 489, § 1º do CPC de 2015, a fundamentação das decisões judiciais impõe para o juiz enfrentar todos os argumentos fornecidos pelas partes, justificando de modo claro e específico as razões que o levou afastar ou acolher alguns deles.

A insatisfação com o provimento poderá até persistir – afinal, ninguém se sente confortável com respostas negativas –, todavia, o enfrentamento dos argumentos cria um sentimento de "combati o bom combate", ou seja, tudo o que foi aduzido teve a devida resposta. Inconscientemente, a parte vencida ficará inibida de se insurgir contra algo (decisão judicial) que ela contribuiu na sua formação.

Quando se constrói algo dentro de um diálogo e com *fair play*, a culpa imaginária[14] é fator de inibição para que o construtor se volte contra sua obra. Assim, para fins jurídicos, possibilitar que a parte contribua significativamente na formação da decisão judicial, ainda que está lhe seja desfavorável, mesmo assim, haverá uma barreira psíquica que rechaçara o recurso protelatório, na medida em que na formação do provimento, o vencido teve toda oportunidade de esgotar todo seu repertório, sendo que cada um deles foram analisados e rebatidos, seja pelo *ex adverso*, como também pelo magistrado. Assim, psicologicamente, o vencido sentir-se-á culpado por nao ter sido perfeito, que certamente o inibirá de recorrer por recorrer, temendo que o tribunal confirme a decisão singular, consequentemente, sua imperfeição.

Entretanto, como o questionamento é algo inerente à personalidade humana, pode acontecer que a parte vencida recorra. Nesse caso, o CPC de 2015 fomenta a culpa imaginária, por meio de uma regra moral – art. 5º, do CPC de 2015 – que o forçara demonstrar que a subsunção dos fatos à norma pelo juiz foi equivocada, seja por erro na avaliação, seja também, por não estar de acordo com a jurisprudência uniforme do tribunal.

Caso isso ocorra, a impugnação do vencido não é protelatória, mas sim, sua contribuição para formação da jurisprudência.

[14] Sobre culpa imaginária recomenda-se: http://www2.uol.com.br/vyaestelar/eu_culpa.htm Consultado em 27 de julho de 2015.

4.1. A Construção da Jurisprudência, A Partir da Primeira Instância

Há que se verificar, que no Brasil tende de predominar um sistema de jurisprudência dominante, que a meu ver é mais democrático pois, os tribunais superiores decidem conforme as discussões travadas nas instâncias inferiores.

Quando uma decisão judicial é dissonante com a jurisprudência uniforme, sua fundamentação possibilita às partes exercerem um controle sobre o órgão jurisdicional originário, sendo a via recursal o caminho que abrirá novo debate em relação ao acerto ou desacerto nas razões expostas pelo juiz, como também, promove maturação em torno da melhor interpretação que se deve dar a determinada lei, nas diversas situações do caso concreto.

Em verdade, a força dos fundamentos utilizados na decisão é que garantirá a sua legitimidade e permitirá que o órgão jurisdicional hierarquicamente superior avalie se os critérios utilizados pelo juiz estão ou não adequados à realidade.

Serve, portanto, o recurso para afastar decisão errônea e não a decisão divergente, que na formação de um precedente, consequentemente, da jurisprudência dominante, é salutar.

Há que se ressaltar, que não se pode rechaçar decisão divergente, para fins de formação de jurisprudência, pois possibilita exaurir tudo que deveria ser pensado sobre determinada lei até se chegar a um entendimento uniforme. Conclui-se, portanto, que racionalização da jurisprudência decorre naturalmente da maturação dos debates hauridos em decisões divergentes.

Nisso consiste a função de decidir dos tribunais, frente as discussões tecidas no âmbito dos órgãos jurisdicionais inferiores, sempre em diálogo e interagindo com as partes, que são os verdadeiros destinatários do exercício hermenêutico dos tribunais em torno da lei.

A sociedade constantemente se transforma, sendo que a lei não consegue acompanhar no mesmo ritmo tais mutações, consequentemente, não tem condições de esgotar todas as situações que demandam a intervenção do sistema jurídico, não sendo possível pois, exigir dos operadores do Direito a sua total submissão à lei.

No processo civil em contraditório adotado pelo CPC de 2015, o pronunciamento jurisdicional dado pelo Estado desperta no jurisdicionado o sentimento de que o resultado, mesmo que contrário, converge com o sistema legal vigente. Para tanto, a estabilização da jurisprudência é imprescindível.

Nos dicionários da língua portuguesa o termo jurisprudência é conceituado como sendo a "ciência do direito e das leis. Tradição firmada na interpretação das leis pelos tribunais superiores. "

Há outros dicionários que define jurisprudência como sendo uma "doutrina do direito, parecer de jurisconsultos, maneira de interpretar a lei."[15]

[15] Scottini, Alfredo. Dicionário da língua portuguesa. Blumenau: Edições TodoLivro, 1998

Das definições comuns e populares de jurisprudência temos que ela é meio de interpretação da lei realizada pelos operadores do direito.

Mas essa definição não é suficiente, afinal, todos interpretam a lei de uma determinada maneira, de acordo com sua necessidade.

Na ciência do direito encontramos algumas definições de jurisprudência: de acordo com a etimologia da palavra, jurisprudência pode ser definida como sendo um "conjunto de manifestações dos jurisconsultos (prudentes) ante questões jurídicas concretamente a eles apresentadas"[16].

Também há uma conceituação sob a ótica de manifestações reiteradas dos juízes acerca dos conflitos por eles dirimidos. Neste caso, a jurisprudência torna-se um "conjunto de pronunciamentos, por parte do Poder Judiciário, num determinado sentido a respeito de certo objeto, de modo constante, reiterado e pacífico. "[17]

Sob outro prisma, verifica-se que a jurisprudência, conforme explica Maria Helena Diniz, é "a forma de revelação do direito que se processa através do exercício da jurisdição, em virtude de uma sucessão harmônica de decisões dos tribunais"[18]

Dentro das premissas aqui adotadas e, do cotejo analítico entre a conceituação técnica de jurisprudência com sua definição popular, conclui-se que ela é a manifestação contínua e concreta do Direito, formada pelos precedentes estabelecidos nos tribunais sobre determinado conflito que se inicia na primeira instância e termina com o transito em julgado, momento em que a lei precisou ser aplicada e que orientará o julgador nos casos semelhantes que surgirem.

Posto assim, é preciso ter em mente que a jurisprudência, no sistema civil law, não substitui a lei no caso concreto, no entanto, ela é o resultado da interpretação da letra da lei à luz das fontes do direito – no caso de lacuna – que atuaram no caso concreto sendo, portanto, elemento do ordenamento jurídico.

O princípio constitucional da legalidade impõe para o magistrado o dever de decidir de acordo com o sistema jurídico, que contempla o precedente e a jurisprudência. Posto assim, o dever de se orientar pela jurisprudência da instituição na qual ele está vinculado decorre da sua formação ao longo dos anos, após vários debates sobre a interpretação de determinada lei no caso concreto e não de impressões pessoais, eis a razão da fundamentaçao da decisão ter que ser racional. Não significa que a jurisprudência turba a independência do juiz, ela simplesmente inibe que questões pessoais se sobreponham à instituição Poder Judiciário.

Institucionalmente, orientar-se pela jurisprudência dos tribunais superiores é estabelecer um padrão de julgamento em relação a casos semelhantes, a ponto

[16] SANCHES, Sydney. Uniformização da Jurisprudência. São Paulo: Editora Revista dos Tribunais, 1975, p.2

[17] Ob. Cit. p. 4

[18] DINIZ, Maria Helena. Compêndio de Introdução à Ciência do Direito. São Paulo: Editora Saraiva, p. 266

de se tornarem previsíveis as soluções encontradas pelo Poder Judiciário. A uniformidade nas interpretações que o Estado-juiz realiza perante casos semelhantes gera ideia de segurança jurídica.

Portanto, no sistema do civil law é normal que se respeitem as decisões dos tribunais superiores para o sistema funcionar e atingir os objetivos primários. Assim, é dever do Estado-juiz administrar e evitar desencontro nas interpretações sobre determinada norma jurídica.

A interpretação da lei tem que ser invariável em casos concretos idênticos ou semelhantes, tudo isso, para incutir nos cidadãos a sensação de haver previsibilidade na atuação jurisdicional do Estado.

Em suma, a jurisprudência surge na primeira instância, que é o local em que os primeiros argumentos e fundamentos em torno de determinada lei são discutidos. Para que haja um entendimento uniforme em torno de uma lei, há que ter amadurecimento ao redor da questão no âmbito dos tribunais. Portanto, os órgãos de superposição fixam a inteligência da lei, que atuam como corolário para dirimir dúvidas dos magistrados de órgãos jurisdicionais inferiores acerca da melhor interpretação que se deve dar a uma determinada lei nas diversas situações do caso concreto.

O efeito colateral da jurisprudência embasada na dialética processual é dinamizar o sistema recursal, a fim de evitar decisões díspares sobre relações jurídicas idênticas.

Também é na primeira instância que se inicia um processo de superação do precedente e modificação da jurisprudência.

No caso do CPC 2015, que estimula o respeito a jurisprudência consolidada nos tribunais superiores, a euforia por ele despertada pode ser perniciosa na questão dos precedentes e jurisprudência, vejamos:

5. Euforia Em Torno Do CPC de 2015

A expectativa em torno do novo CPC deste a aprovação da comissão para elaboração do anteprojeto, especialmente na esfera acadêmica, fez surgir o fenômeno dos enunciados interpretativos.

Como dito, ao longo de toda tramitação legislativa, o CPC de 2015 foi objeto de várias discussões a nível doutrinário, como também entre os operadores do direito (juízes, advogados, membros da defensoria pública e ministério público).

Várias comissões de estudos foram instauradas para discutir o código que estava por vir, consequentemente, alguns enunciados foram elaborados, mesmo em relação ao projeto de lei, pratica essa que disseminou pelo país.

A expectativa em relação a mudança de paradigma que a nova lei processual apontava na fase legislativa, especialmente na fase da Câmara dos Deputados fez surgir inúmeras coletâneas tratando sobre o assunto, simpósios, congressos e etc. Destaque para o Fórum Permanente de Processualistas Civis, que elaborou vários enunciados interpretativos acerca dos novos institutos contemplados no projeto de novo código de processo civil.

Depois de sancionado, o Fórum Permanente teve outras edições e novos enunciados foram aprovados. Também algumas entidades jurídicas e órgãos jurisdicionais, aprovaram enunciados sobre a lei supra, tendo como destaques aqueles elaborados pela Escola Nacional de Formação e Aperfeiçoamento de Magistrados – ENFAM.

No âmbito da Justiça laborativa, o Tribunal Superior do Trabalho aprovou a Instrução Normativa nº 39, com escopo de orientar os operadores que atuam no âmbito de sua competência jurisdicional, a fim de apontar quais são as regras do CPC de 2015 que lhes são compatíveis.

Por fim, o Superior Tribunal de Justiça, em meados de março de 2016 publicou enunciados administrativos, sob o manto de esclarecer algumas polemicas que envolvem questão intertemporal do novo Código de Processo Civil.

A Lei 13.105/2015 promove uma mudança de paradigma na atuação jurisdicional do Estado, consequentemente, na sociedade civil hodierna. Com efeito, referidos enunciados passaram ser vistos como um "mantra"hermenêutico com potencialidade de se transformar numa norma jurídica ilegítima, dada a relevância que se tem dado a eles.

Sobre todos esses enunciados, a ressalva que se tem a fazer é que são meramente doutrinários e não tem qualquer carga normativa. Trata-se de papel importante desempenhado pela doutrina, a fim de apontar caminhos para solução de alguns problemas hermenêuticos sobre o Código, repita-se, sem qualquer força normativa.

Como bem sabemos, o CPC de 2015 não provocou simples mudanças de regras, e sim, estabeleceu normas de comportamentos endo e extraprocessual, que tem sido motivo de grande preocupação para aqueles que, de alguma forma, suportarão os efeitos da nova lei processual.

Essa preocupação doutrinaria em produzir enunciados em demasia sobre o CPC de 2015 é fruto da euforia e do dogmatismo que reinou em torno de sua elaboração. Explica-se: para os profissionais do direito, as imperfeiçoes do sistema jurídico é irrelevante, pois, como dito alhures, na prática forense importa o direito vivo, ou seja, o cliente do advogado quer o bem da vida, pouco se importando, por exemplo, se a sentença é ou não parcial de mérito. Doutra banda, para o magistrado importa chegar ao fim do processo e cumprir metas de produtividade estabelecidas pelo Conselho Nacional de Justiça (CNJ).

O CPC de 2015 é muito complexo, ante a alta influência doutrinária na sua concepção, que transformou em lei algumas teses acadêmicas. Apesar da exposição de motivos do CPC de 2015 ter proclamado o pragmatismo e simplicidade, como sua linhas mestras, o texto final destoa disso, por estar mais voltado para conceitos lógicos e precisos (dogmático), que o faz complexo e o afasta do direito vivo[19].

Enfim, na fase incipiente, o CPC de 2015, já nasce polêmico diante da complexidade de suas normas e da euforia em torno dele, no que tange a sua aplicação prática.

5.1. Enunciado não é Jurisprudência, tampouco, Precedentes

É preciso ter em mente, que dentro de seu papel doutrinário, os enunciados relativos ao CPC de 2015 atuam, cientificamente, para facilitar, explicar e orientar a abstração das normas ali insculpidas.

Sabe-se que o verdadeiro significado normativo de cada dispositivo do novo CPC virá da incidência no caso concreto. O enunciado, na prática, atuará como um ponto de apoio àqueles que diuturnamente lidarão com o CPC de 2015.

No entanto, o que se tem percebido com a proliferação dos enunciados em torno da nova lei processual é que eles perderam, na essência, a carga doutrinária para se transformar numa ferramenta de futurologia da incidência da norma no caso concreto.

Em relação a isso, surge uma profunda preocupação em tornos dos enunciados administrativos ou instruções normativas advindas dos tribunais superiores, pois poderão ser apontados pelos operadores do direito como sendo a interpretação original da nova lei processual no caso concreto, uma espécie de "tecla spa"[20] normativo, perdoem-me a metáfora.

Tal reflexão se faz necessária, pois, referidos enunciados, ao invés de atuarem como doutrina, podem se transformar num pronunciamento prévio do tribunal superior acerca de determinado instituto processual, sem que este sequer tenha incidido no plano concreto. Deste modo, corre-se o risco deles se transformem numa norma ilegítima e *interna corporis* do tribunal que a aprovou, e que serão adotados como espécie de "precedentes jurisdicionais" preventivos, de cima para baixo[21].

[19] "Podemos dizer, assim, numa interpretação livre dessa expressão, que o dogmatismo produz objetos ideiais, em contraposição à análise empírica do fenômeno jurídico, que nos coloca em contato com o mundo real, composto pelos objetivos físicos. À vertente racional relaciona-se o dogmatismo; à tendência empírica corresponde o direito vivo". (MOURÃO, Luiz Eduardo Ribeiro. O sono dogmático e o projeto de um novo CPC. Revista Brasileira de Direito Processual – RBDPro, Belo Horizonte, ano 20, n.80, p. 101-108, out/dez 2012).

[20] "A tecla SAP (abreviação para Second Audio Program, ou Segundo Programa de Áudio) permite a quem está assistindo um filme pela televisão escolher se quer ouvir o som original (geralmente em inglês) ou dublado. Para que o sistema funcione é necessário que a imagem seja enviada com os dois tipos de áudio". (Disponível em http://super.abril.com.br/tecnologia/tecla-sap-permite-ouvir-som-original-dos-filmes Consultado em 31.03.2015).

[21] Tais reflexiões foram extraídas no crédito de doutorado da Puc ministrado por: WAMBIER, Teresa Arruda Alvim; BUENO, Cassio Scarpinella. Doutorado Em Direito Processual Civil na PUSP. Credito: Direito Jurisprudência, 2015.

Diz-se isso, pois o operador do direito, ao longo da vigência do CPC de Buzaid nunca esteve familiarizado com o sistema de precedentes, tal como será agora, com o CPC de 2015. Tanto a jurisprudência como os precedentes farão parte do dia-a-dia do advogado e outros operadores, que forçará um súbito aprendizado deste sistema.

Com efeito, será natural que alguns operadores, em especial os advogados, façam confusões sobre a distinção que há entre precedente e jurisprudência, bem como, em que momento poderão deles se socorrerem para defesa de seus clientes.

Nesse aspecto, a doutrina exercerá papel preponderante e, nesse aspecto, surge a preocupação com os enunciados produzidos em torno do novo código.

No campo doutrinário a produção de enunciados não enseja maiores preocupações, vez que apesar de exercer função relevante na compreensão da lei, tem condão para impor no juiz qualquer dever institucional de seguir determinada orientação doutrinária.

Aliás, enunciado é aquilo que define, expõe ou explica alguma coisa. Destarte, os diversos enunciados editados acerca do CPC de 2015 tem por finalidade única esclarecer alguns dispositivos da lei nova, que até então eram desconhecidos da comunidade jurídica. Ou seja, auxilia o interprete na compreensão do escopo teleológico da nova lei processual. Em outras palavras, os enunciados estabelecem previamente uma interpretação do conteúdo normativo abstrato da lei de processo civil recém introduzida no ordenamento pátrio e, portanto, não teve origem num caso concreto.

Preocupa os enunciados administrativos advindo dos tribunais, especialmente, àqueles emitidos pelos superiores em razão da confusão que o operador do dia-a-dia possa fazer com o sistema de precedentes do CPC de 2015.

É certo que o CPC de 2015, de forma velada, adotou um sistema de vinculação às decisões judiciais uniformizadas nos tribunais, que erroneamente vem sendo denominado como sistema de precedentes.

O termo precedente é utilizado erronemante no CPC de 2015, pois, o compara a decisão judicial, na medida em que a nova lei qualifica *a priori* algumas decisões como precedente, mas que na verdade, o que qualifica um precedente é o *a posteriori*, posto que estabelecerá se será seguido ou não. Diz o art. 927 do código:

> Art. 927. Os juízes e os tribunais observarão:
>
> I – as decisões do Supremo Tribunal Federal em controle concentrado de constitucionalidade;
>
> II – os enunciados de súmula vinculante;
>
> III – os acórdãos em incidente de assunção de competência ou de resolução de demandas repetitivas e em julgamento de recursos extraordinário e especial repetitivos;

> IV – os enunciados das súmulas do Supremo Tribunal Federal em matéria constitucional e do Superior Tribunal de Justiça em matéria infraconstitucional;
>
> V – a orientação do plenário ou do órgão especial aos quais estiverem vinculados.
>
> § 1º Os juízes e os tribunais observarão o disposto no art. 10 e no art. 489, § 1º, quando decidirem com fundamento neste artigo.
>
> § 2º A alteração de tese jurídica adotada em enunciado de súmula ou em julgamento de casos repetitivos poderá ser precedida de audiências públicas e da participação de pessoas, órgãos ou entidades que possam contribuir para a rediscussão da tese.
>
> § 3º Na hipótese de alteração de jurisprudência dominante do Supremo Tribunal Federal e dos tribunais superiores ou daquela oriunda de julgamento de casos repetitivos, pode haver modulação dos efeitos da alteração no interesse social e no da segurança jurídica.
>
> § 4º A modificação de enunciado de súmula, de jurisprudência pacificada ou de tese adotada em julgamento de casos repetitivos observará a necessidade de fundamentação adequada e específica, considerando os princípios da segurança jurídica, da proteção da confiança e da isonomia.
>
> § 5º Os tribunais darão publicidade a seus precedentes, organizando-os por questão jurídica decidida e divulgando-os, preferencialmente, na rede mundial de computadores.

Diante da opção legislativa, os fundamentos determinantes de algumas decisões judiciais dos tribunais superiores vincularão os órgãos inferiores. Lembrando que estas decisões se formaram desde a primeira instância.

Na medida em que os tribunais superiores produziram enunciados administrativos antes mesmo do CPC de 2015 entrar em vigor, pode acontecer um colapso na vida forense, pois haverá situações em que alguns enunciados irão colidir frontalmente com jurisprudências dominante e/ou precedente do próprio tribunal.

Pega-se o por exemplo o enunciado administrativo nº 7 do STJ, que assim dispõe:

> Somente nos recursos interpostos contra decisão publicada a partir de 18 de março de 2016, será possível o arbitramento de honorários sucumbenciais recursais, na forma do art. 85, § 11, do novo CPC.

Tal orientação é referente a questão intertemporal em relação a nova regra sobre honorários advocatícios sucumbências estabelecida no CPC de 2015.

Em contrapartida, já existe no Supremo Tribunal Federal (STF) e no Superior Tribunal de Justiça (STJ) entendimentos que, na questão de direito intertemporal de honorários advocatícios sucumbências, aplica-se o direito que vige no momento, conforme destacado na *ratio* de um precedente antigo do STF, insculpido no AgRg no AI nº 64.356/ES, da lavra do Ministro Antonio Neder, *in verbis:*

"No que se refere aos direitos e deveres das partes no processo é de logo aplicável a lei **nova.**

A sucumbência envolve direito do vencedor e obrigação do vencido.

A ele se aplica o direito vigorante no momento em que é decretada.

Se o processo pendente, no caso, se achava na fase de procedimento do apelo quando sobreveio novo código processual que alterou radicalmente a regulamentação da sucumbência, esta deve ser julgada nos termos do novo direito.

Ou seja, independentemente do recurso ter sido interposto sob a égide do CPC de Buzaid e seu julgamento for na vigência da nova lei, aplica-se esta em detrimento daquela(...)"[22]. (grifos originais)

Também o STJ, há tempos firmou entendimento, no sentido de que em se tratando de regras processuais, aplica-se nos processos pendentes a lei nova, conforme a *ratio* do recurso especial repetitivo, vejamos:

> "Ocorre que, por mais que a lei processual seja aplicada imediatamente aos processos pendentes, deve-se ter conhecimento que o processo é constituído por inúmeros atos. Tal entendimento nos leva à chamada "Teoria dos Atos Processuais Isolados", em que cada ato deve ser considerado separadamente dos demais para o fim de se determinar qual a lei que o rege, recaindo sobre ele a preclusão consumativa, ou seja, a lei que rege o ato processual é aquela em vigor no momento em que ele é praticado. Seria a aplicação do Princípio *tempus regit actum*. Com base neste princípio, temos que a lei processual atinge o processo no estágio em que ele se encontra, onde a incidência da lei nova não gera prejuízo algum às parte, respeitando-se a eficácia do ato processual já praticado. Dessa forma, a publicação e entrada em vigor de nova lei só atingem os atos ainda por praticar, no caso, os processos futuros, não sendo possível falar em retroatividade da nova norma, visto que os atos anteriores de processos em curso não serão atingidos"[23].

Pois bem, o art. 1046 do CPC de 2015 cumulado com seu art. 14, demonstra que em sede de direito intertemporal foi adotado o sistema do isolamento dos atos processuais. Ou seja, cada ato poderá ser isolado para fins de incidência das novas regras trazidas pelo novo CPC, desde que respeitado os atos já realizados, em atenção a garantia constitucional do direito adquirido. Ou seja, em relação ao CPC de Buzaid não houve alteração no regime de direito intertemporal.

[22] Disponível em http://redir.stf.jus.br/paginadorpub/paginador.jsp?docTP=AC&docID=268517 Consultado em 05.04.2016

[23] STJ.REsp nº 1404.796/SP. Ministro Relator Mauro Campbell Marques. Disponível em: https://ww2.stj.jus.br/processo/revista/documento/mediado/?componente=ATC&sequencial=34489422&num_registro=201303202114&data=20140409&tipo=91&formato=HTML Consultado em 05.04.2016

Destarte, em relação a incidência das novas regras relativas aos honorários advocatícios sucumbências nos processos pendentes de julgamento, a teor dos artigos 14 e 1046 do CPC de 2015, bem como com os precedentes dos tribunais superiores, as regras do art. 85, § 11 do CPC de 2015 em tese, deverão incidir imediatamente.

Deste modo verifica-se que o enunciado administrativo nº 7 do STJ diverge da nova lei processual e também dos fundamentos determinantes das cortes superiores acerca da questão de direito intertemporal relacionada a honorários advocatícios sucumbências no caso concreto.

Como o operador do direito não está familiarizado com a nova norma processual e da previsão abstrata nos artigos 14 e 1046 do CPC de 2015 em torno de direito intertemporal, num caso concreto sobre a incidência das honorários advocatícios sucumbências recursais cujo recurso foi interposto na lei antiga e julgado sob a égide da nova lei processual, o operador ao pesquisar nos tribunais superiores se depara com a seguinte situação: divergência no STJ entre um acórdão de recurso excepcional repetitivo, que à guisa do citado artigo 927, III do código, terá efeito vinculante e um enunciado administrativo deste mesmo tribunal. Pergunta-se: qual prevalecerá? Qual a orientação deverá ser seguida pelos órgãos inferiores?

Pela lógica, deveria prevalecer a jurisprudência dominante, já que enunciado administrativo não tem valor legal.

Considerando que os enunciados administrativos do STJ são voltados especificamente para o novo CPC e diante da representatividade que ele inspira, corre-se o risco dos enunciados se converterem numa norma individual ilegítima, apta para atuar no caso concreto, como espécie de um 'precedente' inaugural do STJ sobre o novo CPC. Ou seja, não será surpresa se os operadores do direito adotarem os enunciados administrativos como um precedente vinculante, ante o código ter adotado um sistema pouco familiar junto a eles, e que ainda não foi absorvido pela comunidade jurídica.

O fato dos tribunais superiores produzirem enunciados administrativos, sob o manto de orientarem as pessoas, data vênia, dá conotação de querer criar uma normatividade preventiva, antes de decidir um caso concreto.

O CPC de 2015, bem ou mal, buscou vincular os magistrados aos precedentes dos tribunais superiores, a fim de extirpar o decisionismo que vigou nos últimos anos.

No entanto, antes que o CPC de 2015 entrasse em vigor do CPC, o STJ e outros tribunais superiores se anteciparam e aprovaram enunciados administrativos de forma aleatória, inclusive contrários ao texto de lei e jurisprudências já consolidadas. Tal conduta, abre perigosa porta, digamos assim, para criação de um precedente e/ou jurisprudência ideológica, que sustentará a posição pessoal do magistrado em detrimento do regime democrático que a Constituição quis dar para a instituição Poder Judiciário.

6. Conclusão

Sobre o novo CPC, o que se vê hoje é uma busca incansável de explicar algo que a vida prática irá se encarregar em definir.

Uma jurisprudência ou um precedente judicial, como o próprio nome diz, a fonte da norma jurídica nele incutido reside no caso concreto, já os enunciados administrativos dos tribunais, além de não serem normas jurídicas, contraria a essência da função jurisdicional e não contribuem para a evolução do direito.

A função jurisdicional, simplesmente, se resume numa aplicação da generalidade da lei aqueles casos concretos que o juiz julga para solucionar o conflito.

A atividade jurisdicional, por meio do processo, é proclamar a vontade da lei no caso concreto, ou seja, para se formular a norma jurídica que incidirá no caso concreto, o magistrado há que conhecer dos fatos para só então fixar a regra jurídica que a eles serão aplicadas.

Com efeito, não se pode admitir que o tribunal fixe tese jurídica por enunciado administrativo por estar desgarrado dos fatos. Em outras palavras, não há subsunção fática às normas.

A edição de enunciados pelas cortes superiores na fase incipiente do CPC de 2015 inibe que suas normas se ajustem ao ritmo frenético da vida social queimando etapas.

Os enunciados administrativos sobre o novo CPC, notadamente, o do STJ e a Instrução Normativa 39 do TST, são uma excrescência e afrontam a natureza jurisdicional.

As jurisprudências surgem dos conflitos entre as partes em torno de um direito, consequentemente, são as contribuições do tribunal para a fonte do direito. Com efeito, para que as normas do CPC de 2015 tenham um significado, mister uma atividade interpretativa seja composta de variação de valores e decisões por parte do interprete, razão pela qual, o labor jurisprudencial tem que ser constituído por pluralidade de discursos com diversas e distintas interpretações, que se inicia com o rompimento da inércia jurisdicional do Estado-juiz, e que através de verdadeira intercomunicação entre os sujeitos processuais forma-se um juízo sobre o fato que culmina numa valoração jurídica.

Na fase inicial de um ordenamento jurídico, não é função do tribunal superior orientar os jurisdicionados por meio de enunciados administrativos, pois o aperfeiçoamento hermenêutico da lei é sedimentado nos casos práticos que terá que decidir, ou seja, ao longo dos anos, de geração a geração, que contribuem com suas experiências que promovem suaves transformações. As pequenas mutações são desencadeadas por um regresso ao passado, com aquilo que se tem no presente para se projetar no futuro sob grande resistência.

O que abastece o direito são os dados da realidade social, que o faz aplicar a ordenação justa. Os fatos são colhidos pelo órgão julgador, que faz subsumir a norma mais acertada àquele fato.

O direito bebe de várias fontes cientificas, sem que esta substitua a atividade jurisdicional por completo.

Portanto, não pode um tribunal superior querer impor de cima para baixo, uma deliberação que melhor lhe convém. A jurisprudência há que sempre ser iniciada na primeira instância, não por meio de uma tecla "spa".

7. Referências

ARRUDA ALVIM, José Manoel. Manual de Direito Processual Civil. São Paulo: Editora Revista dos Tribunais, 2011;

AURELI, Arlete Inês. Função social da jurisdição e do processo. IN: ZUFELATO, Camilo; YARSHELL, Flavio Luiz (organizadores). 40 anos da teoria geral do processo no Brasil: passado, presente e futuro. São Paulo: Malheiros Editores, 2013, p. 124-146

CHIOVENDA, Giuseppe. Instituições de Direito Processual Civil: as relações processuais, a relação processual ordinária de cognição.Vol. II.São Paulo: Editora Saraiva, 1969;

BUZAID, Alfredo. Anteporjeto de Código de Processo Civi: apresentação ao Exmo. Ministro da Justiça e Negócios Interiores, pelo Professor Alfredo Buzaid.Rio de Janeiro, 1964;

COSTA, Eduardo José da Fonseca. O direito vivo das liminares. São Paulo: Saraiva, 2011;

COUTURE, Eduardo J. Estudios de Derecho Procesal Civil: La Constitución y El Proceso Civil. Tomo I.Buenos Aires: Ediar Soc. Anón Editores Sucessores de Compañia Argentina de Editores, S.R.L.1948;

DINIZ, Maria Helena. Compêndio de Introdução à Ciência do Direito. São Paulo: Editora Saraiva, 1997;

GUASTINI, Riccardo. Distinguiendo. Estúdios de teoria y metateoría del derecho. Barcelona: Gedisa Editorial, 1999;

______ Das fontes às normas. São Paulo: Quartier Latin, 2005;

MOURÃO, Luiz Eduardo Ribeiro. O sono dogmático e o projeto de um novo CPC. Belo Horizonte: Fórum. Revista Brasileira de Direito Processual – RBDPro, Ano 20, nº 80 (outubro/dezembro – 2012), p. 101-109;

PODETTI, J. Ramiro.Teoria Y Tecnica Del Proceso Civil Y Trilogia Esctructural De La Ciencia Del Proceso Civil.Buenos Aires: Ediar Soc. Anón. Editores, 1963;

PORTANOVA, Rui.Princípios do Processo Civil. Porto Alegre: Livraria do Advogado Editora, 2008

RIBEIRO, Sérgio Luiz de Almeida. O devido processo legal e a racionalidade garantista da jurisdição arbitral. In: CALVINHO, Gustavo. Derecho Procesal Garantista y Constitucional: proceso garantista y libertad. Medellin: Corporación Unibersitária Remington, 2014;

______ Incidente de Resolução de Demadnas Repetitivas (IRDR): O procedimento padrão tupiniquim e suas peculiaridades (breves reflexões). Belo Horizonte: Revista Brasileira de Direito Processual: RBDPro. Ano 23, n. 92 (out/dez 2015);

ROCHA, Cesar Asfor. A Luta Pela Efetivação da Jurisdição.São Paulo: Editora Revista dos Tribunais, 2007;

SANCHES, Sydney. Uniformização da Jurisprudência. São Paulo: Editora Revista dos Tribunais, 1975;

SCOTTINI, Alfredo. Dicionário da língua portuguesa. Blumenau: Edições TodoLivro, 1998;

VILANOVA, Lourival. Escritos jurídicos e filosóficos. Vol I. São Paulo: ΛXIS MVNDI/ IBET, 2003.

______. Escritos Jurídicos e Filosóficos. Vol II. São Paulo: ΛXIS MVNDI / IBET, 2003.

PROCESSO DO TRABALHO, PROCEDIMENTOS ESPECIAIS E PROVAS

A ata notarial, o processo do trabalho e o novo Código de Processo Civil

Conrado Di Mambro Oliveira

1. Introdução

Nos tempos atuais, desmistificar o uso da ata notarial, para fins de instrução em processos judiciais trabalhistas, é tarefa que compete ao operador do direito, especialmente após a edição do novo Código de Processo Civil[1] (NCPC), que agora faz expressa referência a este tipo de instrumento como meio probatório em juízo, deixando de se ser considerado modalidade de prova atípica para, doravante, inserir-se no Capítulo *Das Provas*.[2-3]

A importância e a eficácia da ata notarial demonstra que se trata de um tema que requer reflexão e amadurecimento, daí a relevância do presente trabalho.

2. Conceito e características. Base legal

O legislador pátrio optou por não estabelecer na lei um conceito explícito a respeito da ata notarial, apenas incluindo-a entre os atos de competência exclusiva dos tabeliães de notas, conforme preceitua o artigo 7º, inciso III, da Lei 8.935/94[4], que dispõe sobre serviços notariais e de registro.

[1] Lei 13.105, de 16 de março de 2015.

[2] Artigo 384 do NCPC. A existência e o modo de existir de algum fato podem ser atestados ou documentados, a requerimento do interessado, mediante ata lavrada por tabelião. Parágrafo único. Dados representados por imagem ou som gravados em arquivos eletrônicos poderão constar da ata notarial.

[3] Cleber Lúcio de Almeida leciona que a prova será típica ou nominada, quando prevista e disciplinada no ordenamento jurídico, e atípica, inominada ou sem denominação, quando não tenha sido prevista no ordenamento jurídico. Almeida, Cleber Lúcio. Direito Processual do Trabalho – 3. Ed. – Belo Horizonte: Del Rey, 2009, p. 547.

[4] Artigo 7º. Aos tabeliães de notas compete com exclusividade: (...) III- lavras atas notariais, da Lei 8.935/94. A mesma legislação define, no artigo 3º, que "notário, ou tabelião, e oficial de registro, ou

A definição do instituto em questão coube, assim, à doutrina especializada.

A rede mundial de computadores, em site especializado, fornece algumas conceituações dadas pelos estudiosos do Direito Notarial, *in verbis*:[5]

> "Ata notarial é o instrumento público pelo qual o tabelião, ou preposto autorizado, a pedido de pessoa interessada, constata fielmente os fatos, as coisas, pessoas ou situações para comprovar a sua existência, ou o seu estado. FERREIRA, Paulo Roberto Gaiger; RODRIGUES, Felipe Leonardo. Ata Notarial – Doutrina, prática e meio de prova, p. 112. São Paulo: Quartier Latin, 2010."
>
> "Ata notarial é a narração circunstanciada de fatos presenciados ou verificados pelo notário, ou por substituto legal do mesmo, convocado para sua lavratura. MANICA, Sérgio Afonso. Ata notarial. Porto Alegre: Edição do ator, [s.d.], p. 8."
>
> "Ata notarial trata-se de uma das espécies do gênero instrumento público notarial, por cujo meio o tabelião de notas acolhe e relata, na forma legal adequada, fato ou fatos jurídicos que ele vê e ouve com seus próprios sentidos, quer sejam fatos naturais quer sejam fatos humanos, esses últimos desde que não constituam negócio jurídico. SILVA, João Teodoro da. Ata Notarial Sua utilidade no cenário atual Distinção das Escrituras Declaratórias. In: SOUZA, Eduardo Pacheco Ribeiro de (coord.), Ideal Direito Notarial e Redistral. São Paulo: Quinta Editorial, 2010, p. 33."

Portanto, segundo os conceitos apresentados, inferimos que a ata notarial é um instrumento que *(i)* deve ter um solicitante, *(ii)* reveste-se de caráter público, *(iii)* de conteúdo imparcial e *(iv)* dotado de presunção de veracidade.

Como técnicas gerais para a elaboração de atas notariais, a doutrina indica certos critérios, que também descortinam aspectos relevantes na constituição do documento cartorial em estudo[6]:

> "Objetividade: o tabelião é um espectador atencioso e imparcial dos fatos que presencia ou das situações que lhe constem, representando-os na ata notarial com a maior exatidão. Deve presenciar os fatos e relatá-los na ata notarial de maneira veraz e objetiva, sem apreciações pessoais nem valoração desses fatos, excetuando aquelas que necessitam da aplicação do juízo estrito para atender à finalidade da ata. Ser objetivo envolve avaliar os fatos relevantes e irrelevantes, desprezando estes e descrevendo aqueles.

registrador, são profissionais do direito, dotados de fé pública, a quem é delegado o exercício da atividade notarial e de registro"

[5] Disponível em <*http://www.atanotarial.org.br/ata_notarial.asp*>. Acesso em: 11 de janeiro de 2016.

[6] FERREIRA, Paulo Roberto Gaiger; RODRIGUES, Felipe Leonardo. *Ata notarial*. Doutrina, prática e meio de prova. São Paulo: Quartier Latin, 2010 *apud* CASTILHO, Lucas Valério; SILVA, Ezequiel José. *Da ata notarial, novas tecnologias e sua utilização como meio de provas*. Disponível em < http://jus.com.br/artigos/33326/da-ata-notarial-novas-tecnologias-e-sua-utilizacao-como-meio-de-provas#ixzz3eUBLyCaq>. Acesso em: 11 de janeiro de 2016.

> Precisão: emprego dos termos jurídicos ou leigos da forma mais adequada para a representação dos fatos, evitando a ambiguidade. O tabelião deve efetuar as qualificações formais e legais, bem como analisar a capacidade civil e a identificação dos solicitantes.
>
> Ordem lógica: as diligências ou constatações devem guardar entre si uma lógica de continuidade, seja de temporalidade, seja de conexão lógica.
>
> Finalidade: o foco do tabelião, desde o princípio, é o atendimento da finalidade almejada pelo solicitante: simples conservação, pré-constituição de prova, dentre outras."

Em última análise, a ata notarial serve para registrar fatos, situações, percepções, estado das coisas, por intermédio do tabelião de notas que, dotado de fé pública, sujeita-se, no exercício de seu ofício, à responsabilização nas esferas criminal, civil e administrativa, nos moldes da Lei 8.935/94.

Neste cenário, não é difícil notar que o espectro da aplicação e utilidade da ata notarial é amplo e com um potencial crescimento em função de cada vez maior necessidade de registrar fatos e situações da vida cotidiana, dado que o instrumento lavrado pelo tabelião servirá para pré-constituir prova daquilo que se solicita a "narração circunstanciada de fatos presenciados ou verificados pelo notário".[7]

Fredie Didier Jr. aponta exemplos de fatos e ocorrências que podem dar ensejo à lavratura de uma ata notarial:

> "Pode-se pedir que o tabelião documente o estado de conservação de um bem, a divulgação de obra protegida por direito autoral sem indicação precisa da autoria, o conteúdo de determinado site da internet, a presença de uma certa pessoa num determinado lugar, a opinião caluniosa, injuriosa ou difamatória proferida por alguém num site ou aplicativo de relacionamento, a perturbação da paz num condomínio residencial por força de uso indevido de aparelho sonoro, a contaminação de um ambiente por substância odorífera proveniente de atividade realizada por estabelecimento vizinho, o testemunho de determinada pessoa acerca de uma situação de fato, dentre tantas outras coisas."[8]

Entretanto, apesar de sua vasta serventia, a ata notarial ainda é pouca utilizada em instruções processuais nas lides trabalhistas, muito provavelmente por

[7] Creuz. Luís Rodolfo Cruz. Atas Notariais – Conceitos e Aplicações. Disponível em <http://www.migalhas.com.br/dePeso/16,MI231397,71043-Atas+notarias+Conceitos+e+aplicacoes.> Acesso em: 11 de janeiro de 2016.

[8] Didier Jr. Fredie. Curso de Direito Processual Civil: teoria da prova, direito probatório, ações probatórias, decisão, precedente, coisa julgada e antecipação dos efeitos da tutela / Fredie Didier Jr., Paula Sarno Braga e Rafael Alexandria de Oliveira – 10ed. – Salvador: Ed. Jus Podivm, 2015, v. 2, p. 212.

descostume das partes e também por resistência de parcela dos atores legais, especialmente magistrados, em reconhecer e atribuir a devida carga valorativa a este tipo de instrumento cartorial.

3. Da fragilidade dos argumentos avessos à valoração da ata notarial em contendas trabalhistas

A jurisprudência laboral é relativamente tímida na produção de decisões cujo debate a respeito da valoração de atas notariais não foi enfrentado com a profundidade adequada, decerto devido à pequena utilização deste meio de prova pelos sujeitos do processo – *pelo menos, por enquanto.*

E para além da falta de hábito e desconhecimento de reclamantes e reclamados quanto ao uso desta ferramenta nas instruções processuais na Justiça do Trabalho, dois principais argumentos jurídicos são levantados pela corrente que – *ainda* – se opõe à valoração da ata notarial como eficaz meio de prova judicial, a saber: (*i*) trata-se de documento unilateral e (*ii*) ausência de contraditório na sua formação.

Neste sentido, ilustrativamente, transcrevemos trecho do acórdão proferido pela da Sexta Turma do E. TRT da 3ª Região, processo 0000554-58.2013.5.03.0134, Relator Jorge Berg de Mendonça:

> "Quanto à ata notarial, não pode prevalecer, vez que se trata de documento produzido de forma unilateral, não submetido ao crivo do judiciário, e sem a possibilidade de contraditório, ferindo, desse modo, o devido processo legal."[9]

Contudo, as argumentações apresentadas, hostis à utilização do referido instrumento notarial em reclamatórias trabalhistas *são tão frágeis como a anafaia, a primeira seda que o sirgo fia antes de formar o casulo,* para utilizarmos a mesma expressão adotada pelo Desembargador Júlio Bernardo do Carmo em outra ocasião.[10]

Ora, em que pese a ata notarial ter sempre um solicitante, isso jamais poderá significar que o documento foi produzido de forma unilateral por um dos litigantes, pois quem o confecciona não é a parte interessada, mas o tabelião de notas, no cumprimento de seu ofício e sob as penas da lei. O instrumento não é particular, e sim de natureza pública.

[9] Disponível em <*https://as1.trt3.jus.br/juris/detalhe.htm?conversationId=4180*>. Acesso em: 11 de janeiro de 2016.

[10] No excelente artigo intitulado *Do mútuo consenso como condição de procedibilidade do Dissídio Coletivo de natureza econômica*, o Desembargador Júlio Bernardo do Carmo, do TRT da 3ª Região, rebate os argumentos contrários à exigência do comum acordo para ajuizamento de dissídios coletivos de natureza econômica, utilizando-se da expressão ora apropriada neste texto, para demonstrar a inequívoca inconsistência da fundamentação oposta ao entendimento defendido pelo autor. Disponível em < *http://www.trt3.jus.br/emdia/acs/2005/artigo_jbc.htm*>. Acesso em: 11 de janeiro de 2016.

Portanto, quando se questiona a *origem* da ata notarial ou sua *neutralidade*, a rigor, não se está questionando a parte processual que a juntou aos autos, mas colocando-se em xeque a isenção, a imparcialidade e o trabalho do próprio tabelião.

Assim, nem de longe, a ata notarial pode ser compreendida como documento unilateral ou particular, pois o interessado apenas solicita sua lavratura, mas não participa ou interfere na elaboração de seu conteúdo, que fica a cargo exclusivamente do tabelião, que age com autonomia e independência.

Ademais, a alegada ausência de sujeição do documento ao contraditório é, do mesmo modo, de inquestionável inconsistência jurídica.

Logicamente, como qualquer outro meio de prova exibido em juízo, a ata notarial será submetida ao crivo das partes e do próprio julgador no caminhar da ação judicial, no qual o contraditório se aperfeiçoará. A oportunidade de se manifestar acerca do documento está, portanto, assegurada aos sujeitos do processo, e será exercida no momento oportuno.

Exigir a presença, ou a participação da parte adversária à solicitante, no momento da elaboração do instrumento é não compreender o conceito e a natureza da ata notarial.

O sujeito que solicita a lavratura do instrumento notarial pretende apenas que o tabelião registre fatos, situações, percepções, ou o estado das coisas, sem qualquer possibilidade de comprometer o teor do documento ou confeccioná-lo no seu interesse. O instrumento será estruturado em conformidade com a realidade dos fatos ou da situação, fielmente observada pelo tabelião.

Reputamos, pois, improdutiva a construção teórica desenvolvida até então com o propósito de desqualificar a ata notarial como meio de prova judicial válido e eficaz.

4. O processo comum como fonte subsidiária e supletiva do processo trabalhista: a plena aplicação do artigo 384 do NCPC na Justiça do Trabalho

A inovação e o reforço legislativo trazido pelo NCPC, ao inserir a ata notarial no Capítulo *Das Provas*, ao que nos parece, põe fim a qualquer celeuma capaz de invalidar a valorosa força probante da ata notarial nas demandas judicias, porquanto está dito textualmente no artigo 384 do novo diploma que *a existência e o modo de existir de algum fato podem ser atestados ou documentados, a requerimento do interessado, mediante ata lavrada por tabelião.*

Neste sentido, seja sob o prisma do artigo 769 da CLT, seja sob a ótica do artigo 15 do NCPC, a aplicação ampla do disposto no artigo 384 do NCPC no processo do trabalho está autorizada, sem qualquer ressalva.

O artigo 769 da CLT define que "nos casos omissos, o direito processual comum será fonte subsidiária do direito processual do trabalho, exceto naquilo em que for incompatível com as normas deste Título".

Fundamenta-se, assim, o princípio da subsidiariedade no processo do trabalho, significando a possibilidade das normas do direito processual comum serem aplicadas ao processo do trabalho, como forma de suprir as lacunas do sistema processual trabalhista e melhorar a efetividade do processo trabalhista.[11]

O próprio direito material do trabalho também se socorre do direito comum e de outras fontes, para sanar lacunas e eventuais incompletudes do ramo laboral, nos moldes autorizados pelo artigo 8ºda CLT.

Em idêntica direção, o artigo 15 do NCPC estipula a aplicação subsidiária e supletiva de seus dispositivos, na ausência de normas que regulem o processo trabalhista.

Jorge Pinheiro Castelo salienta a dupla função contida na redação do artigo 15 da novel legislação, a saber: *a primeira função resultante da aplicação subsidiária: suprir omissões; a segunda função resultante da aplicação supletiva: disciplinar, em complementariedade, a incorporação progressiva das novas e mais avançadas técnicas processuais, respeitadas a identidade, a organicidade, a coerência, a funcionalidade e a lógica do sistema específico (compatibilidade procedimental).*[12]

Além das disposições examinadas, que fazem o processo do trabalho interagir com as regras do processo comum, naquilo que não lhe for incompatível – *como é o caso do disposto no artigo 384 do NCPC* –, o novo Código processual elenca inúmeros outras prescrições legais que dão guarida à irrestrita aplicação – *e valoração* – da ata notarial nas lides laborais, destacando-se os artigos 369, 371, 372, 405 e 443, I.

Sendo assim, se anteriormente à sanção do NCPC, a força *probandi* da ata notarial nas demandas em curso na Justiça do Trabalho era controversa, ou mesmo mitigada, como se fosse um mero indício ou vestígio – *o que, a nosso sentir, já era um equívoco* –, com o novo diploma processual, o uso na via judicial e a carga valorativa deste instrumento cartorial estão expressamente calcados na legislação, afastando as teses em sentido oposto.

5. Ata notarial pré-constituída, prova testemunhal e prova pericial: inutilidade de comprovação de fatos já provados. Direito à contraprova

A prova testemunhal, notadamente no processo do trabalho, tem grande relevo na formação da convicção do juiz, pois os conflitos trabalhistas estão envoltos a aspectos e detalhes que, muitas vezes, somente serão esclarecidos pela prova oral. Ademais, um dos princípios mais caros ao Direito do Trabalho é o da primazia da

[11] Schavi, Mauro. *O acesso à justiça e o princípio da subsidiariedade no processo do trabalho.* Revista LTr, Vol. 76, n. 07, Julho de 2012, p. 801.

[12] Castelo, Jorge Pinheiro. *Da aplicação subsidiária e supletiva do novo CPC ao processo do trabalho (art. 15) – Exemplos de institutos, estruturas, conceitos, esquemas lógicos, técnicas e procedimentos incidentes sobre o processo do trabalho decorrentes da aplicação subsidiária e supletiva de procedimentos do novo CPC.* Revista LTr, Vol. 79, n. 08, Agosto de 2015, p. 981.

realidade sobre a forma, contribuindo para a valorização dos depoimentos testemunhais, que podem desmascarar fraudes encobertas no *papel*.

Por sua vez, a prova pericial tem lugar quando a matéria controvertida carece do conhecimento e do laudo de um vistor, que será indicado pelo julgador.

No entanto, o processo se desenvolve rumo ao provimento final, sendo que os atores nele envolvidos devem cuidar pela sua celeridade e efetividade, evitando a prática de atos desnecessários ou que retardam o acertamento do direito.

Com isso, o que queremos dizer é que, eventualmente, tanto a prova testemunhal quanto a pericial podem se tornar despiciendas, em razão da existência de ata notarial pré-constituída, conforme o caso concreto, sem que isso signifique agressão ao devido processo legal, ampla defesa ou contraditório.

Por exemplo, para a descrição objetiva das condições degradantes de trabalho de um determinado ambiente, cuja pretensão final seja o pagamento de indenização por danos morais – *tema recorrente na Justiça Especializada* –, a praxe forense tem sido a produção de prova pericial, por vezes complementada com a oitiva de testemunhas.

Porém, nesta hipótese, já existindo uma ata notarial pré-constituída, detalhando as características do local de trabalho, tanto a perícia quanto a prova oral se esvaziam, tornando-se inúteis[13], uma vez que o objeto controvertido estará devidamente esclarecido, por documento firmado pelo notário, com fé pública, imparcialidade e responsabilidade legal.

O mesmo pode ser dito em relação a perícias judiciais designadas cuja finalidade seja apuração de *horas in itinere*, ou medição do tempo gasto pelo trabalhador no deslocamento entre a portaria da empresa e o seu posto de trabalho/registro de ponto.

Até mesmo situações de cobrança excessiva de metas, que redundam em assédio moral, podem ser comprovadas mediante a lavratura de uma ata notarial, fazendo dispensável a produção de outro meio de prova sobre aquele tema controvertido, em razão de já estar suficientemente esclarecido.

Inclusive, acerca desta temática, o C. TST veiculou notícia em seu site oficial. A nota, intitulada *Consultor da Vivo registra cobranças por SMS em cartório e comprova assédio moral* atesta que "*na reclamação trabalhista ajuizada na 1ª Vara do Trabalho de Curitiba (PR), o consultor alegou ter sido alvo de assédio moral* e *para comprovar, foi a um cartório e lavrou documento no qual a escrevente, após acessar o conteúdo de seu celular,*

[13] Art. 370 do NCPC. Caberá ao juiz, de ofício ou a requerimento da parte, determinar as provas necessárias ao julgamento do mérito. Parágrafo único. O juiz indeferirá, em decisão fundamentada, as diligências inúteis ou meramente protelatórias.
Logicamente que, se o autor houver formulado, além do pedido de indenização por danos morais, também pretensão de recebimento de adicional de insalubridade, em função da possível presença de agentes nocivos à sua saúde, entendemos que a prova pericial é indispensável, nos termos do artigo 195 da CLT.

transcreveu o teor das mensagens recebidas da representante da empresa, que, entre outras ameaças, dizia que se as metas não fossem batidas não aprovaria hora extra, 'se ouvir alguém reclamando de salário já pode se considerar fora do time", ou "já programarei sua rescisão"".[14]

O TRT da 3ª Região também conta com um acórdão, proferido por sua Terceira Turma, em que o Colegiado, valorando somente o teor de uma ata notarial, condenou a faculdade reclamada ao pagamento de indenização por danos morais em razão do uso indevido da imagem e nome da antiga empregada, reconhecendo que "*o ilícito foi devidamente provado pela autora, com a juntada da ata notarial na fl. 86, a certificar que, mesmo depois da demissão do cargo de professora (TRCT, fls. 441/442), ela continuou a figurar, no site da reclamada, como coordenadora do Curso de Enfermagem.*"[15]

A técnica processual moderna e o princípio constitucional da duração razoável do processo vedam a dilação probatória com feição protelatória, como sói ocorrer com a oitiva de testemunhas para confirmar fatos já comprovados por outros elementos de prova.

Defendemos, assim, que fatos já esclarecidos na disputa judicial pelo teor de eventual ata notarial pré-constituída, não reclamam confirmação através de outro meio de prova[16], admitindo-se, em decorrência das garantais fundamentais e do modelo constitucional de processo desenhado na CF/88, se for o caso, a produção de contraprova pela parte adversa. E, nesta hipótese, ao que nos parece, em sendo desconstituída a ata notarial por outro elemento probatório, o juiz deverá comunicar o fatos às autoridades competentes para a devida apuração, uma vez que o tabelião, no exercício de suas atribuições, está sujeito a responsabilidades civil, criminal e administrativa, conforme preconiza a Lei 8.935/94.

6. Considerações finais

A ata notarial é instrumento previsto explicitamente no ordenamento jurídico brasileiro, mais precisamente na Lei que dispõe sobre serviços notariais e de registro. Neste instrumento, o tabelião de notas registra fatos ou situações, mediante solicitação da parte interessada, gozando de independência no exercício de suas atribuições[17], sob as penas da lei.

[14] Disponível em <http://www.tst.jus.br/noticias/-/asset_publisher/89Dk/content/consultor-da-vivo-registra-cobrancas-por-sms-em-cartorio-e-comprova-assedio-moral?redirect= > Acesso em: 11 de janeiro de 2016.

[15] Processo 01590-2012-113-03-00-8-RO

[16] Eventualmente, a produção de outro meio de prova pode ser indispensável para complementar a instrução acerca dos fatos controvertidos, mas jamais para simplesmente confirmar ou comprovar fatos já provados.

[17] Artigo 28 da Lei 8.935/94. Os notários e oficiais de registro gozam de independência no exercício de suas atribuições, têm direito à percepção dos emolumentos integrais pelos atos praticados na serventia e só perderão a delegação nas hipóteses previstas em lei.

O legislador atual, reconhecendo a relevância e o extraordinário campo de incidência da ata notarial para fins instrutórios em lides judiciais, inseriu expressamente esta figura cartorial no NCPC, no Capítulo *Das Provas,* eliminando qualquer discussão a respeito do seu elevado efeito probante.

Não apenas a ciência processual, mas todos os ramos do saber passam por transformações e evolução, sendo necessário ao homem acompanhar o ritmo das mudanças para não perder o rumo da história. Não devemos ficar presos a condicionamentos do passado, sob pena de não olharmos para o futuro.

Se outrora, a ata notarial era uma ilustre desconhecida, passa, especialmente a partir da edição do NCPC, a ser um instrumento probatório de amplo alcance nas contendas judiciais, inclusive e notadamente nas que tramitam na Justiça do Trabalho, absolutamente útil para as partes litigantes e para o próprio Estado-Juiz, que poderá, conforme o caso, dispensar a produção de provas desnecessárias e fundamentar sua decisão em documento lavrado por tabelião de notas.

7. Referências

ALMEIDA, Cleber Lúcio. Direito Processual do Trabalho – 3. Ed. – Belo Horizonte: Del Rey, 2009.

CARMO, Júlio Bernardo. Do mútuo consenso como condição de procedibilidade do Dissídio Coletivo de natureza econômica. Disponível em < http://www.trt3.jus.br/emdia/acs/2005/artigo_jbc.htm>. Acesso em: 11 de janeiro de 2016.

CASTELO, Jorge Pinheiro. Da aplicação subsidiária e supletiva do novo CPC ao processo do trabalho (art. 15) – Exemplos de institutos, estruturas, conceitos, esquemas lógicos, técnicas e procedimentos incidentes sobre o processo do trabalho decorrentes da aplicação subsidiária e supletiva de procedimentos do novo CPC. Revista LTr, Vol. 79, n. 08, Agosto de 2015.

CREUZ. Luís Rodolfo Cruz. Atas Notariais – Conceitos e Aplicações. Disponível em <http://www.migalhas.com.br/dePeso/16,MI231397,71043-Atas+notarias+Conceitos+e+aplicacoes.> Acesso em: 11 de janeiro de 2016.

DIDIER JR. Fredie. Curso de Direito Processual Civil: teoria da prova, direito probatório, ações probatórias, decisão, precedente, coisa julgada e antecipação dos efeitos da tutela / Fredie Didier Jr., Paula Sarno Braga e Rafael Alexandria de Oliveira – 10ed. – Salvador: Ed. Jus Podivm, 2015, v. 2.

FERREIRA, Paulo Roberto Gaiger; RODRIGUES, Felipe Leonardo. Ata notarial. Doutrina, prática e meio de prova. São Paulo: Quartier Latin, 2010 apud CASTILHO, Lucas Valério; SILVA, Ezequiel José. Da ata notarial, novas tecnologias e sua utilização como meio de provas. Disponível em < http://jus.com.br/artigos/33326/da-ata-notarial-novas-tecnologias-e-sua-utilizacao-como-meio-de-provas#ixzz3eUBLyCaq>. Acesso em: 11 de janeiro de 2016.

SCHAVI, Mauro. O acesso à justiça e o princípio da subsidiariedade no processo do trabalho. Revista LTr, Vol. 76, n. 07, Julho de 2012.

http://www.atanotarial.org.br/ata_notarial.asp.

https://as1.trt3.jus.br/juris/detalhe.htm?conversationId=4180.

http://www.tst.jus.br/noticias/-/asset_publisher/89Dk/content/consultor-da-vivo-registra-cobrancas-por-sms-em-cartorio-e-comprova-assedio-moral?redirect.

A tutela da confiança e a prescrição intercorrente na execução trabalhista

Raphael Miziara

1. Introdução

O presente trabalho tem por escopo justificar a possibilidade de incidência do princípio de proibição ao comportamento contraditório (nemo potest venire contra factum proprium) e da tutela da confiança no âmbito das relações processuais trabalhistas, notadamente no tocante ao instituto da prescrição intercorrente.

A partir da entrada em vigor da Lei nº 13.105/2015 – Novo Código de Processo Civil e também dos influxos do Projeto de Lei do Senado nº 606/2011 – reforma da execução trabalhista, a prescrição intercorrente no processo do trabalho sofrerá um significativo giro. Excluir-se-á, por exemplo, a aplicação subsidiária da Lei de Execuções Fiscais para, em seu lugar, aplicar-se como fonte subsidiária primária o Novo CPC. Daí a importância do estudo da nova legislação processual civil que, por certo, provocará grandes influências na execução trabalhista.

Outrossim, almeja-se demonstrar que a tutela da confiança, consectária da boa-fé objetiva, deve servir de norte para o enfrentamento das relações intersubjetivas no campo do Direito Processual, levando-se em consideração que o novo modelo estabelece critérios objetivos de conduta, dentro de um ambiente processual cooperativo – processo como comunidade de trabalho –, que impera como *standard* jurídico para todos os que participam da relação jurídica processual.

A partir dessas ideias, o presente ensaio perscrutará o fenômeno da *supressio* (*verwirkung*) como sendo um caso especial da inadmissibilidade do exercício de um direito por contrariedade à boa-fé e como fator desencadeador da prescrição intercorrente na execução trabalhista, aliado à análise dos pressupostos para a declaração desse fenômeno jurídico-temporal a partir da legislação vigente e futura.

2. A tutela da confiança e o *venire contra factum proprium* em ambientes processuais

A processualística moderna encampou os valores do processo como comunidade de trabalho, impondo a todos aqueles que participam do processo o desenvolvimento uma conduta cooperativa, de modo a encarar o processo não como um campo de batalha, mas sim como um método de trabalho comparticipativo, tendente à realização de um fim comum, que é a entrega da prestação jurisdicional em tempo razoável, conforme expressamente previsto no art. 6º do Novo CPC.

A ideia de processo como comunidade de trabalho – entendido este como o ambiente no qual todos os sujeitos processuais devem atuar em viés interdependente, auxiliar e cooperativo – induz a assunção de que todo aquele que de qualquer forma participar do processo deve comportar-se de acordo com a boa-fé (art. 5º do Novo CPC) e, por consequência, de acordo com seus deveres anexos.

Nesse ponto, imperioso observar que, na interpretação dos princípios da cooperação e da boa-fé, o intérprete deve partir do pressuposto e ter a consciência a partir da qual o ambiente processual, por sua própria natureza, é não cooperativo. Nesse sentido, alertam Lênio Streck e Lúcio Delfino:

> "É um modelo que não deve ser pensado à distância da realidade, sem considerar que no processo há verdadeiro embate (luta, confronto, enfrentamento), razão pela qual as partes e seus advogados valem-se – e assim deve ser – de todos os meios legais a seu alcance para atingirem um fim parcial. Não é crível (nem constitucional), enfim, atribuir aos contraditores o dever de colaborarem entre si a fim de perseguirem uma "verdade superior", mesmo que contrária aquilo que acreditam e postulam em juízo, sob pena de privá-los da sua necessária liberdade para litigar, transformando-os, eles mesmos e seus advogados, em meros instrumentos a serviço do juiz na busca da tão almejada "justiça". Inexiste um tal espírito filantrópico que enlace as partes no âmbito processual, pois o que cada uma delas ambiciona é resolver a questão da melhor forma possível, desde que isso signifique favorecimento em prejuízo do adversário [...]"[1]

Nessa linha, como bem advertem Dierle Nunes e Humberto Theodoro Júnior, não se pode exigir das partes que hajam de maneira contrária à sua própria condição de "parte", isto é, que defendam de maneira *parcial* seus pontos de vista e, inclusive, por exemplo, omitam provas que não lhe sejam interessantes e outras coisas típicas de um agir estratégico. Assim, a cooperação não pode ser lida como dever ético da parte agir contra seus interesses, mas sim a partir da criação de um

[1] STRECK, Lênio. DELFINO, Lúcio. (et al). *A cooperação processual do novo CPC é incompatível com a Constituição.* Consultor Jurídico, 23.12.2014. Disponível em: <http://www.conjur.com.br/2014-dez-23/cooperacao-processual-cpc-incompativel-constituicao>.

ambiente procedimental em que, realmente, as partes possam contribuir para a construção do provimento.[2]

Pois bem, retornando ao paradigma da boa-fé, expressamente inserida no art. 5° do novo CPC, observa-se que ela tem sido aplicada no campo processual como sendo a vedação de posições contraditórias e de condutas incoerentes no processo (*venire contra factum proprium*). Nesse sentido:

> "Os princípios da segurança jurídica e da boa-fé objetiva, bem como a vedação ao comportamento contraditório (venire contra factum proprium), impedem que a parte, após praticar ato em determinado sentido, venha a adotar comportamento posterior e contraditório" (STJ, 5ª Turma, AgRg no REsp 1.099.550/SP, Rel. Min. Arnaldo Esteves Lima, DJe 20.03.2010).
>
> "O princípio da boa-fé objetiva proíbe que a parte assuma comportamentos contraditórios no desenvolvimento da relação processual, o que resulta na vedação do venire contra factum proprium, aplicável também ao Direito Processual" (STJ, 2ª Turma, AgRg no REsp 1.280.482/SC, Rel. Min. Herman Benjamin, DJe 13.04.2012).

O Tribunal Superior do Trabalho também tem acolhido a tutela da confiança e da boa-fé nas relações processuais trabalhistas:

> Verifica-se que a própria reclamada dispensou a prova pericial e, além disso, os elementos da *litiscontestatio* não abarcam as atividades exercidas pelo reclamante, pois apenas houve impugnação acerca da não habitualidade do contato com o agente insalubre, da entrega de EPI' s e da obrigatoriedade da realização da perícia. **Ressalte-se que a alegação da ré a respeito do cerceamento de defesa, quando ela mesma dispensou a prova pericial, configura má-fé processual. Há que ser invocado, aqui, o princípio da vedação do comportamento contraditório, mais conhecido pela expressão em latim *venire contra factum proprium*, que repele que a atitude de alguém venha a contradizer comportamento anterior. Tal vedação encontra-se fundamentada na boa-fé objetiva e na tutela da confiança, ao impedir que sejam violadas legítimas expectativas despertadas em outrem, com a inesperada mudança de comportamento.** Não se vislumbra, portanto, ofensa aos artigos 192 e 195, caput e § 2º, da CLT e 5º, LIV e LV, da Constituição Federal. (RR – 1369-75.2012.5.08.0126, Relator Ministro: Cláudio Mascarenhas Brandão, Data de Julgamento: 16/09/2015, 7ª Turma, Data de Publicação: DEJT 02/10/2015)

A boa-fé, inserta no rol das normas fundamentais do Novo CPC, deve ser encarada como um dos grandes pilares do processo cooperativo. Como visto, ela

[2] THEODORO JUNIOR, Humberto, NUNES, Dierle. (*et al*). *Novo CPC fundamentos e sistematização.* Rio de Janeiro: Forense, 2015. p. 61.

traz como desdobramento a vedação do comportamento contraditório, no sentido de que os sujeitos que participam do processo devem manter, ao longo do *iter* procedimental, um comportamento coerente conduta após conduta. Sobre o assunto, Antônio do Passo Cabral afirma que

> Com a consideração do processo como ambiente de colaboração, passou-se a exigir comportamentos coerentes dos sujeitos do processo: a eles **é vedado sinalizar uma conduta em determinado sentido e depois contradizer a expectativa criada com o comportamento anterior.** [...] Hoje, a proteção às expectativas legitimamente criadas, derivada da boa-fé objetiva, abrange vários institutos dela decorrentes, como o abuso a direitos processuais e o *estoppel*, muito utilizados nos sistemas do *common law*, bem assim o **princípio da proteção da confiança, a *verwirkung*, a proibição do comportamento contraditório**, o *tu quoque*, dentre outros, todos os conceitos que possuem objetivos comuns e fazem parte de uma constelação de ideias **proibindo condutas incompatíveis com comportamentos anteriores.**[3] (gn)

Como se vê, da cláusula geral da boa-fé deriva a proibição do comportamento contraditório em razão da tutela da confiança criada na parte *ex adversa*. Assim, a função precípua do *nemo potest venire contra factum proprium* é a tutela da confiança nas relações jurídicas. É esta o principal fundamento da proibição do comportamento contraditório.

Referida proibição visa proteger uma parte contra aquele que pretende exercer uma posição jurídica em contradição com o comportamento anteriormente assumido. Há um dever de não se comportar de forma lesiva ás expectativas despertadas na parte contrária, sob pena de violação da confiança.

Deflui desse princípio que a parte, depois de criar na outra certa expectativa, em virtude da conduta (*factum proprium*) indicativa de determinado comportamento futuro, incorre em quebra dos princípios da confiança e da lealdade ao se portar de modo contrário à primeira conduta.

Vale transcrever, mais uma vez, as lições de Antônio do Passo Cabral que, com a clareza de sempre, aponta como pressupostos de aplicação do *venire*: *(1)* A existência de dois atos sucessivos no tempo (o fato próprio e um segundo comportamento) praticados com identidade subjetiva, ou seja, pela mesma pessoa; *(2)* A incompatibilidade da segunda conduta com o comportamento anterior; *(3)* A verificação de uma legítima confiança pela contradição comportamental; *(4)* A quebra da confiança pela contradição comportamental.[4]

Portanto, pode-se afirmar com tranquilidade que a confiança é um valor que deve ser tutelada também em âmbito processual, partindo-se da ideia de coo-

[3] Cabral, Antonio do Passo. *Coisa julgada e preclusões dinâmicas*. Salvador: JusPodivm, 2013. p. 127-128.

[4] Cabral, Antonio do Passo. *Coisa julgada e preclusões dinâmicas*. Salvador: JusPodivm, 2013. p. 132.

peração intersubjetiva e de boa-fé, encarada esta como norma de conduta que impõe aos participantes da relação um agir consentâneo com as expectativas legitimamente criadas.

3. *Supressio* – *Verwirkung* como fator ensejador da prescrição intercorrente

Como visto, a boa-fé reprime toda pretensão que, embora lícita em si, é contraditória em relação ao comportamento anterior praticado pelo mesmo agente. Veda-se, assim, também no plano processual, o exercício inadmissível de posições jurídicas contraditórias.

Diante disso, a doutrina desenvolveu técnicas que visam à paralisação ou coibição do exercício de direitos quando estes são violadores de uma confiança legitimamente suscitada e que podem levar à supressão de direitos (*suppressio* ou *verwirkung*[5]).

Segundo Menezes Cordeiro, a *suppressio* consiste na "situação do direito que, não tendo sido, em certas circunstâncias, exercido durante um determinado lapso de tempo, não possa mais sê-lo, por, de outra forma, se contrariar a boa-fé".[6] É, segundo o mesmo autor, uma forma de exercício inadmissível de direitos por *venire contra factum proprium*.

Nesse ponto, avulta asseverar que a *suppressio* atua não só quando o *factum proprium* é comissivo. O instituto também encontra espaço a partir de comportamentos omissivos que, em função da inércia, tem a aptidão de impedir o exercício de um direito subjetivo (até então reconhecido como legítimo), em virtude do seu longo e concludente não exercício.

Nessa linha de ideias, Menezes Cordeiro assim pontua:

> "a não atuação de um direito subjetivo é, pois, fato próprio do seu titular. A realidade social da *suppressio*, que o direito procura orientar, está na ruptura das expectativas de continuidade da autoapresentação praticada pela pessoa, que, tendo criado, no espaço jurídico, uma imagem de não exercício, rompe, de súbito, o estado gerado.

[5] A expressão *Verwirkung* tem origem na jurisprudência tedesca e é conhecida pela doutrina dos países latinos como *supressio*. Atualmente, representa a ideia de afastamento da exigência de uma obrigação cujo titular quedou-se inerte por período tal capaz de provocar no outro a legítima expectativa de que a posição jurídica de vantagem não seria mais exercida. Nesse sentido, Anderson Schreiber afima que: "*Na Verwirkung, a inadmissibilidade do exercício do direito vem como consequência de ter a conduta omissiva – a inatividade, o retardamento – do titular deste direito gerado em outrem a confiança de que aquele direito não seria mais exercido. O que se tutela é também, na versão hoje mais aceita da Verwirkung, a confiança no comportamento coerente daquele que se retardou em fazer valer seu direito*" (SCHREIBER, Anderson. *A proibição de comportamento contraditório*: tutela da confiança e *venire contra factum proprium*. 2. ed. Rio de Janeiro: Renovar, 2007).

[6] MENEZES CORDEIRO, António Manuel da Rocha. *Da boa-fé no direito civil*. Coimbra: Almedida, 2007. p. 833.

> É precisamente o que se viu ocorrer no *venire contra factum proprium* [...] o decurso do tempo é a expressão da inatividade traduzindo, com tal, o *factum proprium*".[7]

No mesmo sentido, Judith Martins-Costa, citada por Dierle Nunes, afirma que a *suppressio* indica o encobrimento de uma pretensão, coibindo-se o exercício do direito em razão do seu não exercício, por determinado período de tempo, com a consequente criação da legítima expectativa, à contraparte, de que o mesmo não seria utilizado.[8]

Logo, a *Verwirkung* comporta a perda do direito ante a inatividade injustificada do titular da pretensão, durante um período de tempo capaz de gerar, no outro, expectativas legítimas. Segundo a doutrina, exige-se, para sua configuração, *a)* o decurso de prazo sem exercício do direito com indícios objetivos de que o direito não mais será exercido e, *b)* o desiquilíbrio pela ação o tempo, entre o benefício do credor e o prejuízo do devedor.[9]

A partir dessa ordem de ideias e da exata concepção da *supressio* pode-se afirmar, com certeza, que ela dá suporte ao reconhecimento do fenômeno prescricional, entendido este como o encobrimento (ou extinção, na letra do art. 189 do CC) da eficácia de determinada pretensão, por não ter sido exercitada no prazo legal.[10] Logo, a prescrição neutraliza a pretensão, obstando que o credor exerça uma posição jurídica de vantagem. Em outros termos, prescrição é a perda do direito de ação ocasionada pelo transcurso do tempo, em razão de seu titular não o ter exercido.

Na verdade, a inércia injustificada e por determinado período do titular da pretensão constitui o *factum proprium*. Depois, ao procurar exercer seu direito de ação, configura-se o ato contrário, violador da confiança gerada na parte *ex adversa*. Ora, a conduta omissiva inicial do titular gerou na outra parte uma confiança de que aquela pretensão não seria mais exercida.

Assim, merece tutela a confiança no comportamento coerente daquele que se retardou em fazer valer seu direito. Eis exatamente os contornos da *verwirkung*: *a)* não exercício *injustificado* de sua situação jurídica de vantagem; *b)* decurso do tempo; *c)* criação de legítima expectativa na contraparte.

[7] MENEZES CORDEIRO, António Manuel da Rocha. *Da boa-fé no direito civil*. Coimbra: Almedida, 2007. p. 845.

[8] MARTINS-COSTA, Judith; BRANCO, Gerson Luiz Carlos. *Diretrizes teóricas do novo Código Civil brasileiro*. São Paulo: Saraiva, 2002. p. 217-219 *in* THEODORO JUNIOR, Humberto, NUNES, Dierle. (et al). *Novo CPC fundamentos e sistematização*. Rio de Janeiro: Forense, 2015. p. 183-184.

[9] MARTINS-COSTA, Judith; BRANCO, Gerson Luiz Carlos. *Diretrizes teóricas do novo Código Civil brasileiro*. São Paulo: Saraiva, 2002. p. 218 *in* THEODORO JUNIOR, Humberto, NUNES, Dierle. (et al). *Novo CPC fundamentos e sistematização*. Rio de Janeiro: Forense, 2015. p. 183-184.

[10] DIDIER JÚNIOR, Fredie. NOGUEIRA, Pedro Henrique Pedrosa. *Teoria dos fatos jurídicos processuais*. Salvador: JusPodivm, 2011. p. 173.

Aqui, necessário abrir um parênteses para que não haja interpretações dúbias. Entende-se que só haverá o fenômeno prescricional caso o não exercício do direito de ação ou a conduta omissiva seja *injustificada*, ou seja, a ocorrência do fenômeno prescricional supõe a possibilidade plena de agir do titular do direito.[11]

Com efeito, há tempos a doutrina clássica brasileira afirma que a prescrição se fundamenta, basicamente: *a)* no interesse social de que as relações jurídicas não permaneçam indefinidamente incertas – segurança jurídica e pacificação social; *b)* na presunção de que quem descura do exercício do próprio direito não tinha vontade de conservá-lo; *c)* na utilidade de punir a negligência do titular do direito (*dormientibus non succurrit jus*); *d)* na ação deletéria do tempo que tudo destrói.[12]

Vale notar que a prescrição é um instituto universalmente aceito *pro bono publico*. Para Teixeira de Freitas, citado por Cahali, a prescrição "*é filha do tempo e da paz*", imprescindível para segurança das relações jurídicas.

De fato, uma das mais importantes funções do transcorrer do tempo é a de proporcionar a pacificação social e a segurança dela advinda. Como bem lembra Luciano Martinez, os eventos não devem, em regra, ter força suficiente de produzir efeitos depois de passado um longo e considerável período de reflexão.

Sobre o tema, Gustavo Tepedino leciona que

> A estabilidade das relações sociais e a segurança jurídica compõem o fundamento da prescrição, uma vez que o instituto visa a impedir que o exercício de uma pretensão fique pendente de uma forma indefinida. Estabelece-se um lapso temporal para que a pretensão seja exercida. Transcorrido esse prazo sem qualquer diligência por parte de seu titular, o próprio ordenamento jurídico, que tutela a pretensão, concede a aquele que suporta a pretensão a possibilidade de obstruí-la, em nome da estabilidade das relações sociais.[13]

Portanto, desde já, pode-se concluir que a prescrição é um claro exemplo de aplicação do princípio da boa-fé na seara processual[14], na sua vertente proibição do comportamento contraditório, que tem por fundamento a tutela da confiança.

A prescrição poderá ocorrer também depois de instaurada a relação jurídica-processual, já em sua fase executiva, quando será então chamada de prescrição intercorrente. É espécie prescricional que tem o *dies a quo* de sua contagem após o último ato do processo que a interrompeu, sendo ocasionada pela paralisação

[11] Para consultar a tese do impedimento do curso da prescrição no curso da relação de emprego e a posição do autor acerca do tema: <http://www.ostrabalhistas.com.br/2015/09/a-tese-do-impedimento-do-curso-da.html>

[12] CAHALI, Yussef Said. *Prescrição e decadência*. Sao Paulo: RT, 2008. p. 18.

[13] TEPEDINO, Gustavo. et al. *Código Civil Interpretado*, Vol. I, 3. ed. Rio de Janeiro: Renovar, 2014.

[14] Não se olvida que a prescrição é instituto relacionado ao direito material e ocorre fora do processo. No entanto, pode ser reconhecida no mais das vezes, dentro de um processo.

do processo de modo injustificado. Nela, o curso do prazo prescricional, antes interrompido pelo ajuizamento da ação trabalhista, recomeça por inteiro.

Mauro Schiavi, ao discorrer sobre a prescrição intercorrente, assim se manifesta:

> Chama-se intercorrente a prescrição que se dá no curso do processo, após a propositura da ação, mais especificamente após o trânsito em julgado, pois, na fase de conhecimento, se o autor não promover os atos do processo, o juiz o extinguirá sem resolução do mérito, valendo-se do disposto no art. 267 do CPC.[15]

A prescrição intercorrente apoia-se nos mesmos fundamentos da prescrição que ocorre fora do processo, quais sejam, no interesse social de que as relações jurídicas não permaneçam incertas; na presunção de que quem descura do exercício do próprio direito não tinha vontade de conservá-lo; na utilidade de punir a negligência do titular do direito; na ação deletéria do tempo.

Enfim, todos esses fundamentos, notadamente o da presunção de que, quem não exerce seu direito, não tem vontade em conservá-lo, revelam-se como protetores da confiança de que o titular da posição jurídica ativa continuará se comportando da maneira como estava.

4. Aplicabilidade prescrição intercorrente na execução trabalhista e a posição dos Tribunais Superiores

Existem três fortes argumentos em favor da não aplicabilidade da prescrição intercorrente[16] no Processo do Trabalho. Inicialmente, invoca-se o argumento de que a execução é promovida de ofício pelo Juiz do Trabalho (art. 878, CLT), não havendo espaço para aplicabilidade de tal instituto. Ainda, também é possível invocar o princípio protetor, visto sob o aspecto instrumental (igualdade substancial das partes no processo do trabalho). Por fim, afirma-se que existência do *jus postulandi* da parte na execução trabalhista é condição que impede o reconhecimento da prescrição intercorrente.

Demonstrar-se-á que todos esses argumentos não tem o condão de impedir o reconhecimento da prescrição intercorrente no curso da execução trabalhista. No entanto, antes, importa esclarecer que a *prescrição intercorrente* é instituto diverso da *prescrição da execução*. A prescrição da execução ocorre quando esta não é pro-

[15] SCHIAVI, Mauro. *Execução no processo do trabalho*. 7. ed. Sao Paulo: LTr, 2015. p. 85.

[16] Parte da doutrina prefere a nomenclatura prescrição "intracorrente", o que se justifica em razão da ausência de solução de continuidade entre as fases processuais de conhecimento e da execução. Nesse sentido: Homero Batista Mateus da Silva *in* Curso de direito do trabalho aplicado. Volume 10. Execução. São Paulo: RT, 2015. p. 257, que afirma utilizar a expressão "intercorrente" em face da consagração de seu uso e não pela tomada de posição sobre a independência da fase de execução.

movida no prazo em que poderia tê-lo sido. Nesse ponto, de fato, raro será o reconhecimento da prescrição da execução, já que compete ao juiz, de ofício, a providência executiva, nos termos do art. 878 da CLT, a não ser que o impulso da execução dependa de providência exclusiva da parte[17]. Já a prescrição intercorrente é aquela que se verifica durante o processo de execução, ficando este paralisado por mais de dois anos por motivo imputável ao exequente[18], caso em que será possível seu reconhecimento com mais frequência.

A mesma diferenciação é feita por Ísis de Almeida, ao destacar duas possíveis incidências da prescrição: a da propositura ou instauração da execução, e a prescrição intercorrente, ou seja, aquela que vai fulminar a execução durante a sua tramitação.[19]

É claro que a execução é promovida de ofício pelo Juiz do Trabalho (art. 878, CLT) o que, em princípio, impede o reconhecimento da prescrição intercorrente. Não obstante, há espaço para situações nas quais o prosseguimento da execução dependerá de providência exclusiva da parte e, via de consequência, será possível o pronunciamento da prescrição intercorrente. Pensar de outra forma é negar vigência ao o art. 884, § 1º, da CLT, que consagra prescrição como "matéria de defesa" nos embargos à execução.

Levando-se em consideração esses aspectos, boa parte da doutrina e da jurisprudência admite a aplicação da prescrição intercorrente no processo do trabalho. O STF entende aplicável a prescrição intercorrente no processo do trabalho, como disposto na Súmula nº 327. Por sua vez, o TST parece afirmar em sentido contrário, pela sua não aplicação (súmula nº 114). Ocorre que essa contradição entre as súmulas é apenas aparente.

Os precedentes que deram origem à súmula 327 do TST eram no sentido de que a incidência da prescrição intercorrente apenas se viabilizaria quando a paralisação do curso do processo decorresse *exclusivamente da inércia da parte exequente,*

[17] Nesse sentido, irretocável o pensamento de Mauro Schiavi que entende aplicável a prescrição intercorrente após o trânsito em julgado nas fases processuais em que a iniciativa de promover os atos do processo depende exclusivamente do autor, como na fase em que o reclamante é intimado para apresentar os cálculos e se mantém inerte pelo prazo de dois anos. Já na execução propriamente dita, a não apresentação, pelo reclamante, dos documentos necessários para o registro da penhora, no prazo de dois anos após a intimação judicial, faz gerar a prescrição intercorrente (*in* Execução no processo do trabalho. 7. ed. Sao Paulo: LTr, 2015. p. 87)

[18] MALTA, Christovão Piragibe Tostes. *Prática do processo trabalhista.* 35. ed. São Paulo: LTr, 2008. p. 593.

[19] ALMEIDA, Ísis de. *Manual de direito processual do trabalho.* 2º Volume. 9. ed. São Paulo: LTr, 1998. Também faz essa diferenciação Carlos Henrique Bezerra Leite, para quem "*prescrição superveniente à sentença, ou seja, prescrição da ação de execução, não se confunde com a prescrição intercorrente, pois esta ocorre em razão da paralisação do processo de execução, após ter sido iniciado, pelo prazo prescricional previsto para a relação de direito material em virtude da inércia do exequente*" (*in* Curso de direito processual do trabalho. 13. ed. São Paulo: Saraiva, 2015. p. 1346-1347).

isto é, quando esta deixasse de praticar os atos necessários ao desenvolvimento da marcha processual, e que só por ela poderiam ser praticados.[20]

Assim, as súmulas 114 do TST e 327 do STF devem ser lidas em conjunto. O TST também entende que caso inerte a parte, quando o andamento do feito somente a ela competia, provoca a declaração de prescrição intercorrente. Recentemente, a Seção de Dissídios Individuais do C. TST sinalizou ser aplicável a prescrição intercorrente no processo do trabalho caso a inércia se de em razão de providência atribuída exclusivamente à parte:

> Tratando-se de condenação ao pagamento de créditos oriundos da relação de trabalho, não se aplica a prescrição intercorrente, pois, nos termos do art. 878 da CLT, o processo do trabalho pode ser impulsionado de ofício. Ademais, a pronúncia da prescrição intercorrente nas execuções trabalhistas esvaziaria a eficácia da decisão judicial que serviu de base ao título executivo, devendo o direito reconhecido na sentença prevalecer sobre eventual demora para a satisfação do crédito. Inteligência da Súmula nº 114 do TST. De outra sorte, no caso concreto, ao declarar a incidência da prescrição intercorrente, a decisão rescindenda baseou-se nos princípios da boa-fé objetiva e da segurança jurídica, firmando a premissa genérica de ocorrência de inércia do exequente por mais de dois anos, **sem registrar, todavia, se o ato que a parte teria deixado de praticar era de responsabilidade exclusiva dela, *condição indispensável para a incidência da prescrição intercorrente***, conforme entendimento do Ministro relator (Informativo TST nº 11 – Execução – RO-14-17.2014.5.02.0000, Relator Ministro: Douglas Alencar Rodrigues, Data de Julgamento: 24/02/2015, Subseção II Especializada em Dissídios Individuais, Data de Publicação: DEJT 06/03/2015).[21]

Nesse sentido a lição de Maurício Godinho Delgado, para quem inexiste incompatibilidade entre as súmulas do STF e do TST:

> "Na fase de liquidação e execução também não incide, em princípio, regra geral, a prescrição intercorrente. O impulso oficial mantém-se nessa fase do processo, jus-

[20] A súmula é de 13.12.1963 e os precedentes que deram origem ao verbete são: RE 53881, Publicações: DJ de 17/10/1963 e RTJ 30/32; RE 52902, Publicações: DJ de 19/07/1963 e RTJ 29/329; RE 50177, Publicação: DJ de 20/08/1962; RE 32697, Publicações: DJ de 23/07/1959 e RTJ 10/94; RE 30990, Publicação: DJ de 05/07/1958; RE 22632, Publicação: DJ de 08/11/1956; AI 14744, Publicação: DJ de 14/06/1951.

[21] No mesmo sentido a SDI-1 do TST adotou a tese da prescrição intercorrente nos autos do processo nº 693039-80.2000.5.10.0004. João de Lima Teixeira Filho aponta que em antigo precedente, mas que se mostra extremamente atual, o TST decidiu que não seria razoável inadmitir a prescrição intercorrente "àqueles casos em que o estancamento do processo acontece ante a inércia do autor em praticar atos de sua responsabilidade sob pena de permanecerem os autos nas secretarias esperando pela iniciativa das partes *ad eternum*, prejudicando sobremaneira um dos princípios básicos do processo trabalhista, ou seja, a celeridade processual" (TST, 5ª Turma, RR-153.542/94, rel. Min. Armando de Brito, DJU de 16.02.96) (*in* SÜSSEKIND, Arnaldo. (et. al) *Instituições de direito do trabalho*. 19. ed. São Paulo: LTr, 2000).

tificando o prevalecimento do critério sedimentado na súmula do tribunal maior trabalhista. Contudo, **há uma exceção que torna viável, do ponto de vista jurídico, a decretação da prescrição na fase executória do processo do trabalho – situação que permite harmonizar, assim, os dois verbetes de súmula acima especificados (Súmula 327, STF, e Súmula 114, TST). Trata-se da omissão reiterada do exequente no processo, em que ele abandona, de fato, a execução, por um prazo superior a dois anos, deixando de praticar, por exclusiva omissão sua, atos que tornem fisicamente possível a continuidade do processo.** Nesse específico caso, arguida a prescrição, na forma do art. 884, § 1º, CLT, pode ela ser acatada pelo juiz executor, em face do art. 7º, XXIX, CF/88, combinado com o referido preceito celetista (ressalvada a pronúncia de ofício, a teor da Lei n. 11.280/2006, se for o caso).[22]

Na mesma direção caminha a doutrina de Manoel Antônio Teixeira Filho:

> (...) Ninguém desconhece, por suposto, que em determinadas situações o Juiz do Trabalho fica tolhido de realizar *ex officio* certo ato do procedimento, pois este somente pode ser praticado pela parte, razão por que a incúria desta reclama a sua sujeição aos efeitos da prescrição (intercorrente), sob pena de os autos permanecerem em um infindável trânsito entre a secretaria e o gabinete do Juiz, numa sucessão irritante e infrutífera de certificações e despachos. Exemplifiquemos com os artigos de liquidação. Negligenciando o credor no atendimento ao despacho judicial que lhe ordenou a apresentação desses artigos, consistiria despautério indisfarçável imaginar que, diante disso, caberia ao próprio juiz deduzir os artigos de liquidação, substituindo, dessa maneira, o credor na prática do ato; não menos desarrazoada seria a opinião de que, na espécie, deveria o juiz transferir ao próprio devedor o encargo de realizar o ato. Que o devedor pode apresentar artigos de liquidação, disso não se duvida; daí a compeli-lo a tanto vai uma ousada agressao à lei. A solução, portanto, seria aguardar-se o decurso, em branco, do prazo de dois anos, contado da data em que o credor foi intimado a oferecer os artigos de liquidação, para, em seguida – e desde que haja alegação do devedor nesse sentido –, pronunciar-se a prescrição intercorrente e, em virtude disso, extinguir-se o processo de execução com exame de mérito.[23]

Vale a transcrição das palavras do mestre Homero Batista Mateus da Silva que, com a clareza solar de sempre, muito bem explica a compatibilidade entre as súmulas do STF e do TST:

> "Então, uma solução intermediária propõe que as duas súmulas sejam lidas sob a mesma premissa. A redação da Súmula 114 do TST passaria a ser: 'É inaplicável na

[22] DELGADO, Maurício Godinho. *Curso de direito do trabalho.* 13. ed. São Paulo: LTr, 2014. p. 282.

[23] TEIXEIRA FILHO, Manoel Antônio. *Execução no processo do trabalho.* 10. ed. Sao Paulo: RT, 2011. p. 297.

Justiça do Trabalho a prescrição intercorrente, ***supondo-se que a providência seja concorrente***', ao passo que a Súmula 327 do STF ficaria assim: 'O direito trabalhista admite a prescrição intercorrente, ***supondo que a providência seja exclusiva da parte.***' Afinal, foram realmente essas as premissas sobre as quais as súmulas se assentaram em suas origens, mas por falta de maior clareza, a redação dos verbetes ficou incompleta, gerando a ambiguidade. **Conclui-se, sem medo de errar, que ambas as súmulas trazem a mesma mensagem, mas representam um raro caso de discórdia na aparência e concórdia no subterrâneo**"[24] (sem grifos no original).

Fora dessas hipóteses excepcionais, quais sejam, decurso do tempo, somado a inatividade imputável exclusivamente ao exequente, não se mostra razoável o reconhecimento da prescrição intercorrente na Justiça do Trabalho.

Como leciona Homero Batista "a prescrição só terá espaço quando a própria parte interessada abandona seus direitos, não os reivindica e agem com inércia injustificada, incompatível com o comportamento esperado".[25]

Com efeito, releva observar que o consagrado autor utiliza a expressão "*comportamento esperado*", ou seja, espera-se que o titular do direito aja de determinada maneira e, assim não agindo, desperta no outro a expectativa legítima de que permanecerá inerte. A prescrição intercorrente tutela, pois, a confiança despertada, em razão da vedação ao comportamento contraditório.

5. Requisitos para declaração da prescrição intercorrente na execução trabalhista a partir do Novo CPC

Aos trâmites e incidentes do processo da execução são aplicáveis, naquilo em que não contrariar as normas celetistas, os preceitos que regem o processo dos executivos fiscais para a cobrança judicial da dívida ativa da Fazenda Pública Federal (art. 889 da CLT).

Logo, quando a CLT for omissa acerca de determinado assunto, o intérprete deverá se socorrer das normas previstas na Lei de Execuções Fiscais (Lei nº 6.830/80). Bom lembrar que o art. 889 da CLT deve ser interpretado sistematicamente ao art. 769 da CLT. Assim, além da omissão normativa (regras e princí-

[24] SILVA, Homero Batista Mateus da. *Curso de direito do trabalho aplicado.* V. 10. Execução trabalhista. 2. ed. Sao Paulo: RT, 2015. p. 262.

[25] SILVA, Homero Batista Mateus da. *Curso de direito do trabalho aplicado.* V. 10. Execução trabalhista. 2. ed. Sao Paulo: RT, 2015. p. 257-258. No mesmo sentido sentido também se manifesta Ísis de Almeida: "*Se a parte tem o dever legal de praticar determinado ato – não apenas ônus para o prosseguimento da execução, ato que não possa ser suprido pelo juiz, de ofício – e a execução fica paralisada por mais de dois anos, apesar de cientificada e advertida, a respeito, a parte omissa –, aí, parece-nos, seria o caso da extinção do processo executório, pela ocorrência da preclusão máxima*" (in Manual de direito processual do trabababalho. 2º volume. 9. ed. São Paulo: LTr, 2008, p.442).

pios) é preciso que haja compatibilidade entre os textos do direito comum e as peculiaridades do processo do trabalho.

A CLT é omissa no tocante à prescrição intercorrente e, atualmente, deverá o aplicador do direito buscar solução normativa no art. 40, § 4º, da Lei nº 6.830/80, *verbis*:

> **Art. 40** O Juiz suspenderá o curso da execução, enquanto não for localizado o devedor ou encontrados bens sobre os quais possa recair a penhora, e, nesses casos, não correrá o prazo de prescrição.
>
> *§ 1º* Suspenso o curso da execução, será aberta vista dos autos ao representante judicial da Fazenda Pública.
>
> *§ 2º* Decorrido o prazo máximo de 1 (um) ano, sem que seja localizado o devedor ou encontrados bens penhoráveis, o Juiz ordenará o arquivamento dos autos.
>
> *§ 3º* Encontrados que sejam, a qualquer tempo, o devedor ou os bens, serão desarquivados os autos para prosseguimento da execução.
>
> *§ 4º* Se da decisão que ordenar o arquivamento tiver decorrido o prazo prescricional, o juiz, depois de ouvida a Fazenda Pública, poderá, de ofício, reconhecer a prescrição intercorrente e decretá-la de imediato. (Incluído pela Lei nº 11.051, de 2004)

Portanto, a partir do ordenamento jurídico hoje em vigor, o Juiz do Trabalho deverá suspender o curso da execução, enquanto não for localizado o devedor ou encontrados bens passíveis de penhora. Durante esse prazo de suspensão, não fluirá o prazo de prescrição. Após, decorrido o prazo máximo de 1 (um) ano, sem que seja localizado o devedor ou encontrados bens penhoráveis, o Juiz ordenará o arquivamento dos autos. Nesse caso, caso sejam encontrados, a qualquer tempo, bens do devedor, os autos serão desarquivados para prosseguimento da execução. Ocorre que, a partir da decisão que ordenar o arquivamento começa a fluir o prazo prescricional. Decorrido esse prazo, o juiz, depois de ouvido o credor e caso esse permanece inerte, comportando-se de maneira desinteressada, poderá reconhecer a prescrição intercorrente e decretá-la de imediato.

Observe-se que a aplicação do art. 40 da LEF ao processo do trabalho deve passar por filtro adaptativo, pois, como dito, a prescrição intercorrente no processo do trabalho só será decretada quando preenchidos dois requisitos: *a)* decurso do prazo prescricional após o arquivamento do feito; *b)* inércia injustificada e desinteressada do exequente. Assim, decorrido o prazo de 2 (dois) anos após o arquivamento, o juiz deverá ouvir o titular do crédito e, somente caso este permaneça inerte, deverá decretar a prescrição.

Sobre os influxos do Novo Código de Processo Civil na prescrição intercorrente do processo do trabalho é preciso reconhecer que esta não sofrerá modificações. Isso porque o artigo 15 do novo CPC[26] não revoga o art. 889 da CLT, mas com ele convive harmoniosamente. Isso se dá pelo simples fato de que o art. 889 da CLT é norma especial em relação ao Novo CPC. É lição básica de hermenêutica, lembrada por Emilio Betti, que *lex posterior generalis non derogat legi priori speciali.*[27]

Até os defensores mais ferrenhos da revogação do art. 769 da CLT pelo art. 15 do novo CPC afirmam que o disposto no art. 889 da CLT, por ser norma especial em relação à regra da subsidiariedade, não foi afetado pelo novo CPC.

Assim, no que se refere à fase de execução, a fonte subsidiária principal continua sendo a Lei de Execuções Fiscais. O CPC, neste caso, funcionaria como fonte subsidiária secundária e passaria também a atuar como fonte supletiva na execução trabalhista.[28]

Portanto, forçoso concluir que, mesmo a partir da entrada em vigor do Novo CPC, os requisitos para o pronunciamento da prescrição intercorrente no processo do trabalho continuam sendo os mesmos já tratados anteriormente, quais sejam: decurso do tempo, aliado a conduta omissiva e injustificada do titular da pretensão.

6. A prescrição intercorrente a partir do Novo CPC e do Projeto de Lei nº 606/2011 do Senado Federal

Tramita na Câmara dos Deputados o Projeto de Lei nº 3146/2015, que teve origem no Senado Federal como sendo o PLS nº 606. Referido projeto "*altera o Capítulo V do Título X da Consolidação das Leis do Trabalho (CLT), aprovada pelo Decreto-Lei nº 5.452, de 1º de maio de 1943, para disciplinar o cumprimento das sentenças e a execução de títulos extrajudiciais na justiça do trabalho*". É, pois, o projeto de reforma da execução trabalhista, que já foi aprovado no Senado Federal e encontra-se na Câmara dos Deputados aguardando parecer do Relator na Comissão de Trabalho, de Administração e Serviço Público.[29]

O projeto estabelece, em seu art. 1º, que o Capítulo V do Título X da CLT, passará a vigorar com as seguintes alterações:

[26] **Art. 15 do Novo CPC** – Na ausência de normas que regulem processos eleitorais, trabalhistas ou administrativos, as disposições deste Código lhes serão aplicadas ***supletiva*** e ***subsidiariamente.*** Sobre a diferença entre aplicação supletiva e subsidiária vide BRAGA, Roberto Wanderley. *O bom vizinho só entra na sua casa quando convidado! O art. 15, do NCPC, e sua implicação no Processo do Trabalho.* Parlatório Jurídico, 14.10.2015. Disponível em: < http://parlatoriojuridico.com.br/parlatoriojuridico/pagina/90>

[27] Betti, Emilio. *Interpretação da lei e dos atos jurídicos.* São Paulo: Martins Fontes, 2007. p. 38.

[28] Meireles, Edilton. *O novo CPC e sua aplicação supletiva e subsidiária no processo do trabalho. In O novo código de processo civil e seus reflexos no processo do trabalho.* Org: Élisson Miessa. Salvador: Juspodivm, 2015. p. 44-45.

[29] Conforme informações obtidas e atualizadas em 03.11.2015, no sítio eletrônico da Câmara dos Deputados. Para acompanhamento do Projeto de reforma da execução trabalhista acesse: <http://www2.camara.leg.br/proposicoesWeb/fichadetramitacao?idProposicao=1805807>.

> "**Art. 876-A.** Aplicam-se ao cumprimento de sentença e à execução de título extrajudicial as regras contidas no presente Capítulo e, naquilo em que não forem incompatíveis, **subsidiariamente**, as regras do **Código de Processo Civil.**" (gn)

Da redação do dispositivo pode-se concluir que, a partir da reforma da execução trabalhista, a Lei de Execuções Fiscais – Lei nº 6.830/80 – deixará de ser a fonte subsidiária primária da execução trabalhista para ceder lugar à aplicação subsidiária do Código de Processo Civil. Aí sim estudo da prescrição intercorrente tratada pelo novo CPC será de grande importância para o operador do processo trabalhista.

Mas, não obstante, a reforma da execução trabalhista deixa claro que o Código de Processo Civil será aplicado apenas subsidiariamente, ou seja, na ausência de normas e naquilo que não for incompatível com a principiologia e peculiaridades próprias do processo do trabalho.

O projeto também cuida da prescrição intercorrente. Caso aprovado, a CLT passará a contar com o seguinte dispositivo:

> "**Art. 889-D.** Não localizados bens para garantir o débito, serão os credores intimados para indicá-los em 30 (trinta) dias.
>
> *§ 1º* Silentes os credores, os autos serão arquivados provisoriamente, pelo prazo de 1 (um) ano, após a inclusão do nome dos obrigados no Banco Nacional de Devedores Trabalhistas (BNDT).
>
> *§ 2º* Decorrido o prazo estabelecido no § 1º, os credores serão novamente intimados, e, não havendo indicação, o juiz determinará nova realização de todos os procedimentos legais disponíveis para a constrição de bens."

Observe-se que, com a reforma da execução, não mais haverá previsão para a hipótese de suspensão do processo pelo prazo de 1 (um) ano, tal qual é previsto no art. 40, §§ 1º e 2º, da LEF. Agora, caso não localizados os bens e não havendo indicação pelos credores, os autos serão *arquivados provisoriamente*, pelo prazo de 1 (um) ano.

Esse arquivamento provisório não provocará a fluência do prazo prescricional intercorrente, pois haverá uma segunda chance, já que, após o decurso do prazo do arquivamento provisório os credores serão novamente intimados para indicar bens e, caso permaneçam silentes, tal providencia caberá ao Juiz do Trabalho, que deverá determinar nova realização de todos os procedimentos legais disponíveis para constrição de bens.

Peca o projeto ao deixar um limbo normativo após essa segunda tentativa de penhora, caso a mesma se frustre. O que não se pode admitir, tampouco seria razoável, é que o Juiz do Trabalho tenha que repetir tal procedimento de forma cíclica e eternamente. Assim, como proceder após a segunda tentativa frustrada prevista no § 2º do art. 889-D? Diante da omissão, encontra perfeita aplicação supletiva[30] o Código de Processo Civil.

Interessante seria que o Projeto trouxesse expressamente solução legal caso frustrada a segunda tentativa de penhora, o que se recomenda, *de lege ferenda*. No entanto, caso assim não ocorra, é preciso lembrar que o novo CPC traz regras expressas acerca da prescrição intercorrente, que deverão colmatar as lacunas que, por certo, ainda existirão após a reforma da execução trabalhista, caso nenhuma emenda seja feita ao Projeto.

Sobre a prescrição intercorrente, assim estabelece o novo CPC, *verbis*:

> **Art. 921.** Suspende-se a execução:
>
> [...]
>
> **III** – quando o executado não possuir bens penhoráveis;
>
> ***§ 1º*** Na hipótese do inciso III, o juiz suspenderá a execução pelo prazo de 1 (um) ano, durante o qual se suspenderá a prescrição.
>
> ***§ 2º*** Decorrido o prazo máximo de 1 (um) ano sem que seja localizado o executado ou que sejam encontrados bens penhoráveis, o juiz ordenará o arquivamento dos autos.
>
> ***§ 3º*** Os autos serão desarquivados para prosseguimento da execução se a qualquer tempo forem encontrados bens penhoráveis.
>
> ***§ 4º*** Decorrido o prazo de que trata o § 1º sem manifestação do exequente, começa a correr o prazo de prescrição intercorrente.
>
> ***§ 5º*** O juiz, depois de ouvidas as partes, no prazo de 15 (quinze) dias, poderá, de ofício, reconhecer a prescrição de que trata o § 4º e extinguir o processo.
>
> **Art. 924.** Extingue-se a execução quando: [...]
>
> **V** – ocorrer a prescrição intercorrente.

Portanto, após o procedimento previsto no § 2º do art. 889-D da CLT, com a redação que será dada pela reforma, deverá o juiz do trabalho aplicar supletivamente os artigos 921 e 924 do novo CPC.

De acordo com o que foi até aqui exposto, pode-se concluir que, a partir da reforma da execução trabalhista e da entrada em vigor do novo CPC, o procedimento, em caso de ausência de bens será o seguinte:

[30] Segundo Mauro Schiavi, "*haverá aplicação supletiva do CPC quando, apesar da lei processual trabalhista disciplinar o instituto processual, não for completa. Nesta situação, o Código de Processo Civil será aplicado de forma complementar, aperfeiçoando e propiciando maior efetividade e justiça ao processo do trabalho*" (*in A aplicação supletiva e subsidiária do código de processo civil ao processo do trabalho.* Salvador: JusPodivm, 2015. p. 55-56. No caso, com a reforma da execução, a CLT passará a disciplinar os casos de paralisação da execução por ausência de bens, mas o fará de forma incompleta, o que atrairá a aplicação do Código de Processo Civil então em vigor.

1. não localizados bens para garantia do juízo, os credores serão intimados para tanto. Caso permaneçam silentes, serão os autos arquivados provisoriamente pelo prazo de 1 (um) ano (art. 889-D, § 1º);
2. decorrido o prazo de arquivamento provisório, os credores serão novamente intimados para indicação de bens e, caso permaneçam silentes, o juiz determinará nova realização de todos os procedimentos legais disponíveis para a constrição de bens (art. 889-D, § 2º);
3. persistindo a execução infrutífera, o juiz suspenderá a execução pelo prazo de 1 (um) ano, durante o qual não fluirá a prescrição (art. 921, § 1º, do NCPC);
4. Decorrido o prazo máximo de 1 (um) ano sem que sejam encontrados bens penhoráveis, o juiz ordenará o arquivamento dos autos, data a partir da qual começará a fluir o prazo prescricional de 2 (dois) anos (art. 921, §§ 2º e 4º, NCPC)[31];
5. Decorrido o prazo de 2 (dois) anos, o juiz, depois de ouvidas as partes, poderá reconhecer a prescrição e extinguir o processo (art. 921, § 5º, NCPC), caso o exequente não comprove que, nesse período, movimentava-se em busca de bens.

Come feito, mesmo com a reforma da execução e com a entrada em vigor do Novo CPC, para que seja pronunciada a prescrição intercorrente é preciso que haja uma inércia injustificada e desinteressada do exequente. Do contrário, caso demonstrado pelo exequente que ainda buscava bens passíveis de penhora, não poderá o juiz extinguir o processo[32], já que as normas processuais do Novo CPC continuarão a passar pelo filtro adaptativo antes de serem aplicadas no processo do trabalho.

Nessa diretriz, também passou a prevalecer de um modo geral na jurisprudência do Superior Tribunal de Justiça entendimento no sentido de que o reconhe-

[31] Nesse sentido Enunciado 452 do Fórum Permanente de Processualistas Civis: (art. 921, § 4º; enunciado 314 da súmula do STJ). **O prazo de prescrição intercorrente previsto no art. 921, § 4º, tem início automaticamente um ano após a intimação da decisão de suspensão de que trata o seu § 1º**. (Grupo: Execução)

[32] A prescrição intercorrente é sanção ante a falta de tramitação injustificada ante a inércia do titular da pretensão. Ocorrerá sempre que o credor deixar transcorrer o mesmo prazo determinado para a prescrição da ação, *sem praticar qualquer ato no sentido de demonstrar que ainda tem interesse no prosseguimento do feito*. Portanto, coadunamos com o pensamento de Arlete Inês Aurelli, para quem "*só se poderá falar em prescrição intercorrente, caso ficar caracterizada a efetiva inércia do credor, ou seja, a demonstração de sua falta de vontade em continuar com a execução ou dar encaminhamento ao cumprimento da sentença" in: Execução. Coleção Novo CPC: doutrina selecionada*. Volume 5. Salvador: JusPodivm, 2015. p. 238. No mesmo sentido, nos seus comentários ao novo CPC, afirma Nelson Nery Júnior que "*esta condição para a verificação da prescrição intercorrente, de inércia do exequente na persecução da satisfação do crédito, foi sedimentada na jurisprudência e acabou sendo acolhida pelo atual CPC" in Comentários ao cpc*. São Paulo: RT, 2015. p. 1898.

cimento da prescrição intercorrente fica condicionado ao desleixo do exequente mesmo após a sua intimação pessoal. Realmente, a 4ª Turma, no julgamento do Agravo Regimental no Recurso Especial 1.245.412-MT, de relatoria do ministro Luis Felipe Salomão, decidiu, com arrimo em anterior acórdão, que:

> "[...] De acordo com precedentes do Superior Tribunal de Justiça, a prescrição intercorrente só poderá ser reconhecida no processo executivo se, após a intimação pessoal da parte exequente para dar andamento ao feito, a mesma permanece inerte (AgRg. no AREsp. 131.359-GO, relator ministro Marco Buzzi, 4ª Turma, julgado em 20 de novembro de 2014, DJe 26 de novembro de 2014). Na hipótese, não tendo havido intimação pessoal da parte exequente para dar andamento ao feito, não há falar em prescrição" (v. u., j. 8.8.2015, DJe 31 de agosto de 2015).[33]

Portanto, após todo trâmite acima descrito, o juiz deverá ouvir o titular do crédito e, somente caso este não comprove que tomou providências no sentido buscar bens passíveis de penhora, deverá ser pronunciada a prescrição. Caso contrário, não teria sentido a prévia oitiva da parte antes do pronunciamento da prescrição.

7. Notas conclusivas

A prescrição intercorrente no processo do trabalho deve atualmente ser encarada a partir do princípio da tutela da confiança, que fundamenta o fenômeno da *suppressio*, originária da boa-fé objetiva, e que tem como conteúdo a perda de um direito não exercido durante um lapso temporal considerável, que, por conta da inação, perde sua eficácia.

A razão desta supressão é a confiança em um dado comportamento de não exercer o direito. Tal confiança gera na outra parte uma expectativa legítima de que a posição jurídica contraditória não mais será exercida.

Nessa ordem de ideias, conclui-se que a inércia deliberada, injustificada e desinteressada do titular do direito (*factum proprium*), por um determinado período de tempo, cria na contraparte uma expectativa de que a posição jurídica de vantagem (*venire*) não mais será exercida, o que suprime do titular a possibilidade de exigência dessa pretensão.

Demonstrou-se que o fenômeno da prescrição intercorrente é exemplo claro de ocorrência da *supressio* no processo do trabalho, já que, para sua ocorrência,

[33] Ao comentar referida decisão José Rogério Cruz e Tucci afirmou que "*Importa anotar que essa linha orientativa, na prática, acaba exterminando a prescrição intercorrente, visto que, a depender da intimação pessoal do exequente, basta qualquer manifestação deste para impedir o seu reconhecimento.*" Discordamos do referido autor. Na verdade, não basta qualquer manifestação do exequente para impedir o seu reconhecimento. Como dito, é preciso que este demonstre que estava em movimento e na busca pela satisfação de seu crédito, como, por exemplo, juntando aos autos comprovantes de pesquisas de bens e diligências nesse sentido. Prescrição pressupõe inércia.

exigem-se os seguintes pressupostos: decurso do tempo e inatividade imputável exclusivamente ao exequente. Logo, perfeitamente aplicável a prescrição intercorrente no processo do trabalho, uma vez que as súmulas 114 do TST e 327 do STF devem ser lidas em conjunto, ante a sua compatibilidade.

Observou-se também que, como a entrada em vigor do novo CPC, a disciplina da prescrição intercorrente no processo do trabalho permanecerá inalterada, vez que o art. 889 da CLT é norma especial em relação ao artigo 15 do novo CPC.

O mesmo não se poderá dizer a partir da reforma da execução trabalhista que, como visto, provocará significativa mudança na matéria. Com a reforma, o Novo CPC encontrará espaço suficiente para aplicação supletiva, ante a expressa previsão no PLS nº 606/2011.

Por fim, forçoso concluir que o projeto da reforma da execução é falho ao deixar um vazio normativo no tocante a situação na qual não forem encontrados bens passíveis de penhora após a segunda tentativa procedimental. Nesse ponto, recomenda-se uma emenda ao Projeto para que a omissão seja suprida. Caso contrário, deverá ser aplicado o Novo CPC de maneira supletiva, já que a reforma da execução tratará apenas parcialmente da prescrição intercorrente.

8. Referências

ALMEIDA, Isis de. *Manual de direito processual do trabalho.* 2º volume. 9. Ed. São Paulo: LTr, 1998.

AURELLI, Arlete Inês. *Uma revisita ao tema da prescrição intercorrente no âmbito do processo civil em ênfase no Novo CPC. In: Novo CPC doutrina selecionada.* Volume. 5. Execução. Salvador: JusPodivm, 2015.

BETTI, Emilio. *Interpretação da lei e dos atos jurídicos.* São Paulo: Martins Fontes, 2007.

BRAGA, Roberto Wanderley. *O bom vizinho só entra na sua casa quando convidado! O art. 15, do NCPC, e sua implicação no Processo do Trabalho.* Parlatório Jurídico, 14.10.2015. Disponível em: < http://parlatoriojuridico.com.br/parlatoriojuridico/pagina/90>

CABRAL, Antônio do Passo. *Coisa julgada e preclusões dinâmicas.* Salvador: JusPodivm, 2013.

CAHALI, Yussef Said. *Prescrição e decadência.* São Paulo: RT, 2008.

DELGADO, Mauricio Godinho. *Curso de direito do trabalho.* 13. ed. São Paulo: LTr, 2014.

DIDIER JÚNIOR, Fredie. NOGUEIRA, Pedro Henrique Pedrosa. *Teoria dos fatos jurídicos processuais.* Salvador: JusPodivm, 2011.

LEITE, Carlos Henrique. *Curso de direito processual do trabalho.* 13. ed. São Paulo: Saraiva, 2015.

MALTA, Christovão Piragibe Tostes. *Prática do processo trabalhista.* 35. ed. São Paulo: LTr, 2008.

MARTINEZ, Luciano. *Curso de direito do trabalho.* 6. ed. São Paulo: Saraiva, 2015.

MEIRELES, Edilton. *O novo CPC e sua aplicação supletiva e subsidiária no processo do trabalho. In O novo código de processo civil e seus reflexos no processo do trabalho.* Org: Élisson Miessa. Salvador: Juspodivm, 2015.

MENEZES CORDEIRO, António Manuel da Rocha Menezes. *Da boa-fé no direito civil.* Coimbra: Almedida, 1997.

MIZIARA, Raphael. BRAGA, Roberto Wanderley. *Informativo do TST Comentados*. Teresina: Dinâmica Jurídica, 2014.

NERY JUNIOR, Nelson. NERY, Rosa Maria de Andrade. Comentários ao código de processo civil – novo CPC. 1. ed. São Paulo: RT, 2015.

SCHIAVI, Mauro. *Execução no processo do trabalho*. 7. ed. São Paulo: LTr, 2015.

______. *O novo CPC e sua aplicação supletiva e subsidiária no processo do trabalho. In: O novo código de processo civil e seus reflexos no processo do trabalho*. Org: Élisson Miessa. Salvador: Juspodivm, 2015.

SILVA, Homero Batista Mateus da. *Curso de direito do trabalho aplicado*. V. 10. Execução trabalhista. 2. ed. São Paulo: RT, 2015.

SCHREIBER, Anderson. *A proibição de comportamento contraditório: tutela da confiança e venire contra factum proprium*. 2. ed. Rio de Janeiro: Renovar, 2007.

STRECK, Lênio. DELFINO, Lúcio. (*et. al.*). *A cooperação processual do novo CPC é incompatível com a Constituição*. Consultor Jurídico, 23.12.2014. Disponível em: <http://www.conjur.com.br/2014-dez-23/cooperacao-processual-cpc-incompativel-constituicao>.

SUSSEKIND, Arnaldo. MARANHAO, Délio. VIANNA, Segadas. TEIXEIRA FILHO, João de Lima. *Instituições de direito do trabalho*. Volume II. 19. ed. São Paulo: LTr, 2000.

TEIXEIRA FILHO, Manoel Antônio. *Execução no processo do trabalho*. 10. ed. São Paulo: RT, 2011.

TEPEDINO, Gustavo. *et. al. Código Civil Interpretado*. Vol. I. 3. ed. Rio de Janeiro: Renovar, 2014.

THEODORO JUNIOR, Humberto, NUNES, Dierle, BAHIA, Alexandre Melo Franco, PEDRON, Flavio Quinaud. *Novo CPC fundamentos e sistematização*. Rio de Janeiro: Forense, 2015.

TUCCI, José Rogério Cruz e. *STJ traz nova orientação sobre reconhecimento da prescrição intercorrente*. Consultor Jurídico, 03.11.2015. Disponível em: < http://www.conjur.com.br/2015-nov-03/paradoxo-corte-stj-traz-orientacao-prescricao-intercorrente-execucao>

Embargos de terceiro: Perfil no código de processo civil de 2015

Rita Quartieri

1. Introdução

O Código de Processo Civil de 2015 surgiu após um cenário de sucessivas reformas do processo, com o objetivo de prestigiar a garantia do direito constitucional à tutela jurisdicional efetiva, trazendo relevantes alterações.

Destaca-se a compactação e a unificação do procedimento, não mais revelado pela dualidade "sumário" / "ordinário", e sim pelo procedimento único e comum, em paralelo a técnicas especiais, para reger a discussão posta em juízo.

A especialidade resulta de uma adequação ou ajustamento para atender o direito material tutelado, a qual, como bem considera Heitor Sica[1], não se resume a aspectos meramente procedimentais, uma vez que "há procedimentos especiais que têm regras específicas relativas à legitimação, à competência, à coisa julgada, estabelecem limitações horizontais à cognição judicial etc. Em todos esses casos, os procedimentos especiais são informados, em verdade, por normas diferenciadas de caráter processual".

Essa situação ocorre, segundo Humberto Theodoro Júnior[6], para atender a "mecânica do direito material", [5] a qual pode exigir "que a forma se ajuste e se harmonize à substância".

[1] Sica, Heitor Vitor Mendonça. Reflexões em torno da teoria geral dos procedimentos especiais. *Revista de processo*, vol. 208. São Paulo: RT, Jun / 2012. Segundo o autor, outro aspecto de que cuida a "teoria geral dos procedimentos especiais" refere-se à subsidiariedade das normas gerais do procedimento comum regulado pelo Livro I do Código de Processo Civil. Trata-se de um princípio aplicável a todo e qualquer procedimento especial, mesmo naqueles casos de procedimentos "muito especiais" (como o mandado de segurança ou as "ações coletivas") (idem). O Código de Processo Civil de 2015, quanto a isso, estabelece: Art. 318. Aplica-se a todas as causas o procedimento comum, salvo disposição em contrário deste Código ou de lei. Parágrafo único. O procedimento comum aplica-se subsidiariamente aos demais procedimentos especiais e ao processo de execução.

Portanto, a necessidade de procedimentos especiais decorre da necessidade de adaptar o procedimento comum às peculiaridades do direito material, que não seria corretamente veiculado pelo desenho geral formatado pelo legislador.

O Código de Processo Civil de 2015, nessa perspectiva, alinhavou de maneira mais técnica os procedimentos especiais que constavam do ordenamento anterior, aperfeiçoando-os e melhor catalogando-os, como é o caso dos embargos de terceiro.

2. Aspectos relevantes dos embargos de terceiro

Os embargos de terceiro constituem procedimento especial destinado à liberar bens sob a posse de terceiro de ato constritivo judicial ou sua ameaça, ou a livrar bens da parte com direito incompatível com esse mesmo ato. Ainda, favorece o credor com garantia real para obstar expropriação judicial do objeto de direito real de garantia, caso não tenha sido intimado, nos termos legais, dos atos expropriatórios respectivos (CPC, art. 674).

De acordo com a perfeita lição de Donaldo Armelin[2] os embargos de terceiro são autorizados em consequência de uma prestação anormal da tutela jurisdicional, assim também qualificada diante das partes, em razão de limites impostos pelo direito material, a impedir a incidência dos efeitos de ato jurisdicional constritivo.

Não há consenso quanto a sua natureza jurídica. Superada, contudo, a discussão quanto à natureza de ação possessória, pois o fundamento não é reaver posse turbada ou esbulhada, mas livrar o bem de ato de constrição judicial ou inibi-la.[3] A posse atua como pressuposto ao ajuizamento dos embargos, e não como fundamento do pedido. Ademais, a propriedade e o direito real de garantia também podem fundamentar os embargos.

Cabe, aliás, destacar o que Flavio Yarshell[4] traduz como atipicidade do direito de ação, o qual, embora relacionado a diferentes situações jurídico-substanciais,

[2] Armelin, Donaldo. Dos embargos de terceiro. *Revista de Processo*, n. 65. São Paulo: RT, 1991, p. 40.

[3] Hamilton de Moraes e Barros chegou a considerar que os embargos de terceiro tem a indisfarçável finalidade de devolver ao titular a sua posse, de que se viu privado, ou de devolver a tranquilidade nela, ante uma ameaça. Para o autor, são considerados, enfim, os embargos de terceiro, ora verdadeira ação de restituição de posse, ora ação de prevenção ou de manutenção. Não obstante, o Autor acaba por concluir que os embargos de terceiro diferem da possessória, porque os primeiros dão proteção no caso particular de provir a violação ou ameaça de diligência judicial. Afirma, nesse sentido, que "a pedra de toque é a proveniência do ato violador. Quando ela é ato judicial, prossegue, "e somente aí, haverá lugar para os embargos de terceiro. Se vier a agressão de um particular, ou do próprio Estado, como empresário ou no exercício de função administrativa, e não no exercício da função jurisdicional, a proteção a invocar-se será a do direito comum, ou seja, a das ações possessórias "(*Comentários ao Código de Processo Civil*. 5. ed. Rio de Janeiro: Forense, 1987, p. 360).

[4] Yarshell, Flávio Luiz. 2 ed. *Tutela jurisdicional*. São Paulo: DPJ editora, 2006, p. 39.

é essencialmente o mesmo. Por isso, a nomenclatura das ações não confere especialidade.

Portanto, não há que se adjetivar a ação em função do direito material, mas considerar a natureza do pedido imediato. Nessa seara, parte da doutrina considera os embargos como ação desconstitutiva.[5]Adeptos da teoria quinaria ainda reconhecem um efeito mandamental,[6] como é o caso de Araken de Assis[7], posição que se afasta sob o argumento de que a ordem a ser executada é interna; é ato do próprio juízo que determina a liberação do bem.

Nos embargos, o pedido mediato determina a espécie de provimento que será buscado. O credor com garantia real nada visa desconstituir; apenas obstar expropriação judicial caso não tenha sido intimado, nos termos legais dos atos expropriatórios respectivos.

Assim, de acordo com o pedido mediato, a sentença poderá ser mandamental (pedido inibitório, para impedir a concretização da constrição), desconstitutiva (pedido de desfazimento da constrição) ou declaratória (quanto o objeto da ação é apenas assegurar preferência ao credor com garantia real).[8]

Quanto à forma em que é trazida a pretensão do terceiro, não há exercício de modalidade de terceria, como já se pensou.[9] O terceiro, nos embargos, não se converte em parte na ação que originou o ato de constrição; seu objetivo não é evitar eventuais efeitos jurídicos reflexos da sentença em sua esfera. Cuida-se de exercício de ação, em que introduzida pretensão própria à ação que originou (ou irá originar) o ato constritivo.

[5] THEODORO JUNIOR, Humberto. *Curso de Direito Processual Civil*. V. III. 42 ed. Rio de Janeiro: Forense, 2010, p, 49. Donaldo Armelin reconhece, contudo, que essa categorização dos embargos "não elide a circunstância de ser a desconstituição do ato constritivo mero instrumento, ainda que indispensável, de se eliminar a constrição, objetivo precípuo desta ação" (Dos Embargos de terceiro. *Revista de processo*, n. 62, São Paulo: RT, 1991, p. 47).

[6] Para afastar a tese da mandamentalidade, argumenta-se a respeito da impossibilidade do órgão jurisdicional emanar ordem para si mesmo. Sob a perspectiva do processo, afirma Ruy Zach Rodrigues que "essa mandamentalidade está reduzida, no máximo, àquela ordem interna do juiz ao serventuário ou ao depositário" (*Embargos de terceiro*. São Paulo: RT, 2006, p. 69).

[7] ASSIS, Araken. *Manual do processo de execução*. 7 ed. São Paulo: RT, 2001, p. 1185.

[8] Flávio Yarshel considera que não há modelos para ação; o fenômeno da tipicidade está ligada ao fenômeno da projeção, por assim dizer, do que "seria o exercício, em concreto, do direito de ação diante de uma situação, e apoiada na projeção da demanda ou demandas proponíveis em face dessa situação." E conclui que "embora a demanda – entendida como mero ato inaugural do processo – não comporte tipificação, seus elementos identificadores (baseados na aludida projeção do exercício do direito de ação, em face da situação concreta), abrem caminho para que se identifique o que se considera típico em uma ação. Essa tipicidade pode ter repercussões na determinação das vias de ingresso perante o Judiciário" (*Tutela jurisdicional*. 2. ed. São Paulo: DPJ editora, 2006, p. 64-97).

[9] A forma de inserção dessa pretensão é assemelhada à *oposição*, mas com ela não se confunde, porque com os embargos visa o terceiro excluir bem de ato judicial constritivo, e na oposição pretende este (terceiro) afastar as posições de ambas as partes, pleiteando para si o bem da vida disputado na demanda.

A pretensão do embargante também não se exerce através de incidente[10] no processo em que tenha ocorrido o ato de apreensão judicial, embora haja projeção de efeitos com o seu acolhimento, no sentido de que haverá influência na execução e seu esvaziamento, se desconstrito o único bem vinculado àquela; assim como a extinção da execução na pendência dos embargos trará reflexos a estes. A relação é de prejudicialidade[11] com o processo no bojo do qual se deu a constrição, mas exercida a pretensão através do direito de ação.

3. Condições da ação

A legitimidade aos embargos de terceiro está ligada a ausência de responsabilidade patrimonial na execução, uma vez que quem responder, passivamente, pela execução, não poderá ajuizar embargos de terceiro em razão do estado de sujeição patrimonial.

Na execução – vale destacar – a legitimidade é tirada de hipótese legal prevista como situação legitimante, nem sempre haurida do título. O ponto central é a análise da responsabilidade patrimonial[12], que é o vínculo de sujeição dos bens do devedor à satisfação da execução, que poderá alcançar o responsável executivo secundário, e não aquele que consta no título.

Por outro lado, para aferir a legitimidade em sede de embargos de terceiro, parte-se da premissa da ausência de sujeição ao ato judicial constritivo.

Portanto, o terceiro legitimado aos embargos de terceiro será aquele cujos bens não respondem pela execução; se houver qualquer espécie de sujeição de patrimônio à responsabilidade patrimonial não terá a técnica excludente de constrição a seu dispor. Esse critério vale tanto para o possuidor, proprietário possuidor ou parte com direito incompatível com o direito constritivo.

A recente lei processual civil optou por fórmula genérica, sem listar os atos de apreensão que oportunizam os embargos de terceiro, como constava do orde-

[10] Candido Rangel Dinamarco esclarece que um *incidente* no processo é apenas um procedimento menor que se realiza à margem do procedimento principal, a exemplo das exceções de incompetência, de suspeição ou impedimento do juiz; não sendo um processo em si mesmo (*Instituições de direito processual civil*. V. IV. 5. ed. São Paulo: Malheiros, p. 735).

[11] Sandro Gilbert Martins, discorrendo sobre o conceito de *prejudicialidade*, conclui que o mesmo é situacional, ou seja, "só existe numa determinada situação especificamente considerada, da qual decorra o grau de influência é daquela eu condiciona o conteúdo, o teor da decisão subseqüente, predeterminando o sentido em que há de ser resolvida" (*A defesa do executado por meio de ações autônomas*. 2. ed. São Paulo: RT, 2005, p. 158).

[12] Em razão da responsabilidade patrimonial o sistema pode sujeitar outras pessoas e outros patrimônios à demanda executiva, que não apenas o devedor e os bens do devedor, como é o caso do responsável executivo secundário. Este é parte, e parte legítima, mas, como não foi parte no processo de conhecimento e não figura no título executivo, "sua legitimidade não é primária, mas independente, ditada por lei expressa, de modo que se trata de legitimidade extraordinária" (Candido rangelDinamarco, *Instituições de direito processual civil*. V. IV. 5. ed. São Paulo: Malheiros, p. 217).

namento anterior. O artigo 674 aduz que a ação é autorizada a quem, "não sendo parte no processo, sofrer constrição ou ameaça de constrição sobre bens que possua ou sobre os quais tenha direito incompatível com o ato constritivo".

O "direito incompatível" com o ato constritivo diz respeito ao direito da própria parte. O ordenamento anterior referia-se impropriamente à parte equiparada a terceiro, quando, na verdade, a condição de terceiro tem a ver apenas com a sujeição do bem objeto de constrição à execução. Também não se revelava adequado aludir a um "duplo papel" para permitir a atuação do sujeito ora como parte ora como terceiro, se essas situações devem ser hauridas do direito material.

Com efeito, a posição que o STJ vinha adotando era no sentido de que em execução movida contra o casal, qualquer um deles era legitimado para discutir a dívida. Contudo, se movida apenas em face de um deles e o cônjuge era intimado da constrição, este possuía legitimidade tanto para discutir pela via dos embargos a execução o título, quanto pela via dos embargos de terceiro a constrição sobre sua meação, como assim passou a estabelecer a Súmula 134: "embora intimado da penhora em imóvel do casal, o cônjuge do executado pode opor embargos de terceiro para defesa de sua meação".

Assim é que o parágrafo segundo do artigo 674 considera terceiro, para ajuizamento dos embargos: "I – o cônjuge ou companheiro, quando defende a posse de bens próprios ou de sua meação, ressalvado o disposto no art. 843".

O artigo 843 trata da penhora de bem indivisível, que a parte do cônjuge alheio à execução recairá sobre o produto da alienação do bem[13].

Essa orientação acabou sendo incorporada no texto normativo em razão da posição do STJ quanto ao tema. Após intensa controvérsia a respeito da forma de proteção da meação em caso de bens indivisíveis, prevaleceu o entendimento de que o direito do cônjuge embargante restringe-se a meação do produto da venda judicial e não à metade ideal do bem penhorado, o que seria um contrassenso.

O ajuizamento dos embargos foi ainda ampliado à companheira, em conformidade com o entendimento do STJ.[14]

[13] Art. 843. Tratando-se de penhora de bem indivisível, o equivalente à quota-parte do coproprietário ou do cônjuge alheio à execução recairá sobre o produto da alienação do bem.

[14] A jurisprudência do STJ já era firme nesse sentido:

PROCESSO CIVIL – EMBARGOS DE TERCEIRO – COMPANHEIRA – PARTILHA DE BENS JÁ DEFINIDA (ARTS. 1.046 E 1.050 CPC).

1. É parte legítima para embargar a execução companheira que, garantida com partilha de bens já decretada, deles ainda não dispõe por falta de homologação da partilha.

2. Legitimidade ativa da possuidora mediata, garantida com a partilha, para fazer uso dos interditos, inclusive embargos de terceiro.

3. Recurso especial desprovido.

(Resp 426.239/RS, Rel. Ministra ELIANA CALMON, SEGUNDA TURMA, julgado em 04/05/2004, DJ 28/06/2004, p. 230)

Além disso, o Código de Processo Civil de 2015 incorporou a discussão de fraude a execução em embargos de terceiro, legitimando o adquirente de bens cuja constrição decorreu de decisão que declara a ineficácia da alienação realizada em fraude a ajuizar os embargos para livrar o bem da constrição (CPC, art. 674, § 2º., inciso II).[15]

Nesse contexto, na seara da responsabilidade patrimonial, há previsão de que o juiz deverá intimar o terceiro adquirente antes de declarar a fraude à execução, que, se quiser, poderá opor embargos de terceiro, no prazo de 15 (quinze) dias (Art. 792, § 4).

Sob esse estigma, há importante inovação no sistema processual quanto à prova da boa fé do terceiro adquirente. O terceiro, no caso de aquisição de bem não sujeito a registro, tem o ônus de provar que adotou as cautelas necessárias para a aquisição, mediante a exibição das certidões pertinentes, obtidas no domicílio do vendedor e no local onde se encontra o bem (CPC, art. 792, § 2º).

O Código de Processo Civil estabelece que os embargos de terceiro poderão ser opostos por quem sofre constrição judicial de seus bens por força de desconsideração da personalidade jurídica, de cujo incidente não fez parte (CPC, art. 674, III). Essa previsão convive em harmonia com o novo incidente de desconsideração da personalidade jurídica regulado pelos artigos 133 a 137 para transformar em parte o sócio, desde que presentes os pressupostos. Se forem alcançados bens de terceiro não citado no incidente, este poderá ajuizar os embargos de terceiro.

Desconsiderada a personalidade jurídica e devidamente citado o sócio é parte, e deve aforar embargos à execução.[16] [17] Contudo, quis aclarar o legislador que se este não foi citado no incidente de desconsideração é terceiro, podendo ajuizar embargos de terceiro.

15 PROCESSUAL CIVIL. AGRAVO REGIMENTAL EM RECURSO ESPECIAL. EXECUÇÃO FISCAL. RECONHECIMENTO DE FRAUDE À EXECUÇÃO. IMPUGNAÇÃO.
NECESSIDADE DE DILAÇÃO PROBATÓRIA. MEIO HÁBIL: EMBARGOS DE TERCEIRO. PRECEDENTES.

1. A jurisprudência deste Superior Tribunal de Justiça é no sentido de que o terceiro prejudicado deve manejar embargos de terceiro quando sua pretensão demandar ampla dilação probatória, como o caso dos autos, em que se discute a existência ou não de fraude à execução.
Precedentes: RMS 24.487/GO, Rel. Min. LUIZ FUX, Primeira Turma, DJe 01/12/2010; REsp 1.260.490/SP, Rel. Min. NANCY ANDRIGHI, Terceira Turma, DJe 02/08/2012.
2. Agravo regimental não provido.

(AgRg no REsp 1496989/SC, Rel. Ministro MAURO CAMPBELL MARQUES, SEGUNDA TURMA, julgado em 05/02/2015, DJe 12/02/2015)

16 Há entendimento sumular nesse sentido (Súmula 184 do TFR).

17 O STJ decidiu que "havendo desconsideração da personalidade jurídica, os sócios passam a ser parte no processo de execução, pelo que se mostra cabível o oferecimento de embargos do devedor, e não de terceiros." (AgRg no AgRg no Ag 656172; Ministro Arnaldo Esteves Lima; j. 04/10/2005 DJ 14.11.2005 p. 383).

Ainda é legitimado o credor com garantia real para obstar expropriação judicial do objeto do direito real de garantia, caso não tenha sido intimado, nos termos legais, dos atos expropriatórios respectivos (CPC, art. 674, § 2º, in. III).

Essa intimação na execução visa garantir o exercício do direito de preferência sobre a garantia real, e é determinada pelo artigo 799 do Código de Processo Civil.[18] Se essa intimação não ocorrer, será ineficaz a alienação que desconsidere tal intimação, como assim determina o artigo 804: "A alienação de bem gravado por penhor, hipoteca ou anticrese será ineficaz em relação ao credor pignoratício, hipotecário ou anticrético não intimado".

Neste caso, poderão ser aforados embargos com o objetivo de impedir a alienação judicial do bem, se houverem outros bens. Caso contrário, os embargos apenas garantem o direito de preferência[19]. Alias, cabe destacar que há restrição temática à defesa nos embargos ajuizados pelo credor com garantia real (CPC, art. 680).

Nesse contexto, o juiz, de ofício, se identificar a existência de terceiro com interesse em embargar o ato, mandará intimá-lo pessoalmente (CPC, art. 675). E essa intimação se dá como ato de ciência ao terceiro da constrição, à semelhança do que ocorre na intimação do cônjuge e na intimação do terceiro com garantia real na execução.

[18] Estabelece o art. 799 que:
Art. Incumbe ainda ao exequente:
I – requerer a intimação do credor pignoratício, hipotecário, anticrético ou fiduciário, quando a penhora recair sobre bens gravados por penhor, hipoteca, anticrese ou alienação fiduciária;
II – requerer a intimação do titular de usufruto, uso ou habitação, quando a penhora recair sobre bem gravado por usufruto, uso ou habitação;
III – requerer a intimação do promitente comprador, quando a penhora recair sobre bem em relação ao qual haja promessa de compra e venda registrada;
IV – requerer a intimação do promitente vendedor, quando a penhora recair sobre direito aquisitivo derivado de promessa de compra e venda registrada;
V – requerer a intimação do superficiário, enfiteuta ou concessionário, em caso de direito de superfície, enfiteuse, concessão de uso especial para fins de moradia ou concessão de direito real de uso, quando a penhora recair sobre imóvel submetido ao regime do direito de superfície, enfiteuse ou concessão;
VI – requerer a intimação do proprietário de terreno com regime de direito de superfície, enfiteuse, concessão de uso especial para fins de moradia ou concessão de direito real de uso, quando a penhora recair sobre direitos do superficiário, do enfiteuta ou do concessionário;
VII – requerer a intimação da sociedade, no caso de penhora de quota social ou de ação de sociedade anônima fechada, para o fim previsto no art. 876, § 7°;
VIII – pleitear se for o caso, medidas urgentes;

[19] O STJ tem entendido que "O credor com garantia real tem o direito de impedir, por meio de embargos de terceiro, a alienação judicial do objeto da hipoteca. Entretanto, para o acolhimento dos embargos, é necessária a demonstração pelo credor da existência de outros bens sobre os quais poderá recair a penhora. (REsp 578.960/SC, Rel. Ministra NANCY ANDRIGHI, TERCEIRA TURMA, julgado em 07/10/2004, DJ 08/11/2004, p. 226).

O polo passivo será integrado por quem o ato de constrição aproveita, assim como por seu adversário no processo principal, quando for sua a indicação do bem para a constrição judicial (§ 4º art. 647, CPC).

O exequente deverá figurar como demandado, conquanto atingido pelo resultado dos embargos com a desconstrição do bem vinculado a execução.[20] Quanto ao executado, predominantemente se entendia que seria legitimado apenas se houvesse concorrido para a efetivação da constrição, o que veio a ser considerado pela nova ordem processual.

Contudo, não se tenha distante que o ato constritivo subsiste ou não em face de ambas as partes. Donaldo Armelin[21] justifica esse asserto: "se o credor embargado perde, com a procedência dos embargos, a garantia que lhe assegurava a penhora, o devedor, que não se convola em parte, perderá a posse ou a titularidade que vinha exercendo sobre o bem objeto dos embargos".

Embora a matéria possa ser discutida em ação própria, o executado fica sujeito à perda da posse ou titularidade de direitos, sem que possa exercer o direito de participação no processo.[22] Além disso, a relação jurídica é incindível, justificando a necessariedade, uma vez que o ato constritivo será desfeito em relação a ambos os litigantes no processo de execução, e não apenas em face do exeqüente.

No sítio do interesse de agir, este se evidencia pela existência de uma apreensão judicial ilegítima (necessidade) à posse de terceiro (adequação), tipificada por qualquer ato de constrição a esfera desse terceiro, diante da prestação de tutela jurisdicional. Não há como considerar cabíveis os embargos quando não houver interesse processual, sendo de rigor o ato judicial constritivo. [23]

[20] No processo executivo, segundo Dinamarco, é sempre em seu interesse que se penhoram bens para futura expropriação, que se apreendem bens móveis para lhe serem entregues ou se procede à imissão na posse do imóvel (*Instituições*, p. 745).

[21] ARMELIN, Donaldo. Dos Embargos de terceiro. *Revista de processo*, n. 62, São Paulo: RT, 1991, p. p. 80.

[22] ARMELIN, Donaldo. Embargos de terceiro. *Revista de processo*, n. 62, São Paulo: RT, 1991, p. p. 80.

[23] A indisponibilidade de bens imposta em liquidação extrajudicial não é ato de constrição judicial, e portanto não autoriza a oposição de embargos de terceiro. De acordo com a Lei 6024/74, artigo 36, *"os administradores das instituições financeiras em intervenção, liquidação extrajudicial ou em falência ficarão com todos os seus bens indisponíveis, não podendo, por qualquer forma, direta ou indireta, aliená-los ou onerá-los, até apuração e liquidação final de suas responsabilidades"*.

O artigo 45 da mesma Lei prevê ainda seja decretado o seqüestro dos bens que não tenham sido indisponibilizados. A hipótese de simples indisponibilidade determinada na instância administrativa não se insere na categoria de apreensão judicial, nem atende a situação ao requisito da manutenção do bem em poder do juízo, a que alude Ernane Fidélis dos Santos, o que inviabiliza o remédio *(Comentários*, p. 298). Em determinada oportunidade o Superior Tribunal de Justiça decidiu em sentido contrário: "LIQUIDAÇÃO EXTRAJUDICIAL. Instituição financeira. Indisponibilidade de bens. Gerente. Aplicação do disposto no art. 36, § 2º, da Lei 6024/74 ao gerente da empresa que teve sua liquidação extrajudicial decretada. Necessidade de proteger o terceiro de boa-fé. Recurso conhecido e provido" (REsp 297.618/SP, Rel. Ministro RUY ROSADO DE AGUIAR, QUARTA TURMA, julgado em 22.05.2001, DJ 08.10.2001 p. 220).

O artigo 674 destaca, em seu parágrafo 1º, que "os embargos podem ser de terceiro proprietário, inclusive fiduciário, ou possuidor." O dispositivo leva a crer que a posse não mais seria exigida como condição (interesse) para os embargos de terceiro, uma vez que pela dicção legal o ajuizamento da ação é autorizado ao proprietário sem posse.

O Fórum Permanente de Processualistas Civis bem elucidou o tema através do Enunciado n. 186, o qual refere que "A alusão à "posse" ou a "domínio" nos arts. 677 678 e 681 deve ser interpretada em consonância com o art. 674, *caput*, que, de forma abrangente, admite os embargos de terceiro para afastar constrição ou ameaça de constrição sobre bens que possua ou sobre quais tenha "direito incompatível com o ato constritivo".

Há ainda previsão normativa de embargos de terceiro inibitórios, os quais serão cabíveis em caso de ameaça específica e iminente de constrição. Assim, por exemplo, a indicação de bem de terceiro à penhora na inicial ou a inclusão em primeiras declarações em inventário configura ameaça de futura constrição, para fins de ajuizamento dos embargos. [24]

4. Pressupostos processuais

Prevaleceu no novo ordenamento o entendimento de que a citação será pessoal apenas se o embargado não tiver procurador constituído nos autos.[25] Cuida-se de exceção do sistema à citação direta, como ocorre com a oposição, por exemplo.

[24] Como menciona Ernane Fidélis dos Santos, "neste caso, a defesa torna-se compreensível, pois, ainda que não concretizado o ato, está ele por ocorrer, com todas as características que o identificam como de apreensão judicial, mister se fazendo, portanto, apenas que haja, pelo menos, ato informativo de que a constrição acontecerá"(*Comentários ao Código de Processo Civil*, v. VI. Rio de Janeiro:Forense, p. 490).

[25] PROCESSO CIVIL. EMBARGOS DE TERCEIRO. CITAÇÃO DO EMBARGADO NA PESSOA DO PROCURADOR CONSTITUÍDO NOS AUTOS DA AÇÃO PRINCIPAL. NECESSIDADE DE PROCURAÇÃO COM PODER ESPECIAL. DESNECESSIDADE. EXISTÊNCIA DE AUTORIZAÇÃO LEGAL. ARTS. ANALISADOS: 38, 1.050, § 3º, CPC.

1. Embargos de terceiro distribuídos em 03/02/2010, do qual foi extraído o presente recurso especial, concluso ao Gabinete em 28/11/2013.
2. Discute-se a necessidade de procuração com poder especial para que o advogado constituído pelo embargado, nos autos da ação principal, possa receber citação em embargos de terceiro.
3. Conquanto não se negue que, regra geral, a citação far-se-á na pessoa do réu, o próprio art. 215 do CPC admite que essa comunicação se dê na pessoa do "procurador legalmente autorizado".
4. A propósito, versa o art. 1.050, § 3º, do CPC, regra semelhante à contida nos arts. 57 e 316 do CPC, que preveem outras hipóteses em que a citação da parte se dá na pessoa de seu advogado – oposição e reconvenção. Trata-se, pois, de situações excepcionais, nas quais a própria lei conferiu ao causídico poder especial para a prática do referido ato processual, tornando-o verdadeiro "procurador legalmente autorizado" para tanto.
5. Recurso especial conhecido e desprovido.

(REsp 1422977/RS, Rel. Ministra NANCY ANDRIGHI, TERCEIRA TURMA, julgado em 22/05/2014, DJe 04/06/2014)

A competência para processar e julgar os embargos é do órgão que determinou a constrição. E, de acordo com regra prevista no parágrafo único do artigo 676, esta será do órgão deprecado se a constrição tiver sido realizada por carta, salvo se indicado pelo juízo deprecante o bem constrito ou já tiver sido devolvida a carta. João Paulo Hecker da Silva[26], invocando Pontes de Miranda, lembra que "a premissa é a de que cada juiz julga os embargos opostos contra seus próprios atos".

Desse modo, os embargos em regra serão ajuizados perante o juízo deprecante e, apenas se a ordem de constrição for emitida pelo juízo deprecado é que serão por ele julgados, a não ser que a carta precatória já tenha sido devolvida.

Quanto à litispendência, cabe apenas anotar que a ação possessória tendo por objeto o bem constrito não gera litispendência com os embargos de terceiro, uma vez distintos os elementos das ações. Mas se o ajuizamento dos embargos for posterior à ação possessória, pode-se considerar que ao autor dos embargos falecerá interesse processual, uma vez que a liberação do bem é efeito da sentença proferida na possessória.

Como é natural, diante dos limites do pedido, não haverá coisa julgada sobre o direito à posse, matéria que será abordada apenas nos fundamentos da sentença. Mas a improcedência dos embargos por outro motivo que não a falta de prova da posse impedirá novos embargos com relação à mesma constrição, diante dos contornos da coisa julgada.

Donaldo Armelin[27] ainda observa, quanto aos limites subjetivos, que:

> [...] o que fica definitivamente obstada é a constrição do bem liberado no mesmo processo ou em outros processos da mesma natureza em que figurem as mesmas partes ou sucessores destas. Constrições emergentes de outros processos incoados por outros credores ou autores não sofrem restrições decorrentes da coisa julgada formada em processo no qual se envolveram, como partes, embargante e embargado, mesmo recaindo sobre o bem objeto dos embargos findos com a vitória do embargante[28].

[26] SILVA, João Paulo Hecker da. *Embargos de Terceiro*. São Paulo: Saraiva, 2011, p. 133.

[27] ARMELIN, Donaldo. Notas sobre os embargos de terceiros. In: LOPES, João Batista; CUNHA, Leonardo José Carneiro da. (Org.). *Execução civil* (Aspectos Polêmicos). São Paulo: Dialética, 2005, v. 1, p. 80.

[28] O STJ já decidiu o seguinte: *"EMBARGOS DE TERCEIRO. IMPENHORABILIDADE DO IMÓVEL RESIDENCIAL DA FAMÍLIA. COISA JULGADA. NÃO OCORRÊNCIA. CERCEAMENTO DE DEFESA CARACTERIZADO. – Não tendo sido parte nos embargos do devedor apresentados pelo marido, a sua mulher pode intentar embargos de terceiro, reavivando a questão relativa à impenhorabilidade do imóvel residencial da família. – Reconhecimento da ocorrência no caso de cerceamento de defesa, obstada que foi a recorrente a ministrar a prova relativa à destinação do imóvel, e a circunstância de que a família ocupava moradia de aluguel"* (REsp 436194; Ministro BARROS MONTEIRO; j. 05/04/2005 DJ 30.05.2005; p. 380).

5. Aspectos do procedimento

Os embargos de terceiro podem ser aforados enquanto há pendência do processo que deu causa à indevida constrição, ou seja, enquanto não houver o transito em julgado. (CPC, art. 675). No cumprimento de sentença e no processo de execução o prazo final é o quinto dia após a adjudicação, alienação por iniciativa particular ou a arrematação, mas sempre antes da assinatura da respectiva carta. (CPC, art. 675, § único).

Neste âmbito, foi inserida importante regra de que se identificar terceiro com interesse em embargar, o juiz deverá determinar sua intimação pessoal. Como considera Cassio Scarpinella Bueno, [29]

> [...] o verbo "embargar" empregado pelo dispositivo parece restringir eventual questionamento do terceiro aos próprios embargos de terceiro e, consequentemente, ao prazo final mencionado no dispositivo. Cabe ao magistrado, diante dessa situação, dar ciência, sempre que for o caso, o quanto antes, da constrição, para evitar o transcurso do prazo sem que o interessado, querendo, postule o que de direito.

No caso de reconhecimento de ineficácia de ato de oneração em fraude a execução, há regra expressa no sentido de que o juiz deverá intimar o terceiro para embargar no prazo de 15 (quinze) dias (CPC, art. 792, § 4º).

O sistema processual prevê tutela provisória de evidência a favor do embargante, permitindo a manutenção ou reintegração provisória na posse, sendo dispensável o perigo de dano. É suficiente a prova da posse sobre os bens litigiosos objeto dos embargos (CPC, art. 678), admitindo-se a prova desse fato em audiência preliminar (CPC, art. 677). Essa medida pode ser condicionada a prestação de caução, ressalvada a impossibilidade econômica do embargante (CPC, art. 678, par. ún.).

6. Considerações finais

Após o exame das principais inovações nos embargos de terceiro no novo ordenamento, podemos concluir que houve o aprimoramento do instituto sob a perspectiva da técnica processual, a qual, mercê das adaptações às novas situações do direito material, procurou alargar a abrangência da legitimidade ativa.

Vale observar que a disciplina está em harmonia com a novel disciplina da execução, destacando-se como principal novidade a previsão de intimação oficiosa dos terceiros interessados para "embargar", na linha protetiva dos terceiros de boa-fé; mas ao mesmo tempo, com a imposição de novo ônus da prova.

Ainda, o novo regramento procurou albergar posições pacificas da jurisprudência e da doutrina acerca da intimação do juízo competente em hipótese de penhora por carta, intimação do advogado quando o exequente tiver procura-

[29] BUENO, Cassio Scarpinella. *Novo Código de Processo Civil Anotado*. São Paulo: Saraiva, 2015, p. 426.

dor constituído nos autos, e o cabimento da discussão em sede de embargos de fraude a execução.

O regramento é apresentado de forma coerente, considerando, de modo mais técnico, ao invés de "parte equiparada a terceiro", a perspectiva do direito material, aludindo à parte com "direito incompatível" à constrição, como legitimada ativa.

Referências

ARMELIN, Donaldo. Notas sobre os embargos de terceiros. In: LOPES; João Baptista; CUNHA, Leonardo José Carneiro da.(org.). *Execução civil* (aspectos polêmicos). São Paulo: Dialética, 2005, v. 1, p. 69-93.

___. *Embargos de Terceiro*, tese. (Doutorado em Direito). Faculdade de Direito da Pontifícia Universidade Católica de São Paulo

___. Dos embargos de terceiro. *Revista de Processo*, n. 65. São Paulo: RT, 1991, p. 27-48.

AMADEO, Rodolfo da Costa Manso Real. Embargos de terceiro. Legitimidade passiva. São Paulo: Atlas,2006.

ASSIS, Araken de. *Manual do processo de execução*. V. II. Porto Alegre: Lejur, 1987.

BUENO, Cassio Scarpinella. *Novo Código de Processo Civil Anotado*. São Paulo: Saraiva, 2015.

DINAMARCO, Cândido. *Instituições de Direito Processual Civil*. V. IV. 5. ed. São Paulo: Malheiros, 2005.

MARTINS, Sandro Gilbert. *A defesa do executado por meio de ações autônomas*. 2. ed. São Paulo: RT, 2005.

MEDINA, José Miguel Garcia. *Execução Civil*. 2. ed. São Paulo: RT, 2004.

___.Notas sobre a distinção entre partes e terceiros na execução civil: algumas situações limítrofes. In: WAMBIER, Teresa Arruda Alvim; DIDIER JUNIOR, Fredie (coord.) *Sobre os terceiros no processo civil e assuntos afins*. São Paulo, RT, 2004.

MOARES E BARROS, Hamilton. *Comentários ao Código de Processo Civil*. 5. ed. Rio de Janeiro: Forense, 1987.

NERY, Nelson. *Fraude contra Credores e os embargos de terceiro*. RJTJESP, 77/18.

OLIVEIRA NETO, Olavo de. *A defesa do executado e dos terceiros na execução civil*. São Paulo: RT, 2000.

PEREIRA, José Horácio Cintra Gonçalves. *Dos embargos de terceiro*. São Paulo: Atlas, 2002.

RODRIGUES, Ruy Zach. *Embargos de terceiro*. São Paulo: RT, 2006.

SALAMACHA, José Eli. Fraude à execução. *Direitos do credor e do adquirente de boa-fé*. São Paulo: RT, 2005.

SAMPAIO, Rogério Marrone de Castro. *Embargos de terceiro*. São Paulo: Atlas, 2004.

SANTOS, Ernane Fidelis dos. *Comentários ao Código de Processo Civil*, v. VI. Rio de Janeiro: Forense, p. 490).

SICA, Heitor Vitor Mendonça. Reflexões em torno da teoria geral dos procedimentos especiais. *Revista de processo*, vol. 208. São Paulo: RT, Jun / 2012.

SILVA, João Paulo Hecker da. *Embargos de Terceiro*. São Paulo: Saraiva, 2011.

THEODORO JUNIOR, Humberto. *Curso de Direito Processual Civil*. V. III. 42 ed. Rio de Janeiro: Forense, 2010.

YARSHELL, Flávio Luiz. *Tutela Jurisdicional*. 2. ed. São Paulo: DPJ editora, 2006.

Ônus dinâmico da prova no NCPC: uma cláusula aberta para efetivação da isonomia real

Roger Vieira Feichas

1. Introdução

A noção do estudo da prova transcende o direito, porquanto a história nos mostra que ao tempo da ausência de base cientifica e da forte influência da religião, a verdade era buscada a qualquer custo, inclusive com violência e métodos místicos.

Em qualquer relação dialética os envolvidos buscam provar a ocorrência de fatos, que devem ser precisos, controvertidos, relevantes e pertinentes, visando convencer alguém de um acontecimento.

Segue-se um aspecto subjetivo (convicção formada pelo julgador) e outro objetivo, referente ao meio utilizado para a demonstração da verdade.

Para tanto, em termos processuais, o sistema indica os tipos de provas típicas e atípicas, fontes adequadas, momento de produção, valoração, além do ônus da prova.

Pelo presente estudo analisaremos a questão do ônus da prova, que resumidamente representa a indicação legal, de forma apriorística e abstrata, a quem cumpre provar determinada espécie de alegação.

Inicialmente abordaremos o aspecto do devido processo legal e a distribuição do ônus da prova.

Em seguida, será desenvolvida a análise da possibilidade da inversão do ônus da prova com previsão legal, avaliando-se, ao depois, a chamada dinamização (redistribuição) de tal ônus no NCPC e os requisitos que autorizam o juiz a promover tal ato (inversão e dinamização) diante do caso concreto, o momento mais adequado para fazê-lo, a questão do custeio das provas e a possibilidade de se reconhecer este direito no campo das ações individuais com efeito coletivo.

Finalmente, será apreciada a repercussão das mudanças trazidas pelo NCPC no direito do consumidor.

2. O devido processo legal e a distribuição do ônus da prova

O princípio do devido processo legal declara que "ninguém será privado da liberdade ou de seus bens sem o devido processo legal" (CF, art. 5º, LIV). O caput do art. 5º enfatiza que "todos são iguais perante a lei, sem distinção de qualquer natureza".

Vê-se explícito o princípio da igualdade, uma das bases do devido processo legal. Esse princípio nos leva à garantia de um processo justo, correto, onde será garantido vários outros, dentre os quais destacamos o do contraditório e o da ampla defesa.

O **primeiro** princípio destacado guia-se pela exegese da necessidade de se dar ciência de todo ato praticado e a possibilidade de manifestar através do segundo que sintetiza a idéia da disponibilização e consequente uso dos meios de reação (provas) que sejam capazes de influenciar no conteúdo da decisão judicial. É aqui que reside a questão da distribuição do ônus da prova.

A dialética processual atribui o ônus probatório a uma das partes, ou seja, o encargo, a partir da ciência e poder de reação em se demonstrar determinadas alegações, cuja inobservância pode colocá-la numa situação de desvantagem.

O devido processo legal só se perfaz quando há distribuição, com inversão (em prol de certos grupo – *consumidor* – ou situação específica – *usura*) ou dinamização (redistribuição – *sem temática de grupo*) do ônus da prova de forma a garantir a paridade de armas, isto é, da isonomia.

Em termos práticos, tem-se que proposta a ação ou oferecida a defesa, o processo tem o seu andamento efetivado pelo juiz buscando sempre que possível uma resolução, já que o objetivo da jurisdição é entregar a devida prestação jurisdicional.

Todavia, as práticas de alguns atos ficam sob a responsabilidade das partes. É neste ponto que abordamos a disposição do art. 333, incisos I e II do CPC (art. 373, do NCPC), pois dependendo da posição na relação processual jurídica, o autor ou réu deve provar os fatos constitutivos, impeditivos, modificativos, extintivos. É a chamada distribuição estática do ônus da prova.

Ocorre que tal situação pode ser alterada, seja pelo critério legal, judicial ou por convenção das partes no sentido de se atribuir o ônus àquela parte que tenha melhores condições de prova. Por este prisma se infere a chama distribuição dinâmica do ônus da prova, que busca de forma técnica densificar o direito ao processo justo.

Assim, fica claro que o devido processual legal se perfaz com a mutabilidade da distribuição ônus da prova, respeitando de forma concreta a igualdade processual (equilíbrio) que observa a característica do direito em debate, circunstâncias fáticas e atribuição a quem se encontre em melhores condições de provar.

3. A inversão do ônus da prova pelo critério legal

Pela atual conjuntura legal[1] infere-se que o autor tem o ônus de produzir provas sobre os fatos que constituem o seu direito alegado em juízo, enquanto o réu tem o ônus de produção probatória se alegar fatos que tenham por objetivo afastar a pretensão inicial. Tal regra é a cognominada de distribuição estática do ônus da prova.

No entanto, o legislado balizou sob o crivo legal a possibilidade da alteração de tal regra quando o julgador, na análise dos requerimentos das partes sobre as provas, identificar que um dos litigantes tem mais facilidade do que os outros para a produção da prova, nascendo, assim, a regra da distribuição dinâmica do ônus da prova.

A primeira legislação a disciplinar o tema foi a do consumidor, através da Lei nº 8.078/90 – Código de Defesa do Consumidor – CDC.

A defesa do consumidor por meio da criação de um microssistema de fundamento constitucional exigiu que as providências de tutela não ficassem confinadas ao estabelecimento de novos direitos subjetivos, regras contratuais e regimes de responsabilidade. Foi necessária, igualmente, a previsão de normas processuais que assegurassem a efetividade dos direitos tutelados pelo CDC.

Segundo a doutrina de Leonardo de Medeiros Garcia, *verbis:*

> [...] a inversão do ônus da prova procura restabelecer a igualdade e o equilíbrio na relação processual em razão do fornecedor, geralmente, dispor de melhores condições técnicas e econômicas para a disputa judicial[2]

Uma das mais importantes inovações, com grande repercussão prática, está prevista em seu art. 6º, VIII, que estabelece como direito básico do consumidor o seguinte:

> a facilitação da defesa de seus direitos, inclusive com a inversão do ônus da prova, a seu favor, no processo civil, quando a critério do juiz, for verossímil a alegação ou quando for ele hipossuficiente, segundo as regras ordinárias de experiência.

Se tal regra funciona relativamente bem entre partes iguais, não se mostra suficiente para a defesa dos interesses do consumidor, vulnerável em face do fornecedor. Daí a importância do referido preceptivo do diploma consumerista, que flexibiliza as regras sobre a distribuição do ônus da prova, conferindo ao juiz a possibilidade de determinar a inversão deste ônus quando verificar, no processo, a presença da verossimilhança da alegação ou da hipossuficiência do consumidor.

[1] (art. 333, incisos I e II do CPC além do art. 373, do NCPC);

[2] Direito do Consumidor. 5.ed. – Niterói, RJ: Impetus, 2009, pág. 72;

Percebe-se, assim, que o objetivo do código de defesa do consumidor é facilitar a defesa dos interesses do consumidor no campo da instrução probatória, de modo a permitir a igualdade substancial também no plano processual.

De outro lado, verifica-se também o respaldo legal contido no art. 3º, da Medida Provisória nº 2172-32/01, segundo a qual havendo verossimilhança nas alegações do devedor quanto à usura, incumbe ao credor o ônus da prova.

A propósito, vejamos a dicção de tal norma:

> Nas ações que visem à declaração de nulidade de estipulações com amparo no disposto nesta Medida Provisória, incumbirá ao credor ou beneficiário do negócio o ônus de provar a regularidade jurídica das correspondentes obrigações, sempre que demonstrada pelo prejudicado, ou pelas circunstâncias do caso, a verossimilhança da alegação. (art. 3º da Medida Provisória 2.172-32, de 23/08/2001).

E interpretando tal legislação verbera a jurisprudência o seguinte:

> PROCESSUAL CIVIL – AGRAVO DE INSTRUMENTO – EMBARGOS À EXECUÇÃO – EXCESSO NA EXECUÇÃO – ALEGAÇÃO DE PRÁTICA DE AGIOTAGEM – PRINCÍPIO DE PROVA ESCRITA RELEVANTE – COMPLEMENTAÇÃO NECESSÁRIA – ART 130 DO CPC – DETERMINAÇÃO DA PROVA DE OFÍCIO – PRINCÍPIO DA BUSCA DA VERDADE REAL – INVERSÃO DO ÔNUS DA PROVA – MP 2.172-32/2001 – POSSIBILIDADE – RECURSO CONHECIDO E NÃO PROVIDO. – *Havendo indícios de infração à Lei de Usura, demonstrada, em princípio, com documentos, é possível a inversão do ônus da prova determinada de ofício, a teor do artigo 130 do CPC, a fim de propiciar ampla defesa de direito e evitar alegação de cerceamento de defesa. – Ressalte-se que o processo não é um fim em si mesmo, e sua efetividade para o jurisdicionado é a busca da verdade real, devendo o magistrado procurá-la a qualquer custo, sob pena de violação aos princípios da busca da verdade real e do devido processo legal. – Nos termos da MP 2.172-32/2001, incumbirá ao credor ou beneficiário do negócio o ônus de provar a regularidade jurídica das correspondentes obrigações, sempre que demonstrada pelo prejudicado, ou pelas circunstâncias do caso, a verossimilhança da alegação. – Recurso conhecido e não provido.* (TJ-MG 10687010017279001l MG 1.0687.01.001727-9/001(1), Relator: MÁRCIA DE PAOLI BALBINO, Data de Julgamento: 06/11/2008, Data de Publicação: 19/11/2008).

Ponto a ser assinalado em qualquer dos dois meios legais apontados gira em torno da necessidade de se provar os requisitos viabilizadores da inversão, o que veremos em tópico próprio ((**V**)), sendo no caso do CDC existente algumas exceções, *v.g.* do art. 38, já que inverte o ônus de forma automática, ou seja, não determina quem deva fazer a prova, mas sim quem assume o risco caso não se produza sem necessidade de se esclarecer qualquer requisito para sua aplicação (inversão).

4. A previsão no NCPC quanto a dinamização do ônus da prova diante da vulnerabilidade da parte prescindindo de norma

O ônus de produzir provas em juízo, como frisado, é atribuído a quem alega um fato, acarretando, assim, ao autor, a evidenciação dos fatos que constituem o direito alegado. Noutro vértice, o réu se incumbindo de aclarar os fatos que tenham por objetivo afastar o direito autoral. Tal detalhamento é chamado de distribuição estática do ônus da prova.

Em razão do advento da legislação consumerista, oportunizou-se a possibilidade de alterar a distribuição estática quando o juiz, no caso concreto e sob o requerimento das partes (sempre consumidor), identificar que um dos litigantes tem mais facilidade do que o outro para a produção da prova, rotulando-se, desta forma, tal situação, como a regra da distribuição do ônus da prova.

Essa determinação legal, contida no art. 6º, VIII, do referido *códex* ratifica a existência de um ônus probatório de forma abstrata (distribuição estática) e que este pode ser *invertido* nas relações de consumo (distribuição dinâmica).

Contudo, com o advento do novo código de processo civil, infere-se do seu art. 373, § 1º, o seguinte:

> "Art. 373. O ônus da prova incumbe:
>
> I – ao autor, quanto ao fato constitutivo de seu direito;
>
> II – ao réu, quanto à existência de fato impeditivo, modificativo ou extintivo do direito do autor.
>
> § 1º Nos casos previstos em lei ou diante de peculiaridades da causa relacionadas à impossibilidade ou à excessiva dificuldade de cumprir o encargo nos termos do caput ou à maior facilidade de obtenção da prova do fato contrário, poderá o juiz atribuir o ônus da prova de modo diverso, desde que o faça por decisão fundamentada, caso em que deverá dar à parte a oportunidade de se desincumbir do ônus que lhe foi atribuído".

Tal novel situação, contida no §1º e chamada de *dinamização* não se confunde com a inversão do ônus da prova do CDC, porquanto segundo a doutrina de Alexandre Flexa, Daniel Maceo e Fabrício Bastos, *litteris:*

> "Na inversão judicial, o juiz parte da regra segundo a qual quem alega um fato tem o ônus de prová-lo e, a partir dessa premissa estática, inverte o ônus de produção da prova. Na dinamização do ônus da prova, o juiz despreza as qualidades de autor e de réu das partes, bem como quem alegou os fatos para investigar, no caso concreto, quem tem melhor condição de produzir a prova.
>
> "Evidente, portanto, que o modelo de distribuição do ônus da prova adotado pelo CPC/2015 é muito mais abrangente, pois não permite apenas a inversão do ônus de uma parte à outra mas, ao contrário, permite ao juiz, à luz dos detalhes da causa sub-

metida à análise judicial, impor a produção da prova à parte que entender mais apta a cumprir o ônus. A dinamização do ônus da prova, no modelo adotado pelo CPC/2015, está em consonância com o princípio da cooperação entre as partes, previsto no art. 6º, do CPC/2015, segundo o qual "todos os sujeitos do processo devem cooperar entre si para que se obtenha, em tempo razoável, decisão de mérito justa e efetiva" [...]'

"Não se pode esquecer, todavia, que a aplicação da dinamização do ônus da prova é hipótese excepcional prevista no art. 373, §1º, do CPC/2015, eis que a regra continua sendo a distribuição estática, disposta no mesmo artigo [...]"[3].

Trata-se de técnica processual que visa a densificar o direito ao processo justo/equilibrado (art. 7º, do NCPC) e à tutela adequada do NCPC/2015, permitindo-se uma redistribuição do ônus em caráter excepcional e com pressupostos próprios (art. 373, §1º, do referido novo diploma).

Daí o porquê a doutrina de Luiz Guilherme Marinoni e Daniel Mitidiero também acentuar que:

"[...] a dinamização do ônus da prova não significa inversão do ônus da prova. Não se podem confundir ambos os institutos. A dinamização é atribuição ex novo do ônus da prova em atenção às circunstâncias da causa. Por ela não se distribui de "modo diverso" o ônus da prova. Distribui-se de forma originária. Só se pode distribuir de modo diverso aquilo que já está distribuído. É impróprio fazer alusão a "modo diverso" a respeito da dinamização do ônus da prova".

"Igualmente, não há que se falar em inversão do ônus da prova com a dinamização. Só se pode inverter o que está vertido – vale dizer, aquilo que já está estabelecido. A dinamização do ônus da prova ocorre mediante declaração judicial. A inversão, mediante constituição, porque há alteração de algo já instituído. É impróprio, portanto, falar em inversão do ônus da prova a propósito da dinamização[4]".

Sobre a constitucionalidade da adoção da dinamização os referidos juristas afiançam que:

"[...] à vista de determinados casos concretos, pode se afigurar insuficiente, para promover o direito fundamental à tutela jurisdicional adequada e efetiva, uma regulação fixa do ônus da prova, em que se reparte prévia, abstrata e aprioristicamente o encargo de provar. Em semelhantes situações, tem o órgão jurisdicional, atento à circunstância de o direito fundamental ao processo justo implicar direito fundamental à prova, dinamizar o ônus da prova, atribuindo-o a quem se encontre em melhores condições de provar. Assim cumprirá o órgão judicial com o seu dever de auxílio,

[3] *in*, Novo Código de Processo Civil. *Temas inéditos, mudanças e supressões*. Editora Juspodivm, 2015, pág. 311;

[4] *in*, O projeto do CPC: crítica e propostas. – São Paulo: Editora Revista dos Tribunais, 2010, pág. 102;

inerente à colaboração. Providência desse corte visa a superar a probatio diabólica, possibilitando um efetivo acesso à justiça. Nesse sentido, dentro de um processo civil organizado a partir da idéia de colaboração, deve o juiz, no cumprimento de seu dever de auxílio para com as partes, dinamizar o ônus da prova sempre que as suas condicionantes materiais e processuais se façam presentes a fim de outorgar tutela jurisdicional adequada e efetiva mediante um processo justo. Não pode o juiz em hipótese alguma, contudo, dinamizar o ônus da prova na ausência de quaisquer de suas condicionantes. A dinamização importa na atribuição do ônus de provar àquela parte que tem a maior facilidade probatória[5]".

Portanto, vê-se que a dinamização prescinde de uma norma para sua aplicação além dos ditames do NCPC, isto é, não se funda no substrato do direito material. Exige-se condicionantes que denotem, por primeiro, que o caso concreto não pode ser solucionado sem ofensa à paridade de armas à luz da regra que distribui de maneira fixa o ônus da prova e que a parte contrária àquela que teria o encargo probatório pode desempenhar tal mister com maior facilidade.

Além disso, sob o ângulo processual, requer-se fundamentação específica e atribuição do encargo probatório com a correlata oportunidade de provar precedido de ampla dialética pelas pessoas do juízo.

Interessante é que embora a dinamização esteja se positivando perante o novo código de processo civil com feição genérica para todo o sistema processual, inclusive para qualquer das partes, mister salientar que sua exegese já está, conforme precedentes infra, sendo aplicada numa interpretação sistemática e constitucionalizada da legislação processo até então em vigor.

A-fortiori:

> "[...]. 7. Embora não tenha sido expressamente contemplada no CPC, uma interpretação sistemática da nossa legislação processual, inclusive em bases constitucionais, confere ampla legitimidade à aplicação da teoria da distribuição dinâmica do ônus da prova, segundo a qual esse ônus recai sobre quem tiver melhores condições de produzir a prova, conforme as circunstâncias fáticas de cada caso. (STJ, Rel: Ministra NANCY ANDRIGHI, DJ: 22/10/2013, 3ª Turma).

Mais:

> PROCESSO CIVIL. AÇÃO MONITÓRIA. PROCEDIMENTO. ÔNUS DA PROVA.DISTRIBUIÇÃO. REGRA GERAL DO ART. 333 DO CPC. INCIDÊNCIA. TEORIA DADISTRIBUIÇÃO DINÂMICA DO ÔNUS DA PROVA. CABIMENTO. *[...] 4. O processo monitório não encerra mudança na regra geral de distribuição do ônus da prova*

[5] *in*, Marinoni, Luiz Guilherme; Mitidiero, Daniel. *Código de Processo Civil comentado*, cit., p. 335-336;

> *contida no art. 333 do CPC. O fato de, na ação monitória, a defesa ser oferecida em processo autônomo, não induz a inversão do ônus da prova, visto que essa inversão se dá apenas em relação à iniciativa do contraditório. 5. O documento que serve de base para a propositura da ação monitória gera apenas a presunção de existência do débito, a partir de um juízo perfunctório próprio da primeira fase do processo monitório. Trazendo o réu-embargante elementos suficientes para contrapor a plausibilidade das alegações que levaram à expedição do mandado de pagamento, demonstrando a existência de fato impeditivo, modificativo ou extintivo do direito invocado na inicial, caberá ao autor-embargado superar os óbices criados, inclusive com a apresentação de documentação complementar, se for o caso. 6. Apesar de seguir a regra geral de distribuição do ônus da prova, o processo monitório admite a incidência da teoria da distribuição dinâmica do ônus da prova. [...]*(STJ, Relator: Ministra NANCY ANDRIGHI, Data de Julgamento: 01/12/2011, T3 - TERCEIRA TURMA).

Desta forma, infere-se a positivação da chamada dinamização do ônus probatório pelo CPC/2015, já reconhecida pela jurisprudência constitucionalizada, cuja aplicação pode se dar de ofício pelo julgador, seja com espeque nas circunstâncias subjacentes à lide, gerando consequentemente a imposição de produção da prova à parte que entender mais apta a cumprir o ônus.

Afora a dicção dos tribunais, a doutrina também já acolhe essa concepção da dinamização, a partir de uma visão sistemática de nossa legislação processual.

Neste ponto frise-se o ensinamento de Robson Renault Godinho, segundo o qual a distribuição do ônus da prova é uma questão vinculada ao exercício dos direitos fundamentais, não necessitando de integração legislativa para sua flexibilização, enfatizando com maiores detalhes o seguinte[6]:

> "Se o cumprimento do ônus probatório pode significar a tutela do direito reclamado em juízo, parece-nos intuitivo que as regras que disciplinam distribuição afetam diretamente a garantia do acesso à justiça. Se a distribuição do ônus da prova se der de uma forma que seja impossível que o interessado dele se desincumba, em última análise estará sendo-lhe negado o acesso à tutela jurisdicional [...] como a necessidade de inversão do ônus da prova decorre diretamente da Constituição, não havendo necessidade de integração legislativa, que, contudo, poderá existir e possuirá um caráter pedagógico e simbólico que facilitará o acesso à justiça[7]".

Uma situação que bem ilustra a situação é trazida pela doutrina de Fredie Didier e outros quando enfatizam:

[6] (onde se lê *inversão* do ônus da prova entenda-se dinamização do ônus);

[7] Godinho, Robson Renault. *"A distribuição do ônus da prova na perspectiva dos direitos fundamentais". Leituras complementares de constitucional: direitos fundamentais.* Marcelo Novelino Camargo (org.). Salvador: Editora Jus PODIVM, 2006, p. 182,183 e 194);

"há maior facilidade probatória é nas ações de responsabilidade civil contra médicos em cirurgias e tratamentos médicos. Nessas situações, especialmente quando há necessidade da discussão acerca da culpa na cirurgia ou no tratamento, em geral, o médico terá maiores condições de demonstrar a regularidade ou não de sua atuação profissional.

A melhor condição de produzir provas é fato a ser objeto de prova. Trata-se, porém, de fato que pode ser presumido pela natureza da causa (prova prima facie) ou aferido a partir de declarações e documentos constantes nos autos. Entretanto, existem situações em que tal fato terá de ser demonstrado pela parte cuja carga probatória se reduzirá"[8]

Ratificando a exegese da doutrina acima e temática (área médica e o direito), denota-se a orientação em caso concreto do Superior Tribunal de Justiça antes mesmo de tal previsão trazida pelo NCPC através do seguinte *leading case:*

Responsabilidade civil. Médico. Clínica. Culpa. Prova. 1. Não viola regra sobre a prova o acordão que, além de aceitar implicitamente o princípio da carga dinâmica da prova, examina o conjunto probatório e conclui pela comprovação da culpa dos réus. 2. Legitimidade passiva da clínica, inicialmente procurada pelo paciente. 3. Juntada de textos científicos determinada de oficio pelo juiz. Regularidade. 4. Responsabilização da clínica e do médico que atendeu o paciente submetido a uma operação cirúrgica da qual resultou a secção da medula. 5. Inexistência de ofensa a lei e divergência não demonstrada. Recurso especial não conhecido. (STJ – Resp nº 69309 SC 1995/0033341-4, Relator: Ministro RUY ROSADO DE AGUIAR, Data de Julgamento: 18/06/1996, T4 –, Data de Publicação: DJ 26/08/1996 p. 29688).

Por não se tratar de relação médico-paciente sujeito ao CDC resta incabível a inversão do ônus, de modo que a referida Corte, fazendo uma leitura constitucional do devido processo legal entendeu como correta a dinamização do ônus da prova (antes da positivação) na situação, exigindo do médico o dever de provar a sua escusa, por ser a parte mais qualificada a esclarecer os fatos.

Preocupado com a temática o vanguardista Professor Alexandre Freitas Câmara aborda tal situação sob outro foco exemplificativo, qual seja, de doenças preexistentes e o ônus da prova assinalando que:

"Não se trata, porém, de se fixar outra regra estática de distribuição do ônus da prova, mas de criar-se um sistema excepcional, que só pode funcionar onde a regra geral opera mal, já que foi elaborada para casos normais e correntes, o que não corres-

[8] Curso de direito processual civil: teoria da prova, direito probatório, ações probatórias, decisão, precedente, coisa julgada e antecipação dos efeitos da tutela/ 10. Ed. – Salvador: Ed. Jus Podivm, 2015. v.2. pág. 128;

ponde ao caso concreto. O que se busca é, tão-somente, retirar de uma parte o ônus de produzir provas diabólicas. Só se justifica a invocação da teoria quando a parte a quem inicialmente cabia o encargo probatório não tiver como atende-lo"[9]

Apenas para finalizar, imperioso destacar que a situação trazida no art. 38, do CDC[10], onde há uma automática distribuição dinâmica do ônus da prova pela presunção quanto a quem seja mais apto a provar o fato não se confunde com a dinamização trazida pelo novo código de processual e tampouco com a inversão do ônus da prova.

O instituto do novo estatuto processual exige valoração judicial casuística, seguindo assim o critério – *ope judicis* –, enquanto o do referido precepetivo guia-se pelo crivo – *ope legis*[11], de forma a diferenciá-los.

No tocante a inversão do ônus da prova, com ela também não se confunde, por já representar uma distribuição quanto a quem tem que provar algo de forma automática, não se invertendo nada.

É o que nos ensina a doutrina:

> "Inversão do ônus da prova é técnica processual, e parte do pressuposto de que o ônus pertenceria, à data da propositura da demanda, àquele contra quem foi feita a inversão. Não devem ser tomadas como inversão do ônus da prova, senão como simples distribuição do encargo probatório, as regras de direito material que abstratamente preveem que em determinados casos especificados na lei o encargo sobre determinados fatos é desta ou daquela parte no processo. É o que acontece no art. 38 do CDC, onde não se tem, a rigor, inversão do ônus de provar, já que a regra da distribuição é esta que o legislador determinou. Inversão há quando se inicia com um encargo e se o altera no curso do processo"[12].

5. Requisitos a serem analisados para aplicação da dinamização e a sua previsão enquanto regra de procedimento

A dinamização como ventilado acima permite, em caráter excepcional, a redistribuição do ônus da prova, afastando o caráter da distribuição estática para a dinâmica.

[9] CÂMARA, Alexandre Freitas. "Doenças Preexistentes e ônus da Prova: O Problema da Prova Diabólica e uma Possível Solução", Revista Dialética de Direito Processual. São Paulo: Dialética, n. 31, 2005, p. 14-15;

[10] Art. 38. O ônus da prova da veracidade e correção da informação ou comunicação publicitária cabe a quem as patrocina;

[11] *"[...]Tratando-se de propaganda enganosa, há a inversão do ônus da prova ope legis, conforme imposição oriunda do artigo 38 do Código de Defesa do Consumidor. – A apelada não desincumbiu, minimamente, o ônus processual de apresentar as provas da existência de fato impeditivo, modificativo ou extintivo do direito do autor.* – (TJ-RJ – APL: 00224796520138190021 RJ 0022479-65.2013.8.19.0021, Relator: DES. TEREZA CRISTINA SOBRAL BITTENCOURT SAMPAIO, DJ: 12/11/2013, DPo: 12/12/2013);

[12] RODRIGUES, Marcelo Abelha. *Ação Civil Pública e meio ambiente, cit.*, p. 208.

Tal acontecimento, nada obstante poder ser ofício, depende de decisão do julgador após o devido contraditório (art. 9º, do NCPC), viabilizando, em corolário, a isonomia real na relação processual quanto ao apontamento (equilíbrio – art. 7º, do referido *códex*) de quem deva esclarecer os fatos.

A regra ditada por sê-la geral, acaba pelo crivo supletivo e subsidiário (art. 15, do NCPC) sendo estendida para outros ramos do direito processual, de maneira a fazer valer ainda mais, o apontamento doutrinário de Manuel Dominguez ao acentuar que *"chama atenção para a necessidade de cautela ao se considerar a facilidade/dificuldade probatória como critério de distribuição. Facilidade e dificuldade são termos que podem prestar-se a abusos, alerta. Sustenta, ainda, que a distribuição judicial deve complementar a distribuição legal, só podendo ser utilizada em casos extremos – em que as regras objetivas sem inaplicáveis ou conduzam a resultados manifestamente injustos"*[13].

Sua projeção de aplicação já está, até mesmo sendo reduzida a enunciado pelo Fórum Permanente de Processualista Civis que editaram o de nº 302 com o seguinte verbete:

> "Aplica-se o art. 373, §§1º e 2º, ao processo do tralho, autorizando a distribuição dinâmica do ônus da prova diante de peculiaridades da causa relacionadas à impossibilidade ou à excessiva dificuldade da parte de cumprir o seu encargo probatório, ou, ainda, à maior facilidade de obtenção da prova do fato contrário. O juiz poderá, assim, atribuir o ônus da prova de modo diverso, desde que de forma fundamentada, preferencialmente antes da instrução e necessariamente antes da sentença, permitindo à parte se desincumbir do ônus que lhe foi atribuído[14]"

Desta forma, assim como a inversão do ônus da prova, a dinamização está sujeita a certos requisitos, os quais são distintos daquela por não fazer diferenciação do beneficiário, que pode ser o autor ou a parte ré.

No tocante à inversão do ônus da prova, sua aplicação está condicionada à verificação, pelo juiz da causa (inversão *ope iudicis*) da presença, alternativamente, dos requisitos da verossimilhança da alegação ou da hipossuficiência do consumidor.

Considera-se verossímil *a alegação que tem aparência de verdade,* que é plausível, ou ainda, que é provável, que não repugna à verdade. Por se tratar de conceito jurídico indeterminado, compete ao juiz, na análise do caso concreto e conforme as regras ordinárias de experiência definir o seu conteúdo.

Hipossuficiência é a dificuldade do consumidor para produzir no processo a prova do fato favorável a seu interesse, seja porque ele não possui conhecimento

[13] DOMÍNGUEZ, Manuel Serra. *Estudios de Derecho Probatio.* Lima: Libreria Communitas EIRL, 2009, p. 122/123;

[14] Didier Jr. Fredie. Novo código de processo civil: comparativo com o código de 1973/Fredie Didier Jr. e Ravi Peixoto. – Salvador: Ed. JusPodivm, 2015. pág.203;

técnico específico sobre o produto ou serviço adquirido (*hipossuficiência técnico-científica*), seja porque ele não dispõe de recursos financeiros para arcar com os custos da produção dessa prova (*hipossuficiência econômica*). Noutras palavras, hipossuficiência é a incapacidade técnica ou econômica do consumidor para produzir a prova necessária à satisfação da sua pretensão em juízo.

Note-se que hipossuficiência não é sinônimo de pobreza. Um consumidor, mesmo não sendo considerado pobre, poderá ser considerado hipossuficiente, caso a produção da prova seja muito onerosa ou complexa para ele.

Por outro lado, registre-se que o conceito de hipossuficiência não se confunde com o de vulnerabilidade. Vulnerabilidade é a condição de inferioridade técnica, jurídica ou econômica do consumidor frente ao fornecedor. Conforme visto, a vulnerabilidade de todos os consumidores é presumida por força de lei (art. 4º, I, do CDC). Por sua vez, hipossuficiência é a dificuldade do consumidor para produzir determinada prova no processo, por fatores técnicos ou econômicos. Ao contrário da vulnerabilidade, não é presumida por lei, devendo ser verificada pelo juiz da causa, *in concreto*, de acordo com as regras ordinárias de experiência.

No tocante a dinamização deve ser verificado outros pressupostos. Não bastasse o dever constitucional de motivar toda manifestação jurisdicional com carga decisória – decisão – (art. 93, IX, da CF), extrai-se do art. 373, §1º, do NCPC o detalhamento dos pressupostos formais e materiais a serem analisados para que ocorra a dinamização, tornando, assim, tal decisão interlocutória com uma feição personalizada.

Em comentário à norma processual assinalada Fredie Didier Júnior enfatiza ser *"importante registrar, finalmente, que a norma jurídica que autoriza a redistribuição do ônus da prova pelo juiz não se confunde com a norma jurídica que atribui ônus da prova a uma das partes. A segunda é, como se viu, uma norma de julgamento, que serve para que o juiz possa decidir a causa em situações de ausência de prova; a primeira é uma regra que autoriza o órgão julgador a alterar as regras de ônus da prova. Não se pode confundir a regra que inverte com a regra autoriza a inversão. A regra que autoriza a distribuição judicial do ônus da prova é regra de procedimento, e não de julgamento"*[15].

O primeiro pressuposto *formal* é o da **decisão motivada**. Assim como a inversão do ônus da prova, nesta hipótese há inúmeros conceitos jurídicos indeterminados, os quais, se não forem bem explicados concretamente na decisão, a tornará nula pela falta de fundamentação, *ex-vi-legis* do inciso II, do §1º, do art. 489, do NCPC.

O uso de meras expressões tais como *"presente os requisitos legais"*, *"adotando as razões trazidas com inicial"*, ou seja, fundamentação *per relationem* não podem ser

[15] Curso de direito processual civil: teoria da prova, direito probatório, ações probatórias, decisão, precedente, coisa julgada e antecipação dos efeitos da tutela/ 10. Ed. – Salvador: Ed. Jus Podivm, 2015. v.2. pág. 122;

consideradas como válidas, dada a ausência do raciocínio lógico que embasa a conclusão obtida.

O julgador deverá redistribuir o ônus baseando-se em fato ou fatos específicos, discriminando sobre que fatos se aplicará tal modificação probatória.

Trata-se de uma atrelação específica, tal como ocorre na ação de investigação de paternidade onde a recusa em não se submeter ao exame de DNA implica no resultado cuja prova pretendida obter, não impedindo, no entanto, de ser esclarecidos os fatos por outros meios de prova, bastando-se ver a dicção dos art. 231 e 232, ambos do Código Civil, c.c. art. 2º-A, da Lei nº 8.560/92 e do enunciado da Súmula 301, do STJ..

Portanto, na decisão interlocutória mencionada, além da fundamentação específica em termos concretos, deverá ser apontado o fato a ser esclarecido e o meio de prova eleito, pena de se frustrar o fim da norma que é o de atribuir equilíbrio processual.

Caso contrário a parte que suportará a distribuição acabará detendo o encargo de provar fato negativo, o que soa a cognominada prova diabólica.

Outro e último *pressuposto formal* da redistribuição é o momento em que ela se implementa.

No tocante a inversão do ônus da prova não há consenso em doutrina a respeito do momento mais adequado para se decretar a inversão do ônus da prova.

Para alguns, a inversão deve ser decidida entre a propositura da ação e o despacho saneador, pois que se trata de ***regra de procedimento***. Nesse sentido, argumenta-se que tal procedimento evitaria surpresas para o fornecedor, possibilitando-lhe, em caso de inversão, a produção das provas necessárias à concretização da sua defesa, o que se harmoniza com os princípios constitucionais do contraditório e da ampla defesa.[16]

De outro lado, respeitadas vozes defendem que a inversão deve ser decidida na sentença, porquanto se trata de ***regra de julgamento***. Nessa linha, argumenta-se que a inversão pode ser decretada somente após a produção e valoração da prova, se e quando o julgador estiver em dúvida (situação de *non liquet)*. Tanto é assim que chega a ser dispensável a decretação da inversão, caso o juiz forme sua convicção pelas provas produzidas nos autos. Demais disso, não há que se falar em surpresa para o fornecedor, porque a possibilidade de reconhecimento desse direito está expressamente prevista em lei (art. 6º, VIII, do CDC).[17]

[16] Nesse sentido, dentre outros, vejam-se: Nunes, Luiz Antonio Rizzatto. *Curso de direito do consumidor.* 4.ed. São Paulo:Saraiva, 2009, p. 784; Almeida, João Batista de. *Manual de direito do consumidor.* 3. ed. São Paulo: saraiva, 2009, p. 82.

[17] Nesse sentido, dentre outros, confiram-se: Nery Junior, Nelson. Nery, Rosa Maria Andrade. *Código de processo civil comentado e legislação extravagante.* 10. ed. São Paulo: RT, 2007, p. 608.

No Superior Tribunal de Justiça, igualmente, há forte divergência sobre o tema. Na Terceira Turma prevalece o entendimento de que a sentença é o momento mais adequado para se decretar a inversão do ônus da prova, pois que se trata de regra de julgamento. Veja-se:

> "Sendo a inversão do ônus da prova uma regra de julgamento, plenamente possível seja decretada em 2º grau de jurisdição, não implicando esse momento da inversão em cerceamento de defesa para nenhuma das partes, ainda mais ao se atentar para as peculiaridades do caso concreto, em que se faz necessária a inversão do ônus da prova diante da patente hipossuficiência técnica da consumidora que não possui nem mesmo a documentação referente ao contrato de seguro.[18]

Em sentido diverso, a Quarta Turma entende que a inversão do ônus da prova é regra de procedimento e, de conseguinte, deve ser decidida antes do fim da instrução, de modo a oportunizar ao fornecedor a produção das provas que atendam aos seus interesses, sob pena de cerceamento de defesa. A propósito, anote-se:

> A inversão do ônus da prova, prevista no artigo 6º, inciso VIII, do Código de Defesa do Consumidor, como exceção à regra do artigo 333 do Código de Processo Civil, sempre deve vir acompanhada de decisão devidamente fundamentada, e o momento apropriado para tal reconhecimento se dá antes do término da instrução processual, inadmitida a aplicação da regra só quando da sentença proferida. [19]

Importante: mesmo para os que defendem a ideia de que a inversão do ônus da prova é regra de julgamento, a ser decidida na sentença, nada impede – muito ao contrário, recomenda-se – que o juiz, antes do fim da instrução, advirta às partes que isso poderá ser feito no momento da sentença, com o que ficará definitivamente afastada a possibilidade de alegação de cerceamento de defesa.

Noutro vértice, no tocante a dinamização a questão se mostra tranquila, porquanto o próprio artigo 357, III, do NCPC sinaliza que tal redistribuição pode ser realizada até o saneamento do processo.

Caso fosse realizada na sentença, esta, por si só já seria nula, por se atribuir o ônus de provar algo sonegando, no entanto, a possibilidade de desincumbir-se dele, em manifesto comportamento *venire contra factum proprium,* ofensa ao processo cooperativo e dos princípios do contraditório e ampla defesa.

Daí o porquê de considera-la como regra de procedimento e não de julgamento, podendo ser analisada até o saneamento do feito e não necessariamente neste momento, por haver situação onde a redistribuição deva ser analisada *ini-*

[18] AgRg nos EDcl no Ag 977795/PR, rel. Min. Sidnei Beneti, j. 23.09.2008;

[19] REsp 881651/BA, rel. Min. Hélio Quaglia Barbosa, j. 10.04.2007;

tio-litis, já que decorrente dela o julgador já poderá determinar, por exemplo, a apresentação de documentos por uma das partes e, caso não o faça, a parte suportara as consequências de sua inação.

Se for o caso de aplicação o julgador sempre deverá explicitar suas razões, sendo certo que contra a decisão que concede a dinamização cabe agravo de instrumento (art. 1.015, IX, do NCPC) e não da que denega.

O **primeiro** *pressuposto material* está estampado no art. 373, §2º, do NCPC e tem uma conotação negativa, qual seja, o de não ser possível a redistribuição se ela implicar prova diabólica para a parte que agora passa a ter o ônus.

Sendo o fundamento da redistribuição por ser a prova diabólica, não pode haver a dinamização em desfavor da parte que acaba de receber o encargo tendo ciência de que será impossível ou excessivamente oneroso dela se desincumbir.

O Superior Tribunal de Justiça já teve oportunidade de manifestar-se sobre o tema, verberando o seguinte *leading case*:

> RECURSO ESPECIAL. GRAVIDEZ ALEGADAMENTE DECORRENTE DE CONSUMO DE PÍLULAS ANTICONCEPCIONAIS SEM PRINCÍPIO ATIVO ("PÍLULAS DE FARINHA"). INVERSÃO DO ÔNUS DA PROVA. ENCARGO IMPOSSÍVEL. ADEMAIS, MOMENTO PROCESSUAL INADEQUADO. AUSÊNCIA DE NEXO CAUSAL ENTRE A GRAVIDEZ E O AGIR CULPOSO DA RECORRENTE. *1. O Tribunal a quo, muito embora reconhecendo ser a prova "franciscana", entendeu que bastava à condenação o fato de ser a autora consumidora do anticoncepcional "Microvlar" e ter esta apresentado cartelas que diziam respeito a período posterior à concepção, cujo medicamento continha o princípio ativo contraceptivo. 2. A inversão do ônus da prova regida pelo art. 6º, inciso VIII, do CDC, está ancorada na assimetria técnica e informacional existente entre as partes em litígio. Ou seja, somente pelo fato de ser o consumidor vulnerável, constituindo tal circunstância um obstáculo à comprovação dos fatos por ele narrados, e que a parte contrária possui informação e os meios técnicos aptos à produção da prova, é que se excepciona a distribuição ordinária do ônus. 3. Com efeito, ainda que se trate de relação regida pelo CDC, não se concebe inverter-se o ônus da prova para, retirando tal incumbência de quem poderia fazê-lo mais facilmente, atribuí-la a quem, por impossibilidade lógica e natural, não o conseguiria. Assim, diante da não-comprovação da ingestão dos aludidos placebos pela autora – quando lhe era, em tese, possível provar –, bem como levando em conta a inviabilidade de a ré produzir prova impossível, a celeuma deve se resolver com a improcedência do pedido. 4. Por outro lado, entre a gravidez da autora e o extravio das "pílulas de farinha", mostra-se patente a ausência de demonstração do nexo causal, o qual passaria, necessariamente, pela demonstração ao menos da aquisição dos indigitados placebos, o que não ocorreu. 5. De outra sorte, é de se ressaltar que a distribuição do ônus da prova, em realidade, determina o agir processual de cada parte, de sorte que nenhuma delas pode ser surpreendida com a inovação de um ônus que, antes de uma decisão judicial fundamentada, não lhe era imputado. Por isso que não poderia o Tribunal a quo inverter o ônus da prova, com surpresa para as partes, quando do julgamento da apelação.6. Recurso especial*

parcialmente conhecido e, na extensão, provido. (REsp 720.930/RS, Rel. Ministro LUIS FELIPE SALOMÃO, QUARTA TURMA, julgado em 20/10/2009, DJe 09/11/2009).

Em tais hipóteses, que revelam a impossibilidade de comprovação dos fatos para ambas as partes, por ser a prova diabólica, a doutrina aponta como solução a utilização da regra da inesclarecibilidade, de forma a analisar qual delas (partes) assumiu o risco da situação de dúvida insolúvel, devendo esta ser submetida à decisão desfavorável.

Caso persista a redistribuição acarretando à parte ônus impossível de ser cumprido, fica nítida a nulidade da decisão por *error in procedendo* (art. 373,§ 2º, do NCPC), até por que ela não pode ser aplicada simplesmente para compensar a inércia ou inatividade processual do litigante inicialmente onerado.

Segundo **pressuposto material** refere-se a circunstância de se analisar, em termos concretos, sobre quem é possível ter maior facilidade de obtenção da prova do fato contrário em relação à outra parte. Neste caso, a redistribuição do ônus dever recair sobre aquele que possa mais facilmente dele se desincumbir, servindo como exemplo clássico o mencionado no item **(IV),** sobre a responsabilidade civil médica.

Parafraseando Danilo Knijnik, a doutrina de Didier aponta os parâmetros de tal requisito material sob os quais a redistribuição seria possível, senão vejamos:

> "a) hipossuficiência probatória, quando o adversário da parte goza de posição privilegiada, por dispor de conhecimento técnico especial ou por ter seu poder importantes fontes de prova (ex: médico que detém o prontuário e os exames do paciente);
>
> b) inacessibilidade da prova, decorrente de conduta culposa ou desleal (por falta de cooperação/colaboração) do seu adversário, sendo que a conduta desleal que dificulta o acesso à prova deve ser punida e só aquela que inviabiliza o acesso à prova deve conduzir à dinamização do ônus probatório.[20]"

A doutrina de Ravi Peixoto e Lucas Buril Macedo também assinala os seguintes requisitos:

> "(1) que uma das partes detenha acentuadamente mais conhecimento técnico do que a outra; (2) que uma das partes detenha acentuadamente mas conhecimento fático do que a outra; ou (3) que uma das partes tenha acentuadamente mais facilidade de demonstração da prova do que a outra[21]"

[20] Op. Cit. pág. 12 – pág. 129;

[21] MACÊDO, Lucas Buril de e Peixoto, Ravi. A dinamização do ônus da Prova sob a Óptica do Novo Código de Processo Civil, artigo publicado na obra coletiva Novas Tendências do Processo Civil, v. 3. Editora Jus Podivm, 2014, p. 213;

Neste contexto, e considerando que o art. 462, do CPC/73, representado pelo art. 493, do NCPC indicam a subsunção do trâmite processual ao adágio *rebus sic standibus,* soa possível provocar para evitar nulidade ou até mesmo pela circunstância da vulnerabilidade probatória da parte que invocou a dinamização tenha expirado, que o juiz novamente redistribui os encargos probatórios, desde que siga os requisitos agitados da decisão interlocutória qualificada e do contraditório. O Enunciado acima mencionado já sinaliza, ainda que implicitamente, ser possível esta hipótese de nova redistribuição desde que ocorra antes da sentença.

6. A dinamização do ônus transfere o custeio da prova ou apenas lhe impõe o dever de arcar com as consequências processuais de sua não produção?

Outro ponto a ser analisado diz respeito à responsabilidade pelo pagamento das despesas com as provas requeridas e redistribuídas (ônus), quando a este é reconhecido tal direito.

Parafraseando a exegese consumerista, uma vez decretada a inversão do ônus da prova, transfere-se automaticamente para o fornecedor a obrigação de arcar com os custos da produção probatória. Se assim não fosse, instaurar-se-ia uma incrível contradição: o ônus da prova seria do réu (fornecedor), e o ônus econômico seria do autor (consumidor). Como este não tem poder econômico, não poderia produzir a prova. Nesse caso, se o ônus da não-produção da prova recair sobre o réu (fornecedor), restaria configurado inegável prejuízo para sua defesa.[22]

Perfilhamos o entendimento contrário, no sentido de que a inversão do ônus da prova não tem o efeito de obrigar o fornecedor a arcar com as custas da prova requerida pelo consumidor, porquanto não se deve confundir o ônus de provar com o ônus financeiro de realização dos atos probatórios. Assim, uma vez reconhecido o direito a essa inversão, obriga-se o fornecedor apenas a suportar o ônus de sua não-produção, ou seja, serão considerados verdadeiros os fatos que, por meio dessa prova, se pretendia provar. Nessa trilha, aliás, consolidou-se a jurisprudência do STJ:

> A simples inversão do ônus da prova, no sistema do Código de Defesa do Consumidor, não gera a obrigação de custear as despesas com a perícia, embora sofra a parte ré as conseqüências decorrentes de sua não-produção. (REsp 639.534/MT, Rel. Ministro Carlos Alberto Menezes Direito, DJU 13.02.6). Precedentes. Recurso especial provido.[23]

[22] A propósito, veja-se: Nunes, Luiz Antonio Rizzatto. *Curso de direito do consumidor.* 4.ed. São Paulo:Saraiva, 2009, p. 785.

[23] REsp nº 1063639/MS, rel. Min. Castro Meira, j. 01.10.2009.

Da mesma forma deve imperar na dinamização do ônus da prova. Caso ela seja acolhida, seja em prol do autor ou do réu, deve aquele sobre o qual recair o ônus se desincumbir de produzi-la (prova). Não o fazendo, ou não se socorrendo da Lei nº 1.060/50 estará sujeito às consequências de sua não realização.

7. A discussão de tese geradora de futuro precedente como meio gerador da dinamização do ônus da prova

Seja o direito à inversão do ônus da prova prevista no CDC ou a dinamização trazida pelo NCPC, são instrumentos relevantes, que asseguram a proteção privilegiada dos interesses do consumidor e qualquer das partes sem temática, respectivamente. No tocante ao aspecto do consumidor deve ser reconhecido tanto no plano da tutela individual, como no plano da tutela coletiva, já que a própria legislação consumerista não faz distinção entre consumidor individual e coletividade (art. 81 do CDC).

Cristiano Chaves de Farias, em interessante estudo sobre a inversão do ônus da prova nas ações coletivas, destaca a possibilidade dessa inversão nas ações coletivas:

> Ora, a norma que permite a inversão do ônus da prova em favor do consumidor tem de ser interpretada tendo na tela da imaginação o fundamento constitucional de proteção do consumidor e a própria função social a que se dirige a norma (referida pelo art. 5º). O raciocínio que exsurge é fatal: a proteção privilegiada do consumidor, decorrente do garantismo constitucional, somente pode se concretizar com a possibilidade de inversão do ônus da prova também nas ações coletivas de consumo, reconhecida a força normativa da Constituição, dela extraindo a mais ampla e construtiva interpretação.[24]

No mesmo sentido está sendo consolidada a jurisprudência do Superior Tribunal de Justiça, que, em vários julgados, tem admitido a inversão do ônus da prova em ações coletivas[25].

A par desses argumentos, entendemos quanto a possibilidade da dinamização do ônus da prova em qualquer tipo de ação ajuizada com espeque no NCPC, por ser a única que se coaduna com o mandamento constitucional de efetividade, ainda que não conste no rol dos seus expressos requisitos.

[24] FARIAS, Cristiano Chaves. *A Inversão do Ônus da Prova nas Ações coletivas: O verso e o Reverso da Moeda. in Estudos de Direito do Consumidor: Tutela Coletiva Homenagem aos 20 anos da Lei da Ação Civil Pública.* Rio de Janeiro, Lumen Juris, 2005;

[25] REsp 736308/RS, re. Min. João Otávio de Noronha, 4ª Turma, *DJe* 02.02.2010. No mesmo sentido: REsp 773171/RN, rel. Min. Antonio Herman Benjamin, 2ª Turma, *DJe* 15.12.2009.

Explico: os ditames do NCPC, por prestigiar os precedentes – arts. 926/928, implicou na possibilidade de ajuizamento de ações individuais que certamente, caso adentrem o tramite dos recursos repetitivos, permitirão exsurgir efeitos coletivos e vinculantes segundo o art. 1039/1040, do *novel codex.*

Desta forma, considerando que os litigantes habituais é que dão vazão à vasto números de ações sobre temas repetitivos, mister que além dos ditames do art. 373, §1º, do NCPC, seja permitido a dinamização, em homenagem ao princípio da igualdade.

Imaginemos, por exemplo, os inúmeros abusos cometidos por operadoras de telefonia, instituições financeiras e empresas de planos de saúde contra toda uma coletividade de consumidores sob a mesma tônica.

Excluída a possibilidade de redistribuição do ônus da prova, *ab-ovo,* restará enfraquecida a função protetiva da regra trazida pelo NCPC, com inegável violação do princípio da proibição da proteção deficiente desse direito fundamental.

Destaque-se que o recurso eleito pode ser excluído do tramite que permitirá o julgamento por amostragem. Desta forma, se o recurso for mantido, sua decisão irá afetar todos os demais feitos sob o mesmo debate.

A questão acaba transcendendo os limites objetivos da demanda, de maneira que a coisa julgada por ela produzida acaba ganhando um certo status *erga-omnes* e vinculante, bastando-se ver, repita-se: o disposto no art. 1.040, do NCPC.

O que difere, portanto, o efeito amplo da decisão é apenas a técnica de interposição da ação, ou seja, a via coletiva por um dos legitimados ou a individual que erige tese a trilhar a via dos recursos repetitivos.

Sobre o tema, interessante o posicionamento de Marcos Destefenni em breve artigo jurídico onde afiança o seguinte:

> "Como se sabe, existem duas grandes técnicas para a tutela dos direitos que nascem de situações fáticas repetitivas, isto é, direitos que apresentam alguma homogeneidade.
>
> De um lado, a técnica representativa, por meio da qual pode ser proposta uma ação coletiva por um ente legitimado em lei, que não é titular do direito material discutido em juízo. Haverá, no caso de procedência da demanda coletiva, formação da coisa julgada de efeito erga omnes. Nesse caso, qualquer pessoa pode se valer da sentença coletiva para pleitear a liquidação de danos que sofreu individualmente.
>
> A técnica não-representativa, por sua vez, utiliza-se de demanda proposta pelo titular do direito material que é representativa da controvérsia instaurada em inúmeras outras demandas (repetitivas). Esta técnica se vale de uma decisão que tem caráter vinculante, isto é, torna-se obrigatória para os órgãos do Poder Judiciário.
>
> A ação coletiva para a tutela de direitos individuais homogêneos, prevista no Código de Defesa do Consumidor, nos arts. 91 e seguintes, é exemplo da primeira técnica.

A técnica para o julgamento de recursos especiais repetitivos, adotada pelo art. 543-C do CPC/73, por sua vez, exemplifica a segunda hipótese.

Assim, nos dias de hoje temos sentenças coletivas que produzem efeito erga omnes ou ultra partes e sentenças individuais que produzem efeito vinculante.

Será que, nesse contexto, também podemos admitir a existência de sentença individual de eficácia expandida?

O CPC/2015 abre as portas para a interpretação que admite a possibilidade de eficácia expandida da coisa julgada individual.

Ocorre que, ao contrário do CPC/73, o CPC/2015 não mais contém a restrição no sentido de que a coisa julgada não possa beneficiar terceiros. Com efeito, assim dispõe o seu art. 506: "A sentença faz coisa julgada às partes entre as quais é dada, não prejudicando terceiros".

A impossibilidade de prejudicar terceiros tem fundamento constitucional, pois ninguém pode ser privado de seus bens ou de sua liberdade sem o devido processo legal (CF, art. 5º, LIV).

Todavia, não há inconstitucionalidade, segundo pensamos, no fato de uma sentença proferida em processo individual poder produzir efeitos favoráveis a quem não foi parte no processo. Basta que, de alguma forma, como em um incidente, por exemplo, garanta-se a possibilidade de as partes discutirem a aplicabilidade do caso julgado individual a outra situação semelhante.

A possibilidade de efeito expandido da coisa julgada individual já foi sustentada doutrinariamente, no caso de demanda em face do Poder Público, que postula direito fundamental.

Sustenta-se que, diante de pedido de tutela jurisdicional de direito fundamental social garantido expressamente na Constituição Federal, o juiz possa advertir o réu, no momento da citação, sobre o possível efeito expandido da coisa julgada.

Transitada em julgado a sentença que reconhece o direito à prestação jurisdicional acerca de direito social fundamental, poderia o juiz, com fundamento no princípio da isonomia (o mesmo que embasa a eficácia vinculante dos precedentes), advertir a Administração Pública sobre a necessidade de estender a prestação estabelecida em sentença individual a todas as outras pessoas em igual situação daquela do beneficiário direto da decisão.

Inclusive com a possibilidade de se cominar pena pecuniária se o agente público responsável deixar de tomar a mesma providência em relação aos sujeitos que se encontrem na mesma situação do indivíduo beneficiado pela sentença judicial.

A tese foi sustentada por Carlos Alberto de Salles, Desembargador do Tribunal de Justiça de São Paulo e Professor da Universidade de São Paulo: Coisa julgada e extensão dos efeitos da sentença em matéria de direitos sociais constitucionais, In: Em defesa de um novo sistema de processos coletivos, São Paulo: Saraiva, 2011.

> Concordamos com a proposição do autor, segundo a qual os princípios constitucionais da igualdade e da impessoalidade impõem que o direito fundamental reconhecido judicialmente não pode se limitar ao cidadão que é portador de sentença e ser negado ao que se encontra em situação fática idêntica, mas que não é portador de sentença.
>
> Devemos refletir, portanto, sobre sentenças coletivas que produzem eficácia erga omnes, sentenças individuais de eficácia vinculante e sentenças individuais de eficácia expandida"[26]

Portanto, inegável que dinamização pode ser aplicada quando o julgador verificar que a tese veiculada representa uma ação repetitiva, porquanto a coisa julgada resultante do recurso representativo da controvérsia em sede de ação individual irá gerar efeitos expandidos e vinculantes.

O próprio art. 139, VI, do NCPC assinala que na direção do processo incumbe ao julgador alterar a produção dos meios de prova adequando-a às necessidades do conflito de modo a conferir maior efetividade à tutela do direito, sem prejuízo da aplicação do inciso X, do referido preceptivo.

Por-conseguinte, conclui-se que tal previsão representa um requisito fora do art. 373, §1º, que viabiliza a aplicação da dinamização. Trata-se de mera quebra da posição topográfica da norma.

Ademais, o ônus probatório, neste caso, deve ser do agente causador do dano repetitivo (dinamização), de maneira que tal comportamento, certamente ínsito ao de um litigante habitual, deve implicar no reequilíbrio processual não só no tocante às partes (além dos autos por envolver situação repetitiva), mas como que em razão do direito material debatido também.

Registre-se que tal situação também deva ser analisada em primeira instância, para não ser gerar a possibilidade de nulidade diante da supressão de instância, salvo se for o caso de aplicação do princípio da causa madura na hipótese (art. 1013, §§3º e 4º, do NCPC).

E pontofinalizando, deixamos a roupagem principiológica que confirma a aplicação da dinamização na ação individual com efeitos coletivos, isto é, na ação que veicula potencial pretensão repetitiva senão veja-se:

a) Princípio da igualdade (art. 5º, CF e art. 139, I, do NCPC), uma vez que dever haver uma paridade real de armas das partes no processo, mormente quando envolver decisão que universaliza a jurisdição;

b) Princípio da lealdade, boa-fé e veracidade (arts. 77, 79, 80, 81 e 139, III, NCPC), pois nosso sistema não admite que a parte aja ou se omita, de

[26] Eficácia expandida da coisa julgada individual, Disponível em http://estadodedireito.com.br/eficacia/. Acessado em 12, de setembro de 2015;

forma ardilosa, no intuito deliberado de prejudicar a contraparte, não se valendo de alegações de fato e provas esclarecedoras;

c) Princípio da solidariedade e cooperação com órgão judicial (arts. 6º, 7º, 378, 379, 396, NCPC), pois todos têm o dever de ajudar o magistrado a descortinar a verdade dos fatos, para que a prestação jurisdicional, por-conseguinte, seja célere, justa e de mérito;

d) Princípio do devido processo legal (art. 5º, XIV, da CF), pois um processo devido é aquele que produz resultados justos e equânimes, mormente quando o julgador após a quebra da inércia pode se sobrepor as dificuldades que a parte possa ter, como se dá na dinamização;

e) Princípio do acesso à justiça e do contraditório enquanto um quadrinômio (art. 5º, XXXV, da CF), que garante a obtenção de tutela jurisdicional justa e efetiva, sendo o contraditório um somatório entre a informação/reação/influência/cooperação, entendido como o direito de a parte ter ciência de todos os atos e termos do processo, manifestar-se sobre todos eles, influenciar no conteúdo da decisão judicial e viabilizar a cooperação entre as partes e o juiz[27].

8. Da aplicação da dinamização e repercussão no direito do consumidor

O novo código de processo civil, como visto, positivou a dinamização como via de redistribuição do ônus probatório para salvaguardar o princípio da isonomia real, objetivo este também da inversão do ônus da prova ditada pela código de defesa do consumidor, mas com temática restrita ao grupo vulnerável dos consumidores.

Como visto o art. 373, §1º, adota a ***teoria dinâmica da distribuição do ônus da prova*** pelo crivo da redistribuição segundo a qual a prova dos fatos cabe a quem estiver mais próximo dela e tiver maior facilidade para produzi-la.

O NCPC opera, portanto, uma importante flexibilização das regras de distribuição do ônus da prova, permitindo ao juiz que, diante de uma situação de nítido desequilíbrio das condições probatórias entre as partes, decida, *motivadamente*, por adequar a regra de distribuição do ônus da prova ao caso concreto, determinando que este ônus recaia sobre a parte que estiver em melhores condições de produzir a prova.

Isso não significa dizer que o juiz pode agir de forma arbitrária, modificando o ônus da prova segundo seu livre entendimento. Ao contrário, a modificação do ônus da prova deve ser sempre pautada pela razoabilidade, tal como mencionado acima.

[27] CUNHA, Leonardo Carneiro da. O Processo Civil no Estado Constitucional e os Fundamentos do Novo Código de Processo Civil Brasileiro. Revista de Processo, vol. 209,p. 349;

Como bem observa Luiz Guilherme Marinoni, a modificação do ônus da prova só deve ocorrer quando "ao autor é impossível, ou muito difícil, provar o fato constitutivo, mas ao réu é viável, ou muito mais fácil, provar a sua inexistência". [28]. Se o art. 3º, do NCPC afiança que não se excluirá da apreciação jurisdicional ameaça ou lesão à direito é porque o acesso ao Poder Judiciário tem o dever de reequilibrar, quando necessário, a distribuição do ônus probatório.

A aprovação do novo Código de Processo Civil, com todas as inovações que o anteprojeto contempla, repercutirá em todos os ramos do Direito, inclusive no Direito do Consumidor.

Especificamente sobre o direito à inversão do ônus da prova, destacamos as seguintes inovações, que possivelmente influenciarão na interpretação e aplicação das normas consumeristas:

1) **O NCPC encampou o entendimento de que a inversão do ônus da prova é regra de procedimento** : nesse sentido, dispõe o art. 357, III, cuja clareza evitará qualquer polêmica, sanando tal discussão sobre a inversão do ônus da prova nas lides de consumo para que ela seja até o despacho saneador, ou em outro momento, desde que anterior ao encerramento da instrução e oportunizado o contraditório.
2) **O NCPC adotou a regra da distribuição dinâmica do ônus da prova** (art. 373,§1º) ainda quem em caráter excepcional: tal regra autorizará o juiz a determinar a inversão do ônus da prova conforme as circunstâncias do caso e as peculiaridades do fato a ser provado, inclusive nas relações processuais entre partes iguais (dois civis, por exemplo). Hoje, tal inversão só está autorizada nas relações entre desiguais (consumidor e fornecedor), nos termos do art. 6º, VIII, do CDC e, diante da dicção do novo diploma processual com abertura para todas as partes, sem qualquer temática, mister que o estatuto consumerista, na perspectiva da prova, seja aplicada a todos os conceitos de consumidores que já guardam presumidamente o *status* de vulneráveis, o que contribuirá bastante para o fortalecimento desse microssistema.

9. Conclusão

Um Código de Processo Civil só pode ser visto, em outras palavras, como uma concretização dos direitos fundamentais processuais civis previstos na Constituição[29]. Isto quer dizer que as linhas fundamentais de um Código de Processo Civil

[28] MARINONI, Luiz Guilherme. *Formação da convicção e inversão do ônus da prova segundo as peculiaridades de cada caso concreto,* Revista dos Tribunais, v. 862, p. 21, ago./2007.

[29] Marinoni, Luiz Guilherme. *Curso de processo civil – Teoria geral do processo. 4. E.* São Paulo: Ed. RT, 2010. vol 1, esp. Parte I.

só podem ser buscadas na própria idéia de Estado Constitucional e no modelo constitucional de nosso processo civil[30].

A Comissão de Juristas incumbida de elaborar o projeto do Novo Código de Processo Civil, agora uma realidade sob *vacatio legis* – Lei nº 13.105/15, buscando concretizar os princípios da segurança jurídica, da igualdade de todos e da participação no processo, erigiu inúmeras inovações, dentre elas a dinamização do ônus da prova, objeto de estudo do presente.

Referido dispositivo tem uma finalidade clara: tornar mais fácil a defesa da posição jurídica da parte que tiver dificuldade de produção da prova. E, a justificativa para a facilitação da defesa é indiscutivelmente a projeção, no processo, da desigualdade fática estabelecida na relação de direito processual e material, sem perquirir qualquer temática de grupo, mas da parte propriamente dita.

Em última análise, o que se pretende com a dinamização é reduzir a desigualdade existente entre as partes no plano processual, com vistas a se promover a isonomia.

Marinoni acentua que *"o princípio da igualdade de todos perante o Direito também determina a necessidade de o processo civil organizar-se de tal sorte que se outorgue relevância à verossimilhança das alegações de uma das partes como critério para distribuição do ônus do tempo no processo, à necessidade de instituir-se cláusula geral de dinamização do ônus da prova no processo civil e à necessidade de prestar-se assistência jurídica integral ao menos favorecidos economicamente".*[31]

Se partirmos da premissa de que a tutela coletiva dos direitos, indiscutivelmente, é o meio mais eficiente para a concretização do mandamento constitucional estatuído no art. 5º, XXXII, é imperioso concluir que o direito à dinamização do ônus da prova deve ser reconhecido nas ações repetitivas além dos pressupostos do art. 373, §1º, que devem ser lidos com integração ao art. 139, VI, ambos do NCPC.

Essa é a única interpretação de tal instituto que se harmoniza com o princípio da proporcionalidade, sob o viés da proibição da proteção deficiente desse direito fundamental.

Concluindo, imperioso analisar a repercussão de tal instituto no ramo consumerista, naquilo que a professora Cláudia Lima Marques convencionou chamar de **diálogo de influências recíprocas** entre essas duas importantes fontes do direito processual civil brasileiro, quais sejam, o CDC e o NCPC, sem prejuízo dos demais ramos do direito à luz do art. 15, deste novo diploma.[32]

[30] Mitidiero, Daniel. *Processo civil e estado constitucional.* Porto Alegre: Livraria do Advogado, 2.007;

[31] Marinoni, Luiz Guilherme. O projeto do CPC: crítica e propostas/Luiz Guilherme Marinoni, Daniel Mitidiero. – São Paulo: Editora Revista dos Tribunais, 2010, pag. 18;

[32] Sobre o tema diálogo das fontes, veja-se: MARQUES, Claudia Lima. *Manual de direito do consumidor.* São Paulo: Revista dos Tribunais, 2008. p. 91.

10. Referências

ALEXANDRE FLEXA, DANIEL MACEO e FABRÍCIO BASTOS. Novo Código de Processo Civil. *Temas inéditos, mudanças e supressões.* Salvador – Editora Juspodivm, 2015.

CÂMARA, Alexandre Freitas. *"Doenças Preexistentes e ônus da Prova: O Problema da Prova Diabólica e uma Possível Solução"*, Revista Dialética de Direito Processual. São Paulo: Dialética, n. 31, 2005.

CUNHA, Leonardo Carneiro da. *O Processo Civil no Estado Constitucional e os Fundamentos do Novo Código de Processo Civil Brasileiro. Revista de Processo*, vol. 209.

DESTEFENNI, Marcos. *Eficácia expandida da coisa julgada individual*, Disponível em http://estadodedireito.com.br/eficacia/. Acessado em 12, de setembro de 2015;

DOMÍNGUEZ, Manuel Serra. *Estudios de Derecho Probatio.* Lima: Libreria Communitas EIRL, 2009.

FARIAS, Cristiano Chaves. *A Inversão do Ônus da Prova nas Ações coletivas: O verso e o Reverso da Moeda. in Estudos de Direito do Consumidor: Tutela Coletiva Homenagem aos 20 anos da Lei da Ação Civil Pública.* Rio de Janeiro, Lumen Juris, 2005

FREDIE DIDIER JR., PAULA SARNO BRAGA e RAFAEL. *Curso de direito processual civil: teoria da prova, direito probatório, ações probatórias, decisão, precedente, coisa julgada e antecipação dos efeitos da tutela/* 10. Ed. – Salvador: Ed. Jus Podivm, 2015. v.2.

FREDIE DIDIER JR. e RAVI PEIXOTO. *Novo código de processo civil: comparativo com o código de 1973/.* – Salvador: Ed. JusPodivm, 2015.

GARCIA, Leonardo de Medeiros. *Direito do Consumidor.* 5.ed. Niterói-RJ: Impetus, 2009.

GODINHO, Robson Renault. *"A distribuição do ônus da prova na perspectiva dos direitos fundamentais". Leituras complementares de constitucional: direitos fundamentais.* Marcelo Novelino Camargo (org.). Salvador: Editora Jus PODIVM.

MACÊDO, Lucas Buril de e RAVI, Peixoto. A dinamização do ônus da Prova sob a Óptica do Novo Código de Processo Civil, artigo publicado na obra coletiva Novas Tendências do Processo Civil, v. 3. Editora Jus Podivm, 2014.

RODRIGUES, Marcelo Abelha. *Ação Civil Pública e meio ambiente,* Editora Forense Universitari: 2009.

LUIZ GUILHERME MARINONI e DANIEL MITIDIERO. *O projeto do CPC: crítica e propostas* – São Paulo: Editora Revista dos Tribunais, 2010;

MARINONI, Luiz Guilherme. *Formação da convicção e inversão do ônus da prova segundo as peculiaridades de cada caso concreto,* Revista dos Tribunais, v. 862, ago./2007.

______. *Curso de processo civil – Teoria geral do processo. 4. E.* São Paulo: Ed. RT, 2010. vol 1, esp. Parte I.

MITIDIERO, Daniel. *Processo civil e estado constitucional.* Porto Alegre: Livraria do Advogado, 2.007;

O novo CPC e a ação probatória não cautelar: variações a respeito do tema

ROGERIO LICASTRO TORRES DE MELLO

Introdução: a cultura da litigiosidade

Há décadas os debates jurídico-processuais são guiados pela cantada e decantada crise de efetividade experimentada pelo Poder Judiciário. Pode-se afirmar, sem receios, que a atribuição de maior rendimento à atividade jurisdicional tem sido a força motriz de majoritaríssima parte das alterações promovidas na legislação processual civil brasileira ao longo dos últimos vinte anos.

São evidentemente positivas as mudanças legislativas processuais civis empreendidas até o presente. De se citar, exempli gratia, as relacionadas à execução de títulos judiciais, hoje denominada "cumprimento de sentença", consistente em fase avançada do processo de conhecimento, extinguindo-se a vetusta necessidade de aforamento de ação de execução de título judicial autônoma, com todas as vicissitudes inerentes à propositura de uma ação judicial (necessidade de nova citação, etc.).

Não obstante, se diversos avanços rumo a uma atividade jurisdicional mais eficaz e cronologicamente oportuna ocorreram em virtude das mudanças legislativas processuais civis, pouco ou nenhum avanço significativo deu-se relativamente à **prevenção** de litígios forenses ou à solução de controvérsias **previamente** ao contencioso processual civil.

Em outros termos, ainda não dispomos de um sistema suficientemente desenvolvido de prevenção de litígios forenses. Apesar de experimentarmos, desde o advento da Lei 9.307/96, interessante ampliação da utilização da arbitragem como mecanismo extrajudicial de solução de conflitos, é certo que tal figura, em termos pragmáticos, tem seu manejo ainda circunscrito às controvérsias verificadas entre pessoas jurídicas de médio e de grande porte e potencial econômico, mormente por conta dos custos usualmente elevados que são inerentes a esta espécie de solução de conflitos.

O cidadão comum, vale dizer, a pessoa física que porventura experimente problemas de cunho jurídico, não tem proximidade ou familiaridade com a figura da arbitragem, e cultural e praticamente está habituada, ainda, à condução de seus problemas jurídicos ao foro judicial, em caráter litigioso.

No quotidiano, remanesce, por enquanto, a cultura da litigiosidade forense como modo de resolução de conflitos jurídicos.

E aqui bate o ponto: (i) considerando-se que, em nosso pensar, prevalece a cultura de recurso ao Poder Judiciário como forma de buscar-se a resolução de conflitos, e (ii) considerando-se também que, no âmbito do Poder Judiciário, o cidadão vê à sua disposição apenas medidas, digamos, de ataque (leia-se, propositura de ações de acertamento de direitos, sendo ainda rarefeitas a mediação e a conciliação judiciais), evidencia-se a circunstância de que nosso sistema processual civil acaba por, uma vez acionado, potencializar o conflito, dado não contar com procedimentos prévios (e não contenciosos) de aferição da viabilidade da ação dita principal (de acertamento de direitos) que se almeja propor futuramente.

A crua realidade é uma só: o cidadão comum, se dispõe de mínimos recursos para buscar soluções extrajudiciais quando protagoniza um conflito jurídico, quando se vê obrigado a buscar o Poder Judiciário é posto em um corredor estreito e sem bifurcações no qual tem à sua disposição apenas a lógica do conflito processual.[1]

Malgrado espasmos localizados (semanas conciliatórias aqui e acolá, expedientes de conciliação prévia estabelecidos por alguns Tribunais e esforços individuais de juízes abnegados que realmente preconizam a conciliação), a mecânica forense é drasticamente maniqueísta: ou bem o cidadão resolve suas querelas fora da Justiça e sem intervenção do Estado, ou será obrigado a conduzir seu conflito ao Judiciário, sem que disponha, ao menos em termos de legislação processual, de expedientes conciliatórios frutíferos ou, principalmente, de expedientes probatórios prévios que possam roborar, ou infirmar, sua pretensão jurídica antes mesmo de ser necessário o aforamento de uma ação judicial dita principal.

No Novo CPC, contudo, notamos agradabilíssima evolução: criou-se, no art. 381 do Novo CPC, a figura da ação de produção antecipada de provas com fina-

[1] Neste sentido, é de se conferir obra pioneira e obrigatória acerca do assunto, de autoria de Flávio Luiz Yarshell, para quem é *"desejável visualizar o ônus de pré-constituir prova – em juízo ou fora dele – com o escopo de evitar a instauração do processo cujo objeto seja a declaração do direito e, portanto, de evitar uma decisão estatal acerca da relação material controvertida"*. YARSHELL, Flávio Luiz. *Antecipação da prova sem o requisito da urgência e direito autônomo à prova*, Ed. Malheiros, São Paulo, 2009, p. 72.

lidade não acautelatória, porém unicamente consultiva, vale dizer, de aferição de viabilidade do pleito principal.

Está-se diante, seguramente, de poderoso mecanismo de contenção da litigiosidade.

O jurisdicionado poderá, antes de optar pela via da ação judicial de acertamento de direitos, aferir, de maneira não contenciosa, se há elementos que confirmem a existência do fato que lhe seria gerador de direitos.

Se é novidade no direito brasileiro, esta possibilidade de produção probatória prévia e sem caráter cautelar perfaz elemento tradicional do processo do *common law*. De modo a melhor abordar o tema, cremos conveniente seja apresentado conciso cenário acerca da produção probatória autônoma e não-cautelar nos regimes processuais civis do *common law* e do *civil law*.

Um instantâneo da questão nos sistemas do *civil law* e do *common law*

Nos ordenamentos dos países de tradição jurídica erigida sob o sistema do *civil law*, historicamente não se identifica a existência de procedimentos estritamente probatórios, vale dizer, exclusivamente voltados à produção, sem que exista necessidade acautelatória ou o requisito da urgência, de acervo probatório que sirva à apuração da verdade fática para fins de definição acerca da propositura, ou não, da ação de acertamento de direitos.

Nos regimes processuais civis português[2] e espanhol,[3] por exemplo, tradicionalmente consta apenas a figura das ações tendentes à asseguração da prova (de caráter conservativo, portanto), que em nada destoam do sistema brasileiro das ações cautelares destinadas à conservação da prova que se veja sob ameaça se sua produção for relegada para momento futuro (sistema este inerente ao CPC/73).

Nos países do *civil law* não existem, em regra, dispositivos exclusivamente dedicados à apuração prévia e não cautelar da realidade fática. Nos ordenamen-

[2] No CPC português, a produção antecipada da prova tem natureza estritamente cautelar, conforme dispõe o art. 520 de predita codificação: *"Havendo justo receio de vir a tornar-se impossível ou muito difícil o depoimento de certas pessoas ou a verificação de certos factos por meio de arbitramento ou inspecção, pode o depoimento, o arbitramento ou a inspecção realizar-se antecipadamente e até antes de ser proposta a acção"*.

[3] No âmbito da Ley de Enjuiciamiento Civil espanhola, o art. 293 é claro ao tratar do caráter exclusivamente conservativo da produção antecipada de provas:

*"**Artículo 293.** Casos y causas de anticipación de la prueba. Competencia.*

1. Previamente a la iniciación de cualquier proceso, el que pretenda incoarlo, o cualquiera de las partes durante el curso del mismo, podrá solicitar del tribunal la práctica anticipada de algún acto de prueba, cuando exista el temor fundado de que, por causa de las personas o por el estado de las cosas, dichos actos no puedan realizarse en el momento procesal generalmente previsto.

2. La petición de actuaciones anticipadas de prueba, que se formule antes de la iniciación del proceso, se dirigirá al tribunal que se considere competente para el asunto principal. Este tribunal vigilará de oficio su jurisdicción y competencia objetiva, así como la territorial que se fundase en normas imperativas, sin que sea admisible la declinatoria. Iniciado el proceso, la petición de prueba anticipada se dirigirá al tribunal que esté conociendo del asunto."

tos processuais civis de origem romano-germânica, a revelação da realidade fática normalmente tradicionalmente vem à tona no âmbito da ação de acertamento de direitos, quando já formalizado e, sobretudo, consolidado o litígio.

Uma mudança de horizontes, ainda que tímida, parece estar sucedendo.

É de se notar que, na esteira da frisante aproximação dos sistemas do *common law* e do *civil law*,[4] ordenamentos jurídicos fortemente expoentes da tradição jurídica romano-germânica, nos quais a produção autônoma de provas sem caráter conservativo não era corrente, vêm absorvendo a possibilidade da coleta probatória autônoma (sem natureza cautelar) típica das ordenanças processuais de origem anglo-saxônica.

Exemplo desta inclinação conceitual, além do próprio artigo 381 do Novo CPC brasileiro, é o art. 696-bis do CPC italiano.

Permite o art. 696-bis do *Codice di Procedura Civile*[5] a chamada "consulta técnica preventiva" (*consulenza tecnica preventiva*), que tem como finalidade a apuração de crédito obrigacional ou derivado de fato ilícito mediante produção de prova desprovida de natureza cautelar, vale dizer, sem que se exija, para a instrução prévia, a presença dos requisitos do *periculum in mora* e do *fumus boni iuris*.[6]

Se as partes, à vista da prova produzida, se conciliam, é formado um título executivo; se as partes não se compõem, caberá ao interessado (leia-se, àquele a quem se revelou favorável a prova) partir para o juízo de mérito.

Ainda que não exista exata similitude entre o art. 696-bis do CPC italiano e o art. 381 do Novo CPC (no primeiro, a produção prévia da prova pode fazer-se acompanhar de acertamento de direitos e tem finalidade conciliatória, ao passo

[4] TARUFFO, Michele. *Observações sobre os modelos processuais de civil law e de common law*. Revista de Processo, São Paulo, n. 110, 2003, p. 152.

[5] *"**Art. 696-bis. Consulenza tecnica preventiva ai fini della composizione della lite***
L'espletamento di una consulenza tecnica, in via preventiva, può essere richiesto anche al di fuori delle condizioni di cui al primo comma dell'articolo 696, ai fini dell'accertamento e della relativa determinazione dei crediti derivanti dalla mancata o inesatta esecuzione di obbligazioni contrattuali o da fatto illecito. Il giudice procede a norma del terzo comma del medesimo articolo 696. Il consulente, prima di provvedere al deposito della relazione, tenta, ove possibile, la conciliazione delle parti.
Se le parti si sono conciliate, si forma processo verbale della conciliazione.
Il giudice attribuisce con decreto efficacia di titolo esecutivo al processo verbale, ai fini dell'espropriazione e dell'esecuzione in forma specifica e per l'iscrizione di ipoteca giudiziale.
Il processo verbale è esente dall'imposta di registro.
Se la conciliazione non riesce, ciascuna parte può chiedere che la relazione depositata dal consulente sia acquisita agli atti del successivo giudizio di merito.
Si applicano gli articoli da 191 a 197, in quanto compatibili."

[6] *"La vera novità del disposto di cui all'art. 696 bis c.p.c, come si evince, è quella di prevedere una precisa funzione dell'istituto, e soprattutto uno "sganciamento" del relativo mezzo istruttorio dai presupposti della urgenza (periculum) e del fumus, desumibili dall'art. 696 c.p.c."* NARDO, Giulio Nicola. *La nuova funzione conciliativa dell'accertamento técnico preventivo alla luce dela recente legge n. 80/2005*, em http://www.lex.unict.it/didattica/materiale07/dirprocivile/saggi/nardo.pdf, consulta realizada em 06 de maio de 2014, 08h12min.

que no segundo está-se diante apenas de colheita probatória neutra, desprovida de inclinação meritória relativamente a qualquer das partes), parece-nos evidente a *mens legis* de ambos os dispositivos legais: permitir a formação de provas não no âmbito de ações declaratórias de direitos, porém em sede de procedimentos judiciais exclusivamente probatórios, consultivos.

Já nos países cujo sistema jurídico é o do *commom law,* identificamos interessantes mecanismos de apreensão da realidade fática previamente ao aforamento de demandas ditas "principais", de acertamento de direitos. Com efeito, é comum em tais sistemas jurídicos a presença de duas fases bastante distintas da tramitação de uma controvérsia jurídica, uma destinada à prática de atos instrutórios, outra destinada ao acertamento de direitos.

É o que se expõe no tópico seguinte.

O *pretrial* do direito norte-americano

Desprovidos da pretensão de expor um cenário abrangente de todo o sistema processual civil dos países do *common law,*[7] optamos por apresentar informações acerca do direito processual civil federal norte-americano, que pode ser tomado como interessante expoente do direito processual civil de matriz anglo-saxônica.

O direito processual civil dos Estados Unidos vê-se normatizado nas *Federal Rules of Civil Procedure,* que perfazem o conjunto legislativo processual civil de abrangência nacional naquele país.

No âmbito das Federal *Rules of Civil Procedure,* há uma primeira fase de tramitação do tema jurídico que se desenvolve sem que se colime uma decisão judicial de fundo, de mérito. É o chamado *pretrial,* que poderíamos traduzir livremente como "pré-contencioso", destinado à apuração de fatos e questões jurídicas que poderão ser objeto de discussão quando do julgamento da causa (o chamado *trial*).

Por ocasião do *pretrial,* as partes têm por escopo, a apuração do cenário fático-jurídico que poderá servir de arrimo se e quando foi instaurado o chamado *trial,* vale dizer, a fase de julgamento propriamente dita.

No âmbito do *pretrial,* coletam-se elementos que sirvam de convicção para fins de (i) definição acerca da viabilidade da demanda e (ii) julgamento propriamente dito desta. É o chamado *pretrial discovery,* consistente em procedimento de prospecção de evidências probatórias preparatórias (caso se decida pela condução da causa ao julgamento pelo Judiciário, o que se dará no *trial*) ou da instauração de uma pretensão de mérito inibitórias (se não se evidenciar o fato inicialmente indicado como gerador de direitos).

[7] Flávio Luiz Yarshell nos oferece aprofundadas informações a respeito em YARSHELL, Flávio Luiz. *Antecipação da prova sem o requisito da urgência e direito autônomo à prova,* Ed. Malheiros, São Paulo, 2009, p. 72 e ss.

Se nesta fase nominada *pretrial discovery* forem colhidos subsídios indicativos da viabilidade de uma postulação principal (esta entendida como a nossa postulação de mérito), segue-se o *trial*, no âmbito do qual se empreende o julgamento da controvérsia.

Nota-se, dessarte, no desenvolvimento das controvérsias jurídicas do sistema do *common law*, um potente mecanismo (o *pretrial discovery*) de contenção de litigiosidade: se, nesta fase pré-contenciosa de colheita de provas, evidências ou indícios qualquer das partes apurar que seu direito não é viável, ou ao menos não tão viável quanto parecia inicialmente, simplesmente não se persiste no processamento da matéria, evitando-se que se atinja a fase de julgamento (o *trial*).[8]

Oferece-se, por conta deste mecanismo de apuração prévia da verdade dos fatos e sem caráter contencioso, a possibilidade de as partes experimentarem mudança ideológica, ou seja, o "eu tenho razão e posso vencer" pode converter-se em "não disponho do direito tal qual pensava". É estreme de dúvidas que se está diante de dispositivo redutor de litigiosidade.

Este interessante cenário verificado nos países do *common law* é, como dito, bastante diverso do tradicional arranjo da produção probatória nos ordenamentos processuais civis de origem romano-germânica, nos quais as atividades instrutórias ficam de ordinário concentradas em fase própria da ação de acertamento de direitos (a fase instrutória).

No direito processual civil brasileiro, o panorama verificado previamente ao Novo CPC não era diferente. Estávamos, quando vigente o CPC/73, exclusivamente adstritos à produção prévia de provas em caráter quase que exclusivamente cautelar.

Cumpre-nos, previamente à análise um tanto mais aprofundada do Novo CPC, tecer breves apontamentos acerca do cenário legislativo existente no Brasil à época do CPC/73 em termos de instrução probatória prévia à propositura da chamada ação principal de acertamento de direitos, para que possamos avaliar como o tema sofreu evoluções com a entrada em vigor da nova codificação.

Em lineamentos gerais, eram duas as ações previstas no CPC/73 que permitiam atividades probatórias anteriores à ação principal. É o que se passa a expor nos tópicos seguintes.

Ações de produção de prova previstas no CPC/73: vocação exclusivamente cautelar

No ordenamento processual civil anterior (CPC/73), em que pese não dispuséssemos de ações destinadas exclusivamente à colheita probatória para fins de

[8] A conformação geral da produção prévia de provas no direito processual civil americano encontra-se na regra 26 das *Federal Rules of Civil Procedure* ("RULE 26. DUTY TO DISCLOSE; GENERAL PROVISIONS GOVERNING DISCOVERY").

definição da propositura de ações cognitivas de acertamento de direitos, há que se registrar a presença, no âmbito do livro III do CPC revogado (relacionado ao processo cautelar), de duas ações vocacionadas à produção de provas com fito acautelatório.

Confira-se.

A ação de produção antecipada de provas

Em primeiro lugar, é necessário mencionarmos a figura da ação de produção antecipada de provas (CPC/73, arts. 846 e ss.).

Trata-se de ação judicial que tinha no CPC/73 (como tem, também, na vigência do CPC/2015) a finalidade de perpetuação de determinado cenário fático por intermédio da produção probatória em caráter prévio à ação cognitiva, desde que a colheita de determinadas provas se apresentasse sob risco de perecimento.

Em outros termos, existindo risco concreto de impossibilidade de produção da prova em momento futuro (*id est*, por ocasião da fase instrutória da ação cognitiva), permite-se a antecipação probatória oral (interrogatório das partes, inquirição de testemunhas) e pericial, sem que exista qualquer pronunciamento jurisdicional acerca do conteúdo da prova obtida (se, por exemplo, efetivamente foi demonstrado o fato que se pretendia provar ou se assiste razão a qualquer das partes).

Esta antecipação probatória, que tem evidente caráter acautelatório, destina-se não diretamente à conservação do bem da vida postulado pela parte à luz do direito material, porém à conservação de determinada faculdade probatória que servirá de conduto à obtenção deste bem da vida. É notório o acautelamento processual que se estabelece (acautela-se o direito à prova), ainda que mediatamente tal fator possa servir à conservação do direito material a ser futuramente postulado.

A tradicional ação cautelar de produção antecipada de provas do art. 846 do CPC/73 foi mantida, com tais feições, no inciso I do art. 381 do CPC/2015.

A ação de justificação

Além da predita ação de produção antecipada de provas, previa a codificação processual civil anterior a ação de justificação, também inserta no livro III do CPC/73, arts. 861 e ss.

Ainda que topologicamente tratada no âmbito do processo cautelar, a ação de justificação ostentava condição de jurisdição voluntária, dado não pressupor cenário de risco probatório para que seja aforada. No dizer de Paulo Afonso Garrido de Paula, tratava-se a ação de justificação de procedimento de jurisdição voluntária apenas formalmente disciplinado no "título do processo cautelar" de nosso CPC/73, "*destinado a constituir princípio de prova quanto à existência e veracidade de um fato ou de uma relação jurídica*", exigindo, para sua propositura, somente *"o interesse do requerente em constituir a prova, ainda que refutável, sobre objeto juridicamente relevante"*.[9]

Lamentavelmente relegada a um papel menor (até mesmo minoritaríssimo) na práxis forense, a ação de justificação perfazia antiga figura jurídica. De conformidade com escorço histórico desenvolvido por Ovídio Baptista da Silva, *"o processo destinado a justificar a existência de fato ou relação jurídica existe no direito brasileiro desde as Ordenações Afonsinas"*, passando pela Consolidação Ribas (século XIX) e contando com previsão legal também no CPC de 1939.[10]

Interessante notar que, no CPC de 1939, a ação de justificação contava com disciplina própria, estremada das ações cautelares, vale dizer, não se exigia, para o seu manejo, o pressuposto do *periculum in mora* relativamente à produção de determinada prova.[11]

Obliquamente, ambas as ações (ação cautelar de produção antecipada de provas e ação de justificação) comportavam um improvisado uso consultivo, vale dizer, podiam indiretamente servir à aferição, pela parte, se realmente deu-se o fato gerador de seu direito, ou se ao menos este reunia alguma robustez em termos de postulação em sede de ação cognitiva.

Ipso facto, na medida em que permitiam a produção premonitória de determinada prova, a ação cautelar de produção antecipada de provas e a ação de justificação do CPC/73 serviam (de maneira improvisada e acidental, é verdade) à formação de um juízo de deliberação prévio à propositura da ação principal: caso a prova produzida não evidenciasse o fato do qual o interessado pretendia extrair consequências favoráveis a si, obviamente a ação principal não seria aforada.

[9] Paula, Paulo Afonso Garrido de, em *Código de Processo Civil Interpretado,* coord. de MARCATO, Antonio Carlos, 3ª ed., Ed. Atlas, São Paulo, 2008, p. 2570.

[10] Silva, Ovídio A. Baptista. *Curso de processo civil,* v. 3, 3ª ed., Ed. Revista dos Tribunais, São Paulo, 2000, p. 342.

[11] No CPC de 1939 (Decreto-lei 1.608/39), as ações cautelares, então denominadas "medidas preventivas", vinham dispostas no Título I do Livro V, dedicado aos então chamados "processos acessórios" (e as ações destinadas à asseguração da prova sob risco vinham dispostas no art. 676, inciso VI, do CPC anterior), ao passo que a ação de justificação contava com trato legal no Título XII do mesmo Livro V, nos artigos 735 a 738:
"Da justificação
Art. 735. A parte que pretender justificar, para servir de prova em processo regular, a existência de ato ou relação jurídica, deduzirá, em petição circunstanciada, a sua intenção, requerendo que, provado quanto baste, com a citação dos interessados, as julgue a justificação por sentença.
Art. 736. A justificação consistirá na inquirição de testemunhas sôbre os fatos alegados, podendo o justificante juntar quaisquer títulos ou documentos que a comprovem.
Art. 737. A parte citada para a justificação poderá contestar as testemunhas, reinquirí-las e pronunciar-se sôbre os documentos, dos quais terá vista em cartório por vinte e quatro (24) horas.
Art. 738. Produzida a prova, o juiz dará sentença, de que não caberá recurso, e os autos serão entregues ao justificante, quarenta e oito (48) horas depois, independentemente de traslado, salvo se, dentro daquele prazo, a parte interessada houver pedido certidão."

A ação de justificação, que não pressupunha risco de perecimento da prova (o próprio texto do art. 861 do CPC/73 não cuidava de periculosidade relativamente à prova objeto da justificação) e que se encontrava na parte do CPC/73 dedicada ao processo cautelar de forma improvisada, poderia servir de potente mecanismo de produção probatória prévia, porém padecia de um problema que reduzia bastante sua utilidade: não se destinava à produção de prova pericial (o art. 863 do CPC/73 limitava a ação de justificação a depoimentos e documentos).

No ordenamento processual anterior, não contávamos com um mecanismo declaradamente vocacionado à produção de elementos de convicção que servissem à contenção da litigiosidade, sem caráter cautelar.

No Novo CPC, temos, felizmente, e algumas notas acerca do art. 381, incisos II e III do CPC/2015 são desenvolvidas a seguir.

O art. 381 do Novo CPC: ação probatória "consultiva", desprovida de finalidade cautelar. Importante preventor de litígios

Sobressai no CPC/2015 a clara intenção de atribuir-se maior grau de rendimento à atividade jurisdicional, de modo que o cenário de conflito intersubjetivo que conduziu as partes ao foro tenha seu deslinde no menor intervalo possível.

Variadas são, neste sentir, as modificações geradas pelo Novo CPC: é de se citar, por exemplo, o incidente de resolução de demandas repetitivas, e também é merecedora de menção a necessidade de observação da jurisprudência estabilizada nos tribunais superiores ou mesmo nos tribunais locais, a teor do que dispõe o art. 927 do Novo CPC.

O matiz preponderante com que se pretende tingir o processo civil brasileiro regido pelo Novo CPC é o da aproximação do jurisdicionado relativamente à situação jurídica por ele pretendida, enfatizando-se a abreviação do chamado "tempo processual".

Consoante registros expendidos em partes introdutórias do presente trabalho, não quedam dúvidas de que realmente a abreviação do tempo do processo perfaz um dos mais relevantes núcleos de concentração das reformas do direito processual civil nacional.

Não obstante, se nos afigura claríssima a ideia de que não é apenas por via da abreviação do tempo do processo que se pode alcançar maior efetividade de direitos; com efeito, parece-nos claro que a prevenção da atividade jurisdicional contenciosa é a palavra de ordem. Se a redução do tempo processual é fator de majoração da efetividade da atividade jurisdicional, inibir o próprio processo é elemento de multiplicação da eficácia da Justiça.

E a prevenção de litígios obedece a uma regra primária: quanto maior a maturação do direito de uma das partes, menor a disposição da contraparte de submeter-se a uma disputa forense que de antemão afigura-se vocacionada ao insucesso.

Neste sentir, nota-se no Novo CPC interessantíssima modificação: a atribuição, à ação antecipada de provas, de **finalidade exclusivamente formadora de prova para fins (i) ou de coibição de ação de acertamento de direitos futura, (ii) ou de solidificação da decisão de aforamento de determinada ação.**

Referimo-nos ao artigo 381 do Novo CPC, cujo texto é o seguinte: *"A produção antecipada da prova será admitida nos casos em que: (...)II – a prova a ser produzida seja suscetível de viabilizar a autocomposição ou outro meio adequado de solução de conflito; III – o prévio conhecimento dos fatos possa justificar ou evitar o ajuizamento de ação."*

Esta finalidade, repita-se, premonitória atribuída à ação antecipada de provas no âmbito do Novo CPC, se outrora apenas manifestava-se mediante improvisações no dia-a-dia forense, caso aprovado texto da codificação projetada, poderá acarretar, em nosso pensar, radical redução de litigiosidade.

A colheita probatória prévia com finalidade exclusivamente aclaratória permitida pelo Novo CPC permitirá àquele que tenciona ajuizar uma ação cognitiva um momento anterior de reflexão e de amadurecimento dos fatos supostamente geradores de seu pretenso direito sem que exista concretamente a formulação de uma pretensão em desfavor de outrem, com toda a carga negativa inerente a tal fenômeno.

No sistema vigente à época do CPC/73, em que não existia a oportunidade de formação probatória judicial prévia à propositura de determinada ação de acertamento de direitos, o fenômeno fático-jurídico em que arrimada a pretensão do demandante revelava-se judicialmente apenas no curso da chamada ação principal, mais propriamente na penúltima fase do procedimento de primeiro grau de jurisdição (a fase instrutória).

O cenário que então se verificava era pernicioso: à parte que estivesse diante de situação de hipotético problema jurídico não cabia outra alternativa senão a propositura da ação principal, para apenas na fase instrutória desta apurar se realmente tem razão. Não se facultava ao jurisdicionado, no CPC/73, qualquer mecanismo de prospecção prévia de informações de modo que fosse possível refletir com base em elementos concretos (a prova previamente produzida) acerca da grave decisão de propor a ação principal de acertamento de direitos. Sequer se permitia, à míngua de informações decorrentes de provas colhidas previamente, tentar a conciliação.

O art. 381, incisos II e III, do Novo CPC decerto servirá de profilaxia do modelo vigente de fomento à litigiosidade.

Convém sejam registradas algumas informações sobre o procedimento da ação de produção de provas prevista nos incisos II e III do art. 381 do Novo CPC.

Algumas notas procedimentais

Em termos práticos, parece-nos evidente que a propositura desta "ação probatória" prevista no art. 381, II e III, do Novo CPC exigirá a constância, em sede de petição inicial, da exposição pormenorizada da situação fática que se quer provar em caráter prévio à propositura da chamada ação principal.

Ao autor, de modo a expor adequadamente a causa de pedir, incumbirá a exposição do fato a ser provado e de sua intenção de, por intermédio da ação probatória, construir sua decisão acerca da propositura da ação principal (nos termos dos incisos II e III do art. 381 do Novo CPC, a viabilização da *"autocomposição ou outro meio adequado de solução de conflito, e o prévio conhecimento dos fatos possa justificar ou evitar o ajuizamento de ação"*).

Pensamos que o manejo da ação probatória sem caráter acautelatório, de modo que sejam evitados acionamentos despiciendos da estrutura jurisdicional, deverá exigir a demonstração adequada das razões que levaram o requerente ao aforamento da ação; em outras palavras, ainda que a ação probatória autônoma não ostente caráter cautelar, parece-nos evidente que deverão ser expostos com razoável substância os contornos da hipotética controvérsia que poderá arrimar uma futura ação declaratória de direitos.

A *contrario sensu,* ao permitir-se o manejo da ação probatória autônoma (*id est,* não cautelar) sem maiores rigores quanto à sua admissão (leia-se, sem que se exponha com alguma razoabilidade a lide hipotética), estar-se-ia fomentando a movimentação do aparato jurisdicional estatal de forma despicienda e flagrantemente contrária à própria *ratio essendi* do instituto da produção autônoma da prova (conter a litigiosidade desnecessária).

A ação probatória não ostenta caráter contencioso; trata-se, como pensamos, de veículo de consulta, de exame prévio acerca da viabilidade de determinada ação cognitiva principal. Não se identifica nesta espécie de ação judicial, portanto, caráter contencioso, nos exatos moldes das ações probatórias conservativas tradicionais.

O caráter não-contencioso da ação de produção prévia de prova elide, por óbvio, a aplicação do princípio da sucumbência. Há que se ressalvar, evidentemente, que, uma vez demonstrado o manuseio da ação probatória de má-fé, mediante cometimento de abuso processual, poderão ser aplicadas ao autor as penas correspondentes (litigância de má-fé).

A dinamização do ônus da prova no novo CPC e a sua aplicação nas demandas envolvendo a Fazenda Pública

José Mauro de Barros Cardoso

1. Introdução

O presente artigo tem por objetivo o estudo do instituto da distribuição dinâmica do ônus da prova, na forma positivada em nosso ordenamento no art. 373, §1º, do novo Código de Processo Civil – Lei 13.105, de 16 de março de 2015 – e, partindo de sua origem, fundamentos e perspectivas, suscitar algumas breves reflexões acerca da sua adequação e aplicabilidade às demandas envolvendo a Fazenda Pública. Corolário de valores como a isonomia processual, lealdade, cooperação, boa-fé, contraditório, devido processo legal e acesso à justiça, e também impulsionado pelo irrefreável movimento da *tutela constitucional do processo*[1], o instituto da distribuição dinâmica do ônus da prova adquiriu ao longo dos últimos anos notória relevância na ciência processual brasileira e estrangeira – tendo sido objeto de obras específicas[2] e dissertações de Mestrado[3].

Não tendo se limitado à crescente participação no cenário acadêmico, observa-se a existência de casos em que, antes mesmo da promulgação do novo Código de Processo Civil e, portanto, da sua positivação em nosso ordenamento, a utilização do instituto em referência se mostrou instrumento fundamental para a adequada solução de controvérsias pelos nossos Tribunais, com destaque para

[1] Yarshell, Flávio Luiz. Curso de Direito Processual Civil Vol. I. 1ª ed. Ed. Marcial Pons. Pg. 74.

[2] Lourenço, Haroldo. Teoria Dinâmica do Ônus da Prova no novo CPC. Ed. Método.
Macêdo, Lucas Buril de, e Peixoto, Ravi. Ônus da Prova e sua Dinamização. 2ª Edição. Ed. Jus Podivm.

[3] Malagó, Fábio Machado. Distribuição Dinâmica do Ônus da Prova. 2014. Dissertação (Mestrado). Faculdade de Direito, Universidade de São Paulo, São Paulo.
Pires, Cristiane Pedroso. Distribuição Dinâmica do Ônus da Prova. 2014. Dissertação (Mestrado). Faculdade de Direito, Universidade de São Paulo, São Paulo

posições de vanguarda dos Tribunais de Justiça do Estado do Rio Grande do Sul[4], do Distrito Federal[5], e também do Egrégio Superior Tribunal de Justiça[6]. Afastando-se da regra geral da distribuição estática do ônus da prova, acolhida pelo sistema processual brasileiro de 1973 e reproduzida pelo novo CPC de 2015, em que a posição processual da parte e a natureza do fato probando são os elementos necessários para definir quem irá suportar o encargo da produção probatória, a distribuição dinâmica do ônus da prova, por outro lado, se revela uma possibilidade de verdadeira adequação do processo a determinadas situações de direito material em que a regra geral se revela inadequada para viabilizar a melhor solução da demanda.

Isto porque, de maneira bastante objetiva e preliminar que fazemos nesta introdução, o instituto tem por objetivo principal permitir ao juízo que, na busca pela verdade real para o julgamento justo e efetivo da causa, a prova necessária seja obtida a partir da parte que detenha melhores condições de fornecê-la, independentemente da sua posição processual. Trata-se de relevante instrumento a ser utilizado na busca pela redução da evidente distorção que ainda se observa na prática processual atual, em que demandas muitas vezes deixam de receber a melhor solução de mérito em virtude unicamente da necessidade de observância e aplicação, pelo juízo, da regra da distribuição estática do ônus da prova. E, sem prejuízo do reconhecimento da existência de elementos causadores de desequilíbrios entre as partes quanto à dificuldade – ou mesmo inviabilidade – da produção probatória, o presente artigo tem ainda por objetivo dar luz à problemática da aplicação do instituto nas hipóteses em que a Fazenda Pública ocupar um dos polos da relação processual.

Sabe-se que a Fazenda Pública, em virtude do seu dever constitucional de agir sempre em prol do interesse público – e considerada também as suas limitações materiais – foi objeto de tratamento diferenciado pelo legislador, que a outorgou diversos benefícios de ordem processual, no tocante, por exemplo, a prazos, intimações, liminares e regime de pagamento de condenações – que compõem as denominadas "prerrogativas processuais". Não sendo objeto destas linhas a análise da constitucionalidade/legitimidade do tratamento processual diferenciado outorgado à Fazenda Pública, a ele se soma mais uma prerrogativa, de direito material, que, por certo, possui reflexos diretos no tema do ônus da prova: a presunção de legitimidade dos atos praticados pela Administração Pública.

[4] Tribunal de Justiça do Rio Grande do Sul, , Quinta Câmara Cível, Agravo de Instrumento 70064808298, Relator Desembargador Jorge Luiz Lopes do Canto, DJE 22/05/2015.

[5] Tribunal de Justiça do Distrito Federal, Agravo de Instrumento 20140020301256, Relator Desembargador Angelo Passareli, DJE 28/09/15.

[6] Superior Tribunal de Justiça, Quarta Turma, REsp 619.148/MG, Relator Ministro LUIS FELIPE SALOMÃO, QUARTA TURMA, DJE 01/06/2010.

Cabem aqui, portanto, os seguintes questionamentos: as prerrogativas processuais da Fazenda Pública, somadas à aplicação da regra geral da distribuição estática do ônus da prova e à presunção de legitimidade dos atos administrativos seriam passíveis de caracterizar em determinadas hipóteses um desequilíbrio processual entre as partes? Estaríamos diante de uma violação ao princípio da isonomia – sendo este o fundamento que justifica a manutenção das regras benéficas em favor da Fazenda Pública? Partindo destas reflexões, e considerando se tratar de instituto recém-positivado em nosso ordenamento, propõe-se desde já que a ciência jurídica processual empreenda esforços no sentido de desenvolver parâmetros de aplicação adequada da distribuição dinâmica do ônus da prova nas demandas envolvendo a Fazenda Pública, de modo a viabilizar a busca por uma decisão de mérito justa, efetiva e pautada na verdade real.

2. Ônus da Prova

No contexto da fixação das premissas teóricas necessárias para a adequada compreensão do instituto que em referência, entendemos importante a abordagem conceitual do ônus da prova, de modo a restarem esclarecidas, por exemplo, noções acerca da distinção entre ônus e obrigação/dever, e a sua aproximação com uma situação jurídica ativa facultativa – o que Fredie Didier Junior e Pedro Henrique Nogueira entendem como um *poder processual*[7].

As partes litigantes, ao se manifestarem no curso de um processo de conhecimento têm como objetivo principal propor uma argumentação capaz de convencer a autoridade julgadora a decidir a seu favor. E, para tal exercício, se torna fundamental a apresentação de elementos que procurem demonstrar a veracidade dos fatos alegados, as denominadas provas. Nas lições de Fernando Rubim[8], prova é "todo e qualquer elemento material dirigido ao juiz da causa para esclarecer o que foi alegado por escrito pelas partes, especialmente circunstâncias fáticas." Destaque-se que a efetividade da prova pressupõe o convencimento do juízo. Deste modo, ainda que seja trazido aos autos pelo autor da ação um volumoso conjunto documental, que ao final tenha se revelado insuficiente para formar a convicção do juízo sobre a ocorrência e/ou veracidade de determinado fato, estaremos diante de uma hipótese de improcedência da ação decorrente de uma ausência de prova. O mesmo, por óbvio, ocorre caso o réu não seja capaz de apresentar elementos probatórios suficientes para afastar as alegações autorais, motivando assim o reconhecimento da procedência da ação.

[7] DIDIER JR, Fredie; NOGUEIRA, Pedro Henrique, Teoria dos Fatos Jurídicos Processuais, Ed. Juspodivm, 2011, p. 127.

[8] RUBIM, Fernando. Teoria Geral da Prova: do conceito de provas aos modelos de constatação da verdade. *Revista Magister de Direito Civil e Processual Civil,*, n. 52, p. 43, jan-fev 2013.

Ponto fundamental para se estabelecer a correlação entre a suficiência do conjunto probatório produzido pelas partes e o resultado da ação, porém, é a atribuição do ônus da prova. Segundo o Dicionário Aurélio, ônus significa "1. aquilo que pesa ou que carrega. 2. Encargo, obrigação, gravame.". Da fria análise da nomenclatura do instituto, portanto, seria possível partir da falsa premissa de que o ônus de provar determinado fato constituiria uma obrigação, um dever da parte que o alega. E, sendo uma obrigação, a parte se encontraria em uma posição jurídica passiva, estando sujeita até mesmo a uma sanção pelo não cumprimento do seu dever. Na atual ciência jurídica processual qualquer leitura neste sentido já se encontra há muito afastada. Ônus da prova, definitivamente, não pode ser confundido com um dever jurídico. A conduta da parte a quem cabe o ônus de provar não está relacionada à satisfação do direito de outrem, não a sujeitando a qualquer tipo de sanção em caso de não atendimento do *onus probandi*. Ao contrário, a parte onerada com o ônus da prova está sujeita apenas ao risco que os efeitos de sua não produção incidirão sobre a decisão de mérito do juízo. Trata-se, então, de uma situação jurídica ativa, um poder (garantido constitucionalmente) de produzir prova a seu favor, e que, caso não realizado da maneira adequada aos olhos do julgador, poderá trazer consequências para a sua esfera jurídica no curso da relação processual.

A atribuição do ônus da prova, sob este prisma, representa um vetor decisivo a ser utilizado pelo julgador para determinar quem receberá os efeitos processuais negativos decorrentes da eventual ausência ou insuficiência das provas necessárias para comprovar os fatos alegados. Considerada a relevância do conjunto probatório para a decisão de mérito, e o princípio da indeclinabilidade como regra (*non liquet*), tratou o ordenamento jurídico processual de positivar as regras relativas à distribuição do ônus da prova entre as partes, de modo a viabilizar, por exemplo, uma solução minimamente adequada para a controvérsia na hipótese em que as partes litigantes não tenham sido capazes de formar a convicção do juízo acerca da ocorrência e/ou veracidade dos fatos alegados. É o que veremos a seguir.

3. A distribuição estática do ônus da prova. Acolhimento da regra geral pelo novo CPC

É inegável a relevância da prova e do *ônus probandi* para que seja oportunizado à autoridade julgadora o acesso a todos os elementos que permitam avaliar a veracidade dos fatos alegados pelas partes, e, por consequência, proferir a melhor solução de mérito à controvérsia instaurada. Além desta visão objetiva sobre a finalidade do instituto, importante também ressaltar o evidente impacto subjetivo que a fixação prévia das regras de distribuição do ônus da prova exerce sobre o comportamento das partes. Isto porque, a partir da compreensão da natureza dos fatos envolvidos – se constitutivo, modificativo, impeditivo ou extintivo do direito –, e sabedoras as partes das regras sobre quem deverá produzir as provas necessárias para comprovar a sua ocorrência/veracidade, é possível a realização da devida avaliação prévia acerca da propositura da demanda e também das condutas a serem adotadas no curso do processo. Corroborando esta afirmativa, destacamos as lições de Flávio Luiz Yarshell, quando afirma que "Quanto às partes, conforme já se acenou, sua avaliação de chances e riscos de um dado processo – futuro ou mesmo em curso – é influenciada, de forma relevante, pela prova de que disponham ou de que necessitem dispor – sendo essas últimas determinadas justamente em função dos ônus que tenham para si atribuído. E dessa avaliação não pode ser simplesmente desconectado o tema do ônus de provar, porque a consciência da atribuição do encargo há também que nortear aquele tipo de avaliação."[9].

Fixados estes pontos preliminares, passa-se à análise da regra geral da distribuição estática do ônus da prova em nosso sistema processual, existente no art. 333 do CPC/73, e reproduzido no art. 373, I e II, do novo Código[10]. Mantendo a premissa existente no CPC/73, a redação dos dispositivos define como elementos fundamentais para a definição de quem suportará o referido ônus a posição da parte processual e a natureza do fato probando. Nesta sistemática, cabe ao autor da demanda a produção do conjunto probatório constitutivo do seu direito, e ao réu o ônus de provar os fatos extintivos, modificativos ou impeditivos do alegado direito do autor[11]. A distribuição estática do ônus da prova, como regra geral, deixa de levar em consideração, portanto, elementos como (i) a natureza do direito material envolvido, (ii) quais partes teriam maior facilidade para produzir determinada prova relevante para a solução da controvérsia, e também, pode-se dizer, (iii) a própria eficácia prática da decisão final proferida. O legislador, neste caso, revela a opção pela busca da mera solução da demanda, muitas vezes em detrimento da verdadeira solução do conflito. Não obstante esta opção, é inegável afirmar que, tendo sido observadas as regras do jogo processual previamente determinadas acerca da alocação do ônus de provar, e estando atendido o devido processo legal, a decisão final do juízo é legítima.

Em que pese a suficiência desta regra geral para a solução de grande parte das demandas, a definição do ônus da prova de maneira prévia e estática, por muitas vezes impede que em determinadas hipóteses seja obtida a decisão mais justa e em sintonia com a verdade real. Por certo que esta opção não mais coaduna com o nosso modelo processual atual, pautado essencialmente na coopera-

[9] YARSHELL, Flávio Luiz. Ob. Cit. Pág. 66.

[10] Art. 373. O ônus da prova incumbe:
I – ao autor, quanto ao fato constitutivo de seu direito;
II – ao réu, quanto à existência de fato impeditivo, modificativo ou extintivo do direito do autor.

[11] SANTOS, Moacir Amaral dos, Prova Judiciária no Cível e no Comercial, Vol. I, Ed. Saraiva, 1983, p. 153.

ção, na efetividade do direito material e na pacificação social. Ainda que tenha o legislador previsto a técnica excepcional da inversão do ônus da prova (que não se confunde com a distribuição dinâmica), ficou claro que esta opção também se revelava insuficiente para o devido tratamento de determinadas hipóteses, visto que a mera transferência da integralidade da carga probatória para a contraparte não necessariamente permitiria ao juízo a obtenção dos elementos fáticos necessários para a prolação de uma decisão de mérito justa.

Considerada a reconhecida inadequação da regra geral da distribuição estática do ônus da prova para a solução justa de todos os conflitos, e a necessidade de ampliação da oferta do conjunto fático-probatório a ser produzido no curso do processo, ganhou força na ciência processual, nacional e estrangeira, a técnica da distribuição dinâmica do ônus da prova.

4. A Distribuição dinâmica do ônus da prova no CPC/15

"Um sistema processual civil que não proporcione à sociedade o reconhecimento e a realização dos direitos, ameaçados ou violados, que têm cada um dos jurisdicionados, não se harmoniza com as garantias constitucionais de um Estado Democrático de Direito.". O primeiro parágrafo da Exposição de Motivos do Código de Processo Civil de 2015, redigido pela Comissão de Juristas que conduziu os trabalhos de elaboração do novo diploma, conseguiu sintetizar em poucas palavras o espírito e talvez o principal objetivo do ordenamento processual proposto: a realização (efetiva) do direito material dos jurisdicionados.

Para tal, e como também deixado claro pela referida Comissão em outras passagens da Exposição de Motivos, a sistematização das normas processuais e a incorporação no texto de institutos e posicionamentos jurisprudenciais já consolidados não teve como pretensão alimentar questões meramente acadêmicas, mas sim obter um maior grau de funcionalidade do processo, de modo a favorecer e estimular a pretendida busca pela realização e a efetividade do direito material.

Na perseguição deste objetivo diversas matérias foram tratadas e revistas no Novo Código de Processo Civil, com destaque, por exemplo, para o sistema recursal, a necessidade de observância aos precedentes jurisprudenciais e a confirmação do movimento de constitucionalização do processo – em sintonia com o *neoconstitucionalismo* e a normatização dos princípios[12]. Mas também outros temas foram objeto de profundas considerações, como as regras relativas às provas.

Com vistas a uma construção teórica que permita a adequada compreensão do instituto sobre o qual ora nos debruçamos, importante abrirmos aqui um

[12] Sobre o tema, v. Luís Roberto Barroso, O Constitucionalismo Democrático no Brasil: crônica de um sucesso imprevisto, 2013.

breve parêntese para a abordagem de um tema de fundamental relevância, que é a incorporação definitiva em nosso ordenamento do modelo de Processo Civil Cooperativo. Positivado no art. 6º do Novo CPC, o dever de cooperação se tornou um valor intrínseco a ser observado na conduta dos sujeitos processuais, e sem dúvida passa a constituir um dos principais vetores do nosso novo sistema processual – que se reflete em diversos institutos e deveres das partes e do juízo fixados no Novo Código de Processo Civil.

Intrinsecamente ligado a outros valores de extrema relevância, como a lealdade e a boa-fé processuais, o modelo processual cooperativo atinge (positivamente) em cheio o sistema probatório, pois, sob a ótica deste modelo, todos os sujeitos processuais devem colaborar ao máximo para a obtenção da verdade real e o julgamento justo[13]. E isto se irradia, também, na forma como o juízo perseguirá os elementos fáticos necessários para que a decisão de mérito atinja a finalidade pretendida: a pacificação social.

A partir desta nova forma de compreender e aplicar o direito processual civil percebe-se que não deverá mais o juízo se abster de proferir a decisão mais justa, em prol da mera observância da regra estática de distribuição do ônus da prova, que, a depender das circunstâncias materiais do caso concreto, não terá se revelado a técnica processual mais adequada para a verdadeira solução do conflito que levou as partes a recorrerem ao auxílio do Poder Judiciário.

Ainda sobre os pilares teóricos que justificam a existência do instituto, Humberto Theodoro Junior[14] destaca as lições de Jorge W. Peyrano apresentadas em coletânea sobre o tema, "de cujos ensaios se extraíram importantes conclusões, como as de que: (a) a doutrina das cargas dinâmicas da prova representa um giro epistemológico fundamental no modo de observar o fenômeno probatório, sob a perspectiva da finalidade do processo e do valor justiça (JUAN ALBERTO RAMBALO). (b) leva em conta, essa doutrina, o comportamento das partes, a responsabilidade do juiz e a justiça do caso concreto (INÉS MARIA AIRASCA); (c) não viola, a teoria das cargas dinâmicas, o direito de defesa, mas, ao contrário, mantém a igualdade material e real das partes no processo e atende ao valor justiça (IVANA MARIA AIRASCA); (d) essa doutrina atende os anseios da sociedade democrática, refletindo a moderna visão solidarista e de colaboração das partes com o órgão judicial, no desenvolvimento do processo justo (MARÍA BELÉM TEPSICH); (e) a tese logrou importantes reflexos no direito comparado (Argentina, França, Itália, Alemanha etc.) (SILVANA PEREIRA MARQUES).

Vistos os pressupostos teóricos desta nova norma fundamental do processo – que Humberto Theodoro Junior considera uma das bases do "contraditório

[13] MITIDIERO, Daniel. Colaboração no Processo Civil. 2 Ed. São Paulo: Revista dos Tribunais, 2011, p. 20.

[14] Ob. Cit.

democrático"[15] – e a forma com que o modelo de processo cooperativo irradia sobre o tema das provas, passa-se à análise do texto normativo do §1º do art. 373, que acolheu a festejada teoria da distribuição dinâmica do ônus da prova – até então objeto de esparsas e corajosas decisões de alguns de nossos Tribunais proferidas com fundamento direto na Constituição Federal, visto a ausência de respaldo normativo infraconstitucional para suplantar a regra geral da distribuição estática, como visto acima.

Em absoluta consonância com os novos rumos epistemológicos do processo civil após o advento do novo CPC, o referido dispositivo, ao dispor que "*Nos casos previstos em lei ou diante de peculiaridades da causa relacionadas à impossibilidade ou à excessiva dificuldade de cumprir o encargo nos termos do caput ou à maior facilidade de obtenção da prova do fato contrário, poderá o juiz atribuir o ônus da prova de modo diverso, desde que o faça por decisão fundamentada, caso em que deverá dar à parte a oportunidade de se desincumbir do ônus que lhe foi atribuído*", indica claramente como principal elemento apto a justificar a relativização da regra geral da distribuição estática a maior facilidade de uma das partes para a produzir a prova necessária ao julgamento de mérito. Ou seja, a depender das circunstâncias observadas no caso concreto, o juiz terá o poder – a nosso ver, poder-dever – de atribuir a qualquer das partes o ônus pela produção de determinada prova relativa a fato controvertido, não importando a posição processual que a parte incumbida de arcar com este encargo ocupe.

Aqui, afasta-se a definição prévia da parte que irá suportar o ônus da prova com base no polo que ocupe, bem como torna desnecessária a clássica distinção dos fatos em constitutivos, modificativos, impeditivos ou extintivos do direito objeto da controvérsia. Havendo impossibilidade ou maior facilidade alheia, a prova deverá ser produzida pela parte que detiver melhores condições, independentemente da regra prevista nos incisos I e II do art. 373 – estando a parte que receber o encargo sujeita às mesmas consequências sobre a sua esfera jurídica observadas na aplicação da regra geral, caso a prova (a seu favor) não venha a ser produzida.

À título ilustrativo, Lucas Buril de Macêdo e Ravi Peixoto[16], ao se referirem às situações em que a posição privilegiada de uma parte sobre a outra justificaria a dinamização do ônus probatório, indicam as seguintes hipóteses: "*a)* o papel desempenhado por uma das partes no fato gerador da controvérsia; *b)* estar uma das partes na posse de coisas ou documentos essenciais à instrução probatória; *c)* ser uma das partes a única detentora da prova e *d)* existência de condições téc-

[15] THEODORO JR, Humberto, Curso de Direito Processual Civil, 56ª Edição, Ed. Forense, p. 82.

[16] MACÊDO, Lucas Buril de, e PEIXOTO, Ravi. Ônus da Prova e sua Dinamização. 2ª Edição. Ed. Jus Podivm. Pag. 148..

nicas, profissionais ou jurídicas que uma das partes possua de forma superior em relação a outra."[17].

Apesar de ser vista como uma importante contribuição para a modernização e efetividade do processo civil, o instituto em referência é também objeto de críticas por parte da doutrina, especialmente aquelas provenientes da doutrina garantista, quando sustenta que o instituto, ainda que possua previsão legal e possa ser utilizado em momento inicial do processo[18], violaria, por exemplo, o devido processo legal, visto que a conduta destas, prévia ao conflito, é pautada pela regra da distribuição estática da distribuição do ônus da prova[19] – relevância subjetiva do ônus da prova, vista no tópico 3 do presente trabalho. Segundo esta corrente doutrinária, portanto, a distribuição dinâmica do ônus da prova seria passível de causar insegurança jurídica, independentemente do momento processual de sua aplicação.

Como uma das vozes mais representativas deste posicionamento, destacamos as lições do Professor de Direito Processual da Universidade Nacional de Rosário (ARG), Gustavo Calvinho, ao defender que a utilização do instituto "*implica una eventual inversión de la carga de la prueba, importando una gravísima afectación de la garantía del debido proceso legal en una suerte de inopinada emboscada en la que el juez, en definitiva, vendría a admitir la pretensión o la defensa porque la parte contraria debió probar los hechos cuando la norma dispone que lo debió hacer la outra.*"[20].

No tocante a este ponto, e não obstante a autoridade dos defensores da teoria e o fundamento apresentado pela corrente garantista, entendemos que a existência de previsão legal que admita a aplicabilidade do instituto deveria ser suficiente para que os sujeitos pautassem as suas condutas pré-processuais não apenas com vistas à regra da distribuição estática do ônus probatório, mas também considerando a sua dinamização, visto a possibilidade expressa de o encargo ser a eles direcionados caso as circunstâncias do caso concreto assim justifiquem. Além disso, destaca-se que, a nosso ver, a finalidade do instituto de propiciar a decisão de mérito justa e adequada à verdade real se encontra em absoluta consonância com o devido processo legal e com a própria existência do direito processual, não havendo, neste caso, comprometimento da legitimidade do instituto (ou até mesmo da sua própria existência).

[17] Zaneti, Paulo Rogério. Flexibilização das regras sobre o ônus da prova. São Paulo: Malheiros, 2011, p.121.

[18] O art. 357 define que a definição sobre a distribuição do ônus da prova deve ocorrer na decisão de saneamento e organização do processo.

[19] Ob. Cit.

[20] Calvinho, Gustavo. Cargas Probatorias Dinámicas: exotismo y magia que desnaturalizan la garantía del proceso civil. Acessado em http://gustavocalvinho.blogspot.com.br/2013/02/cargas-probatorias-dinamicas-exotismo-y.html.

Identifica-se ainda na doutrina, como possíveis pontos de críticas decorrentes da aplicação do instituto (i) o eventual aumento de impugnações das partes ainda na fase inicial do processo, visto a previsão expressa de cabimento de Agravo de Instrumento contra a decisão que redistribuir o ônus da prova (art. 1.015, XI, do NCPC), o que, sob esta perspectiva, iria na contramão da celeridade processual pretendida, e (ii) o excesso de discricionariedade outorgada ao juiz, na medida em que a redação do art. 373, §1º, se mostraria aberta e demasiadamente genérica, permitindo a sua aplicação a uma infinidade de hipóteses não identificadas previamente pelo legislador no processo de criação da norma.

No contexto de um verdadeiro processo de internalização do instituto da distribuição dinâmica do ônus da prova que está em curso na ciência processual brasileira, por certo que se mostra relevante que a doutrina estabeleça um diálogo com as críticas iniciais apontadas acima, de modo a verificar a sua eventual consistência e a existência de possíveis contribuições para o aperfeiçoamento do instituto.

Sem prejuízo dos desafios que a doutrina e a jurisprudência enfrentarão nos próximos anos para fixar as balizas de aplicação e eficácia da dinamização do ônus da prova no caso concreto, a análise dogmática da matéria pode se revelar ainda mais desafiadora e contributiva para a sua consolidação nas hipóteses em que a Fazenda Pública figurar como parte da relação processual. Isto porque, as circunstâncias fáticas e de direito material envolvidas em litígios entre particulares e a Fazenda Pública possuem, na nossa visão, maior probabilidade de revelarem a inadequação da regra geral da distribuição estática do ônus da prova para a prolação de uma decisão justa e efetiva – cujo o novo ordenamento processual vigente tanto busca viabilizar.

5. A dinamização do ônus da prova e a Fazenda Pública

Inaugurando a parte do trabalho que, esperamos, demande maiores reflexões futuras do leitor, importante que façamos, preliminarmente, uma breve análise do conceito de Fazenda Pública, de modo a identificar as entidades que a integram e as especificidades que possui quando esta se encontra em juízo. De acordo com as lições de Leonardo José Carneiro da Cunha[21], "a expressão *Fazenda Pública* contém o significado de *Estado* em juízo. Daí por que, quando se alude à *Fazenda Pública* em juízo, a expressão apresenta-se como sinônimo de *Estado em juízo* ou do *ente público em juízo*, ou, ainda, da *pessoa jurídica de direito público em juízo.*". Partindo deste conceito, e considerando ainda a organização da Administração Pública

[21] CARVALHO FILHO, José dos Santos, Manual de Direito Administrativo, 24ª Edição, Ed. Lumen Juris, p. 1017.
CUNHA, Leonardo José Carneiro da. A Fazenda Pública em Juízo. 7. ed. São Paulo: Dialética, 2009. p. 15.

no Brasil – Decreto-Lei nº. 200/67 –, podemos definir que quando a legislação processual menciona a Fazenda Pública, está a se referir à União, Estados, Municípios, Distrito Federal, Autarquias (abrangidas aqui as Agências Reguladoras e Executivas) e as Fundações de Direito Público.

Importante ainda uma abordagem sobre os fundamentos que justificam o tratamento diferenciado dispensado à Fazenda Pública pelo legislador quando esta se encontra em juízo – o que compõe as denominadas prerrogativas processuais. Sabe-se que a promoção da isonomia é o principal elemento que impulsiona a legitimação do tratamento privilegiado que a Fazenda Pública possui em juízo[22]. Para tal, parte-se da premissa de que os entes que compõem a Administração Pública se encontram em situação de vulnerabilidade material em relação ao particular – visto a sua inerente lentidão e burocracia –, e que, por atuarem sempre em prol do interesse público, demandam a concessão de vantagens processuais.

Fiel a este reconhecimento de desigualdade material da Fazenda Pública, o novo Código de Processo Civil manteve as diretrizes básicas do Código de 1973 e garantiu vantagens, por exemplo, quanto ao reexame necessário (art. 496, I), aos prazos diferenciados (art. 183) e à intimação pessoal (art. 183, §1º).

Além das prerrogativas de natureza processual, que possuem o legítimo intuito de equilibrar as partes no curso de um litígio, a Fazenda Pública goza ainda de outra importante ferramenta para o exercício de suas atividades, que decorre diretamente do interesse público inerente aos atos praticados pelos entes da Administração: a presunção de legitimidade dos atos administrativos.

Nas lições de Moacyr Amaral Santos[23], "presunção é a ilação que se tira de um fato conhecido para se provar a existência de outro desconhecido.". Os atos praticados pela administração, dessa forma, nascem já com a presunção de estarem adequados e em conformidade com a lei. Segundo a respeitada posição de José dos Santos Carvalho Filho sobre a matéria, o principal fundamento para a existência deste privilégio "reside na circunstância de que se cuida de atos emanados de agentes detentores de parcela do Poder Público, imbuídos, como é natural, do objetivo de alcançar o interesse público que lhes compete proteger. Desse modo, inconcebível seria admitir que não tivessem a aura de legitimidade, permitindo-se que a todo momento sofressem algum entrave oposto por pessoas de interesses contrários. Por esse motivo é que se há de supor que presumivelmente estão em conformidade com a lei."[24].

Apesar de não se tratar de uma presunção absoluta de conformidade do ato com a lei, a presunção relativa (*iuris tantum*) de legitimidade impõe necessaria-

[22] BINENBOJM, Gustavo. Uma Teoria do Direito Administrativo: Direitos Fundamentais, Democracia e Constitucionalização. Rio de Janeiro: Renovar, 2006. p. 114.

[23] SANTOS, Moacyr Amaral. Prova Judiciária no Cível e no Comercial. Max Limonad, 1949, Vol. I. Pág. 81.

[24] Ob. Cit. Págs. 112 e 113

mente àquele que o questionar – o particular/administrado, no caso – o ônus de comprovar o contrário, ou seja, que o ato está eivado de ilicitude. Logo, enquanto não houver pronunciamento neste sentido de algum órgão judicial ou administrativo competente, o ato permanecerá válido e eficaz para todos os seus efeitos.

Não obstante a relevância desta presunção para o desenvolvimento das atividades da Administração Pública, no plano processual percebe-se que há uma transferência prévia do ônus da prova para o particular, que, no caso concreto, deverá reunir os elementos necessários para afastar a legitimidade do ato que de alguma maneira lhe atingiu negativamente.

A problemática que se propõe seja analisada ocorre quando a produção probatória – necessária para afastar a presunção de legitimidade do ato, reitera-se – depender essencialmente de informações e/ou documentos que se encontrem em posse da própria Fazenda Pública. Nesta hipótese, há um considerável risco de se verificar o desequilíbrio processual entre as partes, cabendo ao particular suportar um ônus praticamente impossível de ser cumprido.

Isto porque, a presunção material de legitimidade do ato administrativo, somada à regra geral de distribuição estática do ônus da prova prevista no caput do art. 373 do novo CPC, muitas vezes é capaz de comprometer ou até mesmo inviabilizar a produção probatória do particular, e, por consequência, prejudicar severamente o exercício do seu direito de ampla defesa e a própria garantia de acesso efetivo à tutela jurisdicional.

Daí a importância de se verificar, através do questionamento que ora damos enfoque, como a técnica da distribuição dinâmica do ônus da prova pode ser utilizada no caso concreto para corrigir esta distorção e recolocar as partes em equilíbrio processual, sempre em observância à garantia da isonomia e à efetividade do direito material envolvido. Importante desde já destacar que não se está aqui propondo que as prerrogativas processuais (legalmente fixadas) sejam revistas ou mesmo que a presunção de legitimidade dos atos administrativos perca sua efetividade quando a Fazenda Pública se encontrar em juízo.

O objetivo do debate que se propõe é justamente identificar formas de conciliar as vantagens processuais da Fazenda Pública com a adequada aplicação da técnica da dinamização do ônus da prova, em especial, nas hipóteses em que a própria Administração for a detentora das informações necessárias para que o particular possa produzir o conjunto probatório constitutivo do seu direito[25].

[25] Faz-se referência aqui ao exemplo mencionado por Lucia Valle Figueiredo em seu Curso de Direito Administrativo, quando afirma que em determinada ação movida pelo particular para questionar a decisão da Fazenda Pública de demolir o seu imóvel por ameaça à incolumidade pública, o ônus de provar o risco que o imóvel traz para a comunidade deveria ser da própria Fazenda Pública, que foi quem elaborou os relatórios e laudos técnicos que embasaram a decisão, e não o particular, que apenas foi atingido pela determinação e sequer participou da produção destes elementos. Porém, ao se levar

Para tal, entendemos ser de fundamental importância que o ônus da prova passe a ser distribuído pelo juízo, nestas hipóteses, não mais através de uma análise superficial, rígida e descolada da realidade fática que leve em conta somente a posição processual das partes – ou seja, em estrito cumprimento às frias regras dos incisos I e II do art. 373, do novo CPC –, mas sim em observância às particularidades do direito material envolvido no caso concreto, e, principalmente, atendo-se à facilidade de sua produção.

Como exemplo hipotético, e obviamente sem qualquer pretensão de esgotar o tema – muito pelo contrário, o desafio aqui proposto é justamente estimular a reflexão sobre a matéria e a identificação de possibilidades de aplicação adequada da dinamização do ônus da prova –, podemos mencionar demandas de natureza fiscal em que o contribuinte, via Embargos à Execução, pretende questionar a cobrança de créditos tributários sujeitos ao lançamento de ofício pela autoridade. É inegável que possa existir aqui uma maior dificuldade, pelo particular, na obtenção do conjunto fático-probatório necessário para instruir a ação, pois, no lançamento de ofício, "a participação do sujeito passivo na atividade privativa da autoridade fiscal é nula ou quase nula. Daí a denominação doutrinária e legal, visto que, nesta modalidade, a autoridade fiscal, como decorrência do poder-dever imposto por seu ofício, diretamente procede ao lançamento do tributo, sem colaboração relevante do devedor."[26]. Teria aqui a Fazenda Pública, portanto, maiores informações sobre os elementos que resultaram na constituição do crédito tributário em face do particular? Haveria por parte da Fazenda Pública, mesmo no polo passivo da demanda, uma maior facilidade para produzir as provas necessárias para revelar a verdade material sobre a controvérsia e com isso propiciar um julgamento mais justo? Parece-nos que sim.

Outra hipótese que entendemos ser aplicável a dinamização do ônus da prova, ocorre quando o administrado exerce atividades reguladas pela Administração Pública e sofre ação fiscalizatória – de Agência Reguladora, por exemplo – que resulta na aplicação de penalidades sob a alegação de ter o particular cometido determinado ato infracional. Não obstante muitas destas autuações serem motivadas por questões de fácil constatação – e, portanto, isentas de controvérsia relevante –, há casos que envolvem maior complexidade técnica, nos quais a entidade executa diversos atos internos no curso do procedimento fiscalizatório, sem a participação ou mesmo a ciência do administrado, que terá conhecimento apenas do resultado final desta avaliação. Nestes casos, considerando que a Fazenda Pública instaurou de ofício o procedimento fiscalizatório, realizou

em conta a aplicação da regra geral da distribuição estática do ônus da prova, invariavelmente caberá ao particular provar que a decisão da Fazenda Pública se encontra eivada de ilegalidade.

[26] ALEXANDRE, Ricardo. Direito Tributário Esquematizado. São Paulo, Ed. Método, 2013. Pág. 363.

internamente muitos – ou até mesmo todos – dos atos necessários para justificar a imposição da penalidade, e que as autuações já nascem dotadas de presunção de legitimidade e adequação à lei, se mostra razoável impor ao particular o ônus de reunir o conjunto fático-probatório necessário para formar o convencimento do juízo em sentido contrário? Se mostra isonômica aqui a relação processual entre a Fazenda Pública e o particular que muitas vezes teve pouca ou nenhuma participação na formação daquele ato administrativo sancionador? Guardadas, obviamente, as circunstâncias que podem existir no caso concreto, e tendo como prisma a verificação da parte que possua a maior facilidade para produzir a prova, entendemos que não.

O mesmo racional pode vir a ser aplicado em diversas outros campos que envolvam a relação entre o particular e a Fazenda Pública, como por exemplo, em questões relacionadas ao meio ambiente (caracterização de dano ambiental), à matéria previdenciária (revisão de benefícios), à intervenção da Administração na propriedade (existência de interesse coletivo e/ou valor da indenização), dentre outros. Por certo que a aplicação da distribuição dinâmica do ônus da prova encontrará melhor abrigo nos casos em que a demanda tiver sido instaurada pelo particular com fins de impedir a concretização dos efeitos de determinado ato praticado pela Fazenda Pública em seu desfavor, e não nas hipóteses em que o particular estiver pleiteando ao poder público a concessão de algum benefício/prestação (ou seja, quando o particular provocar a atuação da Fazenda Pública). Isto porque, na primeira situação, é alta a probabilidade de a própria Fazenda Pública ter produzido unilateralmente a grande maioria – senão todos – dos elementos de prova que acarretaram na produção de algum ato que se mostrou prejudicial ao particular, ao passo que na segunda hipótese nos parece incontroversa a atribuição do ônus da prova ao particular que alegar possuir o direito a determinado benefício/prestação pleiteado ao poder público.

Em que pese a relevância da distribuição dinâmica do ônus da prova para a busca da verdade real e para a obtenção do reequilíbrio processual nas demandas envolvendo a Fazenda Pública, é fundamental garantir a utilização adequada do instituto em referência, de modo que não se crie uma *probatio diabólica reversa* – aqui entendida quando a prova de determinado fato se mostrar extremamente difícil ou mesmo impossível[27] – o que inclusive é expressamente vedado pelo §2º do art. 373 do novo CPC. Como sustentado desde o início no presente trabalho, busca-se aqui estimular o debate acerca da fixação de parâmetros e hipóteses que admitam a aplicação adequada da técnica da dinamização do ônus da prova. Logo, entendemos que seria, da mesma forma, inadequado que os entes

[27] CÂMARA, Alexandre Freitas. Doenças preexistentes e ônus da prova: o problema da prova diabólica e uma possível solução, *Revista Dialética de Direito Processual*, n. 31, Ed. Dialética.

da Administração Pública passassem a suportar invariavelmente o ônus da prova quando litigassem com o particular, sem que os elementos do caso concreto tenham sido levados em consideração, e, principalmente, sem a identificação da parte que possua maior facilidade para produzir o conjunto probatório necessário ao correto deslinde da causa – o que, como visto, é o elemento fundamental para a correta utilização do instituto[28].

6. Conclusões

A virada epistemológica do sistema processual civil brasileiro, simbolizada pela entrada em vigor do novo CPC – Lei nº. 13.105/15 –, resultou na definitiva incorporação no processo de valores como a isonomia processual, lealdade, cooperação, boa-fé, contraditório, devido processo legal e acesso à justiça. Por certo que este novo modelo irradia efeitos diretos sobre diversos institutos dispostos no CPC, dentro os quais, a prova, e, mais especificamente, o ônus da prova. Apesar de o novo Código ter mantido (corretamente) a regra geral da distribuição estática do ônus da prova – pautada na avaliação do polo ocupado pelas partes e na natureza do elemento fático a ser provado –, o acolhimento da distribuição dinâmica do ônus da prova tratou-se de importante avanço. Ao dispensar a avaliação dos elementos que disciplinam a regra da distribuição estática e levar em consideração, essencialmente, a verificação da parte que possui a maior facilidade para produzir a prova necessária ao deslinde da controvérsia revela a estrita consonância com a busca pela verdade real e a efetividade do direito material das partes.

Considerando se tratar de instituto recém-positivado e que ainda certamente carece de evolução doutrinária e jurisprudencial com vistas à sua melhor aplicação, se faz necessária uma reflexão sobre os fundamentos do instituto e a forma mais adequada de sua utilização, em especial, nas demandas envolvendo a Fazenda Pública. Nesta perspectiva de compreensão e contribuição para a consolidação e melhor aplicabilidade da dinamização do ônus da prova, se mostra fundamental, a nosso ver, a identificação de hipóteses em que a posição privilegiada da Fazenda Pública se mostre passível de criar flagrantes distorções e desequilíbrios de forças na atividade probatória das partes. Considerada a redação abrangente do §1º do art. 373 do Novo CPC, a notória deferência de que goza a Fazenda Pública quando se encontra em juízo, e a presunção de legitimidade dos seus atos, pretende-se propor o debate com vistas à fixação de parâmetros

[28] Sobre a matéria, e em sentido contrário, destacamos a recente contribuição proveniente do Observatório das Reformas Processuais da Universidade do Estado do Rio de Janeiro, capitaneado pelo Professor Leonardo Greco, que propôs um anteprojeto de reforma do direito probatório no processo civil brasileiro, que sugere dispositivo específico determinando que no litígio que verse sobre a validade de ato administrativo, incumbirá sempre à Fazenda Pública o ônus da prova da "causalidade adequada" do ato. Ver: Revista de Processo, Vol. 240, págs. 61 a 136, 2015, DTR/2015/819.

seguros para que o ônus da prova seja distribuído pelo juízo da maneira que se entender justa.

A reflexão ora proposta, neste contexto, se mostra em consonância com talvez o maior desafio da ciência processual moderna, que é buscar a efetividade do processo, sem perder de vista a observância e o respeito à garantia constitucional do devido processo legal – objetivo este que sem dúvida foi buscado por todos aqueles que de alguma forma contribuíram para a construção e promulgação do Novo CPC. Diante do cenário que se apresenta, acreditamos, portanto, que o presente trabalho represente uma pequena contribuição para o tema, e possa instigar o leitor a contribuir com os futuros debates necessários à fixação das balizas para a correta compreensão e aplicação do instituto.

7. Referências

Amaral Santos, Moacyr. *Comentários ao Código de Processo Civil.* 4 ed. Rio de Janeiro: Forense, 1988, v. IV.

______. *Primeiras linhas de direito processual civil.* 27 ed. São Paulo: Saraiva, 2014, v. 3.

Arenhart, Sérgio Cruz. *Ônus da prova e sua modificação no processo civil brasileiro.* Revista Jurídica, Porto Alegre: Notadez, v. 54, n. 343, 2006.

Bandeira de Mello, Celso Antônio. *Curso de Direito Administrativo.* 32 ed. São Paulo: Malheiros, 2015.

Barberio, Sérgio José. Cargas Probatorias dinâmicas? Qué debe provar el que no puede provar? In: Peyrano, Jorge W.; White, Inês Lépori (Coord.). *Cargas probatórias dinâmicas.* 1 ed. Buenos Aires: Rubinzal Culzoni Editores, 2009.

Barbosa, Rafael Vinheiro Monteiro. O ônus da prova no direito processual civil e a sua inversão – a visão do STJ. *Revista de Processo.* São Paulo: RT, v. 39, n. 233, 2014.

Barbosa Moreira, José Carlos. Julgamento e ônus da prova. *Temas de direito processual*: segunda série. São Paulo: Saraiva, 1980.

______. O juiz e a prova. *Revista de Processo,* São Paulo: RT, v. 9, n. 35, 1984.

______. As presunções e a prova. *Temas de direito processual civil:* primeira série, 2 ed. São Paulo: Saraiva, 1988.

Bedaque, José Roberto dos Santos. Poderes instrutórios do juiz. 4 ed. São Paulo: RT, 2011.

Binenbojm, Gustavo. *Uma Teoria do Direito Administrativo: Direitos Fundamentais, Democracia e Constitucionalização.* Rio de Janeiro: Renovar, 2006. p. 114.

______. Garantias da amplitude de produção probatória. In: Cruz e Tucci, José Rogério (Coord.). *Garantias constitucionais do processo civil.* São Paulo: RT, 1999.

Câmara, Alexandre Freitas. Doenças preexistentes e ônus da prova: o problema da prova diabólica e uma possível solução. *Revista Dialética de Direito Processual,* São Paulo: Dialética, v. 31. 2005.

Câmara, Helder Moroni (Coord.). *Código de Processo Civil comentado.* São Paulo: Almedina, 2016.

Carnelutti, Francesco. *La prueba civil.* Tradução N. A. Z. Castillo. Buenos Aires: Ediciones Arayú, 1955.

Carvalho Filho, José dos Santos. *Manual de Direito Administrativo*. 24 ed. Rio de Janeiro: Lumen Juris, 2011, p. 1017.

Chiovenda, Giuseppe. Instituições de direito processual civil. Trad. J. Guimarães Menegale. São Paulo: Saraiva, 1995. V. 3.

Cunha, Leonardo Carneiro da, *A Fazenda Pública em Juízo*, 9 ed. São Paulo: Dialética, 2011.

Didier Jr., Fredie. Os três modelos de direito processual: inquisitivo, dispositivo e cooperativo. *Revista de Processo*. São Paulo: RT, v. 36, n. 198, 2011.

Dinamarco, Cândido Rangel. *A instrumentalidade do processo*. 15 ed. Sâo Paulo: Malheiros, 2013.

Greco, Vicente. *Direito processual civil brasileiro*. São Paulo: Saraiva, 1984.

Lacerda, Galeno. *Teoria geral do processo*. Rio de Janeiro: Forense, 2006.

Lourenço, Haroldo. *Teoria dinâmica do ônus da prova no novo CPC*. São Paulo: Método, 2015.

Lucon, Paulo Henrique dos Santos; Costa, Guilherme Recena. Formalismo processual e dinamização do ônus da prova. In: Mitidiero, Daniel; Amaral, Guilherme Rizzo (Coord.); Feijó, Maria Angélica Echer Ferreira (Org.). *Processo civil: estudos em homenagem ao professor doutor Carlos Alberto Álvaro de Oliveira*. São Paulo: Atlas, 2012.

Macêdo, Lucas Buril de. *Ônus da prova e sua dinamização*. 2 ed. Salvador: JusPosivm, 2016.

Malagó, Fábio Machado. *Distribuição Dinâmica do Ônus da Prova*. 2014. Dissertação (Mestrado). Faculdade de Direito, Universidade de São Paulo, São Paulo.

Marinoni, Luiz Guilherme. *Prova*. 2 ed. São Paulo: RT, 2009.

______. Formação da convicção e inversão do ônus da prova segundo as peculiaridades do caso concreto. *Revista dos Tribunais*. São Paulo: RT, v. 96, n. 862, 2007.

Miranda Netto, Fernando Gama de. *Ônus da prova no direito processual público*. Rio de Janeiro: Lumen Juris, 2009.

Neto, Miguel. *Culpa médica e ônus da prova*. 4 ed. São Paulo: Ed. RT, 2002.

Pacífico, Luiz Eduardo Boaventura. Direitos básicos do consumidor: a facilitação da defesa dos consumidores e a inversão do ônus da prova. *Revista de Direito do Consumidor*. São Paulo, n. 10, 1994.

______. *O ônus da prova*. 2 ed. São Paulo: RT, 2011.

Peixoto, Ravi Medeiros. Rumo à construção de um processo cooperativo. *Revista de Processo*, São Paulo: RT, n. 219, 2013.

Peyrano, Jorge Walter (Dir.); White, Inés Lépori (Coord.). Cargas probatórias dinamicas. Santa Fé: Rubinzal-Culzoni, 2008.

______. Aspectos procesales de la responsabilidade professional. In: Morello, Augusto M et al. (Coords.). *Las responsabilidades profesionales*. La Plata: LEP, 1992.

______. *Nuevos lineamentos de las cargas probatórias dinâmicas*. Santa Fé. Rubinzal-Culzoni, 2004.

Redondo, Bruno Garcia. Distribuição dinâmica do ônus da prova: breves apontamentos. *Revista Dialética de Direito Processual*, São Paulo: Dialética, n. 93.

Ribeiro, Flávia Pereira; Azzoni, Clara Moreira. Distribuição do Onus Probatório. *A prova no direito processual civil*. Estudos em homenagem ao professor João Batista Lopes. Neto, Olavo de Oliveira; Medeiros Neto, Elias Marques de; Lopes, Ricardo Augusto de Castro (Coord). São Paulo: Editora Verbatim, 2013.

THEODORO JR, Humberto, *Curso de Direito Processual Civil*, 56 ed. Rio de Janeiro: Forense, 2015.

______. Prova. Princípio da verdade real. Poderes do juiz. Ônus da prova e sua eventual inversão. *Revista Brasileira de Direito de Família*, Porto Alegre, n. 3, 1999.

WAMBIER, Teresa Arruda Alvim. *O ônus da prova*. Revista Jurídica Consulex, Brasília, n. 200, 2005.

YARSHELL, Flávio Luiz. *Antecipação da prova sem o requisito da urgência e direito autônoma à prova*. São Paulo: Malheiros, 2009.

______. *Curso de Direito Processual Civil*. Vol. I, 1 ed. São Paulo: Marcial Pons, 2014.

SOBRE OS AUTORES

Beclaute Oliveira Silva

Doutor em Direito pela UFPE. Mestre em Direito pela UFAL. Professor Adjunto da FDA/UFAL (Mestrado e Graduação). Professor Titular III do CESMAC (Especialização e Graduação). Professor Titular da UNIT (Especialização e Graduação). Membro fundador da ANNEP. Membro da ABDPRO (Delegado para a Região Nordeste). Membro do IBDP (Secretário Adjunto-AL). Membro do CEAPRO.

Bruno Campos Silva

Mestre em Direito Processual Civil pela PUC-SP. Especialista em Direito Processual Civil pelo CEU-SP (atual Instituto Internacional de Ciências Sociais – IICS). Ex-Professor de Direito Processual Civil do Centro de Ensino Superior de São Gotardo-MG (CESG). Membro do Instituto Brasileiro de Direito Processual – IBDP. Membro da Associação Brasileira de Direito Processual – ABDPro. Membro do Centro de Estudos Avançados de Processo (CEAPRO). Membro do Conselho Editorial da Revista Magister de Direito Civil e Processual Civil. Membro do Conselho de Redação da Revista Brasileira de Direito Processual – RBDPro. Coautor de obras coletivas na área do Direito Processual Civil. Presidente da Comissão de Direito Ambiental da 14ª Subseção da OAB-MG. Especialista em Mercado de Carbono pela Proenco-SP. Membro da Associação dos Professores de Direito Ambiental do Brasil – APRODAB. Membro da Deutsch-Brasilianische Juristenvereinigung. Membro do Instituto dos Advogados de Minas Gerais – IAMG. Membro do Conselho Editorial da Revista Magister de Direito Ambiental e Urbanístico. Membro da Revista Fórum de Direito Urbano e Ambiental – FDUA. Coordenador e coautor de obras coletivas nas áreas do Direito Ambiental e Urbanístico. Membro do Instituto Brasileiro de Advocacia Pública – IBAP. Membro da Academia Latino-Americana de Direito Ambiental – ALADA. Membro da União Brasileira da Advocacia Ambiental – UBAA. Advogado.

Caio de Sá Dal'Col

Mestrando (Aluno especial) pela Universidade Federal do Espírito Santo (UFES) Advogado.

Carlos Frederico Bastos Pereira

Mestre em Direito Processual pela Universidade Federal do Espírito Santo (UFES). Especialista em Direito Público pela Faculdade de Direito de Vitória (FDV). Graduado em Direito pela Universidade Federal do Espírito Santo (UFES). Membro do Instituto Brasileiro de Direito Processual (IBDP). Assessor Jurídico no Tribunal de Justiça do Espírito Santo.

Ciro Flávio Fiorini Barbosa

Pós-graduado em Direito Processual Civil pela Universidade Presbiteriana Mackenzie. Pós-graduado em Direito Civil e Direito do Consumidor pela EEPD. Advogado em São Paulo.

Conrado Di Mambro Oliveira

Advogado especialista em Direito Individual e Coletivo do Trabalho, sócio do Mantuano, Neves & Di Mambro Advocacia. Possui pós-MBA em Negociação Empresarial pela FGV e cursos de pós-graduação em Direito de Empresa e Direito Processual Civil. Coordenador do Núcleo de Estudos Trabalhistas do Instituto dos Advogados de Minas Gerais – IAMG e integrante da Comissão de Direito Sindical da OAB/MG. Membro da Associação Mineira dos Advogados Trabalhistas – AMAT. Professor de Prática Trabalhista. Palestrante da Escola Superior de Advocacia – ESA da OAB-MG.

Elias Marques de Medeiros Neto

Pós-Doutor em Direito Processual Civil pela Universidade de Lisboa e Doutor e Mestre em Direito Processual Civil pela PUC/SP – Presidente da Comissão Especial de Defesa da Segurança Jurídica do Conselho Federal da Ordem dos Advogados do Brasil, membro do Instituto Brasileiro de Direito Processual (IBDP) e Diretor do Centro de Estudos Avançados de Processo (CEAPRO).

Gelson Amaro de Souza

Doutor em Direito Processual Civil pela PUC/SP. Membro do Instituto Panamericano de Derecho Procesal. Laureado com a Comenda Luciano Pinheiro de Souza do I Congresso de Direito Internacional de Direito Processual Civil. Professor concursado para os cursos de graduação e pós graduação em direito da Universidade Estadual do Norte do Paraná – UENP (Campus de Jacarezinho), ex-diretor e professor da Faculdade de Direito da Associação Educacional Toledo

– AET de Presidente Prudente-SP. Procurador do Estado (aposentado) e advogado em Presidente Prudente – SP.

Gilberto Gomes Bruschi

Doutor e mestre em Direito Processual Civil pela PUC/SP. Professor na graduação e pós-graduação da Faculdade de Damásio (DeVry). Coordenador do curso pós-graduação lato sensu em Direito Processual Civil Faculdade Damásio (DeVry). Membro do Instituto Brasileiro de Direito Processual (IBDP) e do Centro de Estudos Avançados de Processo (CEAPRO). Advogado em São Paulo.

Giovani dos Santos Ravagnani

Graduado em Direito pela Universidade Presbiteriana Mackenzie. Membro do Centro de Estudos Avançados de Processo – CEAPRO. Membro da Associação Brasileira dos Estudantes de Arbitragem – ABEArb. Professor da Rede LFG de Ensino. Advogado integrante do escritório Lobo & Ibeas Advogados. Defensor Dativo da 4ª Turma Disciplinar do Tribunal de Ética e Disciplina da OAB/SP.

Helder Moroni Câmara

Doutor, Mestre e Especialista em Direito Processual Civil pela PUC/SP. MBA em Direito Empresarial pela FGV. Professor dos cursos de Pós-Graduação da Universidade Presbiteriana Mackenzie. Advogado em São Paulo.

Hermes Zaneti Jr.

Pós-Doutor em Direito pela Università degli Studi di Torino/IT. Doutor em Teoria e Filosofia do Direito pela Università degli Studi di Roma Ter/IT. Doutor e Mestre em Direito Processual pela UFRGS. Membro do International Association of Procedural Law (IAPL), do Instituto Ibero-americano de Direito Processual (IIDP) e do Instituto Brasileiro de Direito Processual (IBDP). Professor da Graduação e Pós-Graduação (Mestrado) da UFES. Promotor de Justiça no Estado do Espírito Santo.

Igor Guilhen Cardoso

Pós-graduando em Direito Processual Civil pela Escopa Paulista de Direito (EPD). Graduado em Direito pela Universidade Presbiteriana Mackenzie. Advogado coordenador do Contencioso Cível do escritório David e Aniceto Advogados Associados, com atuação preponderante em Direito Bancário, Recuperação de Crédito e Recuperação de Empresas. Membro do Centro de Estudos Avançados de Processo (CEAPRO). Defensor Dativo da 4ª Turma Disciplinar do Tribunal de Ética e Disciplina da OAB/SP.

Jorge Tosta

Juiz de Direito em São Paulo. Doutor em Direito Civil, Mestre em Direito Processual Civil. Especialista em Direito do Consumidor e em Meios Adequados de Solução de Conflitos. Professor em Cursos de Graduação e Pós-graduação. Autor de obras jurídicas e de artigos publicados em revistas especializadas.

José Mauro de Barros Cardoso

Bacharel em Direito pela Universidade Federal Fluminense – UFF. Advogado em São Paulo.

Lívia Dalla Bernardina Abreu

Mestre em Direito Processual pela Universidade Federal do Espírito Santo (UFES). Pós-graduada em Direito Tributário pelo Instituto Brasileiro de Estudos Tributários (IBET). Advogada.

Luiz Eduardo Ribeiro Mourão

Pós-doutorando em Processo Civil pela UFES. Especialista em Processo pela USP. Mestre e doutor em Processo Civil pela PUC/SP. Advogado em São Paulo.

Luiz Guilherme Marinoni

Professor Titular da Universidade Federal do Paraná. Pós-Doutorado na Università degli Studi di Milano. Visiting Scholar na Columbia University. Diretor do Instituto Iberoamericano de Direito Processual. Membro do Conselho da International Association of Procedural Law. Advogado.

Marcelo Pichioli da Silveira

Graduado em Direito pela Universidade Estadual de Maringá. Especialista em Processo Civil pela Universidade Cândido Mendes. Membro da ABDPRO. Assessor de Juiz de Direito (TJPR).

Raphael Miziara

Professor em cursos de graduação e pós-graduação em Direito. Advogado. Mestrando em Direito. Pós-Graduado em Direito do Trabalho e Processual do Trabalho. Presidente do Instituto Piauiense de Direito Processual – IPDP. Membro do CONPEDI – Conselho Nacional de Pesquisa e Pós-Graduação em Direito.

Ravi Peixoto

Doutorando em direito processual pela UERJ. Mestre em Direito pela UFPE. Membro da Associação Norte e Nordeste de Professores de Processo (ANNEP), do Centro de Estudos Avançados de Processo (CEAPRO), da Associação Brasileira de Direito Processual (ABDPRO) e do Instituto Brasileiro de Direito Processual (IBDP). Procurador do Município do Recife. Advogado.

Rita Quartieri

Mestre em direito processual civil pela PUC/SP. Coordenadora e professora do Curso de Pós Graduação em Direito Processual Civil da Escola Superior da PGE-SP. Procuradora do Estado de São Paulo.

Roger Vieira Feichas

Atualmente é Defensor Público no Estado de Minas Gerais. Pós-Graduado em Direito Público.

Rogerio Licastro Torres de Mello

Doutor e Mestre em direito processual civil pela PUC/SP, professor convidado dos cursos de pós-graduação lato sensu da PUC/SP, da Fundação Armando Álvares Penteado (FAAP) e da Escola Superior de Advocacia da OAB/SP. Vice-presidente do Conselho do CEAPRO – Centro de Estudos Avançados de Processo. Advogado.

Rogerio Mollica

Mestre e Doutor em Direito Processual pela Universidade de São Paulo – Membro da Comissão Especial de Defesa da Segurança Jurídica do Conselho Federal da Ordem dos Advogados do Brasil, do Instituto Brasileiro de Direito Processual (IBDP) e Presidente do Centro de Estudos Avançados de Processo (CEAPRO).

Sérgio Luiz de Almeida Ribeiro

Mestre em direito processual civil na PUC/SP. Mestrando direito processual na Universidad Nacional de Rosario (UNR – Argentina).Especialista em direito Civil, Direito Contrat ual Empresarial pela Escola Paulista de Direito (EPD). Professor substituto da Universidade Federal do Rio de Janeiro – UFRJ. Professor da Faculdade Santa Rita de Cassia. Professor Convidado da Corporación Universitaria Remington – Medellin Colombia. Professor Convidado no curso de Pós Graduação da Faculdade de Direito Damásio de Jesus. Professor Assistente na graduação do Curso de Direito da PUCSP. Membro do Instituto Panamericano de Direito Processual. Advogado em São Paulo.

Yrlanna Borges de Carvalho Simionatto

Mestranda, em Direito Processual Civil, na Pontifícia Universidade Católica – PUC-SP. Advogada pesquisadora, em especial na área cível. Professora assistente na graduação do Curso de Direito da PUC-SP. Integrante do "Grupo de Pesquisa sobre o novo Código de Processo Civil", da PUC-SP em parceria com a Advocacia Geral da União – AGU, e do "Grupo de Estudos em homenagem ao Prof. Donaldo Armelin", coordenado pelo Prof. Luiz Eduardo Ribeiro Mourão. Membro do Centro de Estudos Avançados de Processo – CEAPRO. Participante do Projeto de Pesquisa "Os impactos do novo Código de Processo Civil no Direito Processual Civil: avanços, retrocessos e perspectivas", coordenado pelo Prof. Cassio Scarpinella Bueno e integrado pela Profa. Teresa Arruda Alvim.

Zulmar Duarte

Especialista em Direito Civil e Direito Processual Civil. Professor da Unisul e de Cursos de Pós-Graduação. Delegado para Região Sul da ABDPro (Associação Brasileira de Direito Processual). Membro do IAB (Institutos dos Advogados Brasileiros) e do CEAPRO (Centro de Estudos Avançados de Processo. Advogado.